Medizinökonomie

Christian Thielscher (Hrsg.)

Medizinökonomie

Band 2: Unternehmerische Praxis und Methodik

Springer Gabler

FOM
Hochschule
für Oekonomie & Management
University of Applied Sciences

Herausgeber
Prof. Dr. Dr. Christian Thielscher
Lohmar, Deutschland

Dieses Werk erscheint in der FOM-Edition,
herausgegeben von FOM Hochschule für Oekonomie & Management.

ISBN 978-3-8349-3367-6 ISBN 978-3-8349-7088-6 (eBook)
DOI 10.1007/978-3-8349-7088-6

Die Deutsche Nationalbibliothek verzeichnet diese Publikation in der Deutschen Nationalbibliografie; detaillierte bibliografische Daten sind im Internet über http://dnb.d-nb.de abrufbar.

Springer Gabler

Lektorat: Margit Schlomski, Guido Notthoff
Einbandentwurf: KünkelLopka GmbH, Heidelberg

Springer Gabler ist eine Marke von Springer DE.
Springer DE ist Teil der Fachverlagsgruppe Springer Science+Business Media
www.springer-gabler.de

Vorwort des Herausgebers

Dieses Buch entstand aus dem Bedürfnis, Studenten der Medizin und der Sozialwissenschaften ein zugleich fundiertes, lebensnahes und umfassendes Lehrbuch der Medizinökonomie an die Hand zu geben. Ziel war insbesondere, die verschiedenen Bereiche der Medizinökonomie – von den Logiken der Medizin bzw. Ökonomie über Systemanalysen und Managementansätze bis hin zu internationalen Vergleichen und Methodenlehren – theoretisch fundiert und zugleich auf verständliche Weise zu erläutern und dabei Theorie und Praxis zu vereinen.

Daher werden die Teilbereiche der Medizinökonomie (die insgesamt von einem einzelnen nicht mehr zu überblicken ist) jeweils von ausgewiesenen Experten bearbeitet, und zwar von Praktikern wie Wissenschaftlern. Auf diese Weise konnten sowohl der Bezug zur Theorie, als auch die Nähe zur Praxis sichergestellt werden.

Der Vorteil der größeren Expertise wurde erkauft mit erheblichem Abstimmungsaufwand, denn es sollte ein Lehrbuch entstehen, kein Tagungsband. Dankenswerterweise haben alle Autoren klaglos akzeptiert, dass Beiträge mehrfach umgeschrieben werden mussten. Geringfügig unterschiedliche Schreibstile können von Vorteil sein, weil sie viel über die Sichtweise der jeweiligen Autoren verraten.

Die Verknüpfung von Praxis und Theorie ist zugleich ein besonderes Anliegen der neu aufgelegten FOM-Edition, in der das Buch erscheint. Die FOM Hochschule für Oekonomie & Management hat damit ein Medium geschaffen, das begleitend zur praxisorientierten Lehre die Verbindung von Studium und Beruf stärkt.

Es ist mir als Herausgeber eine angenehme Pflicht, allen zu danken, die an der Entstehung des Buches beteiligt waren: Den Autorinnen und Autoren gilt mein herzlicher Dank für ihre zugleich kompetente und geduldige Mitwirkung. Frau M. Schlomski und Herrn G. Notthoff vom Gabler Verlag, die die Entstehung des Buches stets freundlich und professionell begleitet haben, danke ich für die ausgezeichnete Zusammenarbeit. Dem Rektor der FOM, Herrn Prof. B. Hermeier, ihrem Prorektor Forschung, Herrn Prof. T. Heupel, Herrn K. Stumpp und den FOM-Didaktik-Experten danke ich für stets wohlwollende Unterstützung und Mitarbeit. Herr K. Lübke hat dankenswerterweise die Arbeit am Statistikkapitel unterstützt. Nicht zuletzt danke ich allen Patienten und Studenten, die mich zum Nachdenken über medizinökonomische Fragen anregten und die der eigentliche Anlass waren, die Arbeit an diesem Buch aufzunehmen. Verbesserungsvorschläge nimmt der Herausgeber gerne entgegen.

Kurz vor Drucklegung verstarb am 7.11.2011 der langjährige Präsident der Bundesärztekammer, Prof. Jörg-Dietrich Hoppe. Wer ihn kannte, weiß, dass Patienten und Ärzte einen ihrer wichtigsten Fürsprecher verloren haben. Sein Beitrag in diesem Buch, in dem er um eine Lösung des Konfliktes zwischen Medizin und Kostendruck ringt, ist Ansporn und Vermächtnis zugleich.

Wenn es dem Buch gelingt, Medizin und Ökonomie zumindest so weit zu versöhnen, dass ihre jeweiligen Erkenntnisse im Sinne besserer Ergebnisse für die Patienten zusammenwirken, dann hat es seinen Zweck erfüllt.

Prof. Dr. med. Dr. rer. pol. Christian Thielscher *Lohmar, im November 2011*

Inhalt

Vorwort des Herausgebers 5

Einleitung 9

Teil 5
Management einzelner Einrichtungen 27

20 Medizinmarketing – marktorientierte Führung im Gesundheitsbereich 29
Heribert Meffert und Friederike Rohn

21 Management, Unternehmensführung, Organisation und Planung im Krankenhaus 75
Holger Raphael

22 Management, Unternehmensführung, Organisation und Planung im ambulanten Sektor 117
Michael Schütte und Sascha Rödder

23 Pharma-Management 143
Rüdiger Buchkremer und Ulrich Thibaut

24 Krankenkassenmanagement unter den besonderen Wettbewerbsbedingungen der GKV 169
Birgit Fischer, Rolf-Ulrich Schlenker und Jürgen Rothmaier

25 Personalmanagement 197
Manfred Selke

26 Fallstudie: Krankenhausmanagement 243
Patric Sommerhoff und Carolin Christina Clausen

Teil 6
Rechtliche Grundlagen 263

27 Zivil- und sozialversicherungsrechtlicher Rahmen für Gesundheitsleistungen 265
Hans-Joachim Flocke

28 Arztstrafrecht 319
Andreas Teufer

Teil 7
Mathematik, Statistik und Information im Gesundheitswesen 377

29 Statistik – eine kurze Einführung 379
Bianca Krol

30 Statistik – Ergänzung zur Anwendung in der Gesundheitsökonomie 409
Christian Thielscher

31 Einsatz von Informationstechnologien im Gesundheitswesen 415
Thomas Jäschke und Thomas Lux

Der Herausgeber 445

Die Autorinnen und Autoren 447

Stichwortverzeichnis 463

Einleitung

1. Krankheit und medizinische Versorgung

Jedes Jahr suchen in mehr als 500 Millionen Fällen[1] Patienten in Deutschland den Rat ihres niedergelassenen Arztes. Krankenhäuser erbringen rund 20 Millionen stationäre Behandlungen. Hinzu kommen Pflege- und andere Dienstleistungen und Produkte. Insgesamt arbeiten über 4 Millionen Menschen in der medizinischen Versorgung. – Welche Krankheiten werden eigentlich behandelt, von wem, und wer bezahlt die Behandlung?

A. Krankheit: Definition, Häufigkeit, Kosten

Einzelne Erkrankungen sind recht präzise definiert; meist geschieht das mittels Ätiologie (Ursache) und Pathogenese (Krankheitsverlauf). Ein Diabetes mellitus Typ I ist z. B. ursächlich bedingt durch eine Zerstörung der insulinproduzierenden Zellen in der Bauchspeicheldrüse; dadurch kommt es zu einem Insulinmangel, durch den wiederum verschiedene Körperfunktionen gestört werden (Pathogenese).

Hingegen ist es gar nicht so leicht zu sagen, was „Krankheit an sich" ist. Im Kern stehen dafür zwei Gruppen von Definitionen zur Verfügung:

- jemand ist „krank", wenn er sich (subjektiv) selbst krank fühlt oder
- krank ist, wer (objektiv) arbeitsunfähig ist.

Der Widerspruch zwischen diesen Definitionen lässt sich nicht aufheben.[2] Für Nichtmediziner ist es außerdem häufig überraschend, dass man nicht genau weiß, wie viele Krankheiten es überhaupt gibt. Die Schwierigkeit entsteht daraus, dass die medizinische Krankheitsdefinition auf bestimmte behandlungspflichtige Zustände des Patienten zielt, weniger auf die Semantik der Definition. Zum Beispiel kann man einen Schnupfen als *eine* Krankheit zählen, als *viele* (da der Schnupfen von verschiedenen Virustypen verursacht werden kann und man jedem Virus eine Krankheit zuordnen könnte) oder als *gar keine* (wenn man der Meinung ist, dass es sich bloß um eine „Befindlichkeitsstörung" handelt). Das mag definitorisch unbefriedigend sein, spielt aber für den betroffenen, verschnupften Patienten und damit für den behandelnden Arzt keine große Rolle. Man kann aber sagen, dass es „viele" Krankheiten gibt. Der ICD-Code, der z. B. in der Todesursachenstatistik verwendet wird, erlaubt die Verschlüsselung von knapp 30.000 Krankheiten. Natürlich sind nicht alle Krankheiten gleich wichtig, im Gegenteil verursachen einige Dutzend bis wenige Hundert den größten Teil des medizinischen Aufwands.

---

[1] Ein „Fall" kann mehrere Arztbesuche pro Quartal umfassen. Da jeder Deutsche im Durchschnitt ca. 18-mal pro Jahr eine Praxis aufsucht, ergeben sich insgesamt rund 1,5 Mrd. Praxisbesuche pro Jahr.

[2] Eine ausführliche Diskussion des Gesundheits- und Krankheitsbegriffs bietet z. B. Thielscher, C.: Wo werde ich ordentlich behandelt? Stuttgart 2011, S. 43-50.

Verschiedene öffentliche Einrichtungen, insbesondere das Statistische Bundesamt und die Gesundheitsministerien bieten Statistiken an, die das Krankheitsgeschehen sehr transparent machen. So kann man sehr genau angeben, woran Menschen in Deutschland sterben; die Todesursachenstatistik entspricht einer statistischen Vollerhebung, da für jeden Verstorbenen die Todesursache erfasst wird.

Tabelle Todesursachen 2009 (Ausschnitt)

Kodierung (nach ICD-10)	Todesursache	Gestorbene je 100 000 Einwohner, Deutschland 2009
A00-T98	Insgesamt	1043,7
A00-B99	Bestimmte infektiöse und parasitäre Krankheiten	18,9
A15-A19, B90	Tuberkulose einschließlich ihrer Folgezustände	0,4
A39	Meningokokkeninfektion	0,0
B15-B19	Virushepatitis	1,2
B20-B24	HIV-Krankheit (Humane Immundefizienz-Viruskrankheit)	0,5
C00-D48	Neubildungen	271,3
C00-C97	Bösartige Neubildungen	264,0
C15-C26	Bösartige Neubildungen der Verdauungsorgane	83,7
C15	Bösartige Neubildung des Ösophagus	6,0
C16	Bösartige Neubildung des Magens	12,5
C18	Bösartige Neubildung des Dickdarmes	21,4
C25	Bösartige Neubildung des Pankreas	18,5
...	usw.	...

(Quelle: Statistisches Bundesamt: Todesursachen in Deutschland. Fachserie 12 Reihe 4. Wiesbaden 2010. Online verfügbar: www.destatis.de)

Gut erfasst sind auch die häufigsten Krankenhausdiagnosen, also die Krankheiten, die eine stationäre Behandlung erfordern.

Tabelle Diagnosedaten in Krankenhäusern 2009 (Ausschnitt)

Lfd Nr.	Pos.-Nr. der ICD-10 / Hauptdiagnose		2009	2008
			Anzahl	
1		**Insgesamt**	**18 231 569**	**17 937 101**
2	**A00-T98**	**Krankheiten, Verletzungen und Vergiftungen**	**17 635 534**	**17 317 671**
3	**A00-B99**	**Bestimmte infektiöse und parasitäre Krankheiten**	**484 209**	**497 236**
4	A15-19, B90	Tuberkulose einschl. ihrer Folgezustände	6 004	6 086
5	A39	Meningokokkeninfektion	566	564
6	B15-B19	Virushepatitis	5 791	6 891
7	B20-B24	HIV-Krankheit	1 424	1 663
8	**C00-D48**	**Neubildungen**	**1 856 127**	**1 861 651**
9	C00-C97	Bösartige Neubildungen	1 492 330	1 501 283
10	C00-C14	der Lippe, Mundhöhle und des Pharynx ...	53 664	52 403
11	C15	des Ösophagus	27 111	27 470
12	C16	des Magens	49 979	51 046
13	C18	des Dickdarmes	90 331	95 308
...	usw.			

(Quelle: Statistisches Bundesamt: Diagnosedaten der Patienten und Patientinnen in Krankenhäusern (einschl. Sterbe- und Stundenfälle). Fachserie 12 Reihe 6.2.1. Wiesbaden 2011.)

Weniger gut bekannt ist die Prävalenz von Krankheiten, d. h., wie viele Einwohner aktuell an einer bestimmten Krankheit leiden. Diese Daten werden im Gegensatz zur Krankenhausbehandlung bzw. zu den Todesfällen nicht zentral erfasst und müssen daher jeweils für einzelne Erkrankungen ermittelt werden. Die Schätzungen sind je nach Erkrankung unterschiedlich genau. Man findet Angaben darüber in medizinischen Lehrbüchern bei der jeweiligen Erkrankung.

Zu Krankheitsfolgen und ihren Kosten gibt es weitere Erhebungen. So schätzt das statistische Bundesamt die Kosten von Krankheiten. Allerdings ist die Berechnung schwierig, weil die Verschlüsselung von Krankheiten nach ICD überlappt. Zum Beispiel entwickeln viele Diabetiker nach einigen Jahren Erkrankungen der Nieren. Handelt es sich dabei um Kosten der Grunderkrankung Diabetes oder der Folgeerkrankung der Niere?

Krankenkassen sowie die Bundesanstalt für Arbeitsschutz und Arbeitsmedizin veröffentlichen zusätzliche Daten über Diagnosen, die zur Arbeitsunfähigkeit führen. Auch andere Akteure im Gesundheitswesen stellen Informationen zu ihren jeweiligen Arbeitsgebieten zur Verfügung, z. B. Sozialversicherungsträger (Pflegeversicherung, z. B. Daten zur Qualität der Pflegeanbieter), Kassenärztliche Vereinigungen, Krankenhausgesellschaften, Unternehmensverbände (z. B. Pharmaindustrie) u. v. a.

Einen Überblick über die Gesundheitslage insgesamt bietet die Gesundheitsberichterstattung des Bundes (www.gbe-bund.de). Sie informiert z. B. über Indikatoren für Gesundheit und Krankheit (z. B. Lebenserwartung), Risikofaktoren (z. B. Rauchen), soziale Einflussfaktoren (etwa: bessere Lebenserwartung bei höheren Einkommensgruppen) u. v. m.

Entsprechende Daten stehen auch international zur Verfügung, z. B. bei der OECD, EU, der WHO und anderen Organisationen. Das ist nicht zuletzt deswegen wichtig, weil die Krankheitsdefinitionen national unterschiedlich sein können. In jede Behandlung fließen subjektive Faktoren und soziale Effekte ein, was u. a. dazu führt, dass Operationsraten bei sonst vergleichbaren Bevölkerungen unterschiedlich sein können. Anders gesagt: es ist durchaus nicht nur die naturwissenschaftliche Medizin, die darüber entscheidet, ob ein bestimmter Befund operationswürdig ist – und entsprechend kann die Häufigkeit bestimmter Behandlungen, z. B. Operationen, von Region zu Region schwanken.

B. Medizinische Versorgung im Überblick

An der medizinischen Versorgung, ihrer Finanzierung und Regulierung[3] nehmen Beschäftigte in sehr unterschiedlichen Organisationen und mit ebenso unterschiedlichen Aufgaben teil; entsprechend verwickelt ist das Geschehen. Einen ersten, orientierenden Überblick bietet die **Tabelle**[4]:

---

[3] In den folgenden Kapiteln wird erläutert, dass medizinische Güter und Leistungen nicht über den Preis rationiert werden sollen und dass daher die Versorgung mit anderen Mechanismen gesteuert werden muss; von besonderer Bedeutung sind dabei politische Prozesse zur Abstimmung der Regulierung.

[4] Eine andere Möglichkeit, die Akteure einzuteilen, nämlich nach der Ebene, auf der sie tätig werden (Makro-, Meso- und Mikroebene), wird hier nicht weiter verfolgt, u. a. deswegen, weil die Ebenen definitorisch kaum präzise voneinander abgegrenzt werden können – was unterscheidet die Mesoebene genau von der Mikroebene? – und weil einige Akteure auf mehreren Ebenen gleichzeitig aktiv sind.

Tabelle Akteure der medizinischen Versorgung

	Medizinische Versorgung	Regulierung und Finanzierung	Ausbildung und Information
Politische Gremien, Behörden, ÖGD	Gesundheitsämter	Ministerien BfArm RKI Paul-Ehrlich-Institut	SVR BzGA IQWiG DIMDI
Körperschaften und ihre Organisationen		Sozialversicherungsträger, z. B. Krankenkassen, Pflege-, Unfallkassen KVen Kammern	Hochschulen MDK WIdO ZI G-BA
Unternehmen	Kliniken und Klinikketten, Pharmaunternehmen	PKV DKG	Verlage Online-Angebote
Freie Berufe und andere	Ärzte, Zahnärzte, Apotheker, Krankenpfleger, Physiotherapeuten u. a.		
Patienten und ihre Organisationen			

Der Begriff des „öffentlichen Gesundheitsdienstes“ (ÖGD) wird in der Literatur nicht ganz einheitlich definiert. Im Folgenden werden darunter Aufgaben verstanden, die von staatlichen Einrichtungen erbracht werden und der Gesundheitspflege dienen; es handelt sich also um Tätigkeiten der staatlichen Exekutive (während der Staat z. B. im Bereich der ambulanten Versorgung nur regulierend, also legislativ tätig wird).[5]

[5] So definieren z. B. auch v. Troschke, J. Mühlbacher, A.: Grundwissen Gesundheitsökonomie, Gesundheitssystem, Öffentliche Gesundheitspflege. Bern 2005, S. 157 ff.

Insofern gehören zum ÖGD einerseits Bundesbehörden, die u. a. folgende Funktionen haben:

- Krankheitsüberwachung und Prävention (Robert-Koch-Institut, RKI; es betreut außerdem die Gesundheitsberichterstattung);
- Arzneimittelsicherheit (Bundesinstitut für Arzneimittel und Medizinprodukte, sowie das Paul-Ehrlich-Institut);
- Aufklärung (Bundeszentrale für gesundheitliche Aufklärung, BZgA);
- Dokumentation und Information (Deutsches Institut für Medizinische Dokumentation und Information, DIMDI).

Im weiteren Sinne gehören hierher auch Behörden, die sich mit Lebensmittelsicherheit, Risikobewertung, Arbeits-, Umwelt- und Verbraucherschutz befassen. Zuschnitt und Zuständigkeit der Behörden wurden in den letzten Jahren mehrfach geändert.

Außerdem gehören zum ÖGD Einrichtungen der Länder bzw. der Landesgesundheitsministerien (z. B. die Gesundheitsministerkonferenz und die Arbeitsgemeinschaft der obersten Landesgesundheitsbehörden) und auf kommunaler Ebene die Gesundheitsämter. In letzteren arbeiten rund 1000 Ärzte für öffentliches Gesundheitswesen. Insgesamt bearbeitet das ÖGD also wichtige Themen, ist aber, gemessen an der Zahl der Mitarbeiter, eher ein kleiner Teil der medizinischen Versorgung.

Oberste Einrichtung zur Regulierung der medizinischen Versorgung ist das Bundesgesundheitsministerium. Es beschreibt sich selbst wie folgt: *„Das Bundesministerium für Gesundheit ist für eine Vielzahl von Politikfeldern zuständig. Dabei konzentriert sich die Arbeit auf die Erarbeitung von Gesetzesentwürfen, Rechtsverordnungen und Verwaltungsvorschriften. Zu den zentralen Aufgaben zählt, die Leistungsfähigkeit der Gesetzlichen Krankenversicherung sowie der Pflegeversicherung zu erhalten, zu sichern und fortzuentwickeln. Die Reform des Gesundheitssystems ist eine der wichtigsten Aufgaben des Ministeriums; Ziel ist es, die Qualität des Gesundheitssystems weiterzuentwickeln, die Interessen der Patientinnen und Patienten zu stärken, die Wirtschaftlichkeit zu gewährleisten und die Beitragssätze zu stabilisieren. Ein Schwerpunkt des Ministeriums im Gesundheitsbereich ist der Gesundheitsschutz, die Krankheitsbekämpfung und die Biomedizin. Durch das Infektionsschutzgesetz werden Prävention, Beratung und Eigenverantwortung bei der Infektionsverhütung deutlich betont, und das öffentliche Gesundheitswesen wird gestärkt. Das Transplantationsgesetz, das Embryonenschutzgesetz und das Stammzellgesetz regeln den rechtlichen Rahmen für diese wichtigen medizinischen Gebiete.*

Das Bundesministerium für Gesundheit gestaltet auch die Rahmenvorschriften für die Herstellung, klinische Prüfung, Zulassung, die Vertriebswege und Überwachung von Arzneimitteln und Medizinprodukten, um den hohen Anforderungen an Qualität, Wirksamkeit und Unbedenklichkeit gerecht zu werden. Wesentliche Daueraufgabe des Ministeriums und seiner nachgeordneten Behörden ist die Sicherheit biologischer Arzneimittel wie Blutprodukte. Darüber hinaus unterstützt das Ministerium die Forschung und ermöglicht neue Versorgungsstrukturen; dies gilt zum Beispiel für die psychische Gesundheit, die Hilfen für chronisch Kranke, die Kindergesundheit und die Beratung und Betreuung von HIV-Infizierten und an AIDS Erkrankten. Um den Wissensstand in Bezug auf das Gesundheitswesen kontinuierlich zu verbessern, werden dazu notwendige Informationen im Rahmen der Gesundheitsberichterstattung erarbeitet.

Jeder Bürger soll die Möglichkeit haben, sich ein breites Gesundheitswissen anzueignen. Mündige Versicherte und aufgeklärte Patienten gehören ebenso zu einem Gesundheitssystem, wie Gesetze und Verordnungen. Auch im Rahmen der Krankheitsbekämpfung beugt ein umfassendes Wissen gesundheitlichen Risiken vor, dazu gehören auch breitgefächerte Informationen zum Thema der Drogen- und Suchtgefahr.

In den Aufgabenbereich des Ministeriums fallen auch die Berufsgesetze für die Zulassung zu den bundesrechtlich geregelten Heil- und Gesundheitsberufen einschließlich entsprechender Ausbildungsregelungen, um die Qualität der entsprechenden Berufsausübung und damit auch der Versorgung zu gewährleisten.

Neben der nationalen Gesundheitspolitik gehört auch die europäische und internationale Gesundheitspolitik zu den Aufgaben des Bundesministeriums. Die Globalisierung, der Reiseverkehr, die Öffnung zu unseren osteuropäischen Nachbarn führen dazu, dass neue Risiken und verfrüht überwunden geglaubte Gefährdungen gemeinsam mit den Partnern am Ort der Entstehung angegangen werden müssen.

Dem Ministerium zugeordnet sind die Drogenbeauftragte der Bundesregierung und der Patientenbeauftragte der Bundesregierung."[6]

Das Gesundheitsministerium verfolgt also nicht nur eine Vielfalt von Zielsetzungen, sondern verfügt auch über verschiedene Steuerungsinstrumente, die von Vorschriften, Ge- und Verboten über finanzielle Regelungen bis zu Information und Aufklärung reichen. Da es einerseits die medizinische Versorgung regulieren muss, andererseits die Rechte der Betroffenen zu berücksichtigen sind (z. B. auf freie Berufsausübung), ergeben sich naturgemäß Konflikte, die ein reiches Betätigungsfeld für Rechtsgelehrte bieten.

Bei seinen Regulierungsvorhaben lässt sich das Ministerium beraten, u. a. vom Sachverständigenrat zur Begutachtung der Entwicklung im Gesundheitswesen (SVR). In den folgenden Kapiteln spielen solche Regulierungsmaßnahmen eine zentrale Rolle.

Die Landesministerien für Gesundheit verfolgen im Wesentlichen die gleichen Ziele wie das Bundesgesundheitsministerium, allerdings mit anderen Instrumenten, z. B. regeln die Länder im Landesbettenplan die Anzahl von stationären Krankenhausbetten.

Eine Besonderheit des deutschen Medizinsystems sind körperschaftliche Einrichtungen, insbesondere Krankenkassen, Kammern und kassen(zahn)ärztliche Vereinigungen. Diese

[6] Siehe: www.bmg.bund.de, 10. 8. 2011.

Einrichtungen übernehmen staatliche Funktionen und können auch Zwangsmaßnahmen einsetzen; auch wird man u. U. nicht aus freien Stücken, sondern durch gesetzliche Regelung Mitglied einer Körperschaft.

Hauptfunktion der gesetzlichen Krankenversicherung (GKV) ist die Finanzierung und Mitwirkung bei der Steuerung der medizinischen Versorgung für ca. 90 Prozent der deutschen Bevölkerung. Sie ist damit größter Kostenträger der Versorgung in Deutschland. Ihr sind gleich zwei Kapitel in diesem Buch gewidmet, die sich mit Struktur und Aufgaben einerseits und Management der GKV andererseits befassen.

Etwa 10 Prozent der deutschen Bevölkerung sind in privaten Krankenversicherungen versichert. Ihre Struktur ist mit der GKV kaum vergleichbar; es handelt sich im Kern um ein privatwirtschaftliches, also vertragliches Verhältnis zwischen Versicherung und Versicherungsnehmer.

Die GKV bzw. einzelne Krankenkassen unterhalten weitere Einrichtungen: der medizinische Dienst der Krankenversicherung (MDK) berät die Kranken- und Pflegekassen in medizinischen Fragen und führt außerdem Einzelbegutachtungen durch. Das wissenschaftliche Institut der Ortskrankenkassen (WIdO) versteht sich als Einrichtung zur Forschung für mehr Qualität und Effizienz im Gesundheitswesen.

Hauptfunktion der Kammern (der Ärzte, Zahnärzte, Apotheker usw.) ist die Überwachung und Entwicklung berufsspezifischer Regelungen. Die Ärztekammer z. B. vertritt die Mitgliedsärzte (jeder Arzt ist Pflichtmitglied in der für ihn zuständigen Kammer) und übernimmt öffentliche Aufgaben. Insbesondere überwacht sie die Einhaltung beruflicher Regelungen (Berufsordnung, Gerätevorschriften, Normierungen, etc.) und die Fort- und Weiterbildung. Während der Staat die medizinische Ausbildung bis zum Staatsexamen regelt, fällt die Weiterbildung zum Facharzt in die Zuständigkeit der Kammer. An diesem Beispiel erkennt man auch den fließenden Übergang von staatlichen zu körperschaftlichen Aufgaben und Institutionen. Die einzelnen Landesärztekammern sind in der Bundesärztekammer zusammengeschlossen.

In den Kassenärztlichen Vereinigungen (KV) sind alle Ärzte Pflichtmitglieder, die Kassenpatienten behandeln. Die KVen stellen die ambulante ärztliche Versorgung sicher (sorgen also dafür, dass Kassenpatienten ausreichend versorgt werden), regeln u. a. die Zulassung von Kassenärzten (d. h., in welchen Regionen wie viele Kassenärzte tätig sein dürfen) und verteilen die Gesamtvergütung der Kassen an die einzelnen Ärzte. Der wissenschaftlichen Forschung dient das Zentralinstitut der kassenärztlichen Vereinigungen (ZI). Da die KVen einerseits die Interessen der Ärzte vertreten, andererseits hoheitliche Aufgaben übernehmen und Gelder zwischen den Ärzten verteilen, sind ihre Aufgaben teilweise konfliktbeladen.

Krankenhäuser und Krankenhausketten sind in mehreren Organisationen zusammengeschlossen, von denen die wichtigste die Deutsche Krankenhausgesellschaft (DKG) ist. Daneben gibt es Verbände der privaten, evangelischen, katholischen usw. Krankenhäuser. Dazu wird - ebenso wie für die Pharmaunternehmen - auf die Spezialkapitel verwiesen.

Die *ambulante* medizinische Versorgung erfolgt durch niedergelassene Ärzte, Zahnärzte, Apotheker, Physiotherapeuten, Krankenpfleger u. a. – Wegen ihrer Bedeutung werden sie in diesem Buch in eigenen Kapiteln dargestellt.

Kassen, ärztliche Gremien u. a. betreiben außerdem gemeinsam eine Reihe von Einrichtungen. Zu nennen ist hier zuerst der Gemeinsame Bundesausschuss (G-BA). Er ist das oberste Beschlussgremium der gemeinsamen Selbstverwaltung der Ärzte, Zahnärzte, Psychotherapeuten, Krankenhäuser und Krankenkassen in Deutschland und entscheidet darüber, welche Leistungen der medizinischen Versorgung die GKV bezahlt – und welche nicht. Außerdem beschließt der G-BA Maßnahmen der Qualitätssicherung. Wegen seiner Bedeutung wird der G-BA auch als „kleiner Gesetzgeber" bezeichnet.

Eine weitere, wichtige Einrichtung ist das Institut für Qualität und Wirtschaftlichkeit im Gesundheitswesen (IQWiG), das Vor- und Nachteile medizinischer Leistungen objektivieren soll (um z. B. Entscheidungen des G-BA, ob ein bestimmtes Medikament von den Kassen finanziert wird oder nicht, vorzubereiten). Das Aufgabenspektrum solcher Einrichtungen kann sich über die Zeit ändern; so wurde z. B. die Bundesgeschäftsstelle Qualitätssicherung (BQS) 2001 gegründet und mit der externen Qualitätssicherung in Krankenhäusern beauftragt, hat diese Funktion aber 2010 wieder verloren.

Zu erwähnen sind weiterhin Hochschulen als Zentren der Ausbildung (z. B. in Medizin, Medizinökonomie, Sozialarbeit, Management, Public Health usw.); auch Verlage und Online-Informationsdienste gestalten die medizinische Versorgung mit.

Zweck der gesamten Medizin und aller davon abgeleiteten Tätigkeiten (z. B. „Gesundheitspolitik") ist die Behandlung kranker Menschen. Insofern ist es auf den ersten Blick überraschend, dass Patienten und ihre Organisationen bei Darstellungen des Gesundheitssystems manchmal schlicht übersehen werden. Es gibt bisher keine erschöpfende Darstellung, welche Patientenorganisationen in Deutschland existieren. Im Gemeinsamen Bundesausschuss sind derzeit vier Organisationen vertreten (aber nicht stimmberechtigt):

- der Deutsche Behindertenrat (DBR),
- die Bundesarbeitsgemeinschaft der Patient/innenstellen (BAGP),
- die Deutsche Arbeitsgemeinschaft Selbsthilfegruppen e. V. und
- die Verbraucherzentrale Bundesverband e. V.

Diese Organisationen sind relativ jung. Der Deutsche Behindertenrat wurde 1999 von Sozialverbänden und Behindertenorganisationen gegründet. Mitglieder sind z. B. der Sozialverband VdK, die Deutsche Alzheimergesellschaft u. v. a. In der BAGP sind seit 1989 Beratungsstellen zusammengeschlossen, während die Deutsche Arbeitsgemeinschaft Selbsthilfegruppen seit 1982 Patientenselbsthilfegruppen vertritt, die meist krankheitsbezogen tätig sind. Der Verbraucherzentrale Bundesverband e. V. ist die Dachorganisation der 16 Verbraucherzentralen der Länder und von 26 verbraucherpolitisch orientierten Verbänden. Er wurde im Jahre 2000 gegründet und ging aus einem Zusammenschluss der Arbeitsgemeinschaft der Verbraucherverbände (AgV), des Verbraucherschutzvereins (VSV) und der Stiftung Verbraucherinstitut hervor.

Insgesamt ergibt sich ein außerordentlich komplexes System aus Aufgaben, Verantwortlichkeiten und Kompetenzen, dessen Verflechtungen schwer zu durchschauen sind. Obendrein ändern sie sich über die Zeit. Wegen der Bedeutung der Regulierung benötigt man daher ein sehr tiefes Verständnis für die beteiligten Organisationen und ihre Vertreter, wenn man das Gesundheitswesen verstehen will.

Die Bedeutung der Branche spiegelt sich auch in den Finanzströmen, die sie bewegt, wie folgende Abbildung zeigt:

Abbildung Finanzierungströme im Gesundheitswesen 2009, Angaben in Mrd. Euro

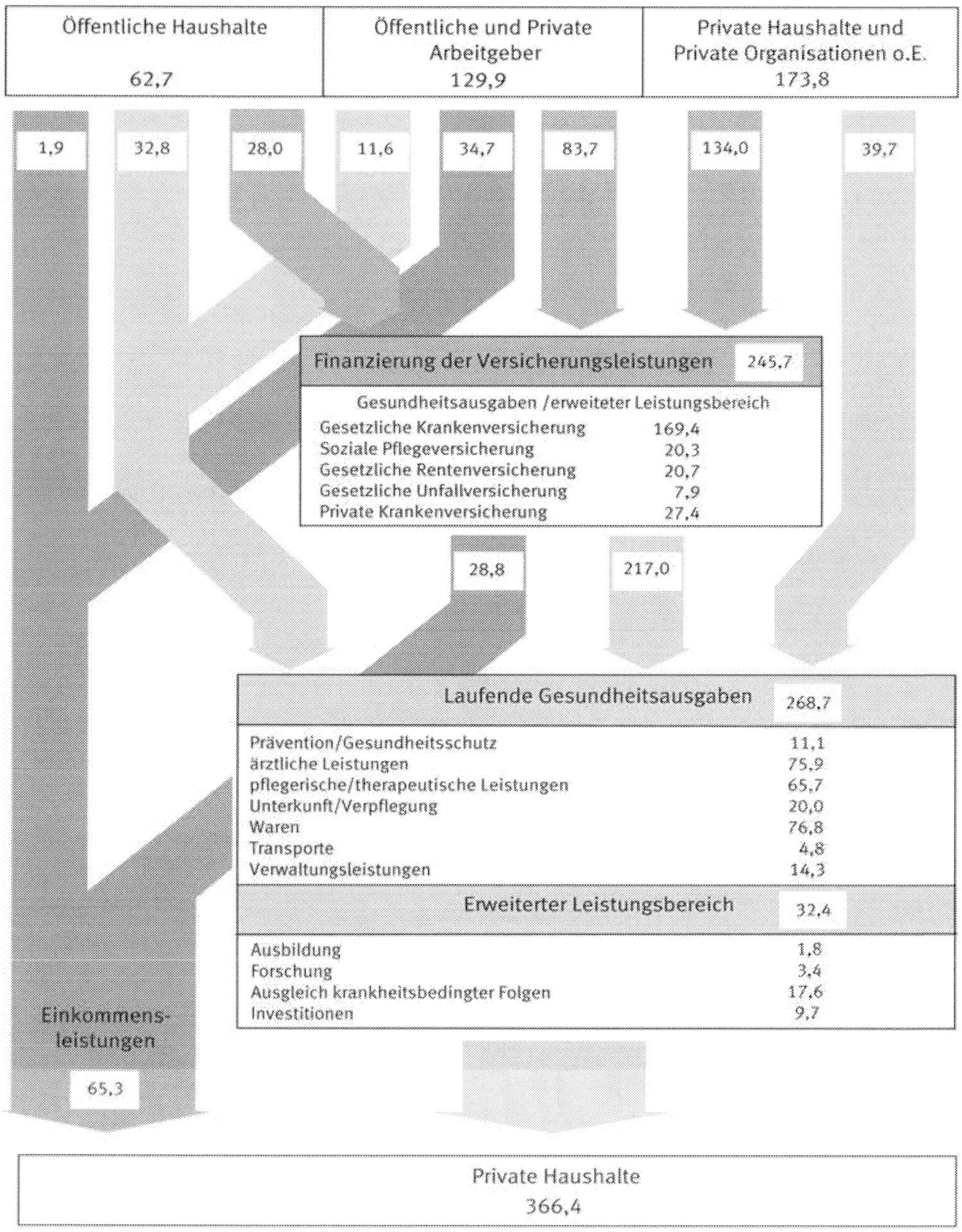

(Quelle: Statistisches Bundesamt: Gesundheit Ausgaben. Fachserie 12 Reihe 7.1.1: Wiesbaden 2011)

Fächert man die laufenden Ausgaben nach Einrichtungen der Leistungserbringung auf, so ergibt sich folgendes Bild (Ausgaben in Mio. Euro, 2009):

Tabelle Ausgaben nach Einrichtungen der Leistungserbringung

Krankenhäuser	70 998
Arztpraxen	42 781
Apotheken (inkl. Medikamente)	40 091
stationäre/teilstationäre Pflege	20 999
Gesundheitshandwerk/-einzelhandel	18 446
Zahnarztpraxen	17 283
Verwaltung	15 969
ambulante Pflege	9 341
Praxen sonstiger medizinischer Berufe	8 549
Vorsorge-/Rehabilitationseinrichtungen	8 190
sonstige Einrichtungen und private Haushalte	8 113
Rettungsdienste	3 046
Gesundheitsschutz	1 899
sonstige ambulante Einrichtungen	1 730
Ausland	1 261
Summe	268 696

(Quelle: Statistisches Bundesamt: Gesundheit Ausgaben. Fachserie 12 Reihe 7.1.1: Wiesbaden 2011)

Die zukünftige Entwicklung der medizinischen Ausgaben wird aktuell breit diskutiert, insbesondere auch unter dem Gesichtspunkt des demographischen Wandels – d. h., dass die Lebenserwartung steigt und die Geburtenrate auf niedrigem Niveau verharrt oder weiter sinkt, was zu einem steigenden Altersdurchschnitt führt – und des technologischen Fortschritts in der Medizin. Die genannten Faktoren, die wahrscheinlich die Ausgaben erhöhen, spielen auch im vorliegenden Buch eine wichtige Rolle.

2. Inhalt und Zweck der Medizinökonomie

Medizinökonomie ist die Anwendung ökonomischer Methoden auf die Medizin, insbesondere die medizinische Versorgung. Die Medizin zielt auf die einzelne Arzt-Patienten-Beziehung. Sie untersucht Krankheiten, um einem je einzelnen Patienten zu helfen. Dazu analysiert sie Ätiologie (Krankheitsursache) und Pathogenese (Krankheitsverlauf), Diagnostik und Therapie krankheitsspezifisch. Bei vielen dieser Themen kommen Faktoren vor, die für mehrere Patienten relevant sind. So können z. B. Risikofaktoren viele Patienten betreffen (man denke an die Rauchgewohnheiten in einem Land und Patienten mit Herz- und Lungenkrankheiten). Auch wird die Behandlung von mehreren Patienten in bestimmten Organisationsformen zusammengefasst. Die Medizinökonomie interessiert sich für Fragen, die mehr als einen Patienten betreffen: z. B. die Organisation der Versorgung internistischer Erkrankungen in Deutschland, Präventionsangebote, die Finanzierung und Steuerung der Versorgung, usw. Die dabei angewendeten ökonomischen Methoden können ganz unterschiedlichen gedanklichen Ansätzen und Theorien entstammen. Medizinökonomie erschöpft sich nicht in Effizienzfragen oder gar Kostensenkung. Beispielsweise gehören auch Verteilungsfragen, letztlich also Fragen der Gerechtigkeit, zur Medizinökonomie.

Zweck der Medizinökonomie ist die Verbesserung der realen medizinischen Behandlung realer Patienten. Dagegen geht es ihr nicht – wie es in Nachbardisziplinen bisweilen vorkommt – um intellektuell brillante, aber realitätsfremde Analysen oder spätscholastisch erstarrte Regelkonformität. Es geht auch nicht primär um knappe Mittel; die optimale Allokation medizinischer Behandlung (d. h., Güter so zu Aufgaben zuzuordnen, dass sie den höchsten Nutzen stiften) ist nicht Zweck, sondern Mittel zum Zweck. Darin gleicht die Medizinökonomie der Medizin, in der ebenfalls derjenige recht hat, der heilt. Dass es in der Realität reichlich Raum für medizinökonomische Verbesserungen gibt, kann jeder „Insider" – als Patient, Arzt oder Manager – bestätigen, für den der medizinische Alltag regelmäßig auch ein organisatorischer Hürdenlauf ist.

Medizinökonomische Methoden sind aus verschiedenen Gründen recht unterschiedlich. Erstens ist das medizinische Geschehen nicht nur wichtig, sondern auch vielgestaltig und – manchmal – komplex; es reicht von relativ einfachen Produkten („Brille") bis hin zu umfangreichen Güter- und Dienstleistungsbündeln („Herzoperation"). Zweitens finden sich in der Ökonomie selbst mannigfaltige Vorgehensweisen. Fast jeder Gegenstand, fast jeder Vorgang hat auch einen ökonomischen Aspekt. Um die Untersuchungsmenge zu strukturieren, hat man in den Wirtschaftswissenschaften ganz unterschiedliche Ansätze gewählt. Managementlehre und Mikroökonomie haben beispielsweise wenig miteinander zu tun – so wenig, dass man sie als voneinander verschiedene Wissenschaften betrachten kann. Diese – für Mediziner ungewohnte – Vielfalt der Ökonomie bringt zwar eine gewisse Unübersichtlichkeit mit sich, aber auch Chancen, weil sie viele Instrumente zur Verfügung stellt, die auch in der Medizin nützlich sind.

Daher stellt dieses Buch die ganze Breite medizinökonomischer Ansätze dar. Zusätzlich werden theoretische Reflexionen mit praktischen Erfahrungen kontrastiert. Es kann daher gar nicht ausbleiben, dass sich manchmal widersprüchliche Meinungen und Ergebnisse einstellen. Das Buch versucht gerade *nicht*, solche Widersprüche zu verschweigen (etwa, indem es nur eine von vielen möglichen Richtungen der Medizinökonomie darstellt und die übrigen auslässt). Die Medizinökonomie bietet an einigen Stellen einfach noch kein endgültiges Ergebnis; ein künstliches „Glattbügeln" würde nicht zu besserer, sondern nur zu unvollständiger und/oder falscher Darstellung führen.

Medizin und Ökonomie sind Wissenschaften, die wenig Dialog miteinander pflegen. Viele Ärzte erleben Teile der Veränderungen im Gesundheitswesen – etwa: die Zunahme nichtärztlicher Entscheidungsgremien – als unzulässige und unnütze Beschneidung ihrer ärztlichen Freiheit. Vor diesem Hintergrund ist verständlich, dass viele Mediziner geradezu eine Abneigung gegen alles Ökonomische entwickeln; dass dies die Nutzung wirtschaftswissenschaftlicher Methoden – und selbst so harmloser wie der Buchführungstechnik – in der Medizin nicht gerade erleichtert, leuchtet ein. Ein kleines Beispiel: vor kurzem fragte der Herausgeber in einer Vorlesung Medizinstudenten im 6. klinischen Semester, was man unter Ökonomie versteht, worauf eine Studentin mit verschränkten Armen und tiefem Abscheu in der Stimme antwortete: „Kaufen! Verkaufen! Geld machen!"

Auf Seite der Ökonomen ist die Dialogbereitschaft ebenfalls nicht besonders ausgeprägt. Ärzte neigen dazu, bei gesundheitsökonomischen Fragen medizinisch zu argumentieren, also über Krankheiten zu sprechen. Auf diesem Terrain bewegen sich Ökonomen ungern und meiden lieber gleich das Gespräch: „über Medizin darf man mit Ärzten nicht reden!". Und so beklagte sich kürzlich eine Chefärztin, dass der Geschäftsführer ihrer Klinik sich hinter Controllingzahlen, Business Plänen und Nettokapitalwertberechnungen verschanzt habe, als sie mit ihm über ein neues medizinisches Angebot sprechen wollte.

Insofern hoffen Autoren, Verlag und Herausgeber, dass die Leser, unabhängig davon, ob sie sich primär als Mediziner oder Ökonomen verstehen, bereit sind, sich auf fakultätsübergreifende medizinökonomische Fakten und Argumente einzulassen.

3. Zur Gliederung des Lehrbuchs

Teil 1 des Buches widmet sich einigen **Grundlagen**, die für das Verständnis der folgenden Kapitel unverzichtbar sind.

Dazu gehört zunächst eine Darstellung der Logiken der Medizin und der Wirtschaftswissenschaften. Dabei wird deutlich, dass die moderne Medizin auf einer relativ einheitlichen theoretischen Basis aufbaut (insbesondere auf Anatomie und Physiologie), in ihrer Analyse körperlicher Krankheiten ein enormes Wissen angereichert und eine diagnostische und therapeutische Kraft erreicht hat, um die andere Wissenschaften sie beneiden; dass zugleich aber die Anwendung dieses Wissens auf den realen Patienten ein sehr persönlicher und gar nicht mehr nur naturwissenschaftlicher Vorgang ist, der je nach Patient sehr unterschiedliche Fähigkeiten des Arztes (z. B. Wissen *und* Empathie) voraussetzt und verschiedene Ergebnisse liefern kann.

Im direkten Vergleich stellen die Wirtschaftswissenschaften eher ein Konglomerat verschiedener Ansätze dar als ein in sich geschlossenes Theoriegebäude. Dadurch bieten sie eine enorme Vielfalt an Modellen und Methoden. Der Transfer von der Theorie in die Praxis ist häufig weiter als in der Medizin. Während dort die Lehre bis auf einzelne Handgriffe eingeht, bieten Teile der Ökonomie eher Leitideen, die erst bei der Umsetzung mit Leben gefüllt werden. Insofern müssen Ärzte, die in ihrer medizinischen Ausbildung dazu erzogen wurden, ja niemandem zu schaden, und daher nur Dinge zu tun, die sie wirklich beherrschen, lernen, bei ökonomischen Fragestellungen mehr Mut zu Risiko und Verantwortung zu übernehmen.

Innerhalb der universitären Ökonomie spielt heute die neoklassische Theorie eine herausragende Rolle. Deshalb wird die (neoklassische) Versicherungsökonomie in einem eigenen Artikel vorgestellt, auch als Quelle für medizinökonomische Fragen.

Medizin und Medizinökonomie beschäftigen sich mit Grundfragen menschlicher Existenz, nämlich Gesundheit, Krankheit, Leid und Sterben. Daher sind ethische Fragestellungen für sie von besonderer Bedeutung. Im Beitrag zur Medizinethik wird ausgeleuchtet, inwieweit ethische Theorien dabei behilflich sein können.

Teil 2 skizziert das **gegenwärtige System der medizinischen Versorgung** in Deutschland und anderen Staaten und bildet den Schwerpunkt des ersten Bandes.

Um über Medizinökonomie sinnvoll mitsprechen zu können, muss man wissen, wie die medizinische Versorgung funktioniert. Es erfolgt daher zunächst eine Beschreibung der stationären, ambulanten und medikamentösen Versorgung; die Reihenfolge ergibt sich aus den jeweiligen Ausgaben. Anschließend erfolgt eine Beschreibung der Finanzierung der medizinischen Behandlung.

Ergänzt wird diese Darstellung durch einen Blick auf andere Gesundheitssysteme, die sich vom deutschen unterscheiden und in einigen Fällen Lösungen entwickelt haben, die möglicherweise auch hier umsetzbar wären.

Eine Besonderheit der medizinischen Versorgung ist ihre zentrale Verwaltung und Steuerung. Daraus ergeben sich mehrere Fragen, denen die folgenden Beiträge nachgehen. Erstens geht es darum, wie knappe Güter verteilt werden und nach welchen Kriterien eine Priorisierung erfolgen kann.

Hätte man zuverlässige und standardisierte Qualitätsinformationen, wäre die Steuerung der medizinischen Versorgung erheblich einfacher. Tatsächlich wird aktuell häufig gefordert, „endlich für mehr Qualität" zu sorgen, wobei nicht immer ganz klar ist, was genau mit „Qualität" gemeint ist. Ein Beitrag untersucht daher, ob und wie man Qualität in der Medizin messen kann.

Dass politische Entscheidungen für die Güterverteilung und damit für Gewinne und Einkommen in der Medizin von besonderer Bedeutung sind, führt auch dazu, dass es in kaum einer anderen Branche so viel Lobbyarbeit gibt. Da Lobbyisten manchmal mit nicht ganz zutreffenden Informationen arbeiten, hält sich im Gesundheitswesen hartnäckig eine Reihe von Mythen, die den Blick auf die Realität verstellen. Daher widmet sich ein Beitrag der Entmythologisierung; er soll dem Leser helfen, seinen Blick zu schärfen, um Desinformation als solche zu erkennen.

Dieser Teil schließt mit einem kurzen Blick auf den Bereich der Pflege.

Teil 3 skizziert mögliche **zukünftige Formen medizinischer Versorgung**. Dazu werden Modelle diskutiert, in denen neue Organisationsformen der Versorgung erprobt werden. Namentlich sind dies Disease Management, Hausarztmodelle und Integrierte Versorgung. Diese „besonderen Versorgungsformen" lassen sich relativ präzise beschreiben, weil für sie eine Legaldefinition vorliegt, nämlich in § 53 SGB V.[7] Die dort genannten Paragraphen beziehen sich (neben Modellvorhaben gemäß § 63 SGB V) insbesondere auf:

- Hausarztmodelle (§ 73b SGB V) bzw. besondere ambulante Versorgung (§ 73c SGB V),
- Disease Management/strukturierte Behandlungsprogramme (§ 137f SGB V),
- Integrierte Versorgung (§ 140 SGB V).

Ebenfalls ausführlich dargestellt wird der Ansatz des Case Managements, der ursprünglich aus der Sozialarbeit stammt und von dort über eine relativ scharf umrissene Definition verfügt.

Zu beachten ist, dass die „besonderen Versorgungsformen" derzeit erprobt werden. Ihre wissenschaftliche Untersuchung ist noch nicht abgeschlossen. Daher sind die Autoren selbstverständlich in einzelnen Punkten unterschiedlicher Meinung.

Im Gegensatz zu einzelnen Instrumenten, die relativ gut definierbar sind, wird in diesem Buch nicht ausführlich über „Managed Care" geschrieben, weil dieser Begriff derzeit nicht präzise fassbar ist. Viele Autoren verstehen darunter eine Art Oberbegriff für eine jeweils unterschiedliche Auswahl aus einer Vielzahl von Instrumenten (z. B. selektives Kontrahieren und/oder andere finanzielle Anreize für Ärzte und Patienten, direkte Steuerung der medizinischen Leistungen, EDV-Lösungen etc.), die dazu dienen sollen, die Kosten der medizinischen Versorgung zu senken bzw. ihre Qualität zu verbessern, wobei sich die Behandlung und ihre Organisation bei Managed Care „irgendwie" von bisherigen Standards unterscheiden. Wie in der Literatur schon häufig angemerkt wurde, wird der Begriff Managed Care so unterschiedlich benutzt, dass man sich bei einer Diskussion zunächst versichern muss, was der jeweilige Gesprächspartner darunter überhaupt versteht.[8]

---

[7] „Die Krankenkasse hat in ihrer Satzung zu regeln, dass für Versicherte, die an besonderen Versorgungsformen nach § 63, § 73b, § 73c, § 137f oder § 140a teilnehmen, Tarife angeboten werden. Für diese Versicherten kann die Krankenkasse eine Prämienzahlung oder Zuzahlungsermäßigungen vorsehen."

[8] Kongstvedt, P. R.: Managed care: what it is and how it works. Sudbury 2009, S. 230.

Teil 4 kontrastiert die bisherigen Überlegungen mit der manchmal harten Realität des medizinischen Alltags. Die Sicht der Patienten beschreibt der Vertreter einer Patientenorganisation; eine schwäbische Hausärztin stellt Medizin und Ökonomie in ihrem Alltag dar. Beide Artikel sind natürlich nicht im statistischen Sinn repräsentativ, stehen aber doch stellvertretend für viele Patienten und Ärzte an der „Basis".

Der zweite Band des Lehrbuchs widmet sich Fragen der Betriebswirtschaftslehre und unternehmerischen Praxis.

Teil 5 der Darstellung beleuchtet das **Management einzelner Einrichtungen**. Dazu werden zunächst die Begriffe Unternehmensführung und Marketing erläutert und ihre Inhalte ausführlich diskutiert. Anschließend wird das Management der umsatzstärksten Einrichtungen je einzeln besprochen, wobei die Reihenfolge der des ersten Bandes entspricht. Auf die Darstellung des Krankenhausmanagements folgen der ambulante Sektor, die pharmazeutische Industrie und die Krankenversicherungen. Dabei zeigt sich, dass die Anwendung von Managementmethoden der Komplexität des Unternehmens entspricht.

Wegen ihrer Bedeutung wird die Personalführung gesondert betrachtet. Der Teil schließt mit einer Fallstudie, die es dem Leser erlaubt, das Gelesene an einem Praxisbeispiel auszuprobieren.

In **Teil 6** wird der **rechtliche Rahmen** untersucht, in dem Medizinökonomie sich bewegt. Das betrifft das Zivil-, Sozialversicherungs-, Straf- und Standesrecht, soweit sie für die Medizin besonders relevant sind. Aus Platzgründen wurden andere rechtliche Themen, z. B. das Steuerrecht, nicht aufgenommen.

Teil 7 des Buches schließlich widmet sich der **EDV in der Medizin** sowie **mathematischen und statistischen Methoden** (inkl. einer kurzen Darstellung von Wirksamkeits-, Kosten- und Kosten-Ergebnis-Untersuchungen), soweit sie medizinökonomisch relevant sind.

Für die einzelnen Beiträge werden jeweils zu Beginn Lernziele formuliert, die am Ende durch Lernfragen für eine Selbstüberprüfung ergänzt werden. Für einige Beiträge sind Lösungen dazu auf der Verlagswebsite (www.gabler.de) bei den Buchinformationen unter dem Online-Plus-Link hinterlegt.

Nicht alle genannten Themen können im vorliegenden Rahmen erschöpfend behandelt werden; daher bieten alle Beiträge Hinweise auf weiterführende Literatur.

Teil 5

Management einzelner Einrichtungen

20 Medizinmarketing – marktorientierte Führung im Gesundheitsbereich

Heribert Meffert und Friederike Rohn

20.1 Gegenstand und Rahmenbedingungen des Medizinmarketing 30
20.1.1 Bedeutung und Entwicklung des Medizinmarketing 30
20.1.2 Begriff, Anspruch und Spannungsfelder des Medizinmarketing 31
20.1.3 Ziele und Aufgaben des Medizinmarketing 33
20.1.4 Besonderheiten des Medizinmarketing 37
20.2 Strategisches Medizinmarketing 38
20.2.1 Strategische Positionierungsziele 38
20.2.2 Strategische Analyse- und Planungskonzepte 38
20.2.3 Festlegung von Strategien im Medizinmarketing 42
20.2.3.1 Marktwahlstrategien 42
20.2.3.2 Marktteilnehmerstrategien 46
20.2.4 Markenstrategien 49
20.3 Operatives Medizinmarketing 52
20.3.1 Leistungspolitik 53
20.3.2 Kommunikationspolitik 55
20.3.3 Kontrahierungspolitik 59
20.3.4 Distributionspolitik 60
20.3.5 Personalpolitik 62
20.3.6 Ausstattungspolitik 64
20.3.7 Prozesspolitik 64
20.4 Controlling des Medizinmarketing 65
20.5 Ausblick 67

Literatur 70

Lernziele

Wenn Sie dieses Kapitel durchgearbeitet haben, können Sie:

- die Ziele und Aufgaben des Medizinmarketing definieren,
- die Besonderheiten des Medizinmarketing herausstellen,
- verschiedene strategische Analyse- und Planungskonzepte anwenden,
- Marktwahl-, Marktteilnehmer- und Markenstrategien erläutern,
- Möglichkeiten des operativen Medizinmarketing-Mix aufzeigen,
- die Grenzen des strategischen und operativen Medizinmarketing erörtern,
- Grundzüge der Implementierung und des Controlling des Medizinmarketing skizzieren.

20.1 Gegenstand und Rahmenbedingungen des Medizinmarketing

20.1.1 Bedeutung und Entwicklung des Medizinmarketing

Der deutsche Markt für Gesundheitsleistungen befindet sich seit einigen Jahren im Umbruch. Der medizinische Fortschritt verbunden mit dem demografischen Wandel führt aufgrund eines steigenden Kostendrucks zu einer **zunehmenden Ökonomisierung des Gesundheitsbereichs**. Die Einführung des Fallpauschalen-Systems für Krankenhäuser und Budgetbeschränkungen von Arztpraxen zwingen zu effizientem Wirtschaften. Hinzu kommen **steigende Ansprüche des Patienten**, der längst vom einst unmündigen Nachfrager zum mitbestimmenden Kunden geworden ist.[1] Diese Entwicklungen haben dazu geführt, dass Anbieter von Gesundheitsleistungen seit langem nicht mehr in einem konkurrenzlosen Umfeld agieren. Der Wettbewerbsgedanke wurde durch jüngste Reformbemühungen (GKV-Wettbewerbsstärkungsgesetz 2007) gefestigt. Vor diesem Hintergrund gewinnt die **marktorientierte Führung** im Gesundheitsbereich an Bedeutung. Vor allem Krankenhäuser und Arztpraxen stehen zunehmend vor der Herausforderung, ihre strategischen und operativen Entscheidungen stärker am Markt auszurichten.

Marketing im Gesundheitsbereich ist in Deutschland noch relativ neu und nicht allzu weit verbreitet. Während in den 1970er Jahren hierzulande noch ein Nachfrageüberhang an Gesundheitsleistungen bestand und Krankenhäuser und Arztpraxen eher mit dem Aufbau weiterer Kapazitäten beschäftigt waren, führten in den USA zu dieser Zeit erste Kostendämpfungsmaßnahmen und ein damit einhergehender steigender Wettbewerbsdruck zur

[1] Vgl. Bienert 2004, S. 87.

Entwicklung des „Health Care Marketing".[2] Wenige Jahre später fanden auch im deutschen Gesundheitsbereich Fragestellungen des Marketings Interesse. Ein bemerkenswerter Anstieg von Publikationen in diesem Bereich sowie die Implementierung von Marketingkonzepten in der Praxis sind in Deutschland allerdings erst in den letzten Jahren zu beobachten.

20.1.2 Begriff, Anspruch und Spannungsfelder des Medizinmarketing

Gemäß der international verbreiteten und anerkannten Definition der American Marketing Association (AMA) kann Marketing bezeichnet werden als „activity, set of institutions, and processes for creating, communicating, delivering, and exchanging offerings that have value for customers, clients, partners, and society at large".[3] Die Definition verdeutlicht die heutige Interpretation von Marketing als integrierte, marktorientierte Führungskonzeption, die sowohl eine funktionsbezogene als auch funktionsübergreifende Dimension vereint. In diesem Zusammenhang wird Marketing als ein **duales Führungskonzept** verstanden.[4] Zum einen ist Marketing als **Funktion** innerhalb der Unternehmensorganisation zu sehen, die sich gleichberechtigt neben anderen betriebswirtschaftlichen Grundfunktionen wie beispielsweise Produktion, Forschung und Entwicklung oder Finanzierung einordnet. Dies bedeutet auch, dass innerhalb einer Marketingabteilung spezifische Kompetenzen (z. B. Marktforschung, Markenführung) entwickelt werden, die letztlich für die Gestaltung von Austauschprozessen mit den Nachfragern erfolgsentscheidend sind. In dieser funktionalen Perspektive dominieren operative bzw. taktische Aspekte. Zum anderen wird mit Marketing ein **Leitkonzept der Unternehmensführung** verbunden. Hiermit ist eine marktorientierte Koordination aller betrieblichen Funktionen im Sinne des Managements von Wettbewerbsvorteilen angesprochen. Jeder Mitarbeiter sollte ein Bewusstsein für den Stellenwert des Nachfragers und seinen Nachfragernutzen entwickeln. So gesehen muss Marketing von der Führungsspitze aus strategisch verantwortet und auf allen Ebenen der Organisation sowie der Unternehmenskultur verankert sein.

Für eine Übertragung des Konzepts der marktorientierten Führung auf den Gesundheitsbereich sind zunächst Gesundheitsleistungen als solche näher zu betrachten. In der Regel weisen Gesundheitsleistungen folgende, für **Dienstleistungen** typische Charaktereigenschaften auf: Sie sind intangibel, also nicht greifbar, sie werden erst bei Leistungsinanspruchnahme erstellt, d. h. sie sind nicht lagerbar (uno-acto-Prinzip), und sie erfordern die Mitwirkung des Patienten (Einfluss des externen Faktors).[5] Darüber hinaus kann die Qualität der Leistung vom nicht fachkundigen Patienten weder vor noch nach der Leistungser-

---

[2] Vgl. Schreyögg 2010, S. 152 sowie Kotler 1975.

[3] AMA 2007.

[4] Vgl. Meffert/Burmann/Kirchgeorg 2012, S. 12 ff.

[5] Vgl. Meffert/Bruhn 2009, S. 40 ff. sowie Ennker/Pietrowski 2009, S. 12.

stellung hinreichend beurteilt werden. Der Patient muss dem Anbieter der Gesundheitsleistung folglich vertrauen, weshalb Gesundheitsgüter auch als Vertrauensgüter bezeichnet werden.[6]

Marketing kann sich auf den gesamten Prozess der gesundheitlichen **Versorgung** beziehen – von der Prävention über die medizinische Behandlung bis zur Nachsorge. **Abbildung 20.1** stellt den Versorgungsprozess sowie die in den jeweiligen Phasen wesentlich beteiligten Leistungserbringer und Leistungsfinanzierer grafisch dar:

Abbildung 20.1 Prozess der gesundheitlichen Versorgung

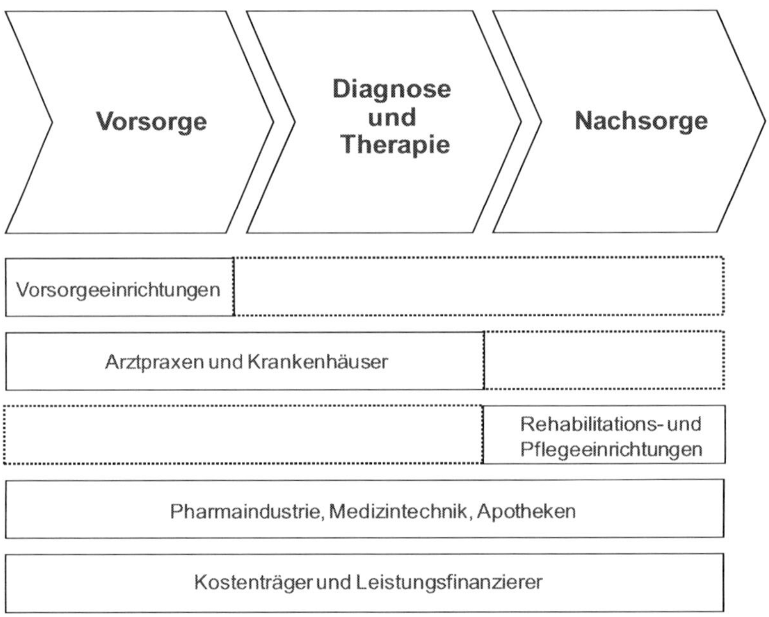

Dieser Beitrag soll sich auf den Bereich der eigentlichen stationären und ambulanten medizinischen Versorgung beziehen und damit auf Fragestellungen des Marketing von Krankenhäusern und Arztpraxen. Im weiteren Verlauf soll daher der Begriff des **„Medizinmarketing"** verwendet werden. **Krankenhäuser** lassen sich u. a. nach der Art ihrer Trägerschaft unterscheiden, die Implikationen für einzelne Marketingentscheidungen haben kann. So wird zwischen öffentlichen (Träger sind Gebietskörperschaften, Zusammenschlüsse von Gebietskörperschaften oder Sozialversicherungsträger), frei gemeinnützigen (Träger sind Kirchengemeinden, kirchliche und weltliche Vereinigungen, Genossenschaften sowie Stiftungen) und privaten Krankenhäusern, die als gewerbliche Unternehmen einer

[6] Vgl. Schreyögg 2010, S. 152.

Konzession nach § 30 Gewerbeordnung bedürfen, differenziert.[7] Im ambulanten Bereich liegt eine Unterscheidung zwischen Vertragsarzt- und Privatarztpraxen vor.[8]

Das im Konsumgüterbereich weit verbreitete Konzept der marktorientierten Führung darf allerdings nicht uneingeschränkt auf die Medizin übertragen werden. Der Markt für medizinische Leistungen unterliegt besonderen Bedingungen. Aus makroökonomischer Sicht liegt im Bereich der Medizin **Marktversagen** vor. Insbesondere Informationsmängel und verzerrte Präferenzen (Nachfrager über- oder unterschätzen den Nutzen einer Gesundheitsleistung) führen zu einer Fehlallokation von Ressourcen, welche ein Eingreifen des Staates in Form **gesetzlicher Regulierungen** bedingt. Darüber hinaus stehen sich der **ärztliche Berufsethos** und betriebswirtschaftliche Überlegungen in einem Spannungsverhältnis gegenüber. Die moralischen und sittlichen Grundsätze eines Arztes, einen Patienten nach bestem Vermögen zu versorgen, sind nicht immer mit dem ökonomischen Prinzip der Wirtschaftlichkeit vereinbar.[9] Gleichzeitig ist aus **ethischen Überlegungen** eine moralische Dimension des „höchsten Guts" Gesundheit zu erhalten. Medizinische Leistungen sind so gesehen moralisch sensible „Produkte", welche in hohem Maße das Vertrauen des Patienten erfordern. Dieses Vertrauen darf nicht durch eine Kommerzialisierung des ärztlichen Berufes oder eine unethische Vermarktung von Gesundheit untergraben werden. Es ist vielmehr eine ethische Legitimation des Medizinmarketing dahingehend notwendig, dass eine marktorientierte Führung die Überlebensfähigkeit von Krankenhäusern und Arztpraxen sichert und letztlich zum Wohl des Patienten beiträgt. Die Betrachtung eines Patienten als „Kunde" darf nicht als Herabschätzung des Patienten als reiner Umsatzträger missverstanden werden, sondern muss zur Befriedigung seiner individuellen Bedürfnisse beitragen.

20.1.3 Ziele und Aufgaben des Medizinmarketing

Als wesentliche Zielgruppen des Medizinmarketing sind aktuelle und potenzielle Kunden (d. h. Patienten, Angehörige und zuweisende Ärzte), Mitarbeitende, Kostenträger sowie die Öffentlichkeit zu nennen.[10] Daneben sind je nach Trägerschaft eines Krankenhauses Shareholder von privaten Klinikketten oder die Forschungsgemeinschaft von Unikliniken als Ziel- bzw. Anspruchsgruppen zu berücksichtigen. Die Formulierung zielgruppenspezifischer Marketingziele dient dabei der Erfüllung einer Kontroll-, Koordinations- und Motivationsfunktion.[11] Durch einen Soll-Ist-Vergleich lässt sich überprüfen, inwiefern Krankenhäuser und Praxen ihre gesetzten Ziele erreicht haben (**Kontrollfunktion**). In der **Koordinationsfunktion** kommt die gemeinsame Ausrichtung der Marketingziele an den

---

[7] Vgl. Tiemann et al. 2010, S. 50.

[8] Vgl. Franz 2009, S. 186.

[9] Vgl. Adam 1972, S. 8.

[10] Vgl. Ennker/Pietrowski 2009, S. 160 ff.

[11] Vgl. Meffert/Bruhn 2009, S. 138.

Oberzielen des Krankenhauses bzw. der Praxis zum Tragen. Ebenso ist die Vorgabe erreichbarer Ziele im Hinblick auf eine Motivierung von Mitarbeitern bedeutsam (**Motivationsfunktion**).

Die Marketingziele sind in das gesamte Zielsystem des Krankenhauses bzw. der Praxis einzubetten und hinsichtlich **Inhalt, Ausmaß, Zeit- und Zielgruppenbezug** zu **operationalisieren.**[12] Generell lassen sich Formalziele und Sachziele einer Organisation unterscheiden. Während **Formalziele** sich auf die Wirtschaftlichkeit einer Organisation (z. B. Existenzsicherung) beziehen, haben **Sachziele** die konkrete Leistungserstellung zum Inhalt.[13] In der Betriebswirtschaft dient die Erfüllung von Sachzielen in der Regel der Erfüllung von Formalzielen, Sachzielen wird somit ein instrumentaler Charakter zugesprochen.[14] Demgegenüber ist in der Medizin eine differenziertere Sichtweise erforderlich. Das Hauptziel öffentlicher Krankenhäuser besteht angesichts eines öffentlichen Versorgungsauftrages in dem Sachziel der Bedarfsdeckung an medizinischen Versorgungsleistungen, das Formalziel der Wirtschaftlichkeit ist hier lediglich eine Nebenbedingung. Private Krankenhäuser verfolgen hingegen als Hauptziel ein langfristiges Gewinnstreben (Formalziel). Allerdings wächst vor dem Hintergrund der Einführung des Fallpauschalen-Systems auch bei Krankenhäusern nicht privatwirtschaftlicher Träger die Bedeutung der Erfüllung von Formalzielen.[15] Ebenso sind ambulante Versorger aufgrund von Budgetbeschränkungen dazu angehalten, Formalzielen vermehrt Bedeutung beizumessen.

Mit Blick auf die Marketingziele einer Organisation lassen sich grundsätzlich ökonomische und psychografische Ziele unterscheiden.[16] **Ökonomische Ziele** stehen in enger Verbindung mit den Formalzielen einer Organisation. Beispiele für ökonomische Ziele von Krankenhäusern bzw. Praxen sind die Kostenwirtschaftlichkeit von medizinischen Prozessen oder die Gewinnung von Marktanteilen. Psychografische Ziele sind im Gegensatz zu ökonomischen Zielen meist nicht direkt beobachtbar und vielfach nur qualitativ messbar. Als **psychografische Marketingziele** von Krankenhäusern bzw. Praxen lassen sich beispielsweise die Erhöhung des Bekanntheitsgrades, die Erhöhung von Präferenzen, die Erreichung eines bestimmten Images oder die Zufriedenheit und Loyalität von Patienten identifizieren. Zwischen den einzelnen Marketingzielen können vielfältige Beziehungen bestehen. So besteht die Möglichkeit einer **Zielkomplementarität** (die Erreichung eines Ziels impliziert zugleich eine bessere Erfüllung eines anderen Ziels), einer **Zielneutralität** (die Erreichung eines Ziels wirkt sich nicht auf die Erreichung eines anderen Ziels aus) und eines Bestehens von **Zielkonflikten** (die Erreichung eines Ziels wirkt sich nega-

[12] Vgl. Hungenberg 2008, S. 24 f.

[13] Vgl. Kosiol 1961, S. 130.

[14] Vgl. Kosiol 1972, S. 224.

[15] Vgl. Bienert 2004, S. 230 f.

[16] Vgl. Meffert/Burmann/Kirchgeorg 2012, S. 256 f.

tiv auf die Erreichung eines anderen Ziels aus). **Abbildung 20.2** stellt beispielhaft das Zielsystem eines Krankenhauses dar. Hierbei wird zwischen krankenhaus-, mitarbeiter- und kundengerichteten Zielen unterschieden.

Abbildung 20.2 Beispielhaftes Zielsystem eines Krankenhauses

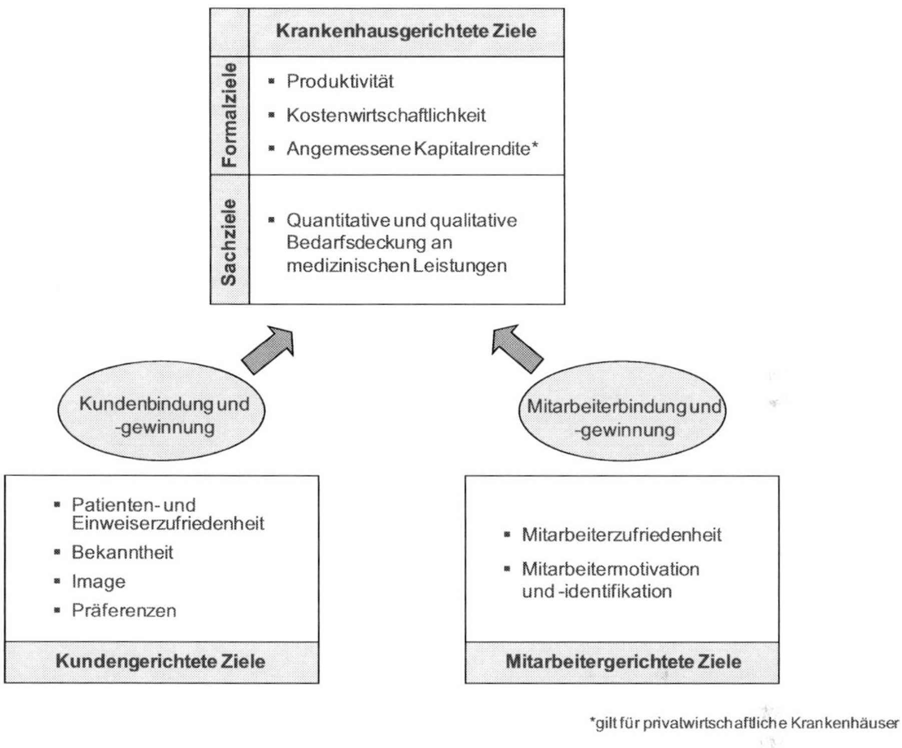

Als wesentliche **Aufgaben des Medizinmarketing** lassen sich fünf Aspekte hervorheben:[17]

1. **Informationsaspekt:** Rahmenbedingungen, Märkte und Kundenverhalten analysieren

   Eine Aufgabe des Medizinmarketing ist es, relevante Informationen über die krankenhaus- bzw. praxisexternen und -internen Ausgangsbedingungen zu erlangen. Die Stärken und Schwächen des Krankenhauses bzw. der Praxis sind richtig einzuschätzen – die Chancen und Risiken sind aufzudecken und zu bewerten. Im Mittelpunkt stehen dabei sowohl die Verhaltensweisen der Marktteilnehmer (vor allem der Patienten und Wettbewerber) als auch die Umweltbedingungen. Hierzu können vielfältige Messin-

[17] Vgl. Meffert 2009, S. 13 ff.

strumente eingesetzt werden. So dienen Zufriedenheitsbefragungen von Patienten beispielsweise dazu, mögliche Divergenzen zwischen subjektiven Leistungserwartungen und tatsächlichen Leistungserfahrungen zu ermitteln und dadurch Verbesserungspotenziale des Krankenhauses oder der Arztpraxis aufzudecken. Oder die Ermittlung des Bekanntheitsgrades des Krankenhauses bzw. der Arztpraxis ermöglicht z. B. die Ableitung von Implikationen für Maßnahmen im Bereich der Öffentlichkeitsarbeit.

2. **Strategieaspekt:** Marketingziele und langfristige Verhaltensweisen planen

   In Verbindung mit dem Zielsystem des Krankenhauses bzw. der Praxis sind wünschenswerte Vorzugsstände zu definieren. Auf der Grundlage der Ziele sind Marketingstrategien als bedingte, langfristige, globale Verhaltenspläne zu entwickeln. Sie fungieren als Orientierungsgröße und stecken den Handlungsrahmen für das operative Marketing ab.

3. **Aktionsaspekt:** Instrumenteneinsatz planen und Maßnahmen gestalten

   Das strategische Marketing bildet den Rahmen für den Einsatz von Marketinginstrumenten. Traditionell umfasst der Marketing-Mix die folgenden vier Instrumentebereiche („4 Ps"): Product (Leistungspolitik), Price (Kontrahierungspolitik), Place (Distributionspolitik) und Promotion (Kommunikationspolitik). Gemäß der Einordnung des Medizinmarketing in den Bereich des Dienstleistungsmarketing werden zusätzlich People (Personalpolitik), Process (Prozesspolitik) und Physical Facilities (Ausstattungspolitik) ergänzt.[18]

4. **Implementierungsaspekt:** Strategien und Maßnahmen realisieren und durchsetzen

   In diesem Zusammenhang stehen Überlegungen hinsichtlich einer effizienten Aufbau- und Ablauforganisation in Verbindung mit entsprechenden Verantwortlichkeiten und dem Einsatz von Führungskonzepten. Als zentrale Herausforderung ist die leistungswirksame inhaltliche und zeitbezogene Koordination aller arbeitsteilig strukturierten Aktivitäten im Hinblick auf die Erreichung der angestrebten Markt- und Kundenziele anzusehen.

5. **Controlling-Aspekt:** Ziele, Strategien und Maßnahmen kontrollieren

   Im Rahmen des Marketing-Controlling sind die Erfolgswirkungen im Sinne von Zielerreichungsgraden der umgesetzten Strategien und Maßnahmen zu erfassen und gegebenenfalls Anpassungen in allen Phasen des Planungsprozesses vorzunehmen, um die Zielerreichung zu verbessern. Durch entsprechende Marketinginformationssysteme ist die Einhaltung der strategischen Entscheidungen und die Zielerreichung der Maßnahmen ebenso zu überprüfen wie die Effektivität und Effizienz der organisatorischen Abläufe.

[18] Vgl. Mehner 2010, S. 498.

20.1.4 Besonderheiten des Medizinmarketing

In Abgrenzung zum klassischen Marketing von Unternehmungen weist das Medizinmarketing einige Besonderheiten auf. Zunächst ist die besondere Stellung des Empfängers medizinischer Leistungen (des Patienten) zu betrachten. Obgleich Patienten zunehmend als Kunden bezeichnet werden, sind wesentliche Differenzierungsmerkmale zu berücksichtigen. So konsumiert der „Kunde" Patient unter besonderen Umständen. Er nimmt die medizinische Leistung in der Regel nicht freiwillig in Anspruch, sondern ist krankheitsbedingt auf die Leistung angewiesen, sofern er nicht eine Verschlechterung seines Gesundheitszustandes riskieren möchte. Der Patient befindet sich also in einer Art Zwangslage.[19] Ebenso ist er bei der Wahl des Leistungserbringers stark eingeschränkt. Anders als ein Kunde eines Warenhauses ist der Patient etwa bei der Wahl eines Krankenhauses häufig von einem einweisenden Arzt abhängig, der in seiner Rolle als Leistungsveranlasser den Patienten berät und, wenn auch unter Mitwirkung des Patienten, letztlich über die Krankenhauswahl entscheidet.[20] Zudem zahlt der Patient die in Anspruch genommene Leistung in der Regel nicht direkt, sondern sie wird indirekt über seine Krankenkasse bzw. -versicherung vergütet. Aus Sicht des Patienten besteht damit keine unmittelbare „Abgeltung".[21] Der Preis der Leistung, ansonsten ein wichtiges Differenzierungsmerkmal von Leistungsanbietern, verliert für den Patienten an Bedeutung.[22] Des Weiteren erfolgt aufgrund der Charaktereigenschaft von Gesundheitsleistungen als Vertrauensgut nicht selten eine Beurteilung der medizinischen Leistungsfähigkeit auf Basis von Ersatzkriterien. In diesem Zusammenhang werden beispielsweise Wartezeiten, die Freundlichkeit des Personals oder bei stationären Aufenthalten die Qualität des Essens als Qualitätsindikatoren herangezogen, wie eine am Marketing Center Münster durchgeführte Studie zur Messung der Zufriedenheit von Patienten gezeigt hat.[23] Der Patient ist damit in seiner Souveränität als Kunde sowohl im ökonomischen als auch medizinischen Bereich eingeschränkt.[24]

Darüber hinaus existieren im Bereich des Medizinmarketing zahlreiche **gesetzliche Restriktionen.** So sieht die **Musterberufsordnung für deutsche Ärztinnen und Ärzte** (MBO) ein Verbot berufswidriger Werbung vor, insbesondere in Bezug auf anpreisende, vergleichende und irreführende Werbung.[25] Das **Gesetz gegen unlauteren Wettbewerb** (UWG) unterstützt dieses Verbot.[26] Ziel des **Heilmittelwerbegesetzes** (HWG) ist des Weiteren, den nicht fachkundigen Patienten vor unsachgemäßer, beeinflussender Werbung im Bereich

---

[19] Vgl. Tscheulin/Helmig 2000, S. 111.

[20] Vgl. Gorschlüter 1999, S. 49 f.

[21] Vgl. Tscheulin/Helmig 2000, S. 111.

[22] Vgl. Hildebrandt/Martini 1999, S. 29.

[23] Vgl. darüber hinaus von Eiff/Echterhoff/Stachel 2008, S. 147 ff.

[24] Vgl. Gorschlüter 1999, S. 23 ff.

[25] Vgl. § 27 MBO.

[26] Vgl. § 6 UWG.

des Heilwesens zu schützen.[27] Mit den gesetzlichen Regelungen soll vor allem einer Kommerzialisierung des ärztlichen Berufes sowie einem Missbrauch des Patientenvertrauens vorgebeugt werden.[28]

20.2 Strategisches Medizinmarketing

20.2.1 Strategische Positionierungsziele

Ziel einer strategischen Positionierung ist die Abgrenzung des Leistungsangebotes vom Wettbewerb im relevanten Markt. Aufgrund der Besonderheiten des Gesundheitsmarktes sind dem Großteil medizinischer Leistungserbringer in der strategischen Positionierung deutliche Grenzen gesetzt. Angesichts öffentlicher Versorgungsaufträge von Krankenhäusern und Versorgungsverträgen von niedergelassenen Ärzten ist die Erreichung von Alleinstellungsmerkmalen im Sinne eines KKVs (komparativer Konkurrenzvorteil) bzw. eines USPs (unique selling proposition) nur eingeschränkt möglich bzw. erwünscht. So regulieren gesetzliche Rahmenbedingungen das Leistungsmanagement medizinischer Versorger unter anderem über Bestimmungen hinsichtlich einer zu erbringenden Grundversorgung.[29] Krankenhäuser privater Trägerschaften, die keine Versorgungsverträge abgeschlossen haben, sowie Privatarztpraxen sind demgegenüber weitreichendere Positionierungsmöglichkeiten geboten. Darüber hinaus sind verschiedene medizinische Fachrichtungen mehr oder weniger für die Erlangung von Wettbewerbsvorteilen geeignet. Während für die Inanspruchnahme einer längerfristig planbaren medizinischen Leistung (z. B. Augenlasern oder Geburt) verschiedene Entscheidungskriterien zu Grunde gelegt werden, ist der Leistungsempfänger einer Notfallbehandlung in seiner Wahlfreiheit extrem begrenzt. Nichtsdestotrotz sind mit Blick auf zunehmende Wettbewerbsbedingungen medizinische Leistungserbringer dazu aufgefordert, sich innerhalb ihrer Möglichkeiten mit Hilfe strategischer Positionierungsentscheidungen von der Konkurrenz abzugrenzen. Spielraum für strategische Positionierungsentscheidungen bietet insbesondere das Angebot von sogenannten Wahl- und Zusatzleistungen, welches im weiteren Verlauf näher beleuchtet wird.

20.2.2 Strategische Analyse- und Planungskonzepte

Eine sorgfältige Analyse der Marktsituation und der eigenen Ressourcen und Kernkompetenzen sowie die Prognose wichtiger Schlüsselgrößen bilden die Grundlage für die strategische Marketingplanung. Im Folgenden sollen ausgewählte Analyse- und Planungskonzepte vorgestellt werden.

---

[27] Vgl. insbesondere § 3 und § 11 HWG.

[28] Vgl. § 27 (1) MBO.

[29] Vgl. Gibis 2010, S. 76 ff. sowie Tiemann et al. 2010, S. 64 ff.

Die Durchführung einer **SWOT-Analyse** (**S**trengths, **W**eaknesses, **O**pportunities, **T**hreats) ermöglicht die Ableitung strategischer Stoßrichtungen und die Generierung von Hinweisen zum Aufbau von Wettbewerbsvorteilen im Zuge des strategischen Planungsprozesses. Mit Hilfe einer Chancen-Risiken-Analyse (Umweltanalyse) werden für die strategische Planung bedeutsame krankenhaus- bzw. praxisexterne Umwelteinflüsse identifiziert. Die Stärken-Schwächen-Analyse (Ressourcenanalyse) hat dahingegen zum Ziel, zu ermitteln, welche konkreten Aktivitäten unter Berücksichtigung der gegenwärtigen und zukünftigen Ressourcensituation von der Praxis bzw. dem Krankenhaus zu ergreifen sind.[30] **Abbildung 20.3** stellt eine beispielhafte SWOT-Analyse für ein Krankenhaus dar:

Abbildung 20.3 Beispielhafte SWOT-Analyse für ein Krankenhaus

Chancen	Risiken
▪ Bedingt durch den demographischen Wandel Erhöhung des Versorgungsbedarfs	▪ Steigende Patientenansprüche in Bezug auf Serviceleistungen
Stärken	**Schwächen**
▪ Hohe Serviceorientierung des nicht-ärztlichen Personals	▪ Begrenzte Kapazitäten

Im Rahmen einer **Positionierungsanalyse** besteht die Möglichkeit, die Positionierung eines Krankenhauses bzw. einer Praxis im Vergleich zum Wettbewerb abzubilden. Ziel ist es, die Krankenhaus- bzw. Praxisleistung so zu gestalten, dass die vom Patienten wahrgenommenen Eigenschaften mit den von ihnen gewünschten Soll-Eigenschaften übereinstimmen.[31] Die Prozesseigenschaft und Immaterialität einer medizinischen Leistung sowie die Integration des Patienten in den Leistungserstellungsprozess erschweren im Gegensatz zum klassischen Konsumgüterbereich die Erfassung der für die Positionierung nötigen Eigenschaften. Diese Besonderheiten sind bei der Ableitung strategischer Stoßrichtungen auf Basis einer Positionierungsanalyse zu beachten. Es werden **fünf Phasen der Positionierungsanalyse** unterschieden:[32]

[30] Vgl. zur SWOT-Analyse Christensen/Andrews/Bauer 1973, S. 236 ff. sowie Meffert/Burmann/Kirchgeorg 2012, S. 240 f.

[31] Vgl. Meffert/Bruhn 2009, S. 125.

[32] Vgl. ebenda, S. 126.

1. Auswahl des zu positionierenden **Objektes**: Dies kann eine einzelne medizinische Dienstleistung, ein strategisches Geschäftsfeld oder das Krankenhaus bzw. die Praxis insgesamt sein.
2. Bestimmung der **relevanten Leistungsmerkmale**: Hierfür werden Kundenstatements (z. B. von Patienten oder einweisenden Ärzten) herangezogen, die im Rahmen der Analyse zur Positionierung des Objektes im Merkmalsraum genutzt werden. Beispielsweise kann eine Analyse der Zufriedenheit von Patienten mit der Serviceorientierung des nicht-medizinischen Personals erfolgen.
3. Festlegung der **Ist-Positionierung** durch Platzierung des eigenen sowie konkurrenzbezogenen Analyseobjektes in den Merkmalsraum.
4. Vergleichende Gegenüberstellung der Ist-Positionierung mit der **Soll-Positionierung** aus Kundensicht.
5. Ableitung von **strategischen Stoßrichtungen** (z. B. Erhöhung der Serviceorientierung des nichtärztlichen Personals durch Weiterbildungsprogramme).

In **Abbildung 20.4** ist eine beispielhafte Positionierungsanalyse für eine Arztpraxis dargestellt:

Abbildung 20.4 Beispielhafte Positionierungsanalyse für eine Arztpraxis

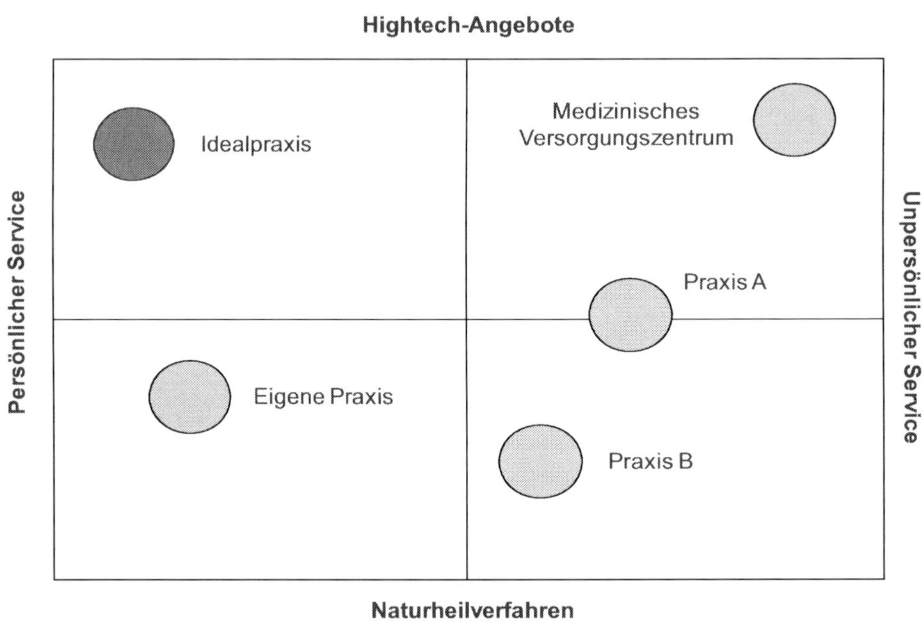

(Quelle: In enger Anlehnung an: Weinbrenner 2010, S. 180)

Ein weiteres, in der Marketingpraxis viel genutztes strategisches Analyse- und Planungsinstrument ist die **Portfolioanalyse.** Mit ihr wird die Zielsetzung verfolgt, ein Analyseobjekt (z. B. Fachabteilung eines Krankenhauses) in Bezug auf interne und externe Erfolgsfaktoren in einer zweidimensionalen Matrix zu positionieren, um daraus Normstrategien für eine strategische Neuausrichtung der Marketingprogramme abzuleiten.[33] Aufgrund der Verpflichtung zur Leistungserbringung im Rahmen von Versorgungsaufträgen kann eine Portfolioanalyse mit den aus ihr resultierenden Normstrategien im Medizinbereich nur eingeschränkt Anwendung finden. Nichtsdestotrotz bietet die Analysemethode eine gute Basis für das Verständnis strategischer Zusammenhänge, insbesondere in Bezug auf eine „ganzheitliche" Krankenhaus- bzw. Praxisführung.[34]

Das **Marktanteils-Marktwachstums-Portfolio** sowie das **Wettbewerbsvorteils-Marktattraktivitäts-Portfolio** sind die beiden am weitesten verbreiteten Portfolioansätze. Die Gemeinsamkeit beider Ansätze besteht darin, dass eine Portfoliodimension jeweils eine interne, von der Praxis bzw. dem Krankenhaus beeinflussbare Variable repräsentiert und die andere jeweils eine externe, von der Praxis bzw. dem Krankenhaus nicht beeinflussbare Variable.

Nach Positionierung einzelner Analyseobjekte im zweidimensionalen Merkmalsraum können für die einzelnen Objekte Normstrategien abgeleitet werden mit dem Ziel, ein ausgewogenes Portfolio zu generieren. Im Rahmen des durch McKinsey entwickelten Marktattraktivitäts-Wettbewerbsvorteils-Portfolios werden beispielsweise je nach Ausmaß der Marktattraktivität und Wettbewerbsvorteile einzelner Geschäftsfelder folgende Normstrategien unterschieden: Investitions- und Wachstumsstrategie, Abschöpfungs- und Desinvestitionsstrategie und Selektionsstrategie. Als Maßstab für die Marktattraktivität eines Geschäftsfeldes können hierbei verschiedene Kriterien dienen. So können beispielsweise das Marktwachstum, die Wettbewerbsintensität, aber auch gesetzliche Regulierungen die Marktattraktivität bestimmen. Zur Bestimmung der relativen Wettbewerbsvorteile (relativ in Bezug auf den stärksten Wettbewerber) können unter anderem der relative Marktanteil, das technische Potenzial und die Qualifikation des ärztlichen Personals eines Krankenhauses oder einer Arztpraxis herangezogen werden.

Abbildung 20.5 zeigt ein vereinfachtes Marktattraktivitäts-Wettbewerbsvorteils-Portfolio für die Positionierung verschiedener Fachabteilungen eines Krankenhauses. Die Größe der Kreise repräsentiert hierbei die jeweilige Abteilungsgröße.

---

[33] Vgl. zur Portfolioanalyse Welge/Al-Laham 2006, S. 461 ff. sowie Meffert/Bruhn 2009, S. 131 ff.

[34] Vgl. Bienert 2004, S. 167 f.

Abbildung 20.5 Beispielhaftes Marktattraktivitäts-Wettbewerbsvorteils-Portfolio für ein Krankenhaus

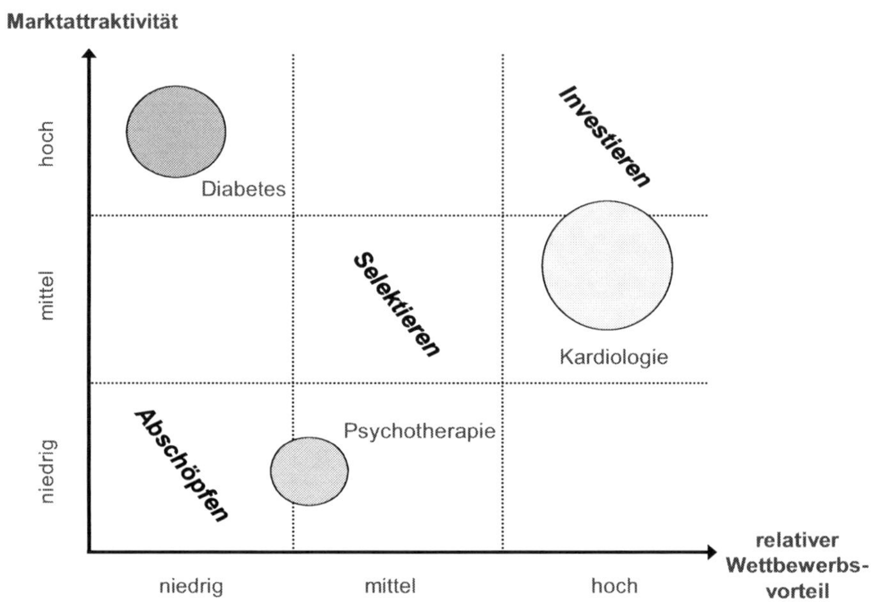

20.2.3 Festlegung von Strategien im Medizinmarketing

20.2.3.1 Marktwahlstrategien

Marktfeldstrategien

Die Festlegung von Strategien im Medizinmarketing beinhaltet zunächst die Bestimmung der generellen strategischen Stoßrichtung des Krankenhauses bzw. der Praxis. Ziel ist die Sicherstellung der langfristigen Erreichung der Sach- und Formalziele. Für eine erste Gegenüberstellung der Strategiealternativen eignet sich die klassische **Ansoff-Matrix,** mit Hilfe derer sich die vier in **Abbildung 20.6** dargestellten **Markfeldstrategien** unterscheiden lassen.[35]

Im Rahmen der **Marktdurchdringungsstrategie** besteht die Zielsetzung, den Absatz der gegenwärtigen medizinischen Dienstleistung auf dem bestehenden Markt zu erhöhen.[36]

[35] Vgl. Ansoff 1966, S. 13 ff.

[36] Vgl. zu den Grundlagen der jeweiligen Marktfeldstrategien Meffert/Bruhn 2009, S. 152 ff.

Dies kann durch eine Erhöhung der Dienstleistungsverwendung bei bestehenden Kunden (z. B. durch Kundenbindungsprogramme), durch Abwerbung von Kunden der Konkurrenz (z. B. durch Dienstleistungsoptimierung) oder durch die Gewinnung bisheriger Nichtverwender der Dienstleistung (z. B. durch eine intensivierte Kommunikation) gelingen.

Abbildung 20.6 Marktfeldstrategien im Dienstleistungsmarketing

Märkte / Dienstleistungen	Gegenwärtig	Neu
Gegenwärtig	Marktdurchdringung	Marktentwicklung
Neu	Dienstleistungs-entwicklung/ -innovation	Diversifikation

(Quelle: In Anlehnung an Johnson/Scheuing/Gaida 1986, S. 115 sowie Meffert/Bruhn 2009, S. 152)

Bei der **Marktentwicklungsstrategie** erfolgt für die bestehenden medizinischen Dienstleistungen die Begehung eines oder mehrerer neuer Märkte. In diesem Zusammenhang ist zum einem die Erschließung neuer zusätzlicher Märkte durch regionale, nationale oder internationale Ausdehnung denkbar.[37] Ein Trend ist hierbei in der zunehmenden Anwerbung von Patienten aus dem Ausland zu sehen. Durch die Gewinnung dieser Patientengruppe können nicht genutzte Kapazitäten ausgeschöpft und zusätzliche Finanzmittel akquiriert werden, da die Abrechnung außerhalb des durch die deutschen Krankenkassen begrenzten Budgets erfolgt.[38] Im Zuge eines Patiententourismus werden ebenfalls Angebote für mitreisende Angehörige relevant. In Deutschland haben bereits mehrere medizinische Leistungsanbieter das lukrative Auslandsgeschäft für sich entdeckt.

Zum anderen besteht die Möglichkeit der Gewinnung neuer Marktsegmente, z. B. durch die Abstimmung einer Dienstleistungsvariante auf spezielle Bedürfnisse einer bestimmten Zielgruppe. Krankenhäuser oder Praxen könnten beispielsweise das Angebot einer beste-

[37] Vgl. Stauss 1994, S. 10 ff.

[38] Vgl. Lüthy/Buchmann 2009, S. 174.

henden Gruppentherapie in modifizierter Form auch als Selbstzahlerleistung für Einzelpersonen anbieten.[39]

Demgegenüber zielt die Strategie der **Dienstleistungsentwicklung** darauf ab, für bestehende Kunden neue, innovative Dienstleistungen zu entwickeln. Hierbei kann zwischen der Schaffung echter Marktneuheiten und der Angebotserweiterung um zusätzliche Dienstleistungsvarianten differenziert werden.

Die **Diversifikationsstrategie** beruht schließlich auf der Überlegung, neue Dienstleistungen für neue Märkte zu entwickeln. Es lassen sich drei Formen der Diversifikation unterscheiden:

- **Horizontale Diversifikation:** Das neue Dienstleistungsprogramm wird um Leistungen erweitert, die mit dem bestehenden Programm verwandt sind (z. B. neues onkologisches Fachgebiet neben dem schon bestehenden).[40]
- **Vertikale Diversifikation:** Die Wertschöpfungstiefe wird durch Erweiterung um vor- oder nachgelagerte Dienstleistungen vergrößert (z. B. Erweiterung eines Krankenhauses um eine Rehaklinik).
- **Laterale Diversifikation:** Das Krankenhaus bzw. die Praxis stößt mit neuen Dienstleistungen in bisher unbekannte Märkte vor (z. B. Eröffnung einer IT-Beratungsgesellschaft durch ein Krankenhaus).

Die beschriebenen Marktfeldstrategien sind nicht für alle medizinischen Leistungserbringer gleichermaßen umsetzbar. So sind insbesondere Krankenhäusern und Arztpraxen im Rahmen von Versorgungsverträgen Grenzen im Wachstum medizinischer Kernleistungen gesetzt.

Wettbewerbsvorteilsstrategien

Eine zentrale Rolle bei der Ableitung von Strategien im Medizinmarketing kommt der Bestimmung des zu verfolgenden **Wettbewerbsvorteils** zu. Es lassen sich folgende drei Dimensionen zur Umsetzung von Wettbewerbsvorteilsstrategien unterscheiden: Differenzierungsvorteile, Kostenvorteile und Zeitvorteile. Nicht selten ergeben sich Wettbewerbssituationen, in denen diese simultan zur Sicherung der Position am Markt zu verfolgen sind.[41]

Im Rahmen einer **Differenzierungsstrategie** wird das Ziel verfolgt, sich durch Schaffung von Leistungsvorteilen oder durch Erhöhung des Serviceniveaus gegenüber der Konkurrenz abzugrenzen. Diesen Differenzierungsvorteilen können verschiedene Basisfaktoren zu Grunde liegen. Das Erreichen einer aus Kundensicht überlegenen **Qualitätsposition** ist

[39] Vgl. Bienert 2004, S. 261.

[40] Für die jeweiligen Diversifikationsbeispiele vgl. ebenda, S. 262.

[41] Vgl. zu den Grundlagen der Wettbewerbsvorteilsstrategien Meffert/Bruhn 2009, S. 156 ff.

aufgrund der mangelnden Fähigkeit von Patienten, die Qualität medizinischer Dienstleistungen hinreichend zu beurteilen, nur bedingt umsetzbar. Eine weitere Möglichkeit besteht in einem systematischen **Innovationsmanagement** von Krankenhäusern bzw. Arztpraxen. Auch die Generierung von **Leistungsprogrammvorteilen** bietet einen Ansatz zur Differenzierung. Hierbei kann sowohl an der Tiefe als auch an der Breite des angebotenen Leistungsprogramms angeknüpft werden, sofern dies die Versorgungsverträge mit Krankenkassen zulassen. Schließlich ist eine Abgrenzung vom Wettbewerber in Form von **Markierungsvorteilen** möglich.[42] Insbesondere im Medizinmarketing ist aufgrund der Eigenschaft der medizinischen Leistung als Vertrauensgut der Aufbau einer starken Marke als Vertrauensanker für den Patienten von hoher Bedeutung. Die Realisierung von Markierungsvorteilen stellt zugleich besondere Anforderungen an die Kommunikationspolitik des Krankenhauses bzw. der Arztpraxis.

Neben Differenzierungsvorteilen können **Kostenvorteile** zur Generierung eines Wettbewerbsvorteils beitragen. Generell setzt das Erreichen einer Kostenführerschaft im Dienstleistungsbereich eine Standardisierung des Dienstleistungsprozesses, Rationalisierungen sowie ein professionelles Kostenmanagement voraus. Anders als Unternehmen der freien Wirtschaft können medizinische Dienstleister nicht ohne Weiteres Kostenvorteile generieren, die sich letztendlich in Preisvorteilen für den Patienten ausdrücken. Zum einen sind die Preise medizinischer Kernleistungen vertraglich geregelt (vgl. 20.3.3 Kontrahierungspolitik), zum anderen nehmen Preise medizinischer Leistungen für den Patienten eine andere Bedeutung ein als Preise für sonstige materielle oder immaterielle Güter, da in der Regel eine Finanzierung über die Krankenkassen erfolgt. Ansätze zur Generierung von Preisvorteilen sind aus diesem Grund vor allem im Bereich der Selbstzahlerleistungen zu sehen. Darüber hinaus erweist sich eine Standardisierung zur Erreichung von Kostenvorteilen aufgrund der Komplexität medizinischer Dienstleistungen in der Regel als nur schwer umsetzbar (vgl. Abschnitt 20.2.3.2 **Marktteilnehmerstrategien**).

Über Differenzierungs- und Kostenvorteile hinaus besteht die Möglichkeit der Erlangung von Wettbewerbsvorteilen durch **Zeitvorteile**. Hierbei sind folgende zwei Dimensionen relevant: Zeitdauer der Dienstleistungserstellung und Reaktionsschnelligkeit bei Kundenanfragen. Für Krankenhäuser bzw. Arztpraxen ist insbesondere die Verkürzung von **Wartezeiten** aus der Sicht des Patienten ein Ansatzpunkt zur Generierung eines Wettbewerbsvorteils.[43] Ferner ist die **Reaktionsschnelligkeit** auf Kundenanfragen bedeutsam. Während für Patienten eine hohe Responsefähigkeit ihres Arztes von Relevanz ist, kann beispielsweise für zuweisende Ärzte im Falle einer Rücküberweisung die zeitnahe Übermittlung von Patientendaten von Bedeutung sein.

---

[42] Vgl. Mei-Pochtler 1998, S. 665 ff.

[43] Vgl. Frodl 2004, S. 116 ff.

Marktabdeckungsstrategien

Marktabdeckungsstrategien befassen sich mit der Frage nach dem sinnvollen Grad der Bearbeitung des relevanten Marktes medizinischer Leistungserbringer.[44] Sie sind vor allem für die Versorgung außerhalb von Versorgungsaufträgen und vertragsärztlichen Bestimmungen relevant. Grundsätzlich lassen sich zwei Optionen der Marktabdeckung unterscheiden:[45]

- Gesamtmarktstrategie,
- Teilmarktstrategie.

Im Rahmen der **Gesamtmarktstrategie** versucht das Krankenhaus bzw. die Arztpraxis eine vollständige Marktabdeckung zu erreichen. Hierfür sind in der Regel ein eher breites Angebot an medizinischen Dienstleistungen, die Nutzung von Know-how-Synergien sowie Größeneffekte erforderlich, um Wettbewerbsvorteile zu generieren.

Im Gegensatz zur Gesamtmarktstrategie erfolgt bei der **Teilmarktstrategie** eine Spezialisierung auf ausgewählte Geschäftsfelder. Eine **Nischenstrategie** zielt beispielsweise darauf ab, durch Konzentration auf spezifische Zielgruppen oder Leistungen Vorteile gegenüber dem Wettbewerb zu erlangen. Diese Spezialisierungsstrategie wird beispielsweise durch die Eröffnung einer Kinderklinik oder die Spezialisierung auf eine bestimmte medizinische Behandlung (z. B. Hüftoperationen) umgesetzt.

20.2.3.2 Marktteilnehmerstrategien

Marktbearbeitungsstrategien

Ist der Grad der Marktabdeckung bestimmt, stellt sich die Frage nach der **Art der Marktbearbeitung** des Gesamt- oder Teilmarktes. Es wird zwischen folgenden Marktbearbeitungsstrategien differenziert:[46]

- undifferenzierte Marktbearbeitung,
- differenzierte Marktbearbeitung,
- „Segment-of-One-Approach".

Bei der **undifferenzierten Marktbearbeitung** erfolgt eine Bearbeitung sämtlicher Marktsegmente mit einem einheitlichen Marketinginstrumenteneinsatz, weshalb sich diese Art

---

[44] Vgl. Meffert/Bruhn 2009, S. 163.

[45] Vgl. Porter 2002.

[46] Vgl. Meffert/Bruhn 2009, S. 167.

der Marktbearbeitung besonders für ein standardisiertes Leistungsprogramm eignet. In diesem Zusammenhang lassen sich drei Arten der Standardisierung abgrenzen:[47]

- Standardisierung der gesamten Dienstleistung,
- Standardisierung von Teilkomponenten einer Dienstleistung,
- Standardisierung des Kundenverhaltens.

Die **Standardisierung einer gesamten Dienstleistung** ist im Bereich der Medizin aufgrund des hohen Einflusses des externen Faktors (des Patienten) mit Problemen behaftet. **Standardisierte Teilkomponenten** liegen demgegenüber in der Regel häufiger vor, beispielsweise in Form von standardisierten Voruntersuchungsmaßnahmen (z. B. Blutabnehmen). Standardisierungspotenziale bestehen zudem bei einer **Standardisierung des Kundenverhaltens** (z. B. Verhaltenshinweise für Patienten bei einer ärztlichen Untersuchung).[48]

Im Rahmen der **differenzierten Marktbearbeitung** erfolgt eine Bearbeitung ausgewählter Marktsegmente durch den zielgruppenspezifischen Einsatz der Marketinginstrumente. Die unterschiedlichen Bedürfnisse einzelner Nachfragergruppen werden hierbei berücksichtigt. Beispielsweise besteht die Möglichkeit altersspezifische Vorsorgeprogramme anzubieten.

Bei dem **„Segment-of-One-Approach"** wird jede Leistung und Ansprache auf den einzelnen Kunden zugeschnitten. Dieser Ansatz findet z. B. bei einer auf die individuellen Bedürfnisse des Patienten zugeschnittenen ärztlichen Beratung oder bei Schönheitsoperationen Anwendung.

Kundenstrategien

Neben den Überlegungen zur Marktbearbeitung sind Entscheidungen über die **Kundenstrategie** zu treffen. Generell lassen sich drei Kundenstrategien unterscheiden:[49]

- Kundenakquisitionsstrategie,
- Kundenbindungsstrategie,
- Kundenrückgewinnungsstrategie.

Die Strategie einer **Neukundenakquisition** ist vor allem für stark wachsende, junge Märkte von Bedeutung. Es wird beabsichtigt, den eigenen Marktanteil zu steigern bzw. den Gesamtmarkt zu erweitern. Die Akquisitionsstrategie bietet sich beispielsweise für Kran-

---

[47] Vgl. Corsten 1998, S. 612 ff.

[48] Vgl. Meffert/Bruhn 2009, S. 168.

[49] Vgl. Bruhn 2001, S. 115.

kenhäuser oder Arztpraxen an, die über genügend Kapazitäten, aber nur über einen geringen Marktanteil in dem bearbeiteten Segment verfügen.[50]

Ziel einer **Kundenbindungsstrategie** ist der Aufbau stabiler, auf Vertrauen beruhender Kundenbeziehungen, um insbesondere die Profitabilität zu steigern und die Weiterempfehlung zu fördern. Diese Strategieart findet vor allem in Märkten mit starkem Verdrängungswettbewerb Anwendung. Ein Ansatzpunkt für die Wahl einer Kundenbindungsstrategie durch eine Entbindungsstation könnte z. B. die Beobachtung sein, dass Mütter, die ihr Kind auf der Station zu Welt gebracht haben, trotz hoher Zufriedenheit für eine weitere Geburt eine andere Klinik auswählen.[51]

Eine **Kundenrückgewinnungsstrategie** zielt dagegen auf die emotionale Rückgewinnung abwanderungsgefährdeter Kunden sowie die faktische Rückgewinnung bereits abgewanderter Kunden ab. Damit sollen zum einen Profitabilitätsziele erreicht werden (Sicherung des Umsatzes bzw. Kostendeckung) und zum anderen Kommunikationsziele bzw. Informationsziele, indem negative Mund-zu-Mund-Kommunikation vermieden wird bzw. Informationen über mögliche Abwanderungsgründe generiert werden. Mögliche, von dem Krankenhaus bzw. der Praxis intern beeinflussbare Ursachen für die Abwanderung von Patienten könnten beispielsweise medizinisches Fehlverhalten oder unverhältnismäßig lange Wartezeiten sein.

Wettbewerbs- und Kooperationsstrategien

Wettbewerbsgerichtete Verhaltensstrategien legen die Verhaltensweisen einer Praxis bzw. eines Krankenhauses gegenüber der Konkurrenz fest.[52] Die Auswahl der Strategie wird unter anderem von der Art und Intensität des Wettbewerbs beeinflusst. Grundsätzlich ist ein **passives Verhalten** (die Aktivitäten der Konkurrenz werden weder implizit noch explizit in strategische Entscheidungen einbezogen) von einem **aktivem Verhalten** (kompetitive Maßnahmen werden in die Entscheidungen mit einbezogen) abzugrenzen. Letzteres findet sich beispielsweise im Rahmen einer **Konfliktstrategie** wieder, die mit der Zielsetzung verbunden ist, Marktanteile zu gewinnen und den Wettbewerber zu schwächen. Eine **Kooperationsstrategie** beinhaltet demgegenüber in der Regel die vertragliche Fixierung einer Zusammenarbeit. So kooperieren Krankenhäuser oder Arztpraxen häufig in der Form mit ihrer Konkurrenz, dass sie kostenintensive technische Geräte (z. B. ein spezielles Computertomographiegerät) gemeinsam nutzen. Weitere Formen der ärztlichen Zusammenarbeit bestehen in sogenannten Qualitätszirkeln. Diese dienen dazu, in einem gemeinsamen Erfahrungsaustausch die eigene Arbeit nach definierten Qualitätskriterien zu analysieren und zu bewerten, um darauf aufbauend praktikable Problemlösungen für

---

[50] Vgl. Helmig/Graf 2010, S. 166.

[51] Vgl. Tscheulin/Helmig/Moog 2001, S. 451 ff.

[52] Vgl. zu den wettbewerbsgerichteten Verhaltensstrategien Meffert/Burmann/Kirchgeorg 2012, S. 317 ff.

die Praxis bzw. das Krankenhaus zu erarbeiten.[53] Eine Kooperation muss sich allerdings nicht nur auf die Zusammenarbeit mit direkten Wettbewerbern beziehen **(horizontale Kooperation)**, sondern es sind vielfältige Kooperationsformen mit unterschiedlichen Partnern der Wertschöpfungskette denkbar **(vertikale Kooperationen)**. Jüngste Entwicklungen im Gesundheitsbereich zeugen von einer steigenden Anzahl sektorübergreifender Kooperationen mit dem Ziel einer **integrierten Versorgung**.[54] Diese beinhaltet die Zusammenarbeit von Versorgern aus dem ambulanten, stationären und rehabilitativen Sektor zum Zweck einer besseren Patientenbetreuung und Effizienzsteigerung.[55] Darüber hinaus kooperieren Mediziner unterschiedlicher Fachrichtungen vermehrt in sogenannten **medizinischen Versorgungszentren** (MVZ).[56] Im Rahmen von **Disease-Management-Programmen** (DMP), d. h. strukturierten Behandlungsprogrammen, erfolgt demgegenüber eine sektorübergreifende Versorgung chronisch Kranker.[57] Liegen in derartigen Zusammenschlüssen horizontale sowie vertikale Kooperationen nebeneinander vor, wird von einem **„Netzwerk"** gesprochen.[58] Im deutschen Gesundheitssektor gibt es allein 21 Kompetenznetzwerke im Bereich der Medizin, die vom Bundeministerium für Bildung und Forschung gefördert werden.[59] Wesentliches Ziel ist die Verbesserung der medizinischen Forschung. Seltener sind demgegenüber Netzwerke, in denen medizinische Versorger mit sozialen Versorgern, wie z. B. Selbsthilfegruppen, kooperieren, um eine ganzheitliche Patientenversorgung sicherzustellen. Beispiele für solche intersektoralen Netzwerke sind das Diabetes Netzwerk Deutschland und das AMD-Netz NRW.[60]

20.2.4 Markenstrategien

Unter einer Marke wird ein „Nutzenbündel mit spezifischen Merkmalen, die dafür sorgen, dass sich dieses Nutzenbündel gegenüber anderen Nutzenbündeln, welche dieselben Basisbedürfnisse erfüllen, aus Sicht der relevanten Zielgruppen nachhaltig differenziert"[61] verstanden. Eine starke Marke wird angesichts des zunehmenden Wettbewerbs für Krankenhäuser und Arztpraxen immer bedeutsamer. Sie fungiert als Orientierungs- und Vertrauensanker für Patienten und zuweisende Ärzte und kann so langfristig Wettbewer-

[53] Vgl. Kassenärztliche Bundesvereinigung 2008.

[54] Vgl. §§ 140 a-d SGB V.

[55] Vgl. Bauer/ Böcker 2001, S. 7 f.

[56] Vgl. § 95 SGB V.

[57] Vgl. §§ 137 f-g SGB V sowie Kassenärztliche Bundesvereinigung 2009.

[58] Vgl. von Eiff 2005, S. 23.

[59] Vgl. Bundesministerium für Bildung und Forschung 2009.

[60] Vgl. www.diabetes-news.de bzw. www.amd-netz.de.

[61] Meffert /Burmann/Koers 2005, S. 3.

bsvorteile sichern. Das Berliner Krankenhaus „Charité“ sowie die „Mayo-Clinic“ in den USA sind Beispiele für erfolgreiche Marken im Medizinbereich.[62]

Voraussetzung für die Entwicklung einer starken Marke ist die Umsetzung einer systematischen Markenführung. Ein nach aktuellen Erkenntnissen geeigneter Ansatz zur Führung von Marken ist die **identitätsbasierte Markenführung**, in der die Planung, Steuerung und Kontrolle der Markenidentität im Vordergrund steht.[63] Das Konzept berücksichtigt neben der Wahrnehmung der Marke beim Nachfrager (Markenimage als Fremdbild) auch das Selbstbild der Marke aus Sicht der internen Zielgruppen der Institution, die die Marke trägt (Markenidentität).[64] Die **Markenidentität** verkörpert im engeren Sinne die wesensprägenden Merkmale einer Marke. Sie umfasst diejenigen Eigenschaften der Marke, die aus Sicht der internen Zielgruppen nachhaltig den Charakter der Marke prägen. Das **Markenimage** ist demgegenüber das Ergebnis der individuellen, subjektiven Wahrnehmung der von der Marke ausgehenden Signale. Es lässt sich als „ein in der Psyche relevanter externer Zielgruppen fest verankertes, verdichtetes, wertendes Vorstellungsbild von einer Marke“[65] bezeichnen. Grundvoraussetzung für die Bildung eines Markenimages bei den externen Zielgruppen ist die Bekanntheit einer Marke.

Das Bindeglied zwischen Markenidentität und Markenimage bildet die **Marke-Nachfrager-Beziehung**. Sie beschreibt den Grad der subjektiv wahrgenommenen, kognitiven und affektiven Verbundenheit eines Nachfragers mit einer Marke.[66]

Im Rahmen der **strategischen Markenführung** werden zunächst die Grundsatzentscheidungen über die konkreten Ziele und den inhaltlichen Gegenstand der Marken getroffen sowie die grundlegenden Verhaltenspläne zur Erreichung dieser Ziele festgelegt. Der bedeutendste Schritt besteht hierbei in der **Konzeption der Markenidentität**. In diesem Zusammenhang werden die **sechs konstitutiven Komponenten einer Marke** entwickelt:

- Markenherkunft („Woher kommen wir?“),
- Markenführungskompetenzen („Was können wir?“),
- Markenvision („Wohin wollen wir?“),
- Markenwerte („Woran glauben wir?“),
- Markenpersönlichkeit („Wie treten wir auf?“),
- Markenleistungen („Was tun wir?“).

---

[62] Vgl. Käckenhoff 2007, S. 10.

[63] Vgl. Welling 2006, S. 70.

[64] Vgl. Meffert/Burmann/Kirchgeorg 2012, S. 359 ff.

[65] Burmann/Blinda/Nitschke 2003, S. 6.

[66] Vgl. Burmann/Meffert 2005, S. 101.

Anschließend müssen Entscheidungen hinsichtlich der angestrebten **Markenpositionierung** (Markennutzenversprechen) getroffen werden. Ziel ist es, mit bestimmten Markeneigenschaften sowohl eine dominierende Stellung in der Psyche der Nachfrager als auch eine hinreichende Differenzierungsfähigkeit gegenüber Konkurrenzprodukten zu erreichen.[67] Hierzu muss die Markenidentität in ein Markennutzenversprechen und ein konkretes Markenverhalten aller Markenmitarbeiter übersetzt werden. Der **Prozess der Markenpositionierung** ist damit durch eine **Verdichtungs-, Übersetzungs- und Kommunikationsaufgabe** gekennzeichnet. Die sechs Markenidentitätskomponenten müssen verdichtet und übersetzt werden in ein symbolisch-funktionales Nutzenbündel, das die Zielgruppe leicht verstehen kann, als glaubwürdig beurteilt und gegenüber konkurrierenden Marken als attraktiv bewerten kann. Dieses Markennutzenversprechen ist schließlich in geeigneter Weise an die Zielgruppe zu kommunizieren.

Die **Markenarchitektur** eines Krankenhauses bzw. einer Arztpraxis dient als Grundlage für die Verankerung der Markenstrategie. **Krankenhäuser** können eine hochdifferenzierte Markenarchitektur aufweisen.[68] Hierbei ist sowohl eine krankenhausinterne als auch eine krankenhausexterne Markenstruktur zu berücksichtigen. Im Rahmen der **krankenhausinternen Markenstruktur** verkörpert die **Dachmarke** das Profil eines Krankenhauses als gesamte Einheit. Dachmarken repräsentieren ein übergeordnetes Leistungsversprechen, wie z. B. eine bestimmte Organisationskultur oder die Innovationsfähigkeit eines Krankenhauses. Über der Dachmarke eines Krankenhauses kann übergeordnet die **Dachmarke einer Klinikkette** stehen. Die sogenannte Kettendachmarke verkörpert beispielsweise die Finanzkraft oder den Management-Stil bestimmter Klinikketten. Innerhalb eines Krankenhauses können wiederum einzelne **Abteilungen** einen Markenstatus erreichen, indem sie sich z. B. durch eine herausragende Kundenorientierung oder besondere Qualitätsstandards auszeichnen. Auch einzelne **Personen** (Ärzte) sind markierungsfähig, wenn sie besondere Leistungsfähigkeit oder Engagement auf einem bestimmten Fachgebiet bewiesen haben. Ebenso können einzigartige medizinische Techniken, wie z. B. eine innovative Operationsmethode, zu einer **„Prozessmarke"** werden. Die sogenannte „Shouldice-Technik", eine von der Shouldice Clinic in Toronto angewandte Operationstechnik zur Operation von Leistenhernien, ist ein Beispiel hierfür.

Auch bei **Arztpraxen** können Dach-, Personen- sowie Prozessmarken von Relevanz sein, obgleich hier in der Regel von einer weniger differenzierten Markenarchitektur auszugehen ist. Sowohl für Krankenhäuser als auch Arztpraxen sind darüber hinaus **Netzwerkmarken** von besonderer Bedeutung. In Netzwerken können einzelne Netzwerkteilnehmer von der Marke des „Systemkopfes" profitieren.

---

[67] Vgl. Meffert 1992.

[68] Vgl. im Folgenden von Eiff 2004, S. 408 ff.

20.3 Operatives Medizinmarketing

Die sieben Instrumente des Marketing nehmen aufgrund der Besonderheiten des Gesundheitsmarktes einen unterschiedlichen Stellenwert für Krankenhäuser und Arztpraxen ein und unterliegen mehr oder weniger gesetzlichen Bestimmungen. Nachfolgende Grafik verdeutlicht die unterschiedlichen Freiheitsgrade für die jeweiligen Instrumentebereiche. Hierbei handelt es sich um Tendenzaussagen.

Abbildung 20.7 Freiheitsgrade im Marketing-Mix für Krankenhäuser und Arztpraxen

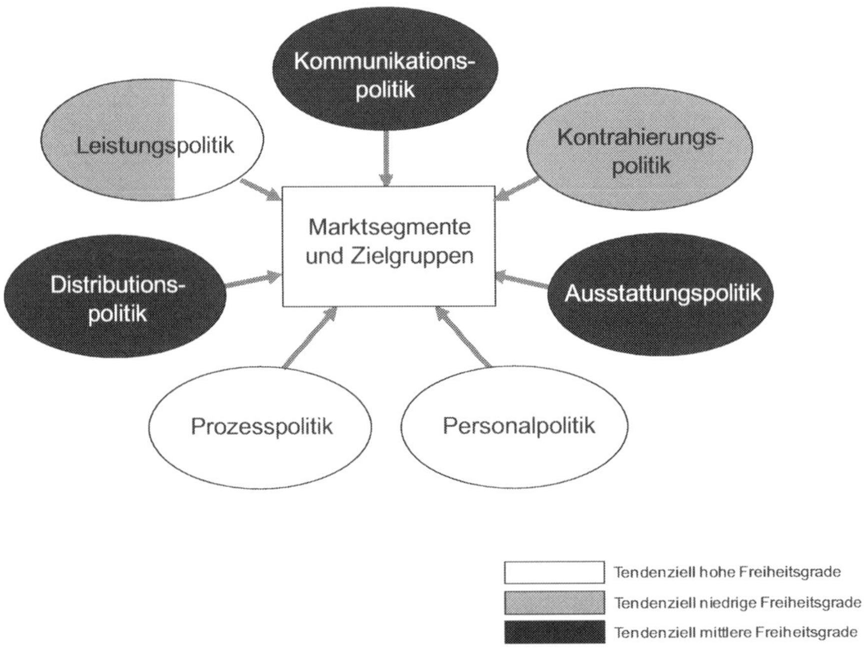

Es wird ersichtlich, dass vor allem im Rahmen der Leistungspolitik (in Bezug auf medizinische Kernleistungen) sowie Kontrahierungspolitik begrenzte Spielräume für Marketingmaßnahmen von Krankenhäusern und Arztpraxen bestehen. Im Bereich der Prozess- sowie Personalpolitik sind medizinischen Versorgern dahingegen weitreichendere Möglichkeiten für Marketingmaßnahmen geboten. Kommunikations-, distributions- sowie ausstattungspolitische Maßnahmen unterliegen mehr oder weniger gesetzlichen Reglementierungen. Einzelne Strategien sind in diesem Zusammenhang auf die unterschiedlichen Marktsegmente und Zielgruppen auszurichten. Die nachfolgenden Ausführungen stellen die Potenziale, die sich für medizinische Versorger in den sieben Instrumentebereichen ergeben, detailliert dar.

20.3.1 Leistungspolitik

Die Leistungspolitik umfasst die Gestaltung des Leistungsangebotes von Krankenhäusern und Arztpraxen. Ziel ist die Zusammenstellung eines optimalen Leistungsangebotes. Hierbei kommt der **Leistungsqualität** eine besondere Bedeutung zu. Neben der **Ergebnisqualität** der Leistungen sind die **Struktur-** (Qualität der eingesetzten Potenzialfaktoren) und **Prozessqualität** medizinischer Versorger zu berücksichtigen.[69] Die Leistungsqualität von Krankenhäusern und Arztpraxen ist konzeptionell zu planen, umzusetzen und zu sichern bzw. zu kontrollieren. Hierfür ist ein Gesamtsystem in Form eines leistungsfähigen **Qualitätsmanagements** erforderlich, welches alle Teilprozesse der medizinischen Versorgung (z. B. Diagnostik und Therapie) integriert.[70] Für eine ausführliche Behandlung dieser Thematik siehe Beitrag von Prof. Dr. Christian Thielscher zum Thema „Qualität, Qualitätsmessung und Qualitätsmanagement in der Medizin" in Band 1.

Im Rahmen der **Leistungsprogrammpolitik** sind Entscheidungen hinsichtlich Variationen von Leistungen (in Form von Leistungsverbesserungen, -modifikationen oder -differenzierungen), Leistungsinnovationen sowie gegebenenfalls Leistungseliminierungen zu treffen.[71] Eine **Leistungsvariation** in Form einer **Leistungsverbesserung** beinhaltet die Veränderung einer bereits bestehenden Dienstleistung – z. B. durch Verbesserung von Teileigenschaften. **Leistungsmodifikationen** umfassen demgegenüber nicht primär eine Leistungsverbesserung, sondern sie haben beispielsweise die Reduktion des Leistungsumfangs zum Ziel. Mit Hilfe von **Leistungsdifferenzierungen** wird der Heterogenität der Leistungsempfänger Rechnung getragen. Im Hinblick auf **Leistungsinnovationen** erfolgt eine Neuentwicklung von Dienstleistungen. Im Zuge einer **Leistungseliminierung** werden hingegen unrentable Dienstleistungen aus dem Leistungsangebot entfernt. **Tabelle 20.1** gibt Praxisbeispiele für die jeweiligen Leistungsentscheidungen wieder:

Tabelle 20.1 Beispielhafte Leistungsentscheidungen

Leistungsentscheidung	Beispiel
Leistungsverbesserung	Verbesserte Schnitttechnik im Rahmen eines operativen Eingriffes
Leistungsmodifikation	Reduktion einer Serviceleistung um eine Servicekomponente

[69] Vgl. Adam 1998, S. 141.

[70] Vgl. Tiemann et al. 2010, S. 70.

[71] Vgl. Meffert/Bruhn 2009, S. 248 ff.

Leistungsentscheidung	Beispiel
Leistungsdifferenzierung	Auf verschiedene Altersgruppen zugeschnittene Vorsorgeprogramme
Leistungsinnovation	Einführung eines innovativen Therapieprogramms
Leistungseliminierung	Eliminierung eines bestimmten Therapieangebotes aus dem Leistungsprogramm

In der Medizin sind **Kernleistungen,** welche von der gesetzlichen Krankenversicherung der Patienten abgedeckt werden, von **Zusatzleistungen**, die nicht zum Spektrum der gesetzlichen Krankenversicherung zählen und vom Patienten selbst zu tragen sind, abzugrenzen.[72] Für das Angebot und die Gestaltung von medizinischen Kernleistungen liegen gesetzliche Bestimmungen vor, sodass hier der Spielraum für Marketingmaßnahmen begrenzt ist (für die Regelung der Versorgungsverträge von Krankenhäusern und Arztpraxen vergleiche § 109 bzw. § 72 SGB V). Im Bereich der Zusatzleistungen eröffnen sich dagegen vielfältige Möglichkeiten für Krankenhäuser und Arztpraxen. Ein Beispiel ist das Angebot eines Zahnbleaching durch Zahnarztpraxen.

Grundsätzlich lassen sich medizinische Leistungen in die drei Bereiche **Diagnostik**, **Therapie** und **prophylaktische Leistungen** (Beratungsleistungen und für den Erhalt der Gesundheit erforderliche Maßnahmen) gliedern.[73] Während ein Großteil der Diagnostik- und Therapieleistungen den Leistungseinschränkungen der gesetzlichen Krankenversicherung unterliegt, ergeben sich vor allem bei prophylaktischen Leistungen Ansätze, sich Vorteile gegenüber dem Wettbewerb zu verschaffen. Dies gilt insbesondere vor dem Hintergrund einer steigenden Gesundheitsorientierung in der Bevölkerung. Die Menschen sind bereit, für ihre Gesundheit mehr Eigenverantwortung zu übernehmen und Geld dafür auszugeben.[74] Gesundheit wird hierbei ganzheitlich betrachtet, d. h. neben körperlicher Gesundheit werden auch soziale und geistige Dimensionen berücksichtigt. Dementsprechend steigt die Nachfrage nach Gesundheitschecks, Ernährungsberatungen, Rehabilitationsprogrammen oder Stressbewältigungstherapien.

Ergänzend zu den medizinischen Leistungen ist die Erbringung von **Serviceleistungen** möglich. In Krankenhäusern liegt hier ein besonderer Fokus auf sogenannten Hotelleistungen. Diese können beispielsweise die Essensauswahl, die Zimmerausstattung oder das Freizeitangebot betreffen. Aber auch Arztpraxen haben die Möglichkeit, sich durch viel-

[72] Vgl. Ennker/Pietrowski 2009, S. 163.

[73] Vgl. Oehme/Oehme 2001, S. 379 ff.

[74] Vgl. Kreyher 2001, S. 29.

fältige Serviceleistungen von der Konkurrenz abzugrenzen. Hierunter fallen z. B. das Angebot eines Patientenabholservices oder die Verköstigung während der Wartezeit.

20.3.2 Kommunikationspolitik

Aufgabe der Kommunikationspolitik ist die systematische Planung, Ausgestaltung, Abstimmung und Kontrolle aller Kommunikationsmaßnahmen, um Kommunikationsziele und damit nachgelagerte Marketing- und Krankenhaus- bzw. Praxisziele zu erreichen.[75] Hierbei ist zu unterscheiden, ob die Maßnahmen im Rahmen einer **direkten** oder einer **indirekten Kommunikation** erfolgen. In der Medizin kommt der direkten, persönlichen Kommunikation aufgrund der Eigenschaft von Gesundheitsleistungen als Vertrauensgut grundsätzlich eine besondere Bedeutung zu.

Im Rahmen der Kommunikationspolitik sind Entscheidungen hinsichtlich folgender Dimensionen zu treffen:

- Kommunikationsobjekte und -ziele,
- Zielgruppen der Kommunikation,
- Kommunikationsinhalte und -instrumente.

Im Bereich **kommunikativer Ziele** sind **psychologische Ziele** von besonderer Relevanz.[76] Diese lassen sich nach kognitiv-, affektiv- sowie konativ-orientierten Zielsetzungen unterscheiden.[77] **Kognitive Ziele** sind erkenntnisbezogen und zielen beispielsweise auf die Aufmerksamkeitswirkung oder die Vermittlung von Wissen über Leistungen ab. **Affektive** Ziele beziehen sich demgegenüber auf Gefühle, wie z. B. die Schaffung eines bestimmten Images, das Wecken von Interesse oder das Herbeiführen von Emotionen. Schließlich beinhalten **konative** Ziele die Inanspruchnahme von Leistungen und die Beeinflussung des Informations- und Weiterempfehlungsverhaltens.

Die kommunikativen Ziele können sich dabei auf unterschiedliche **Objekte** beziehen. So können das Krankenhaus oder die Arztpraxis als Ganzes, einzelne (Fach-)Abteilungen eines Krankenhauses beispielsweise oder einzelne Leistungen der medizinischen Versorger als Kommunikationsobjekte fungieren.

Nach Festlegung der Kommunikationsziele und -objekte sind die relevanten **Zielgruppen der Kommunikation** zu bestimmen. Hierfür sind die in Abschnitt 20.1.3 definierten Zielgruppen von Krankenhäusern und Arztpraxen in Betracht zu ziehen.

Zur Realisierung relevanter Kommunikationsziele bei ausgewählten Zielgruppen steht medizinischen Dienstleistern eine Vielfalt an **Kommunikationsinstrumenten** zur Verfü-

[75] Vgl. Meffert/Burmann/Kirchgeorg 2012, S. 606.

[76] Vgl. Meffert/Bruhn 2009, S. 286.

[77] Vgl. z. B. Steffenhagen 2000, S. 8 ff. sowie Kotler/Bliemel 2006, S. 891 f.

gung. Hierzu zählen Instrumente aus den Bereichen klassische Werbung, Direktkommunikation, Online-Kommunikation, Öffentlichkeitsarbeit (Public Relations), Verkaufsförderung, Messen und Ausstellungen, Event-Marketing sowie Sponsoring.[78]

Im Rahmen der **klassischen Werbung** werden Massenkommunikationsmittel in verschiedenen Medien eingesetzt.[79] Als Werbeträger dienen unter anderem Printmedien, TV, Radio, Internet und Außenwerbung. Krankenhäusern und Arztpraxen sind jedoch hierzulande bei der Nutzung klassischer Werbung weitreichende Grenzen gesetzt (vgl. Abschnitt 20.1.4). Die Einschränkungen beziehen sich hierbei nicht primär auf die Art des Werbeträgers (so ist TV-Werbung beispielsweise grundsätzlich nicht verboten), sondern auf die inhaltliche Gestaltung der Werbebotschaften.[80] Für die Zukunft wird in diesem Bereich allerdings eine höhere Liberalisierung erwartet.[81]

Der **Online-Kommunikation** kommt im medizinischen Bereich dagegen auch heute schon eine hohe Bedeutung zu. Die rasanten Entwicklungen im Bereich der Kommunikations- und Informationsmöglichkeiten wirken sich auf die Informationsbeschaffung für Patienten und Ärzte, die Kommunikation zwischen Arzt und Patient sowie Ärzten und Patienten untereinander, Darstellungsformen von Krankenhäusern und Arztpraxen über das Internet sowie Methoden der Telemedizin (z. B. elektronische Patientenakte) aus.[82] Insbesondere das Web 2.0 bietet neue Möglichkeiten der Interaktion zwischen den einzelnen Anspruchsgruppen.[83] Im Rahmen des sogenannten E-Health werden innovative Möglichkeiten zur Kundenakquise und -bindung sowie zur effizienteren Gestaltung medizinischer Prozesse geschaffen.

Im Gegensatz zu den klassischen Medien ist die Online-Kommunikation durch die Verknüpfungsmöglichkeit von Text, Ton und Film gekennzeichnet (Hypermedialität).[84] Weitere Vorteile bestehen in der Aktualität von Daten und der Möglichkeit, sich bei Nutzung einer Homepage nicht nur auf wesentliche Informationen beschränken zu müssen, sondern alle relevanten Informationen übermitteln zu können, die dem Nutzer zielgruppengerecht zugänglich gemacht und strukturiert werden können. Viele Krankenhäuser und Arztpraxen nutzen bereits das Internet, um ihre Organisation und ihr Leistungsangebot auf einer Homepage zu präsentieren. Hierbei sind insbesondere den Bestimmungen des Telemediengesetzes (TMG) Folge zu leisten, in dem unter anderem Vorgaben zu allgemeinen Informationspflichten enthalten sind.[85] Der Web-2.0-Gedanke im Sinne einer Integra-

[78] Vgl. zum Kommunikationsmix Meffert/Burmann/Kirchgeorg 2012, S. 623 ff.

[79] Vgl. Schweiger/Schrattenecker 2005, S. 109.

[80] Vgl. Elste 2004, S. 65 ff. sowie 355 f.

[81] Vgl. Helmig/Graf 2010, S. 168.

[82] Vgl. Linzbach/Ruß/Ohmann 2001, S. 135.

[83] Vgl. Thielscher/Jäschke/Sommerhoff 2010.

[84] Vgl. zur Online-Kommunikation Meffert/Burmann/Kirchgeorg 2012, S. 653 ff.

[85] Vgl. insbesondere § 5 TMG.

tion des Nutzers durch interaktive Anwendungen ist allerdings in Deutschland noch nicht weit verbreitet. In diesem Zusammenhang ist zukünftig eine zunehmende Nutzung interaktiver Elemente zu erwarten.

Kommunikative Aktivitäten aus dem Bereich der **Direktkommunikation** zeichnen sich dadurch aus, dass sie einer direkten, personalisierten Interaktion aktueller oder potenzieller Kunden dienen.[86] Direkte Kommunikation bedeutet hierbei nicht zwingend eine zeitgleiche, physische Präsenz der Marktpartner, sondern eine individualisierte Ansprache. Im Kern sollen mit Hilfe direkter Kommunikationsmaßnahmen neben der Gewinnung von Neukunden die Kundennähe und Kundenbindung verbessert werden.[87] Es besteht beispielsweise die Möglichkeit, Patienten unter Beachtung der geltenden gesetzlichen Richtlinien postalisch eine Erinnerung für Routineuntersuchungen zukommen zu lassen.

Öffentlichkeitsarbeit bzw. Public Relations (PR) bezeichnet die planmäßig zu gestaltende Beziehung zwischen dem Krankenhaus bzw. der Arztpraxis und spezifischen Anspruchsgruppen (z. B. Krankenkassen, Shareholder privater Klinikketten, Öffentlichkeit) mit dem Ziel, bei diesen Anspruchsgruppen Vertrauen zu gewinnen bzw. zu erhalten.[88] Grundsätzlich lässt sich zwischen leistungsbezogenen (z. B. Zeitungsbericht über Neuanschaffung eines medizinisches Gerätes), unternehmensbezogenen (z. B. Bericht über Hauptversammlung einer privaten Krankenhauskette) und gesellschaftsbezogenen PR-Aktivitäten (Stellungnahme eines Krankenhausleiters zu einem aktuellen medizinischen Thema) differenzieren.[89] Wesentliche Ziele von PR-Aktivitäten sind die Verbesserung des Images des Krankenhauses bzw. der Arztpraxis, die Kontaktpflege zu relevanten Personen sowie die Beeinflussung gesellschaftlicher Meinungen und Einstellungen.[90] Dem Instrument der PR kommt insbesondere in Krisensituationen, beispielsweise bei medizinischen Fehlgriffen, die öffentliche Aufmerksamkeit erregen, besondere Bedeutung zu. Dies hat jüngst ein Vorfall an der Mainzer Universitätsklinik gezeigt, bei dem drei Säuglinge durch verunreinigte Infusionen ums Leben kamen.

Das Instrument der **Verkaufsförderung** umfasst dahingegen zeitlich befristete Maßnahmen mit dem Ziel kurzfristig die Inanspruchnahme medizinischer Leistungen zu erhöhen.[91] Ein Beispiel für eine „verkaufsfördernde" Maßnahme eines Krankenhauses ist die Ausstattung von Krankenhauspersonal mit Informationsbroschüren für den Besuch bei zuweisenden Ärzten.[92]

---

[86] Vgl. Wirtz 2005, S. 14.

[87] Vgl. Burmann 2006, S. 28.

[88] Vgl. Jefkins 1998, S. 6.

[89] Vgl. Meffert/Bruhn 2009, S. 289.

[90] Vgl. Beger/Gärtner/Mathes 1989, S. 64 ff.

[91] Vgl. Bruhn 2005, S. 559.

[92] Vgl. Tscheulin/Helmig 2001, S. 401 ff.

Darüber hinaus können **Messen und Ausstellungen** als geeignetes Instrument zur direkten Ansprache relevanter Zielgruppen genutzt werden. Messen und Ausstelllungen sind zeitlich und örtlich festgelegte Veranstaltungen, die es ermöglichen, einzelne Leistungsangebote zu präsentieren oder das Krankenhaus bzw. die Arztpraxis insgesamt darzustellen – unter anderem auch im unmittelbaren Vergleich mit der Konkurrenz.[93] Die weltweit größte Messe im Bereich der Medizin ist die jährlich in Düsseldorf stattfindende MEDICA.[94]

Im Fokus des **Event Marketing** stehen von dem Krankenhaus bzw. der Arztpraxis selbst inszenierte Veranstaltungen.[95] Ziel ist es insbesondere die Aufmerksamkeit informationsüberlasteter Zielgruppen zu erreichen, indem die Kommunikationsobjekte in erlebnisorientierter Form präsentiert werden. Damit stehen bei Events die Dialog- und Interaktionsorientierung im Vordergrund. Ein Beispiel für ein an externe Zielgruppen gerichtetes Event ist ein „Tag der offenen Tür" eines Krankenhauses. Interne Zielgruppen können beispielsweise durch eine praxisinterne Weihnachtsfeier oder einen Mitarbeiterausflug angesprochen werden.

Beim **Sponsoring** erfolgt die Bereitstellung von Geld, Sachmitteln, Dienstleistungen oder Know-how durch das Krankenhaus oder die Arztpraxis zur Förderung von Personen und/oder Organisationen, um kommunikative Ziele zu erreichen.[96] Im Rahmen eines Imagetransfers sollen die Sympathie oder das Interesse, welche dem Gesponserten gegenüber bestehen, auf den Sponsor übertragen werden. Der Sponsoringerfolg hängt dabei in hohem Maße vom Fit zwischen dem (Marken-)Image des Sponsors und des Gesponserten ab.[97] Als Sponsoringbereiche kommen Sport-, Kultur-, Sozio- und Umweltsponsoring in Frage. So können beispielsweise Sportereignisse, Kunstausstellungen oder soziale Organisationen gefördert werden. Das Sponsoring des Düsseldorfer Marathons durch das Universitätsklinikum Düsseldorf ist ein Beispiel hierfür.[98]

Die vom Krankenhaus bzw. der Arztpraxis eingesetzten Kommunikationsinstrumente sind im Sinne einer **integrierten Kommunikation** so aufeinander abzustimmen, dass in Verbindung mit der Markenpositionierung ein konsistentes Erscheinungsbild des Kommunikationsobjektes vermittelt wird.[99] In diesem Zusammenhang ist eine Unterscheidung zwischen formaler, inhaltlicher und zeitlicher Integration zweckmäßig. Die **formale Integration** beinhaltet die Verwendung einheitlicher Gestaltungsprinzipien (z. B. die Verwendung eines einheitlichen Logos oder einheitlicher Schrifttypen). Die **inhaltliche Inte-**

---

[93] Vgl. Bruhn 2007, S. 435.

[94] Vgl. www.medica.de

[95] Vgl. Lasslop 2003, S.16.

[96] Vgl. Bruhn 2003b, S. 5.

[97] Vgl. Nitschke 2006, S. 321 ff.

[98] Vgl. Sommerhoff 2007, S. 18.

[99] Vgl. Bruhn 2003a, S. 17.

gration umfasst demgegenüber die thematische Abstimmung sämtlicher Kommunikationsmaßnahmen. Bei der **zeitlichen Integration** steht die Abstimmung des Kommunikationsmix innerhalb und zwischen den Planungsperioden mit dem Ziel der Konsistenz und Kontinuität im Fokus.

20.3.3 Kontrahierungspolitik

Die Kontrahierungspolitik umfasst Vereinbarungen über das Entgelt des Leistungsangebotes. Hierunter fallen auch Lieferungs- und Zahlungsbedingungen sowie Rabattgestaltungen.[100] Anders als Unternehmen in der freien Wirtschaft können Krankenhäuser und Arztpraxen nur eingeschränkt Preispolitik betreiben, da die Preise für medizinische Leistungen gesundheitspolitischen Bestimmungen unterliegen. Während Krankenhausleistungen über sogenannte DRGs (diagnostic related groups), d. h. Fallpauschalen, abgerechnet werden, sind die Leistungen niedergelassener Ärzte über EBM-Ziffern (Einheitlicher Bewertungsmaßstab) preislich definiert.[101] Der Schwerpunkt kontrahierungspolitischer Maßnahmen liegt daher in den Budgetverhandlungen mit Krankenkassen.[102]

Mehr Spielraum für preispolitische Entscheidungen bieten die Selbstzahlerleistungen, wozu die sogenannten IGeL-Leistungen (individuelle Gesundheitsleistungen) und Serviceleistungen zählen. Als IGeL-Leistungen werden medizinische Leistungen bezeichnet, die nicht zum Leistungskatalog der gesetzlichen Krankenversicherung gehören und somit vom Patienten selbst zu tragen sind. In diesem Leistungsbereich ist ebenfalls die ärztliche Gebührenordnung zu berücksichtigen, weshalb nur ein begrenzter Freiraum für die Preisfestlegung existiert. Im Bereich der Serviceleistungen ergeben sich demgegenüber weitreichendere Möglichkeiten einer Preispolitik.[103]

Zur **Festsetzung von Preisen** existieren verschiedene Methoden. So orientiert sich die Preisfindung im Rahmen der **kostenorientierten Preisbestimmung** an den Kosten einer Leistung, ohne dabei das Nachfragerverhalten oder die Wettbewerbssituation zu berücksichtigen. Letztere wird bei einer **konkurrenzorientierten Preisfindung** herangezogen. Hier werden mögliche Preisreaktionen von Wettbewerbern in das Entscheidungskalkül einbezogen. Demgegenüber stehen bei der **nachfrageorientierten** Preisfindung die Reaktionen der Nachfrager im Mittelpunkt, um zielführende Prognosen über den zukünftigen Umsatz erstellen zu können.

Darüber hinaus können insbesondere im Bereich der vom Patienten selbst zu tragenden Serviceleistungen Entscheidungen hinsichtlich einer möglichen **Preisdifferenzierung** getroffen werden. Bei einer **geografischen Preisdifferenzierung** werden Leistungen auf

[100] Vgl. Meffert/Burmann/Kirchgeorg 2012, S. 466.

[101] Vgl. Neubauer/Ujlaky/Beivers 2010, S. 235 ff. sowie Greiner/Hodek 2010, S. 249 ff.

[102] Vgl. Ennker/Pietrowski 2009, S. 167.

[103] Vgl. ebenda, S. 167.

geografisch unterschiedlichen Märkten zu unterschiedlichen Preisen angeboten (z. B. verschiedene Preise für Serviceleistungen an regionalen Standorten einer Klinikkette). Eine **zeitliche Preisdifferenzierung** beinhaltet eine Differenzierung nach dem Zeitpunkt der konkreten Inanspruchnahme einer Leistung. So kann z. B. der Preis für das Angebot einer Rückenschule als Selbstzahlerleistung durch eine Arztpraxis je nach Wochentag variieren. Die **abnehmerorientierte Preisdifferenzierung** legt demgegenüber unterschiedliche Zahlungsbereitschaften verschiedener Abnehmergruppen zu Grunde (z. B. niedrigere Preise für Studenten oder Senioren). Schließlich besteht die Möglichkeit einer **mengenorientierten Preisdifferenzierung**, bei der die Anzahl der in Anspruch genommenen Leistungseinheiten den Preis einer Leistungseinheit bestimmt.[104]

20.3.4 Distributionspolitik

Die Distributionspolitik beinhaltet Entscheidungen zur Verteilung von Leistungen an den Abnehmer. Für medizinische Leistungen, die Charakteristika von Dienstleistungen aufweisen, gelten besondere distributionspolitische Bedingungen. Aufgrund der Nichttransportfähigkeit und der Notwendigkeit der Integration des externen Faktors stehen die **Erreichbarkeit** und der **Zugang des Patienten zur Leistung** im Fokus der Distributionspolitik medizinischer Dienstleister. Der Einsatz distributionspolitischer Instrumente umfasst die Gestaltung des Absatzkanalsystems und des logistischen Systems. Im Rahmen der Gestaltung des **Absatzkanalsystems** werden die Absatzwege festgelegt und potenzielle Absatzmittler akquiriert und koordiniert.[105] Hierbei wird zwischen den Grundformen eines direkten und eines indirekten Absatzweges differenziert. In Bezug auf die **direkte Distribution** wird wiederum zwischen zwei Ausgestaltungsformen unterschieden:

- unmittelbare Direktdistribution (Eigenvertrieb),
- mittelbare Direktdistribution.

Bei einer **unmittelbaren Direktdistribution** stellt der Leistungserbinger sein Leistungspotenzial in der Regel an einer zentralen Stelle zur Verfügung (z. B. einzelne Arztpraxis). Demgegenüber bietet im Rahmen der **mittelbaren Direktdistribution** der Dienstleister sein Leistungspotenzial an unterschiedlichen Stellen an, z. B. innerhalb eines **Filialsystems**. Für niedergelassene Vertragsärzte besteht beispielsweise die Möglichkeit unter Beibehaltung der vom Krankenhaus räumlich getrennten Praxis ihre vertragsärztliche Tätigkeit in einer an einem Krankenhaus errichteten Filiale auszuüben.[106] Eine weitere Form der mittelbaren Direktdistribution besteht in einem **Franchisesystem**. Franchising lässt sich als eine Form der Kooperation definieren, bei der ein Kontraktgeber (Franchiser) aufgrund einer langfristigen vertraglichen Bindung rechtlich selbstständig bleibenden Kontraktneh-

[104] Vgl. zu den Methoden der Preisfestlegung und preisbezogenen Strategien ausführlich Meffert/Bruhn 2009, S. 311 ff.

[105] Vgl. ebenda, S. 339.

[106] Vgl. Kassenärztliche Vereinigung Westfalen-Lippe 2010.

mern (Franchisees) gegen Entgelt das Recht einräumt, bestimmte Waren oder Dienstleistungen unter Verwendung von Namen, Warenzeichen, Ausstattungen oder sonstigen Schutzrechten sowie der technischen und gewerblichen Erfahrungen des Franchisegebers und unter Beachtung des von letzterem entwickelten Absatz- und Organisationssystems anzubieten.[107] Aufgrund der Immaterialität medizinischer Dienstleistungen wird hierbei insbesondere eine einheitliche „Materialisierung" von Dienstleistungspotenzialen durch die Verwendung gleicher Ausstattungen, Dienstleistungsmarken und -programme angestrebt. Bestimmungen zur Erstellung der jeweiligen Dienstleistung dienen der Sicherung einer konstanten Dienstleistungsqualität. Ein wesentlicher Vorteil des Franchisekonzepts liegt für den Franchisegeber darin, dass er mit geringem Kapitalaufwand schnell expandieren kann. Der Franchisenehmer profitiert auf der anderen Seite vor allem durch die gemeinsame Nutzung des Markennamens des Franchisegebers. Ein Beispiel für ein medizinisches Franchisekonzept ist das Zentrum für Impf- und Reisemedizin (Z.I.R.M.). Es handelt sich hierbei um ein „Walk-in-Praxis-Konzept" (d. h. es ist keine Voranmeldung nötig), welches im Umfeld bereits tätiger Arztpraxen betrieben wird.[108]

Schließlich kann der Direktvertrieb auch beim Patienten oder an einem dritten Ort erfolgen. Dies ist unter anderem in Notfallsituationen der Fall (z. B. medizinischer Einsatz am Unfallort bei einem Autounfall).

Eine neuere und bislang wenig verbreitete Form der Direktdistribution besteht in einem **Online-Vertrieb** medizinischer Leistungen. Im Rahmen der **Telemedizin** werden unter Zuhilfenahme moderner Informations- und Kommunikationstechnologien unter anderem Diagnose- und Beratungsleistungen online erstellt.[109]

Bei einer **indirekten Distribution** wird ein Absatzmittler zum Vertrieb der Leistungen eingesetzt. Insbesondere bei Krankenhäusern nehmen zuweisende Ärzte einen hohen Stellenwert als Distributoren ein. Im Rahmen eines **Zuweisermarketing** sind Kontakte zu einweisenden Ärzten aufzubauen und zu pflegen.[110] Darüber hinaus bieten Kooperationen in Form von Ärztenetzwerken oder integrierten Versorgungszentren (vgl. Kapitel 2.3.2: Wettbewerbs- und Kooperationsstrategien) Möglichkeiten zur Stabilisierung von Zuweisungen.

Aufgabe der **Marketinglogistik** ist es dafür zu sorgen, dass die richtige Leistung zur gewünschten Zeit in der richtigen Menge an den gewünschten Ort gelangt.[111] Bezüglich der Gestaltung des logistischen Systems ist die Bearbeitung folgender Entscheidungsfelder von Bedeutung:[112]

---

[107] Vgl. Kaub 1990, Tietz 1991, Ahlert 2001.

[108] Vgl. www.zirm-deutschland.de.

[109] Vgl Trill 2009, S. 52 ff.

[110] Vgl. Ennker/Pietrowski 2008, S. 165 f.

[111] Vgl. Ihde 1978 sowie Pfohl 2010.

[112] Vgl. Meffert/Bruhn 2009, S. 353.

- Ort der Leistungserstellung,
- Lagerhaltung materieller Leistungselemente und Faktoren,
- Transport materieller Leistungselemente und Faktoren.

Für Krankenhäuser und Arztpraxen sind in diesem Zusammenhang **Standortentscheidungen** von besonderer Relevanz.[113] Neben quantitativen Anforderungen (z. B. Flächenbedarf) sind hierbei qualitative Anforderungen zu prüfen. Letztere drücken sich unter anderem in der Bevölkerungsdichte und der Altersstruktur des Einzugsgebietes aus, welche über die Nachfrage nach medizinischen Leistungen entscheiden. Weiterhin bedeutsam sind eine gute Verkehrsanbindung und ausreichend Parkmöglichkeiten sowie gegebenenfalls das Angebot eines Abholservices für Patienten. Sofern eine Leistungserstellung im Krankenhaus oder in der Praxis nicht möglich ist (beispielsweise aufgrund mangelnder Mobilität des Patienten) besteht die Möglichkeit des Angebotes **mobiler Dienste**. Neben üblichen Hausarztbesuchen niedergelassener Arztpraxen oder mobilen Unfall-Rettungsdiensten haben sich einige Anbieter auf das Angebot ärztlicher Akutdienste zu Hause, bei der Arbeit oder im Hotel spezialisiert. So bietet der Anbieter „PrivAd" (Privatärztlicher Akutdienst) z. B. einen 24-Stunden-Service für Privatpatienten und Selbstzahler an.[114]

Aufgrund der Immaterialität medizinischer Dienstleistungen spielen **Lagerhaltung** und **Transport** im Medizinbereich nur eine untergeordnete Rolle. Nichtsdestotrotz besteht die Notwendigkeit, einzelne materielle Leistungselemente, wie z. B. Spritzen, zwischenzulagern. Darüber hinaus sind im Falle einer Leistungserstellung beim Patienten zu Hause oder an einem dritten Ort die Wahl des Transportmittels, die Transportzeit (vor allem bei Notärzten), die Transportsicherheit sowie Transportkosten zu berücksichtigen.[115]

20.3.5 Personalpolitik

Der Personalpolitik kommt im Bereich medizinischer Leistungen eine Schlüsselrolle zu. Die Leistungsfähigkeit eines Krankenhauses oder einer Arztpraxis hängt in hohem Maße von den Fähigkeiten des ärztlichen und nicht-ärztlichen Personals ab. Mitarbeiter haben darüber hinaus die Funktion eines **Markenbotschafters**, indem sie die Markenwerte des Krankenhauses oder der Arztpraxis im Kontakt mit den Patienten, Angehörigen und zuweisenden Ärzten leben.

Im Rahmen der Personalpolitik sind neben **fachlichen Fähigkeiten** auch **soziale Fähigkeiten** bedeutsam. Häufig dienen persönliche Eigenschaften, wie beispielsweise das ärztliche Einfühlungsvermögen, als Qualitätsindikator medizinischer Leistungen. Die **Arzt-Patient-Beziehung** ist in diesem Zusammenhang von besonderer Relevanz. Aber auch Fähigkeiten

---

[113] Vgl. Oehme/Oehme 2001, S. 378 f.

[114] Vgl. www.privad.de.

[115] Vgl. Meffert/Bruhn 2009, S. 356 ff.

des nicht-ärztlichen Personals, wie beispielsweise die Serviceorientierung von Sprechstundenhilfen, werden als Kriterium zur Gesamtbeurteilung einer medizinischen Leistung durch den Patienten herangezogen.[116]

Vor diesem Hintergrund ist ein systematisches **internes Marketing** notwendig. Hierbei steht eine parallele Kunden- und Mitarbeiterorientierung im Vordergrund.[117] Krankenhäusern und Arztpraxen stehen verschiedene Instrumentarien des internen Marketings zur Verfügung, welche sich in drei Gruppen einteilen lassen:[118]

- marktorientierter Einsatz personalpolitischer Instrumente,
- marktorientierter Einsatz interner Kommunikationsinstrumente,
- personalorientierter Einsatz externer Marketinginstrumente.

Beim **marktorientierten Einsatz personalpolitischer Instrumente** wird die Ausrichtung der klassischen Instrumente Personalbeschaffung, Personaleinsatz, Personalentwicklung und Entgeltpolitik auf externe Marketingziele angestrebt. Im Rahmen der **Personalbeschaffung** besteht das Ziel, mit Hilfe von direkten (Personalimagewerbung, Stellenanzeigen etc.) und indirekten Instrumenten (z. B. Personalberatung oder Arbeitsagenturen) motivierte und qualifizierte Mitarbeiter zu gewinnen. In Bezug auf den **Personaleinsatz** sind abhängig vom Interaktionsgrad im Kundenkontakt Entscheidungen hinsichtlich Festlegung und Gestaltung der Arbeitsorganisation, des Arbeitsplatzes sowie der Arbeitszeit zu treffen. Maßnahmen der **Personalentwicklung** dienen der Veränderung von kognitiven (z. B. fachliche Kenntnisse), affektiven (z. B. Motivation) und konativen (z. B. kundenorientiertes Verhalten) Persönlichkeitsmerkmalen der Mitarbeiter. Im Fokus der **Entgeltpolitik** steht die Einrichtung eines leistungsorientierten Vergütungssystems, welches die Entlohnung an die Erreichung von Qualitäts- und Kundenzufriedenheitszielen koppelt.[119]

Zur Erreichung marktorientierter Ziele ist darüber hinaus der Einsatz **interner Kommunikationsinstrumente** erforderlich. Aufgaben der **Mitarbeiterkommunikation** sind unter anderem die Kommunikation aller personalpolitischen Instrumente (z. B. Bekanntmachung von Fortbildungs-angeboten), die Information von Mitarbeitern bei Change-Prozessen und das Aufzeigen der Rolle der Mitarbeiter zur Erreichung der Ziele des medizinischen Dienstleisters. Dies kann beispielsweise im Rahmen von Mitarbeiterversammlungen oder mit Hilfe einer Mitarbeiterzeitung erfolgen.

Der **personalorientierte Einsatz externer Marketinginstrumente** umfasst klassische kundengerichtete Instrumente, die sich gleichzeitig an Mitarbeiter im Sinne einer zweiten

---

[116] Vgl. von Eiff /Echterhoff/Stachel 2008, S. 147 ff.

[117] Vgl. Meffert/Bruhn 2009, S. 361 ff.

[118] Vgl. Stauss 2000, S. 211 ff.

[119] Vgl. ebenda, S. 212 sowie Tuzovic 2004.

Zielgruppe richten.[120] Zielsetzungen sind unter anderem die Erzeugung von Stolz bei den Mitarbeitern, die Vereinheitlichung von Einstellungen der Mitarbeiter, die Veranschaulichung von Karrieremöglichkeiten zur Förderung der Personalbeschaffung sowie die Darstellung der von Kunden erwarteten und von den Mitarbeitern zu realisierenden Leistungsanforderungen.[121] Diese Zielsetzungen werden vor allem im Rahmen der klassischen Werbung sowie von PR-Aktivitäten umgesetzt.

20.3.6 Ausstattungspolitik

Die Ausstattungspolitik bezieht sich auf Entscheidungen zur materiellen Gestaltung von Krankenhäusern und Arztpraxen. Hierunter wird die Gestaltung der Räumlichkeiten (Wartezimmer, Krankenzimmer, Behandlungsräume etc.), aber auch die technische Ausstattung (z. B. Anzahl von Röntgengeräten) gefasst.[122]

Im Fokus der Entscheidungen hinsichtlich der Krankenhaus- bzw. Praxisausstattung steht einerseits eine **hohe Funktionalität** als Voraussetzung optimaler Prozessabläufe. Hierbei sind unter anderem zielgruppenspezifische Aspekte zu berücksichtigen, wie z. B. eine barrierefreie Gestaltung für Seh- oder Gehbehinderte. Andererseits fördert die Schaffung einer **angenehmen Atmosphäre** die Patientenzufriedenheit. So zeigen empirische Studien, dass die Gestaltung von Räumlichkeiten einen Einfluss auf die Gesamtzufriedenheit von Patienten hat.[123] Es existieren in diesem Bereich vielfältige Möglichkeiten, positiv auf die Patientenzufriedenheit zu wirken. Ein Beispiel für eine besonders patienten- und besucherfreundliche Gestaltung ist das Kameda Medical Center in Kamogawa City, Japan.[124]

Kostspielige **technische Geräte** können im Rahmen von Kooperationsvereinbarungen von Krankenhäusern bzw. Arztpraxen gemeinsam genutzt und finanziert werden. So ist es zum Beispiel im Bereich der Computer-Tomografie üblich, dass innovative Geräte wie ein PET-CT (Positronen-Emissions-Tomografie) in Bussen zwischen verschiedenen Krankenhäusern transportiert werden.

20.3.7 Prozesspolitik

Die Qualität und Kosten medizinischer Leistungen werden in hohem Maße durch Prozesse bestimmt. Sowohl in Krankenhäusern als auch Arztpraxen erfolgt die Leistungserstellung in der Regel nach gewissen Ablaufschemata. Es lassen sich hierbei Kernprozesse von unterstützenden Prozessen unterscheiden. Als **Kernprozess** wird die eigentliche medizini-

---

[120] Vgl. Berry 1981 sowie George/Berry 1984.

[121] Vgl. Stauss 2000, S. 215 ff.

[122] Vgl. Busch/Fuchs/Unger 2008, S. 899.

[123] Vgl. von Eiff/Echterhoff/Stachel 2008, S. 147 ff.

[124] Vgl. www.kameda.com.

sche Versorgung bezeichnet. Diese lässt sich wiederum in Teilprozesse untergliedern (z. B. Diagnoseerstellung, Therapie, Rehabilitation). Die Kernprozesse werden von **unterstützenden Prozessen** begleitet (z. B. Röntgen, Laboruntersuchung). Über die medizinischen Prozesse hinaus bedarf es zur Realisierung der Leistungserstellung Management-Prozesse (Finanzen, Personal, etc.) sowie Supportprozesse in Form von EDV-Prozessen oder Materialbeschaffungssystemen.[125]

Im Rahmen einer **Prozessoptimierung** wird das Ziel verfolgt, einzelne Teilschritte medizinischer Leistungen effizienter aufeinander abzustimmen, um sowohl Kosteneinsparungen als auch eine Erhöhung der Kundenzufriedenheit zu erreichen.

Ein erster Ansatz in der Prozessoptimierung liegt in der grafischen Darstellung des Leistungsprozesses – z. B. im Rahmen eines **Netzplans.**[126] Dieser ermöglicht die Abbildung zeitlicher Abhängigkeiten einzelner Prozessschritte und somit die Identifikation kritischer Pfade. Eine **Prozesskostenrechnung** eignet sich schließlich zur Abbildung der Kosten einzelner Prozessschritte. Ziel ist eine verursachungsgerechte Zuordnung von Kosten. Darüber hinaus können Kostentreiber, d. h. die Größen, welche die Höhe der Kosten maßgeblich beeinflussen, bestimmt werden.[127]

In der Praxis werden Prozessoptimierungen unter anderem durch sogenannte Patienten-Pfade sowie Case-Management-Programme angestrebt. Im Rahmen von **Patientenpfaden** wird für definierte Krankheitsbilder berufsübergreifend festgelegt, welche diagnostischen und therapeutischen Maßnahmen in welcher Abfolge und Verantwortung umgesetzt werden, um so eine Prozessstandardisierung zu erreichen.[128] **Case-Management-Programme** beinhalten eine Einzelfallsteuerung im Sinne einer Begleitung des Patienten durch den Behandlungspfad. Der Prozess des Case-Managements umfasst die Fallaufnahme, Bedarfsklärung, Hilfeplanung, Begleitung der Leistungserbringung (Steuerung) sowie Evaluation und Dokumentation.[129] Der Case-Manager fungiert dabei als primärer Ansprechpartner für den Patienten.

20.4 Controlling des Medizinmarketing

Zur Sicherstellung der Effizienz und Effektivität einer marktorientierten Führung von Krankenhäusern und Arztpraxen bedarf es eines leistungsfähigen **Marketingcontrolling.**[130] Die Erreichung der gesetzten Marketingziele ist durch geeignete Messkonzepte

---

125 Vgl. Kersting 2008, S. 287.

126 Vgl. Tiemann et al. 2010, S. 68.

127 Vgl. ebenda, S. 68 f.

128 Vgl. Rippmann/Hoffmann 2005, S. 95.

129 Vgl. Wartenpfuhl 2010, S. 326.

130 Vgl. Reinecke/Janz 2007, S. 38 f.

und Bewertungsverfahren zu überprüfen. Dem Marketingcontrolling kommen im Einzelnen folgende Aufgaben zu:[131]

- **Koordinationsfunktion**: Abstimmung verschiedener kundenbezogener Aktivitäten eines Krankenhauses oder einer Arztpraxis
- **Informationsversorgungsfunktion**: Sicherstellung eines entscheidungsrelevanten Informationsstandes
- **Planungsfunktion**: Unterstützung der strategischen und operativen Marketingplanung
- **Kontrollfunktion**: Kontrolle kundenbezogener Aktivitäten

Im Rahmen eines **strategischen Marketingcontrolling** sind die Prämissen der strategischen Planung kontinuierlich zu prüfen. Hierzu gehören veränderte Markt- und Wettbewerbsbedingungen sowie rechtliche Grundlagen, denen Krankenhäuser und Arztpraxen Folge zu leisten haben. Gegebenenfalls sind strategische Ziele und Planungsprozesse anzupassen. Im Fokus eines **operativen Marketingcontrolling** steht die Überprüfung der Nutzung strategisch geschaffener Erfolgspotenziale durch Maßnahmen im operativen Marketing-Mix. Leistungs-, kommunikations-, distributions-, kontrahierungs-, personal-, prozess- sowie ausstattungspolitische Entscheidungen sind in Bezug auf ihre Zielerreichung zu kontrollieren.

Zur Erfüllung der Controlling-Funktionen können verschiedene **Instrumente** Anwendung finden. Auf **strategischer Ebene** wird das Kennzahlensystem der **Balanced Scorecard** der Koordinationsfunktion des Controlling gerecht, indem sie die vier Perspektiven „Kunden“ (Wie sollen wir unseren Kunden gegenüber auftreten, um unsere Vision zu verwirklichen?), „Finanzen“ (Wie sollen wir unseren Kunden gegenüber auftreten, um Erfolg zu haben?), „Interne Geschäftsprozesse“ (In welchen Geschäftsprozessen müssen wir die Besten sein, um unsere Teilhaber und Kunden zu befriedigen?) und „Lernen und Entwicklung“ (Wie können wir unsere Veränderungs- und Wachstumspotenziale fördern, um unsere Vision zu verwirklichen?) parallel betrachtet.[132] Für jede Perspektive werden Ziele, Kennzahlen, Vorgaben und Maßnahmen formuliert. Die Balanced Scorecard dient somit als integriertes Steuerungssystem.[133]

Im Rahmen eines **Benchmarking** erfolgt eine vergleichende Bewertung mit anderen Leistungserbringern mit dem Ziel einer kontinuierlichen Leistungsverbesserung. Hierbei sind verschiedene **Vergleichsobjekte** (z. B. Leistungen oder Prozesse) sowie **Vergleichsmaßstäbe oder -größen** (z. B. Qualität, Kosten, Zeit) heranzuziehen. Grundsätzlich wird zwischen einem internen und einem externen Benchmarking unterschieden. Beim **internen Benchmarking** wird ein Leistungsvergleich innerhalb eines Krankenhauses oder einer Arztpraxis durchgeführt, beispielweise zwischen einzelnen Fachabteilungen eines Kranken-

---

[131] Vgl. Meffert/Bruhn 2009, S. 408 f.

[132] Vgl. Bienert 2004, S. 34 ff.

[133] Vgl. Kaplan/Norton 1996, S. 22 ff.

hauses. Ein **externes Benchmarking** bezieht sich demgegenüber auf Wettbewerber in-ner-halb der Branche oder auf branchenfremde Vergleichsobjekte (z. B. Vergleich des Krankenhausverwaltungsprozesses mit dem Verwaltungsprozess eines Konsumgüterherstellers).[134]

Auf **operativer Ebene** besteht mit Hilfe einer **Abweichungsanalyse** die Möglichkeit, Abweichungen zwischen Ist- und Soll-Größen (z. B. Kosten) zu analysieren. Nach Feststellung möglicher Soll-Ist-Abweichungen sind im Rahmen einer Ursachenanalyse mögliche Gründe für die Abweichungen zu untersuchen. Darauf aufbauend werden Steuerungsmaßnahmen zur Zielerreichung erarbeitet.[135]

Eine **ABC-Analyse** ermöglicht die Bewertung und Priorisierung - sofern möglich - von Patientengruppen.[136] Hierzu werden der kumulierte Umsatzanteil und der kumulierte Anteil am Kundenbestand in einem zweidimensionalen Diagramm gegenüberstellt.[137] Anhand der resultierenden Kurve lassen sich die Kunden als A-, B- und C-Kunden klassifizieren, wobei A-Kunden die umsatzstärksten Kunden ausmachen.

Voraussetzung für den Einsatz der Controlling-Instrumente sind ausgefeilte **Informationssysteme**, welche das notwendige Datenmaterial bereitstellen.

20.5 Ausblick

Die Gestaltung medizinischer Dienstleistungen von Krankenhäusern und Arztpraxen hat sich immer schon – wenn auch aus angebotsbezogener Perspektive – an gesundheitlichen Problemen und Bedürfnissen von Patienten orientiert. Insofern ist eine „kundenorientierte" Betrachtung nicht neu. Neu am Medizinmarketing sind die Herausforderungen des von der Ökonomisierung im Gesundheitsbereich ausgelösten Wettbewerbsdenkens. Die Zukunftssicherung vieler Krankenhäuser und Arztpraxen hängt mehr denn je von einem erfolgreichen **Management der Wettbewerbsvorteile** ab. Dies erfordert – bei gesetzlich gelockerten Freiräumen – im Spannungsfeld „Unternehmen – Kunde – Wettbewerber" mehr als bisher eine systematischere und professionellere marktorientierte Führung von Krankenhäusern und Arztpraxen. Der verkürzte Begriff „Medizinmarketing" stößt in diesem Zusammenhang bei Ärzten, Krankenhaus- bzw. Praxispersonal und Patienten auf Vorbehalte und Widerstände. Deshalb ist mit der Einführung und Durchsetzung moderner Marketingkonzepte in diesem Bereich ein vorausschauender, systematisch geplanter **Prozess des Wandels** erforderlich. Aufgrund wissenschaftlicher Untersuchungen und prakti-

[134] Vgl. Ehrmann 2006, S. 709.

[135] Vgl. Ennker/Pietrowski 2009, S. 52.

[136] Vgl. Töpfer 2006, S. 478.

[137] Vgl. Meffert/Bruhn 2009, S. 413.

scher Erfahrungen sind für einen erfolgreichen Implementierungsprozess des Medizinmarketing vor allem folgende Gesichtspunkte zu beachten:

1. Etablierung eines **klaren und einheitlichen Begriffsverständnisses** von Medizinmarketing. Es sind Vorurteile und Fehlverständnisse (z. B. Marketing ist Werbung, manipuliert das Verhalten) auszuräumen. Wird bei der medizinischen Dienstleistung die Arzt-Patienten-Beziehung in den Vordergrund gestellt, so wird deutlich, dass es sich hierbei um eine spezifische Form des **Beziehungsmanagements** handelt, bei dem beide Partner längerfristige Nutzenvorteile erzielen können. Diese stellen komparative Wettbewerbsvorteile dar, wenn sie für den Kunden wichtig und wahrnehmbar und für den medizinischen Dienstleistungsanbieter wirtschaftlich erbracht und verteidigbar sind.

2. Grundvoraussetzung und primäres Ziel der marktorientierten Führung muss die Sicherung der **Zukunftsfähigkeit** des Krankenhauses oder der Arztpraxis sein. Dies setzt eine **längerfristige strategische Ausrichtung des Verhaltens** unter Berücksichtigung der sich ändernden rechtlichen, politischen und technologischen Rahmenbedingungen voraus.

3. Die Interpretation, Vertiefung und Weiterentwicklung des **Krankenhaus- bzw. Arztpraxenleitbildes** ist das Suchfeld für mögliche Schwerpunkte der marktorientierten Unternehmensführung in Verbindung und Abstimmung mit den bisherigen Aktivitäten.

4. Die **Verankerung des Medizinmarketing im Bereich der Leitung** von Krankenhäusern bzw. Arztpraxen ist zentrale Voraussetzung für die glaubwürdige Verankerung kundenorientierten Denkens und Handelns im medizinischen Bereich. Die Führung der Organisation sollte ein entsprechendes Verhalten nach dem Motto „Marketing ist Chefsache“ vorleben.

5. Die **Institutionalisierung und Verankerung des Medizinmarketing in der Organisation** sichert bei entsprechender Professionalisierung die systematische Planung, Koordination und Kontrolle der marktgerichteten Aktivitäten. Die Einrichtung organisatorischer Stellen kann sich dabei nicht allein auf Pressereferenten oder Kommunikationsmanager beschränken. Vielmehr sind aus dem Gesamtzusammenhang der Gestaltung medizinischer Dienstleistungsprozesse auch spezifische betriebswirtschaftliche Fachkenntnisse erforderlich. Die Art organisatorischer Lösungen hängt von der Strategie und den jeweiligen Rahmenbedingungen (z. B. Breite des Leistungsprogramms, Größe der Organisation, Freiheitsgrade marktlichen Handelns) ab.

6. Wichtiger als weitreichende organisatorische Anpassungsmaßnahmen sind für eine erfolgreiche Implementierung des Medizinmarketing die **Verankerung kundenorientierten Denkens und Handelns als gelebte Werte in der Kultur** des Krankenhauses bzw. der Praxis. Ein entsprechendes marktorientiertes Bewusstsein der Mitarbeiter wird mit dem Vorleben der Führung vor allem durch entsprechende Aus- und Weiterbildungsmaßnahmen sowie eigene Erfolgserlebnisse beim Einsatz von Marketingmaßnahmen gefördert.

Für die Durchsetzung weitreichender marktorientierter Anpassungsmaßnahmen ist meist die Unterstützung durch Berater erforderlich. Sie können als **„Change Agents"** die Anpassungsprozesse initiieren und steuern. Für die eigentliche Umsetzung ist jedoch das Krankenhaus- bzw. Praxismanagement selbst gefordert. Dabei tragen erste mit Konzepten des Medizinmarketing erzielte Erfolge zur Akzeptanz der Marketingphilosophie in der Krankenhaus- bzw. Praxisorganisation bei.

Im Gegensatz zur im Markenartikelbereich häufig dominanten Stellung des Marketing wird sich das Medizinmarketing in Krankenhäusern und Arztpraxen eher mit einer **flankierenden Rolle** begnügen müssen. Die **Grenzen marktorientierter Führung** resultieren aus den Besonderheiten medizinischer Leistungen, arteigenen Spielregeln des Gesundheitsmarktes und der bei „Marktversagen" nach wie vor notwendigen gesetzlichen Regulierung. Auch wenn viele Anzeichen dafür sprechen, dass künftig zur Steigerung der Effizienz und Effektivität im Gesundheitssektor die Freiräume für marktorientiertes Handeln größer werden, sind nicht zuletzt aus ethischen Gründen der Vermarktung des Gutes „Gesundheit" Grenzen gesetzt.

Lernfragen:

1. Definieren Sie die Aufgaben und Anspruchsfelder des Medizinmarketing.
2. Nennen Sie die Besonderheiten des Medizinmarketing. Grenzen Sie in diesem Zusammenhang das Marketing eines Krankenhauses bzw. einer Arztpraxis von dem Marketing eines Konsumgüterherstellers ab.
3. Stellen Sie eine beispielhafte SWOT-Analyse für eine Arztpraxis auf.
4. Nennen Sie für jedes Feld der Ansoff-Matrix ein fiktives Beispiel für ein Krankenhaus.
5. Erörtern Sie drei mögliche Wettbewerbsvorteile eines Krankenhauses oder einer Arztpraxis.
6. Überlegen Sie sich jeweils eine Situation, in der eine Kundenakquisitions-, eine Kundenbindungs- und eine Kundenrückgewinnungsstrategie für ein Krankenhaus oder eine Arztpraxis relevant sein könnte.
7. Welche Markenarchitektur können Krankenhäuser aufweisen?
8. Zeigen Sie die Grenzen strategischer Positionierungsmöglichkeiten von Krankenhäusern und Arztpraxen auf.
9. Erläutern Sie für jedes Element des operativen Medizinmarketing-Mix eine mögliche Maßnahme eines Krankenhauses oder einer Arztpraxis.
10. Erklären Sie jeweils ein Instrument des strategischen sowie operativen Marketingcontrolling.

Literatur

[1] Adam, D. (1972): Krankenhausmanagement im Konfliktfeld zwischen medizinischen und wirtschaftlichen Zielen. Eine Studie über Möglichkeiten zur Verbesserung der Strukturorganisation und des Entscheidungsprozesses in Krankenhäusern, Wiesbaden.

[2] Adam, D. (1998): Produktionsmanagement, 9. Aufl., Wiesbaden.

[3] Ahlert, D. (2001): Distributionspolitik, 4. Aufl., Stuttgart/New York.

[4] AMA (2007), URL: http://www.marketingpower.com/AboutAMA/Pages/Definition of Marketing.aspx (Abruf am 10.01.2011).

[5] Ansoff, H. I. (1966): Management Strategies, München.

[6] Baur, A./Böcker, K. (2001), Integrierte Versorgung in Deutschland: Potemkinsches Dorf oder Zukunft des Gesundheitswesen?, in: Salfeld, R./Wettke, J. (Hrsg.): Die Zukunft des deutschen Gesundheitswesens, Perspektiven und Konzepte, Heidelberg, S. 7-19.

[7] Beger, R./Gärtner, H.-D./Mathes, R. (1989): Unternehmenskommunikation. Grundlagen, Strategien, Instrumente, Wiesbaden.

[8] Berry, L. L. (1981): The Employee as Customer, in: Journal of Retail Banking, Vol. 3, No. 1, S. 33-40.

[9] Bienert, M. L. (2004): Marktorientierung und Strategiefindung – Ein Leitfaden für Gesundheitsunternehmen zur erfolgreichen Positionierung im Wettbewerb, in: Hellmann, W. (Hrsg.): Krankenhausmanagement professionell, Landsberg/Lech.

[10] Bruhn, M. (2001): Relationship Marketing. Das Management von Kundenbeziehungen, München.

[11] Bruhn, M. (2003a): Integrierte Unternehmens- und Markenkommunikation. Ansatzpunkte für eine strategische und operative Umsetzung integrierter Kommunikationsarbeit, 3. Aufl., Stuttgart.

[12] Bruhn, M. (2003b): Sponsoring. Systematische Planung und integrativer Einsatz, 4. Aufl., Wiesbaden.

[13] Bruhn, M. (2005): Unternehmens- und Marketingkommunikation. Handbuch für ein integriertes Kommunikationsmanagement, München.

[14] Bruhn, M. (2007): Kommunikationspolitik. Systematischer Einsatz der Kommunikation für Unternehmen, 4. Aufl., München.

[15] Bruhn, M. (2008): Marketing. Grundlagen für Studium und Praxis, 9. Aufl., Wiesbaden.

[16] Bundesministerium für Bildung und Forschung (2009), URL: http://www.bmbf.de/press/2579.php (Abruf am 10.01.2011).

[17] Burmann, C. (2006): Direktmarketing im Rahmen einer markt- und wertorientierten Unternehmensführung, in Wirtz, B. W./Burmann, C. (Hrsg.): Ganzheitliches Direktmarketing, Wiesbaden, S. 23-46.

[18] Burmann, C./Blinda, L./Nitschke, A. (2003): Konzeptionelle Grundlagen des identitätsbasierten Markenmanagements, Arbeitspapier Nr. 1 des Lehrstuhls für innovatives Markenmanagement (LiM), Universität Bremen, Burmann, C. (Hrsg.), Bremen.

[19] Burmann, C./Meffert, H. (2005): Managementkonzept der identitätsorientierten Markenführung, in: Meffert, H./Burmann/C./Koers, M. (Hrsg.): Markenmanagement. Identitätsorientierte Markenführung und praktische Umsetzung, 2. Aufl., Wiesbaden, S. 73-114.

[20] Busch, R./Fuchs, W./Unger, F. (2008): Integriertes Marketing. Strategie – Organisation – Instrumente, 4. Aufl., Wiesbaden.

[21] Christensen, G. R./Andrews, K. R./Bauer, J. L. (1973): Business Policy, 3. Aufl., Homewood, Illinois.

[22] Corsten, H. (1998): Ansatzpunkte für ein Rationalisierungsmanagement von Dienstleistungsanbietern, in Meyer, A. (Hrsg.): Handbuch Dienstleistungs-Marketing, Band 1, München, S. 607-624.

[23] Ehrmann, H. (2006): Marketingaccounting, in: Reinecke, S./Tomczak, T: Handbuch Marketingcontrolling, 2. Aufl., Wiesbaden, S. 697-740.

[24] Elste, F. (2004): Marketing und Werbung in der Medizin. Erfolgreiche Strategien für Praxis, Klinik und Krankenhaus, Wien.

[25] Ennker, J./Pietrowski, D. (2009): Krankenhausmarketing. Ein Wegweiser aus ärztlicher Perspektive, Heidelberg.

[26] Franz, D. (2009): Medizinische Versorgungsformen, in: Röder, N./Hensen, P. (Hrsg.): Gesundheitsökonomie, Gesundheitssystem und öffentliche Gesundheitspflege. Ein praxisorientiertes Kurzlehrbuch, Köln, S. 185-206.
[27] Frodl, A. (2004): Management von Arztpraxen. Kosten senken, Effizienz steigern. Wiesbaden.
[28] George, W. R./Berry, L. L. (1984): Guidelines for the Advertising of Services, in Lovelock, C. H. (Hrsg.): Services Marketing, Englewood Cliffs, S. 407-412.
[29] Gibis, B. (2010): Leistungsmanagement in Arztpraxen und Ärztenetzen, in: Busse, R./ Schreyögg, J./Tiemann, O.: Management im Gesundheitswesen, 2. Aufl., Berlin/Heidelberg/ New York, S. 76-101.
[30] Gorschlüter, P. (1999): Das Krankenhaus der Zukunft, Integriertes Qualitätsmanagement zur Verbesserung von Effektivität und Effizienz, Stuttgart.
[31] Greiner, W./Hodek, J.-M. (2010): Finanzmanagement in Arztpraxen und Ärztenetzen, in: Busse, R./Schreyögg, J./Tiemann, O.: Management im Gesundheitswesen, 2. Aufl., Berlin/Heidelberg/New York, S. 248-258.
[32] Helmig, B./Graf, A. (2010): Kundenmanagement in Krankenhäusern, in: Busse, R./ Schreyögg, J./Tiemann, O.: Management im Gesundheitswesen, 2. Aufl., Berlin/Heidelberg/ New York, S. 163-176.
[33] Hildebrandt, H./Martini, O. (1999): Weshalb müssen Krankenhäuser wissen, wie ihre Patienten sie beurteilen?, in: Schupeta, E./Hildebrandt, H. (Hrsg.): Patientenzufriedenheit messen und steigern, Sankt Augustin.
[34] Hungenberg, H. (2008): Strategisches Management in Unternehmen – Ziele, Prozesse, Verfahren, 5. Aufl., Wiesbaden.
[35] Ihde, G. B. (1978): Distributionslogistik, Stuttgart/New York.
[36] Jefkins, F. (1998): Public Relations, 5. Aufl., London u. a.
[37] Käckenhoff, U. (2007): Markenname wird bei Kliniken zunehmend zur Trumpfkarte, in: Healthcare-Markt, Nr. 6, 2007, S. 10-13.
[38] Kaplan, R. S./Norton, D. P. (1996): The Balanced Scorecard. Translating Strategy into Action, Boston.
[39] Kassenärztliche Bundesvereinigung (2008): Handbuch Qualitätszirkel., 2. Aufl., Köln.
[40] Kassenärztliche Bundesvereinigung (2009), URL: http://www.kbv.de/themen/6199.html (Abruf am 10.01.2011).
[41] Kassenärztliche Vereinigung Westfalen-Lippe (2010), URL: http://www.kvwl.de/arzt/sicherstell/ kooperation/vertragsarzt_krankenhaus.htm (Abruf am 10.01.2011).
[42] Kaub, E. (1990): Erfolg in der Gastronomie, 2. Aufl., Saarbrücken.
[43] Kersting, T. (2008): Diagnostik und Therapie als Prozess, in: Schmitt-Rettig, B./Eichhorn, S. (Hrsg.): Krankenhaus-Management-Lehre. Theorie und Praxis eines integrierten Konzepts, Stuttgart, S. 281-302.
[44] Kosiol, E. (1961): Erkenntnisgegenstand und methodologischer Standort der Betriebswirtschaftslehre, in: Zeitschrift für Betriebswirtschaft, 31. Jg., Nr. 3, S. 129-136.
[45] Kosiol, E. (1972): Die Unternehmung als wirtschaftliches Aktionszentrum, Hamburg.
[46] Kotler, P. (1975): Marketing for Nonprofit Organizations, Eglewood Cliffs, New Jersey.
[47] Kotler, P./Bliemel, F. (2006), Marketing-Management. Analyse, Planung und Verwirklichung, 10. Aufl., Stuttgart.
[48] Kreyher, V. J. (2001): Gesundheits- und Medizinmarketing – Herausforderung für das Gesundheitswesen, in: Kreyher, V. J. (Hrsg.): Handbuch Gesundheits- und Medizinmarketing. Chancen, Strategien und Erfolgsfaktoren, Heidelberg, S. 1-52.
[49] Lasslop, I. (2003): Effektivität und Effizienz von Marketing-Events. Wirkungstheoretische Analyse und empirische Befunde, Wiesbaden.
[50] Linzbach, M./Ruß, A./Ohmann, Ch. (2001): Das Internet als Instrument der Veränderung in der Medizin, in: Kreyher, V. J. (Hrsg.): Handbuch Gesundheits- und Medizinmarketing. Chancen, Strategien und Erfolgsfaktoren, Heidelberg, S. 133-141.
[51] Lüthy, A./Buchmann, U. (2009): Marketing als Strategie im Krankenhaus. Patienten- und Kundenorientierung erfolgreich umsetzen, Stuttgart.

[52] Meffert, H. (1992): Strategien zur Profilierung von Marken, in Dichtl, E./Eggers, W. (Hrsg.): Marke und Markenartikel, München, S. 129-156.
[53] Meffert, H. (2009): Marketing – Auf die marktorientierte Führung kommt es an, in: Meffert, H. (Hrsg.): Erfolgreich mit den Großen des Marketings, Frankfurt/Main, S. 9-18.
[54] Meffert, H./Bruhn, M. (2009): Dienstleistungsmarketing. Grundlagen-Konzepte-Methoden, 6. Aufl., Wiesbaden.
[55] Meffert, H./Burmann, C./Kirchgeorg, M. (2012): Marketing. Grundlagen marktorientierter Unternehmensführung. Konzepte – Instrumente – Praxisbeispiele, 11. Aufl., Wiesbaden.
[56] Meffert, H./Burmann, C./Koers, M. (2005): Markenmanagement. Identitätsorientierte Markenführung und praktische Umsetzung, 2. Aufl., Wiesbaden.
[57] Mehner, R. (2010): Patientenmarketing: Kommunikationspolitische Instrumente im Krankenhaus, in: Debatin, J. F./Ekkernkamp, A./Schulte, B. (Hrsg.): Krankenhausmanagement. Strategien, Konzepte, Methoden, Berlin, S. 497-509.
[58] Mei-Pochtler, A. (1998): Markenmanagement für Dienstleistungsanbieter, in: Meyer, A. (Hrsg.): Handbuch Dienstleistungs-Marketing, Band 1, Stuttgart, S. 665-678.
[59] Neubauer, G./Ujlaky, R./Beivers, A. (2010): Finanzmanagement in Krankenhäusern, in: Busse, R./Schreyögg, J./Tiemann, O.: Management im Gesundheitswesen, 2. Aufl., Berlin/Heidelberg/New York, S. 235-248.
[60] Nitschke, A. (2006): Event-Marken-Fit und Kommunikationswirkung. Eine Längsschnittbetrachtung am Beispiel der Sponsoren der FIFA-Fußballweltmeisterschaft 2006, Wiesbaden.
[61] Oehme, S./Oehme, W. (2001): Marketing für ärztliche Leistungen, in: Kreyher, V. J. (Hrsg.): Handbuch Gesundheits- und Medizinmarketing. Chancen, Strategien und Erfolgsfaktoren, Heidelberg, S. 365-388.
[62] Pfohl, H. C. (2010): Logistiksysteme. Betriebswirtschaftliche Grundlagen, 8. Aufl., Heidelberg u.a.
[63] Porter, M. E. (2002): Wettbewerbsstrategie – Methode zur Analyse von Branchen und Konkurrenten, Frankfurt u. a.
[64] Reinecke, S./Janz, S. (2007): Marketingcontrolling. Sicherstellen von Marketingeffektivität und -effizienz, Stuttgart.
[65] Rippmann, K./Hoffmann, L. (2005): Die Leistungsgestaltung erfolgt durch geplante Behandlungsabläufe und Behandlungsstufen, in: Vetter, U./Hoffmann, L.: Leistungsmanagement im Krankenhaus: G-DRGs, Stuttgart, S. 93-106.
[66] Schreyögg, J. (2010): Kundenmanagement im Gesundheitswesen – Einführung und methodische Grundlagen, in: Busse, R./Schreyögg, J./Tiemann, O.: Management im Gesundheitswesen, 2. Aufl., Berlin/Heidelberg/New York, S. 152-154.
[67] Schweiger, G./Schrattenecker, G. (2005): Werbung. Eine Einführung, 6. Aufl., Stuttgart.
[68] Sommerhoff, P. (2007): Die Düsseldorfer Uniklinik hat sich erfolgreich positioniert, in: f&w – führen und wirtschaften im Krankenhaus, 2007, Nr. 1, S. 16-18.
[69] Stauss, B. (1994): Markteintrittsstrategien im internationalen Dienstleistungsmarketing, in: Thexis, 11. Jg., Nr. 3, S. 10-16.
[70] Stauss, B. (2000): Internes Marketing als personalorientierte Qualitätspolitik, in Bruhn, M./Stauss, B. (Hrsg.): Dienstleistungsqualität. Konzepte, Methoden, Erfahrungen., 3. Aufl., Wiesbaden, S. 203-222.
[71] Steffenhagen, H. (2000): Wirkungen der Werbung. Konzepte, Erklärungen, Befunde, Aachen.
[72] Thielscher, C./Jäschke, T./Sommerhoff, P. (2010): Web-2.0-Anwendungen und Krankenhausmarketing, in: Das Krankenhaus, 2010, Nr. 5, S. 419-425.
[73] Tiemann, O./Schreyögg, J./Wörz, M./Busse, R. (2010): Leistungsmanagement in Krankenhäusern, in: Busse, R./Schreyögg, J./Tiemann, O.: Management im Gesundheitswesen, 2. Auflage, Berlin/Heidelberg/New York, S. 47-76.
[74] Tietz, B. (1991): Handbuch Franchising. Zukunftsstrategien für die Marktbearbeitung, Landsberg am Lech.

[75] Töpfer, A. (2006): Ganzheitliche Steuerung der Klinik; in: Albrecht, M./Töpfer, A. (Hrsg.): Erfolgreiches Change-Management im Krankenhaus. 15-Punkte Sofortprogramm für Kliniken, Heidelberg, S. 475-484.
[76] Trill, R. (2009): eHealth, in: Trill, R. (Hrsg.): Handbuch eHealth. Von der Idee zur Umsetzung, Stuttgart, S. 52-63.
[77] Tscheulin, D. K./Helmig, B. (2000): Patientenzufriedenheitsmessungen im Krankenhaus, in: Albach, H. et al. (Hrsg.), Krankenhausmanagement 2000, zfb Ergänzungsheft, 4/2000, Wiesbaden, S. 105-121.
[78] Tscheulin, D. K./Helmig, B. (2001): Krankenhausmarketing, in: Tscheulin, D. K./Helmig, B. (Hrsg.): Branchenspezifisches Marketing – Grundlagen – Besonderheiten – Gemeinsamkeiten, Wiesbaden, S. 401-428.
[79] Tscheulin, D. K./Helmig, B./Moog (2001): Die Ermittlung entscheidungsrelevanter Variablen bei der Wahl von Geburtskliniken als Basis eines effizienten Krankenhaus-Marketing, in: ZöGU – Zeitschrift für öffentliche und gemeinwirtschaftliche Unternehmen, Band 24, Heft 4, S. 451-468.
[80] Tuzovic, S. (2004): Kundenorientierte Vergütungssysteme zur Steuerung der Erfolgsgrößen im Relationship Marketing. Anforderungen, Konzeptualisierung, Institutionalisierung, Wiesbaden.
[81] Von Eiff (2004): Markenprofil und Markenarchitektur – Einmalig, unverwechselbar und hoch differenziert, in: Krankenhaus Umschau, 2004, Nr. 5, S. 407-411.
[82] Von Eiff, W. (2005): Erfolgsfaktoren für Unternehmensverbindungen im Gesundheitswesen, in: von Eiff, W./Klemann, A. (Hrsg.): Unternehmensverbindungen – Strategische Management von Kooperationen, Allianzen und Fusionen im Gesundheitswesen, 2. Aufl., Wegscheid, S. 17-38.
[83] Von Eiff, W./Echterhoff, F./Stachel, K. (2008): Positionierung eines Krankenhauses auf dem Markt für Prostatakrebspatienten, in: Das Krankenhaus, 2008, Nr. 2, S. 147-151.
[84] Wartenpfuhl, B. (2010): Der Nutzen der systemischen Denkfigur in der Organisationsentwicklung gemeinsamer Assessmentverfahren im Prozess des Case Managements, in: Brinkmann, V. (Hrsg.): Case-Management. Organisationsentwicklung und Change-Management in Gesundheits- und Sozialunternehmen, 2. Aufl., Wiesbaden, S. 325-341.
[85] Weinbrenner, S. (2010): Kundenmanagement in Arztpraxen und Ärztenetzen, in: Busse, R./ Schreyögg, J./Tiemann, O.: Management im Gesundheitswesen, 2. Auflage, Berlin/Heidelberg/ New York, S. 176-185.
[86] Welge, M. K./Al-Laham, A. (2006): Strategisches Management. Grundlagen, Prozess, Implementierung, 5. Aufl., Wiesbaden.
[87] Welling, M. (2006): Ökonomik der Marke: Ein Beitrag zum Theorienpluralismus in der Markenforschung, Wiesbaden.
[88] Wirtz, B. W. (2005): Integriertes Direktmarketing. Grundlagen – Instrumente – Prozesse, Wiesbaden.

Sonstige Internetquellen

http://www.amd-netz.de
http://www.diabetes-news.de
http://www.kameda.com
http://www.medica.de
http://www.privad.de
http://www.zirm-deutschland.de

21 Management, Unternehmensführung, Organisation und Planung im Krankenhaus

Holger Raphael

21.1 Krankenhausmanagement 76
21.2 Management als Institution 77
21.3 Management als Funktion 80
21.3.1 Planung und Ziele 80
21.3.1.1 Zielfindung und Zielsetzung 81
21.3.1.2 Behandlungsplanung mittels klinischer Behandlungspfade 83
21.3.1.3 Investitionsplanung 85
21.3.2 Realisierung und Zielerreichung 87
21.3.2.1 Das Wertkettenmodell von Porter angewandt auf das Krankenhaus 87
21.3.2.2 Leistungsmanagement (Produktion) 88
21.3.2.3 Kostenmanagement 89
21.3.2.4 Logistik 97
21.3.2.5 Personal 100
21.3.2.6 Informations- und Kommunikationstechnologie 103
21.3.3 Kontrolle 105
21.3.3.1 Buchhaltung und Buchführung 106
21.3.3.2 Finanzbuchhaltung und Betriebsbuchhaltung 107
21.3.3.3 Kosten- und Leistungsrechnung 108
21.3.3.4 Controlling 110
21.3.3.5 Medizincontrolling 110
21.3.3.6 Investitionscontrolling 111
21.3.3.7 Personalcontrolling 111
21.3.3.8 IT- Unterstützung: Data Warehouse und Business Intelligence 112

Literatur 114

Lernziele

Nach der Lektüre dieses Kapitels

- kennen Sie den institutionalen Aufbau des Krankenhausmanagements und seine Besonderheiten,
- haben Sie einen Überblick über die Inhalte des Krankenhausmanagements,
- kennen Sie Ziele und Planung im Krankenhaus und ihre Umsetzung: Leistungs- und Kostenmanagement, für das Krankenhaus relevante Bereiche des Managements
- wissen Sie wie die Kontrolle der Zielerreichung erfolgt, kennen Sie die Grundbegriffe und den Aufbau der Buchhaltung und des Controlling

Fallbeispiel

Manfred Ager ist als Diplom-Kaufmann mit mehrjähriger erfolgreicher Leitungserfahrung im Krankenhausmanagement als Geschäftsführer im Krankenhaus Musterstadt angestellt worden. Zum 01.09.2010 hat er die Aufgabe übernommen, das Krankenhaus Musterstadt zu sanieren. Das Krankenhaus der Grund- und Regelversorgung mit einem Umsatzvolumen von 40 Millionen Euro bei einer Fallzahl von 12.500 Fällen und einem CMI von 0,9 hat 2009 einen Verlust von 1,5 Millionen Euro erwirtschaftet.[1]

Schnell wird Manfred Ager klar, dass eine nachhaltige Sanierung nur durch eine Kombination aus Erlössteigerung und gleichzeitiger Kostensenkung erfolgen kann. Hierfür benötigt er entsprechende Daten, die es ihm ermöglichen, Strategien und Handlungsalternativen abzuleiten.

Ausgehend von einer Begriffsbestimmung zum Krankenhausmanagement und der Analyse des institutionalen und funktionalen Managementbegriffs sowie der konkreten Ausgestaltung des Managements im Krankenhaus werden im Folgenden anhand des Wertkettenmodells nach Porter die einzelnen Managementfunktionen dargestellt, die letztlich die Optimierung des Ergebnisses beeinflussen.

21.1 Krankenhausmanagement

Der Fokus dieses Beitrags liegt auf der Betrachtung des Managements im akutstationären Bereich, also im Krankenhaus. Aufgrund ihrer Mitarbeiterzahl sind Krankenhäuser nahezu immer als Großunternehmen gemäß HGB einzustufen und unterliegen den entsprechen-

[1] Vgl. Augurzky u. a. (2007), das gewählte Fallbeispiel entspricht der Prognose zur Krankenhausentwicklung.

den Bestimmungen, z. B. zum Jahresabschluss. Wegen ihrer Größe und des Umsatzes sind sie im Gegensatz etwa zur Einzelpraxis eines Arztes eher in der Lage, Methoden des Managements anzuwenden.

Der Managementbegriff als solcher kann sich sowohl auf das Management als Funktion,[2] also die Tätigkeiten von Führungskräften, als auch auf das Management als Institution, also Personen und Strukturen im Unternehmen (z. B. der Vorstand), beziehen. Beides wird im Folgenden näher erläutert. Dabei werden sowohl Bereiche des strategischen, als auch des operativen Managements angesprochen. Das strategische Management befasst sich mit den Gründen für Unternehmenserfolg oder Misserfolg, das operative Management mit der Umsetzung der strategischen Vorgaben. Die Führungsaufgabe im Krankenhaus lässt sich dabei in den Leistungsbereich (Erlöse) sowie den Kostenbereich differenzieren.

Dieser Beitrag ist daher entsprechend aufgegliedert und bearbeitet die Führungsaufgaben aus Sicht des administrativen Krankenhausmanagers mit Gesamtverantwortung für das Unternehmen „Krankenhaus“. Strategische Managementansätze im Krankenhaus werden vorgestellt und mit operativen Umsetzungsbeispielen unterlegt. Aufbauend auf den (Daten-)Grundlagen, die für ein erfolgreiches strategisches Management erforderlich sind, wird zunächst der Leistungsbereich analysiert, bevor dann im Kostensektor die Versorgungskette, IT, Investitionen und Personalfragen analysiert werden.

21.2 Management als Institution

Der Begriff des Managements aus institutioneller Sicht bezieht sich auf die Organisation des Krankenhauses und seiner Einheiten, insbesondere auf die Mitarbeiter, die leitende Aufgaben erfüllen.[3] Im gesetzlichen Sinne besteht die „Betriebsleitung“ im Krankenhaus aus einem leitenden Arzt, einer leitende Pflegekraft sowie dem Leiter des Wirtschafts- und Verwaltungsdienstes.[4] Dieses wird in **Abbildung 21.1** exemplarisch dargestellt.

Die Mitglieder des Direktoriums, deren Bereiche oftmals auch als die „drei Säulen“ des Krankenhauses bezeichnet werden, sollen sich kollegial bei der Krankenhausführung abstimmen. Viele Bereiche und Kompetenzen sind dabei eindeutig geregelt. Bei den Schnittstellen zwischen den Bereichen ergeben sich potenzielle Konflikte.

---

[2] Vgl. Gabler (2011/1).

[3] Vgl. Gabler (2011/1).

[4] Vgl. z. B. KHGG-NW § 31.

Abbildung 21.1 Beispiel-Organisation im Krankenhaus

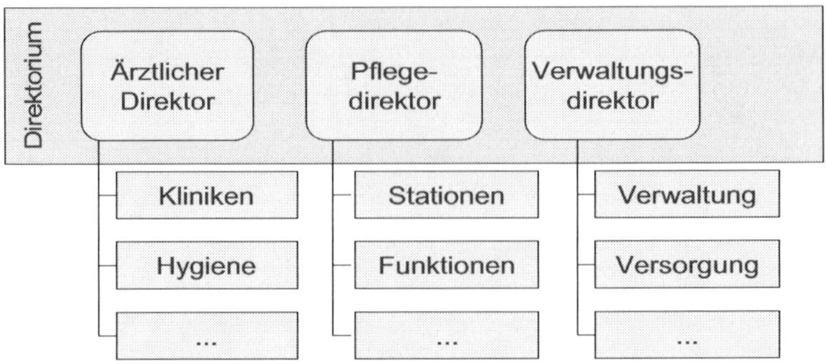

Oftmals wird ein Mitglied, in der Regel der ärztliche oder kaufmännische Direktor, vom Krankenhausträger zum Vorstand oder Sprecher des Gremiums bestimmt. Die einzelnen Partner führen ihre Bereiche selbständig. Der Verwaltungsdirektor hat in der Regel ein Vetorecht bei wirtschaftlichen Fragen.

An Universitätskliniken ist der kaufmännische Direktor (Vorstand) Mitglied der vom Ärztlichen Direktor geführten Krankenhausleitung, also in die klassischen drei Säulen der Krankenhausleitung eingegliedert.

Mit dem Aufkommen privater Träger am Krankenhausmarkt und einer Verschlechterung der Haushaltslage im öffentlichen Bereich ergeben sich neue Notwendigkeiten und Anforderungen an die rechtliche Struktur von Krankenhäusern, insbesondere an die administrative Leitung, aber auch im Hinblick auf die Gesamtleitung eines Krankenhauses.[5]

Mit der häufig aus Haftungsgründen bzw. im Zuge der Privatisierung vorgenommenen Änderung der Rechtsform der Krankenhäuser in eine GmbH ist die Bestellung eines Geschäftsführers obligatorisch.[6]

Der Geschäftsführer ist grundsätzlich per Definition der Leiter des Gesamtunternehmens, kann, muss aber nicht Mitglied der Betriebsleitung sein, sondern kann auch aufgrund der bestehenden Vertretungs- und Haftungsregelungen hierarchisch über dieser stehen. Bei kleineren Krankenhäusern ist der Geschäftsführer oftmals Verwaltungsleiter in Personalunion, bei größeren Einheiten erfolgt oftmals eine Trennung zwischen Geschäftsführung und Verwaltungsleitung.

Bislang dominiert aufgrund der historischen Entwicklung eine funktionale Organisationsstruktur im Krankenhaus, die die Aufgabengebiete der Mitglieder der Betriebsleitung

[5] Vgl. Raphael (2009).

[6] Vgl. Berwanger (2011).

sowie die Unterteilung in Kliniken und Abteilungen widerspiegelt. Durch die Etablierung von Geschäftsführern mit Zuständigkeit für die Gesamtunternehmung wird diese Struktur zunehmend aufgebrochen, da sich ein Gesamterfolg nur durch Zusammenarbeit aller Bereiche erzielen lässt.

Mit der im Hinblick auf das DRG-System notwendigen und fortschreitenden Prozessorientierung im Krankenhaus und der damit verbundenen Auflösung von funktionalen Strukturen, die sich u. a. in der interdisziplinären Zentrumsbildung im Krankenhaus widerspiegelt, kommt es zu zunehmendem Abstimmungsbedarf zwischen den Bereichen und somit zu Konflikten.[7] Diese sind vielfach in der vorhandenen Vertragsgestaltung der Chefärzte begründet.

Die Vertragsgestaltung bei den jeweiligen Chefärzten und die sich daraus ergebenden Anreize, insbesondere im Hinblick auf zusätzliche Einkommensbestandteile (Wahlleistung, Ermächtigungen) hat Einfluss auf das Verhalten der Akteure. Die klassische Aufteilung zwischen einem niedrigen Grundgehalt, das vom Krankenhaus bezahlt wird und möglichen Zusatzeinnahmen aus Wahlleistungen und Ermächtigungen im Rahmen der persönlichen Leistungserbringung führen zu Anreizen, die nicht kompatibel mit den Erfordernissen des Krankenhauses im Hinblick auf eine zunehmende Prozessorientierung sind, da eine Abgabe von Kompetenzen vielfach auch mit einer geminderten Liquidationsmöglichkeit verbunden ist. Dieser Entwicklung wird durch modernere Vertragsgestaltungen, die auf einem höheren Festgehalt mit Bonus unter Verzicht auf weitere Einnahmequellen basieren, entgegengewirkt. Der Bonus bezieht sich dann sowohl auf den gesamten Unternehmenserfolg, aber auch leistungsmengenabhängige Bestandteile in den einzelnen Kliniken und Abteilungen. Auch die Privatliquidation kann eines von mehreren Kriterien sein, ebenso wie das Erreichen von Qualitätszielen oder individuellen Sonderzielen.

Das Organigramm des Krankenhauses wird in den einzelnen klinischen und administrativen Aufgabenbereichen weiter detailliert. In den Kliniken und Abteilungen ist der jeweilige dem Geschäftsführer oder der Betriebsleitung gegenüber fachlich weisungsunabhängige Chefarzt dem ärztlichen Personal vorgesetzt, die nächste Hierarchieebene im Pflegedienst wird durch Bereichs-, Ebenen- oder Stationsleitungen gebildet. Der Verwaltungsdirektor – die Funktion wird auch als kaufmännischer Direktor bzw. Leiter bezeichnet – ist in der Regel den jeweiligen Abteilungsleitern für die Bereiche Einkauf, IT, Personal, Buchhaltung, Rechnungswesen, Apotheke, Küche, Technik und Reinigungsdienst vorgesetzt.

Die Ebene unterhalb des Direktoriums und der Chefärzte, also der Bereich der Oberärzte, Stations- und Bereichsleitungen sowie der Abteilungsleiter der Verwaltung bildet die mittlere Managementebene des Krankenhauses. Als operative Managementebene setzt sie strategische Vorgaben um.

---

[7] Vgl. Raphael (2009).

Neben der obersten Leitungsebene muss ein Krankenhaus im administrativen Bereich auch alle Funktionen eines Unternehmens, angefangen vom Personal über den Einkauf, das Finanz- und Rechnungswesen, Controlling sowie die Bereiche des Facility Managements und IT abbilden. Diese sind zum einen oftmals im Fokus, wenn es um das Outsourcen von Leistungen geht. Andererseits unterstützen die Leitungen als mittlere Managementebene die Geschäftsführung bei der Erfüllung der Aufgaben. Daher sind insbesondere die Kernbereiche Finanz- und Rechnungswesen, Personal, Controlling und Einkauf zum Management im weiteren Sinne hinzuzurechnen. Die Informationstechnologie übernimmt im Rahmen der Prozessoptimierung eine immer wichtigere Rolle unter strategischen Gesichtspunkten.

Verfügt ein administrativer Bereich über einen hohen strategischen Anteil, so ist er dem Management im weiteren Sinne hinzuzurechnen.[8] Überwiegen die operativen Aspekte mit Dienstleistungscharakter, handelt es sich um keine Managementfunktionen.

Im Rahmen des ärztlichen Dienstes und des Pflegedienstes ist eine ähnliche Abgrenzung möglich. Übernehmen der Oberarzt oder die Leitung im Pflegedienst strategische Aufgaben jenseits des operativen Kerngeschäfts, so sind sie dem Management zuzurechnen.

21.3 Management als Funktion

Dem institutionellen Managementbegriff steht der funktionelle Managementbegriff gegenüber, der sich mit den Tätigkeiten der Führungskräfte im Rahmen ihrer Führungsaufgabe im Management befasst. Diese werden in der Regel in Planung, Realisierung und Kontrolle unterschieden.[9] Im Folgenden wird daher das Krankenhausmanagement am funktionalen Managementbegriff orientiert dargestellt, beginnend mit der Planung und den Zielen in Abhängigkeit von der Trägerschaft des Krankenhauses über die Realisierung, die angelehnt an des Wertkettenmodell von Porter erläutert wird, bis hin zur Kontrolle mit Buchhaltung, Kostenrechnung und Controlling.

21.3.1 Planung und Ziele

Zur Planung zählen die Problem- und Aufgabendefinition, die Zielsetzung, die Alternativenplanung und die Entscheidung.[10] Insbesondere auf die Zielfindung und Zielsetzung unter Berücksichtigung der unterschiedlichen Trägerschaften und Rechtsformen im Krankenhaus wird im Folgenden näher eingegangen.

---

[8] Vgl. Gabler (2011/1).

[9] Vgl. Gabler (2011/1).

[10] Vgl. Gabler (2011/1).

Die Art der Krankenhausfinanzierung in Deutschland, die duale Finanzierung, bei der die Investitionen vom jeweiligen Bundesland und die Betriebskosten von den Krankenkassen getragen werden, hat im Hinblick auf die Unterfinanzierung insbesondere im Investitionsbereich[11] und den sich daraus ergebenden Anforderungen an die (Mit-)Finanzierung der Investitionen durch das Krankenhaus, respektive den Krankenhausträger, Auswirkungen auf die Zielsetzung des Krankenhauses, insbesondere im Hinblick auf die Investitionsfähigkeit.

Krankenhäuser können in unterschiedlicher Trägerschaft und Rechtsform geführt werden. Bereits das Krankenhausfinanzierungsgesetz spricht in § 1 Abs. 2 von der Beachtung der „Vielfalt der Krankenhausträger". Unterschieden werden hier im Wesentlichen drei Trägerformen:

- öffentlich-rechtliche Träger (Bund, Länder, Städte und Kommunen),
- frei-gemeinnützige Träger (Stiftungen, Kirchengemeinden),
- private Träger.

Diese unterscheiden sich häufig in ihrer Rechtsform und ihrer Zielsetzung.

21.3.1.1 Zielfindung und Zielsetzung

Krankenhäuser in öffentlich-rechtlicher Trägerschaft können sowohl rechtlich selbständig, als auch unselbständig organisiert sein. Sie sind dann entweder bilanziell in den Haushalt des Trägers eingegliedert (unselbständiger Regiebetrieb) oder selbstständig mit eigenständigem Jahresabschluss (Anstalt des öffentlichen Rechts).

Die rechtliche Organisationsform hat dabei wesentlichen Einfluss auf die Entscheidungsfähigkeit des Krankenhausmanagements. Beim unselbständigen Regiebetrieb sind alle (wesentlichen) Entscheidungen vom Träger zu sanktionieren, was zumindest zu Verzögerungen in der Entscheidungsfindung führt, da die notwendigen Entscheidungen oftmals nicht zeitnah herbeigeführt werden können und möglicherweise einem politischen Kalkül unterliegen.

Anstalten des öffentlichen Rechts sind zwar rechtlich selbstständig, allerdings stellt sich auch hier die Frage nach der Einflussnahme des Trägers zumindest bei wesentlichen Entscheidungen und den Konsequenzen für die Krankenhausentwicklung.

Von der Zielsetzung her orientiert sich die Trägerschaft zunächst an der z. B. im KHGG-NW § 1 Abs. 2 und 3 vorgegebenen Regelung, „Die Krankenversorgung in Krankenhäusern ... sicherzustellen, ist eine öffentliche Aufgabe" und „falls sich kein anderer geeigneter Träger findet, sind Gemeinden ... verpflichtet, Krankenhäuser zu errichten und zu betreiben". Daher finden sich in vielen Bundesländern öffentlich getragene Krankenhäu-

[11] Vgl. Blum/Schilz (2006).

ser. Einen Sonderfall bilden die Universitätskliniken, die von den Bundesländern getragen werden und einer besonderen Gesetzgebung unterliegen.

Öffentlich-rechtlich getragene Kliniken dienen der Sicherstellung der Versorgung der Bevölkerung. Die Gemeinden müssen sie jedoch nur dann betreiben, wenn sie die erforderliche Finanzkraft besitzen.[12] Der Bedarf zur Versorgung der Bevölkerung ergibt sich vor allem aus dem Einzugsgebiet, den medizinischen Möglichkeiten und dem Leistungsspektrum umliegender Kliniken.

Aus diesen Überlegungen ergibt sich die Zielsetzung der Wirtschaftlichkeit, zumindest der Kostendeckung für die Krankenhäuser in öffentlich-rechtlicher Trägerschaft, um den Trägeretat nicht zu belasten. Kliniken in frei-gemeinnütziger Trägerschaft sind oftmals in der Rechtsform einer gemeinnützigen GmbH organisiert, alternativ in der Rechtsform einer Stiftung.

Der gemeinnützige Zweck im Sinne der Abgabenordnung, die als entsprechendes steuerbegünstigtes Betätigungsfeld u. a. den Betrieb von Gesundheitseinrichtungen vorsieht, impliziert, dass das Unternehmen primär nicht auf die Gewinnerzielungsabsicht ausgerichtet sein darf, was allerdings nicht die Erzielung von Überschüssen ausschließt, wenn diese gemäß des Gesellschaftszwecks (i.d.R. Betrieb eines Krankenhauses) reinvestiert werden (Investitionsfähigkeit).

Neben den wirtschaftlichen Anforderungen kommen bei der überwiegend kirchlichen Trägerschaft weitere sich hieraus ergebende Zielsetzungen hinzu, die sich an den kirchlichen Grundordnungen orientieren und zum Ausschluss von Leistungsangeboten (z. B. Abtreibung bei katholischen Trägern) führen.

Privat getragene Krankenhäuser sind als Kapitalgesellschaft organisiert (AG oder GmbH). Sie verfolgen überwiegend erwerbswirtschaftliche Zielsetzungen (Gewinnerzielungsabsicht). Allerdings sind auch bei privaten Trägern durchaus weitere Ziele zu erkennen, die über die Gewinnerzielungsabsicht hinausgehen. Exemplarisch wird dieses anhand der Strategiematrix des HELIOS-Konzerns verdeutlicht.[13]

Neben den primär erwerbswirtschaftlichen Zielsetzungen

- Wirtschaftlichkeit (Nachhaltige Sicherung und Entwicklung der Kliniken) und
- Wachstum (Selektives Wachstum und Stärkung der Marktposition)

stehen weitere Zielsetzungen im Fokus der Strategie. Hierzu zählen explizit

- der Patientennutzen (Steigerung des Patientennutzens und Qualitätsführung) sowie
- Wissen (Ausbau HELIOS zum Wissenskonzern).

[12] Vgl. KHGG-NW § 1 Abs. 3.

[13] Quelle: Internet: http://www.helios-kliniken.de/ueber-helios/strategie.html

Gemeinsam haben alle Trägerschaften, dass die Wirtschaftlichkeit zumindest in Form der Kostendeckung und Sicherstellung der notwendigen Investitionsfähigkeit gegeben sein muss.

Die Entwicklung der Trägerschaften, die in Deutschland zu beobachten ist, ist, dass der frei-gemeinnützige Bereich überwiegend konstant bleibt und es zu einer Privatisierung von Häusern in öffentlich-rechtlicher Trägerschaft kommt.

21.3.1.2 Behandlungsplanung mittels klinischer Behandlungspfade

Im Zentrum der Wertschöpfungskette im Krankenhaus steht die Behandlung des Patienten. Im Mittelpunkt der Leistungsplanung im Sinne der Prozessorientierung stehen die klinischen Behandlungspfade. Diese werden definiert als die interdisziplinäre Festlegung von Aktivitäten, Kontrollparametern und Verantwortlichkeiten für einen typischen Patienten mit einer gut definierten Erkrankung. Der klinische Pfad beschreibt somit den optimalen Weg einer speziellen Patientengruppe mit seinen entscheidenden diagnostischen und therapeutischen Leistungen und seiner zeitlichen Abfolge. Interdisziplinäre und interprofessionelle Aspekte finden ebenso Berücksichtigung wie Elemente zur Umsetzung, Steuerung und ökonomischen Bewertung.

Ein klinischer Pfad lässt sich also definieren als „ein netzartiger, berufsgruppen-übergreifender Behandlungsablauf auf evidenzbasierter Grundlage (Leitlinie), der Patientenerwartung, Qualität und Wirtschaftlichkeit gleichermaßen berücksichtigt".[14]

Entsprechend stellt der klinische Pfad für den gesamten medizinischen Behandlungsablauf das zentrale Steuerungselement dar, das sich auf die Patientenversorgung sowohl in Krankenhäusern als auch innerhalb integrierter Konzepte (beispielsweise Pflegedienste oder Homecare-Konzepte) erstreckt. Der klinische Pfad spezifiziert nicht nur die Sachlogik des Prozessablaufes, sondern ebenso weitere ökonomisch und medizinisch relevante Aspekte.[15]

[14] Vgl. Hellmann (2002).

[15] Vgl. Greiling (2005).

Abbildung 21.2 Klinischer Behandlungspfad[16]

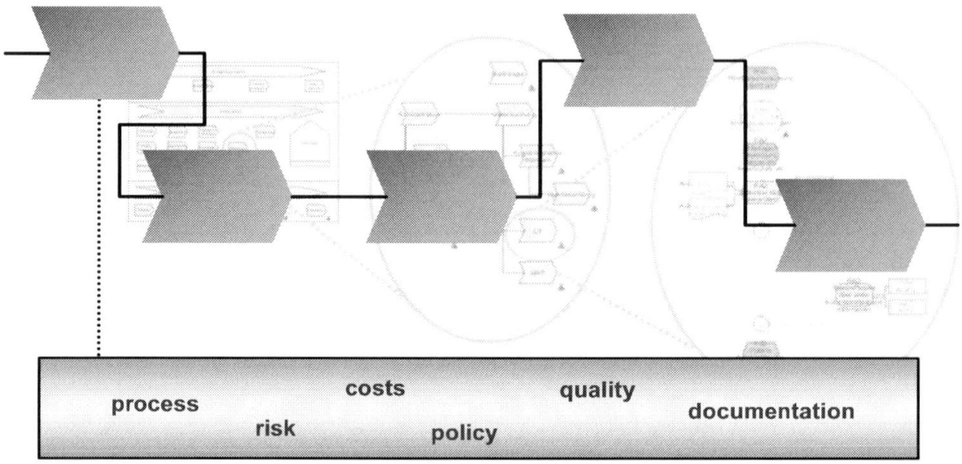

Damit stellt der klinische Behandlungspfad nicht nur den sachlogischen Ablauf dar, sondern umfasst weitere Pfadelemente, welche nachfolgend kurz erläutert werden.

Prozess: Grundlegende Voraussetzung für den klinischen Pfad ist die sachlogische und formal korrekte Modellierung des klinischen Pfades entsprechend definierter Leitlinien. Diese umfasst die notwendigen Tätigkeiten (Funktionen), die zu deren Ausführung notwendigen Mitarbeiter (Organisationseinheiten) sowie weitere für den Durchlauf des Pfades notwendige Ressourcen.

Risiko: Medizinische, pflegerische und ökonomische Risiken des Behandlungspfades sind besonders zu kennzeichnen. Zu den Risiken gehören beispielsweise Erkrankungen eines Patienten, welche eine bestimmte Behandlung nicht ermöglichen, Pfadwechsel, Pfadaustritte und damit verbundene ökonomische Vor- und Nachteile oder optionale Behandlungen/Medikationen, welche mit zusätzlichen hohen Kosten verbunden sind.

Kosten: Im Rahmen der Prozesskostenrechnung[17] sind alle Funktionen mit ihren Zeit- und Kostengrößen zu belegen, um Aussagen über die Wirtschaftlichkeit klinischer Pfade zu ermöglichen. Zur dynamischen Betrachtung der ökonomisch relevanten Größen sind Messpunkte entlang des Pfades zu installieren, welche zeitnahe die Analyse der tatsächlichen Pfadabläufe gestatten.[18]

---

[16] Vgl. Gabriel/Lux (2009).

[17] Vgl. Weber (2011/1).

[18] Praxisbeispiel vgl. Raphael/Schenck (2005).

Leitlinien: Die jeweiligen relevanten medizinischen und pflegerischen Richtlinien sind sowohl bei der Erstellung (Modellierung) des Pfades als auch als Hinweise bzw. Informationen während des Pfadablaufes zu hinterlegen.

Qualität: Zur Gewährleistung einer qualitativ hochwertigen Behandlung und auch zur Einhaltung der rechtlichen Anforderungen sind im Qualitätsmanagement geeignete qualitative Anforderungen zu berücksichtigen. Dabei können sich qualitative Anforderungen sowohl auf die Qualität des Arbeitsergebnisses beziehen (z. B. Anzahl der DRG-Fehlkodierungen) als auch auf direkt mit dem Pfad zusammenhängende Merkmale, wie beispielsweise die Pfadtreue.[19]

Dokumentation: Neben der Messung pfadrelevanter Parameter bestehen aus medizinischer Sicht sehr hohe Anforderungen an die Dokumentation des Patientenpfades. Entsprechend ist eine detaillierte klinische Dokumentation für jeden Pfadpatienten zu erstellen, welche neben den medizinischen Anforderungen auch die Einhaltung der geforderten Qualitätsstandards umfasst und die Abrechnung strittiger Fälle gegenüber den Leistungsträgern unterstützt.

Die Einführung des Konzeptes der klinischen Pfade ist mit einem hohen Einsatz an Ressourcen verbunden, welche zur Erfassung und Abbildung der Pfade notwendig sind. Dabei ist die Vorgehensweise grob in die Schritte „Ist-Analyse bisheriger Abläufe", „Erarbeitung verbesserter Abläufe", „Implementierung der klinischen Pfade" und „Kontrolle der Pfadtreue" zu unterteilen.

Setzt ein Krankenhaus als Strategieentscheidung auf klinische Pfade, ist ein wichtiger Schritt hin zu strukturierten „Leistungserstellungsprozessen" und zur Leistungsplanung getan, welche grundlegend für höhere Transparenz und bessere Kostenkontrolle sind und auch neue, effektivere und effizientere Aufbau- und Ablauforganisationen ermöglichen.

21.3.1.3 Investitionsplanung

Ein wesentlicher Kostentreiber des Gesundheitswesens ist der medizinische und medizintechnische Fortschritt. Ein Unternehmen, das nachhaltig in diesem Markt existieren will, kann sich dieser Entwicklung nicht verschließen. Das Investitionsmanagement, die Investitionsplanung, Durchführung und Kontrolle des Erfolges der Investition ist daher ein wesentlicher Bestandteil eines erfolgreichen Medizinmanagements im Krankenhaus.[20] Im Folgenden werden die einzelnen skizzierten Bereiche des Investitionsmanagements näher analysiert.

---

[19] Vgl. Seyfarth-Metzger et al. (2005).

[20] Vgl. Kirchner/Kirchner (2002), S. 15 f.

Investitionen können in Sach-, Finanz- und immaterielle Investitionen unterschieden werden. Investitionen sind in aller Regel mit langfristiger Kapitalbindung verbunden, sodass die Investitionsplanung immer auch mit einer Liquiditätsplanung verbunden ist.[21]

Zu unterscheiden sind dabei Investitionen von Instandhaltungsmaßnahmen aufgrund der Zuordnung zu den einzelnen Finanzierungsquellen der dualen Finanzierung. Die Investitionen sind dabei separat zu planen, die Kosten für die Instandhaltung gehen in die Gewinn- und Verlustrechnung ein und sind daher im Cash-flow enthalten.

Es wird zwischen der Makro- und der Mikroebene der Investitionsplanung unterschieden. Während auf der Makroebene der globale Investitionsplan für das Unternehmen für eine zukünftige Periode über alle geplanten Investitionen erstellt wird, wird auf der Mikroebene die einzelne Investition im Rahmen einer Kosten-Nutzen-Analyse betrachtet.[22]

Unter Berücksichtigung der zu erwartenden Mittelzuflüsse über die Jahre ist zunächst der Liquiditätszufluss nach Jahren zu planen. Dabei ist zu berücksichtigen, dass auch eine unterjährige Planung bei großen geplanten Investitionen im Berichtsjahr vorzunehmen ist. Für das Krankenhaus sind vor allem die folgenden Mittel zu berücksichtigen:

Anfangsbestand an Liquidität	
+	geplante Mittelzuflüsse aus dem Cash-flow (Wirtschaftsplan)
+	Fördermittel
+	Sondertatbestände
+	Kredite
=	für Investitionen zur Verfügung stehende Liquidität der Periode

Demgegenüber werden die notwendigen und geplanten Investitionen gestellt. Diese müssen zunächst ermittelt werden. Dabei können die durchschnittlichen Nutzungszeiträume der Anlagegüter als Reinvestitionszeitpunkt angesetzt werden.[23]

Daraus ergibt sich der Saldo aus zur Verfügung stehenden Mitteln und geplanten Investitionen. Der Saldo muss positiv sein, um die geplanten Investitionen finanzieren zu können. Ansonsten besteht Finanzierungs-(Kredit-)Bedarf.

21 Vgl. Gabler (2011/2).

22 Vgl. Kirchner/Kirchner (2002), S. 29 ff.

23 Zu den Verfahren der Investitionsrechnung vgl. Gabler (2011/3).

21.3.2 Realisierung und Zielerreichung

Anknüpfend an die Planung sind in jedem Krankenhaus Dienstleistungsprozesse zur Behandlung des Patienten und Unterstützung der medizinischen Behandlung etabliert. Der tatsächliche Ressourcenverbrauch findet in diesem Managementstadium statt. Durch Planung und Kontrolle werden diese Abläufe flankiert, d. h. durch die Planung werden die Prozesse vorgegeben und im Rahmen der Kontrolle Abläufe und Ergebnisse überprüft.[24]

In diesem Abschnitt wird die Managementfunktion der Realisierung basierend auf dem Wertekettenmodell nach Porter im Hinblick auf ihre Einflussmöglichkeiten auf das Krankenhausergebnis analysiert.

21.3.2.1 Das Wertkettenmodell von Porter angewandt auf das Krankenhaus

Die Wertschöpfungskette nach Porter stellt die zusammenhängenden Aktivitäten des betrieblichen Gütererstellungsprozesses dar.[25] Adaptiert auf die Dienstleistungen im Rahmen des Krankenhauses bedeutet dies, dass die Aktivitäten des Behandlungsprozesses als Kernprozess des Krankenhauses als „Produktion" des Krankenhauses beschrieben werden.

Zu den Primäraktivitäten nach Porter zählen

- interne Logistik
- Produktion
- externe Logistik
- Marketing und Verkauf
- Service

Unterstützt werden diese Aktivitäten durch entsprechende Unterstützungsprozesse in den Bereichen Unternehmensinfrastruktur, Personalmanagement, Technologienentwicklung sowie Beschaffung.[26]

Jede der Primär- und Unterstützungsaktivitäten bildet einen Ansatz zur Differenzierung ab, der von dem Manager, in unserem Beispiel Manfred Ager, genutzt werden kann, um das Ergebnis des Krankenhauses durch geeignete Maßnahmen, die zu den ausgewählten Punkten im Folgenden beschrieben werden, positiv zu beeinflussen.

---

[24] Vgl. Gabler (2011/1).

[25] Vgl. Gabler (2011/4).

[26] Vgl. Gabler (2011/4).

Dabei stehen Unterstützungsprozesse und interne Logistik im Vordergrund. Den Themen Marketing und Service ist ein separater Beitrag gewidmet.

Die Technologieentwicklung und die externe Logistik spielen eine eher untergeordnete Rolle im Krankenhaus. Die Produktion wurde bereits im Abschnitt 21.3.1 eingehend im Rahmen der klinischen Pfade näher betrachtet.

21.3.2.2 Leistungsmanagement (Produktion)

Das Leistungsmanagement im Krankenhaus befasst sich mit der Planung, Erbringung und Kontrolle im Wesentlichen der stationären Regel- und Wahlleistungen, also der Patientenbehandlung, als Haupterlösbestandteile des Krankenhauses.

Aufgrund der Anforderungen des DRG-Systems hat sich in den Krankenhäusern ein eigenes Segment des Controllings, das Medizincontrolling, entwickelt, das sich hauptsächlich mit der Steuerung der Leistungsabrechnung im Krankenhaus befasst.

Im DRG-System ist eine Erlössteigerung im Regelleistungsbereich neben der vorgesehenen Anpassung der Klinikbudgets an die Preissteigerung, die allerdings regelmäßig unterhalb der tatsächlichen Kostenentwicklung bezogen auf die Tarifsteigerung und die Inflationsrate ausfällt, derzeit nur durch eine Erhöhung der Leistungsmenge (Fallzahl oder Fallschwere) möglich. Allerdings ist die Ausweitung der Leistung über Fallzahlen und Fallschwere zunächst mit einer Kürzung der Vergütung (Abschlägen für Mehrleistungen) verbunden, die erst im Zeitablauf stufenweise aufgehoben wird.[27]

Aufgrund der durch die Morbidität nach oben hin beschränkten potenziellen Patientenzahl in einer Region kommt es somit zu einem verstärkten Wettbewerb zwischen den Krankenhäusern um den Patienten. Die Zahl der stationär behandlungsbedürftigen Patienten verändert sich mit der demografischen Entwicklung und der medizinischen Entwicklung (technischer Fortschritt).

Diese Entwicklung führt aufgrund des sich ergebenden Kostendrucks zum einen zu einer ständigen Erhöhung der Produktivität und somit der Wirtschaftlichkeit im Krankenhaus, zum anderen aber auch zum verstärkten Einsatz des Marketinginstrumentariums.

Die Schere zwischen Erlös- und Kostenentwicklung öffnet sich im Zeitablauf immer weiter und zwingt Manfred Ager zu entsprechenden Gegenmaßnahmen. Diese können sich auf das Kostenmanagement beziehen. Beim Leistungsmanagement hat er lediglich die Möglichkeit zur Erlössteigerung durch Leistungserhöhung, entweder durch eine Steigerung der Fallzahl oder der durchschnittlichen Fallschwere.[28]

---

[27] Da dieser Bereich regelmäßigen Reformen und Veränderungen unterliegt, wird an dieser Stelle auf die Darstellung der konkreten Ausgestaltung der gesetzlichen Regelungen verzichtet.

[28] Vgl. Raphael/Lux (2010).

Die vertikale Vernetzung zwischen den ambulanten und stationären Einrichtungen in der Gesundheitsbranche schreitet immer weiter voran und gewinnt für die Krankenhäuser im Hinblick auf die Patientenakquise zunehmend an Bedeutung.

Der Trend zur sektorenübergreifenden Zusammenarbeit zeigt sich durch die enge Zusammenarbeit mit niedergelassenen Ärzten z. B. in medizinischen Versorgungszentren und auch in der Anbindung von Rehabilitations- und Pflegeeinrichtungen. Die „Gesundheit aus einer Hand" bietet damit dem Patienten alle Gesundheitsleistungen innerhalb eines integrierten Versorgungskonzeptes an. Neben der daraus resultierenden Verbesserung der „Kundenbindung" können vorhandene Ressourcen effizienter genutzt und koordiniert werden. Mussten Patienten sich bei der Überweisung zu einem anderen Facharzt bislang selbst um Termine und auch einen geeigneten Arzt kümmern, können sie nun innerhalb des Versorgungsverbundes verbleiben.

Neben der rein organisatorischen oder auch wirtschaftlichen Anbindung bedingt die erfolgreiche Zusammenarbeit die informationelle Vernetzung der Akteure, um die Chancen zu nutzen und integrierte Behandlungsabläufe überhaupt erst zu ermöglichen. Voraussetzung sind daher krankenhausinterne und auch akteursübergreifende Prozessstrukturen und deren IT-Unterstützung.

21.3.2.3 Kostenmanagement

Die Leistungen im Krankenhaus werden mit unterschiedlichen Ressourcen erbracht, die entsprechende Kosten verursachen. Das Management der Kosten ist daher neben dem Leistungsmanagement wesentlicher Bestandteil der Steuerung des Krankenhauses. Die Kosten lassen sich dabei in die folgenden Komponenten aufgliedern, die sich aus der porterschen Wertschöpfungskette[29] ableiten lassen:

- Sachkosten (Supply Chain Management)
  - Medikalprodukte und Arzneimittel
  - Logistik
- Informations- und Kommunikationstechnologie
- Personalkosten

Die einzelnen Kostenbereiche werden im Folgenden dargestellt und analysiert.

Einkauf, Materialwirtschaft, Apotheke, Lager

Die Bereiche Einkauf und Apotheke werden im Krankenhaus aufgrund der Ähnlichkeit der Prozesse oftmals zusammen betrachtet. Teilweise wird der gesamte Bereich „Einkauf" von einem Apotheker geleitet, da das Handling von Arzneimitteln einen Apotheker erfordert.

[29] Vgl. Gabler (2011/4).

Der Einkauf oder die Beschaffung umfasst dabei alle Tätigkeiten, die der Versorgung eines Unternehmens mit Material, Dienstleistungen, Betriebs- und Arbeitsmitteln sowie Rechten und Informationen aus unternehmensexternen Quellen (Güter- und Dienstleistungsmärkte) dienen.[30] Ausgenommen werden die Themen Personal und Kapital, die in den entsprechenden Abschnitten erläutert werden.

Der Einkauf mit Apotheke verwaltet nach dem Personal das zweitgrößte Kostenbudget im Krankenhaus. Der Sachkostenanteil im Krankenhaus, der aus diesem Bereich gesteuert wird, beträgt etwa 20 bis 30 Prozent der Gesamtkosten.

Die Beschaffung kann in strategischen und operativen Einkauf unterteilt werden.[31] Die Materialwirtschaft bildet das Bindeglied zum Lager und zur Kostenrechnung.

Im Folgenden werden daher die Bereiche strategischer und operativer Einkauf, Materialwirtschaft und Lager näher im Hinblick auf ihre zukünftigen Herausforderungen betrachtet. Das Lager ist dabei auch gleichzeitig Bestandteil und Schnittstelle zur Logistik, die in einem gesonderten Abschnitt behandelt wird. Ein besonderer Abschnitt ist den elektronischen Verfahren in der Beschaffung, dem E-Procurement, gewidmet, da sich hier Lösungsansätze für IuK-Technologien bieten.

Die folgende Tabelle bietet zunächst einen Überblick über die strategischen und operativen Aufgaben des Einkaufs, die in den folgenden Abschnitten dann näher erläutert werden.

Tabelle 21.1 Aufgaben der Beschaffung

Strategische Beschaffungsaufgaben	Operative Beschaffungsaufgaben
Beschaffungsmarktforschung	Bestandskontrolle
Festlegung über zentrale und/oder dezentrale Beschaffung	Bedarfsermittlung und Bestellmengenplanung
Lieferantenanalyse, -bewertung und -auswahl	Lieferantenauswahl
Beziehungsmanagement zu Lieferanten	Bestellung
Verhandlung, Abschluss sowie Kontrolle von Rahmenvereinbarungen	Bestellüberwachung sowie in Zusammenarbeit mit dem Logistikbereich

[30] Vgl. Krieger (2011/1).

[31] Vgl. Krieger (2011/1).

Strategische Beschaffungsaufgaben	Operative Beschaffungsaufgaben
Planung und Einsatz geeigneter informatorischer Unterstützungssysteme	Beschaffungslogistik
Erstellung von Beschaffungsportfolios	

Strategischer Einkauf

Oberstes Ziel der Beschaffung ist die langfristige Sicherstellung der anforderungsgerechten Versorgung des Krankenhauses zu den geringst möglichen Kosten.[32] Ein Abgleich dieser Anforderung mit der Ist-Situation im Krankenhaus zeigt, dass der Schwerpunkt auf der anforderungsgerechten Versorgung liegt. Das Sortiment im Krankenhaus ist geprägt von den Vorgaben des medizinischen Bereichs, insbesondere denen der Chefärzte.[33] Eine Kostensteuerung erfolgte über die Versendung von ABC-Verbrauchsanalysen hinaus kaum. Verhandlungen mit den Lieferanten erfolgten über Konditionen.[34]

Mit dem Thema Kostenoptimierung im Einkauf sind vor allem strategische Fragestellungen verbunden. Hierzu gehören insbesondere

(1) Beschaffungsmarktforschung,

(2) Festlegung über zentrale und/oder dezentrale Beschaffung,

(3) Lieferantenanalyse, -bewertung und -auswahl,

(4) Beziehungsmanagement zu Lieferanten,

(5) Verhandlung, Abschluss sowie Kontrolle von Rahmenvereinbarungen,

(6) Planung und Einsatz geeigneter informatorischer Unterstützungssysteme,

(7) Erstellung von Beschaffungsportfolios.[35]

Bei diesen strategischen Aufgaben spielt die Unterstützung durch die Informationstechnologie eine wesentliche Rolle. Das Thema Marktforschung wird im Abschnitt Marketing näher betrachtet. Ähnlich verhält es sich auch bei der Beschaffung. Allerdings sind hier die Anbieter der Leistung, die Lieferanten, in der Regel bekannt. Oftmals nicht bekannt sind die einzelnen Produkte des Lieferanten, teilweise fehlt die Vergleichbarkeit der Produkte aufgrund der spezifischen Anforderungen. Gerade im medizinischen Bereich ist eine Zu-

[32] Vgl. Krieger (2011/1).

[33] Vgl. Raphael (2009), S. 50 f.

[34] Vgl. Raphael (2007).

[35] Vgl. Krieger (2011/1).

lassung der Produkte und entsprechende Eignung für den Einsatz erforderlich. Daher ist es entscheidend, dass Produkte mit gleicher Eignung verglichen werden.

Die Festlegung der Beschaffungsart ist im Krankenhaus eng mit dem Thema Einkaufsgemeinschaften verknüpft. Oftmals erweist sich die zentrale Beschaffung als kostengünstiger.

Für das Beziehungsmanagement mit den Lieferanten kann auf die im Rahmen der Beschaffung erfassten Daten zurückgegriffen und so ein professionelles, IT-gestütztes Lieferantenmanagement aufgebaut werden.[36]

Für den Abschluss von Rahmenverträgen können die Erkenntnisse aus den Klassifikationsdatenbanken (mit welchem Lieferanten lohnt sich aufgrund der Sortimentsbreite der Abschluss eines Rahmenvertrages) sowie aus der Lieferantenbewertung (welcher Lieferant eignet sich für Rahmenverträge) genutzt werden. Rahmenverträge induzieren oftmals eine Konzentration von Produkten auf einen Lieferanten sowie eine Produktanalyse auf substitutionsfähige Produkte mit dem gleichen Einsatzgebiet. In diesem Punkt ist erfahrungsgemäß ein hohes Wirtschaftlichkeitspotenzial enthalten.[37]

Beim Abschluss von Rahmenverträgen sind auch die Transaktionskosten[38] mit in die Kalkulation einzubeziehen, d. h. mit C-Lieferanten ist nur ein sehr einfacher Vertrag sinnvoll, während bei A-Lieferanten detaillierte Verhandlungen erforderlich sind. Diese Kosten lassen sich durch den Einsatz von geeigneter IT minimieren.

Operativer Einkauf

Die operativen Beschaffungsaufgaben stehen in engem Zusammenhang mit der Materialwirtschaft, Lager und Logistik. Zu den operativen Aufgaben des Einkaufs gehören[39]

(1) Bestandskontrolle,

(2) Bedarfsermittlung und Bestellmengenplanung,

(3) Lieferantenauswahl,

(4) Bestellung,

(5) Bestellüberwachung

(6) sowie Beschaffungslogistik in Zusammenarbeit mit dem Logistikbereich.

---

[36] Analog zum Kundenmanagement im Marketing.

[37] Vgl. Raphael (2007), f&w.

[38] Vgl. Lackes/Heupert (2011).

[39] Vgl. Krieger (2011/1).

Die Lieferantenauswahl hat erhebliche Interdependenzen mit den strategischen Aufgaben, deren Vorgaben durch den operativen Einkauf umgesetzt werden. Die operativen Aufgaben der Bestandskontrolle, Bestellung, Bestellüberwachung und Beschaffungslogistik birgt ein hohes Automatisierungspotenzial, wenn die hierzu benötigten Daten entsprechend vorliegen und mittels geeigneter Verfahren (z. B. der Business intelligence) ausgewertet werden. Dieses gilt insbesondere auch für die Bedarfsermittlung und Bestellmengenplanung.

Praxisbeispiel Einkauf

Vorrangiges Ziel für die Zukunftssicherung des Krankenhauses ist es auf der einen Seite, die vorhandenen Erlöse zu sichern und auszubauen, auf der anderen Seite die notwendigen Einsparungen so vorzunehmen, dass es zu einer Erhaltung der Behandlungsqualität kommt.[40] Bei Optimierungen im Bereich der Personalkosten ist dieses oftmals nicht der Fall. Der Personaleinsatz lässt sich nur bis zu einem notwendigen Mindestbestand reduzieren, der erforderlich ist, um das Arbeitszeitgesetz zu erfüllen. Die Konsequenz hieraus ist, zunächst alle Optimierungspotenziale insbesondere im Sachkostenbereich zu nutzen, die sich ohne Nachteile für den Patienten realisieren lassen. Ein Ansatz hierzu sind Entwicklungspartnerschaften mit ausgewählten Lieferanten zur Optimierung des Produkt- und Dienstleistungsportfolios. Um das Projekt durchführen zu können, ist es wichtig, die Ausgangssituation im Krankenhaus zu analysieren und wichtige Einflussfaktoren zu identifizieren.

Klassischerweise ist das im Krankenhaus eingesetzte Sortiment in den meisten Krankenhäusern geprägt von den Wünschen und Vorlieben der Chefärzte und Kliniken. Es orientiert sich zum einen am wissenschaftlichen Fortschritt, zum anderen aber auch an den Fähigkeiten des Außendienstmitarbeiters. Die Funktion des Krankenhauseinkaufs und der Apotheke beschränkt sich darauf, die gewünschten Artikel rechtzeitig in ausreichender Menge zur Verfügung zu stellen. Eine eingehende, gezielte Beratung der Kliniken durch die Fachabteilungen, die zu einer Kostenkontrolle führt, findet häufig nicht statt. Wurde der Versuch seitens des Einkaufs und der Apotheke unternommen, einzelne Artikel oder Verfahren zu hinterfragen, wird dieses als Eingriff in die ärztliche Freiheit gesehen.[41]

Der Einkauf sowie die Apotheke stehen also in einem Zielkonflikt. Auf der einen Seite werden sie von Seiten der Geschäftsführung angehalten, die Sachkosten für medizinischen Bedarf und Pharmaprodukte deutlich zu reduzieren, auf der anderen Seite stehen die Interessen des medizinischen Personals, das auf seine Therapiefreiheit pocht. Diese Situation ist nur durch einen berufsgruppenübergreifenden Konsens zu lösen.

---

[40] Vgl. Raphael (2007).

[41] Vgl. Raphael (2007).

Es ist nicht nachzuvollziehen, warum der Chefarzt der Klinik A mit dem Produkt B gut arbeiten kann und entsprechende Behandlungserfolge erzielt, dieses aber im eigenen Krankenhaus nicht möglich sein soll. Der Impuls zu dieser Diskussion muss von der Geschäftsführung ausgehen. Der Einkauf und die Apotheke haben, in Zusammenarbeit mit den Lieferanten, die entsprechenden Argumente bereitgestellt.

Zieht man die in der Einleitung dargestellten Überlegungen zur Kostensituation hinzu, entsteht für die Chefärzte durch eine Kooperation kein Nachteil, werden finanzielle Mittel, die nur einmal ausgegeben werden können, doch nicht mehr unnötig für Sachmittel ausgegeben. Dieses führt schnell dazu, dass alle Berufsgruppen sich aktiv an dem Projekt beteiligten. Die Ärzte behalten ein Mitsprache- und Widerspruchsrecht bei den Produkten. Allerdings wird darauf geachtet, dass bei Ablehnungen von Produkten diese nachzuvollziehen sind. Es muss berücksichtigt werden, dass Sortimente nicht doppelt vergeben werden können. An diesem Punkt hat das Krankenhaus die Grundvoraussetzung für die Etablierung eines strategischen Einkaufs hergestellt. Die Überprüfung des gesamten Sortiments kann begonnen werden.

Es hat sich im Krankenhaus als hilfreich erwiesen, das System der Kontakte der Lieferanten mit den Kliniken grundlegend neu zu regeln. Üblicherweise besucht der Außendienstmitarbeiter ungesteuert direkt das medizinischen Personal (Ärzte, Pflege). Es kommt zu einer Vielzahl von Kontakten und somit Einflussnahmen auf den Beschaffungsprozess. Diese ist durch gezielte Lenkungsmaßnahmen zu unterbinden.

Flankierend wird als Maßnahme eingeführt, dass Bestellungen grundsätzlich nur durch den Einkauf erfolgen dürfen. Eine Ausnahme bildet aus rechtlichen Gründen die Apotheke. So wird weitestgehend ausgeschlossen, dass das System umgangen werden kann.

Weiterhin werden alle Sponsoringvereinbarungen, Kostenübernahmen und Referententätigkeiten sorgfältig durch die Verwaltung geprüft und die begünstigten Mitarbeiter darauf hingewiesen, dass die Unterstützung keinen Einfluss auf die Entscheidung zum Produkteinsatz haben darf. Die eigentliche Produktanalyse erfolgt in den nächsten Schritten.

Im ersten Schritt wird eine Sortimentsanalyse mit dem Ziel der Standardisierung der eingesetzten Produkte durchgeführt. Diese hat zum Ziel aufzuzeigen, wo mehrere gleichartige Produkte unterschiedlicher Hersteller mit der gleichen Funktionalität und für den gleichen Anwendungsbereich eingesetzt werden.

Mit diesen Voraussetzungen kann das Krankenhaus in die zweite Phase des Projektes eintreten, die Konzentration des Sortimentsbereichs auf den Entwicklungspartner. Dabei werden alle als „umstellbar" identifizierten Artikel auf einen Lieferanten umgestellt. Hier lassen sich schon in begrenztem Rahmen günstigere Preise für das Krankenhaus erzielen.

Abschließend wird die Sortimentsbereinigung vorgenommen. Diese birgt die höchsten Einsparpotenziale. In Ergänzung zur Standardisierung wird vor allem lieferantenseitig in enger Abstimmung mit dem Krankenhaus geprüft, wo es günstigere Alternativen bei den

Produkten gibt, ohne dass Qualitätseinbußen in Kauf genommen werden müssen. Es erfolgt dann eine entsprechende Produktsubstitution.[42]

E-Procurement

Der Begriff des E-Procurement bedeutet übersetzt „elektronische Beschaffung". Er bezieht sich also sowohl auf die Unterstützung der Aufgaben des strategischen sowie operativen Einkaufs. E-Procurementsysteme optimieren ebenfalls die Abläufe in der Materialwirtschaft, auch in Bezug auf Lagerhaltung und Logistik.

E-Procurement ermöglicht den IT gestützten Einkauf von Produkten bzw. Dienstleistungen durch ein Krankenhaus. Damit erfolgt eine Integration von innovativen Informations- und Kommunikationstechnologien zur Unterstützung bzw. Abwicklung von operativen und strategischen Aufgaben im Beschaffungsbereich.[43] Dabei handelt es sich grundsätzlich um eine B2B-Kommunikation zwischen Krankenhaus und Lieferanten ohne Einbeziehung des Patienten.

Ein Standardbeschaffungsvorgang besteht auch im Krankenhaus aus einer standardisierten Anzahl von Schritten und bietet dadurch ein hohes Automatisierungspotential. Alle Schritte sind bislang mit Medienbrüchen (von papier- zu EDV-basierten Prozessen u. ä.) und daraus bedingten Prüfungs- und Korrekturverfahren versehen, die im E-Procurement entfallen.[44]

Beispielhaft sei hier ein klassischer Beschaffungsprozess skizziert, der durch das E-Procurement entsprechend verschlankt und optimiert werden kann:

1. Bestellanforderung
2. Genehmigungsverfahren
3. Budget- und Mittelkontrolle
4. Anlagenbuchhaltung
5. Freigabe der Bestellanforderung
6. Marktsondierung
7. Angebotsanalyse
8. Bestellschreiben
9. Wareneingangskontrolle
10. Rechnungseingangsbuchung
11. Rechnungsprüfung
12. Zahlungsanweisung[45]

---

[42] Vgl. Raphael (2007).

[43] Vgl. Krieger/Kollmann (2011).

[44] Vgl. Schoop (2009).

[45] Aus Schoop (2009).

Die Prozessschritte 2, 4, 6-8 und 11 können vollständig automatisiert, die Prozessschritte 3, 5, 9, 10, 12 partiell automatisiert werden, sodass sich eine deutliche Optimierung des Prozesses durch den Einsatz von E-Procurement ergibt (160 versus 80 Minuten).[46]

Krankenhäuser sind bislang wenig organisiert. Wenige private und konfessionelle Gruppen sowie Einkaufsgemeinschaften verfügen über ein entsprechendes Marktvolumen, das zwischen diesen in der Regel nicht abgestimmt wird und für sich allein nicht ausreichend ist, sodass in der Regel davon auszugehen ist, dass im Krankenhaus oftmals im Rahmen des E-Procurements Lieferantensysteme (Sell-side-Lösungen[47]) eingesetzt werden. Der Lieferant ist die starke Partei und bestimmt das zu nutzende System und die Prozessschritte. Im Gesundheitsbereich sind die Lieferanten in Bezug auf elektronische Systeme und die Anwendung z. B. von elektronischem Datenaustausch deutlich fortgeschrittener als die Krankenhäuser, die die sich ergebenden Möglichkeiten oftmals nicht nutzen.

E-Procurementsysteme können als geschlossene oder offene Systeme realisiert werden. Geschlossene Systeme verbinden Lieferanten und Krankenhaus direkt, während offene Systeme webbasierte Lösungen einsetzen, die keine spezifische Software voraussetzen. Diese Lösungen werden im Krankenhaus von Transaktionsplattformen angeboten.

Ein Problem von Plattformen im E-Procurement ist es, die kritische Masse an Handelsvolumen zu erreichen und hierfür ausreichend Teilnehmer zu akquirieren.[48] Im Krankenhausbereich haben sich unterschiedliche, z. T. von der Herstellerseite getriebene Plattformen etablieren können.

Materialwirtschaft

Die Materialwirtschaft umfasst die Aufgabe der Versorgung der Produktion mit Material.[49] Sie ist in diesem Sinne Bestandteil der Beschaffung. Für das Krankenhaus bedeutet dieses in erster Linie die Versorgung der Stationen und Funktionsbereiche (OP, Diagnostik) mit Medikalprodukten und Arzneimitteln. Auch die Entsorgung gehört zur Materialwirtschaft.

Zu den Aufgaben der Materialwirtschaft zählen die Bereitstellung der benötigten Güter und Dienstleistungen in der erforderlichen

- Art,
- Menge und
- Qualität

---

[46] Vgl. Schoop (2009).

[47] Vgl. Schoop (2009).

[48] Vgl. Krieger/Kollmann (2011).

[49] Vgl. Krieger (2011/2).

zur rechten Zeit am rechten Ort.[50] Dabei ist die Wirtschaftlichkeit der Bereitstellung zu optimieren (materialwirtschaftliches Optimum). Hierzu sind entsprechende Teilaufgaben zu lösen, die sich auch bei den Aufgaben der Beschaffung wieder finden, wie die Bedarfsermittlung, Disposition, Bestellmengenplanung, Wareneingangskontrolle, Lagerung und innerbetrieblicher Transport. Damit hat die Materialwirtschaft Schnittstellen zu den Bereichen Lager und Logistik bzw. ist Bestandteil dieser Bereiche.

Die Materialwirtschaft im Krankenhaus wird in der Regel in einem separaten Programmmodul abgebildet, aus dem u. a. die Verbräuche der einzelnen Kostenstellen zu entnehmen sind. Eine kostenträgerbezogene Zuordnung der Kosten erfolgt in der Regel nicht.

Ebenso enthalten in der Materialwirtschaft sind Programme zur Lagerbestandsführung, außerdem Software zur Bestellung des Stationsbedarfs. Hier werden die benötigten Produkte entweder weiterhin telefonisch oder per Fax angefordert, was zu Medienbrüchen und zu einer entsprechenden Fehlerquote führt oder durch elektronische Dispositionssysteme im Sinne des E-Procurement unterstützt, mit deren Hilfe der Bedarf erfasst und an die Materialwirtschaft übermittelt wird.

Im Hinblick auf die Optimierung des Lagers und der Stationen kann mittels der Bestelldaten eine entsprechende Bestandsoptimierung vorgenommen werden. Es können in den Daten entsprechende Muster zu Verbrauchsspitzen (analog zur Belegung) oder besonderem Bedarf (erhöhter Implantatbedarf bei Glatteis in der Unfallchirurgie) ermittelt werden, die zu einer saisonalen Anpassung der Bestellmengen führen.

21.3.2.4 Logistik

Der Begriff der Logistik umfasst alle Aufgaben zur integrierten Planung, Koordination, Durchführung und Kontrolle der Material- und Güterflüsse entlang der Wertschöpfungskette. Häufig findet auch die Seven-Rights-Definition nach Plowman Anwendung. Die Logistik sichert die Verfügbarkeit

- des richtigen Gutes,
- in der richtigen Menge,
- im richtigen Zustand,
- am richtigen Ort,
- zur richtigen Zeit,
- für den richtigen Kunden,
- zu den richtigen Kosten.[51]

---

[50] Vgl. Krieger (2011/2).

[51] Vgl. Krieger (2011/4).

Die Logistik im Krankenhaus ist derzeit ein noch häufig vernachlässigter Bereich mit einer großen Wirkung in das Krankenhaus hinein und einem hohen Komplexitätsgrad, der sich durch die Verwendung entsprechender IT-Lösungen teilweise auflösen lässt. Gründe für die Vernachlässigung liegen u. a. darin, dass die einzelnen Segmente der Logistikdienstleistungen im Krankenhaus unterschiedlichen Abteilungen der Verwaltung und Pflege mit verschiedenen Vorgesetzten zugeordnet sind. Gleichzeitig handelt es sich weitestgehend um einen Niedriglohnbereich, der aufgrund der geringen Einsparpotenziale und kleinen Einheiten oftmals nicht im primären Fokus der Betrachtung ist.

Auf der anderen Seite hat die Logistik wesentlichen Einfluss auf das Funktionieren der Prozesse im Krankenhaus. Wird etwa ein Patient nicht rechtzeitig zu einer Untersuchung gebracht, so kommt es zu Verzögerungen und Wartezeiten beim medizinischen Personal mit den entsprechenden Kostensätzen und den sich daraus ergebenden Kosten.

Früher wurden Supply Chain Management und Logistik als Synonyme betrachtet, obwohl sie unterschiedliche Untersuchungsobjekte umfassen. Im Gegensatz zur Logistik betrachtet das Supply Chain Management sämtliche Geschäftsprozesse. Selbst wenn SCM und Logistik sich zum Teil überschneiden, so enthält dennoch keines der Konzepte vollständig das andere.[52] Im Unterschied zum Begriff Logistik beinhaltet Supply Chain Management neben den physischen Aktivitäten auch die begleitenden Auftragsabwicklungs- und Geldflussprozesse.[53]

Supply Chain Management

Supply Chain Management ist die unternehmensübergreifende Koordination der Material- und Informationsflüsse über den gesamten Wertschöpfungsprozess[54] bis hin zum Endkunden mit dem Ziel, den Gesamtprozess sowohl zeit- als auch kostenoptimal zu gestalten.[55] Supply Chain Management beschreibt somit die aktive Gestaltung aller Prozesse, um Kunden (Patienten) wirtschaftlich mit Produkten, Gütern und Dienstleistungen zu versorgen.[56] Auf den Gesundheitsmarkt angewendet bedeutet dieses die Betrachtung der Versorgung vor allem mit Medikalprodukten und Arzneimitteln vom Rohstofferzeuger über den Lieferanten, das Krankenhaus- und Stationslager bis hin zum Patienten.

Supply Chain Management entstand am Ende des letzten Jahrhunderts und wurde durch die Entwicklung moderner Internet-basierter Kommunikationstechnologien ermöglicht.[57]

---

[52] Vgl. Okhrin (2010).

[53] Vgl. Siepermann/Voigt (2010).

[54] Vgl. Siepermann/Voigt (2010).

[55] Vgl. Okhrin (2010).

[56] Vgl. Siepermann/Voigt (2010).

[57] Vgl. Okhrin (2010).

Im Vordergrund steht dabei der papierlose Austausch von relevanten Daten (E-Procurement), entsprechend können die einzelnen Planungsstufen vom Lieferanten bis zum Patienten aufeinander besser abgestimmt werden. Gerade im Hinblick auf die Dokumentationspflichten im Krankenhaus, z. B. bei Blutprodukten oder Implantaten, können die Produkte durchgehend nachverfolgt werden, was sowohl die Wirtschaftlichkeit als auch die Patientensicherheit erhöht. Voraussetzung hierfür ist die Nutzung einheitlicher Standards zur Produktidentifizierung und Kennzeichnung.

Supply Chain Management setzt v. a. die Integration der Informationsverarbeitung zwischen den Partnern der Versorgungskette voraus. Dazu sind geeignete Schnittstellen oder Services zum Informationsaustausch zwischen den einzelnen Stufen der Supply Chain zu schaffen[58] und der Prozess durch geeignete Optimierungen aufgrund von Analysen der erhobenen Daten weiter zu verbessern.

Logistikprozesse im Krankenhaus

In der Einleitung zu diesem Abschnitt wurde bereits auf die vielfältigen, häufig unstrukturierten und unkoordinierten Logistikaktivitäten und die fehlende einheitliche Leitung im Krankenhaus hingewiesen.

Die Logistikaktivitäten im Krankenhaus beziehen sich unter anderem auf

- den klassischen innerbetrieblichen Transportdienst (Hol- und Bringedienst),
- den (qualifizierten) Patiententransportdienst,
- den Patientenbegleitservice,
- den Fahrdienst,
- die Stationsversorgung mit Medikalprodukten und Arzneimitteln,
- Essensaufnahme und Speisenausgabe,
- das Lager.

Viele Tätigkeiten könnten optimiert und kombiniert ablaufen, hierzu ist eine entsprechende zentrale Koordination der Mitarbeiter erforderlich. Eine Lösung erscheint durch eine Konzentration der Leistungen und Implementierung einer Leitung mit entsprechender IT-Unterstützung im Sinne eines Logistikleitstandes möglich.

Lager

Das Lager mit dem Lagerbestand ist Bestandteil der Materialwirtschaft und unterstützt Funktionen der Beschaffung.

---

[58] Vgl. Siepermann/Voigt (2010).

Klassischerweise verfügen Krankenhäuser über ein Zentrallager als zentrale Anlieferstelle im Sinne eines Verteilungslagers,[59] das gleichzeitig als Auflöse- und Konzentrationspunkt dient, an dem die Produkte für die Stationen und Funktionsbereiche sowie Abteilungen kommissioniert werden. Im Krankenhaus überwiegt dabei die einfache, einstufige Kommissionierung.[60]

Dieses Prinzip wird mittlerweile durch Verteilzentren, die entweder von mehreren Krankenhäusern oder privatwirtschaftlich betrieben werden, ersetzt.

Zentraler Bestandteil des Lagersystems ist die Lagerbestandsführung, in der die Zu- und Abgänge, der Bestand und die Inventur verbucht werden.[61] Dieses erfolgt in der Regel im entsprechenden Materialwirtschaftssystem.

Der verfügbare Lagerbestand ist dabei derjenige Teil des Lagerbestands, der zur Bedarfsdeckung eingesetzt werden kann. Er berechnet sich aus

Lagerbestand + Bestellbestand ./. Vormerkbestand ./. Sicherheitsbestand.

Auch für das Lager gilt, dass der optimale Lagerbestand jeweils zu berechnen und der physische Lagerbestand entsprechend anzupassen ist.

21.3.2.5 Personal

Je nach Krankenhausträgerschaft und Grad des Outsourcings sind zwischen 50 bis 70 Prozent der Kosten direkt ausgewiesene Personalkosten, in jedem Krankenhaus je nach Anteil der Sachkosten aufgrund der vorgehaltenen Fachdisziplinen aber 60 bis 70 Prozent personalinduzierte Kosten. Damit sind die Personalkosten der wesentliche Kostenfaktor im Krankenhaus und gleichzeitig entsprechender Leistungstreiber.

Im Verlauf des ersten Jahrzehnts des neuen Jahrtausends hat sich die Personalsituation insbesondere in Hinblick auf die medizinischen Fachkräfte, Ärzte und Pflege, immer weiter zugespitzt. Die Verknappung des Personals ging insbesondere im ärztlichen Bereich mit einer erheblichen Kostensteigerung einher.[62]

Die Anforderungen an das Personalmanagement sind daher im Verlauf der letzten Jahre deutlich gestiegen. Ausgehend von der reinen Personalplanung, der Dienstplanung und des Personalcontrollings treten Funktionen der Personalbeschaffung und -bindung immer mehr in den Vordergrund.[63] Das Thema Personalentwicklung gewinnt in diesem Zusammenhang zunehmend an Bedeutung.

---

[59] Vgl. Krieger (2011/3).

[60] Vgl. Winkelmann (2010).

[61] Vgl. Dangelmaier (2010).

[62] Vgl. Raphael et al. (2010).

[63] Vgl. Bartscher (2011/2).

Personalmanagement

Die Personalwirtschaft oder das Personalmanagement gehört zu den klassischen Führungsfunktionen eines Unternehmens. Im Sinne des Managementbegriffs als Funktion[64] wird zwischen Personalplanung, Betreuung des Personals (Realisierung) und Personalcontrolling, dem ein eigener Abschnitt gewidmet ist, unterschieden.

Die wesentlichen Handlungsfelder der Personalwirtschaft werden im Folgenden übersichtsartig aufgezählt.[65]

- Ermittlung des Personalbedarfs, Personalstruktur,
- Anpassung der Kapazität,
- Personalauswahl, Einstellung,
- Arbeitszeitzeitgestaltung,
- Trennung von Mitarbeitern.

Neben diesen klassischen Funktionen der Personalarbeit, die so auch im Krankenhaus aufzufinden sind und von einem entsprechenden Personalwirtschaftssystem unterstützt werden, werden diese durch Maßnahmen der Personalentwicklung flankiert. Im Rahmen der Nutzung der Personaldaten ist entscheidend, welche Daten tatsächlich im Personalwirtschaftssystem des Krankenhauses abgelegt sind und welche weiterhin manuell papiergebunden gepflegt werden. Ebenfalls sind bei der Auswertung der Personaldaten die Bestimmungen des Datenschutzes zu berücksichtigen.[66]

Personalentwicklung

Die Förderung und Entwicklung von Leistungsträgern gewinnt für Unternehmen an Bedeutung. Der anhaltende Fachkräftemangel auf dem Arbeitsmarkt macht sich im Krankenhaus insbesondere im ärztlichen Bereich bemerkbar.[67] Aber auch in der Pflege ist mittlerweile ein deutlicher Fachkräftemangel in den spezialisierten Bereichen zu erkennen. Die Unterstützung der Mitarbeiter in ihrer professionellen und persönlichen Entwicklung ermöglicht es, Leistungs- und Kernkompetenzträger langfristig an das Unternehmen zu binden.[68]

Die Personalentwicklung (PE) umfasst das Aufeinanderabstimmen von Bildung, Förderung und Organisationsentwicklung auf Basis der Unternehmensbedürfnisse sowie das Ableiten geeigneter Maßnahmen und Strategien. Dazu ist eine entsprechende Bedarfsana-

---

[64] Vgl. Gabler (2011/1).

[65] Vgl. Bartscher (2011/1).

[66] Vgl. BDSG §§ 4 ff. (Bundesdatenschutzgesetz).

[67] Vgl. Blum/Offermanns/Perner (2008).

[68] Vgl. Bartscher (2011/2).

lyse erforderlich, aber auch eine entsprechende Datenvorhaltung und Datenanalyse unter Berücksichtigung der folgenden Zielsetzungen.

Als PE-Ziele aus Mitarbeitersicht können beispielhaft die Folgenden angesehen werden:[69]

- Verbesserung und Aufrechterhaltung der fachlichen und persönlichen Qualifikation,
- Aktivierung bisher ungenutzter Potenziale und Fähigkeiten,
- Übertragung neuer/erweiterter Aufgaben,
- verbesserte Karriere- und Laufbahnmöglichkeiten,
- Minderung des Risikos des Arbeitsplatzverlustes,
- Erhöhung des persönlichen Prestiges,
- Ermöglichung einer eignungs- und neigungsgerechten Aufgabenzuweisung,
- Einkommensverbesserung.

Dem gegenüber stehen die PE-Ziele aus Unternehmenssicht:

- Sicherung des notwendigen Fach- und Führungskräftebestandes,
- erkennen und Vorbereiten von Nachwuchsführungskräften und Spezialisten,
- größere Unabhängigkeit von externen Arbeitsmärkten, im Krankenhaus insbesondere von Leihärzten,
- Verbesserung der Mitarbeiterzufriedenheit,
- Verbesserung der Leistungsmotivation,
- Erhöhung der Bereitschaft Änderungen zu verstehen und herbeizuführen,
- geringere Personalbeschaffungskosten durch geringere Fluktuation,
- Bindung von Mitarbeitern.

Zusammengefasst lassen sich die Aufgaben der Personalentwicklung im Krankenhaus auf die Mitarbeiterqualifizierung, Laufbahn- und Entgeltgestaltung im Sinne einer Karriereplanung sowie die Personalführung konzentrieren. Gerade im ärztlichen Bereich hierarchiegeprägten Krankenhaus nimmt die Frage der Karriereplanung einen hohen Stellenwert bei der Bindung des Personals ein.

Hinzu kommen verstärkt Maßnahmen zur Vereinbarkeit von Beruf und Familie, da sich der Anteil der weiblichen Absolventen in der Medizin stetig erhöht. Die Gestaltung flexibler Arbeitszeiten sowie Maßnahmen zum „familienfreundlichen Krankenhaus" gewinnen an Priorität.

---

[69] Vgl. Bartscher (2011/2).

21.3.2.6 Informations- und Kommunikationstechnologie

Die Entwicklung und die Möglichkeiten, die sich aus der modernen Informations- und Kommunikationstechnologie ergeben, steigen im Zeitablauf zunehmend. Moderne IuK-Technologie trägt sowohl zur Personalentlastung, Optimierung der Prozesse auch im Hinblick auf das Qualitätsmanagement und somit auch zur Kostensenkung bei.[70]

Auf der anderen Seite liegen die Ausgaben für IT im Krankenhaus weit hinter den Kennzahlen anderer Branchen zurück. Gerade bei den sich ergebenden Herausforderungen an das Krankenhaus durch den permanenten Kosten- und Reformdruck im Gesundheitswesen ist der Informations- und Kommunikationsinfrastruktur und den sich daraus ergebenden Möglichkeiten deutlich mehr Aufmerksamkeit zu widmen.

Zentraler Bestandteil der Informationstechnologie im Krankenhaus ist das Krankenhausinformationssystem.[71]

Herausforderung für die Informationstechnologie im deutschen Krankenhaus

Das Gesundheitswesen in seiner Gesamtheit von Leistungserbringern und Patienten ist in den nächsten Jahren einem enormen Veränderungsdruck ausgesetzt. Auch hier tritt die Frage der Effektivität der Arbeit jedes Einzelnen in den Vordergrund. Die Fokussierung der Aufgaben entsprechend der jeweiligen Qualifikation gewinnt entscheidend an Bedeutung,[72] soll noch eine ausreichende Versorgung sichergestellt werden. Die Delegation von Aufgaben auf weniger qualifiziertes Personal mit entsprechender IT-Unterstützung und sich daraus ergebender Qualitätssicherung ist ein wesentlicher kritischer Erfolgsfaktor für das Krankenhaus der Zukunft. Gleichsam ist es entscheidend, das qualifizierte Personal durch geeignete IuK-Technologien optimal zu unterstützen und somit die Prozesse im Krankenhaus in ihrer Effektivität zu verbessern.

Die Steuerung des Personaleinsatzes mittels geeigneter Technologien und Programme wurde bislang im Krankenhaus vernachlässigt, gewinnt aber bei Ressourcenknappheit zunehmend an Bedeutung, um Leerzeiten zu verhindern und eine optimale Ausnutzung der teuren Medizintechnik sicherzustellen.

Die Suche nach geeigneten Konzepten und Verfahren, diese Entwicklung zu beherrschen und sowohl die Wettbewerbsfähigkeit als auch die Versorgungssicherheit zu gewährleisten, wird immer dringlicher vorangetrieben. Informationstechnologie zeichnet sich hier in vielen Bereichen als Schlüssel für den Erfolg ab, erfordert aber die Etablierung neuer Aufbau- und Ablauforganisationen in den Krankenhäusern sowie zwischen den Akteuren der Branche.

---

[70] Vgl. Raphael e.a (2010).

[71] Vgl. Lux/Martin/Raphael (2008).

[72] Vgl. Raphael e.a. (2010).

Hospital Engineering

Hospital Engineering bezeichnet die systematische Gestaltung der Unternehmung „Krankenhaus" aus Management- und aus IT-Sicht. Dabei erfolgt eine Differenzierung in die vier Architekturebenen „Strategie", „Prozess", „Anwendung" und „Software und Datenbanken". Die ersten beiden Ebenen umfassen dabei überwiegend Managementaufgaben, während die Ebenen drei und vier die Architektur des IT-Systems beschreiben. Ziel des Hospital Engineering ist es, die auf der Strategieebene getroffenen Entscheidungen auf die darunter liegende Prozessebene zu transformieren und durch Informations- und Kommunikationstechnologie zu unterstützen. Dabei hat die IT eine Schlüsselrolle als Enabler neuer Prozessorganisationen inne.

Auf der Strategieebene erfolgen die Festlegung des Leistungsangebotes und die Positionierung im Wettbewerb. Unter Leistungsangebot sind - allgemein betrachtet - die Etablierung verschiedener medizinischer Fachrichtungen, das Angebot an weiteren Gesundheitsleistungen und die Vernetzung mit anderen Akteuren der Branche zu verstehen. Neben der Festlegung des Leistungsangebotes erfolgen auch die Planung und Organisation der Aufbau- und Ablauforganisation. Die Detaillierung dieser Entscheidungen als realisierbare Handlungsanweisungen erfolgt auf der Prozessebene. Hier erfolgt die Analyse, Modellierung und Implementierung der Ablauforganisation. Dabei gilt es, Diagnose, Therapie- und Pflegeprozesse zu beschreiben z. B. in Form klinischer Pfade[73] und deren Umsetzung sicher zu stellen. Die Unterstützung der Prozessebene durch IT erfolgt auf der Anwendungsebene. Sie ist Bindeglied zwischen den im Krankenhaus vorhandenen Software- und Datenbanksystemen (4. Ebene), wie z. B. dem zentralen Krankenhausinformationssystem[74], aber auch speziellen Systemen (Röntgeninformationssysteme, Laborsysteme, Medikationssysteme, Planungssysteme usw.). Dabei integriert die Anwendungsebene die vorhandenen Systeme innerhalb einer einheitlichen Sicht, um letztendlich den klinischen Behandlungsprozess, den Leistungserstellungsprozess als zentralen Ausgangspunkt der Betrachtung zu wählen.

Derzeit im Krankenhaus eingesetzte Informations- und Kommunikationssystemarchitekturen entsprechen kaum diesen Anforderungen.[75] Die Systemlandschaft ist als sehr heterogen und schlecht integriert zu bezeichnen. Schnittstellen zwischen den verschiedenen Systemen sind oftmals nur unidirektional. Auf der anderen Seite müssen sich Krankenhäuser immer mehr dem Wettbewerb stellen und der Architektur der Krankenhaus-IT kommt dabei immer mehr die Rolle des kritischen Wettbewerbsfaktors zu.

---

[73] Vgl. Greiling (2005).

[74] Vgl. Lux/Martin/Raphael (2008).

[75] Vgl. Raphael/Lux (2010).

21.3.3 Kontrolle

Um ein effektives und effizientes Kosten- und Leistungsmanagement durchführen zu können, ist für Manfred Ager die Verfügbarkeit der notwendigen Daten Grundvoraussetzung. Insbesondere die Managementfunktionen Kontrolle der Leistungen und Kosten kann nicht ohne verfügbare valide Daten erbracht werden. Diese werden in der Regel in der Buchhaltung erhoben und im Controlling weiterverarbeitet.[76] Daher werden im Folgenden die Grundbegriffe der Buchhaltung und Buchführung sowie des Controlling mit den Besonderheiten im Krankenhaus dargestellt und um die Anforderungen der einzelnen Funktionen ergänzt.

Das Controlling wird im modernen Krankenhaus dabei durch Methoden der Business Intelligence unterstützt, denen ein eigener Abschnitt gewidmet ist.

Um die Vergleichbarkeit der Krankenhäuser und deren Daten im Hinblick auf die Kalkulation von Entgelten, auf die Finanzierung von Investitionskosten oder den z. B. in der Bundespflegesatzverordnung geforderten Krankenhausbetriebsvergleich zu gewährleisten, ist eine einheitliche Grundlage für die Buchführung im Krankenhaus erforderlich.

Der § 16 Punkt 7 des Krankenhausfinanzierungsgesetzes (KHG) ermächtigt daher die Bundesregierung mit Zustimmung des Bundesrates,[77] Rechnungs- und Buchführungsvorschriften für die Krankenhäuser zu erlassen. Dieses erfolgt entsprechend mit der Krankenhausbuchführungsverordnung, die im Weiteren im folgenden Abschnitt näher beschrieben werden soll. Gleichermaßen Relevanz für die Krankenhäuser hat die Unterscheidung zwischen pflegesatzfähigen (Betriebs-) Kosten und Investitionskosten im Rahmen der dualen Finanzierung.

Die duale Finanzierung ist ebenfalls im Krankenhausfinanzierungsgesetz dem Grunde nach geregelt. § 4 KHG besagt, dass die Krankenhäuser dadurch gesichert werden, dass einerseits die Investitionskosten öffentlich gefördert werden sollen,[78] andererseits leistungsgerechte Entgelte aus Pflegesätzen und Vergütungen für vor- und nachstationäre Leistungen sowie das ambulante Operieren die laufenden Ausgaben finanzieren.[79] Während die Investitionskosten von den Bundesländern finanziert werden, obliegt die Vergütung der Betriebskosten den Krankenkassen als Kostenträgern.[80] Diese Leistungen müssen entsprechend im Krankenhaus nachvollziehbar in der Buchführung differenziert erfasst und zugeordnet werden. Die gesetzliche Grundlage für diese Trennung in der Abgrenzungsverordnung bildet wiederum der § 16 des Krankenhausfinanzierungsgesetzes, insbesondere dort in Punkt 5.

---

[76] Vgl. Wischermann (2011/1).

[77] Die Krankenhausfinanzierung obliegt grundsätzlich den Bundesländern, vgl. § 1 Abs. 2 KHG.

[78] Vgl. § 4 Punkt 1 KHG.

[79] Vgl. § 4 Punkt 2 KHG.

[80] Nähere Erläuterungen zur Thematik vgl. Raphael/Lux (2010), S. 9 ff.

21.3.3.1 Buchhaltung und Buchführung

Unter Buchführung wird die planmäßige und lückenlose Aufzeichnung aller Geschäftsvorfälle, die im Unternehmen mit Werten zusammenhängen, subsumiert und zwar in zeitlichem Ablauf mit inhalts- und zahlenmäßiger Wertangabe.[81]

Die Pflicht zur Buchführung ergibt sich zum einen aus handelsrechtlicher Sicht aus dem § § 238 ff. HGB, zum anderen aus dem Steuerrecht, hier insbesondere den § § 140 ff. der Abgabenordnung (AO). Manifestiert sind in diesem Kontext auch die Grundsätze ordnungsgemäßer Buchführung (GoB), die von jedem ordentlichen Kaufmann einzuhalten sind.[82]

Die doppelte Buchführung ist für Unternehmen in Deutschland etabliert. Auch öffentliche Haushalte stellen verstärkt von der Kameralistik auf die doppelte Buchführung um. Wesentliches Merkmal der doppelten Buchführung ist, dass die Geschäftsvorfälle sowohl auf der Soll- als auch auf der Habenseite Auswirkungen haben.[83]

Jedes Konto im Rahmen der Buchführung verfügt über eine Soll- und eine Habenseite.[84] Diese Kontenform wird aufgrund der Darstellung in Tabellenform auch T-Konto genannt.

Der Jahresabschluss gliedert sich aus buchhalterischer Sicht in Bilanz und Gewinn- und Verlustrechnung. Bei der Bilanz[85] werden Vermögen (Aktivseite) und Kapital (Eigen- und Fremdkapital, Passivseite) eines Unternehmens gegenübergestellt, während aus der Gewinn- und Verlustrechnung Aufwände und Erträge zu entnehmen sind.

Auf den Aktivkonten der Bilanz sind im Soll Anfangsbestand und Zugänge zu finden, während auf der Habenseite Abgänge und Endbestand stehen. Auf Passivkonten stehen entsprechend umgekehrt Minderungen und Endbestand im Soll und Anfangsbestand und Zugänge im Haben.

Im Rahmen der Gewinn- und Verlustrechnung (GuV) finden sich bei den Aufwandskonten die Zugänge im Soll und die Abgänge und der Saldo im Haben sowie entsprechend bei den Ertragskonten die Minderungen und der Saldo im Soll und die Zugänge im Haben.[86]

Die Buchführung untergliedert sich in zwei Teilbereiche, die Finanzbuchhaltung (pagatorische Buchhaltung), deren Zahlen den Input für den Jahresabschluss liefert und die Betriebsbuchhaltung (kalkulatorische Buchführung), deren Hauptaufgabe die Erfassung,

---

[81] Vgl. Wischermann (2011/1).

[82] Vgl. z. B. Böcking e. a. (2011); Wöhe (2010) S. 733 ff.

[83] Vgl. Wischermann (2011/1).

[84] Auch: Debet- und Kreditseite.

[85] Vgl. Pfitzer e. a. (2011); Wöhe (2010), S. 743 ff.

[86] Vgl. Wischermann (2011/2).

Verteilung und Zurechnung von Kosten und Leistungen im Rahmend der Kosten- und Leistungsrechnung ist.[87]

21.3.3.2 Finanzbuchhaltung und Betriebsbuchhaltung

Die Finanzbuchhaltung erfasst den Werteverzehr einer Unternehmung aus den Geschäftsbeziehungen zur Umwelt.[88] Daraus ergeben sich entsprechende Veränderungen der Vermögens- und Kapitalverhältnisse der Unternehmung. Damit liefert die Finanzbuchhaltung den Input für die Erstellung des Jahresabschlusses, insbesondere der Bilanz und der Gewinn- und Verlustrechnung.

In der Krankenhausbuchführungsverordnung werden viele für die Erstellung des Jahresabschlusses, aber auch für die Buchführung wesentliche Regelungen getroffen. Die Krankenhausbuchführungsverordnung gilt dabei für alle Krankenhäuser, die nach Krankenhausfinanzierungsgesetz gefördert werden.[89] Als Geschäftsjahr wird das Kalenderjahr vorgegeben,[90] ebenso wie die doppelte Buchführung und die Anwendung der einschlägigen Regelungen des HGB. In § 3 KHBV wird auf den Kontenrahmen der Anlage 4 verwiesen, der die Grundlage für die Zuordnung der Kostenarten darstellt.

Die Inhalte und Aufstellungsvorschriften zum Jahresabschluss werden in § 4 f. KHBV geregelt. So besteht der Jahresabschluss aus Bilanz, Gewinn- und Verlustrechnung sowie dem Anhang, ergänzt um Sondervorschriften, die insbesondere Investitionen und Fördermittel betreffen. Ebenso wird die Gliederung der Bilanz und der Gewinn- und Verlustrechnung vorgegeben. Diese Zusammenführung der zur Erstellung des Jahresabschlusses notwendigen Daten wird in aller Regel von der Buchhaltungssoftware des Krankenhauses geleistet, bietet jedoch auch einen wesentlichen Input und Ausgangspunkt für betriebswirtschaftliche Analysen durch Business-Intelligence-Systeme, gerade im Hinblick darauf, dass durch die gesetzlichen Vorschriften eine weitestgehende Konsistenz über Zeitreihen und im Vergleich zu anderen Krankenhäusern gegeben ist. Diese Feststellung ist auch im Zusammenhang mit zunehmenden Kooperationen von Kliniken und der dadurch notwendigen Erstellung und dem Abgleich einer Datenbasis von Bedeutung. Die Rahmenvorgabe zur Bilanzgliederung des Krankenhauses ist der folgenden Tabelle zu entnehmen.

[87] Vgl. Wischermann (2011/1).

[88] Vgl. Wischermann (2011/3).

[89] Gemäß § 1 KHBV.

[90] Gemäß § 2 KHBV.

Tabelle 21.2 Bilanzaufbau gemäß Krankenhausbuchführungsverordnung

Aktiva	Passiva
A. Ausstehende Einlagen	A. Eigenkapital
B. Anlagevermögen	B. Sonderposten aus Zuwendungen
C. Umlaufvermögen	C. Rückstellungen
D. Ausgleichposten nach KHG	D. Verbindlichkeiten
E. Rechnungsabgrenzung	E. Ausgleichposten
F. Aktive latente Steuern	F. Rechnungsabgrenzungsposten
G. Aktiver Unterschiedsbetrag	G. Passive latente Steuern
H. Fehlbetrag	

Die Betriebsbuchhaltung dient, im Gegensatz zur Finanzbuchhaltung, die dem externen Rechnungswesen zuzuordnen ist, der Kosten- und Leistungsrechnung und somit dem internen Rechnungswesen. Sie ist in der Regel von der Finanzbuchhaltung organisatorisch abgetrennt, was sich bei Krankenhäusern aufgrund der Mitarbeiterzahl oftmals nicht realisieren lässt. Mit ihrer Hilfe wird das Betriebsergebnis ermittelt, das sich aus den Erlösen aus Leistungen und den daraus entstehenden Kosten zusammensetzt.

Die periodische Ermittlung des Betriebsergebnisses mittels kurzfristiger Erfolgsrechnungen zur Überwachung der Wirtschaftlichkeit der Unternehmung erfolgt durch Zuordnung der Kosten zu Kostenarten und den erbringenden Leistungsstellen (Kostenträger) im Rahmen der Kosten- und Leistungsrechnung.[91]

21.3.3.3 Kosten- und Leistungsrechnung

Als zentrales Teilgebiet des internen Rechnungswesens befasst sich die Kostenrechnung mit der Erfassung der Kosten und deren Zuordnung zu Leistungseinheiten (Kostenstellen) und Kostenträgern.[92] Die so erfassten und gruppierten Daten werden für spezielle Zwecke wie Monatsberichte und Produktanalysen ausgewertet.

Dem entsprechend erfolgt die Unterscheidung nach Kostenarten-, Kostenstellen- und Kostenträgerrechnung.[93] Weitere Unterscheidungsmerkmale liefert der Zeitbezug, der zwischen

[91] Vgl. Wischermann (2011/4).

[92] Vgl. Weber (2011/2).

[93] Vgl. Haberstock (1986).

Ist-, Normal- und Plankostenrechnung differenziert sowie Art und Umfang der Kostenverrechnung. Hierbei erfolgt dann die Unterscheidung zwischen Voll- und Teilkosten.[94]

Die Vorschriften zur Kosten- und Leistungsrechnung für Krankenhäuser finden sich im § 8 KHBV. Das Krankenhaus hat eine Kosten- und Leistungsrechnung zu führen, *die eine betriebsinterne Steuerung sowie eine Beurteilung der Wirtschaftlichkeit und Leistungsfähigkeit erlaubt*.[95] Damit ist für das Krankenhaus der Aufbau eines geeigneten Berichtswesens, das Manfred Ager bei seiner Arbeit unterstützt, implizit in der Krankenhausbuchführungsverordnung vorgegeben.[96]

Die Kostenarten (Konten) stellen die unterste Ebene der Kostenrechnung dar. Im Sinne der Managementinformationssysteme werden in der Kostenartenrechnung die Basisdaten anhand von Belegen (z. B. Rechnungen) erfasst und Gruppen (Konten) zugeordnet. So werden z. B. die Personalkosten gemäß KHBV auf die einzelnen im Krankenhaus tätigen Berufsgruppen entsprechend aufgeteilt.

Kostenstellen sind als Orte der Kostenentstehung funktionell, nach Verantwortungsbereichen, nach räumlichen Gesichtspunkten, nach Kostenträgergesichtspunkten, nach speziellen abrechnungs- oder leistungstechnischen Gesichtspunkten rechnungsmäßig abgegrenzte institutionelle Teile des Gesamtbetriebs, für die Kosten separat erfasst werden,[97] geordnet.

Als Kostenträger werden Güter oder Dienstleistungen bezeichnet, bei deren Erstellung Kosten verursacht werden. Im Krankenhaus bedeutet dieses in der Hauptsache die Behandlung und Therapie des Patienten, im Sinne der klinischen Pfade.[98]

Die Kostenträgerrechnung befasst sich mit der Zuordnung der Kosten, die auf einen Kostenträger in einer definierten Periode (Kostenträgerzeitrechnung), im Krankenhaus dem gesamten Behandlungsfall bzw. der gesamten Verweildauer des Patienten im Krankenhaus, entfallen. Im Idealfall können die Kosten direkt aus der Kostenrechnung als Einzelkosten dem Kostenträger zugerechnet werden. Alle Kosten, die als Gemeinkosten auf einer Kostenstelle erfasst werden und in die Betrachtung mit einbezogen werden sollen, müssen Anhand von Verteilerschlüsseln anteilig dem Kostenträger zugerechnet werden. Bei der Ermittlung der Verteilungsschlüssel sollten entsprechende Kalkulationsverfahren und Konventionen zu Grunde gelegt werden, um einen Vergleich der Kostenermittlung im Zeitablauf zu ermöglichen.[99] Sollen die Kosten je Einheit eines Kostenträgers, im Kranken-

[94] Vgl. Weber (2011/2).

[95] § 8 Satz 1 KHBV.

[96] Vgl. KHBV § 8 Satz 1, eine Steuerung ist nur dann möglich, wenn die erhobenen (gebuchten) Daten auch in Form von Berichten strukturiert aufbereitet werden.

[97] Vgl. Weber (2011/2).

[98] vgl. Hellmann (2002).

[99] Dieses wäre bei einem stetigen Wechsel der Kalkulationsmethode nicht der Fall.

haus beim Kostenträger „Patient" z. B. der Behandlungstag, ausgewiesen werden, wird von einer Kostenträgerstückrechnung gesprochen.[100]

21.3.3.4 Controlling

Das Controlling als Bestandteil des internen Rechnungswesens kann nach seinen strategischen und operativen Elementen unterschieden werden.

Das strategische Controlling ist der Teilbereich des Controlling,[101] der sich mit der Unterstützung des strategischen Managements befasst. Die Ergebnisse des Controllings dienen hierbei nicht zur kurzfristigen operativen Unternehmenssteuerung sondern haben eine längerfristige Ausrichtung und beziehen sich auf den Planungsprozess im Unternehmen. Dementsprechend werden die Anforderungen an die Datenaufbereitung für das strategische Controlling gestellt.

Das operative Controlling konzentriert sich auf den direkten Steuerungsprozess der betriebswirtschaftlichen Größen des Jahresabschlusses.

Beide Verfahren gehen häufig ineinander über und können nicht strikt voneinander getrennt werden. Daten des operativen Controllings bilden oftmals auch die Grundlage für Zahlen des strategischen Controllings, die dann ggf. um weitere Elemente erweitert werden.

21.3.3.5 Medizincontrolling

Das Medizincontrolling im Krankenhaus hat sich mit der Einführung des DRG-Systems etabliert. Es befasst sich in der Regel vornehmlich mit der Abrechnung und Überprüfung der Abrechnung der im Krankenhaus erbrachten Behandlungsleistung und ihrer Zuordnung zu den jeweiligen Fallgruppen.

Das Medizincontrolling ist als Bindeglied zwischen medizinischem Bereich und Administration zu sehen. Der Unterstützungsgrad des medizinischen Personals (Ärzte und Pflege) im Krankenhaus bei der Kodierung und Dokumentation der erbrachten Leistungen variiert je nach Krankenhaus zwischen einer Unterstützung bei der Dokumentation und Kodierung durch entsprechende Schulungen und einer Kontrolle der erbrachten Dokumentation bis hin zu einer nahezu vollständigen Übernahme der Dokumentation und Verschlüsselung der Leistungen durch das Medizincontrolling.

[100] Vgl. Weber (2011/3).

[101] Vgl. Weber (2011/4).

21.3.3.6 Investitionscontrolling

Bereits die Planung der Investition kann als (Mit-) Aufgabe des Investitionscontrollings angesehen werden.[102] Unter Investitionscontrolling werden die Begleitung der Investitionsdurchführung sowie die eigentliche Investitionskontrolle, das Nachverfolgen der Investition durch das Controlling subsumiert.

Die Begleitung der Investitionsdurchführung steht dann im Fokus, wenn es sich um eine Maßnahme handelt, die sich über einen längeren Zeitraum erstreckt. Diese sind im Krankenhaus i.d.R. mit baulichen Maßnahmen und Veränderungen verbunden.

Im Rahmen von Baumaßnahmen ist gewöhnlich sowohl eine Kostenplanung als auch ein Bauzeitenplan vorhanden. Aufgabe des Investitionscontrollings im Rahmen der Investitionsdurchführung ist die laufende Erfassung der Baukosten sowie ein periodischer Soll- Ist-Vergleich.[103] Gleichfalls ist im Hinblick auf Folgekosten bei Verzögerungen z. B. durch entgehende Erlöse auch die Einhaltung des Bauzeitenplans zu beachten.

Bei Abweichungen vom Plan sind entweder entsprechende Korrekturmaßnahmen vorzunehmen oder die Planung entsprechend anzupassen.

Aufgabe der Investitionskontrolle ist die Überprüfung der Wirtschaftlichkeit der Investition nach Fertigstellung des Investitionsvorhabens bzw. nach Beschaffung des Anlagegutes beim Betrieb des Medizingerätes.[104]

Anhand der zum Anlagegut vorliegenden Wirtschaftlichkeitsberechnung wird entsprechend überprüft, ob die Prämissen eingehalten wurden. Dementsprechend sind die im System vorhandenen Daten aufzubereiten und ggf. mit neu erhobenen Daten z. B. aus einer stichprobenartigen Tätigkeitserfassung zur Ermittlung von Personalkosten zu ergänzen.

21.3.3.7 Personalcontrolling

Das Personalcontrolling befasst sich zunächst mit der Überwachung der Einhaltung der Personalplanung. Dieses kann sich im Krankenhaus sowohl auf absolute monetäre Werte (Budgetzahlen) oder entsprechende Kopfzahlen (Vollkräftestatistik) beziehen.

Beispielhaft sei für das Krankenhaus der dynamische Ärzteschlüssel im Rahmen der dynamischen Personalbedarfsermittlung genannt.

Anhand der Vorgaben der des vom Instituts für Entgeltkalkulation ermittelten Durchschnittskostenwerte für das ärztliche Personal, aufgeschlüsselt nach Einzelleistungen (DRGS)

---

[102] Vgl. Bartscher/Wichert (2011).

[103] Vgl. Kirchner/Kirchner (2002), S. 42.

[104] Vgl. Kirchner/Kirchner (2002), S. 42.

werden die diese in Relation zu den erbrachten DRGs (Leistungen) des Krankenhauses gesetzt. Damit können die Sollkosten für den ärztlichen Dienst mit den Istkosten abgeglichen und Potenziale ermittelt werden.[105]

Neben der Kontrolle der Budgeteinhaltung durch die einzelnen Kliniken und Abteilungen können auch Personalkennzahlen als Verhältniszahlen aus Personaldaten gewonnen werden.[106] Personalkennzahlen informieren über Sachverhalte, die für quantitative personalwirtschaftliche Entscheidungen von Bedeutung sind.

Die Kennzahlen beinhalten Aussagen zur Personalstruktur, wie die Aufschlüsselung des Personalbestandes, z. B. nach Geschlecht, Alter, Nationalität, formaler Qualifikation, Art des Entgeltes oder Dauer der Betriebszugehörigkeit.[107]

In Bezug auf die Messung des Personalaufwands können die durchschnittlichen Personalkosten (Personalaufwand pro Kopf) einer Kostenstelle in einer Periode ermittelt werden. Die Einheit kann sich auch auf andere Zeiteinheiten (Stunde, Minute) beziehen.

Andere Kennzahlen beziehen sich auf Indikatoren für Sachverhalte, die sich auf die Arbeitsproduktivität und den Personalaufwand auswirken. Hierzu zählen z. B. Fluktuation, Fehlzeiten oder Beteiligung am betrieblichen Vorschlagswesen.[108]

Weitere Kennzahlen ergeben sich aus der Verknüpfung von Personaldaten mit zusätzlichen Unternehmensdaten. Zur Messung der Arbeitsproduktivität werden Outputgrößen zum Arbeitseinsatz als Inputfaktor in Beziehung gesetzt.[109] Im Krankenhaus ist im Hinblick auf das Fallpauschalensystem insbesondere die Verknüpfung mit den DRG-Daten, z. B. Bewertungsrelationen je Vollkraft, sowohl auf Gesamtkrankenhausebene als auch für einzelne Kliniken und Abteilungen oder Berufsgruppen etabliert.

21.3.3.8 IT- Unterstützung: Data Warehouse und Business Intelligence

Der Begriff Business Intelligence umfasst die Gesamtheit aller Werkzeuge und Anwendungen mit entscheidungsunterstützendem Charakter, die zur besseren Einsicht in das eigene Geschäft und damit zum besseren Verständnis in die Mechanismen relevanter Wirkungsketten dienen.

---

[106] Vgl. Bartscher/Wichert (2011).

[107] Vgl. Bartscher/Wichert (2011).

[108] Vgl. Bartscher/Wichert (2011).

[109] Vgl. Bartscher/Wichert (2011).

Business Intelligence ist dabei eine begriffliche Klammer, die eine Vielzahl unterschiedlicher Ansätze zur Analyse geschäftsrelevanter Daten zu bündeln versucht. Es handelt sich also um kein neues Konzept oder ein neues Produkt.

Unterschieden wird in ein

- enges BI-Verständnis, das nur das Online-Analytical-Processing (OLAP) sowie Manangementinformationssysteme, Entscheidungsinformationssystemen und Entscheidungsunterstützungssystemen umfasst,
- analyseorientiertes BI-Verständnis, das neben dem engen BI-Verständnis z. B. auch die Balanced Scorecard, Data Mining oder Kennzahlen umfasst,
- weites BI-Verständnis, das vor allem das Data Warehouse in die Begrifflichkeit integriert.

Voraussetzung für die Anwendbarkeit von Business-Intelligence-Methoden ist das Vorhandensein eines entsprechenden Datenbestandes, z. B. in Form eines Datenwürfels oder Data Warehouse, der analysiert werden kann.

Lernfragen

1. Beschreiben Sie den Aufbau des Krankenhausmanagements. Welche Veränderungen haben sich in den letzten Jahren in Bezug auf Geschäftsführung und Chefärzte ergeben?
2. In welche Stufen kann das Management im Krankenhaus aufgegliedert werden? Welche Bereiche des Wertkettenmodells nach Porter sind für das Krankenhaus besonders relevant?
3. Wie unterscheidet sich die Zielfindung zwischen privaten und öffentlich-rechtlichen Trägern?
4. In welche Bereiche lässt sich das Kostenmanagement im Krankenhaus unterteilen? Welcher Bereich bietet aus Ihrer Sicht die größten Einsparpotenziale?
5. Wie ist der derzeitige Umsetzungsstand der Ziele des strategischen Einkaufs im Krankenhaus?
6. Wie sind die gesetzlichen Grundlagen für die Finanzbuchhaltung und die Betriebsbuchhaltung im Krankenhaus?
7. Welche wesentlichen Positionen finden sich in der Bilanz des Krankenhauses?

Literatur

[1] Augurzky, Boris; Engel, Dirk, Krolop, Sebastian; Schmidt, Christoph M.; Schmitz, Hendrik; Schwierz, Christoph; Terkatz, Stefan (2007): Krankenhaus Rating Report 2007: Die Spreu trennt sich vom Weizen, RWI Materialien, Heft 32, Essen 2007.

[2] Bartscher, Thomas (2011/1): Gabler Verlag (Herausgeber), Gabler Wirtschaftslexikon, Stichwort: Personalwirtschaft, online im Internet: http://wirtschaftslexikon.gabler.de/Archiv/78602/personalwirtschaft-v7.html.

[3] Bartscher, Thomas (2011/2): Gabler Verlag (Herausgeber), Gabler Wirtschaftslexikon, Stichwort: Personalentwicklung, online im Internet: http://wirtschaftslexikon.gabler.de/Archiv/326724/personalentwicklung-1-v4.html.

[4] Bartscher, Thomas; Wichert, Johannes (2011): Gabler Verlag (Herausgeber), Gabler Wirtschaftslexikon, Stichwort: Personalkennzahlen, online im Internet: http://wirtschaftslexikon.gabler.de/Archiv/85216/personalkennzahlen-v5.html.

[5] Berwanger, Jörg (2011): Gabler Verlag (Herausgeber), Gabler Wirtschaftslexikon, Stichwort: Geschäftsführer, online im Internet: http://wirtschaftslexikon.gabler.de/Archiv/4612/geschaeftsfuehrer-v8.html.

[6] Blum, Karl; Schilz, Patricia (2006): SOS: Krankenhäuser benötigen dringend Fördermittel für notwendige Investitionen. das Krankenhaus, 2006, 98 (2), S. 107-111.

[7] Blum, Karl; Offermanns, Matthias; Perner, Patricia (2008): Krankenhaus Barometer Umfrage 2008, Deutsches Krankenhausinstitut e.V., Düsseldorf 2008.

[8] Böcking, Hans-Joachim; Oser, Peter; Pfitzer, Norbert; Wischermann, Barbara (2011): Gabler Verlag (Herausgeber), Gabler Wirtschaftslexikon, Stichwort: Grundsätze ordnungsmäßiger Buchführung (GoB), online im Internet: http://wirtschaftslexikon.gabler.de/Archiv/54670/grundsaetze-ordnungsmaessiger-buchfuehrung-gob-v7.html.

[9] Dangelmaier, Wilhelm (2010): http://www.enzyklopaedie-der-wirtschaftsinformatik.de/wi-enzyklopaedie/lexikon/informationssysteme/Sektorspezifische-Anwendungssysteme/Produktionsplanungs--und--Steuerungssystem/Materialwirtschaft/Lagerbestandsfuhrung/index.html/.

[10] Gabler (2011/1): Gabler Verlag (Herausgeber), Gabler Wirtschaftslexikon, Stichwort: Management, online im Internet: http://wirtschaftslexikon.gabler.de/Archiv/55279/management-v7.html

[11] Gabler (2011/2): Gabler Verlag (Herausgeber), Gabler Wirtschaftslexikon, Stichwort: Investition, online im Internet: http://wirtschaftslexikon.gabler.de/Archiv/54808/investition-v5.html

[12] Gabler (2011/3): Gabler Verlag (Herausgeber), Gabler Wirtschaftslexikon, Stichwort: Investitionsrechnung, online im Internet: http://wirtschaftslexikon.gabler.de/Archiv/54836/investitionsrechnung-v7.html.

[13] Gabler (2011/4): Gabler Verlag (Herausgeber), Gabler Wirtschaftslexikon, Stichwort: Wertschöpfungskette, online im Internet: http://wirtschaftslexikon.gabler.de/Archiv/145581/wertschoepfungskette-v6.html.

[14] Gabriel, Roland; Lux, Thomas (2009: Modelling and Decision Support of Clinical Pathways, in: Proceedings of the Second International Conference on Electronic healthcare for the 21st century, Istanbul (Turkey) 2009.

[15] Greiling, Michael (2005): Systematisches Konzept zur Erstellung klinischer Pfade, in ITeG 04/2005, S. 25-26.

[16] Haberstock, Lothar (1986): Kostenrechnung II, (Grenz-) Plankostenrechnung, 7. Auflage, Hamburg 1986.

[17] Hellmann, W. (2002): Klinische Pfade: Konzepte, Umsetzungen und Erfahrungen, 2002.

[18] Homberger, J.; Kopfer, H.; Pankratz, G.; Strangmeier, R. (Hrsg.): Intelligent Decision Support: Current Challenges and Approaches, Wiesbaden 2008, S. 337-357.

[19] Kirchner, Helga; Kirchner, Wilhelm (2002): Investitionscontrolling im Krankenhaus, Stuttgart 2002.

[20] Krieger, Winfried (2011/1): Gabler Verlag (Herausgeber), Gabler Wirtschaftslexikon, Stichwort: Beschaffung, online im Internet: http://wirtschaftslexikon.gabler.de/Archiv/72967/beschaffung-v5.html.

[21] Krieger, Winfried (2011/2): Gabler Verlag (Herausgeber), Gabler Wirtschaftslexikon, Stichwort: Materialwirtschaft, online im Internet: http://wirtschaftslexikon.gabler.de/Archiv/73506/materialwirtschaft-v4.html.

[22] Krieger, Winfried (2011/3): Gabler Verlag (Herausgeber), Gabler Wirtschaftslexikon, Stichwort: Lager, online im Internet: http://wirtschaftslexikon.gabler.de/Archiv/58368/lager-v4.html.

[23] Krieger, Winfried (2011/4): Gabler Verlag (Herausgeber), Gabler Wirtschaftslexikon, Stichwort: Logistik, online im Internet: http://wirtschaftslexikon.gabler.de/Archiv/55886/logistik-v6.html.

[24] Krieger, Winfried; Kollmann, Tobias (2011): Gabler Verlag (Herausgeber), Gabler Wirtschaftslexikon, Stichwort: E-Procurement, online im Internet: http://wirtschaftslexikon.gabler.de/Archiv/81863/e-procurement-v6.html.

[25] Lackes, Richard; Peukert, Helge (2011): Gabler Verlag (Herausgeber), Gabler Wirtschaftslexikon, Stichwort: Transaktion, online im Internet: http://wirtschaftslexikon.gabler.de/Archiv/5996/transaktion-v9.html.

[26] Lux, Thomas; Martin, Volker; Raphael, Holger (2008): Krankenhausinformationssysteme (KIS) im Vergleich - Eine Studie der Ruhr-Universität Bochum und der Universitätsklinik Marienhospital Herne, erschienen in: f&w - führen und wirtschaften im Krankenhaus, Nr. 4 (Juli/August) 2008. 25 Jg., S. 296-400.

[27] Mettler, Tobias; Rohner, Peter (2009): Performance Management in Healthcare: the past, the present and the future, in: Hansen, H.R.; Karagiannis, D.; Fill, H.-G. (Hrsg.): Business Services: Konzepte, Technologien, Anwendungen, Band 2, S. 699-708, Wien 2009.

[28] Okhrin, Irena (2010): http://www.enzyklopaedie-der-wirtschaftsinformatik.de/wi-enzyklopaedie/lexikon/informationssysteme/crm-scm-und-electronic-business/Supply Chain Management/index.html.

[29] Pfitzer, Norbert; Rüthers, Torben; Oser, Peter; Pellens, Bernhard; Sellhorn, Thorsten; Böcking, Hans-Joachim (2011): Gabler Verlag (Herausgeber), Gabler Wirtschaftslexikon, Stichwort: Bilanz, online im Internet: http://wirtschaftslexikon.gabler.de/Archiv/54548/bilanz-v7.html.

[30] Raphael, Holger (2007): Entwicklungspartnerschaften; in f&w, führen und wirtschaften im Krankenhaus; Heft 10/2007, Melsungen 2007.

[31] Raphael, Holger (2009): Herausforderungen an ein modernes Krankenhausmanagement: in: Medizin, Ökonomie, Management und Pflege, Tagungsband zur FOM Sommerakademie 2008, S. 39-56, Essen, 2009.

[32] Raphael, Holger; Lux, Thomas; Martin, Volker (2009): State-of-the-Art prozessorientierter Krankenhausinformationssysteme, in: Hansen, H.R.; Karagiannis, D.; Fill, H.-G. (Hrsg.): Business Services: Konzepte, Technologien, Anwendungen, Band 2, S. 689-698, Wien 2009.

[33] Raphael, Holger; Lux, Thomas (2010): State of the Art prozessorientierter Krankenhausinformationssysteme, Teil I; Forschungsberichte des CC Ehealth Ruhr; Hrsg.: Gabriel, Roland; Lux, Thomas, Bochum 2010.

[34] Raphael, Holger; Schenck, Hendrik (2005): Prozesskostenanalyse im Marienhospital Herne, in: Scheer, August-Wilhelm; Jost, Wolfram; Hess, Helge; Kronz, Andreas: Corporate Performance Management, Berlin 2005, S. 249-264.

[35] Raphael, Holger; Potratz, Philipp; Schmalenströer, Björn; Schulz, Andreas (2010): Berufsbild Arzt: vom Traumjob zum Jobtrauma, in: Krankenhausmanagement mit Zukunft. Hrsg. Goldschmidt, AJW, Hilbert, J; S. 186-196; Stuttgart 2010.

[36] Schoop, Mareike (2009): http://www.enzyklopaedie-der-wirtschaftsinformatik.de/wi-enzyklopaedie/lexikon/informationssysteme/crm-scm-und-electronic-business/Electronic-Business/Electronic-Procurement/index.html.

[37] Seyfarth-Metzger, Ingrid; Vogel, Susanne; Krabbe-Berndt, Albrecht (2005): Neue Herausforderungen an das Qualitätsmanagement: Wirtschaftlichkeit und Patientensicherheit, in: das Krankenhaus, 9/2005, S. 757-764.

[38] Siepermann, Markus; Voigt, Kai-Ingo (2010): Gabler Verlag (Herausgeber), Gabler Wirtschaftslexikon, Stichwort: Supply Chain Management (SCM), online im Internet: Weber, Jürgen (2011/1): Gabler Verlag (Herausgeber), Gabler Wirtschaftslexikon, Stichwort: Prozesskosten rechnung, online im Internet: http://wirtschaftslexikon.gabler.de/Archiv/657/prozesskostenrechnung-v7.html.

[39] Weber, Jürgen (2011/2): Gabler Verlag (Herausgeber), Gabler Wirtschaftslexikon, Stichwort: Kostenrechnung, online im Internet: http://wirtschaftslexikon.gabler.de/Archiv/1776/kostenrechnung-v5.html.

[40] Weber, Jürgen (2011/3): Gabler Verlag (Herausgeber), Gabler Wirtschaftslexikon, Stichwort: Controlling, online im Internet: http://wirtschaftslexikon.gabler.de/Archiv/399/controlling-v6.html

[41] Weber, Jürgen (2011/4): Gabler Verlag (Herausgeber), Gabler Wirtschaftslexikon, Stichwort: strategisches Controlling, online im Internet: http://wirtschaftslexikon.gabler.de/Archiv/15565/strategisches-controlling-v6.html.

[42] Winkelmann, Axel (2010): http://www.enzyklopaedie-der-wirtschaftsinformatik.de/wi-enzyklopaedie/lexikon/informationssysteme/Sektorspezifische-Anwendungssysteme/Handel--Anwendungssysteme-im/Warenwirtschaftssystem/Logistik-in-der-Warenwirtschaft/einstufige-Kommissionierung/index.html.

[43] Wischermann, Barbara (2011/1): Gabler Verlag (Herausgeber), Gabler Wirtschaftslexikon, Stichwort: Buchführung, online im Internet: http://wirtschaftslexikon.gabler.de/Archiv/768/buchfuehrung-v9.html.

[44] Wischermann, Barbara (2011/2): Gabler Verlag (Herausgeber), Gabler Wirtschaftslexikon, Stichwort: Konten, online im Internet: http://wirtschaftslexikon.gabler.de/Archiv/9789/konten-v8.html

[45] Wischermann, Barbara (2011/3): Gabler Verlag (Herausgeber), Gabler Wirtschaftslexikon, Stichwort: Finanzbuchhaltung, online im Internet: http://wirtschaftslexikon.gabler.de/Archiv/461/finanzbuchhaltung-v7.html.

[46] Wischermann, Barbara (2011/4): Gabler Verlag (Herausgeber), Gabler Wirtschaftslexikon, Stichwort: Betriebsbuchhaltung, online im Internet: http://wirtschaftslexikon.gabler.de/Archiv/462/betriebsbuchhaltung-v7.html.

[47] Wöhe, Günter, Döring, Ulrich (2010): Einführung in die allgemeine Betriebswirtschaftslehre, 24. Auflage, München 2010.

22 Management, Unternehmensführung, Organisation und Planung im ambulanten Sektor

Michael Schütte und Sascha Rödder

22.1	Einleitung	118
22.2	Definition und Bedeutung der relevanten Begrifflichkeiten	118
22.2.1	Management	118
22.2.2	Unternehmensführung	119
22.3	Die Rahmenbedingungen der ärztlichen Tätigkeit	120
22.3.1	Der Markt	120
22.3.2	Die Vergütung	122
22.4	Die Arztpraxis: ein besonderes Unternehmen	123
22.4.1	Die Einzelpraxis	124
22.4.2	Die Gemeinschaftspraxis	124
22.4.3	Die Praxisgemeinschaft	125
22.4.4	Das Medizinische Versorgungszentrum (MVZ)	125
22.5	Ist Umsetzung in der Praxis gleich Umsetzung in die Praxis?	126
22.5.1	Die Marktanalyse	127
22.5.2	Die Strategiefindung	128
22.5.3	Planung	130
22.5.4	Organisation	131
22.5.5	Personalmanagement	132
22.5.6	Personalführung	133
22.5.7	Führungsstile	134
22.5.8	Controlling	136
22.5.9	Qualitäts- und Kostenmanagement	136
22.6	Fazit und Ausblick	139

Literatur 140

Lernziele

Nach der Durcharbeitung dieses Kapitels kennen Sie

- die Rahmenbedingungen der ärztlichen Tätigkeit,
- die Besonderheiten und Unterschiede der Praxisformen im ambulanten Sektor,
- die Grundzüge der Teilbereiche des Managements im ambulanten Sektor,
- die Veränderung der Patientenbedürfnisse vor dem Hintergrund des sich wandelnden Gesundheitswesens,
- die Möglichkeiten der Strategieentwicklung einer Arztpraxis,
- die kritische Betrachtung der Adaptierung von Managementtheorien in das Gesundheitswesen.

22.1 Einleitung

Märkte verändern sich; das gilt auch für das Gesundheitswesen. Ärzte, die in diesem Umfeld bestehen wollen, müssen sich mit den Veränderungen des Marktes auseinandersetzen. Viele Autoren sind der Meinung, dass der zunehmende Wettbewerbsdruck Ärzte dazu zwingt, ihr Handeln an die marktwirtschaftlichen Gegebenheiten anzupassen. Die Anwendung von Managementinstrumenten kann dabei hilfreich sein, wenn sie auf den ambulanten Sektor des Gesundheitswesens übertragbar sind.

Diese Fragestellung wird in dem folgenden Buchkapitel näher beleuchtet. Zentrale betriebswirtschaftliche Instrumente des Managements werden erläutert und auf ihre Brauchbarkeit im ambulanten Sektor hin untersucht. Die relevanten Begriffe werden zunächst definiert und anschließend in die Prozesse des ambulanten Sektors eingebettet. Dies erfolgt vor dem Hintergrund der Rahmenbedingungen der ärztlichen Tätigkeit, sowie den Besonderheiten des „Unternehmens" Arztpraxis.

22.2 Definition und Bedeutung der relevanten Begrifflichkeiten

22.2.1 Management

Management ist abgeleitet von dem Begriff „manum agere" – zu deutsch „mit der Hand führen"; daraus wurde später das Führen als solches. Management einer Arztpraxis ist also nüchtern gesagt einfach die Führung der Praxis.

In Managementbüchern wird häufig argumentiert, dass Management deswegen erforderlich ist, weil die Umwelt sich ändere. Insbesondere wird oftmals die Bedeutung des strategischen Managements daraus abgeleitet, dass die Geschwindigkeit der Veränderungen zugenommen habe. Dieser Gedanke ist jedoch nicht ganz plausibel: denn wenn das Umfeld so schnellen Veränderungen ausgesetzt ist, sollte die Bedeutung von strategischem, d. h. des mittel- bis langfristigen Managements eher abnehmen.

Manager versuchen die aktuelle Lage der Umwelt und ihres Unternehmens einzuschätzen und die Zukunft zu antizipieren. In dem Zusammenhang setzen sie sich Ziele, die den Erhalt ihrer Unternehmen sicherstellen sollen und versuchen diese stringent bis zu deren Erreichung zu verfolgen. Zusammenfassend kann man also sagen: Management ist ein stetiger Prozess der Planung, Organisation, Durchführung und Kontrolle.[1]

22.2.2 Unternehmensführung

Unternehmen und Märkte sind die wichtigsten Institutionen der Wirtschaft. Es wird immer wieder deutlich, dass sich Unternehmen und Märkte gegenseitig beeinflussen. Die Veränderungen des Marktes nehmen Einfluss auf die Entscheidungen von Unternehmen und umgekehrt verändern bestimmte Unternehmen durch bestimmte Entscheidungen die Märkte. Die traditionellen Aufgaben von Unternehmensführung bestehen darin, die produktiven Faktoren eines Unternehmens im Interesse der Eigentümer zu optimieren.

Faktisch ist der Begriff der „Unternehmensführung" ähnlich unscharf definiert wie derjenige des „Managements". Verschiedene Autoren verstehen Unterschiedliches darunter. Beispielsweise wird der Begriff Unternehmensführung als die Strategie eines Unternehmens und somit als Ausrichtung der Planung an Produkt- und Dienstleistungsmärkten verstanden.[2] Ein anderes Beispiel zeigt die Beschreibung der Unternehmensführung als Institution und als Funktion. Die Institution stellt die Bereiche des Unternehmens dar und die Funktion das Handeln und Tun darin.[3]

Zu einem wie auch immer gearteten Verständnis von Unternehmensführung gehört ebenfalls die Steuerung der wesentlichen betrieblichen Funktionen, z. B. Marktanalyse, Planung, Organisation, Personalmanagement, Controlling.[4]

---

[1] Vgl. Weatherly, 2009, S. 1.

[2] Vgl. Müller, 2010, S. 7.

[3] Vgl. Hungenberg, Wulf, 2007, S. 21.

[4] Vgl. Müller, 2010, S. 7.

22.3 Die Rahmenbedingungen der ärztlichen Tätigkeit

22.3.1 Der Markt

Das Gesundheitswesen befindet sich in der letzten Zeit in einem tiefgehenden Wandel. Die Märkte und ihre Anforderungen verändern sich und diese schnelllebigen Veränderungen wirken sich auch auf das Verhalten der Ärzte im ambulanten Sektor aus.

Die Gründe hierfür sind vielfältig. Der medizinische Fortschritt, die Zunahme chronischer Erkrankungen und die Alterung der Gesellschaft stellen die ärztliche Tätigkeit zunehmend vor neue Herausforderungen. Demgegenüber steht die Finanzierung der ambulanten Leistungen mit ständig neuen Auflagen durch Reformen und Neuerungen.

Die nachfolgenden Trends sind im Gesundheitswesen zunehmend erkennbar und machen Umdenkungsprozesse in den ambulanten Einrichtungen erforderlich:[5]

- **Evidence-based Medicine**: diese fördert die Ausweitung von bestimmten Behandlungsverfahren, welche auf den neuesten wissenschaftlichen Erkenntnissen beruhen.
- **Die Eigenverantwortung des Patienten** für seine Gesundheit ist heutzutage anders ausgeprägt und bezieht sich nicht mehr nur ausschließlich auf die ärztliche Behandlung. Viele Patienten nutzen selber aufgrund von Eigenmotivation gesundheitsfördernde Maßnahmen und informieren sich umfassend über das Thema Gesundheit.
- **Angebote zum Thema Gesundheit** sind nicht mehr ausschließlich regional vorzufinden. Viele Patienten nutzen „Wellnessangebote“ und verbinden ihren Urlaub mit Aktivitäten, die sich positiv auf ihre Gesundheit auswirken.

Damit stellt der Patient heutzutage andere Ansprüche an seinen behandelnden Arzt. Er wandelt sich vom einem einfachen Behandlungsnehmer zu einem informierten, kritischen und hinterfragenden Kunden.

In Zeiten immer schnellerer Informationsquellen ist dies auch nicht verwunderlich. Insbesondere das Internet spielt hier eine tragende Rolle.[6]

Tabelle 22.1 zeigt diese Veränderungen sowohl auf der Anbieter- als auch auf der Nachfrageseite exemplarisch auf. Dargestellt wird die Entwicklung der sich verändernden Marktsituation anhand der Patienten, der Versicherungen, der Mediziner und der Pharmaindustrie.

---

[5] Vgl. Schurr, Kunhardt, Dumont, 2008.

[6] Vgl. Schurr, Kunhardt, Dumont, 2008, S. 3.

Tabelle 22.1 Veränderungen Nachfrage und Angebot in der Gesundheitswirtschaft

Zeitschiene	Nachfrageseite		Anbieterseite	
	Patient	Versicherungen	Mediziner	Pharmaindustrie
früher	Steuerung nur durch den behandelnden Arzt	Verwalter im einheitlichen Gesundheitssystem	Versorger der Patienten	vertriebsorientierte Produktlieferanten
heute	Informierter und seitens der Mediziner umworbener Patient – Reaktion auf Diversifizierung	Vielfalt von Tarifen und Leistungsangeboten	Sehr komplexe (Teil-) Angebote mit hoher Qualität	Medizinische und insbesondere wirtschaftliche Wertschöpfungsketten, Verbünde mit Systempartnern
In Zukunft	überaus kritischer und hinterfragender Patient, der seine individuelle Behandlungslösung in hochqualifizierten Angeboten sucht	Qualitative Begleitung und Beratung im Gesundheitsmanagement auf hohem Niveau	Gemeinsame Entscheidungsfindung und Lösung für den anspruchsvollen Patienten	Digitalisierte Medizin mit breitgefächertem Angebot und individuellen Therapien

(Quelle: In Anlehnung an Rippmann, Preusker et al. 2010)

Viele Autoren meinen, dass neben den medizinischen Fachkenntnissen der Ärzte zunehmend weitere Kompetenzen notwendig sind, um am Markt des ambulanten Sektors bestehen zu können. Die Ärzte sind demnach angehalten, ihr Handeln und Denken verstärkt an wettbewerblichen Grundsätzen auszurichten.[7]

[7] Vgl. Hellmann, Wambach, 2009, S. 109.

22.3.2 Die Vergütung

Das Abrechnungs- und Honorarsystem der medizinischen Versorgung ist sehr komplex. Aus diesem Grund wird an dieser Stelle nur die grundsätzliche Vergütungssystematik der Gesetzlichen Krankenversicherung (GKV) und der Patienten der Privaten Versicherung (PKV) dargestellt.

Das Abrechungs- und Leistungsverzeichnis für die Versicherten der GKV ist das Verzeichnis des sogenannten Einheitlichen Bewertungsmaßstabes (EBM). Auf der Grundlage des EBM rechnet der behandelnde Arzt die von ihm erbrachten Leistungen über die Kassenärztliche Vereinigung (KV) ab. Diese wiederum begleicht diese Abrechnung aus der von den Krankenkassen entrichteten Gesamtvergütung. Die Verteilung wird anhand des Honorarverteilungsmaßstabes vorgenommen.

Die Vergütung für Privatpatienten hingegen hat eine andere Basis. Diese richtet sich nach der als Rechtsverordnung erlassenen Gebührenordnung für Ärzte (GOÄ). Deren gesetzliche Grundlage ist der § 11 der Bundesärzteordnung (BÄO). Hier heißt es: die Bundesregierung wird ermächtigt, durch Rechtsverordnung mit Zustimmung des Bundesrates die Entgelte für ärztliche Tätigkeit in einer Gebührenordnung zu regeln. In dieser Gebührenordnung sind Mindest- und Höchstsätze für die ärztlichen Leistungen festzusetzen. Dabei ist den berechtigten Interessen der Ärzte und der zur Zahlung der Entgelte Verpflichteten Rechnung zu tragen.[8] **Abbildung 22.1**. zeigt die Bestandteile des ärztlichen Honorars:

Abbildung 22.1 Bestandteile des ärztlichen Honorars

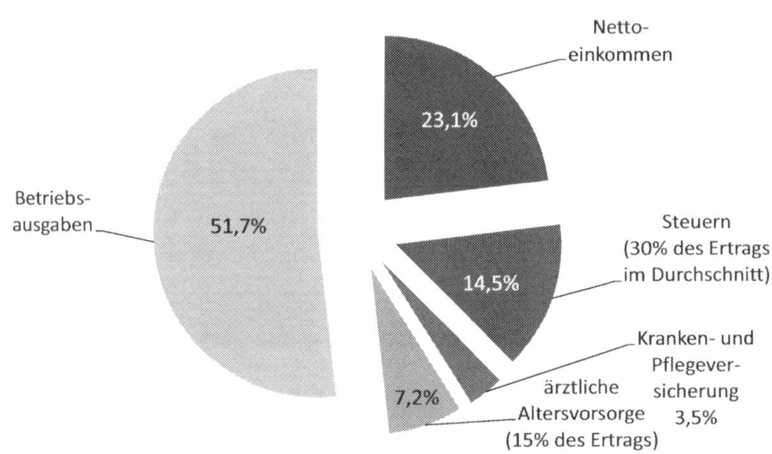

(Quelle: BAK)

[8] Vgl. H. -K. Specke, *Der Gesundheitsmarkt in Deutschland* (Bern, 2005). S. 29.

22.4 Die Arztpraxis: ein besonderes Unternehmen

In Deutschland existieren unterschiedliche Formen von Arztpraxen, die die ambulante Versorgung sicherstellen. In diesen Praxen sind vornehmlich freiberufliche, niedergelassene Ärzte tätig.

Abbildung 22.2 zeigt die Verteilung der Einzel- und Gemeinschaftspraxen sowie der Medizinischen Versorgungszentren (MVZ) in Deutschland mit Stand 31.12.2009:

Abbildung 22.2 Anzahl der verschiedenen Praxisformen in Deutschland

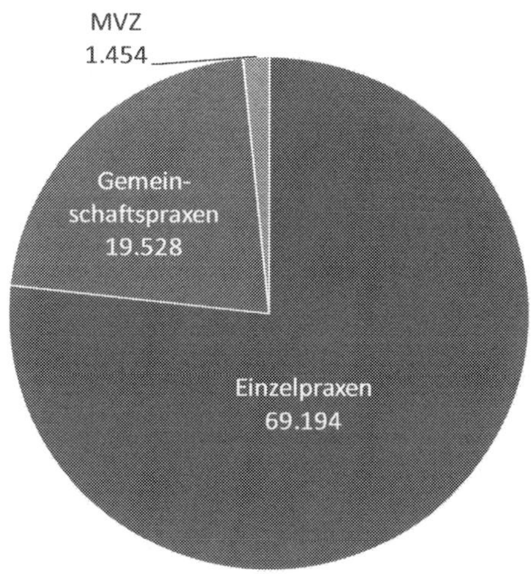

(Quelle: BÄK)

Etwa 98 Prozent der niedergelassenen Ärzte sind als sogenannter „Kassenarzt“ für die Behandlung von gesetzlich krankenversicherten Patienten zugelassen. Sie sind an die gesetzlichen und vertraglichen Regelungen des Kassenarztrechts gebunden und unterliegen aus disziplinarischer Perspektive der zuständigen Kassenärztlichen Vereinigung (KV). Neben der Tätigkeit als niedergelassener Arzt besteht die Option, eine reine Privatarztpraxis zu betreiben.

Diese Vertragsärzte sind „Zwangsmitglieder“ der Kassenärztlichen Vereinigungen, welche wiederum die Aufgabe haben, die ärztliche Versorgung in den einzelnen Gebieten in Deutschland sicherzustellen.[9] Die bevorzugten Praxisformen und deren Besonderheiten werden im Folgenden erläutert.

[9] Vgl. Roeder/Hensen, 2009, S. 186.

22.4.1 Die Einzelpraxis

Die Einzelpraxis ist die häufigste Form der ambulanten Leistungserbringung. In der Einzelpraxis arbeitet der Leistungserbringer auf eigene Rechnung. Die Räumlichkeiten, das Personal und die Ausstattung müssen von diesem Arzt alleine finanziert werden. Daraus ergibt sich der Vorteil, dass der Arzt unabhängig von anderen Anbietern ist. Das Leistungsangebot und die Praxisführung richten sich allein an seiner Person aus. Andererseits trägt er in der Folge auch die alleinige Haftung für die Einzelpraxis.[10]

Die Vorteile einer Einzelpraxis sind:

- großer, individueller Entscheidungsspielraum,
- Patientennähe durch Individualität,
- schnelle Reaktionsmöglichkeiten auf Veränderungen der Rahmenbedingungen,
- Möglichkeit der schnellen Abstimmung mit dem Personal,
- geringer Organisationsaufwand.

Als Nachteile gelten:

- wenig politische Unterstützung,
- Vertretungsproblematik bei Abwesenheit,
- sämtliche Kosten müssen alleine getragen werden.

22.4.2 Die Gemeinschaftspraxis

Hierunter ist der organisatorische Zusammenschluss von zwei oder mehreren Ärzten zu verstehen. Diese praktizieren in gemeinsamen Räumlichkeiten, mit gemeinsamer Einrichtung und mit gemeinschaftlichem Personal in einer Büroorganisation. Dieses schließt ebenfalls eine gemeinsame Abrechnung der ärztlichen Leistung mit ein.

Die ärztlichen Leistungen können austauschbar oder ergänzend von jedem der beteiligten Ärzte durchgeführt werden. Der alleinige Vertragspartner der Patienten ist jedoch die Gemeinschaftspraxis. Die Rechtsform einer Gemeinschaftspraxis ist die Gesellschaft bürgerlichen Rechts (GbR) und sie kommt durch einen Gesellschaftervertrag zustande. Die GbR ist ein rechtlich selbständiges Unternehmen. Bei Geschäftstätigung einzelner Ärzte wird die gesamte Praxis verpflichtet und berechtigt. Jeder Gesellschafter haftet gesamtschuldnerisch.[11]

---

[10] Vgl. Roeder/Hensen, 2009, S. 186.

[11] Vgl. Riedel, et al., 2005, S. 242.

22.4.3 Die Praxisgemeinschaft

In einer Praxisgemeinschaft schließen sich Leistungserbringer zur gemeinsamen Nutzung der Ausstattung von Praxisräumen zusammen. Hier verbleibt die Ausstattung jedoch als Eigentum bei demjenigen, der dieses mit in die Praxis eingebracht hat. Das gilt auch dann, wenn diese Ausstattung gemeinsam zur Behandlung der Patienten genutzt wird. Jeder der Beteiligten rechnet die von ihm erbrachten Leistungen unter seinem eigenen Institutionskennzeichen ab. Die Gestaltungsmöglichkeiten sind variabel – die Gemeinsamkeit besteht jedoch in der gemeinsamen Nutzung der Praxisausstattung.[12] In diesem Konstrukt haftet jeder Leistungserbringer selbst.[13]

22.4.4 Das Medizinische Versorgungszentrum (MVZ)

Der Begriff des Medizinischen Versorgungszentrums (MVZ) ergibt sich aus § 95 des Fünften Sozialgesetzbuches. Demnach sind MVZs fachübergreifende Einrichtungen unter ärztlicher Leitung, in denen Ärzte als Angestellte, oder als Vertragsärzte tätig sind. Diese Ärzte müssen im Arztregister eingetragen sein. Eine Einrichtung dieser Art ist dann fachübergreifend, wenn darin Ärzte unterschiedlicher Fachrichtung, oder mit unterschiedlichen Schwerpunkten tätig sind. Besteht ein MVZ beispielsweise aus einem hausärztlichen und einem fachärztlichen Internisten, so ist es dennoch fachübergreifend. MVZs können in allen zulässigen Rechts- und Organisationsformen gegründet werden.

Die Gründung kann von Leistungserbringern, die an der medizinischen Versorgung aufgrund von Zulassung, Ermächtigung oder Vertrag teilnehmen, erfolgen. Zu dieser Gruppe zählen Ärzte, Psychotherapeuten, Apotheker, Krankenhäuser, Rehabilitationseinrichtungen sowie Heil- und Hilfsmittelerbringer.[14]

In dieser Konstellation gelten für die Leistungserbringer die allgemeinen Grundsärzte der Haftung. Besonderheiten ergeben sich dann aus der verwendeten Rechtsform (BGB-Gesellschaft, Partnerschaft, AG, GmbH usw.). Diese bildet die Grundlage für die vertragliche Haftung.[15]

Die Vorteile einer gemeinsamen Berufstätigkeit:

- Kostensenkung,
- breiteres Leistungsspektrum möglich,
- Ansprache verschiedener Patiententypen möglich,

---

[12] Vgl. Bährle, 2011, S. 85.

[13] Vgl. Weidinger, 2010, S. 14.

[14] Vgl. Frielingsdorf, 2009, S. 175.

[15] Vgl. Weidinger, 2010, S. 14.

- variable Öffnungszeiten möglich,
- fachlicher Austausch mit Kollegen möglich,

Als Nachteile gelten:

- zum Teil komplizierte Rechtslagen,
- Verlust an Selbstbestimmung,
- schwerfällige Reaktion auf Veränderungen der Rahmenbedingungen,
- unübersichtliche Strukturen.

22.5 Ist Umsetzung in der Praxis gleich Umsetzung in die Praxis?

Niedergelassene Ärzte im ambulanten Sektor nehmen im Gesundheitswesen eine Schlüsselfunktion wahr. Durch sie wird im Rahmen der ambulanten Patientenversorgung die ärztliche Behandlung erbracht. Sie treffen Entscheidungen, welche in der Konsequenz breitgefächerte medizinische Leistungen auslösen.[16]

Weitere Funktionen – und diese entwickeln sich vor dem Hintergrund der aktuellen Geschehnisse im Gesundheitswesen zunehmend zu kritischen Erfolgsfaktoren – sind die Funktionen als:

- Vorgesetzter,
- Unternehmer und
- Arbeitgeber.[17]

Die typische Arztpraxis ist ein eher kleines Unternehmen. Managementtheorien wurden zumindest auch für Unternehmen entwickelt, die sich durch ihre Größe und Unübersichtlichkeit auszeichnen. Insofern überrascht nicht, dass Teile dieser Theorie schlicht nicht für Arztpraxen anwendbar sind. Damit ist es fraglich, ob es tatsächlich einen Nutzen bringt, sämtliche Managementtheorien aus der freien Wirtschaft im Gesundheitswesen und damit in Arztpraxen zu implementieren.

Im Folgenden werden die wesentlichen theoretischen Ansätze dargestellt und untersucht, was davon in einer Arztpraxis sinnvoll einsetzbar ist.

---

[16] Vgl. Specke, 2005, S. 11.

[17] Vgl. Riedel, et al., 2005, S. 69.

22.5.1 Die Marktanalyse

Die Marktanalyse ist ein Teilgebiet der Marktforschung. Die Stellung eines Unternehmens im Wettbewerb erfordert neben den Instrumenten zur Früherkennung von Veränderungen eine exakte Analyse des IST-Zustandes. Hieraus kann die marktmäßige Stellung des Unternehmens in dessen Umfeld abgeleitet werden.[18]

Eine Vielzahl von Unternehmen in der freien Wirtschaft führen Marktforschung und Marktanalysen durch. Zum Teil existieren hier eigens dafür geschaffene Abteilungen, oder es werden externe Institute mit solchen Aufgaben beauftragt.

Diese Tätigkeiten haben das Ziel, mehr über den Markt zu erfahren, worin sich die Unternehmen bewegen. Zudem können Kundenwünsche und auch die Situation der Mitbewerber herausgefunden werden. Diese Arten von Analysen können auch für Arztpraxen eine Transparenz schaffen, wo sie sich im Markt befinden und wie sie sich aufstellen können. Beispielsweise können Fragen bezüglich des Leistungsangebotes, des Zuweisermanagements, der Patientenstruktur oder ähnlichem gestellt werden.[19]

Abbildung 22.3 zeigt die Elemente, die der Praxismarktforschung angehören:

Abbildung 22.3 Bereiche der Praxismarktforschung

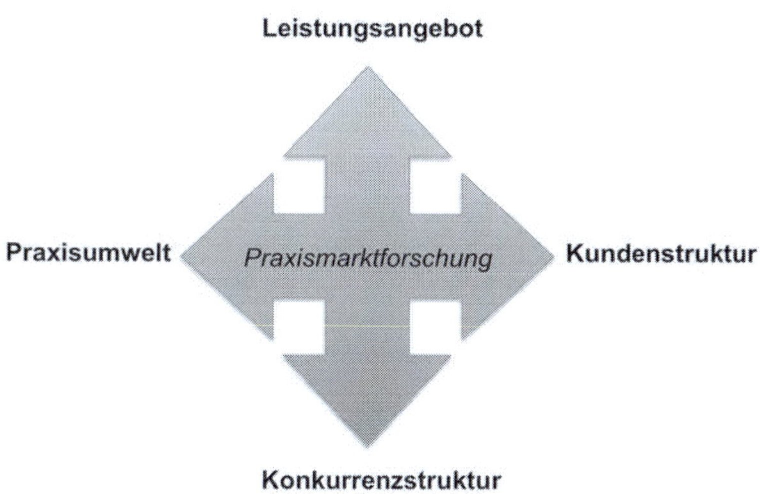

(Quelle: In Anlehnung an Thill, 2002)

[18] Vgl. Kußmaul, 2008, S. 84.

[19] Vgl. Thill, 2002, S. 95.

Wie man erkennen kann, bezieht sich die gesamte Ausrichtung der Marktforschung bzw. der Marktanalyse auf die internen und externen Bereiche einer Praxis mit den beteiligten Akteuren. Dieser Bereich wird in der Literatur sehr ausführlich dargestellt. Je nach Durchführung können derartige Analysen einfach und kostengünstig, aber auch sehr zeit- und kostenintensiv sein. Grundsätzlich lassen sich viele Fragen einer Arztpraxis durch bloßes Nachdenken, ggf. mit Hilfe der Praxis-EDV, lösen. Das betrifft etwa die Praxisumwelt, die Kundenstruktur, usw.

Das Gleiche gilt für die Analyse von externen Faktoren. Beispielsweise kann eine Patientenbefragung anhand eines Fragebogens auf einfache Art und Weise durchgeführt werden, um in Erfahrung zu bringen, wie zufrieden die Patienten mit der Praxis und deren Leistungsangebot sind.

22.5.2 Die Strategiefindung

Strategiefindung beginnt mit der Zielbildung. In der Regel werden Ärzte mit ihrer Praxis Ziele anstreben, die mit hoher Qualität der medizinischen Versorgung, hoher Patientenzufriedenheit, angenehmem Arbeitsumfeld, sowie angemessenem Einkommen zu tun haben.

Instrumente zur Strategiefindung gibt es viele. Eines davon ist die bereits beschriebene SWOT-Analyse. Mithilfe einer SWOT-Analyse lässt sich schnell feststellen, wie eine Praxis in der ambulanten Versorgung aufgestellt ist. Sie bedient sich einer allgemeinen Technik, die sich grundsätzlich auf alle Managementfunktionen und -aktivitäten anwenden lässt.

Die Abkürzung SWOT steht hier für die englischen Begriffe **s**trenghts – **w**eaknesses – **o**pportunities – **t**hreats. Ins Deutsche übersetzt bedeuten sie Stärken – Schwächen – Chancen – Bedrohungen. Beispielsweise können die Stärken einer Praxis in ihrer Lage, ihrem Teamgeist usw. liegen, ihre Schwächen in schlechter Prozesssteuerung usw.

So kategorisiert können auf einfache Art und Weise Aufgaben, Mitarbeiter oder Ähnliches analysiert und protokolliert werden, um im Anschluss eine an den Rahmenbedingungen ausgerichtete Strategie zu implementieren. Hier werden sowohl die internen als auch die externen Faktoren beleuchtet.[20] Ein anderes Instrument ist die Untersuchung der Produktivität und Patientenorientierung einer Praxis (**Abbildung 22.4**).

[20] Vgl. Bertheau, 2005, S. 128.

Abbildung 22.4 Strategische Analyse: Produktivität- und Patientenorientierungsportfolio

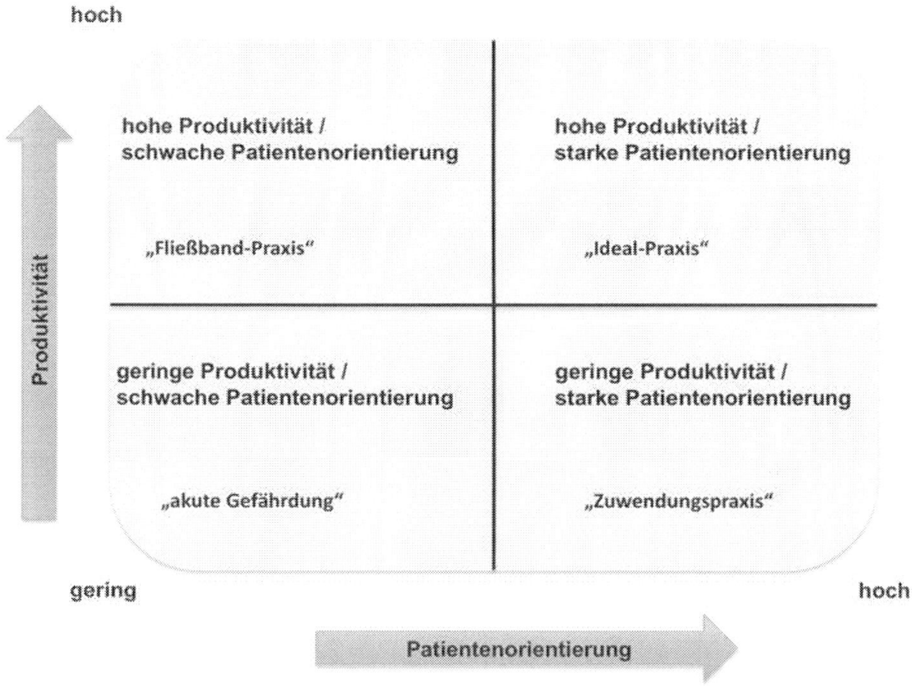

(Quelle: In Anlehnung an Thill, 2007)

Daraus könnten beispielhaft folgende Schlüsse gezogen werden:

- Geringe Produktivität gekoppelt mit schwacher Patientenorientierung bedeutet eine akute Gefährdung der Praxis am Gesundheitsmarkt.
- Hohe Produktivität und schwache Patientenorientierung lässt auf eine schnelle Behandlungsabfolge schließen, in denen der Patient nicht im Mittelpunkt steht.
- Geringe Produktivität mit starker Patientenorientierung ist ein Indiz, dass zu viel Zeit für die Patientenbetreuung verwendet wird und den Prozessabläufen zu wenig Beachtung geschenkt wird.
- Wenn beide Größen gut ausgebildet sind, handelt es sich um eine optimal aufgestellte Praxis.

Anhand dieser Analyse ist es möglich, ein auf die Praxis als Ganzes ausgerichtetes Szenario darzustellen, welches zudem jederzeit an wechselnde Bedingungen angepasst werden kann.[21]

22.5.3 Planung

Der Planungsbegriff beschreibt im Kern einen Vergleich von Soll-Zustand und Ist-Zustand. Durch eine antizipative Planung ist diese Differenz mit möglichst geringem Einsatz von Ressourcen zu überwinden.

An die Stelle von schnellen, spontanen und irrationalen Handlungen, welche aus Improvisationen herrühren und aus der Situation heraus entstehen, muss – der Managementliteratur zufolge – ein geordnetes Vorausdenken für die gesamten Prozesse des Unternehmens treten.[22]

Als Planung wird der Prozess verstanden, durch gedankliche und geistige Vorwegnahme das zukünftige Handeln zu bestimmen. Planung ist ein systematischer und antizipativer Prozess, der sich an den Zielen der Arztpraxis ausrichten sollte. In dieser Situation werden die Maßnahmen und Methoden abgestimmt, um die gesetzten Ziele zu erreichen.[23]

Ein weit verbreitetes Element zur Umsetzung und Kontrolle der Planung ist der Management-Regelkreis. Die Abläufe dieses Regelkreises erleichtern es der Führungskraft, die Hauptaufgabe der Führung, nämlich das Delegieren von Aufgaben, zu überwachen. Entscheidend bei diesem Kreislauf ist, dass die einzelnen Funktionen nicht in zeitlicher Reihenfolge nacheinander ablaufen. Zwischen ihnen stehen Interdependenzen und Rückkopplungen.

Stellt sich beispielsweise heraus, dass ein bestimmtes Praxisziel nicht erreicht werden kann, muss dieses während des Prozesses rückwirkend korrigiert werden.[24]

Die Anwendung dieses Regelkreises kann auf sämtliche Bereiche der Arztpraxis angewendet werden und ist damit ein recht probates Mittel, um Abläufe vereinfacht darzustellen und Transparenz zu schaffen.

[21] Vgl. Thill, 2007, S. 6.

[22] Vgl. Adam, 1996, S. 3.

[23] Vgl. Nowak, 2008, S. 14.

[24] Vgl. Wöhe, 2008, S. 108.

Abbildung 22.5 Management Regelreis

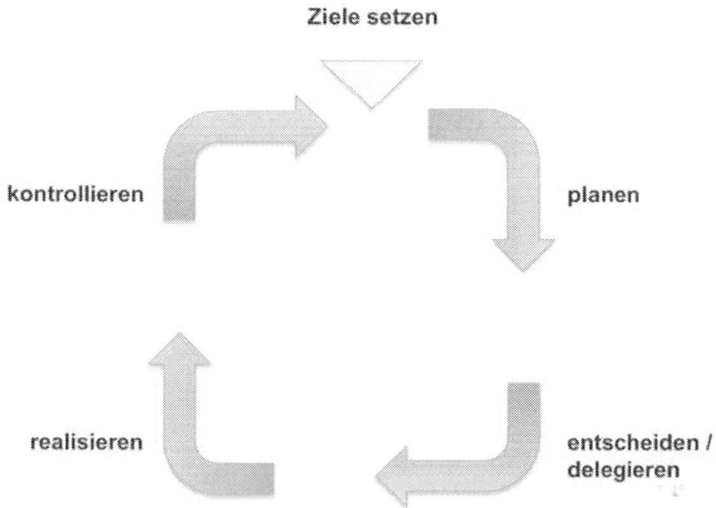

(Quelle: In Anlehnung an Riedel et. al., 2005)

22.5.4 Organisation

Die Organisationstheorie beschäftigt sich mit sozialen Gefügen, in denen zwei oder auch mehrere Personen zusammen kooperieren bzw. arbeiten, um gemeinsame Ziele zu erreichen. Der Begriff Organisation bezeichnet sowohl die Steuerung der gesamten Aktivitäten als auch das Gebilde der jeweiligen Organisation selber.[25]

Der Rahmen einer Praxisorganisation ist in Form von Gesetzen, Bestimmungen und Richtlinien vorgegeben. Parallel zu diesen externen Faktoren müssen die internen Arbeitsabläufe genau abgestimmt sein.[26]

Die eigentliche Organisation in der Arztpraxis lässt sich nur schwer beschreiben und kann auch mit keinem einfachen Schema erfasst werden. Dies liegt schon allein daran, dass die Mitarbeiter andere Auffassungen von Organisation haben können als der Arzt. Eine deutliche Aufgabenverteilung findet lediglich bei den medizinischen Eingriffen statt. Hier sind die Strukturen und Abläufe klar festgelegt. In den übrigen Situationen in der Praxis herrscht Management auf Zuruf und es wird spontan entschieden. Es wird nach dem

[25] Vgl. Lau/ Liermann, 2005, S. 2.

[26] Vgl. Frodl, 2004, S. 262.

„Anfallsprinzip" ad hoc gehandelt. Damit handelt jeder Mitarbeiter und Arzt von Situation zu Situation unterschiedlich, was es wiederum erschwert, klare Strukturen festzulegen.

22.5.5 Personalmanagement

Das Personalmanagement – in diesem Zusammenhang spricht man auch häufig von Personalwesen, Personalwirtschaft oder dem Human Resources Management – befasst sich mit dem Personal und dessen Arbeit innerhalb eines Unternehmens.[27]

Wie kaum in einem anderen Dienstleistungsbereich machen die Mitarbeiter einer Arztpraxis einen wesentlichen Teil der Leistungsfähigkeit des Unternehmens aus. Sie stellen das wichtigste Potenzial dar, um den Anforderungen gerecht zu werden. Sie sichern langfristig den Praxiserfolg und dies kann nur erreicht werden, wenn alle Personalangehörigen in vertrauensvoller Zusammenarbeit gemeinsam diese Aufgaben bestmöglich erfüllen.[28] Damit stellen Personalauswahl und Führung einen eigenständigen Bereich der Leistungsanforderung an den Praxisinhaber dar. Grundsätzliche Prozesse des Personalmanagements sind auch für eine Arztpraxis adaptierbar:

- die Personalbeschaffung,
- der Personaleinsatz,
- die Personalführung,
- die Personalentwicklung,
- die Personalfreisetzung.

Im Vordergrund steht hier bei allen Entscheidungen die ganzheitliche Patienten- und Mitarbeiterorientierung.[29]

Fraglich ist allerdings, ob es Sinn macht, ein komplettes Personalmanagementsystem mit allen dazugehörigen Inhalten in einer Einzelpraxis zu installieren.

Um bei dem Bespiel Einzelpraxis zu bleiben, liegt eine weitere Herausforderung in Bezug auf Personalmanagement darin, dass sich der Arzt als Inhaber vorwiegend alleine um die dispositiven Aufgaben kümmern muss. In der heutigen Zeit zunehmender Komplexität wird diese Tätigkeit zunehmend anspruchsvoller. Hier sind große Flexibilität und Organisationsgeschick gefragt. Gegebenenfalls kann es lohnend sein, bestimmte Personalaufgaben an eine medizinische Fachangestellte zu delegieren. Diese sollte dazu ausreichend ausgebildet sein.

---

[27] Vgl. Kolb, 2008, S. 3.

[28] Vgl. Frodl, 1996, S. 3.

[29] Vgl. Riedel, et al., 2005, S. 69.

Anders sieht die Situation in Gemeinschaftspraxen, Medizinischen Versorgungszentren und Praxisgemeinschaften aus. In diesen Gebilden arbeiten weitaus mehr Personen zusammen als in Einzelpraxen. Mit zunehmender Größe nimmt auch die Komplexität des Managements zu, denn diese Tätigkeiten lassen sich nicht von einer Person alleine bewerkstelligen.

Aber die Größe solcher Institutionen kann unter anderem auch ein Vorteil sein, denn eben durch die Größe ist sichergestellt, dass eine Aufgabenteilung erfolgen kann. Ein wesentlicher Erfolgsfaktor ist hierbei die eindeutige Verteilung von Verantwortlichkeiten und Kompetenzen. In solchen Gebilden ist Personalmanagement wichtig, denn diese Verantwortlichkeiten müssen so verteilt sein, dass die Mitarbeiter die ihnen zugeteilten Aufgaben auch erfüllen können.

22.5.6 Personalführung

Im Mittelpunkt der Bemühungen des gesamten Teams der Praxis stehen mit Recht die Qualität der ärztlichen Behandlung und die Zufriedenheit der Patienten. Es ist so lange unschädlich, die Personalführung zu vernachlässigen, solange der gesamte Praxisablauf reibungslos funktioniert und alle Beteiligten sich engagiert für die Praxis und deren Patienten einsetzen. Schwierig wird es dann, wenn diese Gegebenheiten nicht mehr vorliegen. Diese Probleme werden gravierend, wenn sie zu einem Qualitätsverlust und damit zur Abwanderung von Patienten führen.

Damit ist das oberste Ziel der Praxis, nämlich am Markt zu „überleben", gefährdet. Interne (Mitarbeiter) und externe (Patienten) Zufriedenheit sind eng miteinander verknüpft. Aus diesem Grunde kann es nützlich sein, sich als Arzt mit der Mitarbeiterführung auseinanderzusetzen.[30]

Personalführung bedeutet, dass der Arzt gegenüber den Mitarbeitern sowohl auf der fachlichen Ebene, als auch in der Funktion als Arbeitgeber ein sogenanntes Direktionsrecht besitzt. Dieses Recht bevollmächtigt ihn, arbeitsbezogene Aufträge zu erteilen, denen das Personal im Rahmen der gesetzlichen Vorgaben Folge leisten muss.[31]

Personalführung ist ein Gebiet, das sich grundsätzlich in allen Praxisformen wiederfindet. Jedoch spielt die Größe der Praxis die entscheidende Rolle. Je mehr Personal eine Praxis hat, desto umfangreicher sind die Anforderungen an die Personalführung. Einzelpraxen sind in ihrer Gestaltung so ausgerichtet, dass ihr Personalstamm eher gering ist Der Arzt als Inhaber ist als „Chef" und Arbeitgeber für sein Personal direkt verantwortlich.

[30] Vgl. Heckhausen, et al., 2010, S. 15.

[31] Vgl. Riedel, et al., 2005, S. 83.

Die Grundlage der Personalführung – eine effiziente Kommunikation – ist durch flache Hierarchien gegeben. Mitarbeiter-, aber auch Patientengespräche laufen überwiegend im Eins-zu-eins-Kontakt ab. Die Möglichkeiten mit den Mitarbeitern zu kommunizieren ergeben sich aufgrund der geringeren Anzahl im laufenden Tagesgeschäft häufiger. So ist die Gefahr des Informationsverlustes als eher gering einzuschätzen.

Von entscheidender Bedeutung ist weiterhin die Kommunikationskultur, welche ebenso patienten- als auch mitarbeiterorientiert sein sollte. Kenntnisse über Personalführung sind ferner erforderlich, um gemeinsam mit dem Personalstamm die Praxisziele zu erreichen. Es kommt nicht selten vor, dass die Weisungsbefugnisse nicht nur den Ärzten vorbehalten sind. Mitunter werden auch bestimmte Führungsaufgaben an bestimmte Teammitglieder delegiert.

Eines der Grundprobleme der Personalführung liegt darin, dass in der Ausbildung zum Mediziner solche Kenntnisse nicht vermittelt werden.

22.5.7 Führungsstile

Das Thema Führungsstile wird in der Literatur sehr ausgiebig behandelt. Mit dem Führungsstil wird der Rahmen gesetzt, in dem sich die Mitarbeiter der Praxis wiederfinden und ihre Arbeit verrichten können. Die Bandbreite von Führungsstilen reicht von strengen Anordnungen bis hin zu partizipativen Elementen.

Welche Ausprägung der Führungsstil hat, hängt in der Regel vom Grad der Selbständigkeit des Personals ab. Ist das Personal eher geringer qualifiziert, sollte der Führungsstil vermehrt in Richtung der Anweisungen gehen, da ansonsten die Gefahr besteht, dass die Qualität der Arbeitsergebnisse der Praxis sinkt. Sind die Mitarbeiter hingegen selbständig, innovativ und kreativ, wäre dieser Stil nicht angebracht. **Tabelle 22.2** zeigt die unterschiedlichen Arten der Führungsstile auf.[32]

[32] Vgl. Kill, 2006, S. 94.

Tabelle 22.2 Arten der Führungsstile

Art des Führungsstils	Charakteristika des Stils	Chance des Erfolges
Autokratisch	Praxisinhaber trifft Entscheidung und teilt diese anschließend mit.	Je höher die Anzahl der Mitarbeiter, desto geringer die Erfolgschance.
Paternalistisch	Praxisinhaber trifft Entscheidung und „verkauft" diese seinem Personal so, dass diese sie verstehen und sie akzeptieren.	Mittlere Erfolgschance, da diese Maßnahmen sehr durchsichtig sind.
Beratend	Praxisinhaber bespricht anstehende Entscheidungen mit seinem Personal. Deren Meinung nimmt er zur Entscheidungsgrundlage.	Große Aussicht auf Erfolg, da sich Anteile der Autorität und der Partizipation in der Waage halten.
Partizipativ	Praxisinhaber bespricht anstehende Entscheidungen gemeinsam mit dem Personal und entscheidet anschließend auch gemeinsam mit dem Personal.	Mittlere bis große Erfolgschancen je nach dem Zeitfenster, in dem eine Entscheidung getroffen werden muss.

(Quelle: In Anlehnung an Thill, 2006)

Erfahrungen aus der Praxis zeigen, dass es bei der Mitarbeiterführung auch auf die Motivation des Personals ankommt. Besonders durch den beschriebenen Wandel der Bedürfnisse des nunmehr besser aufgeklärten Patienten, ist es notwendig, dass der Umgang des Personals mit den Patienten achtsam wertschätzend ist und sich in Richtung Patientenzufriedenheit orientiert.

Der Aspekt der Sicherung des Arbeitsplatzes der Angestellten spielt ebenfalls eine tragende Rolle. Hier wäre das Angebot einer Fortbildung in Anlehnung an die veränderten Rahmenbedingungen eine geeignete Option, um das Personal intrinsisch zu motivieren und zeitgleich den Patienten eine qualitativ hochwertige, abgerundete Dienstleistung anzubieten.

Eine Grundvoraussetzung ist in diesem Zusammenhang auch ein Führungsstil, der auf Zielvereinbarungen beruht. Der Prozess der Praxisführung sollte kontinuierlich dahingehend überprüft werden, ob die gesteckten Ziele auch erreicht werden können. Eine Hilfestellung bietet hier die **SMART**-Regel.

Die vereinbarten Ziele sollten **S**pezifisch, **M**essbar, **A**ngemessen/**A**ttraktiv, **R**ealisierbar und **T**erminiert sein. Am besten funktioniert dieses durch eine schriftliche Fixierung mit dem Arzt und dem Praxisteam verbunden mit regelmäßigen, unterjährigen Zielsicherungsgesprächen.[33]

Die Führung von Personal stellt eine komplexe Aufgabe dar. Darstellungen in der Literatur zeigen auf, dass es Möglichkeiten nach bestimmten Mustervorgaben gibt (siehe auch **Tabelle 22.2**) die in bestimmten Situationen zur Anwendung kommen sollten. Jedoch geben diese „Muster" nur einen sehr überschaubaren Ausschnitt aus der Wirklichkeit wieder. Es sind mitunter so viele Faktoren entscheidend, dass diese Hinweise lediglich eine vage Orientierung geben können, wie man in bestimmten Situationen als Führungskraft sein und handeln sollte. Damit ist Führung eine Gratwanderung. Schon alleine die Tatsache der Komplexität einer Persönlichkeitsstruktur, das Erkennen der Bedürfnisse des Personals oder die Anzahl an herrschenden Gruppendynamiken machen es unmöglich, einen Königsweg der Führung von Menschen zu finden oder zu beschreiten.

22.5.8 Controlling

Für den Begriff Controlling existiert in der Literatur keine einheitliche Umschreibung. Allgemein ausgedrückt ist Controlling – abgeleitet aus der englischen Sprache von „to control" (regeln, beherrschen oder steuern) – der betriebswirtschaftliche Prozess der Information, Analyse, Planung, Steuerung.[34]

Grundsätzlich unterscheidet sich das Controlling in einem medizinischen Unternehmen nicht von dem anderweitiger Betriebe in der freien Wirtschaft. Das wirtschaftliche Ergebnis der Praxis wird in regelmäßigen Abständen kritisch überprüft. Die Gründe hierfür sind vielfältig. Zunächst dürften die Steuerung des Anteils an Privatpatienten und des Leistungsspektrums[35] sowie die Optimierung der Abrechnung neben dem Kostenmanagement die entscheidenden Stellgrößen für die Praxiserträge sein. Durch die ständigen Reformbemühungen des Gesetzgebers ist außerdem der Ertrags- und Kostendruck in den Praxen immens gestiegen.

Ferner sind durch den Wandel im Gesundheitswesen Strategien an die gesetzlichen Rahmenbedingungen anzupassen.

22.5.9 Qualitäts- und Kostenmanagement

Der Bedarf an medizinischen Leistungen steigt. Andererseits stehen wirtschaftlich gesehen immer nur begrenzte Ressourcen zur Verfügung. So ist es für den Mediziner unerlässlich,

[33] Vgl. Hollmann, 2010, S. 26.

[34] Vgl. Jung, 2007, S. 4.

[35] Vgl. Riedel, et al., 2005, S. 208.

sich mit der Qualität und den Kosten seiner Praxis auseinanderzusetzen und damit verbunden mit der effizienten Ressourcensteuerung bezüglich der Patientenbehandlung.

m Mittelpunkt steht der Patient mit seiner persönlichen Qualitätswahrnehmung. Er entscheidet sich schlussendlich, ob er mit den Leistungen zufrieden ist oder nicht. Die Prozesse der Praxis müssen daher allumfassend qualitativ hochwertig sein.[36]

Qualitätsmanagement bezieht sich grundsätzlich auf Prozessschritte. Diese Prozessschritte lassen sich anhand des Deming-Kreises gut nachstellen. Das erfolgt in vier Schritten, welche zwar nacheinander ablaufen, in denen jedoch auch Interdependenzen bestehen: planen, durchführen, checken und anpassen. In der Planungsphase werden die Probleme gesucht, Ursachen identifiziert und Maßnahmen zur Verbesserung geplant.

In der Durchführung erfolgt die Maßnahmenumsetzung. Gecheckt werden im Anschluss die Erfolgsaussichten dieser Maßnahmen durch ein Controlling. Diese werden dann gegebenenfalls angepasst und nachkorrigiert.[37]

Abbildung 22.6 veranschaulicht diese Schritte anhand des Deming-Kreises.

Abbildung 22.6 Prozessschritte Qualitätsmanagement anhand des Deming-Kreises

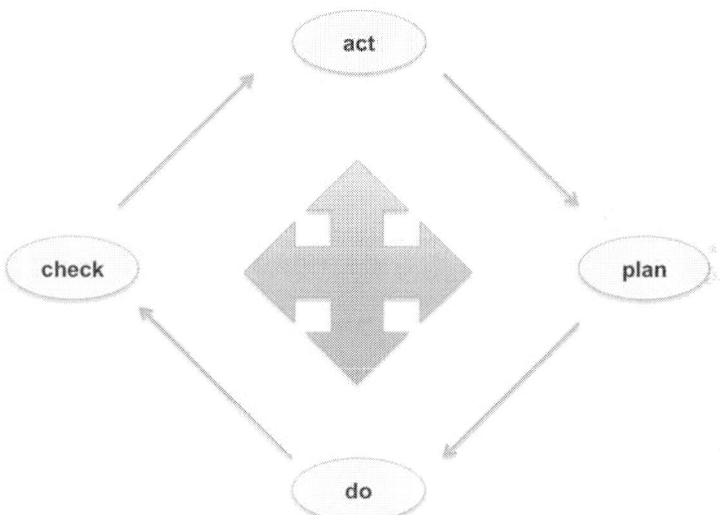

(Quelle: In Anlehnung an: Geiger, 2006)

[36] Vgl. Frank, 2005.

[37] Vgl. Geiger, 2006. S. 13.

Bezogen auf das Qualitätsmanagement bedeutet dies die Abfolge der Qualitätsplanung, die Qualitätslenkung, die Qualitätssicherung und die Qualitätsoptimierung.[38] Im Folgenden werden die Aufgaben dieser einzelnen Elemente skizziert.

Tabelle 22.3 Teilgebiete und Aufgaben des Qualitätsmanagements

Teilgebiet	Aufgabe
Qualitätsplanung	Festlegung der Qualitätsziele und der notwendigen Prozesse. Identifizierung der dazu benötigen Ressourcen. Alles ist auf die Erreichung der Qualitätsziele ausgerichtet.
Qualitätslenkung	Die Ablaufprozesse werden dahingehend gesteuert, um die Qualitätsanforderungen optimal zu erfüllen.
Qualitätssicherung	Controllingmaßnahmen, um die Implementierung der Qualitätsmaßnahmen zu sichern.
Qualitätsoptimierung	Der Fokus liegt auf einer ständigen Verbesserung der Maßnahmen und Bestehendes wird laufend hinterfragt.

Qualitätsmanagement ist auf der einen Seite ein Steuerungsinstrument und auf der anderen Seite eine Technik zur Intervention mit dem Ziel, die Abläufe auf allen Ebenen zu überprüfen, um eine Verbesserung der Resultate zu erzielen.

Die Prinzipien des Qualitätsmanagements lassen sich anhand von Kernbegriffen darlegen, z. B. Dokumentation, Transparenz, Prozess- und Kundenorientierung, Beschwerdemanagement, Kennzeichnung und Rückverfolgbarkeit, Fehlermanagement.

Es gibt einige Systeme, die das Qualitätsmanagement unterstützen. Beispielsweise ist diesbezüglich das QEP – Qualität und Entwicklung in Praxen – zu nennen. Dieses System besteht aus einzelnen Modulen und basiert auf bestimmten Indikatoren.

Verankert ist das QEP in einem Handbuch und es besteht die Möglichkeit der stufenweisen Umsetzung in der Praxis. Grundlage dieses Instrumentes ist ein Katalog mit Quali-

[38] Vgl. ebd.

tätszielen, der vorrangig zur Einführung und Umsetzung von Qualitätsmanagement in Praxen sowie der Analyse des Ist-Standes (Selbstbewertung) erstellt wurde.[39]

Leider fehlt es an der Individualisierung mit der Ausrichtung auf die einzelne Praxis. Die Implementierung – vor allem aber die Umsetzung – ist sehr zeitintensiv und mit Kosten verbunden. Es gibt keine feste Form zur Etablierung von Qualitätsmanagement. Kritisch zu hinterfragen ist: Wer legt diese Systeme aus? Sind sie überprüf- und nachvollziehbar? Sind die Kernziele und deren Ausrichtung mit allen Praxisformen kompatibel?

Das Kostenmanagement ist eng mit dem Qualitätsmanagement verknüpft. Kostenmanagement ist in diesem Zusammenhang jedoch nicht gleichzusetzen mit dem Begriff des Sparens. Hierbei steht vielmehr im Vordergrund, sämtliche Abläufe mittel- bis langfristig effizient zu beeinflussen, um das Kostenniveau und die Kostenstruktur im Rahmen zu halten.

Die Methoden eines solchen Kostenmanagements sind vielfältig. Dennoch sind einige zu nennen, die häufig zum Einsatz kommen:[40]

- Anwendung eines Praxis-Controllings,
- Analyse der Hauptkostenfaktoren der Praxis,
- Implementierung von Kostensenkungsprogrammen,
- Gebrauch von Checklisten.

22.6 Fazit und Ausblick

Zusammenfassend kann festgestellt werden, dass alle Themen des Managements grundsätzlich auch für eine Arztpraxis im ambulanten Sektor geeignet sind. Voraussetzung dafür ist, dass der Arzt auch als Unternehmer denkt und handelt.

Die klassischen Managementinstrumente Planung, Organisation, Führung, Personal und Controlling müssen unter Berücksichtigung der Besonderheiten des ambulanten Marktes (KV-Recht, Berufsordnung für Ärzte, Medizinrecht, Steuerrecht für Heilberufe, usw.) angewendet werden. Allerdings sind Ärzte in diesen Fächern gemeinhin nicht ausgebildet. Die Lebenspraxis bestätigt, dass gerade von Ärzten die Begriffe „kennen" und „können" häufig verwechselt werden. Hier wird in Zukunft die große Herausforderung liegen: Ärzten neben einem acht bis zehn Stunden Tag, in denen sie hochkonzentriert hochqualifizierte medizinische Leistungen vollbringen, Managementwissen in ihre laufenden Alltagsgeschäfte einzupflegen. Der hier entscheidende Gedankengang erschließt sich aus der Tatsache, dass Einkommen nicht mehr automatisch über ein solidarisches Sicherungssystem generiert wird, sondern zum einen über Selektivverträge und zum anderen im freien

[39] http://www.kbv.de/themen/qualitaetsmanagement.html, Stand 27.01.2011

[40] Vgl. Börkirchner, 2004, S. 145.

Wettbewerb als Dienstleistung erbracht werden muss. So genügt es nun nicht mehr, quartalsweise auf Veränderungen des Abrechnungssystems zu reagieren, sondern es muss gelingen, in Anlehnung an Peter Drucker, aus der Sicht des Patienten wertvollen Nutzen zu stiften.

Bei eingehender Betrachtung dieses „Nutzenprinzips" werden die Grenzen der Schulmedizin in einer modernen, sitzenden, sich unzureichend bewegenden und ständig fehlernährten und damit chronisch kranken Gesellschaft deutlich. An dieser Stelle ist es hilfreich, sich mit dem Leben und Werk von Rudolph Virchow zu beschäftigen. Hierbei wird deutlich, dass ärztliches Handeln und Tun sich intensiv an den gesellschaftlichen Verhältnissen orientieren muss. Damit muss der klassisch ausgebildete Schulmediziner in seine Unternehmensstrategie Überlegungen zur Vermeidung chronischer Krankheiten einbeziehen und sich an den Prinzipien der Verhältnisprävention orientieren. Hier treffen nun Unternehmertum, klassische Arztausbildung und gesellschaftliche Veränderungen konkret aufeinander. In den Fokus ärztlicher Tätigkeit muss neben unternehmerischen Managementfähigkeiten zunehmend ein Verständnis für Ernährung, Bewegung und Veränderung der Verhältnisse hin zu diesen Prinzipien Einzug halten. Somit liegen die Herausforderungen der Zukunft des ambulanten Bereiches – ohne Verletzung der komplexen rechtlichen, steuerrechtlichen und berufrechtlichen Vorgaben – im Aufbau neuer, sektorübergreifender Versorgungsstrukturen auf der Basis von Ernährung und Bewegung; die Moderation von Verhaltensänderungen der Ärzte und deren Rollenverständnisse berufsbegleitend durchzuführen und die Planung, Organisation von notwendigen Fusionen und Kooperationen zu koordinieren, sowie die Entwicklung der hierfür erforderlichen Personalqualifikationen und Controllinginstrumenten aufzubauen.

Lernfragen

1. Erläutern Sie die Sie die Rahmenbedingungen der ärztlichen Tätigkeit.
2. Was sind die Vorteile einer Praxisgemeinschaft? Nennen Sie drei Beispiele.
3. Stellen Sie eine beispielhafte SWOT-Analyse für eine Arztpraxis auf.
4. Nennen Sie fünf Maßnahmen zur Patientenbindung der Zukunft.
5. Welche Arten von Führungsstilen gibt es?
6. Skizzieren Sie den Management Regelkreis an einem Beispiel
7. Welche Aufgaben sind bei der Qualitätsplanung zu erfüllen?

Literatur

[1] Adam, D., Planung und Entscheidung: Modelle, Ziele und Methoden. Wiesbaden, 1996.
[2] Bährle, H.J., Praxisrecht für Therapeuten – Rechtstipps von A-Z. Heidelberg, 2011.
[3] Bertheau, N., Die besten Checklisten für Manager. Frankfurt, 2005.
[4] Börkirchner, H., Betriebswirtschftliche Praxisführung für Ärzte. Berlin, 2004.
[5] Frank, M., Qualitätsmanagement in der Arztpraxis – erfolgreich umgesetzt. Stuttgart, 2005.
[6] Frielingsdorf, O., Professionelle Leitung eines MVZ. Heidelberg, 2009.
[7] Frodl, A., Management von Arztpraxen: Kosten senken – Effizienz steigern. Wiesbaden, 2004.
[8] Geiger, D., Die rechtliche Organisation kollektiver Patienteninteressen. Berlin, 2006.
[9] Heckhausen, D./Hunke-Hofmann M./Scheibeler A.A.W./ Scheibeler F., Die Artpraxis. Berlin, 2010.
[10] Hellmann, W./Wambach V., Das Strategiebuch für den niedergelassenen Arzt. Berlin, 2009.
[11] Hollmann, J., Führungskompetenz für leitende Ärzte: Motivation, Teamführung und Konfliktmanagement im Krankenhaus. Berlin, 2010.
[12] Hungenberg, H./Wulf T., Grundlagen der Unternehmensführung. Berlin, 2007.
[13] Jung, H., Controlling. München, 2007.
[14] Jung, H., Personalwirtschaft. München, 2008.
[15] Kolb, M., Personalmanagement – Grundlagen, Konzepte, Praxis. Wiesbaden, 2008.
[16] Kußmaul, H., Betriebswirtschaftslehre für Existenzgründer. München, 2008.
[17] Laux, H./Liermann F., Grundlagen der Organisation – Die Steuerung von Entscheidungen als Grundlage der BWL. Berlin, 2005.
[18] Müller, H. E., Unternehmensführung-Strategien-Konzepte-Praxisbeispiele. München, 2010.
[19] Nowak, T., Optimierungsmöglichkeiten einer Arztpraxis: Organisation, Mitarbeiterführung und Marketing. Hamburg, 2008.
[20] Riedel, R. R./Hansis M. L./Wehrmann W./Schlesinger A., Wirtschaftlich erfolgreich in der Arztpraxis. Köln, 2005.
[21] Roeder, N./Hensen P., Gesundheitsökonomie, Gesundheitssystem und öffentliche Gesundheitspflege. Köln, 2009.
[22] Schurr, M./Kunhardt H./Dumont M., Unternehmen Arztpraxis – Ihr Erfolgsmanagement. Heidelberg, 2008.
[23] Specke, H.-K., Der Gesundheitsmarkt in Deuschland. Bern, 2005.
[24] Thill, K.D., Professionelles Management: Von der Arztpraxis zum Dienstleistungsunternehmen. Köln, 2002.
[25] Thill, K.D., Selbstmanagement für Praxisinhaber. Köln, 2007.
[26] Thill, K.D., Teamführung in der Arztpraxis: Einfach gut führen. Köln, 2006.
[27] Wöhe, G., Einführung in die allgemeine Betriebswirtschaftslehre. München, 2000.
[28] Weatherly, J. N., Handbuch systemisches Management. Berlin, 2009.
[29] Weidinger, P., Die Praxis der Arzthaftung. Köln, 2010.

23 Pharma-Management

Rüdiger Buchkremer und Ulrich Thibaut

23.1	Die Rolle eines Pharma-Unternehmens in der Wertschöpfungskette eines Medikaments	144
23.2	Das Management eines Pharmaunternehmens und die Wertschöpfungskette	149
23.3	Forschung und Entwicklung	150
23.3.1	Präklinische Phase	151
23.3.2	Klinische Phase I	155
23.3.3	Klinische Phase II	156
23.3.4	Klinische Phase III	156
23.4	Produktion	158
23.5	Marketing und Vertrieb	161
23.6	„Regulatory Affairs" und Gewerblicher Rechtschutz	165
23.7	Querschnittsprozesse und Fazit	167

Literatur 168

Lernziele

Nach der Lektüre dieses Kapitels sollten Sie:

- die Bedeutung eines Pharma-Unternehmens in der Wertschöpfungskette eines Medikaments verstehen.
- die Wertschöpfungskette innerhalb des Pharma-Unternehmens verstehen.
- die Funktionen innerhalb eines Pharmaunternehmens und deren Optimierung kennen:

  a. Forschung & Entwicklung

  b. Produktion

  c. Sales & Marketing

  d. Regulatory Affairs

  e. Weitere Funktionen
- die Komplexität des Managements eines Pharmaunternehmens verstehen.

Fallbeispiel

Dr. Elfriede S. liest in einer aktuellen Medizin-Zeitschrift, dass ein Pharma-Unternehmen zur Behandlung von Sarkomen die Zulassung eines Medikaments mit einem neuen Wirkprinzip erwartet. Sie weiß, dass schon seit vielen Jahren auf diesem Gebiet geforscht wird und fragt sich, welche Rolle das Unternehmen in der Wertschöpfungskette dieses Medikaments gespielt hat und welche es spielen wird.

Wie sind die MitarbeiterInnen in der Forschung, dem Marketing und in der Produktion involviert? Gibt es weitere relevante Akteure innerhalb und außerhalb des Unternehmens?

23.1 Die Rolle eines Pharma-Unternehmens in der Wertschöpfungskette eines Medikaments

Unter einem Pharma-Unternehmen wird im Allgemeinen ein Unternehmen verstanden, welches durch Herstellung und Vertrieb von Pharmazeutika – im Allgemeinen als Medikamente bezeichnet – Geld verdient. Tatsächlich muss diese Vorstellung differenziert werden. Zunächst gibt es markttechnische Unterschiede, welche durch einen behördlichen, beziehungsweise gewerberechtlichen Status geprägt sind. Da gibt es die Märkte der verschreibungspflichtigen und nicht verschreibungspflichtigen – der apotheken- und nicht-apothekenpflichtigen (OTC), der patentrechtlich und nicht (mehr) patentrechtlich geschützten (Generika) Medikamente. Ein Pharma-Unternehmen kann auf allen diesen

Märkten gleichzeitig aktiv sein oder sich auf einen Bereich beschränken. Ein Pharma-Unternehmen kann sich auf einen oder mehrere Bereiche konzentrieren – es bestehen auch Möglichkeiten, Marktnischen zu besetzen. Zusätzlich erfolgt insbesondere bei forschenden Arzneimittelherstellern eine strategische Konzentration auf eines oder mehrere indikationsbezogene Gebiete, zum Beispiel „Atemwege" oder die „Onkologie".

Um die Wertschöpfungskette unabhängig von markttechnischen Unterscheidungen darzustellen, beginnen wir mit der Beschreibung des umfassenden, forschungsorientierten – in der Regel patentrechtlich geschützten – Ansatzes. Die nachfolgenden Betrachtungen sind jedoch auch auf andere Märkte übertragbar (ohne einen Anspruch auf Vollständigkeit bezüglich aller möglichen Varianten zu erheben).

Bevor in einem Pharma-Unternehmen mit der Erforschung eines neuen Medikaments begonnen wird, muss der medizinische und betriebswirtschaftliche Bedarf ermittelt werden.[1] Das bedeutet als erste Voraussetzung, dass zunächst die Krankheit und deren Mechanismus bzw. die Indikation bekannt sein sollte, die behandelt werden soll.

Ein Medikament beseitigt in vielen Fällen nicht die Krankheit selbst, sondern lindert häufig Symptome bzw. reduziert die negativen Konsequenzen für die Patienten, wie zum Beispiel die Ausbreitung von körperfremden Organismen im Körper wie Bakterien, Pilzen oder Viren oder auch die Einschränkung des Wachstums von Tumorzellen. Diese erwünschte „Wirkung" eines Medikaments geht fast immer einher mit unerwünschten Wirkungen, häufig auch als „Nebenwirkungen" bezeichnet, welche gegen die therapeutische Wirkung abgewogen werden müssen. Man spricht in diesem Zusammenhang daher auch von einer Nutzen-/Risiko-Bewertung. Dieses Verhältnis variiert mit der Zeit und der Schwere des Ausbruchs einer Krankheit. So kann der Einsatz eines Medikaments im frühen Stadium einer Erkrankung sowohl aus therapeutischen, ethischen und gesundheitsökonomischen Aspekten sinnvoll, nach einiger Zeit jedoch unzweckmäßig sein, wenn zum Beispiel ein fortgeschrittenes Krankheitsstadium erreicht ist. Dieses mögliche Missverhältnis manifestiert sich häufig über veränderte Krankheitssymptome, sein Auftreten ist jedoch keine zwingende Notwendigkeit. Das bedeutet, dass der Einsatz eines Medikaments auch vor den ersten Anzeichen (Vorbeugung) bzw. nach Abklingen der Symptome (Nachsorge) sinnvoll sein kann. Es geht dabei um die Erhaltung der Gesundheit und weniger um deren Wiederherstellung. Auch in diesen Anwendungsfällen müssen die Nebenwirkungen der Behandlung berücksichtigt werden.

Eine Grundsatzfrage der humanen Arzneimittel-Therapie lautet: Welche Konsequenzen hat es, wenn ein Mensch unter einer bestimmten Krankheit leidet und was soll bzw. kann durch die Behandlung am Verlauf der Krankheit geändert werden? Wenn die Beantwortung dieser Frage klar ist, kann mit der Entwicklung einer medikamentösen Behandlungsmethode begonnen werden.

---

[1] Siehe auch Meffert, H./Rohn, F.: Medizinmarketing – marktorientierte Führung im Gesundheitsbereich, in diesem Lehrbuch.

Die Entwicklung eines neuen Medikaments ist ein langwieriger Prozess, der stufenweise und unter streng kontrollierten Bedingungen abläuft. Dieser Prozess dauert bei der kompletten Neuentwicklung oft mehr als zehn Jahre und kann mehrere hundert Millionen bis zu einer Milliarde Dollar kosten.[2]

Ein Pharmaunternehmen muss, wie jedes andere Unternehmen auch, betriebswirtschaftlich sinnvoll handeln. Das bedeutet, dass diese enorm hohen Summen, die für die Forschung ausgegeben werden, wieder erwirtschaftet werden müssen, ergo, dass ein Markt vorhanden sein muss oder geschaffen werden kann.[3]

Bevor die Entscheidung zur Erforschung und Entwicklung eines neuen Medikaments von einem Pharmaunternehmen getroffen werden kann, muss es zur Beantwortung der oben angeführten Kernfrage einige „Hausaufgaben" machen.[4] Es muss sozusagen mit einer „Umfeldanalyse" des Medikaments bzw. der Behandlungsmethode begonnen werden. Dieses soll in der folgenden Grafik dargestellt werden:

Abbildung 23.1 „Umfeldanalyse" von Medikament und Behandlungsmethode

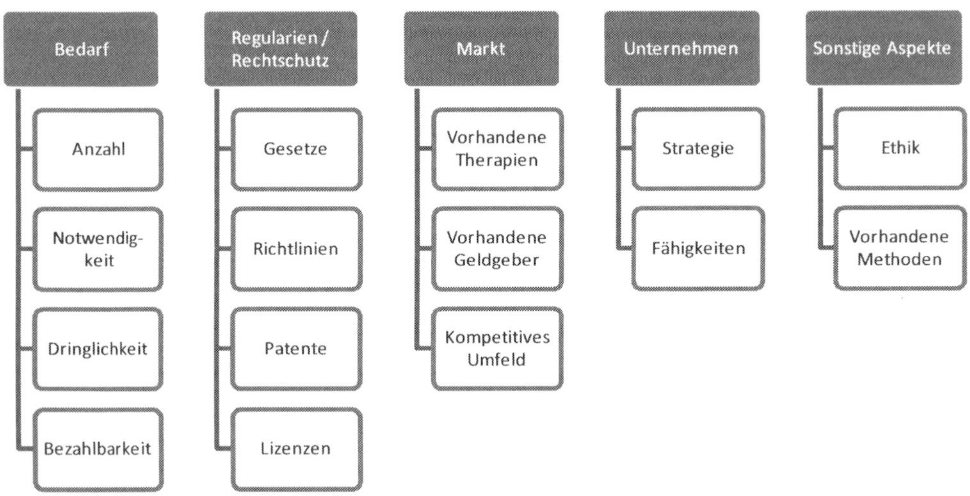

Bedarf: Es sollte erfasst werden, wie viele Menschen an der Krankheit leiden bzw. jährlich neu daran erkranken und welche Symptome auftreten. Zu welchem Zeitpunkt sollte die

[2] DiMasi, J.A. et al. 2003.

[3] McGrath, S.: Market access. An essential investment before drug launch. Journal of Commercial Biotechnology, 16.3, 2010, S. 201-205.

[4] Der Einfachheit halber beschränken wir uns hier auf die Entwicklung zur Behandlung bei Menschen.

Behandlung erfolgen und wie lange und mit welcher Frequenz soll sie erfolgen? Sind Frauen und Männer gleichermaßen betroffen? Welche Rolle spielt das Alter? Sind bestimmte geografische Regionen von der Krankheit weniger oder mehr betroffen? Wie stark breitet sich die Krankheit aus? Wie unangenehm und ggf. ökonomisch schädlich sind die Konsequenzen der Krankheit und ist die Vermeidung oder Minimierung voraussichtlich bezahlbar?

Medikamente wirken nicht bei allen Menschen gleich – die Unterschiede können von vielen Faktoren abhängen (welche dann auch unterschiedliche Marketing-Strategien erfordern):

Abbildung 23.2 Faktoren für die Wirkung von Medikamenten

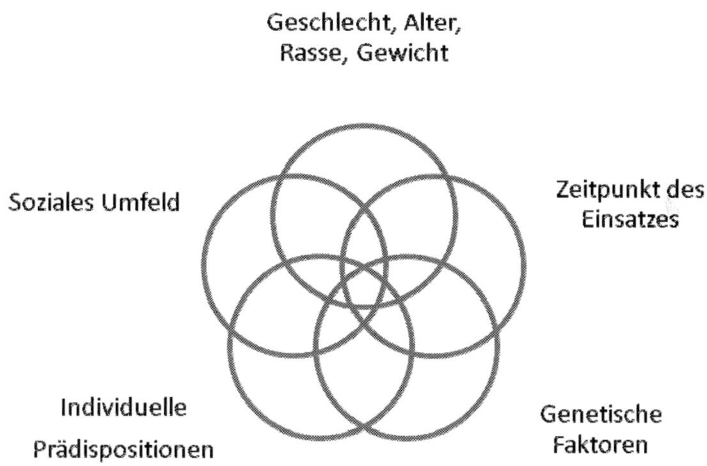

Regularien und Rechtschutz: Handelt es sich bei der Krankheit um ein stark reguliertes Umfeld? Dieses geht nicht selten einher mit deren Bekanntheitsgrad und dem Vorhandensein von Therapieansätzen – häufig ergeben sich mit der Zeit mehr und ggf. strengere Regularien.[5] Wie sieht die patentrechtliche Situation aus? Hier sollte geprüft werden, welche Patente es gibt, welchen rechtlichen Status sie haben und wie „stark" sie sind. Viele Pharmaunternehmen prüfen insbesondere, welche Lücken ein Patent für ein erfolgreiches Medikament hat: Welche Substituenten eines chemischen Grundgerüsts bzw. welche ähnlichen Grundgerüste sind ggf. nicht durch das erteilte Patent geschützt?

Markt: Existiert bereits ein Markt und von welchen Unternehmen und Einrichtungen wird er dominiert? Wenn das Unternehmen in einen stagnierenden oder fallenden Markt eintritt, kann es nur erfolgreich sein, wenn es Mitbewerbern Marktanteile abnimmt. In einem

[5] Mit der Zeit können bestimmte Regularien auch wieder vereinfacht werden oder ganz verschwinden.

stark wachsenden Markt ist dieser Effekt geringer ausgeprägt oder der Konkurrenzdruck kann ggf. durch das Besetzen einer „Nische“ minimiert werden. Manchmal besteht auch die Möglichkeit, dass durch die Verfügbarkeit einer völlig neuartigen Therapie ein ganz neuer Markt entsteht.

Unternehmen: Hat das Unternehmen die Fähigkeiten, das anvisierte Forschungsgebiet zu bearbeiten? Sind entsprechende ausgebildete Forscherinnen und Forscher im Unternehmen vorhanden und können die notwendigen Arbeitskapazitäten zur richtigen Zeit bereit stellen? Ist die Infrastruktur vorhanden, d. h. sind entsprechende Laboratorien oder Spezialgeräte verfügbar oder müssen sie beschafft werden? Ist das dafür erforderliche Kapital vorhanden oder muss es beschafft werden? Nicht zuletzt muss die wichtige Frage beantwortet werden, ob die Erforschung einer bestimmten Indikation oder Symptomatik in die strategische Planung des Unternehmens passt.

Sonstige Aspekte: Welche Therapien sind ethisch vertretbar? Gibt es vorhandene Methoden, um dieses Forschungsgebiet zu bearbeiten? Manche Medikamente können schwerste Nebenwirkungen haben, werden aber trotzdem eingesetzt, da der Nutzen im Vergleich zum möglichen Schaden größer ist.

Streng genommen müssen diese verschiedenen Perspektiven gewichtet werden. Ein Pharmaunternehmen muss daher viele Hausaufgaben machen, bevor es mit der eigentlichen Forschung beginnen kann – dem ersten Schritt auf der Wertschöpfungskette innerhalb eines Pharmaunternehmens.

Diese vorangestellten Untersuchungen führen zu keinem sinnvollen Ergebnis, wenn das Medikament oder die Indikation nicht „greifbar“ sind. Das bedeutet, dass der Mechanismus der Krankheit bekannt und verstanden sein sollte. Es kann auch passieren, dass auf der Suche nach einem Medikament ein völlig neues Wirkprinzip entdeckt wird. So wurden zum Beispiel beim Versuch ein effektiveres Medikament zur Behandlung von durch die übermäßige Produktion von Magensäure bedingten Beschwerden zu finden, die irreversiblen Protonenpumpenhemmer (Omeprazol, Pantoprazol, Lansoprazol etc.) entdeckt – erst Jahre später wurde deren Wirkmechanismus aufgeklärt.

Im Vordergrund steht bei der Arzneimittelforschung das biologische Ziel, dessen pharmakologische Beeinflussung die Krankheitssymptome lindert bzw. die Krankheitsursache beseitigt. Dieses Ziel ist sehr häufig in Form einer biochemischen Struktur (Enzym, Rezeptor, Ionen-Kanal etc.) oder einem biologischen Stoffwechselweg greifbar und wird in der Pharmaforschung daher als das „Target“ bezeichnet – dieses sollte leicht und schnell untersuchbar sein, damit viele Möglichkeiten der Beeinflussung erprobt werden können und das Verfahren noch bezahlbar bleibt.[6]

[6] Viele Krankheiten bieten kein klassisches „Target“, obwohl die Mechanismen bereits seit vielen Jahren untersucht worden sind. Das bedeutet, dass diese nicht über das klassische „Target Finding“ erforscht werden können.

23.2 Das Management eines Pharmaunternehmens und die Wertschöpfungskette

Wir haben zur Strukturierung der folgenden Abschnitte ein an Porter[7] angelehntes Wertschöpfungsketten-Modell gewählt:

Abbildung 23.3 Wertschöpfungsketten-Modell

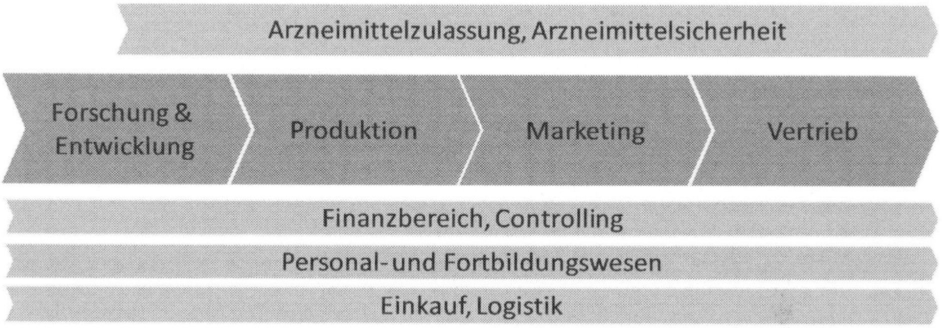

Wie schon in der Einleitung beschrieben, beginnt der Lebensweg eines Medikaments in der Forschung. Nicht alle Pharmaunternehmen beginnen mit der eigenen Erforschung einer pharmazeutischen Behandlungsmethode. Der Marktzugang wird z. B. stark von der Patentlaufzeit beeinflusst. Nachdem zehn Jahre für die Forschung und Entwicklung vergangen sind, bleiben nur noch weitere zehn Jahre Marktexklusivität.[8] Danach dürfen sogenannte Generika hergestellt und vertrieben werden. Viele Pharmaunternehmen konzentrieren sich ausschließlich auf Generika und verzichten auf eine eigene Forschung und Entwicklung neuer, patentgeschützter Wirkstoffe. Viele forschende Arzneimittelhersteller vertreiben ebenfalls Generika.

Ausgehend vom „Target Finding" sollten die Entwicklungsstadien berücksichtigt werden, das heißt, dass je nach Entwicklungsstufe Marketing, Produktion, Finanzen und weitere unterstützende Prozesse eine Rolle spielen. Diese sollen nachfolgend beschrieben werden.

---

[7] Porter, M.E. 1985.

[8] Die allgemein übliche Patentlaufzeit von Medikamenten kann in vielen Ländern verlängert werden, wenn besondere Voraussetzungen erfüllt sind oder bestimmte Untersuchungen durchgeführt wurden oder andere Formulierungen (z. B. andere Dosierungen etc.) entwickelt werden.

23.3 Forschung und Entwicklung

Die Erforschung, die präklinische sowie die klinische Entwicklung neuer Arzneimittel stellen für die Unternehmen der Pharmaindustrie einen entscheidenden Wettbewerbs- und Erfolgsfaktor dar. Forschende Unternehmen, welche die gesamte F&E-Wertschöpfungskette abdecken – angefangen bei der Identifizierung neuer biologischer Angriffspunkte für Arzneimittel-Therapien („Targets") über die Entdeckung und Optimierung neuer Wirkstoffmoleküle („Leitstrukturen") bis hin zu deren biochemischer und biologischer Charakterisierung in der präklinischen Forschung und Entwicklung sowie anschließend bei der Erprobung der Wirkstoffe am Menschen bis zur Marktzulassung des neuen Medikaments – investieren hohe Anteile ihres Umsatzes in diese Aktivitäten. In einer Studie, die das US-amerikanische CBO (Congressional Budget Office) im Jahr 2006 veröffentlichte, wird der Durchschnitt der im Industrieverband PhRMA organisierten, forschenden US-Pharmafirmen mit rund 20 Prozent des Umsatzes angegeben.[9] Im Vergleich zu anderen Industriezweigen nimmt die Pharmaindustrie damit zusammen mit der Softwareindustrie einen Spitzenplatz ein.

In den meisten forschenden Pharmaunternehmen ist der F&E Prozess in Form eines sogenannten „Stage-Gate" oder Phasenmodells implementiert (**Abbildung 23.4**). Zwischen den einzelnen Phasen finden Entscheidungen darüber statt, ob ein Wirkstoff, bzw. eine neue Formulierung oder Kombination von Wirkstoffen in die nächste Phase übergeben werden soll, oder ob die Entwicklung aufgrund ungünstiger Erfolgschancen zugunsten anderer Entwicklungs-Projekte eingestellt wird. Dieses Vorgehen wird auch mit Entwicklungs-Portfoliomanagement bezeichnet. Ein solcher rationaler Entscheidungsprozess, der auf der einen Seite die aktuelle wissenschaftlichen Datenlage erfasst und bewertet, und andererseits die Marktchancen und die Werthaltigkeit eines Entwicklungsprojektes z. B. über sogenannte Net-Present-Value-Berechnungen gegenüberstellt, dient dem Unternehmensziel der nachhaltigen Wertsteigerung der gesamten Pipeline und damit des Unternehmens selbst.

---

[9] http://www.cbo.gov/doc.cfm?index=7615. Abgerufen zuletzt am 15. April 2011.

Abbildung 23.4 Phasenmodell des Pharmaforschungs- und Entwicklungsprozesses

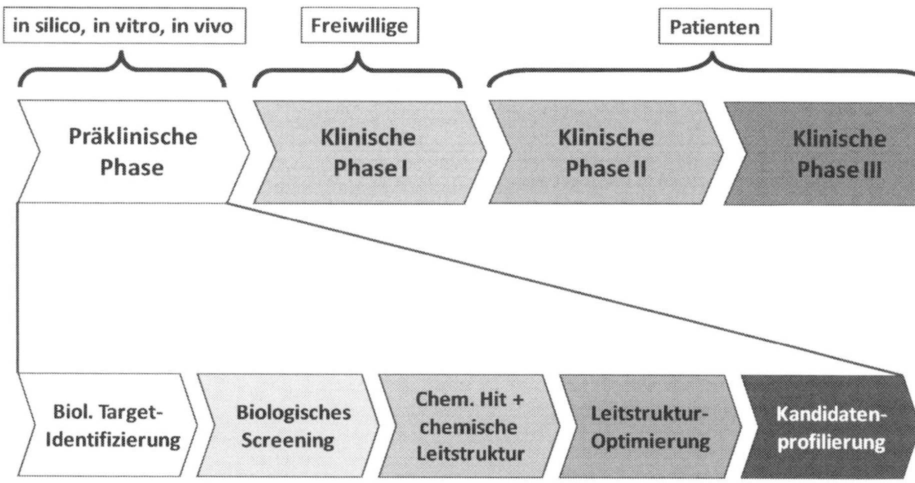

Abbildung 4: Stark vereinfachtes Phasenmodell des Pharmaforschungs- und -entwicklungsprozesses. Am Ende der klinischen Phase III steht bei erfolgreicher Entwicklung die Zulassung eines neuen Medikaments am Markt.

Im Folgenden werden die dargestellten Phasen kurz mit ihren jeweiligen Zielsetzungen und den dazu überwiegend beitragenden wissenschaftlichen und operativen Disziplinen beschrieben.

23.3.1 Präklinische Phase

Identifizierung eines biologischen Angriffspunkts

Neben der auch heute noch vorkommenden, eher zufälligen Entdeckung von pharmakologischen Therapien zur Beeinflussung eines Krankheitsgeschehens spielen systematische Ansätze zur Auffindung neuer therapeutischer Angriffspunkte in den vergangenen Jahren und Jahrzehnten eine zunehmend wichtige Rolle. Dabei lassen sich Arzneimittelforscher von den rasch wachsenden Erkenntnissen über die molekularbiologischen und biochemischen Zusammenhänge der Pathophysiologie von Erkrankungen leiten.

Die systematische Identifizierung eines möglichen biologischen Angriffspunkts zur Arzneimittel-Therapie kann z. B. durch Erkenntnisgewinn aus der Erforschung biochemischer und ggf. genetischer Ursachen der betreffenden Erkrankung erfolgen.

Hierfür geeignet sind systematische Suchen nach biologischen Signalen in sogenannten zellulären Screening-Modellen, bei denen gezielt Veränderungen der Stoffwechselvorgänge

(„Metabolic Pathways“) untersucht werden, z. B. durch „knock-out“ (= spezifische Verhinderung der Herstellung einzelner Proteine in der Zelle) von Enzymen oder Rezeptoren bereits auf der mRNA Ebene mit Hilfe von Antisense-Molekülen und der daran sich anschließende Versuch, den regulären Phänotyp oder die normale Zellfunktion, durch Zugabe von Wirkstoffen wiederherzustellen.

Dabei werden mit der Erkrankung einhergehende Veränderungen der Blut- oder Gewebespiegel von biologischen Markern (z. B. Botenstoffe, Zytokine, Hormone, etc.) oder von Stoffwechselprodukten in zellulären in vitro Systemen erfasst und die Rückführung der Veränderung durch den Einfluss von Wirkstoffmolekülen untersucht.

Auch durch gezielte gentechnische Veränderung lassen sich in solchen Test-Systemen krankhafte Veränderungen der Zellfunktion induzieren und wiederum die Rückführung in den „normalen“ Ausgangszustand durch den Einfluss von Wirkstoffmolekülen messen.

Beitragende Disziplinen in dieser Phase sind u. a. die Molekularbiologie, Zellbiologie, Biochemie und Molekularmedizin.

Biologisches Hochdurchsatz-Screening

Beim biologischen Hochdurchsatz-Screening wird eine meist sehr große Zahl – 100.000 bis mehrere Millionen – definierter chemischer Einzelverbindungen in einem biochemischen oder zellulären Testsystem auf ihre biologische Wirkung getestet.

Die Verbindungsbibliotheken entstehen aus der systematischen Sammlung (als Feststoffe und als Wirkstofflösungen) sowie der elektronischen Katalogisierung von Einzelverbindungen aus historischen, chemischen Synthesen des Unternehmens, aus der Reinigung und Isolierung von Naturstoffen z. B. aus Pflanzen, Tieren, Pilzen oder anderen Mikroorganismen, aus den Verfahren der kombinatorischen Chemie usw.

Diese Sammlungen stellen für das jeweilige Unternehmen einen außerordentlich hohen Gegenwert dar, da sie im Idealfall zahlreiche, neue Wirkstoffkandidaten enthalten und damit den potenziellen zukünftigen Wert des Unternehmens entscheidend mitbestimmen können.

Die Aktivitäts-Tests der Substanzbibliotheken erfolgen mit Hilfe von Robotersystemen, die die Wirkstoffe in gelöster Form in sogenannten Mikrotiterplatten vorhalten und auf Testplatten mit dem biologischen Testsystem aufbringen.

Nach geeigneter Inkubation kann dann ein – häufig gentechnisch oder enzymatisch „eingebautes“ – Signal wie z. B. eine Fluoreszenz- oder Farbreaktion im Detektionssystem ausgelesen werden. Dadurch lassen sich wirksame von unwirksamen Molekülen der Verbindungsbibliothek unterscheiden.

Diese HTS-Systeme (HTS = High Throughput Screening) sind hoch komplex und erfordern neben einer aufwändigen labortechnischen Logistik-Kette mit Zelllabor, der biochemischen Bereitstellung von Enzymen, Markern, den vorher genannten großen chemischen

Verbindungsbibliotheken etc. auch eine äußerst anspruchsvolle Datenverarbeitung, die z. B. Mustererkennungsverfahren und die automatische Auswertung von Dosis-Wirkungs-Beziehungen gestattet, da manuelle Einzelauswertungen bei der immensen Datenfülle nicht ökonomisch durchführbar sind.

Beitragende Disziplinen in dieser Phase sind u.a. die Molekularbiologie, Zellbiologie, Biochemie, Informations- und Automatisierungstechnologie.

Leitstrukturfindung

Wenn das biologische Screening zu einer gewissen Anzahl von sogenannte „Hits", also Treffern in der Testung geführt hat, müssen die Substanzklassen, die eine Wirksamkeit gezeigt haben, von pharmazeutischen Chemikern analysiert und bewertet werden.

Dabei spielen Substanz-Cluster, also Verbindungen mit ähnlicher chemischer Struktur, die auch eine ähnliche Wirkungen im biologischen Testsystem gezeigt haben eine besonders interessante Rolle. Diese Cluster werden bei gegebenen weiteren Eigenschaften wie chemische Modifizierbarkeit, Patentierbarkeit etc. auch als chemische Leitstrukturen bezeichnet.

Die Leitstrukturen dienen als Ausgangspunkt für die nächste Phase, in der gezielte chemische Veränderungen der Leitstrukturen in aufwändigen chemischen Synthesen entweder einzeln oder, wenn möglich, mit Hilfe der kombinatorischen Chemie vorgenommen werden. In einem Kreisprozess erfolgt dann erneut die Prüfung der Wirksteigerung im biologischen und biochemischen Testsystem bis eine vielversprechende, möglichst auch noch frei patentierbare Leitstrukturklasse identifiziert ist.

Beitragende Disziplinen in dieser Phase sind u. a. die Pharmazeutische Chemie, Chemie-Informatik und Informationstechnologie.

Leitstrukturoptimierung

Um die im Screening oder durch Analogie-Suchen gefundenen Leitstrukturen in ihrer Bindungsstärke, Wirkpotenz und ggf. Selektivität für das gegebene biologische Zielmolekül – Enzym, Rezeptor, Ionenkanal, etc. – zu optimieren, bedarf es zahlreicher weiterer, häufig sehr aufwändiger chemischer Synthesen, in denen die Moleküleigenschaften gezielt durch unterschiedlichste Substituenten verändert werden.

Ziel dieser Synthesen ist es, neben der Steigerung der erwünschten biologischen Aktivität am Zielmolekül u. a. auch eine geeignete Balance der physikochemischen und metabolischen Eigenschaften der Substanz zu erreichen (siehe auch nächster Abschnitt).

Bei diesen gezielten Wirkstoff-Synthesen während der Leitstrukturoptimierung können – falls vorhanden – auch hochaufgelöste dreidimensionale Strukturen des biologischen Zielmoleküls, z. B. abgeleitet aus Röntgenstrukturanalysen oder 3D-NMR (Nuclear Magnetic Resonance) Daten, herangezogen werden, um die Bindungseigenschaften zwischen Wirkstoff und biologischem Zielort gezielt zu modifizieren. Eine genaue Vorhersage der biologischen Eigenschaften ist mit diesen Methoden des „Rationalen Wirkstoffdesigns" aber bis heute nur in äußerst seltenen, idealen Fällen möglich.

Beitragende Disziplinen in dieser Phase sind u. a. Pharmazeutische Chemie, Pharmakokinetik, Biochemie, Pharmakologie, Rationales Wirkstoffdesign.

Profilierung klinischer Kandidaten-Wirkstoffe

Um die pharmakologischen Eigenschaften der Wirkstoff-Kandidaten näher zu untersuchen, ist es unvermeidlich und auch gesetzlich gefordert, dass diese in isolierten Organ- und in mehreren, den menschlichen Krankheitserscheinungen möglichst nahe kommenden Tier-Modellen untersucht werden.

Die Aufnahme-, Verteilungs- und Veränderungs-Vorgänge, denen die Substanz bei und nach der Aufnahme in den Organismus unterliegt, können mit dem Kürzel ADME, also Absorption, Distribution, Metabolismus, Exkretion (Aufnahme, Verteilung, Umwandlung, Ausscheidung) umschrieben werden.

ADME untersucht und beantwortet u. a. die folgenden Fragen:

- Wie schnell und wie vollständig wird die Substanz im Organismus aufgenommen?
- Wie lange bleibt sie im Organismus?
- Wie hoch sind die maximalen Gewebe- und Blutspiegel und wie lange bleiben die Gewebespiegel auf einem therapeutisch wirksamen Niveau?
- Wie und wie schnell wird sie umgewandelt, z. B. stärker wasserlöslich gemacht?
- Wie schnell wird sie wieder aus dem Organismus ausgeschieden?

Dabei spielt u. a. die genaue Kenntnis der Wirkung unserer Arzneimittel-abbauenden Systeme der Leber auf den Wirkstoff eine entscheidende Rolle. Dies sind u.a. die sogenannten Cytochrom-P450 Enzymklassen.

Auch müssen die Substanzen in dieser vorklinischen Phase auf mögliche unerwünschte, ggf. toxische (giftige), carcinogene (krebserregende) und mutagene (erbgutverändernde) Eigenschaften geprüft werden, und es muss eine geeignete Anfangsdosis für die ersten Experimente an Menschen gefunden werden. Auch die geeignete Formulierung, also die Einbettung der eigentlichen Wirksubstanz in Hilfsstoffe und die Überführung in eine geeignete, möglichst lagerstabile Arzneiform (Tablette, Kapsel, Dragee, Lösung zum Einnehmen oder zur Injektion, Salbe, etc.) nehmen in der vorklinischen Phase eine wichtige Stellung ein.

Beitragende Disziplinen in dieser Phase sind u. a. die Pharmakologie, Toxikologie, Pharmakokinetik und Pharmazeutische Technologie/Galenik.

23.3.2 Klinische Phase I

Bevor ein Wirkstoffkandidat in die klinische Prüfung am Menschen geht, müssen hohe Auflagen der Zulassungsbehörden erfüllt werden. Im europäischen Raum ist der Start klinischer Versuche am Menschen z. B. erst nach Vorlage und Genehmigung eines sogenannten IMPD (IMPD = Investigational Medicinal Product Dossier) durch die einzelnen nationalen Zulassungsbehörden bzw. durch die europäische Zulassungsbehörde EMA möglich. Im US-amerikanischen IND Verfahren (IND = Investigational New Drug) verläuft die Vorbereitung in Zusammenarbeit mit der FDA (FDA = Food and Drug Administration) ähnlich.

Vor jeder klinischen Studie steht darüber hinaus das gesetzlich vorgeschriebene, positive Votum einer vom Pharmaunternehmen unabhängigen Ethik-Kommission, die in Kenntnis der vorklinischen Datenlage, der geplanten Indikation für den neuen Wirkstoff und in Abwägung der Risiken gegen den möglichen Nutzen für oder auch gegen die Durchführung der Studie entscheidet.

In der Klinischen Entwicklung in Phase I wird der neue Wirkstoffkandidat dann erstmals am Menschen auf seine Sicherheit und Verträglichkeit getestet. In der Regel erfolgen diese ersten Versuche an gesunden Freiwilligen, ausgehend von sehr kleinen Dosierungen, um mögliche unerwünschte Wirkungen unter geringstmöglicher Gefährdung der Probanden zu entdecken. Ausnahme von dieser Regel sind Wirkstoffe, die am gesunden Menschen eine schädliche Wirkung entfalten können, wie z. B. Zytostatika, Hormone etc., die u. a. in der Therapie von neoplastischen Erkrankungen (Tumoren, Krebs) Anwendung finden sollen. Letztere werden bereits in der Phase I an besonders ausgewählten Patienten eingesetzt.

Allen klinischen Studien ist gemeinsam, dass die Probanden bzw. Patienten über die genauen Ziele der Studie, über die präklinischen Ergebnisse z. B. aus der Sicherheitspharmakologie und andere Substanzeigenschaften informiert werden und sich vorab mit der eigenen Teilnahme schriftlich einverstanden erklärt haben müssen (sog. informed consent).

In jüngerer Vergangenheit schalten viele Unternehmen der eigentlichen klinischen Phase I auch noch eine sogenannte Phase 0 vor, in der minimalste, weit unterhalb der erwarteten wirksamen Dosis liegende Mengen des Wirkstoffs verabreicht werden, um das Wirkstoff-Verhalten in Bezug auf Aufnahme, Metabolisierung, Verteilung und Ausscheidung zu untersuchen. Diese klinische Phase 0 erfolgt meist mit Hilfe des sogenannten Micro-Dosing zur Erfassung einer ersten Pharmakokinetik mit kombinierten, hochauflösenden analytischen Verfahren, z. B. LC/MS – Liquid Chromatography/Mass Spectrometry (Flüssigkeits-Chromatographie/Massenspektrometrie).

23.3.3 Klinische Phase II

In der zweiten Phase der Klinischen Entwicklung wird der Wirkstoff bzw. das neue Arzneimittel im Allgemeinen erstmals am erkrankten Menschen erprobt (Ausnahme siehe oben unter Tumortherapien). Diese Phase wird meist in zwei Abschnitte IIa und IIb unterteilt, die unterschiedlichen Zielsetzungen dienen.

In der Phase IIa geht es neben der genauen Beobachtung und Erfassung erwünschter therapeutischer Wirkungen erneut um Sicherheit und Verträglichkeit am Patienten. Dabei werden anfangs niedrige Dosierungen eingesetzt, die aus den Ergebnissen der Tierversuche eine geringe Wahrscheinlichkeit an unerwünschten Wirkungen erwarten lassen.

Ein wesentliches Ziel der Phase IIb ist u.a. die Bestimmung der idealen Dosierung (DRF = Dose Range Finding) des Medikaments, und um die Erfassung belastbarer Daten aus der Pharmakokinetik, u.a. mit den Parametern Bioverfügbarkeit (AUC = Area Under the Curve, also das Integral der Konzentrations-Zeit-Verläufe der Wirkspiegel der Substanz in Körpergewebe bzw. meistens im Blut) , Erfassung der Extrema dieser Konzentrations-Zeit-Verläufe (Cmax, tmax, ...) und der Metabolisierungs- und Ausscheidungswege und Ausscheidungsgeschwindigkeit der Substanz im Patienten.

In dieser Phase kann auch erstmals die klinische Wirksamkeit der neuen Substanz bzw. des neuen Medikaments anhand geeigneter Daten wie z. B. Verbesserung der Symptome oder Verbesserung klinischer Parameter, die mit der Erkrankung einhergehen ermittelt werden. Sie dient damit insbesondere der Vorbereitung der nachfolgenden Phase III, in der mit statistisch validen Methoden die Wirksamkeit des Medikaments an großen Patientenzahlen erfasst und nachgewiesen werden muss, um nach erfolgreichem Abschluss eine Zulassung am Markt zu erreichen.

Außerdem wird in der Phase II die Optimierung der Verabreichungsform, der sogenannten galenischen Formulierung durchgeführt. Durch die Arzneiform (Tablette, Kapsel, Dragee, Injektionslösung, Salbe, etc.) lässt sich die Freigabe des Wirkstoffs im menschlichen Organismus in gewissen Grenzen steuern und dadurch u. U. die erwünschte therapeutische Wirkung und deren Dauer verbessern und ggf. die unerwünschten Wirkungen zurückdrängen.

23.3.4 Klinische Phase III

In der klinischen Phase III finden die entscheidenden, daher oft auch als „pivotal" bezeichneten Studien statt. Gefordert wird anhand der einschlägigen Richtlinien der Zulassungsbehörden eine statistisch einwandfrei belegte Wirksamkeit des Prüfpräparats. Dieser

Nachweis erfolgt entweder im direkten Vergleich gegen ein Placebo-Präparat[10] oder gegen ein oder mehrere, bereits im Markt eingeführte und in der Therapie der betreffenden Erkrankung bewährte Medikamente („Gold-Standards").

In solchen meist randomisierten[11], doppelt-blinden[12] und häufig auch in einem Cross-over-Design[13] durchgeführten Studien wird eine vorher genau festgelegte, statistisch abgesicherte Wirkung anhand klinisch relevanter Parameter an meist hunderten von Patienten über einen längeren Behandlungszeitraum hin überprüft.

Die Patienten werden während der klinischen Prüfung in den Prüfzentren (Kliniken, Arzneimittel-Prüfinstitute) möglichst genau überwacht und ihr Gesundheitszustand in regelmäßigen Abständen durch z. B. EKG-Messungen und auch anhand von Laborwerten aus Blut, Urin, Stuhl etc. überprüft. Dies stellt zum einen die sogenannte Compliance sicher, dass also die Medikamente tatsächlich wie geplant und regelmäßig verabreicht wurden, zum anderen aber auch, dass ggf. auftretende Änderungen im Gesundheitszustand der Patienten umgehend registriert werden und angemessen darauf reagiert werden kann.

Einen wichtigen Aspekt der klinischen Phase III sowie insbesondere nach der Einführung eines neuen Medikaments in den Markt stellt neben dem Wirknachweis die systematische Erfassung von dessen unerwünschten Wirkungen dar. Die damit befasste Disziplin heißt Arzneimittelsicherheit (engl.: Drug Safety) bzw. Pharmako-Vigilanz.

Der Gesetzgeber sieht hierzu ein systematisches Meldeverfahren vor, das Pharmaunternehmen beim bekannt werdenden Auftreten solcher Risiken gesetzlich verpflichtet, diese innerhalb vorgegebener, sehr kurzer Fristen an die Zulassungsbehörden zu melden. Eine besondere Herausforderung stellt dabei die möglichst weitgehende Unabhängigkeit der diese Sicherheitsdaten beurteilenden Fachleute in den Firmen von deren wirtschaftlichen Interessen dar.

Wenn sich im Verlauf der breiteren Anwendung des Medikaments, also insbesondere auch nach dessen Markteinführung, die Nutzen-/Risiko-Bewertung durch neue wissenschaftliche und medizinische Erkenntnisse, z. B. über manchmal auch sehr selten auftretende unerwünschte Wirkungen zu Ungunsten des Präparates verändert, sind die Unternehmen

---

[10] Ein ***Placebo*** ist Scheinmedikament ohne Wirkstoff aber in exakt gleicher Verabreichungsform wie das Prüfpräparat bzw. das Vergleichsmedikament.

[11] ***Randomisiert*** bedeutet, dass Patienten durch einen Zufallsmechanismus entweder der Gruppe zugewiesen werden, die mit dem Wirkstoff behandelt wird oder im anderen Fall der Gruppe, die mit Placebo, also dem Scheinmedikament bzw. mit dem Vergleichsmedikament behandelt wird.

[12] ***Doppelt-blind*** bedeutet, dass weder der Patient noch der behandelnde Arzt selbst im jeweiligen Einzelfall wissen, ob es sich bei dem verabreichten Medikament um das echte Prüfpräparat oder das Placebo- bzw. das Vergleichs-Präparat handelt.

[13] ***Cross-over-Design*** bedeutet, dass während des Verlaufs der klinischen Prüfung die Patientengruppen zwischen Prüfpräparat und Placebo- bzw. Vergleichsmedikation getauscht werden.

unter Umständen gezwungen, das Medikament vom Markt zurückzunehmen. Dies stellt für betroffene Unternehmen in der Regel eine sehr ernste wirtschaftliche Herausforderung dar, besonders dann, wenn sich die vorab bei der Entwicklung und der Markteinführung getätigten Investitionen noch nicht wieder amortisiert haben. Trotzdem geht hier die Sicherheit der Patienten im Zweifel vor die wirtschaftlichen Interessen des einzelnen Unternehmens.

Der bei zu geringen Erfolgschancen frühzeitig erfolgenden Beendigung von Forschungs- und Entwicklungsprojekten kommt in den Pharmaunternehmen eine enorme wirtschaftliche Bedeutung zu. Es gilt hier das „fail early – fail cheap"-Prinzip, dessen Durchsetzung oft auf große Widerstände bei den Forschern und Entwicklern stößt. Dies hat zum einen mit deren – durchaus auch notwendigen und erwünschten – starker persönlicher Identifikation mit „ihrem" Projekt zu tun, zum anderen auch mit der latenten Befürchtung, dass durch die Beendigung von Projekten Arbeitsplätze und ggf. individuelle Karrierechancen gefährdet sind.

In einem gut geführten Pharmaunternehmen gilt daher die regelmäßig durchgeführte und nach rationalen, vorab vereinbarten und schlüssig nachvollziehbaren Kriterien durchgeführte Bewertung und Priorisierung von Forschungs- und Entwicklungsprojekten als „best practice". Die mindestens einmal jährlich durchgeführten Portfolio-Bewertungen und damit einhergehende Entscheidungen über Projekt-Ende oder Projekt-Fortsetzung sollten daher auch formal, verbindlich und nachhaltig implementiert und institutionalisiert werden.

23.4 Produktion

Die (technische) Synthese eines pharmazeutischen Produkts ist nicht selten ein sehr komplexer Prozess, da viele Wirkstoffe komplexe organische Moleküle darstellen. Im Vergleich zur chemischen Industrie geht es dabei häufig um mehr Synthesestufen – die Mengen des Endprodukts sind kleiner, da Medikamente häufig nur in Milligramm- oder gar Mikrogramm-Mengen pro Einzeldosis verabreicht werden. Trotz der relativ geringen Mengen, die zum Schluss vorhanden sein müssen, wird bei einem vielstufigen Prozess mit großen Ausgangsmengen begonnen. Jede Synthese-Stufe ist durch eine Ausbeute definiert, die nur selten an 100 Prozent heran reicht.

Nun gilt es, bei der Syntheseplanung einige Faktoren zu berücksichtigen, welches in der folgenden Abbildung dargestellt werden soll:

Abbildung 23.5 Syntheseplanung Teil I

Materalien

- Beschaffungskosten
- Logistik
- Umweltschutz
- Gefährlichkeit
- Giftigkeit
- Physikochemische Eigenschaften
- Galenik
- Entsorgung

Regularien / Rechtschutz

- Gesetze
- Richtlinien
- Patente
- Lizenzen
- „Compliance"

Prozesse

- Dauer
- Komplexität
- Qualitätssicherung
- Steuerbarkeit

Materialien: Für die Produktionsplanung in einem Pharmaunternehmen sind die physikochemischen Eigenschaften der Produkte von großer Wichtigkeit. Dabei handelt es sich nicht nur um den eigentlichen Wirkstoff, sondern auch die Zusammensetzung der Darreichungsform des Medikaments (der sogenannten pharmazeutischen Technologie oder Galenik). Bei der Wirkstoffherstellung stellt sich aufgrund der vielen synthetischen Stufen oft die Frage, ob alle Ausgangsprodukte bzw. Stufen selbst hergestellt werden oder gekauft werden sollten („make or buy"). Auch die komplette Auftragsproduktion in der Pharmaindustrie weit verbreitet. Neben den Beschaffungskosten und den Transportwegen (Zeit) können Qualitätsaspekte ausschlaggebend für die Auswahl eines Produktionsstandorts sein.

Bei medizinischen Präparaten kommt es nicht selten vor, dass diese isoliert bei Raumtemperatur und normalen atmosphärischen und Beleuchtungs-Bedingungen (Oxidationsempfindlichkeit, Lichtempfindlichkeit, Feuchtigkeitsempfindlichkeit etc.) instabil sind. In diesen Fällen muss überlegt werden, wie verfahren wird. Ob die Stabilität des Endprodukts durch die Galenik, die spätere Verpackung oder sogar durch eine „Prodrug"-Strategie erhöht wird, muss im Einzelfall abgewogen werden.[14]

Es ist durchaus auch möglich, dass ein relativ ungiftiges Präparat aus giftigen Ausgangsmaterialien entsteht oder mit der Hilfe von giftigen Materialien, wie zum Beispiel bestimmten Schwermetallen (z. B. als Katalysatoren) produziert werden muss. Diese Produktionsstufen müssen neben der Giftigkeit auch hinsichtlich der Umweltverträglichkeit untersucht werden und die giftigen Elemente dürfen im Endprodukt nachweislich nicht mehr vorhanden sein.

Regularien und Rechtschutz: Die gesamte Wertschöpfungskette eines Medikaments ist von vielen Regularien begleitet. So verwundert es nicht, dass dieses auch für die Produktion gilt. Diese Vorschriften und Gesetze können auf internationaler Basis derart mannigfaltig sein, dass Produktionsschritte auch nach der Gesetzeslage des jeweiligen Absatzmarktes geplant und durchgeführt werden müssen. Eine große Rolle spielt dabei die sogenannte „Compliance", was frei übersetzt bedeutet, dass mit den Forderungen in den Gesetzen und Richtlinien konform verfahren wird. Dieses verlangt ein großes Maß an Dokumentation sowie klar geregelte Entscheidungsprozesse (Good Manufacturing Practice, GMP).

Neben der Gesetzeslage kann auch der gewerbliche Rechtsschutz eine große Rolle spielen. Dadurch dass Effizienz und Effektivität auch in der Produktion eine immer größere Rolle spielen, werden innovative Produktionsverfahren eingesetzt, welche nicht selten durch Gebrauchsmuster oder Patente geschützt sind.[15]

Prozesse: Die Prozesse spielen in einer wichtigen Management-Thematik eine Rolle, welche die Produktion in einem Pharmaunternehmen in den letzten Jahren vehement beeinflusst hat: das sogenannte „Supply Chain Management" – dieses wird häufig in Kombination mit einem „Manufacturing Execution System" eingesetzt oder beinhaltet es in einem Software-Paket – zusammen fassend meinen wir hier die Computer gesteuerte Produktion (Computer Aided Manufacturing), wozu das Management aller Prozesse von den Lieferanten bis hin zum Kunden zählt. Dazu gehören auch die Personal- und Maschinenplanung sowie die Simulation von Szenarien im Vorfeld. Es handelt sich dabei um einen komplexen Informationsmanagement-Ansatz, der heute aus der Pharmaindustrie nicht mehr weg zu denken ist.

Die zeitliche Straffung und die Verschlankung aller Prozesse spielt in der Pharmaindustrie eine große Rolle, da die Zeit bis zur Einführung eines neuen Medikaments („Time-to-Market") einen signifikanten Einfluss auf die Umsatzentwicklung hat. Wenn z. B. der Marktzugang eines Blockbuster-Medikaments mit mehr als einer Milliarde Euro Jahresum-

---

[14] Ein „Prodrug" ist dadurch gekennzeichnet ist, dass der eigentliche Wirkstoff aus einer Vorstufe erst im Körper durch Stoffwechselprozesse erzeugt wird.

[15] Buchholz, S.: Future manufacturing approaches in the chemical and pharmaceutical industry, 2010. S. 993-995.

satz auch nur einen Tag eher erfolgt, erlöst das Pharmaunternehmen u. U. mehrstellige Millionenbeträge zu einem entsprechend früheren Zeitpunkt.

Die Komplexität der Prozesse und die damit verbundene internationale Gesetzeslage rufen nach Harmonisierungsmaßnahmen. Diese sind international in den letzten Jahren durch einige Initiativen verstärkt worden.[16]

Abbildung 23.6 Syntheseplanung Teil II

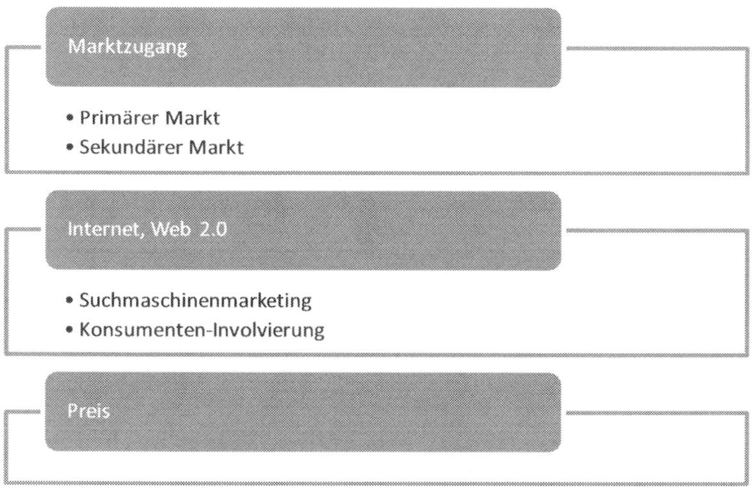

Produktionsmanagement: Trotz des umfangreichen Informationsmanagements und der ständigen Prozessoptimierung müssen auch in der Produktion immer wieder Grundsatzentscheidungen getroffen werden, welche auch mit Kosten-Nutzen-Betrachtungen einhergehen. Dies hatte in der Vergangenheit zum Beispiel zur Folge, dass auf die räumliche Verteilung der Produktionsstandorte ein besonderes Augenmerk gelegt wurde. Eine Zentralisierung der Produktionsstandorte in einem relativ teuren Produktionsland kann ökonomisch sinnvoller sein, als die weltweite Verteilung in sogenannte Billiglohnländer.

23.5 Marketing und Vertrieb

Innovative und erfolgreiche Medikamente werden heutzutage international vermarktet. Dieses hat unter anderem damit zu tun, dass einem forschenden Arzneimittelhersteller nur etwa zehn Jahre verbleiben, um die „Ernte" für zehn Jahre Forschung und Entwicklung einzufahren. Daher sollte die Marketing-Planung für ein Medikament bereits bei der Pa-

[16] Eine Übersicht finden Sie in der Referenz Buchholz, S. 2010.

tent-Strategie beginnen. Es kann passieren, dass die gleichzeitige weltweite Anmeldung zum Patent nicht sinnvoll ist, wenn das Unternehmen nicht vorhat, das Produkt gleichzeitig zu vermarkten oder Lizenzen zu vergeben. So ist für den Zugang zum größten, dem amerikanischen Markt bei einer weit verbreiteten Indikation, wie zum Beispiel „Asthma" eine enorm große Anzahl von bis zu mehreren Tausend Pharmareferenten erforderlich, um Ärztepraxen und Krankenhäuser zu betreuen. Das erfordert eine frühzeitige Planung in Bezug auf eine Partnerstrategie mit einem auf dem Markt bereits präsenten Unternehmen.[17] [18]

Hinzu kommt, dass der internationale Pharmamarkt keinesfalls statisch ist, sondern einer durch Kostendruck und Marktentwicklung induzierten, enormen Dynamik unterliegt. Die auf den Umsatz bezogen erfolgreichsten Präparate werden allgemein als „Blockbuster" bezeichnet, meist handelt es sich dabei um ein Medikament, welches mehr als eine Milliarde US-Dollar Umsatz pro Jahr erreicht.

Abbildung 23.7 Marketing Teil I

Stakeholder

- Ärztinnen und Ärzte
- Patienten
- „Opinion Leader"

Life Cycle Management

- Patenterteilung
- Klinische Phasen
- Zulassung
- Darreichungsformen
- Patentablauf
- ...

Regularien

- ...

[17] Dieses gilt nicht nur für die Vermarktung, sondern auch für die Durchführung von klinischen Studien, die wie oben ausgeführt sorgfältig geplant und in den Prüfzentren vorbereitet werden müssen.

[18] Weltweite Patentierung über ein WO- (für World) Patent bedeutet nicht, dass eine Erfindung in der gesamten Welt gewerblichen Rechtsschutz genießt, denn dieser gilt nur für die Länder, die der TRIPS-Vereinigung beigetreten sind.

Trotz der enormen Marktdynamik gibt es immer weniger Indikationen, die für die Erreichung eines Blockbuster-Status genügend häufig sind, weshalb forschende Pharmaunternehmen zunehmend auch auf eine Diversifizierungs- oder eine Nischenstrategie setzen (bei sehr großen Pharmaunternehmen parallel zu einer Blockbuster-Strategie). Dieses wird nicht zuletzt durch einen Trend zu Individualtherapien beeinflusst.

Stakeholder:[19] Das Vermarkten von Medikamenten unterscheidet sich dahingehend von anderen Produkten, dass die Konsumenten des Produkts in der Regel nicht direkt kontaktiert werden dürfen, denn bis auf wenige Länder ist das DTC- (Direct-to-Consumer)-Marketing bezogen auf verschreibungspflichtige Medikamente gesetzlich verboten. Das Marketing in Richtung professioneller Experten wie Ärzte und Apotheker ist stark reglementiert (siehe Abschnitt Regularien). Entsprechend dem im Anfang erwähnten regulatorischen und gewerberechtlichen Status werden unterschiedliche Marketing-Ansätze verfolgt. Ein großer Teil des „Ärzte-Marketings" wird durch Pharmareferenten übernommen (welche nicht nur vermarkten, sondern vor allen Dingen auch informieren sollen). Das Stakeholder-Marketing umfasst daher viele Kategorien und Maßnahmen, wozu auch die Schaltung von Werbung in Fachkreisen und das Organisieren von Konferenzen gehören. Von aktuellem Interesse ist hierbei das sogenannte „Key-Opinion-Leader"-Management, das den Zugang zu Meinungsführern organisiert.

Life Cycle Management:[20] Wie bei jedem Produkt wird auch bei einem Medikament in der Anfangsphase des Markteintritts ein höherer Marketing-Aufwand betrieben. Bei einem Pharmaunternehmen kommen weitere Faktoren hinzu. Während oder schon vor der Vermarktung können neue oder verbesserte Darreichungsformen festgelegt werden. Manchmal ist das Spiegelbild eines chiralen Moleküls (ein Enantiomer, bzw. Stereo-Isomer) mehr oder weniger wirksam als eine Mischung beider Isomere. Viele dieser Modifikationen sind ebenfalls durch Patente schützbar, womit sich die Patentlaufzeit des ursprünglichen Patents – wie schon im F&E-Teil dieses Beitrags beschrieben – quasi verlängern lässt. Dieses erfordert eine sorgfältige Zeit- bzw. Marktzugangsplanung.

Es ist selten, dass bei der Beantragung der ersten Zulassung bereits alle möglichen Indikationen für ein Medikament erfasst werden. So kann sich der Zulassungsstatus eines Medikaments bezüglich der Indikationen und damit auch des Marketings immer weiter entwickeln. Wichtig ist daher, dass die gesamte Breite der möglichen Anwendung bereits bei der Erstellung der Patentschrift berücksichtigt wird.[21]

---

[19] Bhattacharya, C. B./Korschun, D.: Stakeholder Marketing: Beyond the Four Ps and the Customer. Journal of Public Policy & Marketing, 27, 2008, S. 113-16.

[20] Kvesic, Dennis Z: Product Lifecycle Management: Marketing Strategies for the Pharmaceutical Industry. Journal of Medical Marketing, 8.4, 2008, S. 293-301.

[21] Die beschriebene Breite sollte nicht zu umfangreich sein, denn dadurch kann ein Patent auch geschwächt werden. Es sollte auch überprüft werden, ob Kombinationspräparate sowohl markttechnisch als auch medizinisch sinnvoll sind.

Regularien:[22] Die Tatsache, dass national und international viele Regularien für Medikamente existieren, bedeutet nicht nur Einschränkungen sondern auch das Entdecken von Möglichkeiten. So kann zum Beispiel ein sogenanntes „Supplementary Protection Certificate" – eine Laufzeitverlängerung des Patents aufgrund von verschiedenen Gründen beantragt werden. In diesem Zusammenhang soll nicht unberücksichtigt bleiben, dass wissenschaftliche Publikationen in sogenannten „peer-reviewed" – also von Fachkundigen überprüften – Fachzeitschriften neben dem wissenschaftlichen auch einen hohen Marketingwert haben können.

Abbildung 23.8 Marketing Teil II

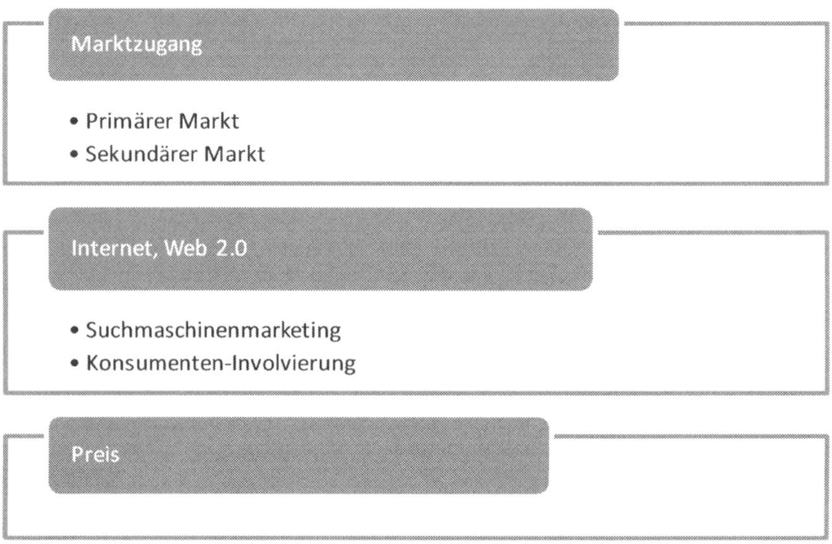

Marktzugang:[23] Wie schon erwähnt, geht es beim Zugang zum Markt einerseits um einen bereits existierenden Markt und andererseits um das Schaffen eines neuen Markts. Beim Zugang zum Markt, dem sogenannten „primären Marktzugang" geht es um Marktanteile. Bei neuen Wirkprinzipien oder neuen Klassen von Medikamenten kann aber auch ein komplett neuer Markt entstehen, wie zum Beispiel bei der Behandlung der erektilen Dysfunktion. Auch bei den Protonenpumpenhemmern resultierten völlig neue Behandlungsmechanismen und damit auch neue Märkte.

---

[22] Devlin, E. et al.: Pharmaceutical marketing: a question of regulation. Journal of Public Affairs, 7.2, 2007, S. 135-147.

[23] McGrath, S., 2010 und Fischer, M./Albers, S.: Patient-or Physician-Oriented Marketing: What Drives Primary Demand for Prescription Drugs? Journal of Marketing Research, 47.1, 2010, S. 103-121.

Internet/Web 2.0:[24] Wenn über Marketing im Internet nachgedacht wird, kommt einem schnell das sogenannte Suchmaschinenmarketing in den Sinn. Es geht einerseits darum, die Reihenfolge der Treffer zu beeinflussen oder direkt sogenannte „Ad Click"-Werbung zu schalten. Abgesehen davon, dass beides bei verschreibungspflichtigen Medikamenten in den meisten Ländern nicht erlaubt ist, ist es bei Medikamenten stets notwendig, die möglichen Konsequenzen zu betrachten, da Suchmaschinenwerbung sehr eingeschränkt sein kann.[25] Interessanter sind aktuelle Trends zum Web 2.0: Kann ich den Patienten – und damit den Konsumenten – einbeziehen, ohne dass es um die Bewerbung von Medikamenten geht? – so ist diese Frage zu bejahen (das gilt im Übrigen auch für Portale, Foren etc.). So können den Patienten wichtige Informationen zur Einnahme eines Medikaments geliefert werden, wie zum Beispiel die konsequente Einnahme eines Medikaments über einen bestimmten Zeitraum (viele Patienten setzen Medikamente ab, wenn sie sich subjektiv besser fühlen). Auch bei der Herstellung und Gestaltung der Verpackung sind viele Maßnahmen denkbar, wie zum Beispiel das Einbinden in ein persönliches Netzwerk.

Preis:[26] Ein große Rolle bei dem bereits erwähnten Life-Cycle-Management-Marketing kann auch der Preis spielen: Nachdem dieser bei einem patentgeschützten Medikament einmal fest gelegt ist (wobei dieser gegenüber Behörden pharmakoökonomisch sinnvoll begründet sein muss), gibt es international nicht viel Spielraum. Der Preis wird von Land zu Land unterschiedlich geregelt und erfordert daher eine internationale „Pricing"-Strategie (s. auch „Referenzpreise"). Interessanter kann der Einfluss nach dem Ablauf des Patents oder bei einem eventuellen Status-Wechsel zu OTC (over-the-counter) sein, da hier die Vergleichbarkeit des Präparats zum Wettbewerbsprodukt offensichtlicher wird.

23.6 „Regulatory Affairs" und Gewerblicher Rechtschutz

Wie schon in den vorhergehenden Abschnitten beschrieben, gehört die Gesundheits- und Pharmabranche zu den stark regulierten. Wenn ein Unternehmen international aufgestellt ist, sind die unzähligen Gesetze und sonstigen Regularien kaum zu überschauen. Wir wollen uns daher auf die wesentlichen Aspekte beschränken:

---

[24] Jambulingam, T./Sharma, R.: Estimating the value of internet marketing in the US pharmaceutical industry. Journal of Medical Marketing, 2010, S. 332-343.

[25] Im DTC-Land USA kam es aufgrund dessen zu unangenehmen „Warning Letters" (Mängelrüge der Gesundheitsbehörde FDA), siehe auch http://www.fda.gov/ICECI/EnforcementActions/WarningLetters/default.htm , abgerufen zuletzt am 15. April 2011.

[26] Jaume, P. J.: Impact of European Pharmaceutical Price Regulation on Generic Price Competition: A Review. PharmacoEconomics, 2010, S. 649-663.

Abbildung 23.9 Regulatory Affairs

Zulassungen

- Management
- Forschung, Galenik, Produktion, Vertrieb
- Regionalität
- Indikationen
- Formate

Patente / Marken

- Patente anmelden
- Patente überwachen
- (Internationale) Marken etc.
- International non proprietary name (INN)

Gesetze / Richtlinien

Zulassungen: Nachdem ausreichend klinische Studien erfolgreich abgeschlossen wurden, können Marktzulassungen bei den jeweils zuständigen Behörden beantragt werden. Diese folgen einerseits einer geografischen und einer indikationsbezogenen Strategie. Eine entscheidende Frage ist dabei, mit welcher Indikation in welchem Land bzw. in welchen Ländern zuerst die Zulassung beantragt werden soll.

Während dieser Phase wird die klinische Entwicklung meist weitergeführt, um medizinische Aussagen zum Medikament mit weiteren Daten zu untermauern oder neue Behandlungsansätze zu erproben.

Auch die galenische Zusammensetzung und die Produktion müssen zu diesem Zeitpunkt klar definiert sein – für die Bezeichnung des Medikaments wird ab diesem Zeitpunkt der INN (International Nonproprietary Name) verwendet, welcher zuvor bei der Welt- gesundheitsorganisation WHO beantragt wurde. Nachdem von den zuständigen Behörden eine Marktzulassung erteilt wurde, muss immer rechtzeitig vor deren Ablauf eine Verlängerung beantragt werden.

Patente und Marken: In vielen Pharmaunternehmen sind gewerblicher Rechtsschutz und Zulassungsmanagement in unterschiedlichen Abteilungen angesiedelt. Beide Themen sind eng miteinander verbunden, auch wenn die jeweiligen Anmeldungen zu unterschiedlichen Zeitpunkten in der Entwicklung erfolgen. Das Patent wird etwa zehn

Jahre vor der Marktzulassung beantragt – zu dieser Zeit kann meist nur grob abgeschätzt werden, mit welcher Indikation in welchem Land zur Behandlung welcher Patientinnen und Patienten die Zulassung beantragt wird.

Nach der Beantragung und Erteilung der Zulassung erfolgt der Markteintritt. Zu diesem Zeitpunkt sollte eine Marken- und Marktstrategie existieren. Idealerweise sollte diese ansatzweise bereits bei der Patentbeantragung bekannt sein und während der Zeit bis zur Zulassung verfeinert werden.

Gesetze und Richtlinien: Sämtliche Schritte von der Forschung über die Entwicklung, der Produktion bis hin zum Marktein- und austritt sind stark reglementiert. Dies erfordert eine stets aktuelle Kenntnis aller einschlägigen Gesetze und Richtlinien. Heutzutage kann diese nur noch mit informationstechnischen Ansätzen und internationaler Zusammenarbeit realisiert werden. Dabei sollten diese nicht nur im Hinblick auf Einschränkungen, sondern auch auf Chancen untersucht werden – es wird in diesem Zusammenhang auch von „Regulatory Intelligence" gesprochen.

23.7 Querschnittsprozesse und Fazit

Wie in jedem anderen Unternehmen gibt es in einem Pharmaunternehmen Querschnittsprozesse wie HR- und IT-Management. Wir haben in diesem Beitrag versucht, Prozesse herauszuarbeiten, die typisch für ein (forschendes) Pharmaunternehmen sind und in denen es sich von Unternehmen anderer Industriezweige unterscheidet.

Festzuhalten gilt, dass die Entwicklung von Medikamenten ein sehr langwieriges Verfahren darstellt, welches zudem stark reglementiert ist. Die Suche nach einem „Blockbuster" ist vergleichbar mit der Suche nach der berühmten Stecknadel im Heuhaufen. Der weltweite Pharma- bzw. Gesundheitsmarkt steht zudem unter einem starken Kostendruck. Der zu erzielende Ertrag steht damit in einem direkten Verhältnis zu den Forschungsaufwendungen. Neben allen ökonomischen Zwängen, die das unternehmerische Handeln in einer globalisierten Branche bestimmen, zeichnet die Pharmabranche aus, dass sie einen wichtigen Beitrag zur Verbesserung der Gesundheit zu leisten vermag. Der medizinische Fortschritt hängt auch von neuen, besser wirksamen und gut verträglichen Medikamenten ab, deren Entwicklung die Pharmaindustrie vorantreibt.

Lernfragen

1. Welche Vorbereitungen müssen in einem Pharmaunternehmen getroffen werden, bevor mit der Erforschung eines neuen Medikaments begonnen werden kann?
2. Für wie lange kann ein patentgeschütztes Medikament ohne Generika-Konkurrenz vermarktet werden?
3. Wie unterscheiden sich präklinische und klinische Forschung?

4. Was wird unter einem „Target" verstanden?
5. Erläutern Sie die Verfahren des High-Throughput-Screenings und der Leitstrukturfindung.
6. Wie unterscheiden sich die klinischen Phasen I-III? Sind damit alle erforderlichen klinischen Tests für dieses Medikament abgeschlossen?
7. Welche Faktoren spielen bei der industriellen Herstellung von Medikamenten eine besondere Rolle?
8. Wie unterscheiden sich Stakeholder- vom Life-Cycle-Management-Marketing?
9. Wie werden Zulassungen von Patenten und sonstigen gesetzlichen Anforderungen unterschieden?

Literatur

[1] Buchholz, S.: Future manufacturing approaches in the chemical and pharmaceutical industry. Chemical Engineering and Processing, 49, 2010, S. 993-995.

[2] Bhattacharya, C.B./Korschun, D.: Stakeholder Marketing: Beyond the Four Ps and the Customer. Journal of Public Policy & Marketing, 27, 2008, S. 113-16.

[3] Devlin, E./Hastings, G./ Smith, A./ McDermott, L./Noble, G.: Pharmaceutical marketing: a question of regulation. Journal of Public Affairs, 7.2, 2007, S. 135-147.

[4] DiMasi, J.A./Hansen, R.W./Grabowski, H.G.: The price of innovation: new estimates of drug development costs. Journal of Health Economics, 22.2, 2003, S. 151-185.

[5] Fischer, M./Albers, S.: Patient-or Physician-Oriented Marketing: What Drives Primary Demand for Prescription Drugs? Journal of Marketing Research, 47.1, 2010, S. 103-121.

[6] Jambulingam, T./Sharma, R.: Estimating the value of internet marketing in the US pharmaceutical industry. Journal of Medical Marketing, 2010, 10.4, S. 332-343.

[7] Kvesic, Dennis Z: Product Lifecycle Management: Marketing Strategies for the Pharmaceutical Industry. Journal of Medical Marketing, 8.4, 2008, S. 293-301.

[8] McGrath, S.: Market access. An essential investment before drug launch. Journal of Commercial Biotechnology, 16.3, 2010, S. 201-205.

[9] Porter, M.E.: Competitive advantage. Free Press New York, 1985.

[10] Jaume, P.J.: Impact of European Pharmaceutical Price Regulation on Generic Price Competition: A Review. PharmacoEconomics, 28.8, 2010, S. 649-663.

[11] http://www.cbo.gov/doc.cfm?index=7615. Abgerufen zuletzt am 15. April 2011.

24 Krankenkassenmanagement unter den besonderen Wettbewerbsbedingungen der GKV

Birgit Fischer, Rolf-Ulrich Schlenker und Jürgen Rothmaier

24.1	Einleitung	170
24.2	Rahmenbedingungen der GKV	171
24.2.1	GKV: Mehr als eine Versicherung	171
24.2.2	Rahmenbedingungen	171
24.2.2.1	Solidarische Wettbewerbsordnung	171
24.2.2.2	Finanzierung	172
24.2.2.3	Gesundheitspolitik	175
24.3	Was ist Management?	175
24.4	Was ist Krankenkassenmanagement?	175
24.4.1	Managementfelder	175
24.4.1.1	Wettbewerbsstrategien	176
24.4.1.2	Einfluss auf die Versorgungsqualität durch Vertrags- und Versorgungsmanagement der Krankenkassen	178
24.4.1.3	Versichertenstruktur managen	182
24.4.1.4	Service und Dienstleistung	184
24.4.1.5	Marketing als Baustein des wettbewerbsorientierten Krankenkassenmanagements	185
24.4.1.6	Personal	187
24.4.2	Wirtschaftlichkeit als Grundlage des Managements	189
24.4.2.1	Controlling als Führungsaufgabe	190
24.4.2.2	DB-Rechnung als maßgebliches Instrument der Unternehmenssteuerung	191
24.4.3	Vom Preiswettbewerb zum Preis-Leistungswettbewerb	191

Literatur ... 194

Lernziele

Wenn Sie dieses Kapitel durchgearbeitet haben, können Sie:

- die wettbewerblichen Rahmenbedingungen der Gesetzlichen Krankenversicherung beschreiben,
- die Managementfelder der Krankenkassen darstellen,
- die Herausforderungen einer Körperschaft des öffentlichen Rechts mit einem Versorgungsauftrag im unternehmerischen Handeln beurteilen.

24.1 Einleitung

Regelmäßig werden sie veröffentlicht: Die Ranglisten der Deutschen Wirtschaft. Doch obwohl die fünf größten deutschen gesetzlichen Krankenkassen einen Umsatz von über 75 Mrd. Euro repräsentieren, mehr als 30 Mio. Menschen in unserem Lande vor dem Risiko Krankheit absichern und über 60.000 Mitarbeiterinnen und Mitarbeiter beschäftigen, tauchen sie in solchen Vergleichen nicht auf. Dabei würde allein die größte gesetzliche Krankenkasse, die BARMER GEK, zwischen Deutscher Bahn und Lufthansa an 21. Stelle unter den TOP 30 umsatzstärksten Unternehmen Deutschlands rangieren (2010).

Daran wird die durchaus besondere ökonomische Stellung der Krankenkassen im Kontext der Gesamtwirtschaft, ihre traditionelle Verankerung, aber auch ihre dynamische Weiterentwicklung deutlich. Die Krankenkassen sind weiterhin Körperschaften öffentlichen Rechts, zugleich aber in eine Wettbewerbsordnung eingebunden, die mehr denn je ein professionelles Management erfordert. Natürlich bleiben Unterschiede zur „freien Wirtschaft“: Die Wettbewerbsbedingungen sind nicht nur besonders gesetzlich normiert, da sie sozialen und gesundheitspolitischen Zielen entsprechen müssen, sondern unterliegen vielfach bis in das letzte Detail politischer Einflussnahme. Zugleich sind Krankenkassen selbstverwaltete Unternehmen, deren Verwaltungsrat oft noch durch direkte Wahlhandlung (Sozialwahl) bestimmt wird. Eine – positive – Besonderheit ergibt sich darüber hinaus in der ethischen Verantwortung für eine soziale und solidarische Krankenversicherung als Ausformung der sozialstaatlichen Verfassungsvorgabe. Die ökonomische Zielprojektion ist nicht „Gewinnmaximierung“, folgt aber der nicht weniger stringenten Vorgabe, wirtschaftlich und effizient zu handeln, um als Unternehmen im Markt zu bestehen.

Die Unternehmen „Krankenkasse“ haben sich fundamental gewandelt. Sie zahlen als „Kasse“ nicht mehr einfach nur für „Leistungen“ Dritter, die diese für Patienten erbracht haben. Management heißt hier, die medizinische Versorgung für die Patienten kontinuierlich weiterzuentwickeln, Kooperationen zu bilden und mit Vernetzungen zur ständigen Optimierung des Gesundheitssystems beizutragen. Veränderungsprozesse sind heute das Kernmerkmal des Managements. Krankenkassen erfüllen damit nicht nur eine in hohem

Maße zukunftsorientierte Aufgabe, sie bedienen sich modernster Analyseverfahren und Organisationsentwicklungen und bieten, da sie umfassendes Know-how benötigen, hoch attraktive Arbeitsplätze.

Der Transformationsprozess „vom Verwalter zum Gestalter" hat sich seit 1996 ständig beschleunigt und heute müssen Krankenkassen, um erfolgreich am Markt zu agieren, alle Kompetenzen bündeln, um Innovationsmotor in einem Gesundheitssystem zu sein, das – trotz aller Kritik und Weiterentwicklungsmöglichkeiten – als eines der Besten in der Welt gilt. Diese Maxime ist nur durch ein hocheffizientes Krankenkassenmanagement zu erreichen.

24.2 Rahmenbedingungen der GKV

24.2.1 GKV: Mehr als eine Versicherung

Die Gesetzliche Krankenversicherung (GKV) ist Teil des sozialen Sicherungssystems in Deutschland. Zusammen mit den anderen Zweigen der Sozialversicherung (Rentenversicherung, Arbeitslosenversicherung, Pflegeversicherung und Unfallversicherung) ist sie konstitutiv für die Gesellschaftsordnung und nimmt einen verfassungsrechtlich verankerten, sozialstaatlichen Auftrag wahr. Kernaufgabe der GKV ist es, für rund 90 Prozent der Bevölkerung das Risiko Krankheit abzusichern und zugleich die Versorgung mit Gesundheitsdienstleistungen sicherzustellen. Gütezeichen und Gestaltungsprinzip der Gesundheitsversorgung ist, dass die Versicherten nach ihrem individuellen Bedarf Anspruch auf eine umfassende, qualitativ hochwertige medizinische Versorgung haben. Der sozialrechtlich fixierte Anspruch auf „ausreichende", „zweckmäßige" und „wirtschaftliche" Leistungen, die das „Maß des Notwendigen" nicht überschreiten dürfen, wird in gemeinsamer Selbstverwaltung von Ärzten, Krankenhäusern und Krankenkassen fortlaufend konkretisiert und festgelegt. Die Finanzierung erfolgt grundsätzlich nach dem Solidaritätsprinzip, bei dem die individuelle finanzielle Leistungsfähigkeit der Versicherten berücksichtigt wird. Anders als in der privaten Krankenversicherung wird in der GKV bei der Beitragsgestaltung nicht nach Alter, Geschlecht und Gesundheitszustand differenziert.

24.2.2 Rahmenbedingungen

24.2.2.1 Solidarische Wettbewerbsordnung

Bei den Krankenkassen handelt es sich um Körperschaften des öffentlichen Rechts in der mittelbaren Staatsverwaltung. Sie sind vom Staat beauftragt, die Gesundheitsversorgung in Selbstverwaltung zu organisieren. Die Krankenkassen verfolgen dabei keine Gewinnerzielungsabsicht, sondern sind an der Kostendeckung orientiert, wobei sie wirtschaftlich mit den bereitgestellten Mitteln umzugehen haben. Gleichwohl unterliegen Krankenkassen auch privatwirtschaftlichen Regeln, da sie als Unternehmungen eigenverantwortlich handeln und z. B. insolvent werden können. Zudem stehen sie – anders als die übrigen Sozialversicherungsträger – im Wettbewerb, sowohl untereinander wie in Teilbereichen auch gegenüber der Privaten Krankenversicherung (PKV).

Seit Einführung der Wahlfreiheit 1996 konkurrieren alle Krankenkassen verstärkt um Mitglieder und Marktanteile. Dies soll zugleich den Wettbewerb um eine wirtschaftliche Versorgung in der GKV fördern. Einheitliche Rahmenbedingungen – als Ausfluss einer sogenannten „solidarischen Wettbewerbsordnung" – geben vor, dass sich keine Krankenkasse dem umfassenden gesetzlichen Versorgungsauftrag entzieht. Die solidarische Wettbewerbsordnung stellt sich wie folgt dar:

- lebenslange Wahlfreiheit zwischen den Krankenkassen für jeden Versicherten,
- Kontrahierungszwang für die Krankenkassen,
- einheitlicher Leistungskatalog,
- solidarischer Risikoausgleich zwischen allen gesetzlichen Krankenkassen.

Aufgrund der relativ strikten Rahmenbedingungen – besonders durch den einheitlichen Leistungskatalog – stellt der Preis für die meisten Versicherten das wichtigste Entscheidungskriterium bei der Wahl ihrer Krankenkasse dar. Ein Spezifikum des Gesundheitsmarktes ist es, dass rund 80 Prozent der Versicherten lediglich 20 Prozent der Gesundheitsausgaben verursachen und somit als „gesund" zu betrachten sind. Sie zeigen bezogen auf das Wechselverhalten ein geringeres Interesse an den Leistungen der einzelnen Krankenkasse. Stattdessen liegt ihr Fokus in erster Linie auf den Kosten der Versicherung. Anders verhält es sich bei den restlichen 20 Prozent der Versicherten, deren Gesundheitszustand eher als „krank" charakterisiert werden kann. Sie verursachen folglich 80 Prozent der Gesundheitsausgaben und sind besonders an umfassenden Leistungen interessiert.

In einem rein marktwirtschaftlichen Wettbewerb würde der betriebswirtschaftliche Anreiz für die Kassen dominieren, sich auf „gesunde" Versicherte zu konzentrieren. Diese Risikoselektion – zu Lasten einer bedarfsgerechten Versorgung aller Versicherten – wird durch einen Risikostrukturausgleich weitgehend verhindert.

24.2.2.2 Finanzierung

Die Finanzierung der GKV erfolgt in einem Beitragssystem im Umlageverfahren mit einkommensabhängigen Beiträgen, worüber derzeit rund 85 Prozent der Einnahmen geschöpft werden. Daneben erhält die GKV einen Steuerzuschuss als Ausgleich für „versicherungsfremde Leistungen", wie z. B. Aufwendungen für Schwangerschaft und Mutterschaft, die von der GKV im gesamtgesellschaftlichen Interesse erbracht werden.

Die GKV-Beiträge werden in der Regel (teil-)paritätisch[1] von Arbeitnehmern und Arbeitgebern, Rentenempfängern und Rentenversicherungsträgern sowie von Arbeitssuchenden und der Bundesagentur für Arbeit getragen. Beiträge leisten immer nur die Mitglieder der Krankenkasse. Für die ggf. familienversicherten Angehörigen ist kein Beitrag zu entrichten. Dieser implizite Familienlastenausgleich zwischen Singles und Familien ist ebenfalls ein konstitutives Merkmal der sozialen Krankenversicherung.

Es gilt ein allgemeiner Beitragssatz für alle Krankenkassen, der von der Bundesregierung festgelegt wird und im Jahr 2011 bei 15,5 Prozent liegt. Alle Einnahmen werden von den Krankenkassen taggleich an den Gesundheitsfonds weitergeleitet und von dort über den Risikostrukturausgleich morbiditätsorientiert an die einzelnen Träger verteilt. Die Mittelverteilung an die Kassen erfolgt aus dem Gesundheitsfonds über risikoadjustierte Pauschalen je Versicherten. Diese setzen sich zusammen aus:

- einer Grundpauschale differenziert nach Alter und Geschlecht,
- einem Risikozuschlag für 80 definierte Krankheiten,
- einem Verwaltungskostenzuschlag und
- einer DMP[2]-Programmkostenpauschale, sofern der chronisch-kranke Versicherte in einem speziellen Behandlungsprogramm eingeschrieben ist.

Der Ausgleich unterschiedlicher Versichertenstrukturen soll versicherungsökonomisch gewährleisten, dass unabhängig von Alter, Geschlecht, Gesundheitszustand und Einkommen alle Versicherten „gleich viel wert" sind und damit im Wesentlichen Risikoselektion und Patientendiskriminierung vermieden werden. Die Pauschalen und Zuschläge aus dem Fonds basieren dabei nur auf den durchschnittlichen Behandlungs-Kosten. Es findet somit kein Vollkostenausgleich für einen Versicherten statt. Im Wettbewerb muss es für eine Krankenkasse also Ziel sein, sich darauf auszurichten, die Versorgung so zu optimieren, dass sie die GKV-weiten durchschnittlichen Ausgaben unterschreitet, um mit ihren Einnahmen aus den Gutschriften kostendeckend zu wirtschaften. Daher setzt der Morbi-RSA einen gezielten Anreiz zur Wirtschaftlichkeit auf der einen Seite und zur Verbesserung der Qualität der medizinischen Versorgung auf der anderen Seite. Beides stellt eine unabdingbare Voraussetzung für einen funktionierenden Wettbewerb im Rahmen einer solidarischen Wettbewerbsordnung dar.

Kann eine Krankenkasse mit den Gutschriften aus dem Gesundheitsfonds ihre Ausgaben nicht decken, hat sie die Möglichkeit, einen einkommensunabhängigen Zusatzbeitrag zu erheben, der vom Mitglied allein getragen wird. Im Jahr 2011 entsprechen die voraussichtlichen Einnahmen des Gesundheitsfonds den prognostizierten Ausgaben der GKV, sodass

[1] Arbeitnehmer, Rentenempfänger und Arbeitssuchende zahlen einen um 0,9 % höheren Beitragssatz als Arbeitgeber, Rentenversicherungsträger und Bundesagentur.

[2] DMP (Disease Management Programme): Strukturierte Behandlungsprogramme für ausgewählte chronische Erkrankungen.

nur wenige Krankenkassen einen Zusatzbeitrag einfordern müssen. Anders als in der Vergangenheit soll nach der jüngsten Finanzreform (GKV-Finanzierungsgesetz ab 01.01.2011) der allgemeine Beitragssatz bei weiteren Ausgabensteigerungen jedoch nicht mehr angepasst werden, sodass alle zukünftigen Ausgabensteigerungen zu Lasten der Mitglieder über Zusatzbeiträge finanziert werden. Da der allgemeine Beitragssatz für alle Krankenkassen identisch ist, stellt der Zusatzbeitrag damit das herausragende wettbewerbliche Preissignal in der GKV dar. Um eine finanzielle Überforderung des Einzelnen zu vermeiden, besteht allerdings für jedes GKV-Mitglied ein Anspruch auf einen Sozialausgleich, wenn der durchschnittliche Zusatzbeitrag eine Grenze von 2 Prozent der individuellen beitragspflichtigen Einnahmen übersteigt.

So finanziert, betrugen die Ausgaben der GKV im Jahr 2010 nach dem vorläufigen Rechnungsergebnis des Bundesministeriums für Gesundheit (BMG) rund 175,73 Mrd. Euro. Die Einnahmen beliefen sich im gleichen Zeitraum auf rund 175,29 Mrd. Euro. Die negative Differenz zwischen den Einnahmen und Ausgaben von rund 445 Mio. Euro wurden von den Kassen über Rücklagen oder durch die Erhebung von Zusatzbeiträgen finanziert. Die drei größten Ausgabenbereiche sind die Krankenhausbehandlung mit 33 Prozent der Gesamtausgaben, Ausgaben der vertragsärztlichen Versorgung mit 19 Prozent sowie Arzneimittelausgaben mit 18 Prozent. Anders als in der öffentlichen Wahrnehmung spielen die Verwaltungskosten in der GKV insgesamt nur eine untergeordnete Rolle. Sie betragen seit vielen Jahren rund 5 Prozent der Gesamtkosten und unterscheiden sich damit deutlich von den Verwaltungskosten der privaten Krankenversicherung mit fast 17 Prozent der Leistungsausgaben.

Abbildung 24.1 Ausgabenanteile der GKV 1. bis 4. Quartal 2010

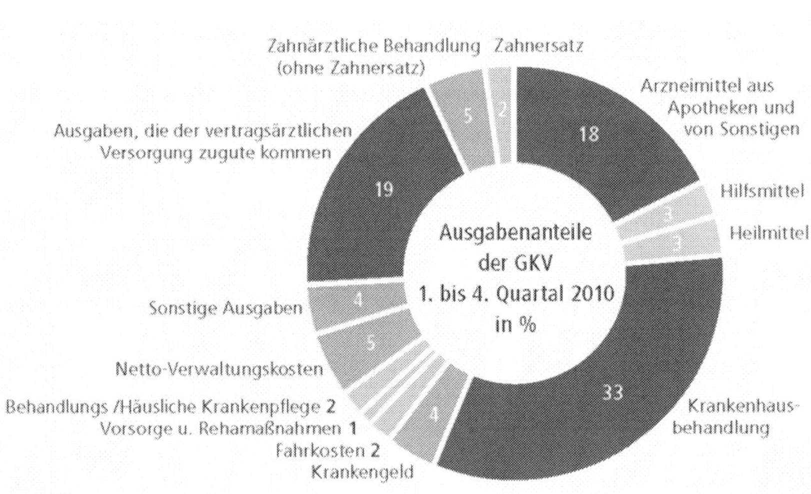

(Quelle: BMG, vorläufiges Rechnungsergebnis 2010, Pressemitteilung vom 07.03.2010)

24.2.2.3 Gesundheitspolitik

Maßgeblich für die GKV ist das fünfte Sozialgesetzbuch (SGB V), in dem die wesentlichen Rechtsgrundlagen für die Durchführung der Krankenversicherung kodifiziert sind. Es ist damit offensichtlich, dass dem Parlament und der Regierung eine große Verantwortung für die Gestaltung der Gesundheitsversorgung zukommt. Der besonderen Dynamik des Gesundheitsmarktes mit offenkundigen Regelungsnotwendigkeiten ist es geschuldet, dass Komplexität und rechtliche Vorgaben des SGB V immer weiter zugenommen haben. Ein Ende ist keinesfalls absehbar, eher ist – auch bedingt durch neue Möglichkeiten der Medizin und wachsende Angebotskapazitäten – mit zunehmender Regelungsdichte zu rechnen. Hinzu kommen fortwährende politische Reformbestrebungen, die angesichts unterschiedlicher politischer Ziele mit starken Auseinandersetzungen zwischen den Parteien verbundenen sind. Das Beispiel um den Konflikt zwischen „Kopfpauschale" und „Bürgerversicherung" zeigt, dass die Gesundheitspolitik vielfach die Projektionsfläche darstellt, an der die sozialpolitischen Unterschiede der großen Volksparteien deutlich werden.

24.3 Was ist Management?

Das Wesen des Managements unterscheidet sich bei Krankenkassen nicht von anderen Branchen. Es geht im Wesentlichen um das Vor- und Nachbereiten sowie das Treffen von Entscheidungen. Klassischerweise beinhaltet der Entscheidungsprozess die Planung und Zielsetzung, die Entscheidung, die Organisation und Koordination, die Realisierung und die Erfolgskontrolle. Daneben kommt der Kommunikation als kontinuierliche Querschnittsaufgabe eine besondere Bedeutung zu. Das Top-Management stellt dabei, nach innen und außen, den ersten und wichtigsten Kommunikator des Unternehmens dar. Neben der operativen Steuerung des Unternehmens ist es die Aufgabe des Top-Managements, langfristige, strategische Entwicklungen des Unternehmens zu initiieren, zu steuern und zu koordinieren, die nicht nur rational-ökonomischer Natur sind, sondern vom politischen, ethischen und sozialen Umfeld bestimmt werden und damit eine ganzheitliche Betrachtung erfordern.

24.4 Was ist Krankenkassenmanagement?

24.4.1 Managementfelder

Die Managementfelder einer gesetzlichen Krankenkasse unterscheiden sich aufgrund der spezifischen, gesetzlich vorgegebenen Rahmenbedingungen verhältnismäßig stark von denen der Privatwirtschaft. Gleichwohl bleiben dem Management vielfache Entscheidungsmöglichkeiten, um eine Krankenkasse im Wettbewerb zur Konkurrenz abzugrenzen und im Markt zu positionieren.

24.4.1.1 Wettbewerbsstrategien

Die Rahmenbedingungen der gesetzlichen Krankenkassen haben sich im Laufe der letzten Jahre stark gewandelt (siehe Abschnitt 24.2). Einerseits unterliegen die Kassen als Körperschaften des öffentlichen Rechts einer deutlichen staatlichen Regulierung und Kontrolle mit eingeschränkten Handlungs- und Entscheidungsspielräumen. Andererseits verlangen der wettbewerbliche Spielraum, der Anspruch der Versicherten an hohe Versorgungsqualität sowie eine umfassende Dienstleistungsorientierung ebenso unternehmerisches Denken und Handeln. Auch aus Organisationsperspektive haben die Kassen neben dem Versorgungsauftrag und unter ökonomischen Aspekten eines gemein: Das Ziel der langfristigen Existenzsicherung.

Auch wenn sich die Rahmenbedingungen in den letzten zwanzig Jahren spürbar in Richtung Wettbewerb und Wechselbereitschaft verändert haben, wirken historisch gewachsene Strukturen noch immer nach. Die ehemalige gesetzliche Zuweisung von Personen zu bestimmten Krankenkassen haben zur Folge, dass z. B. die Bundesknappschaft durchschnittlich die ältesten Kunden versichert, die zudem vor allem in Bergbauregionen, dem Ruhrgebiet, dem Saarland sowie in den östlichen Braunkohlegebieten konzentriert sind. Bei den Ortskrankenkassen, die bis 1996 alle Versicherten ohne spezielles Kassenwahlrecht aufzunehmen hatten, sind viele Kunden mit geringeren Einkommen versichert. Technisch orientierte Krankenkassen verzeichnen durch die seit jeher angesprochenen technischen Angestellten einen hohen Männeranteil mit einem überproportionalen Durchschnittseinkommen.

Diese unterschiedliche Kundenstruktur führt zu unterschiedlichen Chancen und Risiken im Wettbewerb. Während ein junger – und damit vergleichsweise gesunder – Kundenstamm eher preisorientiert am Markt auftritt, wird eine ältere Klientel eher sicherheitsorientiert und ggf. qualitätsbewusst handeln. Daraus ergeben sich für eine Kasse unterschiedliche Optionen für ihre zukünftige Ausrichtung.

Gleichzeitig richtet sich der Blick ins Innere der Organisation und ihre Prozesse. Es ist immer die Frage nach den Stärken und Schwächen eines Unternehmens zu beantworten. Ergebnis dieser beiden Analysen wird eine umfassende Beschreibung des Unternehmens und seines Marktes sein. Auf diese Weise lässt sich der individuelle Wettbewerbsvorteil eines Unternehmens, die Kernkompetenz, herausfinden. Da der versicherte Kunde mit seiner Wahlentscheidung zu Gunsten oder wider eine Kasse ausschlaggebend ist, liegt der Fokus bei den Kernkompetenzen stets auf der Sicht des Kunden. Diese konzentriert sich im Wesentlichen auf zwei Optionen: Liegen die Stärken einer Kasse in der umfassenden Betreuung und im Service, also der Qualität der Versorgung, oder vor allem in ihrem günstigen Preis? Diese beiden widerstreitenden Strategien, die sich aus der Kenntnis des kassenindividuellen Wettbewerbsvorteils ableiten, sind die *Differenzierung* einerseits sowie die *Preisführerschaft* andererseits.

Hinter beiden Strategien verbirgt sich im weitesten Sinne die Absicht, Skaleneffekte („Economies of Scale") zu erzielen:

Eine Kasse mit Niedrigpreisstrategie verfolgt die Absicht, preisbewusste Kunden zu gewinnen. Auf diese Weise will sie ihren Marktanteil ausbauen. Bei gleichzeitigem Fokus auf Kostensteuerung sinken mit jedem neuen Kunden die durchschnittlichen (Verwaltungs-) Fixkosten.

Die Strategie der Differenzierung zielt darauf ab, dem Kunden einen besonderen Nutzen in einem aus seiner Sicht relevanten Merkmal zu bieten, die in den Eigenschaften des Angebotes bestehen und damit einen Wettbewerbsvorteil darstellen. Eine qualitätsorientierte Kasse wird eher Kunden mit gehobenen Erwartungen ansprechen, die allerdings dafür einen höheren Preis zu zahlen bereit sind. Dieses Unternehmen wird einerseits qualitative Effekte, z. B. bestimmte Zusatzleistungen zur Verbesserung der Versorgung, mit Vertragspartnern aushandeln können und andererseits Skaleneffekte, insbesondere durch Marktmacht, in Verhandlungen mit Leistungserbringern wie Krankenhäusern oder Pharmaunternehmen sowie effiziente Kostensteuerung erzielen.

Angesichts der Vorgaben des Sozialgesetzbuches sind die Differenzierungsmöglichkeiten im Hinblick auf das Produktangebot selbst relativ eingeschränkt.

Eine Kasse, die die Differenzierungsstrategie verfolgt, sich also z. B. über eine herausragende Versorgungs- oder Servicequalität definiert, wird selten Preisführer sein. Umgekehrt funktioniert es auch nicht: Die Kasse mit dem relativ gesehen günstigen Preis wird in aller Regel bestrebt sein, ihre Kosten möglichst gering zu halten. Und damit wird sie z. B. nicht den allerbesten Service leisten können.

Die einfache Begründung dafür liefert das – allen unternehmerischen Entscheidungen zu Grunde liegende – *ökonomische Prinzip*. Es beruht auf der These, dass Wirtschaftssubjekte aufgrund der Knappheit der Güter bei ihrem wirtschaftlichen Handeln die eingesetzten Mittel mit dem Ergebnis ins Verhältnis setzen und nach ihren persönlichen Präferenzen eine Nutzenmaximierung anstreben. Das ökonomische Prinzip ist vor allem in den folgenden zwei Ausprägungen bekannt: Folgt man dem Minimum-Prinzip, dann wird ein bestimmtes Ziel mit minimalem Ressourcenaufwand verfolgt. Gemäß dem Maximum-Prinzip wird mit einem festgelegten Mittelaufwand ein maximales Ergebnis angestrebt.

Damit sind theoretisch, d.h. zur besseren Veranschaulichung, die beiden Extremausprägungen des ökonomischen Prinzips beschrieben. In der täglichen Praxis wird viel häufiger verlangt, ein optimales Verhältnis zwischen eingesetzten Mitteln und angestrebtem Nutzen zu erreichen. Beispiel: Mit vertretbaren Kosten die Erreichbarkeit einer Kasse so verbessern, dass der Kunde dadurch einen spürbaren Vorteil wahrnimmt. Diese Verknüpfung der beiden Extremausprägungen wird als Optimum-Prinzip bezeichnet, bei dem sowohl Input als auch Output variabel sind. Damit ist es besser geeignet für die in der Regel komplexen Optimierungsprobleme der unternehmerischen Praxis als das Minimum- und Maximum-Prinzip.

Zur strategischen Entscheidung des Managements gehört also die Festlegung, welche Wettbewerbsstrategie eine Kasse am Markt verfolgt: Preisführerschaft oder Differenzierung. Jede Kasse, respektive jedes Unternehmen, hat per se beide Aspekte – den Angebotspreis und die Qualität – im Fokus. In Kenntnis ihres individuellen Wettbewerbsvorteils muss sie jedoch auf oberster Ebene einem der beiden Aspekte eine höhere Priorität einräumen.

Die Empirie lehrt, dass Preisanpassungen der Kassen untereinander den Markt – und damit im wörtlichen Sinne die Versicherten – in Bewegung bringen. Insbesondere dann, wenn Zusatzbeiträge als neue Finanzierungssäule und damit als relevantes Preissignal auf absehbare Zeit unvermeidbar den Wettbewerb prägen werden. In der Zeit vor dem GKV-einheitlichen Beitragssatz (vor 2009) korrelierte die Bestandsentwicklung einer Kasse sehr stark mit dem Abstand zum durchschnittlichen GKV-Beitragssatz. Je größer der Abstand zum Durchschnittsbeitragssatz der GKV, umso höher fielen Versichertenzuwächse bzw. Versichertenverluste der Kasse aus. Es besteht folglich ein unmittelbarer Zusammenhang zwischen Preis und Wechselverhalten der Kunden. Der Preis ist das ausschlaggebende Moment für oder gegen die Entscheidung, bei einer bestimmten Kasse versichert zu sein, auch deshalb, weil alle Kassen auf ein zu etwa 95 Prozent identisches Leistungsangebot verpflichtet sind. Ein neuerlicher Beleg dafür sind die massiven Mitgliederverluste derjenigen Kassen, die sehr frühzeitig (2010) entscheiden mussten, einen Zusatzbeitrag zu erheben. Heute gilt: Die Höhe des Zusatzbeitrages ist das maßgebliche Argument für die Versichertenbewegungen innerhalb der GKV. Und damit schiebt sich die Strategie der Preisführerschaft in der GKV zwangsläufig in den Vordergrund.

24.4.1.2 Einfluss auf die Versorgungsqualität durch Vertrags- und Versorgungsmanagement der Krankenkassen

Vertragsarbeit gesetzlicher Krankenkassen im Überblick

Die gesetzlichen Krankenkassen gehören seit vielen Jahren zur kollektiven, selbstverwalteten Struktur, um das Gesundheitswesen insgesamt zu steuern. Anders als bei privaten Versicherungen, die aufgrund des gesetzlichen Rahmens nur geringen Einfluss auf Preis, Menge und Qualität des Leistungsangebots haben, besitzt die Einflussnahme auf die Leistungsseite über kollektivvertragliche Regelungen in der GKV eine lange Tradition. An der Spitze der kollektiven Regelungen im Gesundheitswesen steht der Gemeinsame Bundesausschuss, in dem Vertreter der niedergelassenen Ärzte, Krankenhäuser und Krankenkassen zusammenwirken.

In den letzten Jahren wurden zusätzlich zu den kollektiven Regelungen, die alle Beteiligten gleichermaßen betreffen, individuelle und selektive Maßnahmen implementiert, die von einzelnen Krankenkassen aufgegriffen werden können. Diese vom Gesetzgeber bestimmte Entwicklung steht im Einklang mit jener Wettbewerbsstrategie, mit der die gesetzlichen Krankenkassen seit 1996 untereinander in einen schärferen Wettbewerb um Versicherte gestellt wurden. Die Konkurrenzsituation setzt Unterscheidungsmerkmale voraus, damit sich Krankenkassen aus Sicht der Versicherten voneinander abheben können. Neben dem Preis (und auch dem Zusatzbeitrag) kommt dabei dem Leistungsangebot eine entscheidende Rolle zu. Zugleich sollen die kassenspezifischen Verträge in einem „Suchprozess" zu qualitativ besseren Versorgungsprozessen führen. Aufgrund eines noch mit Mängeln ausformulierten Ordnungsrahmens ist der Wettbewerb um die bessere Versorgungsstrategie bislang jedoch nur zögerlich flächendeckend in Gang gekommen.

Abbildung 24.2 Die Klassifikation kollektiver und selektiver Verträge

Kategorie	Vertragstyp	Rechtsgrundlage	KK muss Vertrag abschließen	Vertragspartner ist vorgegeben	Schiedsamt vorgesehen
Selektiv	Arzneimittel - Rabattverträge	§ 130a	Nein	Nein	Nein
	Integrierte Versorgung	§ 140a	Nein	Nein	Nein
	DMP	§ 137	Nein	Nein	Nein
	Spezialärztliche Versorgung	§ 73c	Nein	Nein	Nein
	Strukturverträge	§ 73a	Nein	Ja	Nein
Optional selektiv	Hilfsmittel	§ 127	Ja	Nein*	Nein
	Reha (stationär und ambulant)	§ 111/40(1)	Ja	Nein*	Nein
	Fahrkosten - Taxifahrten	§ 60	Ja	Nein*	Nein
	Häusliche Krankenpflege	§ 132a	Ja	Nein*	Nein
	Heilmittel	§ 125	Ja	Nein*	Nein
	Spez. amb. Palliativmaßnahmen	§ 132d	Ja	Nein*	Nein
	Hausärztliche Versorgung	§ 73b	Ja	Nein*/**	Ja
Kollektiv	Krankenhäuser		Ja	Ja	Ja
	Ärzte/Zahnärzte		Ja	Ja	Ja
	Arzneimittel - Nicht rabattfähig		Arzneimittelpreisverordnung		
	Fahrkosten - Rettungsdienst etc.		Rettungsdienstgesetz		

* Ohne Vertrag gilt Rahmenvereinbarung, Zulassung, Preis des Leistungserbringers, etc.
**Durch 50%-Anforderung Partner eingeschränkt

Wie die Aufstellung zur Klassifizierung der vertraglichen Gestaltungsmöglichkeiten für Krankenkassen und Leistungserbringer zeigt, existieren aktuell für die Krankenkassen nur einige Optionen, um im Vertragswettbewerb aktiv zu werden. Je größer die Freiheitsgrade, umso individueller können Verträge abgeschlossen werden. Bei den optional selektiven Verträgen sind die Vertragspartner nicht gesetzlich vorgegeben, aber das Vertragswesen wird durch ein Zulassungswesen ergänzt (*), indem die Krankenkassen Leistungserbringer auf Qualitätsanforderungen prüfen und zur Leistungserbringung zulassen. Wer die Zulassung besitzt, hat auch Anspruch auf einen Vergütungsvertrag. Im rein kollektiven Bereich entscheidet das Land (bei Krankenhäusern) oder die Kassen(zahn)ärztlichen Vereinigungen (bei Vertrags(zahn)ärzten) über die Zulassung.

Bei kollektiven Verträgen finden die Verhandlungen und die Abschlüsse meist auf Ebene der Kassenarten statt (Verbandsebene der Krankenkassen) oder unmittelbar beim GKV-Spitzenverband für alle Krankenkassen gleichermaßen. Im optional selektiven Bereich werden darüber hinaus ergänzende Verträge durch einzelne Kassen geschlossen. Eine Besonderheit stellt der Hilfsmittelbereich dar, in dem aktuell kassenspezifische Verträge die dominante Rolle spielen.

Ziele selektiven Vertragshandelns

Aufgrund der bewusst gewollten wettbewerblichen Ausrichtung der Krankenkassen (obwohl Körperschaften des öffentlichen Rechts), können die jeweiligen einzelvertraglichen Ziele sehr unterschiedlich ausfallen. Dennoch bestehen Zielkategorien, die es stets zu betrachten gilt:

1. Wirtschaftlichkeit
   Die Frage nach der Wirtschaftlichkeit eines Vertrages deutet auf die rechnerische Seite des Vorhabens. Hier fließen die Zusatzausgaben, die Einsparungen, ggf. Zusatzeinnahmen und weitere monetär bewertbare Effekte, wie Gewinnung zusätzlicher Versicherter für eine Kasse, in die Betrachtung ein. Die Wirtschaftlichkeit wird zumeist auf einen Zeitraum von fünf Jahren bewertet, also mittel- bis langfristig.

2. Versorgungsqualität
   Für Krankenkassen ist der relevante Betrachtungswinkel der Versorgungsqualität stets die Patientensicht. Die Veränderungen der Versorgungsqualität müssen vom Patienten möglichst positiv wahrnehmbar sein. Verschlechterungen der Versorgungsqualität sind ein Ausschluss-Kriterium für diese spezifischen Selektivverträge.

3. Strategische Effekte
   Neben den monetären und qualitativen Aspekten gibt es weitere erfolgsrelevante Zielkriterien. Sie haben gemein, dass sie nicht unmittelbar monetär bewertbar, aber dennoch wichtig sind. Dies sind Aspekte wie die Imagewirkung bestimmter Verträge auf die Krankenkasse oder der bestehende Wettbewerbsdruck durch Angebote der Konkurrenz. Auch bundes- und landespolitische sowie vertragspolitische Aspekte können relevant bei der Entscheidung sein.

Die Kriterien sind unabhängig voneinander und stehen auch nicht in einer Hierarchie zueinander. Die Schwerpunktsetzung in der Betrachtung ist letztendlich ausschlaggebend bei der Entscheidung für oder gegen einen Selektivvertrag.

Versorgungsmanagement gesetzlicher Krankenkassen

Während die Vertragsarbeit durch die Einbindung von Leistungserbringern nur indirekte Effekte auf das Versorgungsgeschehen hat, wird im Rahmen des Versorgungsmanagements seitens der Krankenkassen versucht, direkt Einfluss auszuüben. Eine Form des Versorgungsmanagements stellt das vielfach praktizierte „Case Management" (Fall-Management) dar.

In der Gesundheitsversorgung spielt Case Management vor allem dann eine Rolle, wenn komplizierte Behandlungsfälle mit vielfältigem, medizinischem, pflegerischem und sozialem Hilfebedarf vorliegen. Dabei handelt es sich häufig um besonders kostenintensive Leistungsfälle. Im Unterschied zum Disease Management, das sich niedrigschwellig z. B. an chronisch Kranke richtet, zielt das Case Management auf die Versorgungssteuerung bei wenigen, besonders schweren Behandlungsfällen ab. Wichtige Eckpunkte sind folgende Elemente:

- **Mediate**: Vermitteln geeigneter Unterstützungsdienste und Vernetzen der Betreuenden, d.h. einschließlich des häuslichen Umfeldes, der Angehörigen sowie professioneller medizinischer und pflegerischer Dienste.
- **Empowerment**: Stärkung der Selbsthilfefähigkeiten des Betroffenen, damit dieser am Ende des Unterstützungsprozesses eigenverantwortlich agieren kann. Es gilt, eine dauerhafte Abhängigkeit von der Person des Case Managers zu vermeiden und gleichzeitig die Person des Betroffenen so gut wie möglich vor einem Rückfall in frühere, schädliche Verhaltensmuster zu schützen.
- **Broker**: Aushandeln der unter Kosten- und Nutzengesichtspunkten günstigsten Konditionen für den Betroffenen.
- **Gatekeeper**: Der Case Manager regelt den Zugang zu Leistungen im Betreuungssystem und reglementiert damit auch die ungesteuerte, unwirtschaftliche Leistungsinanspruchnahme.

Aus diesen verschiedenen Funktionen wird deutlich, dass sich Case Management in einem Geflecht unterschiedlicher Akteure und Interessen bewegt und hierbei jeweils die bestmögliche Lösung für den Kunden bzw. für den Patienten, aber auch für die Krankenkasse erzielen sollte.

Die Grundannahme des einzelfallbezogenen Case Managements in der Gesundheitsversorgung geht davon aus, dass – trotz einer hinreichenden Versorgungsstruktur – Defizite, vor allem in der Steuerung der Patienten „zum richtigen Zeitpunkt in die richtige Einrichtung", vorliegen. Dieses Steuerungsdefizit entsteht z. B. aufgrund mangelnder Information und Transparenz für den Patienten, etwa über geeignete Behandlungsalternativen und verfügbare Anbieter.

Zur zentralen Herausforderung im Case Management gehört es, zunächst die ganz persönliche Problemsituation des betroffenen Patienten zu erfassen. Dieses sogenannte „Assessment" ist der Kern des Case Management Prozesses und wird vielfach schon als Meilenstein auf dem Weg zur Problemlösung angesehen. Aus Sicht der Krankenkasse wird ein mögliches Versorgungsproblem anhand häufiger Krankenhausbehandlungen und der hohen Behandlungskosten sichtbar. Folglich gilt es, das Case Management effektiv und effizient auf jene Patienten auszurichten, bei denen in hohem Maße künftig eine kostenintensive Problemsituation in der Versorgung zu erwarten ist.

Der Auswahlprozess jedes Case Managements umfasst neben der gezielten, oft auf Daten basierten Auswahl, auch Fragen der Kontaktaufnahme und datenschutzrechtlich unbedenklichen Ansprache des Betroffenen. Die Fallauswahl kann mittels statistischer Vorhersagemodelle, des sogenannten „Predictive Modelling" erfolgen. Die Effektivität und Effizienz des Case Managements hängt maßgeblich von der richtigen Fallauswahl ab. Nur dort, wo zukünftige hohe Kosten mit einer hohen Wahrscheinlichkeit anfallen, lassen sich mit ebenfalls hoher Wahrscheinlichkeit relevante Kosten senken, aber auch zu einer besseren Lebensqualität des Patienten beitragen. Und nur dort, wo diese Kosten aus fachlicher Sicht als vermeidbare Über- oder Fehlversorgung zu werten sind, kann das Case Management eine Veränderung bewirken. Es geht also um die Vorhersehbarkeit und um die Vermeidbarkeit hoher Behandlungskosten. Am Beispiel des Versorgungsmanagements und der Potenziale des Case Managements zeigt sich, dass differenzierte Managemententscheidungen zur Steuerung und zur Qualität der Versorgung das Handeln der Unternehmung „Krankenkasse" bestimmen.

24.4.1.3 Versichertenstruktur managen

Die aktuelle Entwicklung auf dem GKV-Markt ist von Fusionen und Zusammenschlüssen geprägt. Diese Marktkonzentration ist nicht neu, hat sich aber seit der Einführung des Gesundheitsfonds beschleunigt. In diesem Prozess reduzierte sich seit Anfang der 90er Jahre die Zahl der Krankenkassen von rund 1.200 auf rund 160. Nur noch ein Zehntel der ursprünglichen Anzahl von Krankenkassen ist im Markt vertreten und es kann erwartet werden, dass sich diese Entwicklung weiter fortsetzt.

Unter ökonomischen Gesichtspunkten spielt die Anzahl der Versicherten in einer Kasse eine entscheidende Rolle für die Verteilung des Risikos. Dahinter steht das Gesetz der großen Zahl: Größere Mengen verhalten sich statistisch gleichmäßiger und sind daher besser planbar. Eine größere Kasse ist eher in der Lage, weit über dem GKV-Durchschnitt liegende Kosten, die nicht über den morbiditätsorientierten Risikostrukturausgleich (Morbi-RSA) ausgeglichen werden, über die eigene Solidargemeinschaft abzusichern. Eine kleine Kasse kann schon durch die Versicherung eines schwerstkranken Menschen mitunter in eine finanzielle Schieflage geraten.

Darüber hinaus ist die Größe einer Kasse zweifelsohne ausschlaggebend für ihre Stellung im Markt. Sie gewinnt mehr Verhandlungs- und Einkaufsoptionen gegenüber Leistungserbringern. Aufgrund der größeren „Absatzmenge" ist die Wahrscheinlichkeit groß, Verträge mit besseren Konditionen mit Leistungserbringern für sich und ihre Versicherten auszuhandeln, z. B. Arzneimittelrabattverträge. Im Ergebnis führt dies zu geringeren Durchschnittskosten (als Ursache für Economies of Scale).

Der Erfolgsfaktor Größe ist somit ein zentraler Motivator für den seit einigen Jahren zu beobachtenden Konzentrationsprozess in der GKV. Jedoch lässt sich die Wachstumsschraube nicht unendlich weit drehen. So gilt auch für die GKV das Gesetz gegen Wettbewerbsbeschränkungen (GWB) samt seiner Monopol-Regelungen. Daneben zeigt aber auch die Betriebswirtschaftslehre die Grenzen möglichen Versichertenwachstums auf: Zum einen ist der Markt der GKV begrenzt. Zum anderen konkurrieren alle Kassen bei dem Anliegen der Stärkung ihrer Solidargemeinschaft prinzipiell um den unter Morbi-RSA-Gesichtspunkten attraktiven Kunden. Da ein „gesünderes Klientel" aber nicht grenzenlos vorhanden ist, ergibt sich mit steigender Versichertenzahl rein mathematisch ein „abnehmender Grenznutzen" je Versichertem.

Neben der Erzielung von quantitativen Vorteilen kommen bei Fusionen weitere Faktoren zum Tragen, die als qualitative Verbundvorteile bezeichnet werden („Economies of Scope"). Fusionspartner verfügen über Beziehungsnetzwerke zu Leistungserbringern und haben je nach ihren individuellen Präferenzen Verträge abgeschlossen und Handlungsprogramme aufgesetzt. Durch einen Zusammenschluss können neue Handlungsspielräume für die Vertrags- und Versorgungsgestaltung entstehen. Orientiert sich eine Kasse bei der Analyse am Best Practice-Beispiel, dann kann es gelingen, die Versorgungssituation durch eine Optimierung der Verträge zugunsten der Versicherten immer weiter zu verbessern. Auch können Verbundvorteile durch die gegenseitige Nutzung von Ressourcen entstehen, wie z. B. ein optimiertes Vertriebsnetz. Und nicht zuletzt erfährt eine große Kasse bei hinreichender Lobbyarbeit deutlich mehr Aufmerksamkeit in Politik und Medien.

Mit dem Faktor „Größe" lassen sich also verschiedene quantitative und qualitative Vorteile erzielen. Er steht in engem Zusammenhang mit weiteren strategischen Entscheidungen, die das Management zu treffen hat. Dazu gehören beispielsweise die individuelle Wettbewerbsstrategie, die vertriebliche Ausrichtung auf bestimmte Kundensegmente sowie das Auftreten gegenüber Verhandlungspartnern wie Arzneimittelherstellern, Ärzten und Krankenhäusern. Die Einzelfacetten Preis, Service- und Versorgungsqualität sowie die öffentliche Wahrnehmung einer Krankenkasse führen dann zusammenfassend zu einem Image, das sich übergreifend auf den Marktanteil einer Kasse auswirkt.

Vertriebsmanagement

Unabhängig davon, ob eine Krankenkasse entscheidet, lediglich die eigene Unternehmensgröße zu erhalten oder eine Wachstumsstrategie zu verfolgen, ist es aus wettbewerblichen Gründen geboten, die begrenzten personellen und finanziellen Ressourcen zielgerichtet einzusetzen. Für die Steuerung des Vertriebs gilt es dazu festzulegen, welche Vertriebswege für welche Zielkunden beschritten werden und auf welche Vertriebsgebiete sich eine Kasse zu welchem Zeitpunkt fokussiert.

Die vertriebliche Ausrichtung auf bestimmte Kundensegmente

Die Auswahl des Zielkorridors ist das Ergebnis sorgfältiger Analysen der eigenen Mitgliederstruktur und der unterschiedlichen Kundensegmente. Aus Unternehmenssicht sind ganzheitliche, differenzierte Betrachtungen über die einzelnen Versichertenkohorten erforderlich, um die Vertriebsaktivitäten nach unterschiedlichen Kundengruppen gezielt auszurichten. Eine Basis der Analysen und Ausrichtung des Vertriebs sind die risikoadjustierten Zuweisungen für die Versicherten. Differenzierte Deckungsbeitragsanalysen sind in einem solidarischen Versicherungssystem mit Kontrahierungszwang notwendig, um die Balance zwischen den unterschiedlichen Risiken im Blick zu haben.

Die genaue Kenntnis anvisierter Zielgruppen erlaubt es, sich mit Kundenbindungsmaßnahmen und Gewinnungsaktivitäten direkt den jeweiligen Bedürfnissen anzupassen und adäquate Formen der Ansprache einzusetzen. Für den Erfolg werblicher Maßnahmen sind Kenntnisse über Einstellungen und Werte mit der daraus resultierenden Erwartungshaltung, Vorlieben, Statusbewusstsein, etc. von Nöten, um in der Kommunikation die richtigen Worte und Bilder zu finden.

Vertriebsgebiete

Auch die Managemententscheidung, in welchen Vertriebsgebieten eine Krankenkasse mit welcher Intensität und Ausstrahlung tätig wird, ist für die zukünftige Mitgliederstruktur von Bedeutung. Sofern es sich beispielsweise um bundesweit tätige Krankenkassen handelt, stellt sich die Frage, ob vertriebliche Ressourcen regional unterschiedlich eingesetzt werden. Die Kenntnis über die Rahmenbedingungen in den Regionen ist für die Gesamtbeurteilung bedeutend. Eine Regionenanalyse berücksichtigt mehrere Faktoren, die auf der einen Seite die Attraktivität und Erreichbarkeit der Kunden widerspiegeln, auf der anderen Seite die Versorgungs- und Wettbewerbssituation berücksichtigen. Urbane Zentren beispielsweise sind in der Regel durch eine große Versorgungsdichte, ein hohes Kostenniveau und eine intensive Wettbewerbssituation gekennzeichnet. Vor diesem Hintergrund ist der wirtschaftliche Einsatz vertrieblicher Ressourcen auch in Abhängigkeit von der Besiedlungsdichte und -struktur zu reflektieren.

24.4.1.4 Service und Dienstleistung

In den vergangenen Jahren ist die Serviceorientierung der Krankenkassen gewachsen. Den Standard zur Erfüllung der Kundenerwartung kontinuierlich auszubauen, trägt entscheidend zur Zukunftsfähigkeit einer Unternehmung bei. Dabei können eine flächendeckende Kundennähe, Kompetenz und die adressatengerechte emotionale Ansprache wichtige Parameter im GKV-Wettbewerb sein. Einige Kassen setzen ganz gezielt auf einen hohen Servicelevel als Alleinstellungsmerkmal. Ihr Ziel: Die Kunden besser zu betreuen als die Wettbewerber. Optimierungen bei Beratung, Betreuung, Information und Aufklärung der Kunden stellen hier wesentliche Erfolgsgrundlagen eines Dienstleistungsunternehmens dar.

Die Attraktivität einer Krankenkasse in ihrem Verständnis als Dienstleistungsunternehmen hängt in daher Folge vor allem davon ab, wie präzise Mitarbeiterinnen und Mitarbeiter das grundlegende Serviceversprechen einhalten und kommunizieren. Dabei kommt es zunächst nicht darauf an, die Erwartungen der Versicherten zu übertreffen, sondern ihnen die Lösung ihres Problems bzw. Anliegens zu erleichtern oder abzunehmen.

Kassen, die sich gezielt auf ihre Versicherten ausrichten und damit ebenso an Attraktivität für Neukunden gewinnen wollen, bedienen sich kontinuierlicher Messungen der Kundenzufriedenheit und -bedürfnisse. Durch den Einsatz unterschiedlicher Methoden und Instrumente der Markt- und Sozialforschung werden Unternehmen zudem in die Lage versetzt, einen aktuellen und umfassenden Überblick über ökonomische, wettbewerbliche und gesellschaftliche Entwicklungen zu erhalten. Auf Basis dieser Informationen können Erwartungen der Versicherten differenziert wahrgenommen und eingeordnet werden.

Aus der Kundenanalyse entwickelte Maßnahmen verfolgen das Ziel einer aktiven Integration der Versicherten bis zu einer zielgruppengerechten Produktentwicklung. Denn auch bei der Produktentwicklung lässt sich das Wissen über Zielgruppen sinnvoll einsetzen, um Leistungsangebote, Tarife und Dienstleistungen zu schaffen, die den Wünschen und Bedürfnissen der einzelnen Versichertengruppen optimal entsprechen.

Insgesamt geht es darum, nachhaltig einen überlegenen Kundennutzen zu generieren. Er muss für den Kunden subjektiv wahrnehmbar sein und damit zu einer positiven Unterscheidung von Wettbewerbern beitragen. Das Management ist in diesem Sinne für das Wertesystem einer Kasse verantwortlich und prägt das Selbstverständnis des Unternehmens als versorgungspolitisch aktive Institution, die gesellschaftliche Verantwortung übernimmt.

24.4.1.5 Marketing als Baustein des wettbewerbsorientierten Krankenkassenmanagements

In stark reglementierten Märkten mit relativ homogenen Produkten bzw. Leistungsportfolios und wenigen Möglichkeiten der Preisgestaltung, stellt eine Profilierung im Markt eine besondere Herausforderung dar.

Durch eine starke Marke können sich Unternehmen jedoch einerseits profilieren und andererseits den Orientierungsbedürfnissen ihrer Kunden gerecht werden. So sind auch Krankenkassen gefordert, ihre Profile zu schärfen und Vorteile durch diverse Marketingaktivitäten zu kommunizieren.

Für das Marketing einer Krankenkasse sind drei Dimensionen der Zielgruppenunterscheidung relevant:

1. Lebensphase (jung vs. alt),
2. Lebenslage (gesund vs. krank, wohlhabend vs. arm),
3. Soziokulturelle Differenzierung (Bildungsstand, Einstellungsmuster und Wertesets).

Denn es reicht für ein erfolgreiches Marketing nicht mehr aus, die Kommunikation an Junge oder Alte, an Gesunde oder Kranke zu richten, vielmehr müssen die tiefliegenden Einstellungsmuster, persönlichen Werte und Normen der Menschen berücksichtigt werden, um Kommunikation effektiv zu gestalten und die Marke zu schärfen.

Durch die Segmentierung des Marktes nach den drei Dimensionen entstehen Zielgruppen, die anschließend auf ihre spezifischen Merkmale untersucht werden. Dabei werden zunächst die Gruppen in den Fokus genommen, die prinzipiell für die eigene Marke erreichbar sind[3].

Für diese jeweils durch ihre Bedürfnisse und Wertesets definierten Gruppen werden sowohl angepasste Produkte (z. B. Wahltarife) als auch Kommunikationsstile und Kommunikationskanäle festgelegt. Entscheidend ist dabei, dass die „Botschaften", die dabei gesendet werden, mit den zentralen Unternehmenszielen und der Marke konsistent sind.

---

[3] Im Markt der Krankenversicherung hängt dies noch immer stark vom Alter ab. Personen, die über 50 Jahre alt sind und eine lange Bindungsdauer an eine Krankenkasse aufweisen, sind zu einem Wechsel deutlich weniger motiviert als jüngere Versicherte.

Entwicklung eines zielgruppengerichteten Krankenkassenmarketings

Die Marketing- und Kommunikationsstrategie muss all diesen Herausforderungen gerecht werden und deshalb folgende Kommunikationsschwerpunkte bedienen:

- Welche individuellen Produktvorteile zur Verbesserung des persönlichen Kosten-Nutzen Verhältnisses können geboten werden? Hierbei kann es sich um spezielle Satzungsleistungen, bessere Services, Wahltarife, Zusatzversicherungen oder Bonusprogramme handeln. Für die unterschiedlichen Zielgruppen müssen angepasste Produktvorteile entwickelt und kommuniziert werden. So sind z. B. für jüngere Zielgruppen mit höherer Risikobereitschaft Wahltarife mit Selbstbehaltelementen attraktiv. Für Versicherte mit höherem Sicherheitsbedürfnis können insbesondere Zusatzversicherungen zur weiteren individuellen Absicherung attraktiv sein.
- Die Ausdifferenzierung der unterschiedlichen Lebensphasen zeigt sich u. a. in der Ausdifferenzierung des Informations- und Kommunikationsverhaltens. So weisen Menschen in vergleichbaren Lebensphasen häufig ein sehr unterschiedliches Informationsverhalten auf. Für das Marketing einer Krankenkasse ist es deshalb heute unerlässlich, Themen nicht nur auf einem Kommunikationskanal zu transportieren, sondern die unterschiedlichen Medien und Kommunikationsplattformen adäquat zu nutzen. Möglichkeiten zur Rückenprävention können heute auch über Videoplattformen wie „Youtube" angeboten werden und müssen nicht in jedem Fall in Präsenzkursen vermittelt werden.
- Die stärkere Onlineausrichtung der Kommunikation fordert von einer Krankenkasse die offensive Bedienung dieses Kommunikationskanals. So ist es heute nahezu unerlässlich, sich in sozialen Netzwerken und diversen Internetforen zu präsentieren und Dialogbereitschaft zu signalisieren. Neben der direkten persönlichen Kommunikation und die Nutzung klassischer Medien als Werbeplattformen treten mehr und mehr die vielfältigen Möglichkeiten des Onlinemarketings.
- Mündige Versicherte möchten nicht nur passive Informationsrezipienten sein, sie suchen den Dialog und die Kommunikation „auf Augenhöhe". Arztbewertungsportale, Diskussionsforen auf der Internetseite der Krankenkasse und sogenannte „Co-Creation-Ansätze"[4] bieten die Möglichkeit des echten Dialogs und des „voneinander Lernens" von Krankenkasse und Versicherten.
- Dem wachsenden Informationsbedarf an qualitätsgesicherten Gesundheitsinformationen kann eine Krankenkasse durch optimierte Kommunikation zu Lebensstil und Prävention sowie mit weiter entwickelten Fallmanagementkonzepten unter aktiver Einbeziehung der Patienten begegnen.

---

[4] Unter Co-Creation versteht man die Entwicklung von Produkten und Services unter direkter Einbeziehung von Betroffenen (vgl. dazu Infoletter der LMU München, August 2010). http://www.marketing.bwl.uni-muenchen.de/8_fgm/fgmpdf/fgm_aktuell_59.pdf

Der Markterfolg einer Krankenkasse ist heute stärker denn je davon abhängig, als zukunftsorientierter, versichertennaher Dienstleister mit hoher Service- und Innovationskompetenz wahrgenommen zu werden.

24.4.1.6 Personal

Demografische Herausforderung beim Personalmanagement

Die Herausforderungen des Personalmanagements bei Krankenkassen unterscheiden sich nicht grundlegend von denen der Privatwirtschaft. Insbesondere das aktuell vorherrschende Thema des Personalmanagements – die demografische Entwicklung – betrifft auch die Krankenkassen in mehrfacher Hinsicht: Auf der einen Seite gilt es zunächst, den Herausforderungen einer älter werdenden Mitarbeiterschaft zu begegnen. Zugleich kann die demografische Bevölkerungsentwicklung, sowohl in weiten Teilen der deutschen Wirtschaft als auch in der Gesundheitsbranche, in absehbarer Zeit zu einem erheblichen Mangel an Fachkräften führen. Vor diesem Hintergrund muss die Attraktivität der Beschäftigung auch bei Krankenkassen nachhaltig sichergestellt werden, um im „Wettbewerb um Talente" bestehen zu können. Die demografischen Veränderungen beeinflussen zudem die Altersstruktur der Versicherten und damit auch die Herausforderung bei der Gesundheitsversorgung. Daraus ableitend ergeben sich veränderte Anforderungen an das Personal bei den Krankenkassen, um die Zukunftsfähigkeit des Unternehmens sicherzustellen.

Akademisierung bei den Berufsbildern

Die Rahmenbedingungen der GKV haben dabei entscheidende Auswirkungen auf das Personalmanagement von Krankenkassen. Der Wettbewerb um die Versicherten sowie die vielfältigen erweiterten Aufgaben und Prozesse in der Steuerung der Gesundheitsversorgung durch die Einführung innovativer Versorgungsformen, stellen höhere Anforderungen an die Beschäftigten. Die Aufgaben der Kassen sind so umfangreich und auch vom Rechtsrahmen her so komplex, dass der einzelne Beschäftigte nicht in der Lage ist, alle Aspekte bis ins letzte Detail zu beherrschen. Zudem entwertet die zunehmende Dynamik im Bereich der gesetzlichen Krankenversicherung fachliches Wissen immer schneller, während die Bedeutung von sozialen und methodischen Kompetenzen immer mehr zunimmt. Die aktuellen Rahmenbedingungen fordern daher eine breite Basis an erstklassig ausgebildeten Führungs- und hoch spezialisierten Fachkräften, die vor Ort in weiten Bereichen eigenständig agieren und entscheiden. Folglich ist in den letzten 10 Jahren eine Akademisierung der Berufsbilder bei den Krankenkassen zu beobachten. Waren hier in der Vergangenheit fast ausschließlich Sozialversicherungsfachangestellte („Sofas") anzutreffen, finden sich nun zunehmend Mediziner, Apotheker, Versicherungs- und Gesundheitsökonomen, Versicherungsmathematiker, Politikwissenschaftler, Juristen und Betriebswirte in den Reihen der Beschäftigten, die mit ihrer Expertise entscheidend zur Weiterentwicklung der Unternehmen beitragen.

Kompetenzen fördern

Die erforderlichen Kompetenzen für ein erfolgreiches Bestehen am Markt werden klassischerweise aus der Unternehmens- und Personalstrategie abgeleitet. Der entscheidende Faktor ist dabei natürlich das Fachwissen rund um die Sozialgesetzgebung. Gleichwohl werden mit Bezug auf die Weiterentwicklung der GKV-Landschaft grundsätzliche betriebswirtschaftliche Kenntnisse sowie ökonomisches Denken und Handeln immer wichtiger. Aufgrund der unterschiedlichen Anforderungen bietet es sich an, ein modulares Kompetenzmodell zu entwickeln, das Raum für funktionsbezogene Gewichtungen der einzelnen Fähigkeiten bietet und zudem bei sich ändernden Rahmenbedingungen anpassungsfähig ist. Ausgehend von den Komponenten Fachkompetenz, Methodenkompetenz, Führungskompetenz und soziale Kompetenz ist es naheliegend, dass nicht jedes Kompetenzfeld auf allen Hierarchie- und Funktionsebenen für das Unternehmen eine gleich hohe Bedeutung hat. Bei Kundenberaterinnen und Kundenberatern in einer Geschäftsstelle ist beispielsweise eine detaillierte Fachkompetenz viel stärker gefordert als Führungskompetenz. Geschäftsstellenleiterinnen und Geschäftsstellenleiter einer großen Geschäftsstelle mit mehreren Hundert Mitarbeiterinnen und Mitarbeitern wiederum müssen ein ganz anders gewichtetes Kompetenzprofil ausfüllen. Hier ist die Führungskompetenz von herausragender Bedeutung während fachliche Aufgaben mehr in den Hintergrund treten.

Darüber hinaus können sich Kompetenzanforderungen im Lauf der Zeit verändern. Für das Personalmanagement ist die Erkenntnis von Bedeutung, dass zukünftig beispielsweise die Fähigkeit zum Umgang mit immer schnelleren Veränderungen eine verstärkte Rolle spielen wird. Ebenso werden – bedingt durch die Zunahme von Heimarbeitsplätzen – die Anforderungen an Mitarbeiterinnen und Mitarbeiter sowie Führungskräfte hinsichtlich des Teamworks auf Distanz deutlich ansteigen. Demgegenüber ist davon auszugehen, dass andere Kompetenzen, denen heute eine hohe Bedeutung beigemessen wird, in einigen Jahren oder Jahrzehnten an Bedeutung einbüßen werden.

Dies hat Auswirkungen auf die Personalarbeit: Von der Personalauswahl über die Aus-, Fort- und Weiterbildung inklusive individueller Förderungs- und Qualifikationsmaßnahmen bis hin zu Entwicklungsbeurteilungen. So kann ein modulares Kompetenzmodell zum Schlüsselelement der Personalarbeit werden, da es sowohl fundierte Orientierung für das Hier und Heute als auch ausreichend Flexibilität bietet, um auf zukünftige Veränderungen angemessen reagieren zu können.

Ausbildung kontinuierlich weiterentwickeln

Gerade mit Blick auf den drohenden Fachkräftemangel kommt der Ausbildung in eigenen Unternehmen eine wichtige Rolle zu, weil sie nach wie vor die zentrale Quelle für qualifiziertes und junges Personal ist. Bereits seit den frühen 1970er Jahren werden seitdem die Curricula laufend den sich ändernden Rahmenbedingungen angepasst und das Ausbildungskonzept verbessert. So haben beispielsweise die Schwerpunkte Vertriebsausrichtung und Kundenorientierung immer größeren Raum in den Lehrplänen eingenommen. Daneben haben die Krankenkassen auf die betriebswirtschaftlichen Anforderungen in der GKV reagiert und bilden in weiteren Ausbildungsberufen aus. So werden bei vielen Krankenkassen zusätzlich seit einigen Jahren Kaufleute im Gesundheitswesen ausgebildet, deren Schwerpunkt im kaufmännischen Wissen liegt und lediglich durch ein sozialversicherungsrechtliches Basiswissen ergänzt wird.

Fortwährende Bildung für Mitarbeiterinnen und Mitarbeiter

Nach Abschluss der Ausbildung ist kontinuierlich einzufordern, das Wissen ständig zu aktualisieren und zu erweitern. Entsprechende Anpassungsfortbildungen müssen dazu dienen, dieselbe Tätigkeit auf gleichbleibend hohem Niveau ausführen zu können. Spezielle Anlässe sind immer wieder sich ändernde Gesetzeslagen, oder wenn neue IT-Systeme eingeführt werden. Für Führungskräfte ist darauf zu achten, sie in „soft skills" zu schulen, wie z. B. „Gesundes Führen", „Erfolgsfaktor Motivation" oder „Teamentwicklung".

Daneben stellen Entwicklungsfortbildungen eine Möglichkeit dar, um Mitarbeiterinnen und Mitarbeiter auf neue, gegebenenfalls höherwertige Aufgaben und Führungspositionen vorzubereiten. Neben unternehmensinternen Qualifizierungsmaßnahmen bietet sich in diesem Bereich auch die Möglichkeit des Hochschulstudiums. Auch hier gibt es – abgesehen von externen Einstellungen – diverse Wege, akademisches Expertenwissen für das Unternehmen zu erschließen. Duale Studiengänge ermöglichen überdurchschnittlich guten Abiturientinnen und Abiturienten das Studium parallel zum anerkannten Ausbildungsabschluss. Zu einem späteren Zeitpunkt im Berufsleben können berufsbegleitende Studiengänge angeboten werden. Die Auswahl der aus unternehmerischer Sicht sinnvollen Fachrichtungen, der Grad der Freistellung der studierenden Mitarbeiterinnen und Mitarbeiter, eine eventuelle finanzielle Unterstützung hinsichtlich der Studiengebühren oder durch Lohnfortzahlungen – all dies gilt es, je nach Situation individuell zu entscheiden.

Auf dem Weg zur lernenden Organisation

Eine kontinuierliche Anpassung des Wissensstandes an die aktuellen Umstände ist dabei nicht nur ein Schritt auf dem Weg zur „lernenden Organisation". Fort- und Weiterbildung, Leistungserfolg und Entfaltungsmöglichkeiten erhöhen die Arbeitszufriedenheit. Sind die Mitarbeiterinnen und Mitarbeiter zufrieden mit ihrem Arbeitsplatz, steigen Arbeitsleistung und Engagement, während Fluktuation und Fehlzeiten sinken. Gerade für eine Krankenkasse spielt der nachgewiesene Zusammenhang zwischen Arbeitszufriedenheit und Gesundheit der Mitarbeiterinnen und Mitarbeiter eine wichtige Rolle. Attraktive Arbeitsbedingungen verbessern die Chancen, auf dem Arbeitsmarkt auch in Zukunft in Zeiten des demografischen Wandels qualifizierte Mitarbeiter zu akquirieren.

24.4.2 Wirtschaftlichkeit als Grundlage des Managements

Das Wirtschaftlichkeitsgebot des § 12 des SGB V schreibt den wirtschaftlichen Umgang mit den Versichertengeldern vor. Als Körperschaften des öffentlichen Rechts, die aus Zwangsbeiträgen finanziert werden, ist der sorgsame und wirtschaftliche Umgang mit den bereitgestellten finanziellen Mitteln ein konstitutives Merkmal der gesetzlichen Krankenversicherung. Dabei gilt es stets, den Ausgleich zwischen den Leistungsansprüchen der kranken Versicherten auf der einen Seite und den berechtigten Interessen der Beitragszahler nach niedrigen Beiträgen auf der anderen Seite, zu wahren. Der Wettbewerb in der GKV ergänzt dabei den Anspruch des Gesetzgebers nach wirtschaftlichen, innovativen und qualitativ-hochwertigen Versorgungslösungen zu suchen.

24.4.2.1 Controlling als Führungsaufgabe

Ursachen für negative Ergebnisse oder Gefährdungen einer Kasse sind nicht selten wechselnde Rahmenbedingungen oder erst im Nachhinein erkannte Fehleinschätzungen der finanziellen Folgewirkungen. Ein Unternehmen muss sich deshalb für das Management in all seinen Facetten so transparent darstellen, das es auch bei Turbulenzen im Markt sicher auf die gesetzten Ziele zusteuern kann. Wichtig ist also, ständig zu wissen, was in seinem Unternehmen vorgeht. Denn es muss umgehend handeln, wenn sich einzelne Unternehmensbereiche oder Projekte nicht wunschgemäß entwickeln.

An diesem Punkt setzt Controlling an. Das Management setzt Ziele, plant, setzt um und überprüft regelmäßig, ob das Unternehmen auf Kurs ist. Controller stehen dem Management dabei zur Seite. Das Controlling hilft dabei, dass die Ziele einer Kasse, zum Beispiel ein wettbewerbsfähiger Preis bei kundenorientiertem Versorgungsangebot, noch besser erreicht werden und dadurch die Marktposition stabilisiert oder ausgebaut wird.

Die Begriffe Management und Controlling gehören zwar eng zusammen, trotzdem gibt es aber einen deutlichen Unterschied zwischen Management- und Controllingaufgaben: Das Management – hier der Vorstand – als Kopf des Unternehmens, steuert und ist damit verantwortlich für das Unternehmensergebnis bzw. den Erfolg. Das Management trifft strategische Entscheidungen, agiert und reagiert, um die Ziele an die sich ändernden Bedingungen seitens der Kunden, der Politik und der Wettbewerber anzupassen. Das Management trifft seine Entscheidungen mit Hilfe von Informationen, die ihm zugearbeitet und aufbereitet werden. Auf Basis von Daten wird das Controlling in die Lage versetzt, spezifische Kennzahlensysteme einzuführen. Controlling bedeutet „ganzheitliches Denken". Entscheidungen sind immer unterschiedlich motiviert, mal geht es darum, politisch zu agieren, mal strategisch im Hinblick auf die Konkurrenz. Alle Kassen sind jedoch zur Wirtschaftlichkeit angehalten, daher sollten immer auch ökonomische Aspekte mit in die Überlegungen einbezogen werden, auch wenn nicht jede Managemententscheidung finanziell getrieben ist. Die Einschätzung wirtschaftlicher Effekte ist letztlich für alle Mitarbeiterinnen und Mitarbeiter einer Kasse von Bedeutung, die ebenfalls Steuerungsaufgaben übernehmen.

Das Spektrum des Management und Controllings umfasst sowohl strategische als auch operative Aufgabenstellungen. Für die Vorstandsentscheidung, welche Wettbewerbsstrategie eine Kasse umsetzt, sind im Vorfeld viele Fragen zu klären, bei deren Beantwortung eine Controllingabteilung mit entsprechenden Analysen zum Wechselgeschehen, zu Kundenpräferenzen oder Ertragsprognosen Hilfestellung leisten kann. Die Deckungsbeitragsrechnung liefert dem Management Anhaltspunkte für die operative Leistungssteuerung und dient als zentrale Kennzahl in der Geschäftsplanung.

Das Controlling stellt den Überblick über die Vorhaben und Pläne der verschiedenen Fachbereiche sicher, zeigt bei Bedarf Wechselwirkungen und Zielkonflikte auf und unterstützt den Vorstand so bei der Ausrichtung aller Organisationsbereiche auf die festgelegten Unternehmensziele.

24.4.2.2 DB-Rechnung als maßgebliches Instrument der Unternehmenssteuerung

Nach und nach haben die meisten betriebswirtschaftlichen Instrumente, teilweise modifiziert, Eingang in den öffentlichen Sektor gefunden – so auch das in der Privatwirtschaft etablierte Controlling-Instrument *Deckungsbeitragsrechnung*.

Dank der sich laufend weiter entwickelnden technischen Möglichkeiten und des Datenaustauschs zwischen Kassen und Leistungserbringern, hat das Volumen verfügbarer Daten deutlich zugenommen. Damit sind Krankenkassen heute schnell in der Lage, Transparenz über Einnahmen und Ausgaben zu erhalten, um damit einen effizienten Ressourceneinsatz zu verwirklichen: Eine effektive Kostensteuerung, die Kontrolle über die Verwaltungskosten und die vertriebliche Ausrichtung zur gezielten Einflussnahme auf den Versichertenmix.

Eine entscheidende Bedeutung ist dabei der Deckungsbeitragsrechnung zugewachsen. Sie gibt an, welcher Betrag nach Gegenüberstellung der Einnahmen und Leistungsausgaben zur Versorgung der Versicherten der Solidargemeinschaft zur Verfügung steht. Mit dem stufenweisen Abzug der variablen – also versichertenbezogenen – Kosten von den Gutschriften aus dem RSA gewinnt das Management vielfältige Entscheidungshilfen, zum einen für die vertriebliche Ausrichtung, zum anderen für die Einführung oder den Roll-Out von Versorgungsprogrammen für die Versicherten.

Für jedes größere Unternehmen ist der Deckungsbeitrag ein maßgebliches Kriterium zur Bewertung der Wirtschaftlichkeit von Produkten als auch von Prozessen und inzwischen ein unverzichtbares Steuerungsinstrument. Der Deckungsbeitrag des Gesamtunternehmens (bzw. der Deckungsbeitrag einer einzelnen organisatorischen Einheit) ist Ausdruck der Effizienz, spiegelt die Wettbewerbssituation wider und ist ein Äquivalent zum Beitragssatz einer Kasse.

24.4.3 Vom Preiswettbewerb zum Preis-Leistungswettbewerb

Der Wettbewerb in der GKV ist – neben allen Bemühungen der Krankenkassen um eine Differenzierung über Leistungsgestaltung und Service – definiert über den Preis. Empirische Analysen belegen – darauf wurde bereits hingewiesen – dass eine hohe Korrelation zwischen dem Preis und den Mitgliederbewegungen sowohl im Positiven, als auch im Negativen besteht. Die Preiselastizität der Nachfrage ist relativ hoch, da die Versicherten sehr sensibel auf Preiserhöhungen reagieren.

Heute ist entsprechend der Systematik des Gesundheitsfonds (mit einem für alle Krankenkassen gültigen allgemeinen Beitragssatz) grundsätzlich von der Preisdifferenzierung über die kassenindividuellen Zusatzbeiträge auszugehen.

Dieser Zusatzbeitragswettbewerb – wie er politisch angestrebt wird – ist derweil erst marginal entwickelt. Vielmehr zeigt sich, dass auch im dritten Jahr des Gesundheitsfonds ganz deutlich eine Vermeidungsstrategie „Zusatzbeitrag" bei den Krankenkassen vorherrscht. Lediglich 13 Krankenkassen müssen derzeit (Stand: März 2011) einen Zusatzbeitrag erheben und wenige Krankenkassen zahlen ihren Versicherten Prämien aus.

Die Intention des Gesetzgebers war jedoch eine andere: Lediglich im Jahr 2009, dem Startjahr des Gesundheitsfonds, sollten die Krankenkassen – vermutlich nicht zuletzt aufgrund der in diesem Jahr stattfindenden Bundestagswahlen – keine Zusatzbeiträge erheben müssen. Zu diesem Zweck wurde die Höhe der Ausschüttungen aus dem Gesundheitsfonds auf die prognostizierten Gesamtausgaben fixiert. So konnten alle Krankenkassen zunächst 2009 eine Erhebung von Zusatzbeiträgen vermeiden. Selbst wenn eine Krankenkasse individuell, aufgrund einer überdurchschnittlichen Morbidität, nicht genügend Mittel aus dem Gesundheitsfonds erhielt, können fehlende Mittel kurzfristig aus der gesetzlichen Rücklage geschöpft werden.

Insofern entfaltete erst ab dem Jahr 2010 der Preiswettbewerb über Zusatzbeiträge seine Wirkung. Die Ausschüttungen des Gesundheitsfonds an die Krankenkassen lagen 2010 bei rund 98 Prozent der Ausgaben der Krankenkassen, was in der Konsequenz zur flächendeckenden Einführung von Zusatzbeiträgen im Laufe des Jahres hätte führen müssen. Tatsächlich haben seit Frühjahr des Jahres 2010 nur wenige Krankenkassen einen Zusatzbeitrag erhoben, während die Mehrheit der Kassen die politischen Entwicklungen des Jahres kritisch beobachtete. Es zeichnete sich frühzeitig ab, dass sich die neue schwarz-gelbe Bundesregierung – statt auf die angekündigte Radikalreform – nur auf ein Sparpaket, die Erhöhung des allgemeinen Beitragssatzes sowie einen gut gefüllten Gesundheitsfonds für das Jahr 2011 einigen würde. Folglich entschieden sich viele Kassen, Zusatzbeiträge so lange wie möglich hinauszuzögern, um nicht ebenfalls von massiven Mitgliederverlusten – die bei der Konkurrenz zu beobachten waren – betroffen zu sein.

Vor diesem Hintergrund fehlen zur Bewertung des Preiswettbewerbs unter dem Regime des Zusatzbeitrags umfassende und belastbare empirische Erkenntnisse. Aus den Erfahrungen der Vergangenheit lässt sich jedoch die hohe Korrelation zwischen Preis und Mitgliederbewegung gesichert ableiten. Dieses wird zusätzlich durch die Beobachtung des Marktes im Jahr 2010 gestützt. Es ist abzuwarten, ob die einseitige Preisfixierung der Konsumenten zukünftig auch durchbrochen werden kann. Der Blick der Versicherten auf das Preis-Leistungsverhältnis einer Krankenkasse wird unter den spezifischen divergierenden Interessen der Versicherten (hier Gesunde, dort Kranke) weiter zu fördern sein.

Versicherte können dann ihre Wahlentscheidung für eine Versicherung vom besten individuellen Angebot und der Qualität der Leistungen abhängig machen. Krankenkassen, die die Investitionen in die Gesundheit ihrer Versicherten nicht scheuen und aktiv auch selektivvertragliche Möglichkeiten ausschöpfen, ein effizientes Versorgungsmanagement, einen exzellenten, flächendeckenden Service und kompetente Beratung anbieten, lenken den Fokus der Kunden auf ihr Leistungspaket. Die Differenzierungsmöglichkeiten, unter den gegebenen Rahmenbedingungen zu nutzen und dabei auch ein Alleinstellungsmerkmal einer Kasse herauszustellen, ist dabei die Kunst des Managements. Die unter 24.4.1 herausgestellten Managemententscheidungen stellen, neben der nur langfristig zu verändernden Mitgliederstruktur, in der Summe die Parameter dar, die das Preis-Leistungsverhältnis einer Krankenkasse bestimmen.

Wie jedes andere Unternehmen muss auch eine Krankenkasse ihr Ohr am Puls der Zeit haben, die Marktbedingungen ständig beleuchten und ihren Einfluss auf den Wettbewerb beurteilen. Durch Beschreibung verschiedener Szenarien gilt es, die passende Wettbewerbsstrategie zu finden.

Fazit

Die Zielprojektionen an ein Unternehmen Krankenkasse sind facettenreich, anspruchsvoll und folgen ökonomischen, sozialen, gesellschaftlichen und demografischen Entwicklungen. Dem Management stehen dabei vielfältige Erwartungen gegenüber

- als aktiver Gestalter der Prozesse in der Patientenversorgung,
- als Initiator in der Gesundheitsvorsorge und Krankheitsvermeidung (Prävention),
- als Vermittler von patientengerechten Informationen,
- als Stabilisator für die Ausgabenentwicklung im Gesundheitswesen,
- als Organisationsentwickler und Steuerer der Finanzentwicklung,
- als Promotor für echte Innovationen in der medizinischen Versorgung,
- als Treiber für Qualität und Transparenz über das medizinische Angebot,
- als verlässlicher Arbeitgeber, oder
- als Unternehmer und Manager im Gesundheitsmarkt.

Die Beispiele zeigen, dass sowohl interne wie auch öffentliche Aufgaben zu erfüllen sind. Dabei gilt: Das Gesundheitswesen ist angesichts seiner hohen finanziellen Bedeutung, seinem Angebot an zukunftssicheren Arbeitsplätzen und seinem hohen Innovationspotenzial inzwischen eines der bedeutendsten Wirtschaftszweige. Die vertraglichen und finanziellen Beziehungen zwischen den Akteuren tangieren immer stärker öffentlich-rechtliche Vorgaben einerseits und adäquates Managementhandeln analog der „freien Wirtschaft" andererseits.

Ein stückweit sind „körperschaftliche" Restriktionen gut begründbar und auch notwendig, um die soziale und solidarische Krankenversicherung als stabile Säule sozialer Sicherheit in Deutschland zu manifestieren. Für das produktive Handeln des Unternehmens Krankenkasse sind dennoch mehr „unternehmerische Freiheiten" für ein optimiertes Management in der GKV notwendig. Der Diskurs darüber wird politisch intensiv weiterzuführen sein.

Klar ist bei allem Veränderungsbedarf aber auch: Der Schutz im Falle von Krankheit und der Zugang zur modernen, qualitätsgesicherten medizinischen Versorgung (mittels einer funktionierenden GKV) ist für das Sicherheitsbedürfnis der Menschen und ihr Zutrauen in eine sozial determinierte Marktwirtschaft von immenser Bedeutung. Von jeder noch so kleinen Änderung können Millionen GKV-Versicherte betroffen sein. Insofern eignet sich „Gesundheit" nicht als Experimentierfeld für ideologische Ideen mit ungewissem Ausgang.

Systemische Zuverlässigkeit mit Produkt- und Prozessinnovationen sowie die Sorge um finanzielle Ausgewogenheit sind deshalb Maßgaben für ein aktives Krankenkassenmanagement, das seine Unternehmens-Stärke auf absolute Kundenorientierung gründen muss. In diesem Sinne gilt: So viel unternehmerisches Handeln wie möglich, damit Krankenkassen unter den besonderen Wettbewerbsbedingungen der GKV ihre elementare Netzwerkfunktion dynamisch gestaltend wahrnehmen können.

Lernfragen

1. Was ist die GKV?
2. Was ist die solidarische Wettbewerbsordnung?
3. Wie unterscheiden sich kollektive und selektive Verträge zwischen den Krankenkassen und Leistungserbringern?
4. Welche Parameter sind für die Wettbewerbsfähigkeit einer Krankenkasse von entscheidender Bedeutung?
5. Mit welchen Erwartungen ist die GKV als Körperschaft des öffentlichen Rechts mit unternehmerischem Anspruch konfrontiert?

Literatur

[1] Brake, J.: Die Auswahl der Besten. Carl Hanser Verlag. München 1997.
[2] Busse, D./Schreyögg, J./Tiemann, O.: Management im Gesundheitswesen. Springer-Verlag, Berlin 2009.
[3] Meckel, A.-K.: Strategisches Management bei Gesetzlichen Krankenkassen, Gabler Verlag, Wiesbaden 2010.
[4] Meffert. H.: Marketing. Grundlagen marktorientierter Unternehmensführung. Gabler Verlag, Wiesbaden 1998, 8. Auflage.
[5] N.N.: Infoletter der LMU München, August 2010. http://www.marketing.bwl.uni-muenchen.de/8_fgm/fgmpdf/fgm_aktuell_59.pdf
[6] Reiner, H.: Mythen der Gesundheitspolitik, Verlag Hans Huber, Bern 2011.
[7] Repschläger, U./Schulte, C./Osterkamp, N.: BARMER GEK Gesundheitswesen aktuell 2010, Wuppertal 2010.

[8] Repschläger, U.: BARMER Gesundheitswesen aktuell 2008, Wuppertal 2008.
[9] Repschläger, U.: BARMER Gesundheitswesen aktuell 2009, Wuppertal 2009.
[10] Rosenstiel, L. v./Molt, W. /Rüttinger, B.: Organisationspsychologie. 9. Auflage. Verlag W. Kohlhammer, Stuttgart, 2005.
[11] Roski, R.: Zielgruppengerechte Gesundheitskommunikation. Akteure – Audience Segmentation – Anwendungsfelder, Wiesbaden 2009.
[12] Ullrich, K./Wenger, C.: Vision 2017. Was Menschen morgen bewegt. München 2008.
[13] von der Schulenburg, J.-M.: Versicherungsökonomik, Verlag Versicherungswirtschaft, Karlsruhe 2005.

25 Personalmanagement

Manfred Selke

25.1 Einführung ... 198
25.2 Rahmenbedingungen des Gesundheitswesens ... 200
25.2.1 Volkswirtschaftliche Bedeutung ... 200
25.2.2 Beschäftigungssituation ... 200
25.2.3 Die Strukturen des Gesundheitswesens ... 203
25.3 Personalmanagement–Begriff, Sachfunktionen und Historie ... 204
25.3.1 Begriff und Sachfunktionen des Personalmanagements ... 204
25.3.2 Historie des Personalmanagements ... 206
25.4 Ebenen des Personalmanagements ... 208
25.4.1 Normatives Personalmanagement ... 208
25.4.2 Strategisches Personalmanagement ... 210
25.4.3 Operatives Personalmanagement ... 212
25.5 Gestaltungsfelder des Personalmanagements ... 213
25.5.1 Grundlagen der Personalplanung ... 214
25.5.1.1 Personalbedarfsermittlung ... 215
25.5.1.2 Arten der Personalbedarfsermittlung ... 215
25.5.1.3 Methoden der Personalbedarfsermittlung ... 215
25.5.2 Grundlagen und Instrumente der Personalbeschaffung ... 218
25.5.2.1 Beschaffungswege und Personalauswahl ... 218
25.5.2.2 Instrumente der Personalauswahl ... 220
25.5.2.3 Absicherung der Auswahlentscheidung ... 221
25.5.2.4 Personalmanagement und Marktorientierung ... 222
25.5.3 Grundlagen der Personalbindung ... 224
25.5.3.1 Personalführung und Personaleinsatz ... 224
25.5.3.2 Personalentwicklung ... 226
25.5.3.3 Personalbeurteilung ... 228
25.5.3.4 Anreizsysteme ... 231
25.5.4 Personalfreisetzung ... 234
25.5.4.1 Personalfreisetzung nach inhaltlichen Aspekten ... 235
25.5.4.2 Personalfreisetzung nach zeitlichen Aspekten ... 236
25.5.4.3 Personalfreisetzung nach ursächlichen Aspekten ... 236
25.5.4.4 Interne und externe Personalfreisetzung ... 237

Literatur ... 238

Lernziele

Nach der Lektüre dieses Kapitels kennen Sie:

- den Begriff und die Sachfunktionen des Personalmanagements
- die historische Entwicklung des Personalmanagements
- die Herausforderungen und die Ebenen des Personalmanagements
- die Gestaltungsfelder des Personalmanagements
- die Grundlagen der Personalgewinnung, der Personalbeschaffung, der Personalbindung und der Personalfreisetzung
- die Grundlagen der Mitbestimmung auf der betrieblichen Ebene sowie auf der Ebene der Unternehmensverfassung
- die arbeitsrechtlichen und betriebsverfassungsrechtlichen Aspekte der Personalarbeit
- die motivationale Grundlagen der Anreizsysteme eines Unternehmens
- die Gestaltungselemente der Entgeltpolitik
- die marktorientierten Instrumente des Personalmanagements

25.1 Einführung

Das Gesundheitswesen in Deutschland steht vor großen Herausforderungen; stichwortartig seien demografischer Wandel, technischer Fortschritt, Kostendruck, pauschalierte Zahlungen und Kassenfusionen genannt. Daher sind die Strukturen und Abläufe in den Institutionen des Gesundheitswesens **permanenten Veränderungs- und Anpassungsprozessen** unterworfen, **professionelle Personal- und Organisationsentwicklung** ist unverzichtbar.[1]

Die Mitarbeiter im Gesundheitswesen sehen sich durch diese Entwicklungen neuen **Anforderungen** gegenüber: **Markt- und Kundenorientierung** erfordern eine völlige Abkehr vom bisher dominanten, in der Regel reaktiven, situationsbezogenen, durch rechtliche Vorschriften geprägten Verwaltungsdenken und -handeln und eine Hinwen-

[1] Professionalität im Personalmanagement bedeutet inhaltlich, den Prozess, in dem die Wissensbasis wissenschaftlich fundiert, und die Ausbildung des Personals standardisiert wird, qualitativ zu verbessern; vgl. von Eiff, 2000, S. 10; vgl. auch zur Professionalisierungsinitiative der DGFP, 2006, S. 8 ff: die Professionalität des Personalmanagements wird danach durch die Kompetenzen seiner Akteure bestimmt, unabhängig von der Branche, Größe und Reife des Unternehmens.

dung zu **proaktivem Handeln und unternehmerischem Denken**; **Veränderungsbereitschaft und -fähigkeit, Team- und Delegationsfähigkeit, Entscheidungsfreude sowie die Bereitschaft zur Übernahme von Verantwortung**; Fachkompetenz und Amtsautorität werden durch **strategische und soziale Kompetenz sowie Persönlichkeitsformat** abgelöst; Mitarbeiter wie Führungskräfte müssen den neuen Anforderungen gewachsen sein.

Der demografische Wandel führt speziell auf den Arbeitsmärkten zu einer **Verknappung der Fachkräfte**, im Gesundheitswesen vor allem im **ärztlichen und pflegerischen Bereich**. Die Gewinnung, Entwicklung und Bindung von Mitarbeitern werden zu strategischen Erfolgsfaktoren.

Es ist angesichts dieser Entwicklungen notwendig, die Institutionen des Gesundheitswesens künftig verstärkt wie die Unternehmen anderer Wirtschaftsbereiche mit Managementinstrumenten zu steuern. Hierzu zählen insbesondere auch die **Instrumente des modernen Personalmanagements**, denn die Institutionen des Gesundheitswesens sind **Expertenorganisationen** mit hochqualifizierten Mitarbeitern, die Ausgangspunkt und Ziel für die **Entwicklung von Strategien und Wettbewerbsvorteilen in Form von Wissen und Kompetenzen** sind. Dem Personalmanagement kommt deshalb hier eine besondere Bedeutung zu.[2]

Dieses Buchkapitel hat das Ziel, die Herausforderungen,[3] die Bedeutung und die Aufgaben des Personalmanagements vor dem Hintergrund sich verändernder Rahmenbedingungen aufzuzeigen. Es soll ein grundlegender Einblick in wesentliche Gestaltungsfelder des Personalmanagements vermittelt werden. Die Ausgestaltung und Anwendung der Personalmanagement-Instrumente in den Institutionen des Gesundheitswesens hängt von den jeweiligen Rahmenbedingungen ab und wird daher hier nicht weiter problematisiert.

---

[2] Vgl. Tiemann, 2010, S. 282.

[3] Diese Herausforderungen wurden im Rahmen einer Benchmarkstudie, an der insgesamt 66 Krankenhäuser bzw. Kliniken teilnahmen, für diesen Sektor bestätigt, siehe Kienbaum Management Consultants (Hrsg.), 2009.

25.2 Rahmenbedingungen des Gesundheitswesens

25.2.1 Volkswirtschaftliche Bedeutung

Die Ausgaben im Gesundheitswesen beliefen sich im Jahre 2008 auf über 260 Mrd. Euro. Diese Ausgaben entsprechen 10,5 Prozent des Bruttoinlandsproduktes. Das sind 3250 Euro pro Jahr oder 270 Euro pro Monat pro Kopf der Bevölkerung. Die Steigerung der Ausgaben für Gesundheit war in den letzten Jahrzehnten überproportional: seit 1992 war ein jährlicher Anstieg der Gesundheitsausgaben von durchschnittlich 3,3 Prozent zu verzeichnen. Seit der Jahrtausendwende hat die Alterung der deutschen Gesellschaft deutlich zugenommen: die Zahl der 80-jährigen hat zwischen 2001 und 2010 um 38 Prozent zugenommen, während die Zahl der Unter-20-jährigen um 14 Prozent gesunken ist.[4] Es wird damit gerechnet, dass die demografische Entwicklung, der medizinisch-technische Fortschritt und die Bereitschaft der Bevölkerung, künftig mehr für Gesundheitsleistungen auszugeben, zu weiterhin wachsenden Gesundheitsausgaben und damit zu einer Zunahme der Bedeutung dieses Sektors führen wird.[5]

25.2.2 Beschäftigungssituation

Die Institutionen des Gesundheitswesens zählen zu den wichtigsten Anbietern von Arbeitsplätzen: etwa 11 Prozent aller Beschäftigten sind in diesem Bereich der deutschen Volkswirtschaft tätig.[6] Das sind zum Vergleich ungefähr zehnmal so viele wie in der chemischen Industrie. Es handelt sich auch um einen wachsenden Bereich: von 1997 bis 2004 nahm die Zahl der Beschäftigten bzw. der Arbeitsplätze um insgesamt 3,1 Prozent von 4,14 Mio. auf 4,31 Mio. zu. In den Gesundheitsdienstberufen[7] belief sich der Anstieg im gleichen Zeitraum auf 7,6 Prozent. 3,9 Mio. Beschäftigte oder 93 Prozent waren im Gesundheitswesen im engeren Sinne tätig: das sind Institutionen des Gesundheitsschutzes, ambulante und (teil-)stationäre Einrichtungen, Rettungsdienste, Verwaltungen und sonstige Einrichtungen. Güter und Dienstleistungen kommen in diesen Bereichen den Patienten unmittelbar zugute.[8]

[4] Vgl. Augurzky/Felder/Tinkhauser, 2011, S. 3.

[5] Vgl. ebd., S. 6 f.

[6] Vgl. Destatis, 2006, S. 41.

[7] Zu den Gesundheitsdienstberufen zählen Ärzte, Gesundheits- und Krankenpfleger; im Jahre 2004 entfielen auf diese Berufsgruppen mehr als die Hälfte aller im Gesundheitssektor Beschäftigten; vgl. Destatis, 2006, S. 42.

[8] Vgl. ebd., S. 41.

Abbildung 25.1 Beschäftigte im Gesundheitswesen nach Geschlecht in absoluten Zahlen 2006

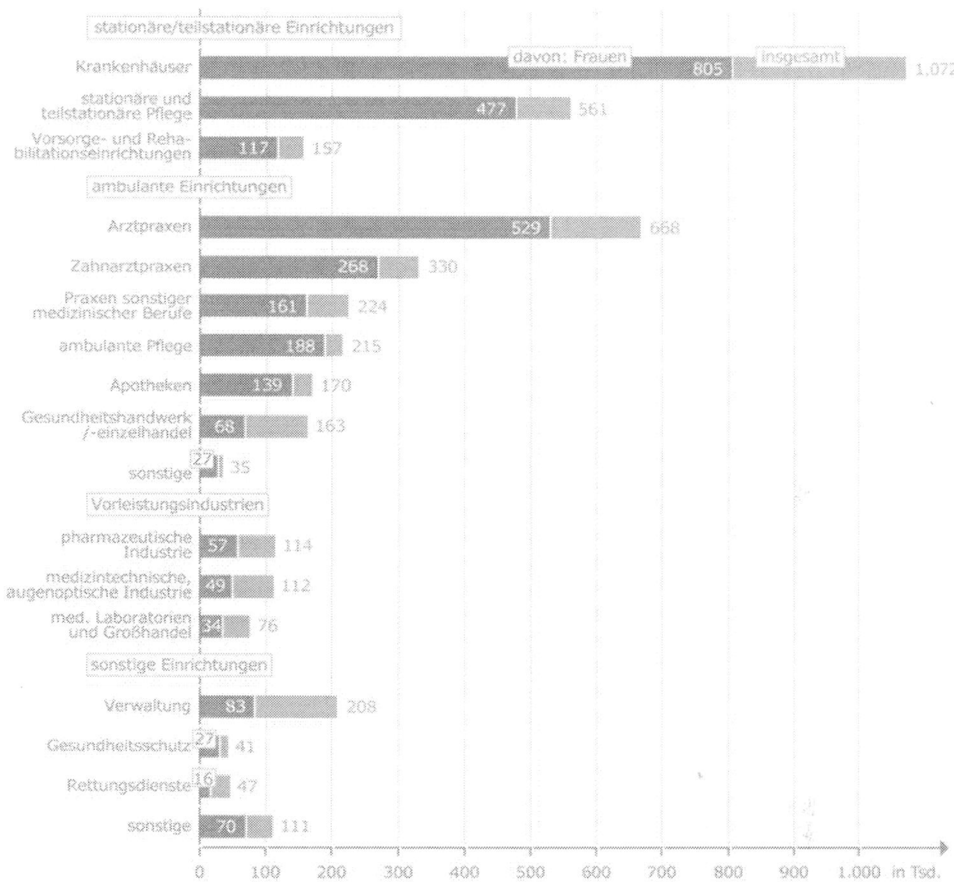

(Quelle: Statistisches Bundesamt, www.destatis.de, Statistisches Jahrbuch 2008)

Obwohl die Anzahl der Krankenhäuser und der Krankenhausbetten deutlich abgenommen hat, haben sich die Fallzahlen deutlich erhöht. Im Ergebnis hat dies im Zeitraum von 2000 bis 2008 zu einer bemerkenswerten Erhöhung der **medizinischen Beschäftigten** im Krankenhaussektor geführt, während in anderen Bereichen der Krankenhäuser u. a. durch

Outsourcing[9] Beschäftigung auf externe Institutionen übertragen wurde, also Mitarbeiter abgebaut wurden.[10] Der Beschäftigungsanstieg im ambulanten Bereich ist vor allem auf die Zunahme ambulanter Pflegedienstleistungen zurückzuführen.[11] Die Frauen hatten 2004 im (teil-)stationären Bereich mit 77,9 Prozent den höchsten Anteil, die höchste Männerquote lag mit 66,1 Prozent bei den Rettungsdiensten.[12]

Abbildung 25.2 Entwicklung des Gesundheitspersonals im ambulanten und stationären Sektor

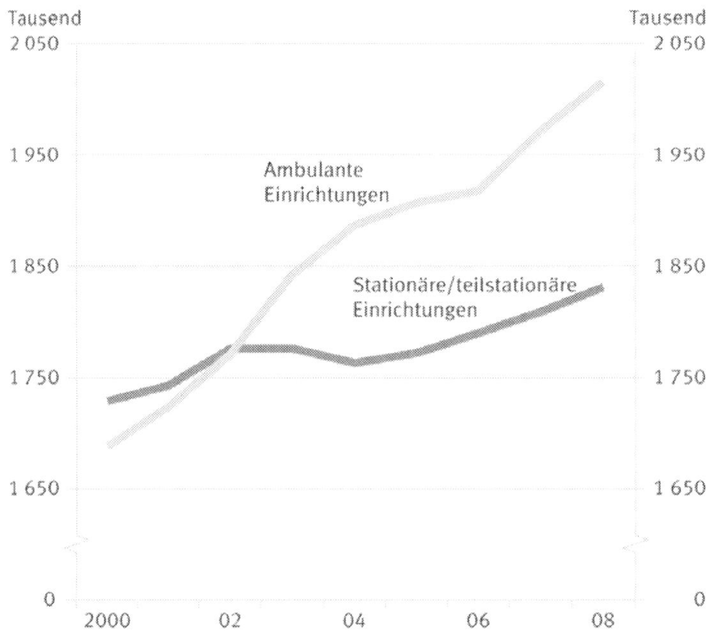

(Quelle: Statistisches Jahrbuch 2010)

[9] Unter Outsourcing wird die Auslagerung von bisher integrierten in rechtlich selbständige Unternehmenseinheiten (z. B. Profit Center) oder die Übertragung von Leistungsprozessen an externe Dienstleister verstanden, z. B. die Beauftragung Externer mit Reinigungsarbeiten, Küchen- und Kantinenleistungen; in der Regel werden dadurch eigene Mitarbeiter freigesetzt, was zu nicht unerheblichen Kostenvorteilen führen kann; auch im Personalmanagement werden zunehmend bisher selbst erbrachte Leistungen wie z. B. die Lohn- und Gehaltsabrechnung oder die Personalbeschaffung externen Spezialisten zu übertragen.

[10] Vgl. Engelke/Schmidt-Rettig, 2010, S. 293.

[11] Vgl. Destatis, 2011, S. 46.

[12] Vgl. ebd., S. 44.

25.2.3 Die Strukturen des Gesundheitswesens

Das Gesundheitswesen ist verglichen mit anderen Bereichen der Wirtschaft überaus komplex. Dies ist nicht nur die Konsequenz der starken politischen Regulierung oder der Erforschung und Entwicklung innovativer Technologien.

Der Hauptgrund liegt in der großen Anzahl von Akteuren mit unterschiedlichsten individuellen Strukturen und Interessen. Hinzu kommt, dass es in diesem Bereich vielfältige Interdependenzen und Abhängigkeiten zwischen den Akteuren gibt, z. B. wenn Innovationen oder Neuerungen im Gesundheitswesen vorangetrieben werden sollen oder Kliniken und Fachärzte darauf angewiesen sind, dass Patienten zur ambulanten oder stationären Behandlung zugewiesen werden.

Dieser Wirtschaftsbereich hat eine enorme Größe, die weitaus mehr als nur den Markt der Anbieter von und Nachfrager nach Gesundheitsleistungen umfasst. Berücksichtigung müssen insbesondere die Rollen der

- Patienten,
- Leistungserbringer (Ärzte, Krankenhäuser und andere Gesundheitsberufe),
- Krankenversicherungen,
- Hersteller und Entwickler,
- Behörden (Zulassungen usw.),
- Medien,
- Politischen Institutionen (Forschung, Entwicklung, Wirtschaft u. a.),

finden.[13]

Für das Personalmanagement ist diese Strukturvielfalt eine große Herausforderung. Unterschiedliche Unternehmensgrößen, Unternehmensgegenstände, Eigentümer- und Mitarbeiterstrukturen, rechtliche Rahmenbedingungen usw. lassen erahnen, dass die Umsetzung eines modernen personalpolitischen Instrumentariums nicht von heute auf morgen und nicht ohne Berücksichtigung der jeweils geltenden Rahmenbedingungen realisiert werden kann.[14]

---

[13] Vgl. Goldschmidt/Hilbert, 2009, S. 749.

[14] So hat eine Benchmarkstudie aufgrund unterschiedlicher Rahmenbedingungen wie Größe, Strukturen, Rollenverständnis und Aufgabenschwerpunkten entsprechend deutliche Unterschiede in Bezug auf das Personalmanagement von privaten, öffentlichen und freigemeinnützigen Krankenhäusern sowie in Universitätskliniken festgestellt. Siehe Kienbaum Management Consultants (Hrsg.), 2009.

25.3 Personalmanagement-Begriff, Sachfunktionen und Historie

25.3.1 Begriff und Sachfunktionen des Personalmanagements

Personalmanagement ist die Gesamtheit aller personalbezogenen Gestaltungsmaßnahmen zur Verwirklichung der strategischen Unternehmensziele[15] und wird auch als die Gesamtheit aller Ziele, Strategien und Instrumente bezeichnet, die darauf gerichtet sind, die Handlungen und Verhaltensweisen der Führungskräfte und Mitarbeiter zu prägen.[16]

Im Zentrum der Personalfunktion im Unternehmen stehen somit alle Sachfunktionen, die das Personal betreffen: die **Personalbereitstellung**, d.h. die bedarfsorientierte **Gewinnung** von Mitarbeitern mit **Personalbeschaffung und -auswahl** sowie ggfs. auch deren **Freisetzung** bei Anpassungen an geringeren Personalbedarf; die **Personalführung** mit **Personaleinsatz** und **Personalbeurteilung**; die **Entgeltpolitik** als Gesamtheit der vom Unternehmen für die Mitarbeiter bereitgestellten materiellen und immateriellen Anreize; die **Personalentwicklung** als Gesamtheit der Maßnahmen zur Entwicklung der Fach-, Methoden- und Sozialkompetenzen der Mitarbeiter und Führungskräfte sowie zur beruflichen Erstausbildung.[17]

Die **Personaladministration** erbringt Leistungen wie die Entgeltabrechnung, die Personalaktenführung, die Arbeitsorganisation. Eine weitere wichtige Personalfunktion ist die Gestaltung und Steuerung der vor allem internen **Personalinformation und -kommunikation.** Eine zentrale Querschnittsfunktion ist das **Personalcontrolling.** Es hat im Wesentlichen die Aufgabe, das Verhältnis von Personalaufwand und Personalleistung zu optimieren. Während das strategische Personalcontrolling das Unternehmen dabei unterstützt, die richtigen Entscheidungen über Ziele und Erfolgspotenziale der Humanressourcen zu treffen, hilft das operative Personalcontrolling dem Management, die getroffenen Entscheidungen umzusetzen.[18]

Träger der Personalfunktion sind zum einen der **Personalbereich als Organisationseinheit (als Institution)** und zum anderen die **Führungskräfte (als Personalmanager).** Das Personalmanagement beschäftigt sich institutionell mit der Gestaltung der vorgenannten Personalfunktionen, während die Führungskräfte die bereitgestellten Instrumente z. B. für den Personaleinsatz und die Personalbeurteilung anwenden. Der **Personalführung** kommt somit eine besondere Bedeutung zu.

---

[15] Vgl. Haubrock, Öhlschlegel-Haubrock, 2009.

[16] Vgl. DGFP, 2002, S. 34.

[17] Vgl. ebd., S. 34.

[18] Vgl. ebd., S. 157 ff.

Die Beteiligung der Führungskräfte an den Personalfunktionen ist in der unternehmerischen Realität allerdings vielfach noch nicht angekommen. Die **doppelte Rolle oder Trägerschaft des Personalmanagements** bedarf also noch der Umsetzung. Dabei müssen in erster Linie die Führungskräfte ihren Aufgaben als Personalmanager gerecht werden. Dass sie diese bisher nur unbefriedigend wahrnehmen, wird einmal auf die mangelnde Vorbereitung auf Personalführungsaufgaben und zum anderen auf die bisherige, historisch bedingte mangelnde Einbeziehung der Führungskräfte in die Personalarbeit und die entsprechenden Entscheidungsprozesse zurückgeführt.[19]

Die **Verantwortung für das Personalmanagement** liegt somit nicht nur beim Personalbereich, sondern bei allen mitarbeiterorientiert arbeitenden Institutionen und Personen des Unternehmens.[20]

Für das Personalmanagement ist auch die **Mitbestimmung auf den Ebenen der Betriebs- und Unternehmensverfassung** von herausragender Bedeutung. Die **vertrauensvolle Zusammenarbeit mit den Betriebsräten** auf der Basis des **Betriebsverfassungsgesetzes** ist eine wesentliche Voraussetzung für die Funktionsfähigkeit des Personalmanagements. Sie dient dem Ausgleich der Interessen von Mitarbeitern und Unternehmen und sichert den Betriebsräten umfangreiche Mitwirkungs- und Mitbestimmungsrechte bei der Ausgestaltung der Personalfunktion.[21]

Durch die **Mitbestimmungsgesetze**[22] werden die Mitarbeitervertreter als Mitglieder der Aufsichtsräte an der Unternehmenskontrolle und wichtigen strategischen Entscheidungen beteiligt.

Für die langfristige Sicherung der Wettbewerbsfähigkeit des Unternehmens ist schließlich die **Verankerung des Personalmanagements in der Unternehmensstrategie** unerlässlich.[23]

---

[19] Vgl. Tiemann, 2010, S. 282.

[20] Vgl. Stock-Homburg, 2010, S. 16.

[21] Siehe Ausführungen in Fußnote 25; in Abhängigkeit von der Trägerschaft eines Krankenhauses kann z. B. das Betriebsverfassungsrecht, das Personal- oder Mitarbeitervertretungsrecht gelten. Die Mitbestimmungsrechte weichen z.T. erheblich voneinander ab, sie sind im BetrVG am weitestgehenden.

[22] Es handelt sich dabei im Wesentlichen um das branchenbezogene Montanmitbestimmungsgesetz von 1951 sowie das branchenübergreifend geltende Mitbestimmungsgesetz von 1976 für Unternehmen mit mehr als 2000 Mitarbeitern, welche im Kern die paritätische Besetzung der Aufsichtsräte und den Arbeitsdirektor als Vertreter des Personalressorts im Leitungsorgan der Unternehmen realisieren. Für die nicht von diesen beiden Gesetzen erfassten Unternehmen gilt ab 500 Beschäftigten das Drittelbeteiligungsgesetz von 2004. Vgl. Oechsler, 2000, S. 64 ff.

[23] Vgl. Stock-Homburg, 2010, S.9 ff.; siehe auch Berthel/Becker, 2003, S. 545 ff; diese Erkenntnis hat in vielen – vor allem größeren - Unternehmen seit Anfang der 1990er Jahre vermehrt dazu geführt, dies institutionell und inhaltlich z. B. durch ein eigenständiges Vorstands-/Geschäftsführungsressort zu gewährleisten.

25.3.2 Historie des Personalmanagements

Das Personalmanagement moderner Prägung ist ein relativ junger unternehmerischer Funktionsbereich. Bis zu Beginn der 1970er Jahre überwog der rein administrative Aspekt der Personalfunktion. Personalarbeit bestand hauptsächlich in der Durchführung verwaltender Aufgaben wie Pflege von Personalakten, Dokumentation des Personaleinsatzes und daraus abgeleiteter Entgeltabrechnung.[24] Eine institutionelle Zusammenfassung aller Personalfunktionen in einer entsprechenden Organisationseinheit existierte nicht.[25] Die unterschiedlichen Regelungen für Arbeiter und Angestellte im Arbeits- und Sozialrecht sowie in der Tarifpolitik unterstützten getrennte Zuständigkeiten in den Unternehmen. Lohn- und Gehaltsbuchhaltungen fungierten quasi als Personalabteilungen für die jeweiligen Mitarbeitergruppen.

Eine an **Berufsgruppen orientierte Personalarbeit** war und ist zum Teil auch noch heute in Krankenhäusern anzutreffen, was zu unterschiedlichen, unabgestimmten Personalmanagement-Aktivitäten für Ärzte, Pflegepersonal und Mitarbeiter in der Verwaltung führt.[26]

Das **Betriebsverfassungsgesetz von 1972** brachte gegenüber dem von 1952 neue, umfangreiche Informations-, Mitwirkungs- und Mitbestimmungsrechte des Betriebsrates mit sich. Diese erforderten nunmehr eine **zentrale Koordination der Personalfunktionen** im Unternehmen.[27] Die Zusammenfassung der bisher unterschiedlichen Verantwortlichkeiten in einer Organisationseinheit Personal- und Sozialwesen und die Ernennung eines Personalleiters sind zumindest für Deutschland als Beginn der institutionellen Personalarbeit anzusehen.

Seither haben die **unternehmensinternen und -externen Herausforderungen** das Personalmanagement maßgeblich geprägt: **zunehmender Wettbewerb** erfordert ein permanentes Kosten- und Veränderungsmanagement; die **Globalisierung** der unternehmerischen Aktivitäten führt zu **globalen Organisationen** mit Mitarbeitern aus **unterschiedlichen**

---

[24] Dies kann auch an den bis dahin üblichen Bezeichnungen wie Lohnbüro oder Personalverwaltung festgemacht werden, in denen die Personalarbeit verrichtet wurde. Vgl. Herrmann/Pifco, Zürich, 2009, S. 12.

[25] Die Zuständigkeiten lagen z. B. für die technische Ausbildung beim technischen Vorstand/Geschäftsführer, für die kaufmännische Ausbildung beim Finanzvorstand oder dem kaufmännischen Geschäftsführer.

[26] Vgl. DGFP, 2006, S. 14.

[27] So hat der Betriebsrat ein Zustimmungsverweigerungsrecht z. B. bei Einstellungen, Versetzungen (§ 99 BetrVG) oder ein Anhörungsrecht (§102 BetrVG) vor Kündigungen des Arbeitgebers. In wichtigen personalpolitischen Gestaltungsfeldern wie z. B. Arbeitszeit, Leistungsentgelte oder Personalbeurteilung (§ 87 BetrVG) hat der Betriebsrat – soweit eine gesetzliche oder tarifliche Regelung nicht besteht - ein weitergehendes Mitbestimmungsrecht, d.h. es besteht Einigungszwang oder es entscheidet die ansonsten zu bildende Einigungsstelle. Vgl. auch Oechsler, 2000, S. 74 ff.; Krieg/Ehrlich, 1998, S. 17 ff.

Nationen und Kulturen, die es zu integrieren gilt,[28] es kommt vermehrt zu internationalen Personaleinsätzen und erfordert die Vermittlung interkultureller Kompetenzen; die **technologische Entwicklung** erfordert entsprechende Qualifikationen, Kreativität, Innovationskraft und Anpassungsfähigkeit vor allem der Mitarbeiter; der **demografische Wandel** hat fundamentale Auswirkungen auf die internen und externen Arbeitsmärkte und nicht zuletzt erfordert der sogenannte **Wertewandel** neue Antworten der Unternehmen auf veränderte Erwartungen der Mitarbeiter, z. B. an neue Arbeitszeitmodelle, mehr Mitbestimmung am Arbeitsplatz, neue Formen der Arbeitsorganisation, mehr Information und Übertragung von Verantwortung.[29] Es kommt verstärkt darauf an, dadurch die **emotionale Bindung und Identifikation** der Mitarbeiter mit dem Unternehmen zu fördern. **Work-Life-Balance, Health-Care-Management** oder die sich aus der **Zunahme der Erwerbstätigkeit von Frauen** ergebenden neuen Belegschafts- und Leitungsstrukturen sind Stichwörter für zeitgemäße Herausforderungen in diesem Bereich.[30]

Die **größte Herausforderung** jedoch wird der **prognostizierte Fachkräftemangel** sein: in den kommenden vier Jahren werden 1,5 Millionen potenzielle Arbeitskräfte weniger dem Arbeitsmarkt zur Verfügung stehen als noch in 2010. Weitere Prognosen schüren die Befürchtung, dass es bis zum Jahre 2025 bereits 6,5 Millionen sein könnten.[31] Im Krankenhaussektor können in den alten Bundesländern in jedem zweiten Krankenhaus und in den neuen Bundesländern in fast vier Fünftel aller Kliniken offene Stellen für Ärzte nicht besetzt werden.[32]

Deshalb ist **Talentmanagement** zur Gewinnung, Entwicklung und Bindung aller Mitarbeiter mit hohem Potenzial oder Talent – egal ob Manager, Spezialisten oder einzelne Mitarbeiter – auf allen Organisationsebenen das Personalmanagement-Thema mit der höchsten bzw. sehr hoher Priorität.[33]

---

[28] In diesem Zusammenhang wird auch von **Diversity-Management** gesprochen: es zielt auf das Potential, das sich aus der Zusammenarbeit unterschiedlicher Altersgruppen, Geschlechter, Nationalitäten, usw., also aus personeller Vielfalt ergibt; der Begriff des Interkulturellen Personalmanagements wird meist synonym verwendet; vgl. Blom/Meier, 2002, S. 238.

[29] Vgl. DGFP, 2002, S. 64 ff.; zu den Herausforderungen siehe auch Scholz, 2000, S. 7 ff.

[30] Vgl. Stock-Homburg, 2010, S. 19.

[31] Vgl. http://www.dgfp.de/de/content/articles/thema-des-monats-februar-2011-fachkraeftemangel-aus-zukunft-wird-gegenwart-1935/?XSID=0b3f5f73784646998c74ed74051c0229, Stand 23.02.2011.

[32] Vgl. DGFP, 2006, S. 5.

[33] Vgl. BCG, Creating People Advantage, 2008, S. 6.

25.4 Ebenen des Personalmanagements

Das Personalmanagement ist Teil des allgemeinen Managements. Daher gelten die drei Managementebenen normativ, strategisch und operativ auch für das Personalmanagement.[34] Sie sind jedoch mit spezifisch personalorientierten Inhalten zu füllen.

25.4.1 Normatives Personalmanagement

Die Ebene des normativen Managements beinhaltet insbesondere die Entwicklung der **Unternehmensverfassung, -politik und -kultur**, verstanden als Mission, Vision, Werte sowie Normen und Leitbilder.[35] Das **Leitbild** legt z. B. fest, wie sich das Unternehmen gegenüber den Mitarbeitern, den Kunden und anderen beteiligten Interessengruppen darstellen und verhalten will. Insbesondere Werte und Normen stehen hier im Vordergrund.[36] Es beschreibt wichtige Elemente der Unternehmensstrategie und stellt die Verbindung von gewachsenem Selbstverständnis, der Unternehmenskultur und der beabsichtigten Entwicklung, den Zielen eines Unternehmens dar.

Das Leitbild gibt den **Handlungsrahmen für das gesamte Personal** vor. Leitbilder sollen den Führungskräften und Mitarbeitern Orientierung geben, vor allem in Zeiten der Veränderung.

Kernfragen für die Leitbildentwicklung sind:[37]

- Wer sind wir?
- Was machen wir?
- Was zeichnet uns aus?
- Was wollen wir erreichen?
- Was tragen wir wozu bei?
- Wie ist der Umgang miteinander?
- Wie ist der Umgang mit Kunden?

---

[34] Diese drei Ebenen lehnen sich an das Managementkonzept von Bleicher an, vgl. Bleicher, 2001, S. 71 ff.; Scholz unterscheidet in strategische, taktisch/dispositive und operative Ebene; vgl. Scholz, 2000, S. 88 ff.

[35] Vgl. Engelke/Schmidt-Rettig, 2010, S. 295.

[36] Vgl. ebd., S. 303.

[37] Vgl. Lüthy/Buchmann, 2009, S.67.

Die Beantwortung dieser Fragen dient der **Identitätsbildung** im Unternehmen, es stärkt den Zusammenhalt der Mitarbeiter und beeinflusst die Identifikation der Mitarbeiter mit dem Unternehmen wesentlich.[38]

Die **Leitbildentwicklung** ist insbesondere im **Krankenhaussektor** von besonderer Bedeutung. Patienten- und Mitarbeiterorientierung, Informationswesen, Krankenhausführung, Qualitätsmanagement und Sicherheit im Krankenhaus sind die Qualitätskategorien z. B. im KTQ-Zertifizierungsverfahren.[39] Eine normgebende und richtungweisende schriftliche Dokumentation der Grundhaltungen einer Klinik zu diesen Kategorien im Leitbild ist eine gute Voraussetzung für die Etablierung und anschließende Zertifizierung des Qualitätsmanagements.

Der **Konzentrationsprozess im Kliniksektor** wird sich mit großer Geschwindigkeit fortsetzen – es bleibt langfristig nur derjenige am Markt, der die beste Medizin mit höchster Qualität, bestem Service, hoher Wirtschaftlichkeit sowie mit **guter Führung und Zusammenarbeit** anbieten kann.

Kliniken haben im Allgemeinen große **Defizite in Bezug auf Führung, Zusammenarbeit, Information und Kommunikation.** Dies resultiert u. a. aus der **besonderen Organisationsstruktur** einer Klinik. Die Einheitlichkeit der Personalführung ist dort z. B. durch die traditionelle **Trennung der Zuständigkeiten für die Leitungsbereiche Medizin, Pflege und Verwaltung** nicht gegeben. **Disziplinarische und fachliche Leitung**[40] fallen auseinander. Der Arzt verantwortet fachlich die medizinische Diagnose und Therapie, die disziplinarische Zuständigkeit für die Krankenpflegekräfte – das arbeitsrechtliche Weisungsrecht[41] – liegt jedoch bei der Pflegedienstleitung. Wichtige Aufgaben von Führungskräften, wie die Personalauswahl, Personaleinsatz und Personalentwicklung werden nicht aus

[38] Vgl. Schär, 2009, S. 119.

[39] Die Kooperation für Transparenz und Qualität im Krankenhaus (KTQ) hat ein spezifisches Zertifizierungsverfahren für Krankenhäuser entwickelt, zu den genannten sechs Kategorien kommen noch 21 Subkategorien, die bearbeitet werden müssen. Das KTQ-Konzept basiert auf drei Säulen: Selbstbewertung, Fremdbewertung, Zertifikat. Es gehört zu den in Kliniken am meisten angewendeten Zertifizierungssystem. Gesetzliche Grundlage für das Qualitätsmanagement ist § 135a SGB V, der für alle Leistungserbringer die Verpflichtung zur externen Qualitätssicherung beinhaltet. Weitere Zertifizierungsverfahren zur Überprüfung der Methoden des Qualitätsmanagements sind z. B. EFQM (European Foundation for Quality Management), QEP (Qualität und Entwicklung in Praxen) der Kassenärztlichen Vereinigungen, DIN EN ISO 9000 ff.; vgl. hierzu Haubrock, 2009, S. 285 ff; siehe zur Anwendung von EFQM und Balanced Scorecard im Personalmanagement Selke/Kückelmann, 2009.

[40] Diese Trennung wird auch als duale Leitung der Fachabteilungen bezeichnet: gemeinsame Verantwortung von Medizin und Pflege, jedoch nicht gleichberechtigte Leitung. Siehe hierzu Engelke/Schmidt-Rettig, 2010, S. 306.

[41] Das Direktionsrecht oder Weisungsrecht beinhaltet gem. § 106 Gewerbeordnung das Recht des Arbeitgebers, die Pflichten der Mitarbeiter nach Inhalt, Ort und Zeit einseitig näher zu bestimmen, soweit keine höherrangige Regelung besteht (Arbeitsvertrag, Betriebsvereinbarung, Tarifvertrag, gesetzliche Vorschriften).

einer Hand – hier z. B. von den Ärzten auf einer Station – verantwortet. Auswahl, Einstellung, Einsatz und Entwicklung von Ärzten, Pflegedienstkräften und Verwaltungsangestellten verantworten die jeweiligen Leitungsbereiche. Eine einheitliche, integrierte Personalstrategie für die Institution Krankenhaus setzt eine Überwindung dieser strukturellen Situation voraus.

Das Leitbild kann vor diesem Hintergrund nur *ein* Bestandteil eines **umfassenden Führungssystems** sein. Ein Führungssystem umfasst deshalb darüber hinaus z. B. **Grundsätze über die Art und Weise, wie Mitarbeiter ausgewählt, geführt, beurteilt, entwickelt und informiert werden sollen, ferner wie Patienten behandelt und Prozesse organisiert werden, wie mit Personen oder Institutionen außerhalb der Klinik kooperiert und kommuniziert werden soll.**[42] Auf diese Weise erhalten die Führungskräfte unabhängig von der zuvor beschriebenen Leitungs- und Verantwortungsstruktur einheitliche Grundlagen für die mitarbeiterorientierten Führungs- und Verhaltensaufgaben im Sinne einer Leitplankenfunktion.

25.4.2 Strategisches Personalmanagement

Die strategische Ebene betrachtet die Gestaltungsfelder des Personalmanagements unter Berücksichtigung der **Unternehmensziele sowie der internen und externen Rahmenbedingungen**, in denen sich Unternehmen bewegen. Diese können Strukturen, Innovationen, rechtliche sowie ökonomische Einflussgrößen sein.[43] Es geht allgemein um die langfristige Sicherung des Unternehmenserfolgs vor dem Hintergrund der Erkenntnis, dass die Aktivitäten des Personalmanagements für Unternehmen hohe strategische Bedeutung haben; diese sind daher über die Personalstrategie aus der Unternehmensstrategie abzuleiten.[44]

Im **Krankenhaussektor beeinflussen** beispielhaft folgende **externe Größen** das Personalmanagement auf der **strategischen Ebene**:

- die **externe Arbeitsmarktsituation** zwecks Rekrutierung von potenziellen neuen Beschäftigten,
- Innovationen in **Behandlungs- und Entwicklungsverfahren** in der Medizin, um eine zeitgemäße Versorgung sicherzustellen,
- das **Arbeitsrecht** (kollektiv und individuell), welches die Arbeitsverhältnisse reglementiert,

---

[42] Im Marienhospital Herne/Universitätsklinik existieren z. B. neben dem Leitbild Grundsätze für die Führung und Mitarbeiterorientierung, Patienten-/Prozessorientierung sowie für Information und Kommunikation; ca. 73 % der teilnehmenden Kliniken einer Benchmarkstudie verfügten 2009 über Leitlinien der Führung und Zusammenarbeit, nach 50 % in 2005, siehe Kienbaum Management Consultants (Hrsg.), 2009, Seite 21.

[43] Vgl. Engelke/Schmidt-Rettig, 2010, S. 295.

[44] Vgl. Stock-Homburg, 2010, S. 9.

- die **Tarifsysteme**, die vor dem Hintergrund der Einführung des fallbezogenen Finanzierungssystems und bei sinkenden Einnahmen Restriktionen bei der Entwicklung neuer leistungsfähiger Unternehmen darstellen.[45]

Die **internen Größen,**[46] welche die strategische Ebene des Personalmanagements im Krankenhaussektor beeinflussen, sind:

- der Personalbestand (Struktur, Qualität),
- der Personalbedarf (Ermittlungsverfahren),
- die Steuerung, Koordination der Verantwortlichkeiten,
- die Qualität der Leistungen und die Patientenorientierung,
- das Personalkostenmanagement,
- die Personaleinsatzplanung.[47]

Auch in den anderen Institutionen des Gesundheitswesens beeinflussen externe und interne Größen das strategische Personalmanagement. Die vor allem demografisch beeinflusste interne wie externe Arbeitsmarktsituation zwingt alle Institutionen zu einer Steigerung der Arbeitgeberattraktivität. In den **gesetzlichen Krankenkassen** werden die **Arbeitsbedingungen** zwar **überwiegend tarifvertraglich** geregelt,[48] jedoch determinieren hier rechtliche **Besonderheiten der Mitarbeiterstruktur** die Personalarbeit nicht unerheblich. Neben **Tarifangestellten** gibt es vor allem im oberen Management **außertarifliche Angestellte (AT)**, um deren Arbeitsbedingungen, insbesondere Entgelte flexibler und leistungsorientierter mit Blick auf den internen wie externen Arbeitsmarkt gestalten zu können. Auch das **Beamtenrecht** findet vereinzelt noch Anwendung, so in der Bundesknappschaft, in den Landwirtschaftlichen Krankenkassen und in einigen Betriebskrankenkassen. In den Allgemeinen Ortskrankenkassen und den Innungskrankenkassen werden noch **Dienstordnungsangestellte (DO)** beschäftigt, deren Arbeitsbedingungen sich nach den jeweiligen Dienstordnungen der Krankenkassen richten. **Das Dienstordnungsrecht ist an beam-**

---

[45] Die Flächentarifverträge gelten allgemein wie auch im Gesundheitssektor – dort werden im wesentliche die Tarifverträge des öffentlichen Dienstes angewandt - als unflexibel; vermehrt ist deshalb hier der Abschluss von Haustarifverträgen zu beobachten, die unternehmensbezogen gestaltbar sind; siehe hierzu Engelke/Schmidt-Rettig, 2010, S. 298.

[46] Vgl. Engelke/Schmidt-Rettig, 2010, S. 297.

[47] Krankenhäuser sind z. B. personalintensive Institutionen, die Personalkosten stellen mit einem Anteil von 60 % den größten Kostenblock dar, deren Beeinflussung hat demgemäß eine entsprechende Relevanz. Vgl. Engelke/Schmidt-Rettig, 2010, S. 293.

[48] Es existieren kassenarten-spezifische Tarifverträge, wie den Manteltarifvertrag für die Beschäftigten der Tarifgemeinschaft der AOK, den Knappschafts-Angestellten-Tarifvertrag, den Ersatzkassen-Tarifvertrag oder Haustarifverträge wie z. B. den der Techniker Krankenkasse; Betriebskrankenkassen unterliegen Tarifverträgen der BKK-Tarifgemeinschaft, Haustarifverträgen oder denen der Mutterunternehmen.

tenrechtliche Rahmenbedingungen angelehnt.[49] Die parallele Anwendung von **Beamtenrecht, Dienstrecht und Tarifrecht** stellt in den gesetzlichen Krankenkassen somit eine besondere Herausforderung dar.

Weitere strategische Herausforderungen mit Auswirkungen auf das Personalmanagement sind in den gesetzlichen Krankenkassen folgende Aspekte:[50] zunehmender Wettbewerb zwischen den Kassen wird über **Qualität und Kundenorientierung im Service** entschieden und überdies Fusionen mit erhöhten Anforderungen an **Veränderungs- und Integrationsmanagement** auslösen; da die Personalkosten mit 70 bis 90 Prozent den größten Teil der Verwaltungskosten ausmachen, wird hier Kostenmanagement ansetzen und **Maßnahmen zur Produktivitätssteigerung** mit Auswirkungen auf die Beschäftigung auslösen.[51] **Kompetenzanforderungen** ändern sich in Richtung Vertrieb, Kundenorientierung und Prozessmanagement; der hohe Frauenanteil von 50 bis 70 Prozent führt zu spezifischen Arbeitszeitmodellen und Rahmenbedingungen für die Vereinbarkeit von Familie und Beruf sowie zu einer stärkeren Berücksichtigung von Frauen in der Führungskräfteentwicklung. Es müssen verstärkt Angebote zur Berufsausbildung entwickelt werden, die die **Beschäftigungsfähigkeit**[52] auch außerhalb des Krankenkassensektors erhöhen und die Rekrutierung in der Zukunft erleichtern.[53]

25.4.3 Operatives Personalmanagement

Auf der operativen Ebene richten sich die Aktivitäten des Personalmanagements im Wesentlichen nach den **kurzfristigen Erfordernissen** des Unternehmens. Funktionsfelder der operativen Ebene sind z. B. das Führen von Zeitarbeitskonten oder die Durchführung der Lohn- und Gehaltsabrechnung, also Aktionen, die im weitesten Sinne zum **administrativen Teil des Personalmanagements** zählen.[54] Aus der Sicht des Betriebsverfassungsgesetzes sind hier auch die Beteiligungsmöglichkeiten des Betriebsrates bei personellen Einzelmaßnahmen zu nennen, die einen wesentlichen Teil der administrativen operativen Aktivitäten ausmachen.[55]

---

[49] Kötter/Behrens, 2010, S. 285.

[50] Vgl. ebd., S. 289. ff.

[51] Wobei der Abbau von Arbeitsplätzen durch betriebsbedingte Kündigungen wegen des öffentlich-rechtlichen Umfeldes und der Selbstverwaltungsstrukturen nahezu ausgeschlossen werden kann.

[52] Hierfür wird auch der Begriff Employability verwendet, der die Beschäftigungsfähigkeit sowohl auf internen wie externen Arbeitsmärkten beinhaltet.

[53] Die AOK Rheinland/Hamburg kooperiert mit der FOM Hochschule für Ökonomie und Management bei der Ausbildung von Führungsnachwuchskräften; es werden Bachelor- und Masterabschlüsse mit gesundheitsökonomischen Schwerpunktfächern angeboten ; vgl. hierzu auch Kötter/Behrens, 2010, S. 288.

[54] Vgl. Stock-Homburg, 2010, S. 12; Scholz, 2000, S. 111.

[55] Siehe Fußnote 25.

25.5 Gestaltungsfelder des Personalmanagements

Die **Gestaltungsfelder** des Personalmanagements lassen sich einmal entlang des **Lebenszyklus eines Arbeitsverhältnisses** darstellen. Diese unterliegen zahlreichen Einflussbereichen, die durch das Personalmanagement aktiv mit gestaltet werden.

Abbildung 25.3 Personallebenszyklus mit Einflussfaktoren

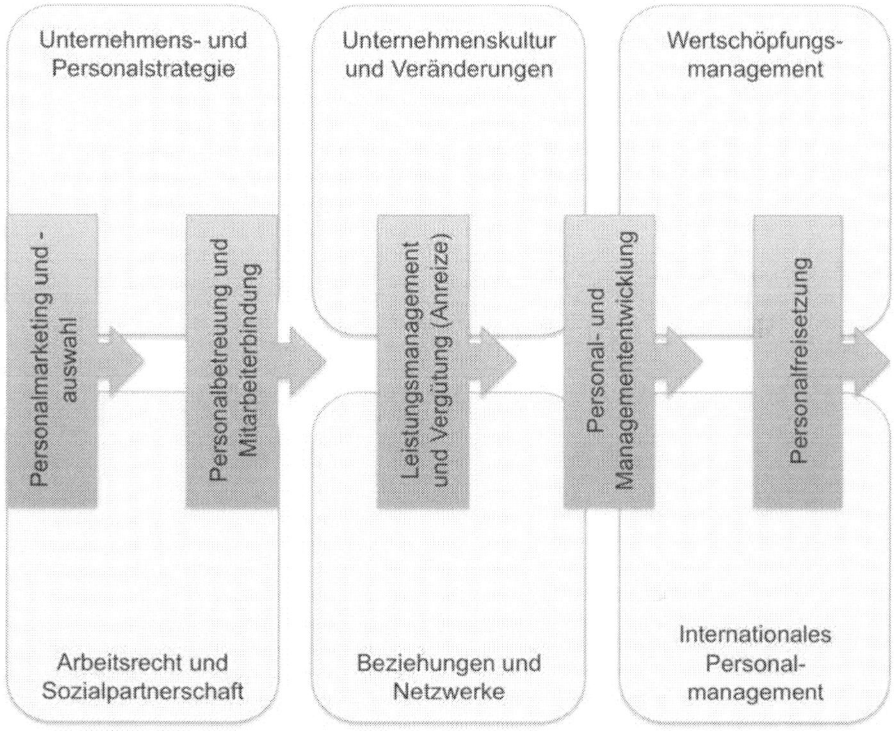

(Quelle: In Anlehnung an DGFP, 2009, S. 8)

Die lebenszyklusorientierten Prozessaufgaben können inhaltlich wie folgt beschrieben werden:

Tabelle 25.1 Prozesse im Personallebenszyklus

Prozess im Personalmanagement	Erläuterung
Strategisches Personalmanagement und Personalplanung	Definition der Rahmenbedingungen für das Personalmanagement, Planung des Personalbestands und -bedarfs
Personalmarketing und -auswahl	Mitarbeiter für das Unternehmen gewinnen und auswählen
Personalbetreuung und Mitarbeiterbindung	Mitarbeiter bei anstehenden Problemen unterstützen und gezielte Bindungsmaßnahmen für besondere Mitarbeiter implementieren
Leistungsmanagement und Vergütung	Mitarbeiter fördern und fordern, belohnen und sanktionieren
Personal- und Managemententwicklung	Kompetenzen und Potenziale fördern
Personalfreisetzung	Prozesse der Trennung von Mitarbeitern begleiten und gestalten
Sonstige Aufgaben	Aufgaben, die keinem der oben genannten Prozesse zugeordnet werden können

Quelle: In Anlehnung an DGFP, 2009, S. 9)

25.5.1 Grundlagen der Personalplanung

Vor dem Hintergrund des demografischen Wandels, der zunehmenden Verknappung von Fachkräften und dem daraus resultierenden Mangel auf diesem Gebiet, sehen sich Unternehmen einem verstärkten **„War for Talents"**[56] gegenüber. Aus diesem Grunde sind sie auf eine **systematische Personalplanung** angewiesen.[57]

[56] Der Begriff geht zurück auf die im Jahre 1997 von der Unternehmensberatung McKinsey durchgeführte Studie „ The War for Talent", derzufolge es für Unternehmen zunehmend schwieriger wird, hochqualifizierte Mitarbeiter zu gewinnen und zu binden. Vgl. www.mckinseyquarterly.com.

[57] Vgl. Stock-Homburg, 2010, S. 102 ff.

25.5.1.1 Personalbedarfsermittlung

Der erste Schritt der Personalplanung ist die Personalbedarfsermittlung. Gegenstand ist die Abschätzung des benötigten Bedarfs an Personal, das für die unternehmensseitig angebotene Leistung und deren Erstellung bereit zu stellen ist. Dieser Bedarf wird in **qualitativer, quantitativer, zeitlicher und räumlicher Hinsicht** ermittelt.[58]

25.5.1.2 Arten der Personalbedarfsermittlung

Es existieren unterschiedliche Arten des Personalbedarfs:[59] Der **Bruttopersonalbedarf** gibt die Menge aller Personen einer bestimmten Kategorie an, die zur Erstellung der Leistung insgesamt erforderlich sind (der sog. „Soll-Bedarf"). Der **Nettopersonalbedarf** ergibt sich aus dem Saldo aus Bruttopersonalbedarf und dem aktuell vorliegenden Personalbestand. Je nach Saldo ergibt sich hier eine **Personalüber- bzw. -unterdeckung**.

Der **Ersatzbedarf** gibt die Summe der Mitarbeiter an, die bis zum Ende einer Personalplanungsperiode als Ersatz für ausscheidende Mitarbeiter eingestellt werden müssen, um den Bestand zu Beginn der Planungsperiode zu erreichen.

Bei **Neubedarf** handelt es sich um zusätzlich erforderliches Personal, das bei Expansionen des Unternehmens und damit anfallenden Zusatzaufgaben entsteht.

Die kurzfristige Personalbedarfsermittlung oder Personalplanung erfolgt in der Regel für ein Jahr. Mittelfristige Planungen erstrecken sich über einen Zeitraum von drei bis fünf Jahren, langfristige Planungen gehen über einen Zeitraum von fünf Jahren hinaus.[60]

25.5.1.3 Methoden der Personalbedarfsermittlung

Die Methoden zur Personalbedarfsplanung müssen sicherstellen, dass die Planung von einer verlässlichen Bezugsgröße ausgeht, an der der Bedarf gemessen werden kann.

Schätzverfahren werden in der unternehmerischen Praxis am meisten angewandt. Erforderlich ist hierfür ein bestimmtes Maß an Erfahrungswerten aus der Vergangenheit. Sie können anhand von **einfachen Schätzungen oder Expertenbefragungen wie der Delphi-Methode** als systematisierte Expertenbefragung durchgeführt werden.[61]

---

[58] Vgl. ebd., S. 102. Der qualitative Aspekt berücksichtigt die Kompetenzen und fachlichen Qualifikationen der potenziellen neuen Mitarbeiter. Der quantitative Aspekt berücksichtigt, in welcher Anzahl diese benötigt werden. Durch die zeitliche und räumliche Bestimmung wird abschließend festgelegt, zu welchem Zeitpunkt und an welcher Stelle das neue Personal eingesetzt werden soll.

[59] Vgl. Jung, 2008, S. 118; Oechsler, 2000, S. 170. ff.

[60] Vgl. Krieg/Ehrlich, 1998, S. 53.

[61] Vgl. Oechsler, 2000, S. 172.

Abbildung 25.4 Methoden zur Personalbedarfsplanung

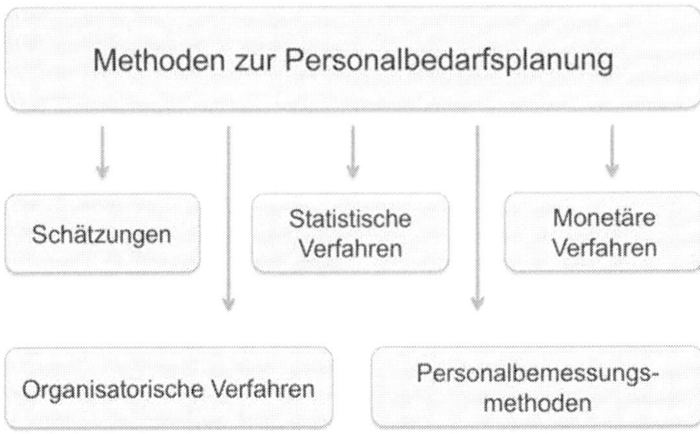

(Quelle: In Anlehnung an Jung, 2008)

Statistische Verfahren kommen bei der mittel- und langfristigen Personalbedarfsplanung zum Einsatz. Voraussetzung ist, dass die einfließenden Plangrößen relativ konstant sind. Die zugrundeliegenden Prognosen dieser Verfahren sind sowohl **vergangenheits- als auch zukunftsorientiert**. Die Ausrichtung erfolgt nach festgelegten Kennzahlen.[62]

Organisatorische Verfahren basieren auf organisatorischen Gesichtspunkten. Hierbei kommen die **Stellenplanmethode** und die **Arbeitsplatzmethode** in Betracht. Die Stellenplanmethode setzt das Vorhandensein von Stellenplänen und Stellenbeschreibungen voraus, anhand derer der Personalbedarf ermittelt wird. Sie eignet sich zur kurz- bis mittelfristigen Personalbedarfsplanung. Die Arbeitsplatzmethode dient zur Planung der Besetzung von Stellen, die eine zwingende Anwesenheit einer Person erfordern, die in Gesetzen und Vorschriften verankert sind.[63]

Monetäre Verfahren richten den Bedarf an Personal ausschließlich an den zur Verfügung stehenden finanziellen Mitteln in Form von Budgetierungen eines Unternehmens aus. Kernfragestellung ist, wie dieser Bedarf unabhängig von anderen Kostengrößen finanziert werden kann.[64]

[62] Vgl. Jung, 2008, S. 124.

[63] Vgl. ebd., S. 127.

[64] Vgl. Jung, 2008, S. 128.

Das **Verwaltungsvereinfachungsgesetz** verpflichtet die Sozialversicherungsträger, so auch die **gesetzlichen Krankenversicherungen**, Planstellen und Stellen nur dann auszubringen, soweit diese unter Anwendung angemessener und anerkannter Methoden der Personalbedarfsermittlungen begründet sind. Die vorgenannten Verfahren zählen zu den **anerkannten Methoden der Personalbemessung**. Die Auswahl der Bedarfsermittlungsmethode bleibt jedoch den Trägern der Institutionen überlassen. Die Erforderlichkeit der Planstellen und Stellen ist regelmäßig zu überprüfen und von den Aufsichtsbehörden zu überwachen.[65]

Einige **spezielle Aspekte der Personalbedarfsermittlung** existieren z. B. auch **in Krankenhäusern**, da hier teilweise andere Ausgangsbedingungen als in anderen Unternehmen vorliegen. Zu Beginn der Bedarfsermittlung wird die zu erbringende Leistung in Form einer **Leistungseinheitsrechnung** festgelegt. Der Personalbedarf ist danach an dem zeitlichen Aufwand zu bemessen, der für eine bestimmte Leistung des Krankenhauses anfällt. Hierzu werden die Dauer und die Häufigkeit des Vorkommens dieser Leistung errechnet und mit dem Personalbestand in Relation gesetzt. Hieraus ergibt sich dann die **Personalüber- oder die Personalunterdeckung.** In der Regel findet diese Vorgehensweise bei zu erbringenden Arbeitsleistungen statt, in denen der Faktor Zeit die Hauptrolle spielt. Dies ist beispielsweise bei **Anästhesieleistungen, Laborleistungen, Küchen- und Wäsche-reileistungen** der Fall.[66] Eine weitere Besonderheit ist die **Verwendung von Kenn- und Anhaltszahlen**. Anhand dieser Zahlen wird der Personalbedarf für die interne Bedarfsplanung, aber auch für die **externen Budgetverhandlungen mit den Sozialversicherungsträgern** ermittelt. Diese Methode ist jedoch zurzeit auf dem Prüfstand, denn die Umstellung der **Krankenhausfinanzierung auf das DRG-System** könnte diese Methode überflüssig machen.

An diese Stelle könnte dann eine **DRG basierte**[67] **Erlösprognose** treten, anhand derer ein **erlösorientierter Personalbedarf** ermittelt wird.[68]

---

[65] § 69 Abs. 6 SGB IV, Gesetz zur Vereinfachung der Verwaltungsverfahren im Sozialrecht vom 21.3.2005; vgl. Kötter/Behrens, 2010, S. 286.

[66] Vgl. Engelke/Schmidt-Rettig, 2010, S. 300; ca. 79 % der teilnehmenden Kliniken einer Benchmarkstudie setzten 2009 Methoden der qualitativen und quantitativen Personalplanung ein, die quantitative Planung war mit ca 88 % etwas stärker als die qualitative Planung mit ca. 70 % vertreten, siehe Kienbaum Management Consultants (Hrsg.), 2009, Seite 29.

[67] **D**iagnosis **R**elated **G**roups, hierbei handelt es sich um krankheitsartenbezogene Fallpauschalen, die die tagesbezogenen Pflegesätze abgelöst haben.

[68] Vgl. Engelke/Schmidt-Rettig, 2010, S. 302.

25.5.2 Grundlagen und Instrumente der Personalbeschaffung

Ergibt die Personalbedarfsermittlung einen zu deckenden Bedarf, ist festzulegen, wo und wie das zukünftige Personal gesucht und beschafft werden soll. Dieses ist die Aufgabe der Personalbeschaffung.

Abbildung 25.5 Inhalte und Ablauf der Personalbeschaffung

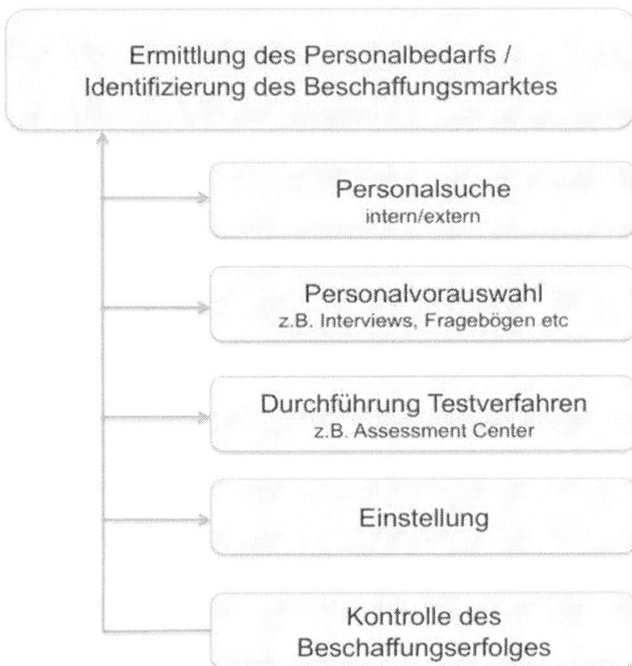

(Quelle: In Anlehnung an Scholz, 2000)

25.5.2.1 Beschaffungswege und Personalauswahl

Für die Personalbeschaffung stehen interne und externe Beschaffungswege zur Verfügung. Die **interne Personalbeschaffung** umfasst die Besetzung von Stellen durch bereits im Unternehmen tätige Mitarbeiter, also durch **Nutzung des internen Arbeitsmarktes**. Diese Maßnahme erfolgt in erster Linie durch die Versetzung von Personal. Bei dieser Vorgehensweise werden zunächst keine neuen Mitarbeiter vom externen Arbeitsmarkt eingestellt. Dadurch werden nicht unerhebliche **Kostenvorteile generiert und Risiken minimiert**, die aus der **asymetrischen Informationsverteilung** zwischen Bewerbern und Unternehmen resultieren.[69] Es können sogenannte **Besetzungsketten** entstehen, wenn die jeweils frei gewordenen Stellen erneut intern besetzt werden, z. B. durch interne Stellenausschreibungen.[70] Wird die interne Besetzung freiwerdender Stellen vom Unternehmen

bevorzugt, ist dies jedoch auch mit Nachteilen verbunden. So werden dem Unternehmen z. B. extern gewonnene Erfahrungen und Qualifikationen vorenthalten.[71]

Die **Personalbeschaffung** auf den **externen Arbeitsmärkten** erfolgt, wenn keine internen Möglichkeiten vorhanden oder diese schon ausgeschöpft sind. Zu den klassischen Instrumenten der Personalakquisition gehören die **Stellenanzeigen, die Beauftragung von Personalberatern oder die Nutzung der staatlichen Arbeitsvermittlung.** Einen immer größeren Stellenwert nimmt die Nutzung der Möglichkeiten des Internets (**Web 2.0, E-Recruiting**) ein.[72]

Bei langfristigem Personalbedarf erfolgt die externe Einstellung neuer Mitarbeiter in der Regel auf der **Grundlage unbefristeter Beschäftigungsverhältnisse**. Sind dagegen nur kurzfristige Personalengpässe oder Beschäftigungsspitzen abzudecken, können intern Mehrarbeitsleistungen oder extern Zeitarbeitskräfte **(Personalleasing/Arbeitnehmerüberlassung)** oder **befristete Arbeitsverhältnisse** Abhilfe schaffen.

Tabelle 25.2 Instrumente und Möglichkeiten der internen und externen Personalbeschaffung

Interne Personalbeschaffung	Externe Personalbeschaffung
– interne Stellenausschreibung	– Stellenanzeigen
– Beförderungen	– E-Recruiting
– Versetzungen	– Hochschulmarketing
– Optionen der Personalentwicklung	– Headhunter/Personalberater
– Mehrarbeitsleistungen	– Bundesagentur für Arbeit
	– Personalleasing

Die Vor- und Nachteile der einzelnen Beschaffungsmaßnahmen sind im Vorfeld abzuwägen. Die **Vorteile der internen Personalbeschaffung** liegen in der **Motivationswirkung** für die Mitarbeiter und in den **geringen Informations- und Beschaffungskosten.** Hinzu

[69] Vgl. Bühner, 2005, S. 77; Vgl. auch Selke, 2000, S. 77 f. zur Bedeutung von konzerninternen Arbeitsmärkten in diesem Zusammenhang.

[70] Vgl. Erichsen, 2010, S. 268.

[71] Vgl. Hentze/Kammel , 2001, S.274.

[72] Vgl. Herrmann/Pifko, 2009, S. 91.

kommt, dass die Mitarbeiter dem Unternehmen bekannt sind und umgekehrt. Dies ist auch durch bereits bestehende Kenntnisse über innerbetriebliche Abläufe ein wichtiger Faktor. Die Besetzung der freien Stellen kann hier schneller erfolgen und das Unternehmen ist unabhängig von extern verfügbaren Qualifikationen. **Nachteilig** ist allerdings, dass die Zahl der Bewerber gering ausfallen kann. Ein weiterer negativer Aspekt könnte die sogenannte **Betriebsblindheit** sein, welche durch diese Methode Innovationen im Unternehmen ver- bzw. behindert.[73]

Die **Vorteile der externen Personalbeschaffung** liegen in der breiteren Auswahl an potenziellen neuen Arbeitskräften. Die Fortbildungskosten können erspart werden, wenn auf die nötigen Qualifikationen der Bewerber geachtet wird. Ferner wird der qualitative und quantitative Personalbedarf unverzüglich gedeckt und die neue Person bringt **neue Impulse und Denkweisen** mit, welche der Betriebsblindheit entgegenwirken. **Nachteilig** wirkt sich diese Beschaffungsmethode in der Hinsicht aus, als dass die bestehende Belegschaft durch **mangelnde Aufstiegschancen** demotiviert werden kann. Die **Beschaffungskosten** sind ebenfalls höher als bei der internen Methode, wo natürlich auch die Gehaltsforderungen des Bewerbers eine Rolle spielen können. Der Zeitaufwand der Einstellungsverfahren ist größer, da hier aufwändigere Verfahren zum Zuge kommen, um den oder die geeigneten Bewerber auszuwählen.[74]

25.5.2.2 Instrumente der Personalauswahl

Die **Personalvorauswahl** hat die Aufgabe herauszufinden, welche Bewerber am ehesten dem **Anforderungsprofil einer zu besetzenden Stelle** entsprechen.

Zu diesem Zweck werden in einem ersten Schritt die eingereichten **Bewerbungsunterlagen analysiert** und die Bewerber in drei Kategorien eingeteilt: sie können dem Anforderungsprofil z. B. a) entsprechen, b) nicht entsprechen oder c) vielleicht entsprechen. Hauptgrund dieser Vorauswahl ist wie beim gesamten Auswahlverfahren die Minimierung des Risikos der Fehleinstellung und der damit verbundenen möglichen hohen Kosten.[75]

Ist die Personalvorauswahl abgeschlossen, werden die als geeignet erscheinenden Bewerber vom Unternehmen eingeladen, sich persönlich vorzustellen. Mit Hilfe von z. B. **strukturierten Einstellungsinterviews, Assessment-Centern oder auch Testverfahren** soll die Eignung der Bewerber für die zu besetzende Stelle überprüft werden.[76]

---

[73] Vgl. Bartscher/Huber, 2007, S. 94.

[74] Vgl. Bartscher/Huber, 2007, S. 94.; vgl. zu den Vor- und Nachteilen auch Berthel/Becker, 2003, S. 211.

[75] Vgl. Scholz, 2000, S. 467.

[76] Ca. 94 % der teilnehmenden Kliniken einer Benchmarkstudie setzten 2009 Einstellungsinterviews ein, Assessment Center wurden nur von 30 % eingesetzt, siehe Kienbaum Management Consultants (Hrsg.), 2009, Seite 26.

Mit **Einstellungsinterviews** oder **Vorstellungsgesprächen** werden mehrere Ziele verfolgt. Aus der Sicht des Unternehmen soll es persönliche Eindrücke und Informationen über den Bewerber vermitteln, eine Überprüfung der schriftlichen Unterlagen ermöglichen und helfen, die Zielvorstellungen des Bewerbers kennenzulernen. Dem Bewerber selbst soll das Gespräch die Chance geben, sich ein genaueres Bild über das Unternehmen und die in Frage kommenden Arbeitsgebiete zu machen, Entwicklungsmöglichkeiten zu erkennen und erste konkrete Antworten auf seine eigenen Erwartungen zu erhalten.[77]

Die **Assessment-Center-Technik** gehört zu den differenziertesten Auswahlverfahren. Es ist eine Zusammenstellung bestimmter Aufgaben zu einer ein- oder mehrtägigen Arbeitserprobung. Dabei handelt es sich um ein systematisches Verfahren, das der qualifizierten Feststellung von Verhaltensleistungen bzw. Verhaltensdefiziten dient.

Dabei werden praxisnahe Übungen mit spezifischen, problemorientierten Situationen durchgeführt. Dies können beispielsweise in Form von Postkorbbearbeitung, Rollenspielen oder Fallbeispielen durchgeführt werden. Im Gegensatz zum Vorstellungsgespräch, in dem ein strukturierter Katalog an Fragen abgearbeitet wird, enthält das Assessment-Center auch Arbeitsproben des Bewerbers. Merkmale des Assessment-Centers sind Methodenvielfalt, Mehrfachbeurteilung, Verhaltensorientierung, Anforderungsorientierung und die Trennung von Beobachtung und Bewertung durch den Einsatz trainierter Beobachter. Es kann als Individual- oder Gruppen-Assessment-Center durchgeführt werden.[78]

Testverfahren können z. B. einen Intelligenz-, einen Leistungs-, einen Persönlichkeits-, und einen Eignungstest beinhalten. Mit diesen standardisierten Prozeduren kann das Unternehmen seine Entscheidung, den Bewerber einzustellen oder nicht, verstärkt absichern. Entscheidend bei diesen Verfahren ist, dass sie die nötige Objektivität, Reliabilität und Validität besitzen, um effiziente Rückschlüsse zu ziehen, welche die später getroffene Entscheidung bezüglich der (Nicht-)Einstellung auch rechtfertigen.[79]

25.5.2.3 Absicherung der Auswahlentscheidung

Die mit Hilfe der dargestellten Instrumente herbeigeführten Auswahl- oder Eintrittsentscheidungen können auch während des Beschäftigungsverhältnisses noch abgesichert werden. Diesem Zweck dient die vertraglich zu vereinbarende **Probezeit**, die maximal die ersten sechs Beschäftigungsmonate umfassen kann. Bis zu deren Ablauf können Unternehmen wie Mitarbeiter ohne Angabe von Gründen das Beschäftigungsverhältnis kündigen. Wird die Probezeit bestanden, kommt ein unbefristetes und dem **Kündigungsschutz-**

---

[77] Vgl. Berthel/Becker, 2003, S. 223 ff.

[78] Vgl. Obermann, 2009, S. 9; Assessment-Center werden nicht nur bei der Auswahl externer Bewerber eingesetzt, sondern auch bei der Auswahl interner Kandidaten im Rahmen der Personalentwicklung/Führungskräfteentwicklung.

[79] Vgl. Berthel/Becker, 2003, S. 174.

gesetz unterliegendes Arbeitsverhältnis zustande, dass nur unter bestimmten Voraussetzungen kündbar ist.[80] Aufgrund dieser arbeitsrechtlichen Wirkungen kommt der **Probezeitbeurteilung** eine große Bedeutung zu.

25.5.2.4 Personalmanagement und Marktorientierung

Nachhaltig erfolgreiche Unternehmen müssen sich heute auf drei relevanten Märkten behaupten: auf den Absatzmärkten, den Kapitalmärkten und den Arbeitsmärkten.[81]

Das Personalmanagement hat aus marktorientierter Sicht zwei Märkte zu bearbeiten: den **internen und den externen Arbeitsmarkt**. Es bedarf einer Personalstrategie, um einerseits neue Mitarbeiter zu gewinnen, andererseits jedoch auch um bereits beschäftigte Mitarbeiter an das Unternehmen zu binden und langfristig zu halten. Dieses Konzept sollte nachhaltig sein und eine Struktur aufweisen, die der Bedienung des internen und externen Arbeitsmarktes gerecht wird.[82] Das **interne Personalmarketing** umfasst die gesamte Personalarbeit für die vorhandenen Mitarbeiter, insbesondere die Personalentwicklung als Instrument interner Personalbeschaffung und die Entgeltpolitik als Instrument anforderungs- und leistungsgerechter Vergütung sowie die unternehmerische Sozialpolitik. **Das externe Personalmarketing** umfasst alle Maßnahmen des Personalmanagements, die geeignet sind, potenzielle Mitarbeiter auf das Unternehmen aufmerksam zu machen und für das Unternehmen zu gewinnen. Ziel ist, vor allem bei den für das Unternehmen wichtigen High Potentials **Employer of Choice** oder **Prefered Employer** zu werden, sich am Arbeitsmarkt also gegen Wettbewerber erfolgreich durchzusetzen.

Die **Steigerung der Attraktivität des Unternehmens als Arbeitgeber** entwickelt sich zunehmend zu einer erfolgskritischen Größe sowohl für die Gewinnung als auch für die Bindung dieser Mitarbeiter.[83] Denn was auf der einen Seite die Attraktivität von potenziellen Bewerbern *für* Unternehmen ist, ist andererseits die Attraktivität der Unternehmen *für* die Bewerber.

Der Begriff, der dieses Phänomen umschreibt, ist das sogenannte **Employer Branding**. Es beinhaltet eine unternehmensstrategische Maßnahme, deren Grundlage Marketingaspekte – hier insbesondere die Markenbildung – darstellen. Employer Branding ist ein Prozess, die Employer Brand – die Bildung einer Arbeitgebermarke – ist das Ergebnis dieses Prozesses.

---

[80] Siehe hierzu Abschnitt 25.5.4.

[81] Es wird in diesem Zusammenhang auch vom Stakeholder-Ansatz gesprochen, der alle für das Unternehmen relevanten Interessengruppen berücksichtigt und den ausschließlich auf den Shareholder Value – also an den Eigentümer – Interessen – orientierten Ansatz verdrängt hat; Kundenorientierung und Mitarbeiterorientierung – vorhandene und potentielle Mitarbeiter – schaffen so Chancen für nachhaltige Wettbewerbsvorteile.

[82] Vgl. Kolb, 2008, S. 77.

[83] Vgl. DGFP, 2002, S. 43 f.

Die Arbeitgebermarke ist nach Petkovic ein im Gedächtnis der relevanten Zielgruppen des Arbeitsmarktes fest verankertes, unverwechselbares Vorstellungsbild eines Arbeitgebers. „Dieses Vorstellungsbild umfasst zum einen ein Bündel subjektiv relevanter, personalpolitischer Attraktivitätsmerkmale. Zum anderen umfasst die Arbeitgebermarke entscheidungsrelevante Erfolgsdimensionen wie insbesondere Orientierung, Vertrauen und Identifikation."[84]

Damit wird das Unternehmen durch Personalmarketing gegenüber den Mitbewerbern positiv positioniert. Das Resultat ist eine verstärkt wahrgenommene Arbeitgebermarke, die dadurch bei den potenziellen Bewerbern mehr in den Fokus gerät und damit mehr Beachtung findet.[85]

Arbeitgeberattraktivität wird somit durch extern wie intern orientiertes Personalmarketing beeinflusst, beide **Gestaltungsaufgaben bedingen einander**.

Abbildung 25.6 Elemente des Personalmarketings

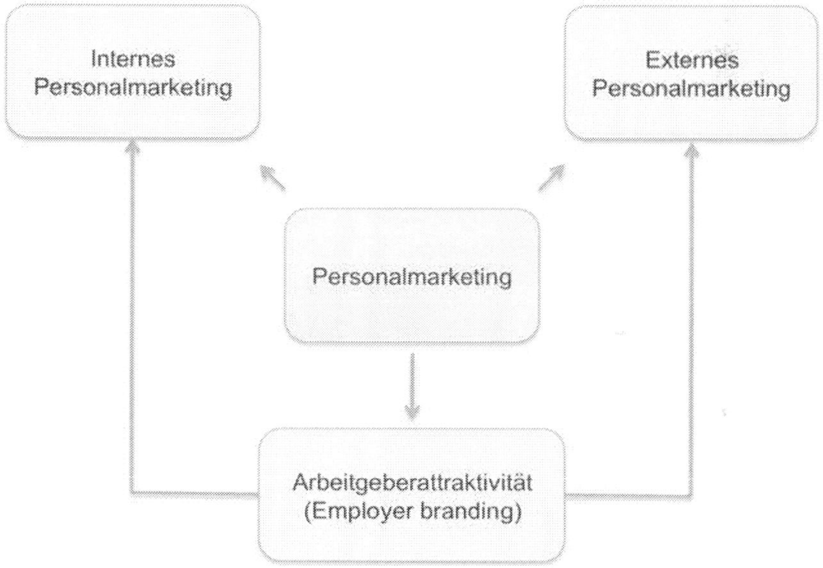

(Quelle: In Anlehnung an: DGFP, 2006)

[84] Petkovic 2009, S. 39.

[85] Vgl. Schumacher/Geschwill, 2009, S. 39.

25.5.3 Grundlagen der Personalbindung

Die Personalbindung ist ein weiterer Erfolgsfaktor für Unternehmen. Dieses Funktionsfeld verfolgt das Ziel, **Mitarbeiter-Gebundenheit und -Verbundenheit** mit dem Arbeitgeber-Unternehmen herzustellen. Die Aufgaben in diesem Bereich umfassen alle Maßnahmen, die geeignet sind, eine **langfristige Beschäftigungsdauer** des Personals zu erreichen. Diese Prozesse laufen vor dem Hintergrund der sich ständig verändernden Rahmenbedingungen sowohl im betrieblichen als auch im sozialen Umfeld ab.[86]

Chronologisch betrachtet folgt die Personalbindung der Personalplanung und der Personalbeschaffung. Der Idealzustand ist erreicht, wenn der Prozess der Personalbindung die gesamte Einsatzdauer des Personals in der Organisation aktiv begleitet.[87]

25.5.3.1 Personalführung und Personaleinsatz

Für die Bindung von Mitarbeitern sind die Führungskräfte von herausragender Bedeutung. Ihnen obliegen die unmittelbar auf den Mitarbeiter gerichteten Aufgaben des Personaleinsatzes sowie die zielorientierte Steuerung und Verhaltensbeeinflussung durch Ausübung des Weisungsrechtes, durch Information, Kommunikation und Motivation. Neben den **sachorientierten Managementfunktionen** wie Planung, Organisation und Kontrolle nehmen sie damit auch die **interpersonalen Funktionen** des Führens wahr.[88] **Personalführung** ist dadurch gekennzeichnet, dass zwischen Führern und Geführten **hierarchische Unterschiede** bestehen, also eine asymmetrische Beziehung vorliegt; **dynamische und soziale Interaktion** stattfindet, also wechselseitige Bedingtheit des Verhaltens vorliegt, die sich permanent weiter entwickelt; **zielorientierte Einflussnahme** erfolgt. Es handelt sich also um einen **Prozess der Verhaltensbeeinflussung** mit dem Ziel, bestimmte Ziele zu erreichen. [89]

Das Forschungsinteresse gilt in erster Linie der Effizienz von Führung. Welche Führungsstile, Eigenschaften und Rahmenbedingungen sind geeignet, Führung erfolgreich auszuüben. Determinanten des Führungserfolges sind deshalb im allgemeinen die **Persönlichkeit des Vorgesetzten** einschließlich seines Menschenbildes, seiner Herkunft, Bildung, Erziehung, Erfahrungen; **die Mitarbeiter** als Gruppe oder Individuum hinsichtlich ihrer Zusammensetzung, Kompetenz, Engagement, Erfahrung, Interessen, Erwartungen; **die Situation**, in der Führung jeweils stattfindet, also die Art der Organisation, des Problems, die Eigenschaften der Gruppe. [90] Der optimale Führungsstil, d. h. die Einflussnahme auf

---

[86] Vgl. Flatko/Reinbold-Scheible, 2008, S. 73.

[87] Vgl. Fiedrich, 2010, S. 34.

[88] Vgl. Schär, 2009, S. 426.

[89] Vgl. Berthel/Becker, 2003, S. 59 ff.; Freund/Knoblauch/Eisele, 2003, S. 123.

[90] Vgl. Staehle, 1999, S. 338; es werden Eigenschaftsansätze, verhaltensorientierte Ansätze, Situationsansätze, Interaktionsansätze unterschieden.

die Mitarbeiter ist jeweils abhängig von der Ausprägung der genannten Faktoren. *Den* einen erfolgreichen Führungsstil gibt es also nicht, somit auch keine geschlossene Theorie erfolgreicher Führung, stattdessen eine Fülle unterschiedlicher Forschungs- und Erklärungsansätze.[91]

Dennoch gibt es natürlich **zentrale Aufgaben für Führungskräfte**, deren Erfüllung maßgeblich den Führungserfolg und damit auch die Bindung von Mitarbeitern an das Unternehmen begünstigen. Beispielhaft seien hier einige Aspekte genannt. Grundsätzlich ist davon auszugehen, dass Mitarbeiter vor allem in heutiger Zeit ein **höheres Maß an Selbstbestimmung und Mitbestimmung am Arbeitsplatz** einfordern. Das heißt, stärkere Einbeziehung in Entscheidungsprozesse und mehr Spielräume für die Entscheidungen über die Wege zur Zielerreichung sind wichtige Voraussetzungen für ein gutes Führungsklima. Die Unterstützung bei der **Realisierung erfolgreicher beruflicher Entwicklungen** anstelle der Ausübung von opportunistischem Verhalten und der Verteidigung des Herrschaftswissens sind weitere unverzichtbare Aspekte. **Institutionalisierte Mitarbeitergespräche und Zielvereinbarungen** sind hier geeignete zeitgemäße Instrumente.

Der **Personaleinsatz** (siehe Abbildung folgende Seite) beinhaltet im Wesentlichen die Realisierung einer effektiven und effizienten Besetzung der Stellen im Unternehmen. Den Mitarbeitern sollen die Tätigkeiten übertragen werden, die ihren Neigungen *und* Eignungen weitgehend entsprechen. Es handelt sich hier um eine ausschließlich den **Führungskräften obliegende Personalfunktion**. Ziel ist, permanent die **Übereinstimmung von Anforderungen und Eignungen** festzustellen bzw. zu überprüfen. Nur die Führungskräfte sind in der Lage, Anzeichen von **Über- oder Unterforderung** zu erkennen und kurzfristig geeignete Maßnahmen zur Veränderung einzuleiten. Der optimale Personaleinsatz ist damit ein wichtiges Mittel, Mitarbeiterzufriedenheit und damit Mitarbeiterbindung zu realisieren. **Kernelemente** für die Optimierung des Personaleinsatzes sind neben der erwähnten laufenden **Personaleinsatzbeurteilung** durch den Vorgesetzten auch die Gestaltung von Rahmenbedingungen durch das Personalmanagement, wie z. B. **Flexibilisierung der Arbeitszeit und der Arbeitsinhalte sowie die Gestaltung der Arbeitsplätze.**[92]

[91] Interessenten seien hier auf das Buch von Staehle verwiesen.

[92] Vgl. Bartscher/Huber, 2007, S. 78.

Abbildung 25.7 Einflussfaktoren des Personaleinsatzes

Was ist zu tun? →	Art der Tätigkeit, Stellenbeschreibung, Anforderungen, Handlungsspielraum, Kompetenzen.
Wie ist die Arbeit zu leisten? →	Art der Organisation, Aufgabenverteilung und Aufgabenkontrolle, Hierarchien, Regelung der Verantwortlichkeiten.
Was beeinflusst die Arbeit? →	Umwelteinflüsse, Rahmenbedingungen, Betriebsklima, Gestaltung des Arbeitsplatzes.
Wo ist die Arbeit zu leisten? →	Räumliche Zuteilung, Einzelbüro, Großraumbüro, Außendienst- und Vertriebstätigkeiten.
Wann ist die Arbeit zu leisten? →	Vertragliche Regelung, Zeitarbeit, unbefristetes Arbeitsverhältnis, Gleitzeitvereinbarungen, Schichtarbeit.

(Quelle: In Anlehnung an Bartscher und Huber, 2007)

25.5.3.2 Personalentwicklung

„Jede gezielte Veränderung von Wissen, Fähigkeiten und Fertigkeiten sowie von Einstellungen und Werthaltungen des individuellen Mitarbeiters im Unternehmen ist **Personalentwicklung (PE).** In ihrem kollektiven Ergebnis ist somit zielgeführte und koordinierte Personalentwicklung immer auch **Organisationsentwicklung (OE).** Beide sind untrennbar miteinander verbunden, verkörpern zwei Seiten einer Medaille: **individuelles und kollektives Lernen**".[93]

93 DGFP, 2002, S. 145.

Personalentwicklung ist ein Prozess der kontinuierlichen Steigerung **beruflicher Handlungskompetenz** von Mitarbeitern. Die zu fördernden Kompetenzen können wie folgt klassifiziert werden:

Abbildung 25.8 Kompetenzfelder von Mitarbeitern

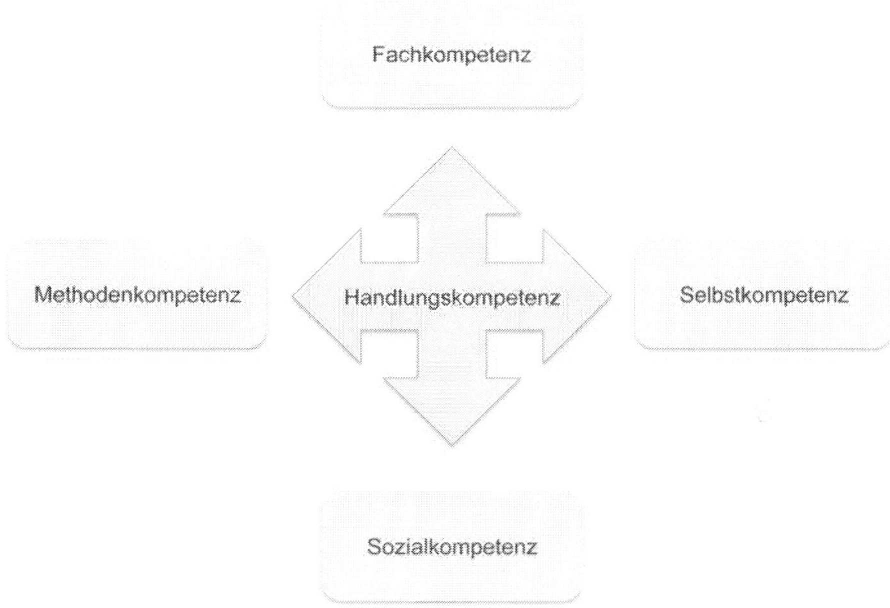

Die unterschiedlichen Kompetenzen ergänzen sich gegenseitig und sind in der Regel individuell unterschiedlich ausgeprägt. Die **Sozialkompetenz** legt den Schwerpunkt auf das kommunikative Verhalten in spezifischen Arbeitssituationen. Die **Methodenkompetenz** zeigt auf, wie der Mitarbeiter in bestimmten beruflichen Situationen agiert und vorgeht. Die **Fachkompetenz** hält das Wissen vor, das benötigt wird, um bestimmte Tätigkeiten verrichten zu können und die **Selbstkompetenz** lässt Rückschlüsse darauf ziehen, welche inneren Werte den Mitarbeiter leiten und beeinflussen.[94] Personalentwicklung ist somit Kompetenzmanagement. Dabei gewinnen neben traditionellen **Off-the-job-Instrumenten** wie Seminaren vor allem **On-the-job-Instrumente** der Wissensvermittlung gerade in modernen **Lernenden Organisationen** zunehmend an Bedeutung: **kollegiale Unterweisungen, Team-Besprechungen, Paten- oder Mentorenkonzepte, Computer-Based-Trainings.**[95]

[94] Vgl. Negri, 2010, S. 75.

[95] Vgl. DGFP, 2002, S. 119 ff.

Die Personalentwicklung lässt sich in Segmente aufteilen, die in einer zeitlichen Abfolge während des gesamten **Personallebenszyklus** aufeinander aufbauen. Hier können als Hauptbereiche die **Aus- und Weiterbildung** genannt werden. Im Rahmen der Berufsausbildung (**Duales System beruflicher Erstausbildung, Hochschulstudium)** werden die allgemeinen Grundqualifikationen für die spätere Berufsausübung vermittelt. Berufliche Weiterbildungsmaßnahmen führen zu **Anpassungs-, Ergänzungs-, und Höherqualifizierungen**. Anpassungsqualifizierungen fokussieren sich auf die Optimierung der Kenntnisse und Fertigkeiten für die aktuelle Anforderungssituation, die Ergänzungs- und Höherqualifizierungen bilden die Grundlage für die Übertragung neuer, anspruchsvollerer Tätigkeiten.[96]

Die **Verantwortung für die Personalentwicklung** der Mitarbeiter liegt wie schon beim Personaleinsatz in erster Linie bei den Führungskräften, denn nur sie können den individuellen Entwicklungsbedarf ihrer Mitarbeiter aus dem Personaleinsatz heraus beurteilen. Das Personalmanagement unterstützt die Führungskräfte dabei durch Bereitstellung geeigneter Instrumente der **Leistungs- und Potenzialbeurteilung.** Die Personalbeurteilung ist *die* relevante Grundlage für ziel- und bedarfsorientierte Personalentwicklung.[97] Die Führungskräfte geben somit die entscheidenden Anstöße für individuelle Personalentwicklungsmaßnahmen und tragen auf diese Weise maßgeblich zur Mitarbeiterzufriedenheit und -bindung bei, denn Entwicklungsmaßnahmen zielen darauf ab, Defizite bzw. Minderqualifikation abzubauen, den Status quo zu erhalten sowie Potenziale und Stärken auszubauen.

25.5.3.3 Personalbeurteilung

Die Personalbeurteilung verfolgt einmal das Ziel, dem Mitarbeiter **Feedback** über die Qualität seiner Arbeit zu geben. Es stehen also die in der Vergangenheit erbrachten arbeitsplatzbezogenen Leistungen des Mitarbeiters im Vordergrund. Leistungsbeurteilungen sind nicht selten gleichzeitig die **Basis für Mitarbeitergespräche.** Nur so kann über Stärken und Schwächen gesprochen und gemeinsam nach Verbesserungsmöglichkeiten gesucht werden. **Leistungsbeurteilungssysteme** müssen sich an der Unternehmens- und Personalstrategie orientieren, was zur Entwicklung entsprechender Beurteilungskriterien führt. Diese müssen **transparent und nachvollziehbar** sein. Dies fördert die allseitige Akzeptanz solcher Systeme genauso wie ein nachvollziehbarer Beurteilungsmaßstab (z. B. Erreichung von Zielvereinbarungsgraden) und eine gleichmäßige Anwendung im Unternehmen, um die Gleichbehandlung der Mitarbeiter sicherzustellen.[98]

Neben dem Feedback zur Mitarbeiterleistung sind **Potenziale und die Persönlichkeit** Gegenstand der Personalbeurteilung. Bei der Potenzialbeurteilung steht die Beurteilung der Kompetenzen im Vordergrund, welche erforderlich sind, eine zukünftige Stelle zu bekleiden

---

[96] Vgl. Thom/Zaugg, 2008, S. 7.

[97] Vgl. ebd.

[98] Vgl. DGFP, 2002, S. 136 ff.

oder eine Weiterbildung zu realisieren. Dabei geht sie von den in der Vergangenheit gezeigten Leistungen aus. Die **Persönlichkeitsbeurteilung** legt den Fokus auf die Person des Mitarbeiters und dessen Verhalten in bestimmten arbeitsspezifischen Situationen.[99]

Zusammengefasst sind Personalbeurteilungssysteme „Verfahren, die sich mit der Beurteilung von Leistungsergebnis, Leistungsverhalten, sozialem Verhalten, Führungsverhalten sowie Persönlichkeitselementen befassen."[100] Einen festgelegten Rhythmus zu diesen Verfahren gibt es nicht. In der Regel finden diese jedoch halbjährlich, jährlich oder aus besonderem Anlass statt.[101]

Folgende Auflistung zeigt die unternehmerischen Anlässe für eine Personalbeurteilung exemplarisch auf.

Personalbeurteilungen werden notwendig bei

- Entscheidungen über den Personaleinsatz,
- Vorschlägen zur Beförderung,
- der Auswahl zu Schulungs- und Fortbildungsmaßnahmen,
- der Verfassung eines Arbeitszeugnisses,
- der Festlegung von Leistungsvergütungen,
- besonderer Anfrage seitens des Arbeitnehmers.

Die Personalbeurteilung ist eine weitere wichtige **Personalfunktion der Führungskräfte.** Denn nur die direkten Vorgesetzten sind aufgrund der unmittelbaren Zusammenarbeit in der Lage, Leistung, Verhalten, Potenziale und Persönlichkeit zu beurteilen. Die Führungskraft hat hier eine große Verantwortung zu tragen. Denn eine absolut objektive Beurteilung gibt es nicht. Somit bleibt dem Beurteilenden nichts anderes übrig, als sich nach bestem Wissen und Gewissen um eine möglichst zutreffende Einschätzung zu bemühen.[102] Personalbeurteilung findet durch den Vorgesetzten während der Zusammenarbeit quasi laufend statt. Die Beurteilung, ob der Mitarbeiter auf dem richtigen Arbeitsplatz eingesetzt ist, also nicht über- oder unterfordert ist, kann nicht von formell festgelegten Beurteilungsterminen und -verfahren determiniert werden. Es handelt sich um eine klassische Führungsaufgabe.

---

[99] Vgl. Böck, 2002, S. 139.

[100] Kirk, 2009, S. 5.

[101] Vgl. Böck, 2002, S. 141.

[102] Vgl. Laufer, 2008, S. 26.

Tabelle 25.3 Funktionen der Personalbeurteilung

Funktion	Aufgabe
Diagnosefunktion	Auf Basis quantitativer und qualitativer Kriterien werden Leistungen, Potentiale sowie Stärken und Schwächen analysiert.
Koordinationsfunktion	Es werden einheitliche Leistungsstandards gesetzt, die für alle verbindlich sind.
Motivationsfunktion	Durch die Option des Feedbacks können Anerkennungen und Anregungen ausgesprochen werden, um die Leistung des Mitarbeiters zu erhöhen.
Kontroll-/Überwachungsfunktion	Die einheitliche Verfahrensweise ermöglicht einen differenzierten Einblick in die Verhaltensweisen der Mitarbeiter. Die Leistungen werden vergleichbar.
Entscheidungsunterstützungsfunktion	Informationen werden geliefert, um anstehende personalpolitische Entscheidungen zu untermauern.

(Quelle: In Anlehnung an Stock-Homburg, 2010, S. 373)

Neben der Beurteilung des Mitarbeiters durch seine Führungskraft werden heute auch andere Beurteilungsformen praktiziert. Dabei handelt es sich z. B. um Verfahren zur Beurteilung der Führungskräfte durch die Mitarbeiter zum Zwecke des Feedbacks über das Führungsverhalten. Aufwärts- und Abwärtsbeurteilungen können auch in einem System miteinander verbunden werden. Kollegen können sich gegenseitig beurteilen, Mitarbeiter beurteilen sich selbst, interne und externe Kunden und Lieferanten werden in die Beurteilung einbezogen. Letzteres Verfahren ist auch unter dem Begriff des **360-Grad-Feedbacks** bekannt.[103]

[103] Vgl. DGFP, 2002, S. 138 f.; siehe auch Thom/ Zaugg, 2008, S. 68.

Abbildung 25.9 Stufen des Personalbeurteilungsprozesses

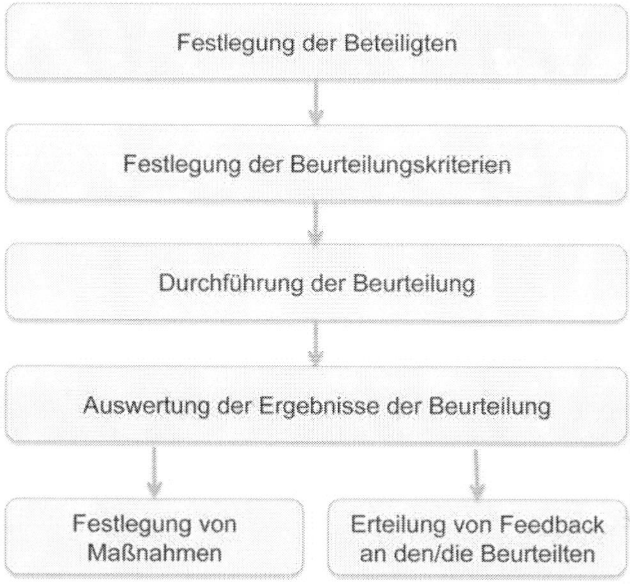

(Quelle: In Anlehnung an Stock-Homburg, 2010, S. 406)

25.5.3.4 Anreizsysteme

Die Personalbindung ist eng mit einer **Gestaltung von Anreizen** für das Personal verknüpft. Mitarbeiter reagieren auf unternehmerische Anreize zum Zwecke der Mitarbeiterbindung naturgemäß unterschiedlich. Deshalb setzen Unternehmen verschiedene Instrumente ein, um individuellen Aspekten Rechnung zu tragen. Die Grundlagen für die Gestaltung und Wirkung dieser Anreize bilden die **Erkenntnisse der Motivationsforschung.**

Grundsätzlich werden Mitarbeiter durch bestimmte Anreize motiviert, ihre Arbeitskraft der jeweiligen Organisation oder dem jeweiligen Unternehmen zur Verfügung zu stellen. Es wird zwischen Anreizen der extrinsischen und der intrinsischen Motivation unterschieden.[104]

Die **extrinsische Motivation** dient einer mittelbaren oder instrumentellen Bedürfnisbefriedigung. So ist beispielsweise das Gehalt in den meisten Fällen ein Mittel, um bestimmte Anschaffungen oder Wünsche finanzieren zu können. Personalbezogen bedeutet dies, dass

[104] Vgl. Frey/Osterloh, 2002, S. 24; siehe auch Berthel/Becker, 2003, S. 40 f.

Mitarbeiter dann extrinsisch motiviert sind, wenn sie ihre unmittelbare Bedürfnisbefriedigung *außerhalb* der Arbeit suchen. Die Arbeit selber ist lediglich ein „Umweg", über den die eigentliche Bedürfnisbefriedigung gesucht wird.[105]

Bei der **intrinsischen Motivation** verhält es sich anders. Hier stellt die Aktivität selber – oder besser gesagt, die *Arbeit* selbst – die eigentliche Bedürfnisbefriedigung dar. Die Entlohnung für diese Tätigkeit fällt bei der intrinsischen Motivation nicht so sehr ins Gewicht.[106]

In der Regel treten beide Motivationen zeitgleich auf. Die Gefahr besteht in dem sogenannten Verdrängungseffekt: gestaltet sich eine Situation so, dass ein gesetztes Ziel nur zum Zwecke der Erreichung eines weiteren dient, verliert das erste Ziel an Bedeutung für die jeweilige Person. Durch diesen **Verdrängungseffekt kann Demotivation** entstehen.[107]

Die Beeinflussung der genannten Motivationsfaktoren durch entsprechende Anreizsysteme des Unternehmens sind von großer Bedeutung für die Personalbindung. Diese Anreizsysteme umfassen **materielle und immaterielle Leistungsanreize**, die von Führungskräften und Unternehmen gewährt bzw. eingesetzt werden. Ziel ist die Auslösung bestimmter **positiver Verhaltensweisen** (positive Anreize wie Belohnungen z. B. bei Erhöhung der Einsatz- und Leistungsbereitschaft) oder die **Minderung des Auftretens unerwünschter Verhaltensweisen** (negative Anreize wie Sanktionen z. B. bei Leistungszurückhaltung) der Mitarbeiter.[108]

Materielle Anreize können einmal **monetäre**[109] **oder nicht monetäre Anreize** sein, zu letzteren zählen z. B. die Gestellung eines Dienstwagens und oder das Versprechen einer betrieblichen Altersversorgungsleistung.[110] Zu den **immateriellen Anreizen** zählen z. B. die Aufgabeninhalte, Flexibilisierungen des Arbeitsortes wie Home Offices, die Übertragung von Verantwortung und Statussymbole wie Titel oder Büroausstattung.

---

[105] Vgl. Frey/Osterloh, 2002 S. 22.

[106] Vgl. ebd., S. 24.

[107] Vgl. ebd., S. 25; siehe auch Berthel/Becker, 2003, S. 41.

[108] Vgl. Berthel/Becker, 2003, S. 423.

[109] Hierunter werden Entgelte für Tarifmitarbeiter, außertarifliche und leitende Angestellte verstanden. Zu den Entgelten zählen einmal das Entgelt für tatsächlich geleistete Arbeit (Lohn, Gehalt, sog. Direktvergütung) und zum anderen die zahlreichen Zusatzentgelte, die auf betrieblicher, gesetzlicher, tariflicher oder freiwilliger Basis vom Unternehmen erbracht werden (z. B. gesetzliche Entgeltfortzahlung, Arbeitgeberanteile zur gesetzlichen Sozialversicherung, Gratifikationen, sog. Personalzusatz oder -nebenkosten); siehe hierzu Büdenbender/Selke, 1993, S. 544 – 557.

[110] Altersversorgungszusagen werden vor dem Hintergrund der demografischen Entwicklung und seiner Auswirkungen auf die gesetzlichen Sozialsysteme personalpolitisch wieder an Bedeutung gewinnen. Sie werden deshalb sowohl als Eintritts- als auch als Bleibeanreiz verstärkt eingesetzt. Dabei kann es sich um sog. Direktzusagen des Unternehmens handeln, die durch Bildung von Pensionsrückstellungen finanziert werden; bei externen Trägern handelt es sich um Unterstützungskassen, Pensionskassen oder Direktversicherungen; siehe hierzu Selke, 2000, S. 157 ff; Berthel/Becker, 2003, S. 443.

Entgelt- oder Vergütungssysteme beinhalten **fixe, variable und zusätzliche** Komponenten. Die fixen Vergütungen werden auch als Grundvergütung bezeichnet. Sie sind **nicht leistungsbezogen**, sondern **anforderungsbezogen**, d. h. ein konkreter Bezug zur erbrachten Leistung ist nicht gegeben. Dies wird deutlich bei tariflichen Eingruppierungs-Systemen, nach denen Mitarbeiter mit anforderungsidentischen Tätigkeiten denselben Entgeltgruppen zugeordnet sind.[111]

Variable Vergütungen sind stattdessen **leistungs- oder erfolgsabhängige** Entgeltkomponenten, deren Höhe vertraglich nicht fixiert ist.[112] Grundlage können individuelle Arbeitsleistungen oder der Unternehmenserfolg sein. **Individuelle variable Entgelte** sind z. B. **Prämien** für die Erreichung quantitativer oder qualitativer Ziele oder **Provisionen**. Ist der Unternehmenserfolg die Bemessungsgrundlage, kann es sich um **Erfolgsbeteiligungen** handeln, wie z. B. **Gewinnbeteiligungen oder Beteiligungen an der Wertentwicklung des Unternehmens**. Bei **Kapitalbeteiligungen** handelt es sich um **Beteiligungen am Eigen- oder Fremdkapital.**[113]

Für Führungskräfte gehört die Gestaltung variabler, leistungs- und erfolgsabhängiger Entgelte wie z. B. **Long/Short-Term-Incentives, Aktienoptionen und Bonuszahlungen** sowie **Deferred-Compensation-Modelle** zu den modernen Instrumenten der Entgeltpolitik.[114] **Stock Options** oder **Aktienoptionen** sind Bestandteil der erfolgsabhängigen variablen Vergütung speziell von Führungskräften. Ziel ist, Anreizstrukturen zu setzen und den am Börsenkurs gemessenen Unternehmenswert zu steigern. **Aktienoptionspläne** beinhalten die Gewährung des Rechts auf den Erwerb von Aktien der eigenen Unternehmung innerhalb einer festgelegten Frist zu einem festgelegten Bezugspreis. Die Ausübung ist sinnvoll, wenn der aktuelle Börsenkurs über dem festgelegten Bezugspreis liegt. Die Optionspläne dienen der langfristigen Bindung von Personen in Schlüsselpositionen an das Unternehmen.[115] Dem Bindungsziel dienen auch **Stay-Bonus-Modelle.** Dabei handelt es

---

[111] REFA (Verband für Arbeitstudien) spricht hier vom Grundlohn für die sog. Normalleistung als Ausgangsbasis für die Bewertung der tatsächlichen Leistung; es handelt sich dabei um eine Leistung, die bei hinreichender Qualifizierung, gegebener Arbeitsmethode, nach normaler Einarbeitung und bei normalem Kräfteeinsatz ohne Gesundheitsschädigung auf die Dauer und im Mittel der täglichen Arbeitszeit erreichbar ist; vgl. Oechsler, 2000, S. 487.

[112] Vgl. Stock-Homburg, 2010, S. 422 ff.

[113] Eigenkapitalmodelle überwiegen in der Praxis, z. B. Beteiligungen am Aktienkapital durch die Ausgabe von Belegschaftsaktien. Bei nichtbörsennotierten Aktiengesellschaften oder bei der GmbH werden Fremdkapitalbeteiligungen wie Mitarbeiterdarlehen oder Mitarbeiterschuldverschreibungen eingesetzt.

[114] Vgl. Schmeisser, 2008, S. 65; Deferred Compensation Modelle beinhalten die zeitliche Verlagerung der Auszahlung von z. B. Tantiemen, Boni mit dem Ziel, die Versteuerung in die begünstigte Zeit nach der Pensionierung zu legen. Zu den steuerlichen Vorteilen kommen noch die Vorteile aus der Verzinsung des bis dahin angelegten Brutto-Entgeltbetrages; vgl. hierzu auch Selke, 2000, S. 159; Freund/Knoblauch/Eisele, 2003, S. 197.

[115] Vgl. Berthel/Becker, 2003, S. 448f; Stock-Homburg, 2010, S. 426 f; Scholz, 2000, S. 766 ff; http://www.wiwi.uni-regensburg.de/scherrer/edu/opi/stockoptions.html, Stand 27.02.2011.

sich um Auszahlungen, die in der Regel an Führungskräfte oder Fachkräfte mit hohem Spezialistenwissen getätigt werden. Sie werden demzufolge ausschließlich individuell eingesetzt. Die Vergütung ist an eine vorher vereinbarte Bindungszeit an das Unternehmen geknüpft. Genau umgekehrt funktioniert der **Hiring-Bonus**. Dieses Angebot der Vergütung wird Personen als Ausgleich zu einem anstehenden Unternehmenswechsel unterbreitet.[116]

Die Entgeltsysteme wirken sich unmittelbar auf die Personal- und damit die Gesamtkosten des Unternehmens aus; andererseits haben sie jedoch auch erheblichen Einfluss auf das Leistungsverhalten der Mitarbeiter, was sich ebenfalls – allerdings mittelbar – auf die Gesamtkosten und/oder den Ertrag auswirken wird.[117]

Der **unternehmerische Gestaltungsspielraum** für Entgeltsysteme ist für die meisten Unternehmen durch das restriktive deutsche Arbeits-, Sozialversicherungs- und Steuerrecht sehr gering. Aufgrund der kollektivrechtlichen Gestaltung z. B. der tariflichen Entgelte finden individuelle Konzepte überwiegend nur im mitbestimmungsfreien Bereich der Entgeltpolitik für leitende Angestellte und – allerdings mit Einschränkungen – für außertarifliche Arbeitnehmer statt. Deshalb wird die **Individualisierung oder auch Flexibilisierung von Entgeltsystemen** vermehrt gefordert.

Das **Cafeteria-Modell** ist hierfür ein Beispiel: hier können Mitarbeiter aus einem Katalog an Leistungen diejenigen auswählen, die den höchsten Mitarbeiternutzen stiften. Dies können vom Arbeitgeber finanzierte Versicherungsleistungen sein, oder die Umwandlung von Entgelt zum Zwecke der Altersversorgung (Versorgungslohn) oder der Gestellung eines Dienstwagens.[118]

Auch Arbeitszeitmodelle sind Gestaltungselemente der Entgeltpolitik. So können z. B. Zeitguthaben für Langzeiturlaube (sog. Sabbaticals) oder zur vorzeitigen Pensionierung eingesetzt werden.[119]

Die Anreiz- und damit Bindungswirkung der Entgeltpolitik hängt somit in hohem Maße davon ab, in welchem Umfang dadurch individuelle Bedürfnisse und Nutzenerwägungen der Mitarbeiter realisiert werden.

25.5.4 Personalfreisetzung

Die Personalfreisetzung ist im Lebenszyklus eines Arbeitsverhältnisses die letzte Personalfunktion. Die zentrale Aufgabe besteht hier darin, Überkapazitäten im Bereich des Personals zu vermeiden bzw. den Bestand an Personal einen reduzierten Personalbedarf anzu-

[116] Diese Instrumente der variablen Vergütung werden z. B. in der Arzneimittelindustrie eingesetzt, siehe hierzu HR-Team Sanofi Aventis, 2010, S. 330 f.

[117] Vgl. Berthel/Becker, 2003, S. 425.

[118] Vgl. Cafeteria-Modell bei Stock-Homburg, 2010, S. 430 ff; Freund/Knoblauch/Eisele, 2003, S. 197 f.

[119] Vgl. Schmeisser, 2008, S. 65.

passen. Diese Aufgabe beinhaltet nicht nur kurzfristige Aktivitäten in Form von Entlassungen, sondern auch den langfristigen Abbau von Stellen. Dies kann z. B. in Form von Einstellungsstopps und die Nichtersetzung von Fluktuation vollzogen werden.[120]

Die Personalfreisetzung kann sowohl antizipativen, als auch reaktiven Charakter haben. Aufgrund dieser Ausgangslage lassen sich vier Kategorien unterscheiden.[121]

Abbildung 25.10 Formen der Personalfreisetzung

(Quelle: In Anlehnung an Stock-Homburg, 2010)

25.5.4.1 Personalfreisetzung nach inhaltlichen Aspekten

Es wird zwischen der **Änderungs- und Beendigungsfreisetzung** unterschieden. Die Änderungsfreisetzung ist begrifflich ungenau, weil der Mitarbeiter hier tatsächlich nicht freigesetzt wird. Allerdings verbindet der Arbeitgeber die Kündigung des bestehenden Arbeitsverhältnisses mit dem Angebot, ein neues Arbeitsverhältnis zu veränderten – aus Arbeitnehmersicht in der Regel schlechteren – Bedingungen abzuschließen, sodass sich die

[120] Vgl. Stock-Homburg, 2010, S. 288; es wird zwischen spezifischer (Abgänge aufgrund von Kündigung, Aufhebungsvertrag, Vorruhestand) und natürlicher Fluktuation (Erreichen der Altersgrenzen in der gesetzlichen Rentenversicherung, Berufs- oder Erwerbsunfähigkeit und Tod) unterschieden.

[121] Vgl. Berthel/Becker, 2003, S. 244.

Freisetzung zunächst auf die bisherigen Konditionen bezieht. Akzeptiert der Mitarbeiter das veränderte Angebot nicht, wird das Arbeitsverhältnis beendet, der Mitarbeiter also tatsächlich freigesetzt.

Die Beendigungsfreisetzung erfolgt durch **betriebsbedingte ordentliche oder außerordentliche Kündigung** oder durch eine **Auflösung des Arbeitsverhältnisses** im gegenseitigen Einvernehmen.

25.5.4.2 Personalfreisetzung nach zeitlichen Aspekten

Die Einteilung nach dem zeitlichen Horizont enthält die reaktive, (vergangenheitsbezogene) Freisetzung und die antizipative (zukunftsorientierte) Freisetzung. Die reaktive Freisetzung kommt dann zum Einsatz, wenn der Personalbestand den Personalbedarf übersteigt. Kurzfristig können hier auch Maßnahmen wie **Kurzarbeit, der Abbau von Überstunden oder Versetzungen** Abhilfe schaffen.

Die antizipative Freisetzung beschäftigt sich vorwiegend mit der Früherkennung von personellen Überkapazitäten. Sie entwickelt Strategien, indem sie sich mit den möglichen Freisetzungserfordernissen und -szenarien schon vor dem Auftreten von Überkapazitäten auseinander setzt.[122]

25.5.4.3 Personalfreisetzung nach ursächlichen Aspekten

Der Personalfreisetzung können drei Ursachen zugeordnet werden. Es werden **verhaltensbedingte, personenbedingte und betriebsbedingte** Freisetzungsgründe unterschieden.[123] Bei der **verhaltensbedingten Freisetzung** liegen die Gründe für die Beendigung des Arbeitsverhältnisses im Verhalten des jeweiligen Mitarbeiters. Hier sind beispielhaft **unentschuldigte Fehlzeiten, unterlassenes Anzeigen einer Arbeitsunfähigkeit oder Störungen des Betriebsklimas** genannt. In diesen Fällen kommt es in der Regel zunächst zu **Abmahnungen**, in denen der Arbeitgeber schriftlich Verstöße gegen die arbeitsvertraglichen Pflichten rügt. Die Abmahnung soll helfen, Fehlverhalten und die drohenden Konsequenzen zu überdenken und Gelegenheit zur Verhaltensänderung zu geben.[124]

Bei der **personenbedingten Freisetzung** liegen die Gründe in der Person des Mitarbeiters, jedoch betrifft die Person keine unmittelbare Schuld an der Sachlage. Hier kann als Beispiel auf die **gesundheitsbedingte Leistungsminderung** hingewiesen werden, die ein

---

[122] Vgl. Stock-Homburg, 2010, S. 293.

[123] Siehe § 1 Kündigungsschutzgesetz (KSchG); besteht das Arbeitsverhältnis länger als 6 Monate, kann durch den Arbeitgeber nur gekündigt werden, wenn diese sozial gerechtfertigt ist. Bei den drei genannten Freisetzungsgründen geht das KSchG von der sozialen Rechtfertigung aus; siehe hierzu auch Berthel/Becker, 2003, S. 258 f; zum Geltungsbereich siehe § 23 KSchG.

[124] Abmahnungen sind von der Rechtsprechung entwickelte arbeitsrechtliche Instrumente, sie haben keine gesetzlichen Grundlagen.

weiteres Ausführen der bisherigen Tätigkeit verhindert. Auch eine **lange Arbeitsunfähigkeit** kann unter bestimmten Voraussetzungen zu einer personenbedingten Beendigung des Arbeitsverhältnisses führen.

Die **betriebsbedingte Freisetzung** wird durch eine Verringerung des Personalbedarfs ausgelöst. Ursachen hierfür können einmal wirtschaftliche Engpässe oder Absatzrückgang sein, zum anderen lösen häufig **Betriebsänderungen, Rationalisierungsmaßnahmen** und die Substitution menschlicher Arbeit durch Maschinenleistung diese Freisetzungen aus.[125] Häufig kommt es auch zu **Massenentlassungen.**[126] Betriebsrat und Unternehmensleitung vereinbaren bei Betriebsänderungen zur Minderung von freisetzungsbedingten sozialen Härten auf der Grundlage der §§ 111 bis 113 Betriebsverfassungsgesetz einen **Interessenausgleich** – der die unternehmerischen Maßnahmen beinhaltet – **und Sozialplan.** Darin werden Maßnahmen zum Ausgleich oder zur Milderung der wirtschaftlichen Nachteile für die Arbeitnehmer vereinbart, z. B. Kriterien für die Sozialauswahl und Abfindungsregularien.[127] Das in der Regel unfreiwillige Ausscheiden von Mitarbeitern kann bei den Betroffenen zu materiellen und psychischen Problemen führen. Dies gilt in besonderer Weise für Führungskräfte. In den letzten Jahren hat sich hier das **Outplacement** als unterstützende Maßnahme positiv entwickelt. Bei den Outplacement-Leistungen handelt es sich um individuelle oder gruppenbezogene Beratungsdienstleistungen externer Anbieter, die von psychologischen Maßnahmen bis zur Unterstützung bei konkreten Bewerbungen reichen.[128]

25.5.4.4 Interne und externe Personalfreisetzung

Die Richtung der Freisetzung gibt an, ob die betroffenen Personen das Unternehmen verlassen oder nicht. Man unterscheidet zwischen der externen und internen Personalfreisetzung. Die **Reduzierung des Personalbestandes** erfolgt durch eine externe Freisetzung, wohingegen die interne Freisetzung die **Anpassung existierender Beschäftigungsverhältnisse** beinhaltet.[129]

---

[125] Bei Betriebsänderungen gem. § 111 BetrVG handelt es sich z. B. um Einschränkungen oder Stilllegungen, Betriebsverlegungen, Zusammenschlüsse oder Aufspaltungen von Betrieben, Einführung grundlegend neuer Arbeitsmethoden und Fertigungsverfahren.

[126] Diese sind nach § 17 KSchG in Abhängigkeit vom Umfang der Freisetzungen anzeigepflichtig gegenüber Arbeitsamt und Betriebsrat; dem Kündigungsgrund dringende betriebliche Erfordernisse und dem nachgeschalteten Prozess der Sozialauswahl nach § 1 KSchG kommt hier besondere Bedeutung zu; vgl. Oechsler, 2000, S. 306.

[127] Vgl. Freund/Knoblauch/Eisele, 2003, S. 55f; die Höhe einer Abfindung bei betriebsbedingter Kündigung beträgt nach § 1 a KSchG 0,5 Monatsverdienste für jedes Jahr des Bestehens des Arbeitsverhältnisses; bei einer von Arbeitnehmer oder Arbeitgeber beantragten Auflösung des Arbeitsverhältnisses gem. § 9 KSchG (z. B. bei leitenden Angestellten) gilt für die Höhe der Abfindung § 10 KschG.

[128] Vgl. hierzu Stock-Homburg, 2010, S. 304; Freund/Knoblauch/Eisele, 2003, S. 56; Scholz, 2000, S. 550 ff.

[129] Vgl. Stock-Homburg, 2010, S. 297 f.

Lernfragen

1. Was bedeutet Personalmanagement?
2. Nennen Sie drei Instrumente des Personalmanagements und erläutern Sie diese.
3. Beschreiben Sie ein Testverfahren zur Personalbeschaffung.
4. Was bedeutet Employer Branding?
5. Was ist der Unterschied zwischen intrinsischer und extrinsischer Motivation?
6. Nennen Sie zwei Formen der Personalfreisetzung in Form eines Beispiels.
7. Was versteht man unter Deferred Compensation?
8. Was bedeutet der Begriff Anreizsystem?
9. Was verstehen Sie unter den Begriffen Entgelt für geleistete Arbeit und Personalzusatzkosten?
10. Nennen Sie die wesentlichen Grundlagen eines Cafeteria-Systems!
11. Welche Instrumente zur internen und externen Personalbeschaffung kennen Sie?
12. Wie lauten die Methoden der Personalbedarfsplanung?
13. Welche Formen der Betrieblichen Altersversorgung kennen Sie?
14. Was verstehen Sie unter Aktienoptionsplänen?
15. Erläutern Sie die Herausforderungen des modernen Personalmanagements!
16. Welche Vor- und Nachteile haben interne und externe Personalbeschaffung?
17. Was verstehen Sie unter On-the-job und Off-the-job Maßnahmen der Personalentwicklung?
18. Warum sind Organisationsentwicklung und Personalentwicklung zwei Seiten derselben Medaille?

Literatur

[1] Albs, N.: Wie man Mitarbeiter motiviert: Motivation und Motivationsförderung im Führungsalltag. Berlin, 2005.
[2] Augurzky, Boris, Felder, Stefan und Tinkhauser, Alois: Perspektiven des Gesundheitssektors: Wachstumsmotor oder Milliardengrab?, RWI Positionen # 44, Rheinisch-Westfälisches Wirtschaftsforschungsinstitut e.V.(Hrsg.), Essen, 2011.
[3] BCG, Boston Consulting Group und World Federation of Personell Management Associations: Creating People Advantage, 2008.
[4] Blom, Hermann und Meier, Harald: Interkulturelles Management. Herne/Berlin, 2002.
[5] Böck, R.: Personalmanagement. München, 2002.
[6] Bartscher, T., und A. Huber: Praktische Personalwirtschaft: Eine praxisorientierte Einführung. Wiesbaden, 2007.

[7] Berthel, J., und F. Becker: Personalmanagement. Stuttgart, 2003.
[8] Bleicher, K.: Das Konzept integriertes Management: Visionen-Missionen-Programme, Frankfurt, 2001.
[9] Bröckermann, R.: Personalwirtschaft. Stuttgart, 2007.
[10] Brecht, U.: BWL für Führungskräfte: Was Entscheider im Unternehmen wissen müssen. Wiesbaden, 2005.
[11] Brunkhorst, R., und H. Stockhorst: Aktuelle Herausforderungen an ärztliche Krankenhausführung. Heidelberg, 2007.
[12] Büdenbender, Ulrich und Selke, Manfred: Betriebliche Sozialleistungen, in: Strutz, Hans (Hrsg.): Handbuch Personalmarketing, 2., erweiterte Auflage, Wiesbaden, S. 540-557.
[13] Bühner, Rolf: Personalmanagement, München 2005.
[14] Busse, R., J. Schreyögg, und O. Tiemann: (Hrsg.) Management im Gesundheitswesen. Berlin-Heidelberg, 2010.
[15] DGFP, Deutsche Gesellschaft für Personalführung e.V. (Hrsg.): Herausforderung Personalmanagement, Schriftenreihe der DGFP 65, Frankfurt, 1. Auflage, 2002.
[16] DGFP, Deutsche Gesellschaft für Personalführung e.V. (Hrsg.): Personalmanagement im Krankenhaus, Ergebnisse des DGFP-Arbeitskreises „Personalmanagement im Krankenhaus" in Zusammenarbeit mit dem Centrum für Krankenhausmanagement (CKM), Praxispapiere 7/2006, Düsseldorf, 2006.
[17] DGFP, Deutsche Gesellschaft für Personalführung e.V. (Hrsg.): Führungskräfte als Personalmanager – Personalmanager in neuer Rolle, Praxispapiere 5/2009, Bearbeitung: Dr. Sacha Armutat.
[18] Debatin, J.-F., B. Schulte, und A. Ekkernkamp: Krankenhausmanagement-Strategien, Konzepte, Methoden. Berlin, 2010.
[19] Engelke, Dirk-R. und Schmidt-Rettig, Barbara: Personalmanagement in Krankenhäusern, in: Busse, R., J. Schreyögg, und O. Tiemann. (Hrsg.) Management im Gesundheitswesen. Berlin-Heidelberg, 2010, S. 293-307.
[20] Erichsen, J.: Betriebswirtschaftliche Grundlagen. Freiburg, 2010.
[21] Fischer, D., und J. Breitenbach: Die Pharmaindustrie: Einblick, Durchblick, Perspektiven. Heidelberg, 2010.
[22] Flatko, E., und S. Reinbold-Scheible: Zukunftsweisendes Personalmanagement: Herausforderung demografischer Wandel. München, 2008.
[23] Flenreiss, G., und M. Rümmele: Medizin vom Fließband: Die Industrialisierung der Gesundheitsversorgung und ihre Folgen. Wien, 2008.
[24] Freund, Ferdinand; Knoblauch, Rolf und Eisele, Daniela: Praxisorientierte Personalwirtschaftslehre, 6., neubearb. Aufl., Stuttgart, 2003.
[25] Frey, B.S., und M. Osterloh: Managing Motivation. Zürich, 2002.
[26] Friedrich, A.: Personalarbeit in Organisationen sozialer Arbeit: Theorie und Praxis der Professionalisierung. Wiesbaden, 2010.
[27] Goldschmidt, A.J.W, und J. Hilbert: Gesundheitswirtschaft in Deutschland – Die Zukunftsbranche. Wegscheid, 2009.
[28] Haubrock, A., und S. Haubrock-Öhlschlegel: Personalmanagement. Stuttgart, 2009.
[29] Haubrock, Manfred und Schär, Walter (Hrsg.): Betriebswirtschaft und Management in der Gesundheitswirtschaft, 5. Auflage, Bern, 2009.
[30] Haubrock, Manfred: Managementmethoden als Lösungsansatz, in: Haubrock, Manfred und Schär, Walter (Hrsg.), Betriebswirtschaft und Management in der Gesundheitswirtschaft, 5. Auflage, Bern, 2009. S. 271-328.
[31] Hentze, J., und A. Kammel: Personalwirtschaftslehre 1: Grundlagen, Personalbedarfsermittlung, -beschaffung. Basel, 2001.
[32] Herrmann, Marc A., Pifko, C.: Personalmanagement, Zürich 2009.
[33] Hoefert, H.W.: Führung und Management im Krankenhaus. Göttingen, 2010.
[34] HR-Team Sanofi Aventis: Personalmanagement in der Arzneimittelindustrie, in: Busse, R., J. Schreyögg und O. Tiemann. (Hrsg.) Management im Gesundheitswesen. Berlin-Heidelberg, 2010, S. 327-334.

[35] Jung, H.: Personalwirtschaft. München, 2008.
[36] Kienbaum Management Consultants (Hrsg.), 2009, Benchmarkstudie 2009, Wertschöpfende Personalarbeit in Krankenhäusern.
[37] Kirchner, H., und W. Kirchner: Professionelles Management im Krankenhaus. Stuttgart, 2009.
[38] Kirk, W.: Public Management: Personalbeurteilung. Norderstedt, 2009.
[39] Kolb, M.: Personalmanagement-Grundlagen, Konzepte, Praxis. Wiesbaden, 2008.
[40] Kötter, Paul M. und Behrens, Andreas: Personalmanagement in Krankenversicherungen, in: Busse, R., J. Schreyögg, und O. Tiemann. (Hrsg.) Management im Gesundheitswesen. Berlin-Heidelberg, 2010, S. 285-292.
[41] Krieg, Hans-Jürgen und Ehrlich, Harald: Personal, Lehrbuch mit Beispielen und Kontrollfragen, Stuttgart 1998.
[42] Lüthy, A., und U. Buchmann: Marketing als Strategie im Krankenhaus. Stuttgart, 2009.
[43] Laufer, H.: Personalbeurteilung im Unternehmen. Offenbach, 2008.
[44] Mallett, F.: Employer Branding: The major players. Vancuver, 2004.
[45] Negri, C.: Angewandte Psychologie für die Personalentwicklung. Heidelberg, 2010.
[46] Obermann, Christof Assessment Center – Entwicklung, Durchführung, Trends, Wiesbaden 2009.
[47] Oechsler, A.: Personal und Arbeit: Grundlagen des Human Resource Management und der Arbeitgeber-Arbeitnehmer Beziehungen. 7. Auflage, München, 2000.
[48] Petkovic, Mladen: Wissenschaftliche Aspekte zum Employer Branding. In: Trost, Armin (Hrsg.). Employer Branding. Arbeitgeber positionieren und präsentieren. Köln 2009.
[49] Schär, Walter: Personalmanagement und Aspekte der Führung und Führungsstile, zu ausgewählten Aspekten der Betriebswirtschaftslehre, in: Haubrock, Manfred und Schär, Walter (Hrsg.), Betriebswirtschaft und Management in der Gesundheitswirtschaft, 5. Auflage, Bern, 2009, S. 105-126, S. 406-440.
[50] Schmeisser, Wilhelm: Finanzorientierte Personalwirtschaft, München 2008.
[51] Scholz, C.: Personalmanagement. München, 2000.
[52] Schumacher, F., und R. Geschwill: Employer Branding: Human Resources Management für die Unternehmensführung. Wiesbaden, 2009.
[53] Schurr, M., H. Kuhnhardt, und M. Dumont: Unternehmen Arztpraxis-Ihr Erfolgsmanagement. Heidelberg, 2008.
[54] Selke, Manfred: Transaktionskostenminimierung durch konzerninterne Arbeitsmärkte: eine institutionenökonomische Analyse, Essen 2000.
[55] Selke, Manfred und Kückelmann, Kathrin: Die Total-Quality-Management-Scorecard, Eine praxisrelevante Weiterentwicklung. Band 14 der FOM-Schriftenreihe: Beiträge für die Wirtschaftspraxis, Essen, 2009.
[56] Specke, H. -K.: Der Gesundheitsmarkt in Deuschland. Bern, 2005.
[57] Staehle, Wolfgang H: Management, 8. Auflage, München, 1999.
[58] Statistisches Bundesamt (Hrsg.): Destatis. Gesundheit – Ausgaben, Krankheitskosten und Personal 2004, Statistisches Bundesamt (Hrsg.), Presseexemplar, Berlin, 2006.
[59] Stock-Homburg, R.: Personalmanagement. Wiesbaden, 2. Auflage, 2010.
[60] Tiemann, Oliver: Personalmanagement im Gesundheitswesen – Einführung und methodische Grundlagen, in: Busse, R., J. Schreyögg, und O. Tiemann. (Hrsg.) Management im Gesundheitswesen. Berlin-Heidelberg, 2010, S. 282-284.
[61] Thill, K.D.: Einstellungsgespräche in der Arztpraxis. Köln, 2004.
[62] Thom, N., und R. J. Zaugg: Moderne Personalentwicklung: Mitarbeiterpotenziale erkennen, entwickeln und fördern. Wiesbaden, 2008.
[63] von Eiff, W.: Führung und Motivation in Krankenhäusern. Stuttgart, 2000.

Internetquellen

[64] http://www.wiwi.uni-regensburg.de/scherrer/edu/opi/stockoptions.html, Stand 27.02.2011.
[65] http://www.dgfp.de/de/content/articles/thema-des-monats-februar-2011-fachkraeftemangel-aus-zukunft-wird-gegenwart-1935/?XSID=0b3f5f73784646998c74ed74051c0229, Stand 23.02.2011.
[66] http://www.bpb.de/wissen/6G93DG,0,0,Gesundheitsausgaben.html, Stand 23.02.2011.
[67] http://www.bpb.de/wissen/W8NEHN,0,0,Besch%E4ftigte_im_Gesundheitswesen.html, Stand 23.02.2011.

26 Fallstudie: Krankenhausmanagement

Patric Sommerhoff und Carolin Christina Clausen

26.1 Ausgangslage und Problemstellung ... 244
26.2 Diskussionen in der Managementrunde ... 248
26.3 Vorschlag für Lösungsansätze ... 250
26.3.1 Strategische Repositionierung ... 250
26.3.2 Weitere Ansätze zur Effizienzsteigerung im Rahmen der Prozessgestaltung ... 260
26.4 Schlussbetrachtung und Ausblick ... 260

Literatur ... 261

Lernziele

Die Fallstudie skizziert einen Managementprozess in einem mittelgroßen Krankenhaus. Sie hilft Ihnen, Managementtechniken in einem konkreten Beispielfall anzuwenden und vertieft so Ihr Verständnis für die Herleitung strategischer Positionierungsziele unter den aktuellen Rahmenbedingungen des Gesundheitswesens. Ferner entwickeln Sie Ansatzpunkte, um interne Leistungsprozesse zu optimieren bzw. Leistungen kostendeckend anzubieten.

26.1 Ausgangslage und Problemstellung

Um Ihre Chancen auf einen angemessenen Berufseinstieg zu verbessern, beabsichtigen Sie gegen Ende Ihres 6. Semesters ein Praktikum in einem medizin-ökonomischen Umfeld zu absolvieren. Hans Mittelstedt, Geschäftsführer eines nahe gelegenen Krankenhauses, bietet Ihnen einen Praktikumsplatz in der kaufmännischen Leitung an. Dieses Angebot erscheint sehr attraktiv, da die Klinik einer Restrukturierung unterzogen werden soll. In den ersten Tagen lernen Sie die verschiedenen Abteilungen des Krankenhauses kennen. Ihr Krankenhaus namens St. Agilius ist ein öffentlich-rechtlicher Nahversorger mit 477 Betten und liegt in einer Großstadt innerhalb eines Ballungsgebietes. St. Agilius befindet sich in einer Innenstadt-Randlage in direkter Nähe zu einem „Maximalversorger“ und weiteren Wettbewerbern, die in wenigen Autominuten erreicht werden können.

St. Agilius betreibt folgende Abteilungen:

- Innere mit Schwerpunkt Kardiologie
- Chirurgie (Allgemein und Unfallchirurgie/Orthopädie)
- Gynäkologie und Geburtshilfe
- HNO
- Kinder- und Jugendmedizin
- Dermatologie und Allergologie
- Radiologie/Strahlentherapie
- Anästhesiologie, Intensivmedizin und Schmerztherapie

Das Wettbewerbsumfeld der Klinik ist extrem kompetitiv. Sowohl der Maximalversorger als auch die im Wettbewerbsumfeld ansässigen Kliniken bieten das Leistungsspektrum von St. Agilius an. Somit sind die meisten Fächer in der Umgebung mehrfach vertreten.

Zusätzlich betreibt die Stadt zwei weitere Kliniken. Es gibt jedoch gesicherte Informationen, dass die Stadtverwaltung diese Kliniken verkaufen wird und diesbezüglich mit privaten Klinikkonzernen verhandelt. Im Einzelnen sind folgende Wettbewerber im relevanten Einzugsgebiet angesiedelt:

Tabelle 26.1 Wettbewerbskliniken - Betten- und Fallzahlen

Kliniken	Entfernung zum Beispielkrankenhaus in km	Stationäre Fälle	Betten
Klinik 1: Maximalversorger	2,8	46.321	1.339
Klinik 2: konfessionell gGmbH	9	10.213	279
Klinik 3: Stiftung	8	9.631	241
Klinik 4: konfessionell	5	8.732	223
Klinik 5: gemeinnützig	6	7.643	210
Klinik 6: konfessionelle Stiftung	13	18.122	440
Klinik 7: konfessionell	4	16.134	395
Klinik 8: Fachklink privat	8,5	2.934	88
Klinik 9+10: städt. Kliniken	7,5	22.250	598

Diese Kliniken bieten die folgenden Disziplinen an:

Tabelle 26.2 Wettbewerbskliniken - Disziplinen

Bettenanzahlen der Kliniken nach Disziplinen										
Disziplin	**Bsp.-Klinik**	**K 1**	**K 2**	**K 3**	**K 4**	**K 5**	**K 6**	**K 7**	**K 8**	**K 9 + K 10**
Augenheilkunde		48				39		21		
Chirurgie					86	48				
Chirurgie (Allgemein)	75	79	47	55			58	68		143
Gefäßchirurgie		25	21	28						38
Plastische Chirurgie							34			
Thoraxchirurgie										
Unfallchirurgie	34	38					28	22		
Frauenheilkunde	44	55					32	41		88
Senologie								9		37
Geburtshilfe	33	32					29	15		27
HNO-Heilkunde	36	39		55						6
Haut- und Geschlechts-krankheiten	18	62								
Herzchirurgie		89								
Innere Medizin					89	59				241
Innere Medizin (Allgemein)	75	45	65	74			66	99		
Angiologie				29						
Endokrinologie		11								
Gastroenterologie		51					28			
Hämatologie		89					12	28		
Kardiologie	67	98	42							
Nephrologie		38					19			
Pneumologie							78			
Internist. Rheumatologie		9	17							
Kinderchirurgie		13					14			
Kinderheilkunde	31						38			18
Kinderheilkunde (Allgemein)		145								
Kinderkardiologie		21								
Mund-Kiefer-Gesichts-Chirurgie		39								
Neurochirurgie		54								
Neurologie		48						34	88	
Nuklearmedizin (Therapie)		24						3		
Orthopäd. Rheumatologie			9							
Orthopädie (Allgemein)	55	102			48					
Schmerztherapie			7				4			
Strahlentherapie	9	39						16		
Urologie		46	37					39		
Geriatrie			34			64				
Gesamt	**477**	**1339**	**279**	**241**	**223**	**210**	**440**	**395**	**88**	**598**

Außerdem haben Sie die Gewinn- und Verlustrechnungen und Bilanzen der letzten Jahre studiert. Die Klinik machte in den letzten fünf Jahren jeweils etwa eine Million Euro Verlust, der vom Träger ausgeglichen wurde; nennenswerte Rücklagen hat die Klinik nicht gebildet.

Am Rande der letzten Aufsichtsratssitzung fordert der Aufsichtsratsvorsitzende Peter Kustodian, die schwierige Wettbewerbsposition der Klinik nachhaltig zu verbessern. Der Aufsichtsrat beauftragt den Geschäftsführer von St. Agilius, ein Konzept vorzulegen, welches eine strategische Neupositionierung der Klinik erlaubt. Der Geschäftsführer Hans Mittelstedt berät sich umgehend mit seinen wichtigsten Mitarbeitern. Nach einer gemeinsamen Beratschlagung über das konkrete Ziel des geforderten Konzepts und einer kurzfristigen Analyse der Rahmenbedingungen kann folgendes festgehalten werden: Stetige Rückgänge der Fallzahlen in nahezu allen Fächern sind die größte Bedrohung der ökonomischen Basis von St. Agilius. Lediglich in der Unfallchirurgie/Orthopädie kann innerhalb der letzten drei Jahre eine Stagnation festgestellt werden und in der Geburtshilfe gibt es geringe Steigerungen von durchschnittlich drei Prozent pro Jahr. Neben dieser Entwicklung der Fallzahlen ist die finanzielle Situation der Klinik kritisch, die zusätzlich durch ein wachsendes Missverhältnis zwischen Kosten und Erlösen belastet wird. Die Personalkosten und die Sachkosten steigen. Ursächlich hierfür werden insbesondere das Ergebnis der letzten beiden Tariferhöhungen und steigende Rohstoff- bzw. Materialpreise genannt. Hinzukommen das geringe Investitionsvermögen seines öffentlichen Trägers in Technologie und medizinische Infrastruktur sowie die steigenden Kapitalkosten. Die Erlöse sind durch fixe Budgets, aufgrund der allgemeinen Basisfallwertanpassung, durch den Ersatz stationärer durch ambulante Leistungen und durch das schwierige Wettbewerbsumfeld zudem tendenziell rückläufig.

In einem Begrüßungsgespräch zeigt Ihnen Hans Mittelstedt einen Brief des Aufsichtsratsvorsitzenden Peter Kustodian. Darin wird die Klinik aufgefordert, die Wettbewerbsposition nachhaltig zu verbessern. Hans Mittelstedt soll ein Konzept vorlegen, welches eine strategische Neupositionierung der Klinik erlaubt.

Während Sie noch darüber nachdenken, fragt Herr Mittelstedt Sie:

„Wie würden Sie in meiner Situation verfahren, was wären Ihre ersten Maßnahmen, um auf diese Anfrage zu reagieren?"

Zahlreiche Ansätze gehen Ihnen durch den Kopf: vielleicht könnte man das Marketing verbessern ... Prozesse verschlanken ... vielleicht läge ein Ansatz darin, die Motivation und Kundenorientierung der Mitarbeiter zu stärken? ... Sie zögern, während Herr Mittelstedt erklärt: „Wir werden sowohl bei den Erlösen als auch bei den Kosten die Situation verbessern müssen. Da dies zahlreiche strukturelle und organisatorische Veränderungen bedingt, ist es wohl am besten, die Leute in die Konzeptentwicklung zu integrieren, die von diesen Veränderungen betroffen sein werden."

26.2 Diskussionen in der Managementrunde

Mittwochmorgen, 10:00 Uhr. Das Management der Klinik ist versammelt, um über die Situation und die möglichen Maßnahmen zu sprechen.

Anne Bernsmann, die Leiterin der Strategischen Unternehmensentwicklung erklärt, dass die Krankenhausplanung für eine relativ ausgeglichene Verteilung der Bettenkapazitäten sorge. Bundesweit gebe es in Bezug auf die Betten je Einwohner kaum regionale Unterschiede, solange man die Region nicht in kleinen Radien betrachtet. Allerdings, so Anne Bernsmann, sei in Ballungsgebieten aufgrund der hohen Einwohnerzahlen die Krankenhausdichte deutlich höher als in ländlichen Gebieten. Für St. Agilius bedeutet dies, dass Patienten und Einweiser ohne Probleme zwischen mehreren Alternativen wählen können. Dies sei für das Krankenhaus eine reale Verschärfung der Wettbewerbssituation, die z. B. ein Kreiskrankenhaus in Gebieten mit geringer Bevölkerungsdichte nicht in diesem Maße hat.

Mit der folgenden Grafik dokumentiert sie diese Tatsache:

Abbildung 26.1 Wettbewerbsumfelder in Deutschland (Anzahl von Krankenhäusern im Umkreis von 25 km bei ausgewählten Städten)

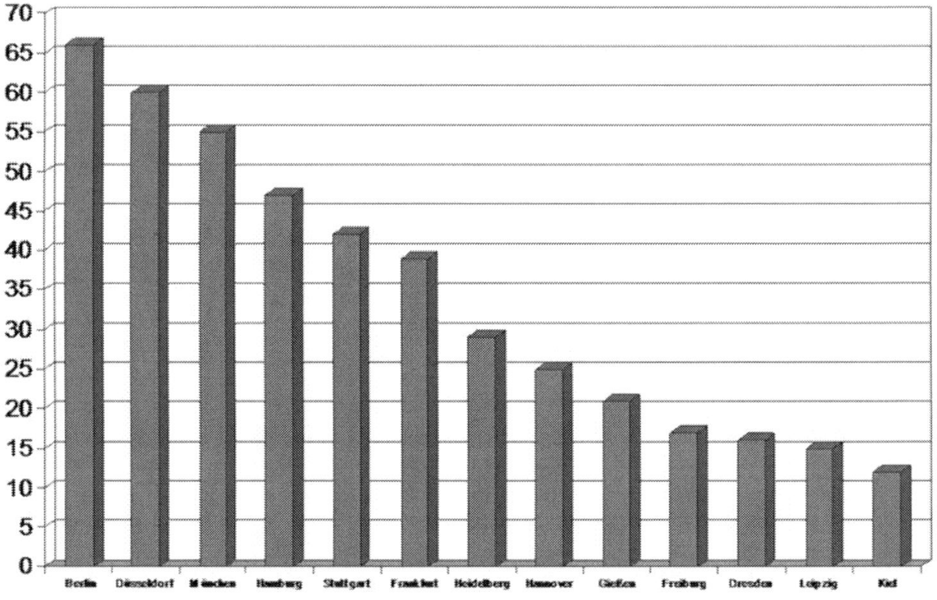

Außerdem legt sie der Runde eine Analyse vor, aus der hervorgeht, dass ein Norddeutsches Universitätsklinikum 16 Prozent aller Krankenhausfälle seines Bundeslandes abgerechnet hat. Der Maximalversorger aus der Nachbarschaft erbringt rund 50 Prozent der Fallzahlen des norddeutschen Klinikums, welche aber nur 0,8 Prozent der Fälle seines Bundeslandes ausmachen.

Aufgrund dieser Information geht Frau Bernsmann davon aus, dass der Maximalversorger aus der Nachbarschaft sich zwar selbst als „Spezialist für komplexe Fälle" bezeichnet, aber in Wirklichkeit ebenfalls von Fällen mit „Nahversorgungscharakter" wirtschaftlich abhängig ist. Zusätzlich lasse die Information den Schluss zu, dass eine hohe Substitutionsdichte gegeben sei.

Frage:

Ist die Aussage von Frau Bernsmann schlüssig?

Wird die Wettbewerbssituation in Ballungsgebieten tatsächlich dadurch verschärft, dass Kliniken in unmittelbarer Nähe zu einander angesiedelt sind? Analysieren Sie die Argumentation und beziehen Sie Stellung zu dieser Schlussfolgerung.

Hinweis: Zur Beantwortung der Frage kann es hilfreich sein, zu überlegen, was „Kunden" eines Krankenhauses von Kunden anderer Betriebe in ebenfalls regulierten Märkten unterscheidet. Denken Sie dafür z. B. an Taxibetriebe, Milchbauern, Bezirksschornsteinfeger usw.

Der Leiter des Patientenmanagements, Dr. Ulrich Winterstein, weist darauf hin, dass – wenn Maßnahmen zur Steigerung von Fallzahlen geplant werden – dies immer mit Augenmaß und nach Rücksprache mit dem Medizincontrolling geplant werden muss. Er erklärt, dass Leistungsveränderungen von Krankenhäusern Ausgleichsregelungen, die in den Budgetverhandlungen mit den gesetzlichen Krankenkassen festgelegt werden, unterliegen. Demnach ist die Erbringung nicht vereinbarter Mehrleistungen nicht oder nur wenig attraktiv. Da der Ausgleichssatz bei Mindererlösen auf 20 Prozent reduziert wurde und der Erlösausgleich bei Mehrerlösen eine Rückzahlung in Höhe von 85 Prozent an den Kostenträger vorsieht, kann das Krankenhaus lediglich mit den verbleibenden 15 Prozent der erzielten Mehrerlöse kalkulieren. Eine Erhöhung der Leistungsmenge bzw. eine Änderung des Leistungsspektrums und damit der Erlöse ist in dem hier betrachteten Umfang demnach nur langfristig und prospektiv über die Pflegesatzverhandlungen zu realisieren.

Frage:

Welche Auslastung erscheint gemäß diesen gesetzlichen Regulierungen für ein Krankenhaus erstrebenswert? Wie kann dieser Auslastungsgrad erreicht und nachhaltig gesichert werden?

Im Hinblick auf das Problem mangelnder kooperativer Beziehungen legt der Assistent des Geschäftsführers, Udo Neumann, das Ergebnis einer vorab initiierten Umfrage bei niedergelassenen Ärzten vor. Diese bestätigt, dass ein unklares Bild zum medizinischen Spektrum, den Spezialisierungen der dort tätigen Ärzte sowie zu den Schwerpunktleistungen der Klinik besteht. Auch die Zusammenarbeit mit den einweisenden Ärzten unterliegt offensichtlich keinem klaren strategischen Vorgehen. Das Markenbild und das Image sind ebenfalls unklar und werden nicht mit den von der Klinik gewünschten Attributen in Verbindung gebracht.

Nach diesen Informationen einigen sich die Beteiligten aus der Klinikleitung auf die folgenden globalen Zielvorstellungen:

Ziel der Klinikleitung ist es, eine optimale, qualitativ hochwertige Versorgung der Patienten bei günstiger Kostenstruktur sicherzustellen und über den Aufbau einer klaren Wettbewerbspositionierung, Wettbewerbsvorteile zu realisieren. Hierdurch sollen Patienten gewonnen und die Fallzahlen erhöht werden.

26.3 Vorschlag für Lösungsansätze

Nach einer ausführlichen Diskussion kommen Sie und die Klinikmanager mit Herrn Mittelstedt überein, dass die Zielsetzung am besten über die Kombination folgender strategischer Maßnahmen zu erreichen ist:

- **Strategische Repositionierung**
  In einem ersten Schritt soll eine klare strategische Neupositionierung angestrebt und gleichzeitig das bisher undurchsichtige Leistungsportfolio der Klinik hinsichtlich der Marktrelevanz überprüft und ggf. angepasst werden.
- **Effizienzsteigerungen und Prozessoptimierungen**
  Korrespondierend dazu will die Klinik in einem zweiten Schritt die Kostenintensität der internen Leistungsprozesse analysieren und Maßnahmen zur Standardisierung und Prozessoptimierung umsetzen.

26.3.1 Strategische Repositionierung

Bevor mit der Erarbeitung von Maßnahmen begonnen wird, soll das Wettbewerbsumfeld analysiert werden. Zeitlich parallel dazu soll die Analyse der internen Leistungsprozesse erfolgen. Folgende Analysemethoden halten unsere Klinikmanager für grundsätzlich geeignet:

a) Analyse des Leistungsspektrums

Das Leistungsspektrum lässt sich aufgrund gesetzlicher Regularien nur bedingt verändern. Im Rahmen der Überlegung einer zukünftigen inhaltlichen Ausrichtung der Klinik ist unbedingt die Krankenhausplanung zu bedenken und als Orientierungspunkt zu verwenden. Die derzeit rückläufigen Fallzahlen sind jedoch u. a. ein eindeutiges Indiz dafür, dass das Leistungsspektrum nicht mehr der realen Bedarfssituation entspricht. Somit hält das Krankenhaus Betten, Personal und eine technische Infrastruktur vor, ohne dass diese Leistung durch Patienten beansprucht wird. Auch die Krankenkasse übernimmt diese Vorhaltekosten nicht. Zusätzlich werden kostenintensive Geräte bereitgestellt, die hohe Investitionen und Instandhaltungskosten verursachen, die nicht von den Ländern getragen werden. Durch allgemein sinkende Verweildauern, die durch die DRG-Gesetzgebung initiiert wurden, wird eine geringere Auslastung forciert, sodass insgesamt die finanzielle Belastung der Klinik erhöht wird.

Der Geschäftsführer drängt daher darauf, die Leistungsstruktur der Klinik zu überprüfen und mit der Struktur direkter Wettbewerber abzugleichen. Durch diesen Vergleich hofft er, strategische Entwicklungsmöglichkeiten des Krankenhauses ableiten und Versorgungslücken identifizieren zu können.

Frage:

Analysieren Sie dieses Vorhaben und berücksichtigen Sie dabei auch die gesetzlichen Grundlagen des Versorgungsauftrages. Auf welche Probleme bzw. an welche rechtlichen Grenzen kann St. Agilius mit dieser Strategie u. U. stoßen?

b) Wettbewerbsanalyse des regionalen Umfeldes

Hierzu argumentiert Frau Bernsmann, dass sich aus der Gegenüberstellung des Leistungsportfolios der örtlichen Wettbewerber im Bereich der Inneren Medizin mit Schwerpunkt Kardiologie zeigt, dass das Krankenhaus über eine relativ starke Marktposition verfügt. Da eine exponierte Marktposition angestrebt wird, soll die bestehende Fachabteilung ausgebaut werden. Hierdurch kann die kapitalintensive apparative Ausstattung der Klinik langfristig finanziert werden. Die strategische Schwerpunktsetzung soll aber zur Untermauerung dieser weitreichenden Entscheidung durch eine Trend-, Bedarfs- und Stärken-Schwächen-Analyse gestützt werden.

c) Bedarfs- und Trendanalyse

Der Assistent des Geschäftsführers, Udo Neumann erläutert, dass durch die Bedarfsanalyse das künftige Potenzial der Fachabteilung bewertet und mit einer Trendanalyse des zukünftigen Bedarfs abgeglichen werden soll. Der künftige Bedarf wird durch eine Vielzahl von externen Faktoren wie zum Beispiel die demografische und epidemiologische Entwicklung beeinflusst. Um eine Entscheidung über die zukünftige Fachabteilungsstruktur der Klinik treffen zu können, rät er daher diese externen Einflüsse und Faktoren zu sammeln und zu analysieren.

Frage:

Welche Aspekte sollten Ihrer Ansicht nach im Rahmen einer Trend- und Bedarfsanalyse für unser Beispielkrankenhaus betrachtet werden?

Hinweis: Beachten Sie bei Ihrer Auswahl vor allem die strategische Ausrichtung der Klinik, die zukünftige Bedarfsentwicklung der aktuellen Kundenstruktur sowie potenzielle strategische Entwicklungen der Konkurrenz.

Der Assistent des Geschäftsführers deckt zusätzlich auf, dass die kardiologische Fachabteilung einen hohen Anteil der Patienten der Klinik bedient, der Bedarf an kardiologischen

Leistungen jedoch nicht allein durch die Leistungsportfolios der Wettbewerber gedeckt wird. Zur Kostendeckung in dieser Abteilung muss jedoch eine Mindestauslastung von 75 Prozent erreicht werden. Auch die Orthopädie bzw. Unfallchirurgie und die Geburtshilfe weisen Entwicklungschancen auf, während die anderen Leistungsbereiche sehr stark durch Konkurrenzanbieter abgedeckt werden. Um diese direkte Konkurrenzsituation zu vermeiden und verlustreiche Bereiche zu eliminieren, ist seiner Ansicht nach eine Bereinigung des Leistungsportfolios gemäß der aktuellen Bedarfssituation höchst sinnvoll. Durch eine gezielte Schwerpunktsetzung würde eine klare Positionierung gegenüber Kunden, Wettbewerbern und Stakeholdern vereinfacht.

Die Bereinigung des Leistungsportfolios soll dabei mit einem effektiven Auslastungsmanagement einhergehen, damit die verschlankte Angebotsstruktur die finanzielle Situation der Klinik nicht gefährdet.

Frage:

Welche Gefahren gehen Ihrer Ansicht nach darüber hinaus mit einer Verschlankung des Angebotes für die Klinik einher?

Bitte bewerten Sie die möglichen Gefahren und beurteilen Sie abschließend, ob der Vorschlag des Assistenten vollständig umgesetzt werden sollte.

d) Stärken-Schwächen-Analyse (SWOT)

Mit einer Stärken-Schwächen-Analyse (SWOT-Analyse: Strength-Weakness-Oppotunities-Threats-Analyse) soll der Vergleich des eigenen Unternehmens mit den Wettbewerbern dargestellt werden. Das Leitungsteam erhofft sich so eine Projektion der Erfolgspotenziale in die Zukunft, da in der Beurteilung der Stärken und Schwächen auch die Chancen und Risiken der Umwelt mit einbezogen werden. Zur Umsetzung dieses Projektes besteht im Leitungsteam Einigkeit darüber, dass man wegen des hohen Aufwandes für eine solche Analyse und der übrigen anstehenden Aufgaben aus diesem Projekt einen Unternehmensberater beauftragen wird. Letztlich wird dem Vorschlag des Leiters des Patientenmanagements zugestimmt, der die Auffassung vertritt, dass Mitarbeiter und Kunden der Klinik die Stärken und Schwächen sicherlich am besten und weitgehend objektiv beurteilen könnten. Das Leitungsteam einigt sich darauf, die Stärken und Schwächen mit einer Befragung dieser Zielgruppen zu ermitteln und ggf. mit eigenem Datenmaterial zu ergänzen (z. B. Einweiserdaten). Folgende Aspekte werden für die Befragung als relevant erachtet: Fallzahlen, Zusatzleistungen, Serviceleistungen, Patientenzufriedenheit, Einweiserzufriedenheit, Mitarbeiterzufriedenheit, Qualitätsmanagement, Patientensicherheit, Image, Bekanntheitsgrad, Verhandlungsmacht gegenüber Lieferanten, etc.

Frage:

Für wie wichtig halten Sie in diesem Zusammenhang das Thema der Patienten- und Mitarbeiterzufriedenheit? Welche weiteren „Schwächen" könnten sich für das Krankenhaus ergeben, wenn sich herausstellt, dass ein wesentliches Problem des Krankenhauses in einer zu geringen Mitarbeiterzufriedenheit liegt?

Aufbauend auf den Ergebnissen der Analyse, wird das Managementteam beauftragt, Maßnahmen zu entwickeln und auf zentrale Schwachstellen zu reagieren.

e) Auslastungsmanagement

Das Leitungsteam hat sich entschlossen, dem Vorschlag des Assistenten zu folgen und die Repositionierungsstrategie durch ein Auslastungsmanagement zu unterstützen. Nicht nur, dass damit die Fallkostenstruktur verbessert und das Ziel der Fallzahlensteigerung erreicht werden kann, eine höhere Auslastung sichert auch die Deckung der Nutzungs- und Bereitstellungskosten notwendiger Geräte (im Falle einer kardiologischen Spezialisierung bspw. des Herzkatheterlabors).

Vom Träger ist keine finanzielle Unterstützung zu erwarten, und eine Strategie, die sich an einer Maximierung der Ausbringungsmenge orientiert, ist angesichts der Ausgleichsregelungen wenig sinnvoll. Zur Verbesserung der Kapazitätsauslastung werden deshalb die folgenden Ideen diskutiert:

- Kapazitätsauslastung durch einweisende Ärzte als vertikale Kooperationspartner
- Kapazitätsauslastung durch Zentrenbildung und Spezialisierung
- Kapazitätsauslastung durch Patientenzufriedenheit

Hinweis:

Bitte beachten Sie, dass eine Optimierung der Auslastung der Ausgleichsregelung unterliegt. Eine optimale Auslastung der Klinik ist also dann gegeben, wenn die in den Budgetverhandlungen festgelegte Menge zu 100 Prozent erfüllt ist. Die oben dargestellten Möglichkeiten zur Kapazitätsauslastung sind also nur dann sinnvoll, wenn die vorgehaltenen Kapazitäten nicht voll, d. h. nicht gemäß der budgetierten Menge ausgelastet sind. Jenseits der 100-prozentigen Auslastung ist es zudem möglich IV-Verträge abzuschließen und damit zusätzlich abzurechnen. In Bezug auf die zweite Option (Zentrenbildung) wäre es auch denkbar, dass man mit dem Kostenträger Leistungsergänzungen bzw. -steigerungen verhandelt.

Die diskutierten Maßnahmen greifen die bisherigen Schwachstellen der Klinik auf (z. B. mangelnde Nähe zu potenziellen Kooperationspartnern) und gehen gezielt auf die schwierige Wettbewerbssituation der Region (faktische Überversorgung) ein.

Kapazitätsauslastung durch einweisende Ärzte als vertikale Kooperationspartner

Gemeinsam tragen die Leiterin Unternehmensentwicklung und der Leiter Patientenmanagement folgende Überlegungen vor: Einweisende Ärzte können zur Steigerung der Kapazitätsauslastung als vertikale Kooperationspartner und Gatekeeper betrachtet werden, die den Auslastungsgrad der Klinik wesentlich beeinflussen können. Daneben bieten sie die Möglichkeit, die Weiterbehandlung des Patienten bei verkürzten Verweildauern zu sichern und als Vertrauensperson und Meinungsbildner des Patienten zu fungieren.

Eine Voraussetzung, die Beziehung zu dieser Kundengruppe systematisch aufzubauen, zu pflegen und sie als dauerhafte Partner zu gewinnen, liegt jedoch darin, die spezifischen Anforderungen, Erwartungen und Anreize der Einweiser konkret zu kennen und sie im Sinne eines Einweisermarketings umzusetzen. Sie schlagen daher die folgende Vorgehensweise vor: Zunächst soll eine Auswertung der Einweisungs- und Einweiserdaten des Hauses erstellt werden. Durch eine Strukturierung und Klassifizierung der Zuweiserbeziehungen anhand der Analyseergebnisse werden dann Cluster nach Einweisungshäufigkeit oder Krankheitsbildern gebildet und im Sinne einer ABC-Analyse kategorisiert. Diese Kategorisierung kann als Grundlage für die Entwicklung gezielter, nach unterschiedlichen Bedürfnissen und Interessen differenzierten Maßnahmen dienen.

Die Kooperation mit Einweisern bringt neben der Verbesserung der Auslastung aber auch die Chance mit sich, Einweiser nicht nur als Kooperationspartner, sondern auch als Teilnehmer eines aktiven Qualitätsmanagements zu begreifen, die das Image des Krankenhauses, die Stärken, die Bekanntheit des Leistungsangebotes und die wahrgenommene Dienstleistungsqualität von außen und aus dem Blickwinkel des Patienten beurteilen können. Statistiken zur Einweisungshäufigkeit zeigen, dass die Einweiser gemäß der Häufigkeit ihrer Einweisungen in A-, B- und C-Einweiser unterteilt werden können.

Im Hinblick auf die Kapazitätsauslastung ist es daher sinnvoll, eine Arbeitsmatrix zu erstellen, die unterschiedliche Maßnahmen für die A-, B- und C-Einweiser berücksichtigt. Die Manager stellen diesbezüglich folgenden Entwurf vor:

Tabelle 26.3 Maßnahmenkatalog aus ABC-Analyse

	A-Einweiser	B-Einweiser	C-Einweiser
Festen Key-Account-Ansprechpartner festlegen/ggf. Kooperationsmöglichkeiten prüfen	X		
Regelmäßiger persönlicher Austausch	X		
Versorgung mit einem Newsletter zu aktuellen Einweiserinformationen und Patienteninformationen	X	X	
Analyse bestehender Probleme/Hindernisse in der reibungslosen Zusammenarbeit	X	X	X
Individuelle Prozess-Optimierung zur Beseitigung von Problemen	X	X	

	A-Einweiser	B-Einweiser	C-Einweiser
Elektronische Patientenakte/Patientenbrief	X	X	
Dauerhafte IT-Vernetzung zum kurzfristigen Austausch und zur schnellen Datenübermittlung	X		

Frage:

Wie bewerten Sie die Chancen von St. Agilius, mit diesem Vorhaben wesentlich zur Problemlösung beizutragen? Berücksichtigen Sie bei der Analyse auch die Wettbewerbsdichte und die Wahrscheinlichkeit, dass auch die Wettbewerber in Bezug auf Zuweisermarketing aktiv sind.

Kapazitätsauslastung durch Zentrenbildung und Spezialisierung

Um die Auslastung vorhandener Kapazitäten zu optimieren und gleichzeitig die Behandlungsqualität zu steigern, sieht der Geschäftsführer einen wichtigen Ansatzpunkt in der Zentrenbildung und in der der Spezialisierung. Durch eine Zusammenlegung wesentlicher Teile der Wertschöpfungskette sei eine bessere Auslastung und damit ein niedrigeres Fixkostenniveau pro Fall erreichbar. Weiter ergebe sich durch die Spezialisierung auf bestimmte Organe, Krankheiten oder Prozeduren ein Erfahrungsvorsprung, der in Kombination mit der Kompetenzbündelung eine überdurchschnittliche Qualität der Behandlung gewährleisten könne.

Durch die vom Gesetzgeber geschaffenen Möglichkeiten, Medizinische Versorgungszentren zu bilden, ist das Krankenhaus in der Lage, an der Vertragsärztlichen Versorgung teilzunehmen[1]. Zudem dürfen durch das Vertragsarztänderungsgesetz (VÄndG) Ärzte im Krankenhaus angestellt sein und zusätzlich im Rahmen einer Teilzulassung auch an der vertragsärztlichen Versorgung teilnehmen. Eine Möglichkeit für das Krankenhaus bestünde in Zukunft also darin, durch ambulante Behandlungen in medizinischen Versorgungszentren zusätzliche Erlöse zu generieren.[2]

[1] Vgl. Deh/Dralle (2009), S. 63 f.

[2] Vgl. Neubauer/Minartz (2009), S. 10.

Er stellt die folgenden drei Formen der zentrierten Versorgung vor:[3]

- **Erstens** könnte man durch die Bildung medizinischer Zentren innerhalb des Krankenhauses Abteilungsgrenzen überwinden, medizinische Kompetenzen bündeln und Teilprozesse zusammenfassen bzw. koordinieren.
- **Zweitens** bestünde eine Möglichkeit darin, die medizinisch-technische Infrastruktur funktionsübergreifend und interdisziplinär zu nutzen, um dadurch die eigenen Kostenstrukturen und die internen Prozesse bei den Behandlungsabläufen zu verbessern. In diesem Zusammenhang bittet er die Leiterin der Unternehmensentwicklung zu prüfen, ob die Bildung von Versorgungszentren in einer Unternehmensgruppe mit mehreren Krankenhäusern sinnvoll ist, um z. B. Doppelvorhaltungen v. a. von medizinischen Großgeräten zu vermeiden und die Auslastung in den einzelnen Zentren zu steigern.
- **Drittens** sieht der Geschäftsführer eine Möglichkeit darin, die Versorgung innerhalb der Region sektorenübergreifend zu zentrieren. Die verschiedenen Leistungserbringer könnten sich an einem gemeinsamen Medizinischen Versorgungszentrum beteiligen, sodass die Möglichkeit bestünde, ambulante Leistungen auch überregional zu erbringen. Dies kann allerdings gerade in wettbewerbsintensiven städtischen Ballungsgebieten, wie in unserem Fall, zu ernsten Konflikten mit etablierten Einweisern/Nachbetreuern führen, da hieraus eine horizontale Konkurrenzsituation bzw. ein Verdrängungswettbewerb um Patienten entsteht. Dennoch ergäbe sich hieraus die Chance eine klare Positionierung weiter voranzutreiben, ein attraktives Arbeitsumfeld für qualifizierte Ärzte zu bieten und Einweiser an die Klinik zu binden. Diese Punkte müssen auf jeden Fall bedacht werden.

Frage:

Wie würden Sie bezüglich der drei vorgestellten Alternativen argumentieren? Wie aufwendig erscheinen Ihnen diese Vorhaben und wie viel Zeit würden sie beanspruchen? Zu welcher Lösung in Bezug auf die zentrierte Versorgung würden Sie St. Agilius raten?

Kapazitätsauslastung durch Patientenzufriedenheit

Patienten, die an der Auswahlentscheidung teilhaben können, orientieren sich mehrheitlich an Empfehlungen aus dem Bekanntenkreis und an eigenen Erfahrungen. Hierbei spielt die Zufriedenheit mit dem Haus eine bedeutende Rolle, die sich aufgrund mangelnder medizinischer Fachkenntnis nahezu ausschließlich auf die Bewertung von Ersatzkriterien wie Freundlichkeit des Personals, Qualität und Auswahlmöglichkeiten der Verpflegung, Qualität und Einrichtung der Räumlichkeiten usw. stützt. Aus diesem Grund sind auch

[3] Vgl. Neubauer/Minartz (2009), S. 10.

diese Aspekte der Patientenversorgung zu prüfen und gegebenenfalls zur Sicherung der Patientenzufriedenheit zu verbessern.[4]

Aufgrund von zwei marketingpolitischen Besonderheiten des Marktes für stationäre Versorgung ist die Patientenzufriedenheit für ein effizientes Auslastungsmanagement von besonderer Relevanz.

Einschränkungen der werblichen Kommunikation

Der Assistent des Geschäftsführers erläutert, dass zur Erreichung einer hohen Bettenauslastung die angebotenen Leistungen sowie die Leistungsfähigkeit gegenüber dem Kunden (zu denen nicht nur die Patienten als Bedarfsträger, sondern u. a. auch die Einweiser als Bedarfsmittler sowie die Kostenträger als Kaufkraftträger zählen) zu kommunizieren sind, um so eine positive Außenwirkung zu erzielen. Hierbei seien jedoch standesrechtliche und wettbewerbsrechtliche Beschränkungen zu beachten.[5] So ist Kliniken beispielsweise die an (potenzielle) Patienten und an die Öffentlichkeit gerichtete Werbung untersagt.[6] Damit bildet die Weiterempfehlung zufriedener Kunden das wichtigste kommunikationspolitische Instrument. Dies gilt umso mehr, da gerade die Empfehlung durch Freunde und Bekannte einer der wichtigsten Gründe für die Krankenhauswahl darstellt, und damit die zukünftige Auslastung der Klinik massiv beeinflusst. [7] Damit bestimmt die Zufriedenheit von Patienten die ökonomische Zukunft eines Krankenhauses, sodass diese auch in unserem Fall stetig überprüft werden muss.

Unelastizität der Preise führt zu unüblichen Entscheidungen der Nachfrager

Zusätzlich untermauert der Assistent die Wichtigkeit der Patientenzufriedenheit durch folgenden Aspekt: Die Übernahme der Behandlungskosten durch Versicherungen führt zu einer preisunelastischen Nachfrage, die den Preis als Entscheidungskriterium für die Wahl eines Krankenhauses weitgehend ausschaltet. Anstelle des Preises orientiere sich der Patient daher an der wahrgenommenen Qualität der Leistung. Die daraus resultierende Patientenzufriedenheit wird so zum entscheidenden Faktor im Wettbewerb um den Patienten. Insgesamt schlägt er daher vor, die Patientenzufriedenheit regelmäßig zu messen und auf die dadurch gewonnenen Erkenntnisse schnell zu reagieren.

---

[4] Vgl. Hribek/Schmalen (2000), S. 209.

[5] Die Werbebeschränkungen werden durch das Gesetz gegen unlauteren Wettbewerb (UWG), das Heilmittelwerbegesetz (HWG) und die Musterberufsordnung für Ärzte (MBO) vorgegeben. Je nach Adressat der Werbebotschaft gestalten sich die rechtlichen Restriktionen jedoch unterschiedlich. Vgl. für den Bereich von Krankenhäusern ausführlich Tscheulin/Helmig (1996), S. 1362 ff.

[6] Vgl. Tscheulin/Helmig (1996), S. 1367 f.

[7] Vgl. Salfeld/Hehner/Wichels (2008), S. 21.

Frage:

Welche Maßnahmen könnte das Krankenhaus ergreifen, um die Zufriedenheit der Patienten kontinuierlich zu überprüfen?

f) Kooperationsmanagement

Im Rahmen der Analyse der Branchenstruktur fällt dem Assistenten ferner auf, dass die Branche durch eine starke Fragmentierung mit unerkannten Schnittstellen sowie Ineffizienzen und hohen Koordinationskosten gekennzeichnet ist. Dies liege zum einen an der Trennung des ambulanten und stationären Sektors, der Trennung zwischen stationärem und poststationärem Sektor (z. B. Pflegeeinrichtungen) und der Existenz einer vergleichsweise hohen Anzahl an relativ kleinen, eigenständigen, räumlich getrennten und zum Teil hoch spezialisierten niedergelassenen Ärzten. Da der Gesetzgeber mit dem Erlass zur integrierten Gesundheitsversorgung diesen Zustand abzuschaffen versucht, schlägt er vor, dies als zusätzliche Chance zur Repositionierung und zur Sicherung der Auslastung zu nutzen.[8] Insbesondere die Gesetze zur Integrierten Versorgung (§ 140 a-d SGB V) und zum Disease Management (§ 137 f SGB V) erlauben es der Klinik, sektorale Grenzen zu überwinden und organisatorische Gestaltungsformen zu schaffen, die eine ganzheitliche Koordination von Patientenbehandlungsprozessen zulassen.

Er ist sich sicher, dass durch die intersektorale Zusammenarbeit und die Optimierung von Leistungsprozessen über die Sektorengrenzen hinaus die Möglichkeit besteht, die Auslastung und die Positionierung der Klinik positiv zu beeinflussen.

Der Geschäftsführer bestätigt diese präzise Analyse seines Mitarbeiters. Er ist jedoch der Meinung, dass man grundsätzlich zwischen folgenden **Kooperationsformen** unterscheiden müsse:[9]

- **vertikale Kooperationen** zwischen Organisationen aufeinanderfolgender Stufen der Wertschöpfungskette, Beispiel: Niedergelassener Arzt – Krankenhaus – Reha-Einrichtung
- **horizontale Kooperationen** zwischen Organisationen der gleichen Wertschöpfungsstufe und Branche, Beispiel: Allgemeinklinik - Fachklinik
- **diagonale bzw. laterale Kooperationen** zwischen Organisationen unterschiedlicher Branchen und Wertschöpfungsstufen, Beispiel: Klinik – Krankenkasse

Er bittet die Leiterin der Unternehmensentwicklung zu prüfen, ob die Kernkompetenzen der Klinik durch Ergänzungsangebote außerhalb des Leistungsangebots sinnvoll erweitert werden können oder ob andererseits Leistungen aus dem Leistungsspektrum gestrichen werden sollten. Zu denken wäre hier beispielsweise an ein Outsourcing der Wäschever-

[8] Vgl. Vera (2006), S. 841.

[9] Vgl. Morschett (2005), S. 392 ff.; Picot/Reichwald/Wigand (2001), S. 305 f.

sorgung oder von Laborleistungen. Besonders hilfreich wäre es, durch Größenvorteile die Rentabilität zu verbessern und so die Verhandlungsposition gegenüber Krankenkassen und Lieferanten zu verbessern.

Außerdem ergibt sich bei horizontaler Kooperation die Chance, durch die gezielte Steuerung von Patientenströmen Spezialisierungsvorteile zu erreichen und dadurch sowohl Kosten zu senken als auch Qualitätsverbesserungen durchzusetzen.[10] Neben Synergiemöglichkeiten durch das Zusammenlegen von Ressourcen z. B. im Wirtschafts- und Verwaltungsbereich, könne mit zunehmender Größe der Krankenhauskooperation auch eine Ausweitung des Leistungsspektrums realisierbar sein, wodurch die Attraktivität gegenüber dem Patienten und den Kostenträgern als Verhandlungspartner steigt. Ein weiterer Vorteil ist die Möglichkeit eine bessere Auslastung des Anlagevermögens zu erreichen, etwa durch die gemeinsame Nutzung medizinischer Großgeräte.[11]

In Bezug auf vertikale Kooperationen könne grundsätzlich durch Kooperationsverträge mit einweisenden Ärzten versucht werden, die Patientenstruktur gezielt zu steuern. Da man aber besonders an der Nahtstelle von ambulanter und stationärer Versorgung mit Einweisern im Wettbewerb stehe, kann eine solche Kooperationsform nur gelingen, wenn sie auf einem ausgeglichenen Anreiz-Beitrags-Verhältnis beruhe, sodass der Einweiser seinen eigenen Nutzen realisieren kann.[12] Außerdem kündigt Frau Bernsmann an, dass sie prüfen werde, ob mit Blick auf die notwendige Verkürzung der Verweildauer darüber hinaus Kooperationen mit Partnern am anderen Ende der Wertschöpfungskette interessant sein könnten. Zu denken wäre hierbei bspw. an Reha-Zentren, Pflegeheime und ambulante Pflegedienste. Ein denkbarer Erfolg wäre die Optimierung des Entlasszeitpunktes von Patienten, die einer poststationären Behandlung bedürfen.[13]

In Bezug auf diagonale Kooperationen erläutert sie, dass vor allem eine Kooperation mit Krankenkassen hinsichtlich der Vergütung im Rahmen der integrierten Versorgung nach § 140 a-d SGB V[14] oder auch bei der Weiterentwicklung von Qualitätsberichten[15] bzw. dem DRG-System interessant sind.[16] Auch könnten die privaten Krankenkassen als strategi-

---

[10] Vgl. Vera (2006), S 843. Den Kostenersparnissen, die durch die Spezialisierung unter Umständen erzielt werden können, stehen jedoch erhöhte Kosten durch bspw. die Betriebsgröße gegenüber.

[11] Vgl. Töpfer/Großekatthöfer (2006b), S. 219.

[12] Vgl. Töpfer/Großekatthöfer (2006b), S. 220.

[13] Vgl. Vera (2006), S. 844.

[14] Vgl. Vera (2006), S. 844.

[15] Vgl. Töpfer/Großekatthöfer (2006b), S. 220.

[16] Beispielhaft können die sogenannten Kalkulationskrankenhäuser angeführt werden. Hier besteht der Inhalt der Kooperation in der jährlichen Weitergabe von hauseigenen Kosten- und Leistungsdaten an das InEK mit dem Ziel das G-DRG-System weiterzuentwickeln und zu pflegen. Die Teilnahme an der Kalkulation ist freiwillig und wird gemäß § 17b Abs. 5 KHG in Abhängigkeit von Anzahl und Qualität der übermittelten Datensätze pauschaliert vergütet.

sche Kooperationspartner fungieren. Sie bedienen zwar ein verhältnismäßig kleines Patientensegment, sind insgesamt aber wesentlich geringeren gesetzlichen Restriktionen unterworfen.[17]

Auch Partnerschaften mit Unternehmen der Medizintechnik, der Pharmaindustrie und anderen Zulieferern könnten sich in diesem Zusammenhang als vorteilhaft erweisen.

Frage:

Bitte bewerten Sie die verschiedenen Kooperationsmöglichkeiten aus Sicht der Klinik. Wählen anschließend eine Alternative aus und begründen Sie Ihre Wahl.

26.3.2 Weitere Ansätze zur Effizienzsteigerung im Rahmen der Prozessgestaltung

Der Geschäftsführer fasst die bisher beschlossenen Maßnahmen noch einmal zusammen und erklärt, dass er in einem zweiten Schritt gemeinsam mit den leitenden Ärzten zusätzlich zu den Maßnahmen zur Repositionierung und zur Sicherung der Auslastung die Kosten der Leistungserstellung in Betracht nehmen wird. Er ist sich sicher, dass zahlreiche Prozesse ineffizient gestaltet sind und unnötig hohe Kosten verursachen.

Einen möglichen Ansatz zur Verbesserung sieht er in der Einführung von Clinical Pathways (DRG-bezogene Standardprozesse der klinischen Behandlungspfade). Dadurch würden die Abläufe transparent und im Rahmen einer zu entwickelnden Prozesskostenrechnung verursachungsgerecht mit Kosten belegt.[18] Durch das Zusammenwirken von Prozesskostenrechnung und standardisierten Behandlungsabläufen soll der bestmögliche Einsatz der verfügbaren Ressourcen gewährleistet werden.

26.4 Schlussbetrachtung und Ausblick

Krankenhäuser befinden sich gegenwärtig in einer schwierigen wettbewerblichen Situation. Dies wird besonders durch politisch forcierte Restriktionen in Bezug auf marktorientiertes und ökonomisch zentriertes Handeln bei gleichzeitiger Förderung von mehr Wett-

---

[17] Vgl. Vera (2006), S. 844.

[18] Vgl. Borchers (2004), S. 209. Die verursachungsgerechte Abbildung der Kosten ist vor allem in den Bereichen der echten und unechten Gemeinkosten interessant, da die Prozesskostenrechnung primär auf die verursachungsgerechte Verteilung dieser Kostenblöcke abzielt und gerade hier eine genauere Abbildung der Wirklichkeit leistet. Als unechte Gemeinkosten werden im Krankenhaus beispielweise Personalkosten behandelt, die aufgrund der schwierigen Abgrenzung im Tagesgeschehen, nicht genau zugerechnet werden können und deshalb wie Gemeinkosten behandelt werden. Hieraus leitet sich der Begriff der unechten Gemeinkosten ab. Vgl. zur genauen Darstellung Hessel (2004), S. 172 f.

bewerb und Anreizen zur Kosteneinsparung deutlich. Im Rahmen der gesetzlichen Änderungen und der damit verbundenen Öffnung des Gesundheitswesens für innovative Wege, werden Krankenhäusern zunehmend Möglichkeiten angeboten, die finanziellen und strategischen Positionen durch eine marktorientierte Unternehmensführung zu sichern. Zur Lösung der geschilderten Probleme unseres Beispielkrankenhauses wurden im Rahmen dieser Fallstudie unterschiedliche Ansätze aus dem Spektrum der marktorientierten Unternehmensführung und des Beziehungsmanagements vorgeschlagen. Die geschilderten Maßnahmen sind selbstverständlich nicht als abschließender Maßnahmenkatalog zu verstehen. Denkbar wäre z. B. auch, zur Stärkung der regionalen Integration eine Marke einzuführen und einhergehend ein Markenmanagement zu etablieren. Darüber hinaus führt die Liberalisierung der Gesetzgebung zu einer Flexibilisierung strategischer Positionierungsmöglichkeiten, sodass ein marktorientiertes Krankenhaus über die hier vorgeschlagenen Maßnahmen hinaus versuchen sollte, sich den Bedürfnissen seiner Kunden und den Gegebenheiten des Marktes anzupassen.

Ökonomische Rationalität dient dem übergeordneten Ziel der Realisierung sozialer Gerechtigkeit bzw. einer qualitativ hochwertigen Patientenversorgung. Die notwendige Aufnahme ökonomischer Denk- und Handlungsweisen in die Unternehmensführung haben die meisten Branchen bereits verinnerlicht. Krankenhäuser entwickeln sich zunehmend zu personal- und kapitalintensiven Wirtschaftsunternehmen und müssen ihre Dienstleistungen am Markt für Gesundheit anbieten. Nur ein tiefes Verständnis ökonomischer Prinzipien in Verbindung mit einem hohen Abstraktionsvermögen und einer individuellen Adaption an die Marktbedingungen, Regulierungen und an die regionalen Besonderheiten werden einen nachhaltigen Erfolg ermöglichen. Hierfür bieten sich Instrumente des Marketing bzw. der marktorientierten Unternehmensführung an und können zum Wohle des Patienten und zur Sicherstellung des Prinzips der öffentlichen Gesundheitsfürsorge eingesetzt werden. Effizienzsteigerungen erlauben es, hohe Ausgaben öffentlicher Mittel zu reduzieren und damit volkswirtschaftlich sinnvolle Ziele zu erreichen.

Literatur

[1] Borchers, M.: Change Management – Veränderungen im Krankenhaus steuern, in: Greiling, M. (Hrsg.): Pfade durch das klinische Prozessmanagement. Methodik und aktuelle Diskussion, Stuttgart 2004, S. 203-223.

[2] Clausen, C.C.: Wertorientiertes Kundenmanagement im Gesundheitswesen. Eine empirische Konzeption zur Optimierung des Wertbeitrages von Patienten für Krankenhausunternehmen, Wiesbaden 2010.

[3] Deh, U./Dralle, R.: Zentrenbildung im Krankenhaus – ein ungesteuerter Großversuch, in: Klauber, J./Robra, B.-P./Schellschmidt, H. (Hrsg.): Krankenhaus-Report 2008/2009. Schwerpunkt: Versorgungszentren, Stuttgart 2009, S. 61-73.

[4] Franz, K.-P./Kajüter, P.: Kostenmanagement, in: Busse von Colbe, W./Coenenberg, A. G./Kajüter, P./Linnhoff, U./Pellens, B. (Hrsg.): Betriebswirtschaft für Führungskräfte. Eine Einführung für Ingeneure, Naturwissenschaftler, Juristen und Geisteswissenschaftler, 3., überarbeitete Auflage, Stuttgart 2007, S. 275-306.

[5] Greiling, M./Muszynski, T.: Strategisches Management im Krankenhaus, Methoden und Techniken zur Umsetzung in der Praxis, 2., überarbeitete und erweiterte Auflage, Stuttgart, 2008.

[6] Hribek, G.: Messung der Patientenzufriedenheit mit der stationären Versorgung – Entwicklung multiattributiver Messinstrumente für Krankenhäuser und Rehabilitationseinrichtungen, Hamburg 1999.

[7] Keun, K./Prott, R.: Einführung in die Krankenhaus-Kostenrechnung. Anpassung an neue Rahmenbedingungen, 7. überarbeitete Auflage, Wiesbaden 2008.

[8] Morschett, D.: Formen von Kooperationen, Allianzen und Netzwerken, in: Zentes, J./Swoboda, B./Morschett, D. (Hrsg.): Kooperationen, Allianzen und Netzwerke. Grundlagen – Ansätze – Perspektiven, 2., überarbeitete und erweiterte Auflage, Wiesbaden 2005, S. 377-404.

[9] Neubauer, G./Minartz, C.: Zentrierte Versorgung – Ziele und Optionen, in: Klauber, J./Robra, B.-P./Schellschmidt, H. (Hrsg.): Krankenhaus-Report 2008/2009. Schwerpunkt: Versorgungszentren, Stuttgart 2009, S. 3-15.

[10] Picot, A./Reichwald, R./Wigand, R. T.: Die grenzenlose Unternehmung – Information, Organisation und Management, 4. Auflage, Wiesbaden 2001.

[11] Salfeld, R./Hehner, S./Wichels, R.: Modernes Krankenhausmanagement. Konzepte und Lösungen mit 42 Abbildungen, Berlin, Heidelberg, New York 2008.

[12] Schick, J./Roeder, N.: Strategische Neupositionierung vor der DRG-Einführung. Einrichtung eines geriatrischen Kompetenzzentrums, in: das Krankenhaus, Nr. 2/2003, S. 226-231.

[13] Töpfer, A.: Konzeption und Messung der Zufriedenheit von Adressaten der Klinikleistung, in: Albrecht, D. M./Töpfer, A.: Erfolgreiches Changemanagement im Krankenhaus. 15-Punkte Sofortprogramm für Kliniken, Heidelberg 2006, S. 183-202.

[14] Töpfer, A.: Analyse der Wettbewerbskräfte und Benchmarking mit Excellence-Kliniken, in: Albrecht, D. M./Töpfer, A.: Erfolgreiches Changemanagement im Krankenhaus. 15-Punkte Sofortprogramm für Kliniken, Heidelberg, 2006, S. 517-525.

[15] Tscheulin, D. K./Helmig, B.: Arzt- und Krankenhauswerbung – Rechtliche Grundlagen, „State of the Art" und Direktiven für eine effiziente Ausgestaltung, in: Zeitschrift für Betriebswirtschaft, Jg. 66, Nr. 11/1996, S. 1357-1382.

[16] Vera, A.: Strategische Allianzen im deutschen Krankenhauswesen – Ein empirischer Vergleich von horizontalen und vertikalen Kooperationen, in: Zeitschrift für Betriebswirtschaft, Jg. 76, Nr. 9/2006, S. 835-865.

[17] Welge, M. K./Al-Laham, A.: Strategisches Management. Grundlagen – Prozess – Implementierung, 5. vollständig überarbeitete Auflage, Wiesbaden 2008.

Teil 6

Rechtliche Grundlagen

27 Zivil- und sozialversicherungsrechtlicher Rahmen für Gesundheitsleistungen

Hans-Joachim Flocke

27.1 Einführung in das Recht ... 267
27.2 Zivilrecht ... 268
27.2.1 Das Rechtsgeschäft ... 268
27.2.2 Der Vertrag ... 271
27.2.3 Die Stellvertretung ... 273
27.2.4 Dienstvertrag einschließlich Arbeitsvertrag ... 276
27.2.5 Der Versicherungsvertrag ... 277
27.2.6 Gesellschaftsrecht ... 280
27.2.7 Eheliches Güterrecht und Unterhalt ... 290
27.2.8 Erbfolge und Testament ... 292
27.3 Sozialversicherungsrecht ... 294
27.3.1 Einführung in das Sozialrecht ... 294
27.3.2 Krankenversicherung ... 295
27.3.3 Pflegeversicherung ... 298
27.3.4 Rentenversicherung ... 299
27.3.5 Unfallversicherung ... 302
27.3.6 Behindertenrecht und Recht der Rehabilitation ... 303
27.4 Arzneimittelrecht ... 304
27.5 Ärztliches Berufsrecht ... 306
27.5.1 Kassenarztrecht ... 306
27.5.2 Ärztekammer/Zahnärztekammer ... 309
27.5.3 Versorgungswerke ... 310
27.6 Öffentliches Wirtschaftsrecht im Gesundheitswesen ... 311
27.6.1 Krankenhausfinanzierung und Pflegesatzverordnung ... 311
27.6.2 Apothekenrecht ... 313

Literatur ... 317

Lernziele

Nach der Lektüre dieses Kapitels sollten Sie:

- die wesentlichen Willenserklärungen und Verträge im medizinischen Bereich aufzählen und erklären, wie sie zustande kommen,
- das Sozialrecht in seinen wesentlichen Strukturen beschreiben und die Zweige des Sozialversicherungsrechts benennen,
- die rechtlichen Fragen bei der Verabreichung von Arzneimitteln einordnen und die Vergütung für medizinische Leistungen durch die kassen(zahn)ärztlichen Vereinigungen und privaten Krankenversicherungen beurteilen,
- Kammern und Versorgungswerke als Einrichtungen zur Unterstützung der berechtigten Interessen von Ärzten und anderen Erbringern von Gesundheitsdienstleistungen verstehen sowie
- Grundlagen der Krankenhausfinanzierung einschließlich der Pflegesatzverordnung und des Apothekenrechts nachvollziehen.

Fallbeispiel

Es ist 9.30 Uhr in der Universitätsklinik von Neustadt. Oberarzt Dr. Medicus operiert soeben einen Patienten, der einen schweren Verkehrsunfall erlitten hat und wohl dauerhaft querschnittsgelähmt sein wird. Mit dem Patienten Franz Leidvoll, der gesetzlich versichert ist und eine Zusatzversicherung für Krankenhausbehandlung hat, konnte er die Notwendigkeit und die Umstände der Operation nur ganz knapp besprechen, weil ein sofortiger Eingriff medizinisch unabweisbar war. Aber Leidvoll war bei Bewusstsein gewesen und hatte sein Einverständnis erteilt.

In dem Moment betritt Herr Organis, ein Chiropraktiker, den Beobachtungsraum und sieht Dr. Medicus bei der Arbeit zu. Dr. Medicus und Herr Organis wollen gemeinsam eine Praxis betreiben, haben die meisten Fragen bereits geklärt und Organis hat gerade die vorläufige Zusage für die anzumietenden Räume erhalten. Da ihm nicht bewusst ist, dass der Beobachtungsraum schallisoliert und das Fenster nur einseitig durchsichtig ist, ruft er Dr. Medicus fragend zu, ob er den Mietvertrag jetzt endgültig abschließen soll. Dr. Medicus freut sich über den guten Fortschritt der OP und nickt zufrieden vor sich hin, was Organis als Zustimmung nimmt und den Mietvertrag abschließt. Während der OP sieht Dr. Medicus noch ein paar Komplikationen bei der OP, die er aber problemlos überwinden kann und denkt dabei auch an die Gebührenordnung. Bald ist Herr Leidvoll im Aufwachraum, wo ihn seine Angehörigen besorgt empfangen und eine Menge Fragen haben. Ein paar Tage später unterhält sich Dr. Medicus im Kollegenkreis über die geplante Gemeinschaftspraxis und ein Kollege fragt ihn, was denn die Kammer dazu sagt, dass er eine Praxis gemeinsam mit einem Nichtarzt betreiben will.

Darüber hatte Dr. Medicus noch nicht nachgedacht. Auch das Problem der Abrechnung mit der Kassenärztlichen Vereinigung fiel ihm jetzt ein. Gab Herr Organis seine Heilmittel eigentlich selbst ab oder stellte der auch wie er selber Rezepte aus, gegen die die Patienten in der Apotheke die Medikamente bekamen?

Schließlich fragte sich Dr. Medicus, ob sich der ganze Aufwand wohl lohnen würde. Er war immerhin schon 55 Jahre alt und hatte Pläne für seinen Ruhestand. Aber wie viel Geld würde ihm da wohl zur Verfügung stehen?

27.1 Einführung in das Recht

Das Zusammenleben von Menschen erfordert eine Kombination von Regeln und Freiheit. Solange die Ausübung der individuellen Freiheit des Einzelnen keine Auswirkung auf das Leben der anderen hat, kann es bei der Freiheit bleiben. Die Schnittstelle ergibt sich daraus, dass der Gebrauch der Freiheit durch den Einzelnen oft die Freiheit eines anderen beeinträchtigt und in dieser Situation durch Wertung festgestellt werden muss, wessen Freiheit in diesem Fall vorgehen soll.[1]

Diese Schnittstellenfunktion übernimmt das Recht. Das ursprüngliche Recht regelte also zunächst das Verhältnis der Menschen untereinander. Hier geht es vornehmlich um die Fragen, wer von wem was verlangen kann, aber auch, ob jemand für den Schaden, den ein anderer erleidet, aufkommen muss. Dieser Bereich wird vom Privatrecht – auch als Zivilrecht bezeichnet – umfasst. Oft lässt sich ein Schaden aber nicht oder nicht vollständig beseitigen. In diesem Fall fragt sich, ob der Geschädigte nicht wenigstens Genugtuung verlangen kann und andererseits der potenzielle Schädiger nicht durch die Androhung von Strafe dazu gebracht werden kann, das schädigende Verhalten zu unterlassen. Diesen Bereich deckt das Strafrecht ab.

Schließlich hat sich dadurch, dass das Gemeinwesen Aufgaben im Interesse der Gemeinschaft übernommen hat, angefangen von der Verteidigung über den Straßenbau bis zum Bildungssystem, eine Konkurrenz dahingehend ergeben, dass viele Dinge für das Wohl dieser Gemeinschaft zwar förderlich sind, den einzelnen aber belasten. Dieser Bereich wird durch das öffentliche Recht abgebildet. Im Interesse einer geordneten Rechtsfindung hat sich für alle drei Gebiete ein Verfahrensrecht herausgebildet, das gewährleisten soll, dass die eingangs angesprochene Kombination von Regeln und Freiheit einheitlich und diskriminierungsfrei angewendet wird. Dabei ist ein ausgewogenes Verhältnis dieser Kombination keineswegs natürlich vorgegeben, sondern die Frage, was als ausgewogen gelten soll, hängt von der Wertung der jeweiligen Gemeinschaft ab.

[1] Vgl. Streckel in: Aunert-Micus u.a. Wirtschaftsprivatrecht, RZ 1; zur Vielfalt der Rechtsbeziehungen vgl. Bähr, § 1 I, S. 1; zur philosophischen Dimension siehe auch Schünemann, S. 1.

Ziel dieses Kapitels ist es, die für den großen Bereich der Gesundheitsökonomie in Deutschland geltenden Regeln im Zivilrecht und im öffentlichen Recht in den Grundzügen darzulegen. Für den Bereich des Zivilrechts beschränken sich die Ausführungen auf die Grundlagen der gegenseitigen Rechte und Pflichten ohne Betrachtung von Schadenser-satzansprüchen. Diese letzteren Ansprüche sind ebenso wie strafrechtliche Fragen wegen ihrer besonderen Bedeutung jeweils einem eigenen Kapitel vorbehalten. Auf die Darstellung des Verfahrensrechts wird weitgehend verzichtet.

Die nachstehenden Ausführungen sollen dem beruflich mit gesundheitsökonomischen Fragestellungen befassten Leser einen Einblick ermöglichen, welche Bereiche überhaupt rechtlich geregelt sind und so gegebenenfalls zu entscheiden, ob er für das konkret anstehende Problem des rechtlichen Rates bedarf oder ob er es in eigener Verantwortung lösen kann. Ein wesentlicher Aspekt von Recht als einem Alltagsinstrument muss es nämlich sein, dass die betroffenen Rechtssubjekte ihr Leben im Normalfall ohne rechtliche Hilfe gestalten können.

Im Zivilrecht wird zunächst das Rechtsgeschäft und als dessen wesentliche Ausgestaltung der Vertrag behandelt, bei dem man nicht notwendig selbst handeln muss, sondern sich auch vertreten lassen kann. Wichtige Vertragstypen in der Medizinökonomie sind der Dienstvertrag, der sowohl zwischen dem Arzt und den Patienten als auch zwischen dem Leistungserbringer und seinen Angestellten besteht, als auch der Versicherungsvertrag und schließlich der Gesellschaftsvertrag, wenn sich mehrere Leistungserbringer zur gemeinsamen Berufsausübung verbinden. Abgeschlossen wird dieser Teil durch einen Blick auf das eheliche Güterrecht und das Unterhaltsrecht sowie die gesetzliche Erbfolge einschließlich der Möglichkeiten, diese durch ein Testament zu beeinflussen.

Den größten Teil des öffentlichen Rechts nimmt der praktischen Bedeutung folgend das Sozialversicherungsrecht mit den Bereichen Kranken-, Pflege-, Renten- und Unfallversicherung ein. Dazu kommt noch ein Ausblick auf das Arzneimittelrecht und die verschiedenen Zweige des ärztlichen Berufsrechts sowie Ausschnitte aus dem öffentlichen Wirtschaftsrecht im Gesundheitswesen betreffend Krankenhäuser und Apotheken. Gerade für den Bereich des Gesundheitswesens ist die rechtliche Regelungsdichte so hoch, dass eine auch nur annähernd vollständige Darstellung den Rahmen dieses Kapitels völlig sprengen würde. Insoweit kann nur auf die angeführte Literatur verwiesen werden, die ihrerseits die besprochenen Gebiete vertieft und andererseits auch weitere Gebiete erschließt.

27.2 Zivilrecht

27.2.1 Das Rechtsgeschäft

Das Zivilrecht gründet sich auf den Grundsatz der Privatautonomie, der sich insbesondere aus den Artikeln 2 und 14 des Grundgesetzes ergibt. Danach kann der einzelne seine privaten Rechtsbeziehungen nach seinem freien Willen gestalten, soweit er nicht gegen bestehende Gesetze verstößt. Grundsätzlich ist also erlaubt, was nicht ausdrücklich verboten ist. Das Mittel dazu, seine Rechtsbeziehungen zu gestalten, ist das Rechtsgeschäft.

Ein solches Rechtsgeschäft besteht aus einer oder mehreren Willenserklärungen. Die Begriffe Rechtsgeschäft und Willenserklärung werden in den §§ 104 ff. und §§ 116 ff. BGB nicht erläutert sondern vorausgesetzt. Eine Willenserklärung ist die bewusste Äußerung einer natürlichen oder juristischen Person, in der ihr Wille zum Ausdruck kommt, eine konkrete Rechtsfolge zu erreichen. Die Willenserklärung besteht aus einem subjektiven und einem objektiven Tatbestand.

Zum objektiven Tatbestand ist ein Verhalten der Person erforderlich, die nach außen, also außerhalb der Person erkennbar ist.[2] Das kann durch die Benutzung von Wort oder Schrift geschehen, kann aber auch einfach in einem sogenannten konkludenten Verhalten bestehen, aus dem man den Willen der Person eindeutig erschließen kann. Liegt weder eine ausdrückliche Erklärung noch ein schlüssiges Verhalten vor, so fehlt es insgesamt an einer Willenserklärung. Ein Rechtsgeschäft ist nicht möglich. Das gilt auch und gerade für einseitige Rechtsgeschäfte, die nur aus der Willenserklärung einer Person bestehen, wie zum Beispiel eine Kündigung oder sogar einer Willenserklärung, die keiner anderen Person zugehen muss zu ihrer Wirksamkeit wie ein Testament. Schweigt eine Person also, kann das nur dann als Willenserklärung gewertet werden, wenn das zwischen der schweigenden Person und einer weiteren Person, der gegenüber die Willenserklärung abzugeben ist, so vereinbart wurde oder wenn das Gesetz das ausnahmsweise so festlegt, wie zum Beispiel in § 516 Abs. 2 Satz 2 BGB über die Annahme einer Schenkung.

Für den subjektiven Tatbestand muss die ausdrückliche Erklärung des Erklärenden mit seinem inneren Willen übereinstimmen. Dieser innere Wille setzt sich zusammen aus

- dem Handlungswillen,
- dem Erklärungsbewusstsein/Rechtsbindungswillen und
- dem Geschäftswillen.[3]

Der Handlungswille bedeutet lediglich, dass das Verhalten, das als Erklärung gewertet wird, vom Handelnden willentlich vorgenommen wurde. In der einleitenden Fallstudie nickte Dr. Medicus während der Operation mit dem Kopf. Er war mit dem Fortgang der Operation zufrieden und wollte auch mit dem Kopf nicken. Dieser Teil des subjektiven Tatbestandes war also erfüllt. Er hätte aber auch ein Erklärungsbewusstsein haben müssen. Er hätte also wissen müssen, dass sein Kopfnicken von Herrn Organis als Zustimmung zu seiner Frage verstanden wurde. Da er Herrn Organis durch die einseitig durchsichtige Scheibe nicht sehen und wegen der Schalldichtigkeit des Beobachtungsraumes

---

[2] Vgl. statt aller Aunert-Micus in: Aunert-Micus u.a. Wirtschaftsprivatrecht, RZ 215.

[3] Vgl. ebenda RZ 217.

dessen Frage auch nicht hören konnte, konnte er auch nicht auf dessen Frage reagieren und deswegen auch nicht wissen, dass sein Kopfnicken als Erklärung verstanden werden konnte. Damit hat er keine Erklärung abgegeben.

Selbst wenn er gewusst hätte, dass sein Kopfnicken rechtserheblich war, hätte er darüber hinaus auch wissen müssen, dass gerade diese Rechtsfolge, nämlich Zustimmung zur Frage des Organis, eintreten und damit ein Vertrag geschlossen würde. Da ihm schon das Erklärungsbewusstsein fehlte, lag natürlich auch kein Geschäftswille vor.

Hinsichtlich der Frage, ob eine Willenserklärung wirksam wird, muss zwischen empfangsbedürftigen und nicht empfangsbedürftigen Willenserklärungen unterschieden werden. Das ist noch nicht die Unterscheidung zwischen einseitigen und mehrseitigen Willenserklärungen. Auch bestimmte einseitige Willenserklärungen wie zum Beispiel eine Kündigung oder eine Vollmacht müssen der anderen Person zugehen, damit sie wirksam werden. Andere einseitige Willenserklärungen, wie zum Beispiel ein Testament, werden nicht gegenüber einer bestimmten Person erklärt und müssen nicht zugehen. Sie werden bereits wirksam, wenn sie in der erforderlichen Form fertiggestellt sind.

Bei einer zugangsbedürftigen Willenserklärung kommt es darauf an, dass die Erklärung so in den Machtbereich des Empfängers gelangt ist, dass dieser unter normalen Umständen die Möglichkeit hat, ihren Inhalt zur Kenntnis zu nehmen. Unter Anwesenden reicht in der Regel die mündliche Erklärung, wenn der Erklärende davon ausgehen kann, dass der Empfänger sie nach den dem Erklärenden erkennbaren Umständen richtig und vollständig verstanden hat.[4] Insofern ist die Erklärung (Frage) des Organis schon nicht bei Dr. Medicus zugegangen, weil Organis damit rechnen musste, dass die Kommunikation zwischen OP und Beobachtungsraum möglicherweise eingeschränkt war.

Unter Abwesenden ist eine Erklärung zugegangen, wenn sie so in den Machtbereich des Empfängers gelangt ist, dass mit ihrer Kenntnisnahme zu rechnen ist. Das ist in der Regel der Fall, wenn eine Erklärung in den Briefkasten des Empfängers eingelegt ist. Das gilt nur dann nicht, wenn der Erklärende positiv weiß, dass der Empfänger seinen Briefkasten zurzeit nicht leeren kann. Für den Zeitpunkt des Zugangs kommt es darauf an, wann der Erklärende mit einer Leerung des Briefkastens rechnen kann. In der Regel ist davon auszugehen, dass eine Erklärung, die bis zum späten Nachmittag im Briefkasten ist, noch am gleichen Tag zugegangen ist.

Eine Erklärung unter Abwesenden geht auch zu, wenn sie dem Vertreter oder dem Boten des Empfängers zugegangen ist. Beim Vertreter ist sie mit Zugang beim Vertreter zugegangen. Beim Boten ist sie dann zugegangen, wenn nach den Umständen davon auszugehen ist, dass der Bote sie dem Empfänger übermittelt hat. Übermittlungsmängel des Boten gehen zu Lasten des Empfängers. Er wird also so behandelt, als hätte er die Erklärung erwartungsgemäß erhalten.

---

[4] Vgl. Palandt-Heinrichs, § 130 RZ 14.

Für den Inhalt der Erklärung kommt es gemäß § 133 BGB auf den wirklich gewollten Inhalt und nicht auf den Wortlaut an. Bei einer einseitigen nicht empfangsbedürftigen Willenserklärung ist also ausschließlich zu fragen, was der Erklärende wohl gewollt hat. Bei einer empfangsbedürftigen Willenserklärung kommt es dagegen auf den Empfängerhorizont an, nämlich darauf, was der Erklärende glauben durfte, was der Empfänger wohl verstehen werde. Auch hier ist entscheidend, was der Erklärende wirklich sagen wollte, aber der muss sich so ausdrücken, dass das für den Empfänger verständlich ist. Nur der Erklärende hat Einfluss auf seine Erklärung und er muss sich im Zweifel vergewissern, dass seine Erklärung auch so verstanden wird, wie er sie gemeint hat.

Mehrseitige Willenserklärungen, insbesondere Verträge sind gemäß § 157 BGB „so auszulegen, wie Treu und Glauben es mit Rücksicht auf die (örtlich herrschende; Anm. des Verfassers) Verkehrssitte erfordern". Hier kommt es auf den gemeinsamen Willen der beteiligten Parteien an. Wenn es dafür Anhaltspunkte gibt, kann das auch entgegen dem Wortlaut der Erklärung sein. Auch können solche Erklärungen ergänzend ausgelegt werden, wenn sich eine Lücke findet, die die Parteien offensichtlich nicht bedacht haben. Für jede Auslegung ist aber immer irgendein äußerer Anhaltspunkt erforderlich, zum Beispiel auch in Vorgesprächen, für alle erkennbaren Umstände oder sonstigen Wertungen innerhalb des Vertrages. Sonst würde die Auslegung zur Spekulation und damit die Privatautonomie verletzen.

Schließlich muss die Willenserklärung zu ihrer Wirksamkeit auch in der erforderlichen Form erfolgen. Abgeleitet aus der allgemeinen Handlungsfreiheit gemäß Artikel 2 des Grundgesetzes sind Willenserklärungen grundsätzlich formfrei wirksam. Sie bedürfen nur dann einer besonderen Form, wenn dies entweder vereinbart oder im Gesetz für bestimmte Fälle angeordnet wurde. Formerfordernisse sind in den §§ 125 ff. BGB geregelt. Die häufigste Form ist wohl die Schriftform. Sie erfordert die Erklärung in Textform mit einer eigenhändigen Namensunterschrift des Erklärenden unter dem Text. Bei mehrseitigen Willenserklärungen müssen alle Parteien den Text unterschreiben. Dabei reicht es bei mehreren gleich lautenden Texten, wenn jeder Erklärende den für den anderen Erklärenden bestimmten Text unterschreibt.

27.2.2 Der Vertrag

Ein Vertrag kommt durch inhaltlich übereinstimmende Willenserklärungen mehrerer Personen zustande, die auf die Herbeiführung eines bestimmten rechtlichen Erfolges gerichtet sind. Die Abgrenzung zur geselligen Übereinkunft ist in der Praxis nicht immer ganz einfach. So kann die Verabredung zu einem gemeinsamen Urlaub sowohl eine unverbindliche Absichtserklärung sein, bei der es schön ist, wenn sie umgesetzt wird, aber auch ein Gesellschaftsvertrag, aus dem gegenseitige Rechte und Pflichten erwachsen. Wenn man nur das gemeinsame Urlaubsziel bestimmt und alles andere bereitet jeder selber vor, wird es allenfalls zu einem Zerwürfnis führen, wenn eine Partei schließlich doch nicht mitfährt. Hat man aber eine gemeinsame Unterkunft gebucht, bei der man sich die Kosten teilen will, sieht das schon anders aus.

Ein Vertrag im Rechtssinne liegt also dann vor, wenn die Parteien den wechselseitigen Einfluss anerkennen und auch bereit sind, sich daran festhalten zu lassen. Bei vielen Verträgen des täglichen Lebens ist dieser Rechtsbindungswille, wie er oben auch im Zusammenhang mit der Willenserklärung beschrieben wurde, nur aus den Umständen – aus denen dann aber eindeutig – zu erkennen, etwa Einkauf im Supermarkt oder eine Lottogemeinschaft.

Oft gehen einem Vertrag auch mehr oder weniger lange Vorverhandlungen voraus. Gemäß § 154 BGB besteht in dieser Phase noch keine rechtliche Bindung. Alle betroffenen Parteien sind noch völlig frei in ihrer Entscheidung, ob sie überhaupt einen Vertrag schließen wollen und wenn ja mit welchem Inhalt. Trotzdem können schon hier gemäß § 311 Abs. 2 BGB gegenseitige Pflichten entstehen, insbesondere Schutzpflichten sowie möglicherweise Pflichten, auf die Interessen der anderen Beteiligten Rücksicht zu nehmen. Der Vertrag selbst entsteht aber erst dann, wenn eine Einigung über alle Punkte erzielt wurde, die auch nur eine Partei für erheblich hält und daraufhin zum Ausdruck kommt, dass der Vertrag jetzt gelten soll. Oft gibt es dafür auch ein äußeres Zeichen wie einen Handschlag oder eine Unterschrift. Beides ist aber weder immer notwendig noch in manchen Fällen hinreichend, um einen Vertragsschluss letztlich feststellen zu können. Ob ein Vertrag auch zustande gekommen ist, wenn die Parteien sich über einen Punkt nicht geeinigt haben, die Parteien dies aber übersehen haben, hängt gemäß § 155 BGB von den Umständen ab.[5]

Ein Vertrag kommt grundsätzlich dadurch zustande, dass eine Person ein verbindliches Angebot abgibt, § 145 BGB, und dieses Angebot von einer oder mehreren anderen Personen bedingungslos angenommen wird, § 147 BGB. Dabei muss das Angebot so umfassend und konkret sein, dass der Annehmende nur noch „ja" sagen muss. Hat der Annehmende das Angebot angenommen unter weiteren Konkretisierungen oder gar Änderungen einzelner Teile des Angebotes, so gilt das gemäß § 150 Abs. 2 BGB als Ablehnung des Angebotes verbunden mit einem neuen Angebot, das der ursprünglich Anbietende nun seinerseits annehmen oder ablehnen kann.

Auch der Zeitpunkt, bis zu dem ein Angebot angenommen worden sein muss, um einen Vertrag zu erzeugen, ist im Gesetz geregelt, nämlich in den §§ 147 bis 150 BGB. Der einem Anwesenden gemachte Antrag – dazu gehört auch der telefonisch oder sonst unmittelbar Verbundene – kann nur sofort angenommen werden, es sei denn, der Antragende hat für die Annahme gemäß § 148 BGB eine Frist festgelegt. Der einem Abwesenden gegenüber gemachte Antrag kann innerhalb einer angemessenen Frist angenommen werden. Zur angemessenen Frist gehört die Zeit für die Zusendung des Antrags (bei einer Zusendung per E-Mail kann das sehr schnell sein), eine übliche Bearbeitungs- und Überlegungsfrist beim Empfänger sowie die Zeit für die Übermittlung der Antwort. Eine Verzögerung der Bearbeitung beim Empfänger des Angebotes bleibt nur dann im Rahmen der Angemessenheit, wenn der Antragende die Gründe für die Verzögerung in Betracht ziehen musste.

[5] Zu den Einzelheiten vgl. Aunert-Micus in: Aunert-Micus u.a. Wirtschaftsprivatrecht, RZ 271.

So wird man nicht erwarten können, dass Dr. Medicus auf eine E-Mail, die ihm vormittags zugeht, innerhalb von wenigen Minuten antwortet, wenn er zu diesem Zeitpunkt üblicherweise operiert.

Ein Thema, dass besondere Bedeutung im Gesundheitsbereich hat, ist der Grundsatz der Vertragsfreiheit und seine Einschränkung. Der Vertrag als Rechtsgeschäft fällt unter den Schutz der allgemeinen Handlungsfreiheit gemäß Artikel 2 des Grundgesetzes. Danach ist jeder frei zu entscheiden, ob er überhaupt einen Vertrag schließen möchte oder nicht. Diese Freiheit muss aber im Gesundheitsbereich im Interesse einer geordneten medizinischen Versorgung wenigstens gewissen Einschränkungen unterliegen. Allerdings besteht auch für den Vertragsarzt der Kassen(zahn)ärztlichen Vereinigung kein Kontrahierungszwang.[6] § 13 Abs. 7 Bundesmantelvertrag-Ärzte bestimmt, dass ein Vertragsarzt eine Behandlung insbesondere ablehnen kann, wenn der Patient die Krankenversicherungskarte nicht vorlegt, die Praxisgebühr nicht zahlt oder in sonstigen begründeten Fällen. Einmal abgesehen davon, dass ein Arzt wie jeder andere Mensch in einer Notlage zu der ihm zumutbaren Hilfeleistung verpflichtet ist (was aber nicht notwendig zu einem Vertragsverhältnis führt), muss er aber offensichtlich für seine Weigerung, eine Behandlung durchzuführen, nachvollziehbare Gründe haben. Die hier im einzelnen aufzuführen, würde sicher den Rahmen einer Einführung sprengen, aber es kann davon ausgegangen werden, dass im Normalfall ein Arzt, der von einem Patienten um Hilfe ersucht wird, den damit angetragenen Behandlungsvertrag nicht willkürlich ablehnen kann.

Noch weiter geht der Kontrahierungszwang bei den meisten Krankenhäusern. Oft ergibt sich dieser aus den jeweiligen Landeskrankenhausgesetzen, wie z. B. § 2 KHG NW.[7] Darüber hinaus sind Plankrankenhäuser aus dem Krankenhausplan zur Aufnahme und Behandlung verpflichtet. Eine gleich geartete Verpflichtung ergibt sich für Krankenhäuser, die über einen Versorgungsvertrag gemäß § 109 SGB V an der Versorgung gesetzlich versicherter Patienten teilnehmen. Bei Privatkliniken, für die all diese Erwägungen nicht gelten, kann sich immer noch ein Kontrahierungszwang aus einer örtlichen oder fachlichen Monopolstellung oder aus sonstigen besonderen Umständen ergeben.

27.2.3 Die Stellvertretung

Vertretung im Rechtssinne liegt vor, wenn eine Person eine eigene Willenserklärung abgibt und damit eine den Vertretenen bindende Rechtswirkung erzielt. Vertretung in diesem Sinne liegt also nicht vor, wenn jemand eine Tätigkeit ausführen soll, aber eine andere Person schickt, die die Tätigkeit tatsächlich durchführt. Für die Wirksamkeit der eingangs genannten rechtlichen Vertretung sind gemäß § 164 Abs. 1 Satz 1 BGB zwei Voraussetzungen erforderlich:

---

[6] Vgl. Wenzel, Kap. 4 RZ 18.

[7] Im Einzelnen vgl. Halbe/Rothfuss in: Terbille, § 8 RZ 173 mit Hinweisen zu den weiteren Landesgesetzen.

- der Vertreter muss bevollmächtigt sein und
- er muss im Namen eines anderen, des Vertretenen die Erklärung abgeben.

Die Vollmacht kann sich aus dem Gesetz oder durch ein vorhergehendes Rechtsgeschäft zwischen dem Vertretenen und dem Vertreter ergeben. Typische gesetzliche Vollmachten sind gemäß § 1629 Abs. 1 Satz 1 BGB die Berechtigung von Eltern, für ihre minderjährigen Kinder Erklärungen abzugeben, die diese Kinder binden, zum Beispiel bei der Eröffnung eines Girokontos oder die Organstellung eines GmbH-Geschäftsführers, der gemäß § 35 Abs. 1 GmbHG die Gesellschaft rechtsgeschäftlich vertritt.

Die rechtsgeschäftliche Vollmacht erfolgt durch eine Willenserklärung des Vertretenen. Es handelt sich um ein einseitiges Rechtsgeschäft, das nicht vom Einverständnis des Empfängers, also des Vertreters abhängt. In der einleitenden Fallstudie könnte zum Beispiel Dr. Medicus den Organis bevollmächtigen, ihn beim Abschluss des Mietvertrages über die gemeinschaftliche Praxis zu vertreten, sodass der Mietvertrag nicht nur im Namen und mit Wirkung für und gegen Organis sondern auch im Namen und mit Wirkung für und gegen Dr. Medicus zustande kommen würde. Wie im Zusammenhang mit oben 1.1 Rechtsgeschäft erläutert, war das aber gerade nicht der Fall, da mangels Bewusstsein, eine solche Erklärung abgegeben zu haben, Dr. Medicus keine rechtlich bindende Erklärung abgegeben hat. Die Erteilung der Vollmacht kann gemäß § 167 Abs. 1 BGB sowohl dem Vertreter als auch demjenigen gegenüber erklärt werden, gegenüber dem die Vertretung erfolgen sollte. In der Fallstudie hätte es also auch gereicht, wenn Dr. Medicus den Vermieter angerufen hätte und diesem mitgeteilt hätte, Organis sei auch bevollmächtigt, den Mietvertrag in seinem Namen abzuschließen.

Die Vollmacht muss auch nicht ausdrücklich erteilt werden. Sie kann sich auch aus den Umständen ergeben. Dr. Medicus könnte zum Beispiel formulieren: „Ich komme hier jetzt nicht weg, aber Sie können ja auch alleine zum Vermieter gehen und danach sich für die von uns gemeinsam gemietete Praxis schon mal nach ein paar passenden Möbeln umsehen." Hier kommt zwar die Bevollmächtigung auch nicht in abgewandelter Form vor. Der Satz erhält aber nur Sinn (... von uns gemeinsam gemietete Praxis ...), wenn Dr. Medicus den Organis bevollmächtigt hat.

Das Erlöschen der Vollmacht bestimmt sich gemäß § 168 BGB nach dem der Erteilung zugrunde liegenden Rechtsgeschäft. Die Vollmachtserteilung gegenüber einem Dritten muss auch diesem gegenüber widerrufen werden, es sei denn, der Dritte kennt aus anderen Gründen das Erlöschen der Vollmacht – § 173 BGB. Der Vertretene kann die Vollmacht jederzeit und ohne Angabe von Gründen widerrufen. In diesem Fall kann sich aber aus dem Grundverhältnis zwischen Vertretenem und Vertreter eine Schadensersatzpflicht ergeben, wenn der Vertretene dem Vertreter gegenüber verpflichtet war, die Vollmacht zu erteilen, etwa aus einem zugrunde liegenden Rechtsgeschäft. Wenn Dr. Medicus also etwa in einem Vorvertrag Organis berechtigt hatte, alle für die gemeinsame Praxis erforderlichen Rechtsgeschäfte auch in seinem Namen abzuschließen und diese Bevollmächtigung nur bei einvernehmlicher Auflösung des Vorvertrages widerruflich sein sollte, so könnte

Organis den Schaden ersetzt verlangen, der ihm daraus entsteht, dass Dr. Medicus die Vollmacht trotzdem vorzeitig widerruft und Organis beispielsweise einen vorteilhaften Vertrag nicht abschließen kann.

Die zweite Voraussetzung für eine wirksame Stellvertretung ist, dass der Vertreter seine Willenserklärung im Namen des Vertretenen abgibt. Hier ist zunächst der Vertreter gegen den Boten abzugrenzen. Wenn Organis dem Vermieter beispielsweise sagt: „Dr. Medicus bittet Sie, den Mietvertrag auch in seinem Namen zu schließen", so überbringt er lediglich eine Willenserklärung des Dr. Medicus und ist daher nicht Vertreter sondern Bote.[8] Vertreter ist also nur, wer zwar eine eigene Willenserklärung aber im Namen eines anderen abgibt.

Dieses Offenkundigkeitsprinzip dient dem Schutz des Vertragspartners. Er soll wissen, mit wem er vertraglich verbunden ist. Aus diesem Schutzbedürfnis leitet sich auch die Reichweite der Offenlegung ab. Bei Bargeschäften des täglichen Lebens hat der Verkäufer in der Regel kein Interesse an der Identität seines tatsächlichen Kunden. Der Kauf kommt auch als Vertretungsgeschäft zu Lasten des Vertretenen zustande, wenn der Vertreter nicht einmal andeutet, dass er die Waren nicht für sich sondern für einen anderen kauft. Aber auch wenn der Vertragspartner ein schutzwürdiges Interesse an der Identität seines Vertragspartners hat, muss nicht notwendig der Name des Vertretenen genannt werden. Es reicht, wenn der Vertretene bestimmbar ist. So könnte Organis gegenüber dem Vermieter beispielsweise erklären: „Der Oberarzt der Chirurgie des Universitätsklinikums von Neustadt hat mich beauftragt, die Räumlichkeiten auch in seinem Namen zu mieten." Möglicherweise sagt das dem Vermieter sogar mehr als die Nennung eines Namens, den er nicht kennt. Auf jeden Fall hat er jetzt Gelegenheit zu entscheiden, ob er Näheres wissen will oder ob ihm das für den Vertragsschluss reicht.

Grundsätzlich kann der Vertretene den Umfang der Vollmacht frei bestimmen. Es gibt aber Rechtsgeschäfte, bei denen eine Vertretung rechtlich nicht zulässig ist, die wichtigsten sind die Eheschließung gemäß § 1311 BGB und die Testamentserrichtung gemäß § 2064 BGB. Daneben kann eine Stellvertretung rechtsgeschäftlich ausgeschlossen werden. Wenn Dr. Medicus den Organis bevollmächtigt, ihn bei Abschluss des Mietvertrages zu vertreten, kann er das damit verbinden, dass er verlangt, dass Organis diese Vertretung persönlich vornimmt und nicht etwa seinem Anwalt Untervollmacht erteilt, seinerseits Dr. Medicus zu vertreten, was rechtlich unproblematisch wäre.

Eine gesetzliche Einschränkung der Vertretungsmacht ist in § 181 BGB gegeben. Danach darf der Vertreter von seiner Vertretungsmacht nicht sich selbst gegenüber Gebrauch machen. Hätte Dr. Medicus den Organis also zur Anmietung von Praxisräumen bevollmächtigt und Organis wäre selber Eigentümer von geeigneten Räumen, so dürfte er gleichwohl den Mietvertrag zwischen sich als Vermieter und sich als Vertreter des Dr. Medicus nicht abschließen. Ebenso wenig dürfte er den Vertrag zwischen sich als Vertre-

[8] Zu den Konsequenzen des Unterschieds siehe Aunert-Micus in: Aunert-Micus u.a. Wirtschaftsprivatrecht, RZ 362.

ter des Dr. Medicus auf Mieterseite und sich als Vertreter des Vermieters auf Vermieterseite schließen. Solche sogenannten Insichgeschäfte sind nur zulässig, wenn der Vertretene diese Vertretungsart vorher gestattet oder hinterher genehmigt.

27.2.4 Dienstvertrag einschließlich Arbeitsvertrag

Wenn sich jemand einem anderen gegenüber verpflichtet, konkret besprochene Dienste zu leisten, so liegt ein Dienstvertrag im Sinne der §§ 611 ff. BGB vor. Gegenstand des Dienstvertrages können gemäß Absatz 2 dieser Vorschrift Dienste jeder Art sein. Charakteristisch für den Dienstvertrag ist, dass der Verpflichtete die Tätigkeit an sich schuldet, nicht einen bestimmten Erfolg. So wird die ärztliche Tätigkeit typischerweise in der Form eines Dienstvertrages erbracht.[9] Der Arzt hat seinen Teil des Vertrages erfüllt, wenn er seinen Patienten nach den Regeln der ärztlichen Kunst behandelt hat, einen bestimmten Erfolg schuldet er nicht. Dadurch ist der Dienstvertrag vom Werkvertrag abgegrenzt, den zum Beispiel ein Handwerker eingeht, der nur seine Vergütung erhält, wenn das Ergebnis seiner Tätigkeit auch funktioniert.

Beim Arztvertrag handelt es sich auch dann um Dienste höherer Art im Sinne des § 627 BGB, wenn es beispielsweise um eine zahnprothetische Behandlung[10], eine Sterilisation, einen Schwangerschaftsabbruch[11] oder wie im Ausgangsfall um eine klar umrissene Operation geht. Dabei ist allerdings nicht ausgeschlossen, dass der Vertrag auch werkvertragliche Elemente enthält, beispielsweise wenn im Rahmen einer Behandlung auch technische Leistungen wie ein Herzschrittmacher oder eine Hüftprothese geschuldet sind.

Bei Dienstverträgen ist zu unterscheiden, ob es sich um eine selbstständige und eigenverantwortliche Tätigkeit handelt oder ob der Dienstverpflichtete die Dienste unselbstständig erbringt.[12] Im letzteren Fall handelt es sich um einen Arbeitsvertrag, der damit eine besondere Form des Dienstvertrages darstellt. Für diese Unterscheidung müssen möglicherweise auch die Umstände des Einzelfalles herangezogen werden. Ein und dieselbe Leistung eines Arztes kann nämlich einmal selbstständig erbracht werden, zum Beispiel wenn der Arzt sie in seiner eigenen Praxis erbringt oder auch als Arbeitsvertrag, wie im Fall des Dr. Medicus, der seine Leistung als angestellter Arzt des Krankenhauses erbringt. Im ersten Fall besteht der Vertrag zwischen dem Arzt und dem Patienten. Bei Dr. Medicus besteht der Behandlungsvertrag zwischen dem Patienten Leidvoll und dem Klinikum.[13] Daneben besteht ein Arbeitsvertrag zwischen dem Klinikum und Dr. Medicus, aufgrund dessen Dr. Medicus die Behandlung vornimmt.

---

[9] BGH NJW 1981, 2002.

[10] Terbille, § 7 RZ 2.

[11] Laufs/Uhlenbruck § 39 RZ 29 bis 48.

[12] Güllemann in: Aunert-Micus u.a., Wirtschaftsprivatrecht, RZ 732.

[13] Terbille, § 8 RZ 172 mit weiteren Nachweisen.

Besonders bedeutsam ist die Unterscheidung für die Frage der Beendigung des Vertrages. Zunächst noch beiden Formen gemein ist die Möglichkeit, dass der Vertrag gemäß § 620 Abs. 1 BGB nach Ablauf der Zeit endet, für die er eingegangen wurde. Für Verträge, für die die Dauer weder bestimmt wurde noch sie sich aus den Umständen ergibt, besteht gemäß § 620 Abs. 2 BGB grundsätzlich die Möglichkeit der Kündigung. Liegt für eine der Vertragsparteien ein Umstand vor, nach dem es ihr nicht zumutbar ist, weiter an den Vertrag gebunden zu sein – und sei es auch nur bis zum Ablauf der regulären Kündigungsfrist - , liegt ein sogenannter wichtiger Grund vor. In diesem Fall kann der Vertrag fristlos durch Kündigung beendet werden. Bei Diensten höherer Art, wie sie der Arztvertrag darstellt, ist dieser wichtige Grund sogar entbehrlich, da der Dienstberechtigte den Vertrag aufgrund eines besonderen Vertrauens eingegangen ist, dessen Fortbestand sich einer Überprüfung entzieht. In allen anderen Fällen, also insbesondere bei Arbeitsverträgen kommt nur eine ordentliche Kündigung unter Einhaltung der im Gesetz oder im Vertrag vorgesehenen Frist infrage.

Für selbstständige Dienstverhältnisse, die nicht auf Dienste höherer Art gerichtet sind, richtet sich die Kündigungsfrist gemäß § 621 BGB nach der Zeit, für die die Vergütung bemessen wird. Bei Arbeitsverhältnissen richtet sich die Kündigungsfrist gemäß § 622 BGB im Wesentlichen danach, wie lange der Mitarbeiter bei diesem Arbeitgeber bereits beschäftigt war. Die Grundfrist beträgt vier Wochen zum 15. oder zum Ende eines Kalendermonats und ist für beide Parteien gleich. Bei längerer Betriebszugehörigkeit steigt die Kündigungsfrist für den Arbeitgeber auf bis zu sieben Monate zum Ende eines Kalendermonats, wenn das Arbeitsverhältnis 20 Jahre bestanden hat. Darüber hinaus sind bei einem konkreten Beschäftigungsverhältnis noch eine Reihe weiterer Umstände sowie auch das Kündigungsschutzgesetz zu beachten.

27.2.5 Der Versicherungsvertrag

Der Versicherungsvertrag ist im Gesetz nicht definiert[14] sondern wird zum Beispiel auch im Versicherungsvertragsgesetz (VVG) vorausgesetzt. Nach der Rechtsprechung des BGH liegt er vor, wenn sich jemand durch Vertrag gegen Entgelt verpflichtet, einem anderen eine vermögenswerte Leistung für den Fall des Eintritts eines ungewissen Ereignisses zu erbringen und die Risikoabsicherung mittels einer auf dem Gesetz der großen Zahl beruhenden Kalkulation dergestalt vornimmt, dass er das damit übernommene wirtschaftliche Risiko auf eine Mehrzahl von Personen verteilt, die von der gleichen Gefahr bedroht sind.[15] Auch wenn bei der gesetzlichen Sozialversicherung ebenfalls eine Risikoverteilung vorliegt, erfolgt die Leistungserbringung dort nicht aufgrund eines Versicherungsvertrages sondern kraft Gesetzes gemäß § 40 SGB I.

[14] Aunert-Micus Bd. 2, RZ 1.

[15] BGH NJW 1995, 324.

Dabei ist ein Nebeneinander von Versicherungsvertrag und gesetzlicher Leistung durchaus möglich, wie zum Beispiel im Ausgangsfall bei dem Patienten Leidvoll, der sowohl gesetzlich versichert ist und daher die Grundleistungen des Klinikums als Leistung seiner Krankenkasse erhält, als auch eine privatrechtliche Zusatzversicherung abgeschlossen hat, die die Kosten für die sogenannten Wahlleistungen wie insbesondere eine andere Unterbringung und die freie Arztwahl trägt.

Für den Abschluss eines solchen privatrechtlichen Versicherungsvertrages gelten aufgrund des großen Machtgefälles zwischen einer Versicherungsgesellschaft und dem einzelnen Versicherten besondere Regeln. Um dem Verbraucher die Möglichkeit einzuräumen, das Versicherungsprodukt vor dem Vertragsschluss zu prüfen und gegebenenfalls mit den Angeboten anderer Versicherer zu vergleichen, muss der Versicherer gemäß § 7 Absatz 1 Satz 1 VVG dem Verbraucher rechtzeitig vor der Abgabe dessen verbindlicher Willenserklärung die erforderlichen Informationen einschließlich der Allgemeinen Versicherungsbedingungen (AVB) übermitteln.

Dafür sieht das VVG zwei Wege vor. Entweder erhält der Verbraucher zunächst eine schon auf seine konkrete Situation zugeschnittene Musterrechnung einschließlich der Kosten sowie der kurz- und langfristigen Auswirkungen und die AVB und stellt daraufhin einen Versicherungsantrag, wie er ihn auch schon vor der VVG-Reform aus 2007 gestellt hat. Der Unterschied besteht darin, dass er jetzt schon alle notwendigen Informationen hat, die er früher erst nach der Antragstellung zusammen mit der Police bekommen hat. Diese Möglichkeit ist eigentlich erst durch den Siegeszug von Computer und Internet möglich geworden, mit denen auch die größten Bedingungswerke komfortabel per Mail oder auf einem Datenträger wie DVD oder USB-Stick zur Verfügung gestellt werden können und die auch für spezielle Situationen kurzfristig ausführliche Musterrechnungen ermöglichen. Dieses Modell wird Antragsmodell genannt. Die erforderlichen Informationen sind im VVG detailliert aufgeführt.

Der zweite Weg wird auch als Invitatio-Modell bezeichnet von lateinisch Invitatio = Einladung. Hier gibt der Verbraucher – in der Regel über einen Makler oder Vertreter – der Versicherung die erforderlichen Daten und seine Wünsche bekannt und fordert die Versicherung so auf, ihm ein Angebot zu machen. Dieses kommt dann in ähnlicher Form wie der frühere Versicherungsschein mit ausführlichen Informationen einschließlich der AVB genau wie beim Antragsmodell. Aber im Gegensatz zu früher, wo der Vertrag schon allein dadurch zustande kam, dass der Verbraucher nicht widersprach, muss der Verbraucher beim Invitatio-Modell das Angebot der Versicherung durch eine nach außen erkennbare Erklärung annehmen. Dazu schickt er in der Regel eine Annahmeerklärung an die Versicherung. Es reicht aber auch eine konkludente Annahme, beispielsweise dadurch, dass er die im Versicherungsschein aufgeführte Erstprämie überweist.

Da Versicherungsverträge unter Umständen sehr komplexe und aus der Natur der Sache unsichere Lebenssachverhalte regeln, haben seit der VVG-Reform der Versicherer gemäß § 6 VVG und der Vermittler gemäß § 61 VVG Beratungs- und Dokumentationspflichten hinsichtlich des Abschlusses eines Versicherungsvertrages. Der Umfang dieser Pflichten hängt einerseits von den Kenntnissen des Verbrauchers sowie der wirtschaftlichen Bedeutung des Vertrages für ihn, andererseits aber auch von der Höhe der Prämie ab, damit der auf Versichererseite erforderliche Aufwand zumutbar bleibt. Generell kann man sagen, dass der Beratungsumfang bei einfachen Sachversicherungen wie einer privaten Haftpflicht- oder Hausratversicherung deutlich geringer ist, als bei einer Personenversicherung wie zum Beispiel einer lang laufenden Renten- oder Berufsunfähigkeitsversicherung.

Während die Beratungspflicht dem Verbraucher erst die Möglichkeit eröffnet, eigenverantwortlich über den Abschluss der Versicherung zu entscheiden, stellt die Dokumentationspflicht sicher, dass der Verbraucher auch nach längerer Zeit noch nachvollziehen kann, warum er diesen Versicherungsschutz gewählt hat und oft auch besser als aus dem Versicherungsschein, welchen Schutz er tatsächlich hat. Daneben dient diese Dokumentation auch zur Klärung der Umstände bei einem Haftungsprozess gegen die Versicherung oder den Vermittler.

Gemäß § 8 Abs. 1 VVG kann der Versicherungsnehmer seine auf den Vertragsabschluss gerichtete Erklärung innerhalb von 2 Wochen ohne Angaben von Gründen widerrufen. Bei Lebensversicherungen beträgt die Frist gemäß § 152 Abs. 1 VVG 30 Tage. Das gilt gemäß § 176 VVG auch für Berufsunfähigkeitsversicherungen. Voraussetzung für den Fristbeginn ist neben Versicherungsschein, AVB und den Informationen gemäß § 7 VVG, dass der Versicherungsnehmer entsprechend § 8 Abs. 2 Nr. 2 VVG über sein Widerrufsrecht belehrt worden ist. Wegen der Bedeutung dieser Belehrung ist der Inhalt in einer Muster-Widerrufsbelehrungs-Verordnung niedergelegt.

Ein Versicherungsvertrag kann auf unterschiedliche Art enden. Ist im Vertrag ein Enddatum festgelegt, endet der Vertrag mit diesem Datum. Das ist beispielsweise der Fall, wenn eine Haftpflichtversicherung für eine bestimmte Veranstaltung abgeschlossen wurde. Hier soll der Vertrag mit dem Ende der Veranstaltung ebenfalls beendet sein. Der Vertrag kann auch durch ein bestimmtes Ereignis befristet sein. So endet der Kfz-Versicherungsvertrag in der Regel mit der Abmeldung des Fahrzeugs. Häufig wird der Vertrag aber auf unbestimmte Zeit abgeschlossen oder er wird für eine bestimmte Frist abgeschlossen mit der Maßgabe, dass er sich automatisch verlängert, wenn er nicht vorher gekündigt wird. In diesem Fall endet der Vertrag durch die Kündigung zu dem in der Kündigung bestimmten oder sich aus dem Vertrag ergebenden Termin. Die Kündigungsfrist muss gemäß § 11 Abs. 3 VVG für beide Seiten gleich sein und darf nicht weniger als einen Monat und nicht mehr als drei Monate betragen. Bei der Krankenversicherung ist das ordentliche Kündigungsrecht des Versicherers nach § 206 VVG ausgeschlossen. Der für Herrn Leidvoll bestehende Vertrag über die Krankenzusatzversicherung kann also nur von ihm gekündigt werden. Ebenfalls ausgeschlossen ist die Kündigung durch den Versicherer – allerdings ohne ausdrückliche gesetzliche Regelung – auch für Lebens- und Berufsunfähigkeitsversicherungen[16]. Der Grund dafür liegt darin, dass das versicherte Risiko ja gerade in der Zukunft zunimmt und der Versicherer den Zweck des Vertrages vereiteln würde, wenn er den Vertrag ordentlich kündigen könnte.

Neben der ordentlichen Kündigung gibt es noch die Möglichkeit der außerordentlichen Kündigung und die fristlose Kündigung. Die außerordentliche Kündigung setzt einen bestimmten Anlass voraus. Das kann zum Beispiel für den Versicherungsnehmer gemäß § 40 VVG eine Prämienerhöhung sein oder für den Versicherer gemäß § 92 VVG der Eintritt des Versicherungsfalles bei einer Sachversicherung. Die fristlose Kündigung richtet sich nach § 314 Abs. 1 Satz 2 BGB und ist möglich, wenn dem kündigenden Teil unter Berücksichtigung aller Umstände des Einzelfalles eine Fortsetzung bis zur regulären Beendigung oder zum Ablauf der Kündigungsfrist nicht zuzumuten ist. Dieser Grund ist beispielsweise für den Versicherer gegeben, wenn der Versicherungsnehmer vorsätzlich das Risiko erhöht.

27.2.6 Gesellschaftsrecht

Im Rahmen dieses Lehrbuchs werden nur die im Gesundheitsbereich häufiger vorkommenden Gesellschaften besprochen. Von der Darstellung rein gewerblicher Gesellschaften wie OHG und KG sowie der nur für große und kapitalintensive Betriebe geeigneten AG wurde ebenso abgesehen wie von der Genossenschaft. Die OHG ist zwar in § 8 ApoG für den Betrieb einer Apotheke vorgesehen, spielt aber dort keine große Rolle und ist insoweit auch weitgehend vergleichbar mit der BGB-Gesellschaft.

Gesellschaft bürgerlichen Rechts - BGB-Gesellschaft

Eine Gesellschaft bürgerlichen Rechts wird gemäß § 705 BGB dadurch begründet, dass sich zwei oder mehr Personen, gegebenenfalls auch juristische Personen, gegenseitig verpflichten, einen gemeinsamen Zweck zu fördern und die dazu vereinbarten Beiträge zu erbringen. Diese Beiträge müssen nicht in Geld bestehen, sondern können auch in Dienstleistungen, Gegenständen, Grundstücken oder in sonstiger Weise geleistet werden. Die Erscheinungsformen der BGB-Gesellschaft reichen von der Bauherrengemeinschaft über Arbeitsgemeinschaften selbstständiger Unternehmen für ein bestimmtes Projekt bis zu Fahrgemeinschaften und gemeinsamem Urlaub. Besondere Bedeutung im Gesundheitswesen hat die BGB-Gesellschaft bei der Zusammenarbeit medizinischer Leistungserbringer wie Ärzten und sonstigen Therapeuten, zum Beispiel im Ausgangsfall die geplante Zusammenarbeit von Dr. Medicus und Organis.

Basis einer solchen Gesellschaft – wie jeder Gesellschaft – ist immer ein Vertrag, also die übereinstimmenden Willenserklärungen der Gesellschafter. Dieser Vertrag ist allerdings nicht formbedürftig, muss also insbesondere nicht schriftlich abgefasst, sondern kann

[16] Aunert-Micus Bd. 2, RZ 112 mit weiteren Nachweisen.

auch konkludent geschlossen werden. Wenn ein Gesellschafter ausscheiden will oder ein neuer Gesellschafter aufgenommen werden soll, so handelt es sich streng genommen um die Auflösung der Gesellschaft und die Begründung einer neuen Gesellschaft. Das gilt gemäß § 727 BGB auch für den Fall des Todes eines Gesellschafters, durch den die Gesellschaft aufgelöst wird. Gemäß § 737 BGB können die Gesellschafter aber auch im Vertrag vereinbaren, dass in einem solchen Falle die Gesellschaft in der neuen Form fortgesetzt wird. Dazu ist aber, wenn nichts anderes vereinbart ist, die Zustimmung aller Gesellschafter erforderlich.

Die BGB-Gesellschaft ist keine juristische Person und es fehlt auch eine dem § 124 HGB entsprechende Vorschrift, nach der die OHG unter ihrem Namen Träger von Rechten und Pflichten sein kann. Gleichwohl hat der BGH in einem Grundsatzurteil vom 29.1.2001[17] anerkannt, dass die BGB-Gesellschaft als Außengesellschaft Rechtsfähigkeit besitzt. Damit könnte beispielsweise Organis die gemeinsamen Praxisräume für die zu gründende BGB-Gesellschaft mieten, anstatt sie für sich und Dr. Medicus zu mieten. Wenn die beiden, statt eine Praxis zu mieten, für die Praxis eine Immobilie kaufen wollten, könnte die Gesellschaft auch in das Grundbuch eingetragen werden.

Entscheidungen der Gesellschafter untereinander darüber, welche Maßnahmen im Einzelnen zum Betrieb der Gesellschaft getroffen werden sollen, werden als Geschäftsführung bezeichnet. Diese Geschäftsführung steht nach § 709 Abs. 1 BGB den Gesellschaftern gemeinschaftlich zu. Das bedeutet, dass für jedes Geschäft die Zustimmung aller Gesellschafter erforderlich ist. Da das aber im täglichen Ablauf sehr umständlich ist, lässt das Gesetz in § 709 Abs. 2 BGB auch zu, dass Entscheidungen mit Mehrheit getroffen werden können oder gemäß § 710 BGB gleich auf einen oder mehrere Gesellschafter übertragen werden können. Ist das im Gesellschaftsvertrag geschehen, so sind einerseits die übrigen Gesellschafter dann von der Geschäftsführung ausgeschlossen und die dem geschäftsführenden Gesellschafter erteilte Befugnis kann ihm nur aus wichtigem Grund von den übrigen Gesellschaftern entzogen werden.

Da eine Gesellschaft immer nur ein gedankliches Konstrukt ist, kann sie natürlich nicht selber handeln, sondern bedarf einer natürlichen Person, die das stellvertretend für sie tut. Dies ist ein Fall der gesetzlichen Vertretung, wie sie oben unter 1.3 beschrieben wurde. Zur Vertretung einer BGB-Gesellschaft sind alle Gesellschafter gemeinsam befugt. Das ergibt sich nur mittelbar aus § 714 BGB, der eigentlich regelt, dass ein Gesellschafter, dem im Gesellschaftsvertrag Geschäftsführungsbefugnis erteilt wurde, im Zweifel – also wenn nichts anderes im Vertrag geregelt ist – auch befugt ist, die Gesellschaft und damit die anderen Gesellschafter Dritten gegenüber rechtsverbindlich zu vertreten. Soll ihm die so erteilte Vertretungsmacht wieder entzogen werden, so ist das gemäß § 715 BGB nur unter den gleichen Bedingungen möglich, wie die Entziehung der Geschäftsführungsbefugnis. Diese Regelungen sind allerdings dispositiv, sodass Geschäftsführung und Vertretung auch unterschiedlich und differenzierter geregelt werden können. So könnte beispielswei-

[17] BGH NJW 2001, 1056.

se zwischen Dr. Medicus und Organis geregelt werden, dass sie Entscheidungen gemeinsam treffen, es also bei der gemeinschaftlichen Geschäftsführung verbleibt, die Außengeschäfte des täglichen Geschäftsablaufs wie der Kauf von Material und Praxisbedarfsartikeln bis zu einer gewissen preislichen Obergrenze von jedem der beiden allein getätigt werden darf.

Ein Gewinn oder Verlust der Gesellschaft wird gemäß § 722 BGB auf alle Gesellschafter gleich verteilt, wenn nichts anderes vereinbart ist. Das gilt auch dann, wenn die Gesellschafter nach dem Vertrag unterschiedliche Beiträge zu leisten haben.

Bei der Zusammenarbeit mehrerer Menschen stellt sich immer auch die Frage, wer für die Handlungen, insbesondere die Fehler eines dieser Menschen einem außenstehenden Dritten gegenüber haftet. Nachdem der BGH die grundsätzliche Rechtsfähigkeit der BGB-Gesellschaft anerkannt hat, haftet zunächst das Gesellschaftsvermögen der BGB-Gesellschaft. Daneben haften aber gemäß der gefestigten Rechtsprechung des BGH auch alle Gesellschafter akzessorisch und gesamtschuldnerisch.[18] Akzessorisch bedeutet, dass die Gesellschafter genauso haften, wie die Gesellschaft selber und gesamtschuldnerisch bedeutet gemäß § 421 BGB, dass jeder Gesellschafter für die gesamte Schuld verantwortlich ist, der Gesellschaftsgläubiger sie aber – natürlich – nur einmal fordern kann. Zunächst muss daher immer versucht werden, die Schuld aus dem Gesellschaftsvermögen zu zahlen. Der Gläubiger kann allerdings auch sofort die Zahlung von dem Gesellschafter verlangen, bei dem es für ihn am Einfachsten ist. Dieser kann ja die Schuld aus dem Gesellschaftsvermögen bewirken. Wenn das nicht möglich ist, kann er gemäß § 735 BGB von seinen übrigen Gesellschaftern verlangen, dass sie für die Schuld im gleichen Verhältnis aufkommen, wie sie gemäß § 722 BGB am Verlust beteiligt sind.

Im Ergebnis kann das dazu führen, dass ein Gesellschafter einen Schaden tragen muss, den der andere Gesellschafter verursacht hat, nämlich wenn der Mitgesellschafter nicht über die erforderlichen Mittel verfügt, um die Gesellschaftsschuld zu begleichen und auch im Gesellschaftsvermögen diese Mittel nicht zur Verfügung stehen. Die Erteilung einer Einzelvertretungsbefugnis ist daher mit erheblichen Risiken verbunden und eine Haftungsbeschränkung beispielsweise im Gesellschaftsvertrag ist gegenüber Dritten nur wirksam, wenn sie mit dem Dritten ausdrücklich vereinbart wurde.[19]

Aber auch ohne eine solche Vertretungsregelung kann die Zusammenarbeit mit einem anderen ein erhebliches Risiko bedeuten, nämlich dann, wenn einer der Gesellschafter eine unerlaubte Handlung im Sinne des § 823 BGB begeht und damit einem Dritten einen Schaden zufügt. Für diesen Fall hat der BGH entschieden, dass § 31 BGB analog anzuwenden ist und damit die BGB-Gesellschaft neben dem Gesellschafter haftet, der die unerlaubte Handlung begangen hat.[20] In diesem Fall kann der geschädigte Dritte seinen Schaden

[18] BGH NJW 1999, 3483; 2001, 748; 2001, 1056.

[19] Wiese in: Aunert-Micus u.a. Wirtschaftsprivatrecht, RZ 928.

[20] BGH NJW 2003, 1445.

dann auch bei allen anderen Gesellschaftern geltend machen, die dann nur im Innenverhältnis versuchen können, einen Ausgleich zu erhalten. Wenn also Dr. Medicus in der neu zu gründenden Gemeinschaftspraxis bei einer Operation schuldhaft einen Fehler macht, der zu einem so hohen Schadensersatzanspruch des Patienten führt, dass das Privatvermögen des Dr. Medicus dafür nicht ausreicht, müsste Organis aus seinem Privatvermögen den Rest des Schadens ausgleichen.[21]

Die Beendigung der Gesellschaft erfolgt durch Auflösung, die gemäß § 730 Abs. 1 BGB unter den Gesellschaftern zu der Auseinandersetzung über das Gesellschaftsvermögen führt. Neben den in den §§ 723 bis 728 BGB genannten Auflösungsgründen können die Gesellschafter weitere Gründe vereinbaren. Die Auseinandersetzung erfolgt gemäß den §§ 732 bis 735 BGB. Danach sind die Gegenstände, die ein Gesellschafter der Gesellschaft zur Verfügung gestellt hat, zurückzugeben, Gesellschaftsschulden sind zu bezahlen und die Einlagen zurückzugewähren. Bleibt dann noch ein Gewinn, so ist der ebenso zu verteilen wie gegebenenfalls noch offene Schulden, also im Zweifel jeder gleich viel.

Partnerschaftsgesellschaft

Die Partnerschaftsgesellschaft ist eine speziell für den Bereich der freien Berufe geschaffene Form, die zwischen der BGB-Gesellschaft und deren handelsrechtlicher Form, der OHG liegt. Das entsprechende „Gesetz über Partnerschaftsgesellschaften Angehöriger freier Berufe" ist erst am 25.7.1994 erlassen worden und damit ein noch relativ junges Gesetz. Die Partnerschaftsgesellschaft kann nur von Angehörigen der freien Berufe gegründet werden, zu denen gemäß § 1 Abs. 2 Satz 1 PartGG solche gehören, die auf der Grundlage besonderer beruflicher Qualifikation oder schöpferischer Begabung eine persönliche, eigenverantwortliche und fachlich unabhängige Dienstleistung höherer Art im Interesse der Auftraggeber und der Allgemeinheit erbringen. Konkret zählen dazu Ärzte, Rechtsanwälte, Steuerberater, Wirtschaftsprüfer und beratende Ingenieure, aber auch freischaffende Künstler und Journalisten. Auch Organis als Heilpraktiker fällt in diese Gruppe. Inwieweit in einer solchen Gesellschaft auch verschiedene Berufsgruppen zusammenarbeiten können, richtet sich nach dem jeweiligen Berufsrecht. Das PartGG enthält dafür keine Beschränkungen.

Die Partnerschaftsgesellschaft wird gemäß § 4 PartGG in das Partnerschaftsgesellschaftsregister eingetragen. Die Eintragung richtet sich nach den für die OHG geltenden Vorschriften der §§ 106 bis 108 HGB. Vor der Eintragung ist die Partnerschaftsgesellschaft gemäß § 7 Abs. 1 PartGG nach außen hin nicht wirksam.

Für die Gründung ist ein schriftlicher Vertrag erforderlich, der neben Name, Sitz und Gegenstand der Gesellschaft auch die Namen, Vornamen, Wohnort und den für die Partner-

---

[21] In einem solchen Fall tritt in der Regel die gesetzlich vorgeschriebene Berufshaftpflichtversicherung ein, aber es sind durchaus Fälle denkbar, in denen diese Versicherung nicht eintritt oder aus irgendeinem Grunde nicht wirksam besteht.

schaft qualifizierenden Beruf der Partner enthalten. Auch im Namen der Gesellschaft müssen die Berufsbezeichnungen aller in der Partnerschaft vertretenen Berufe enthalten sein. Die Namen anderer Personen als der Partner dürfen im Namen der Gesellschaft nicht enthalten sein. Grundsätzlich ist auf die Partnerschaftsgesellschaft subsidiär das Recht der BGB-Gesellschaft anzuwenden[22], aber oft ist auf die Vorschriften der OHG verwiesen. So kann die Partnerschaftsgesellschaft gemäß § 7 Abs. 2 PartGG in Verbindung mit § 124 HGB unter ihrem Namen Rechte erwerben und Verbindlichkeiten eingehen. Auch hinsichtlich der Vertretungsbefugnis verweist § 7 Abs. 3 PartGG auf die handelsrechtlichen Vorschriften, sodass hier im Gegensatz zur BGB-Gesellschaft der Grundsatz der Einzelvertretung für jeden Gesellschafter gilt.

Eine Besonderheit gilt für die Haftung. Grundsätzlich haften für die Verbindlichkeiten der Gesellschaft alle Gesellschafter gesamtschuldnerisch wie bei BGB-Gesellschaft und OHG. Aber gemäß § 8 Abs. 2 PartGG ist die Haftung für berufliche Fehler auf diejenigen Partner beschränkt, die mit der Bearbeitung des Auftrags befasst waren. In dem oben dargestellten Ausgangsfall wäre es also für Organis vorteilhaft, die Zusammenarbeit mit Dr. Medicus in der Form einer Partnerschaftsgesellschaft zu vollziehen. In dem Fall würde er nämlich nicht für den Fehler seines Partners bei der Operation haften.

Stille Gesellschaft

Bei der stillen Gesellschaft beteiligt sich jemand gemäß § 230 Abs. 1 HGB an dem Handelsgewerbe eines anderen, indem er eine Einlage erbringt, die in das Vermögen dieses anderen übergeht. Damit entfällt sie in weiten Bereichen für die Gesundheitswirtschaft, denn bei den Zusammenschlüssen von Ärzten und anderen Therapeuten liegt regelmäßig kein Handelsgewerbe vor, da sie freiberuflich tätig sind. Gewerblich sind aber beispielsweise Apotheken und Sanitätsfachgeschäfte. Außerdem treten insbesondere Krankenhäuser, Pflegeheime, aber auch medizinische Versorgungszentren und gelegentlich auch größere Arztpraxen in der Rechtsform der GmbH auf, die ungeachtet ihrer Tätigkeit immer Handelsgesellschaft ist. Daher ist diese Form der Beteiligung letztlich auch in diesem Wirtschaftssektor möglich.

Die stille Gesellschaft ist reine Innengesellschaft, das heißt, sie besteht nur zwischen dem Inhaber des Handelsgewerbes und dem stillen Gesellschafter und hat damit immer zwingend zwei Gesellschafter.[23] Wenn sich an der gleichen Handelsgesellschaft mehrere Personen mit einer stillen Beteiligung beteiligen, dann handelt es sich um mehrere stille Gesellschaften. Es können sich aber auch mehrere Beteiligungswillige zu einer BGB-Gesellschaft zusammenschließen und diese beteiligt sich dann als stiller Gesellschafter an der Handelsgesellschaft.

[22] Klunzinger, § 15 IV 1., S. 340.

[23] Klunzinger, § 7 I 2.c, S. 133.

Geschäftsführung und Vertretung kommen bei der stillen Gesellschaft im eigentlichen Sinne nicht in Betracht, denn sie tritt ja nicht nach außen auf. Bei diesen Fragen geht es immer darum, welchen Einfluss der stille Gesellschafter im Handelsgewerbe des Hauptgesellschafters hat. In der typischen stillen Gesellschaft entscheidet dort der Hauptgesellschafter allein und vertritt sein Gewerbe auch nach außen. Im Rahmen der Vertragsfreiheit kann das aber auch anders geregelt werden, sodass möglicherweise der stille Gesellschafter den maßgeblichen Einfluss in dem Unternehmen hat und es gegebenenfalls sogar rechtlich vertritt, beispielsweise als Prokurist. Das kann so weit gehen, dass der stille Gesellschafter nicht nur in vollem Umfang an Gewinn und Verlust beteiligt ist, sondern auch an den stillen Reserven des Unternehmens und im Ergebnis der Hauptgesellschafter darauf beschränkt ist, seinen Namen für das Unternehmen zur Verfügung zu stellen.

In diesem Fall spricht man von einer atypischen stillen Gesellschaft. Hierbei wird der stille Gesellschafter steuerlich als Mitunternehmer behandelt und der ihm zustehende Gewinn wird als Einkunft aus Gewerbebetrieb behandelt, während der typische stille Gesellschafter Einkünfte aus Kapitalvermögen erzielt, auf die bei der Auszahlung Kapitalertragssteuer einzubehalten ist. Für die Beurteilung als typische oder atypische stille Gesellschaft kommt es nicht auf die Bezeichnung sondern auf die Ausgestaltung des Gesellschaftsvertrages an.

Damit stellt sich die Frage, aus welchem Grund man eine stille Gesellschaft wählt, um sich an einem Unternehmen zu beteiligen. Hierauf gibt es mehrere Antworten: zunächst stärkt die Einlage des stillen Gesellschafters das Eigenkapital des Hauptgesellschafters, denn die Einlage geht in das Vermögen des anderen über. Damit steigt die Kreditwürdigkeit des Unternehmens. Fremdkapital kann zu besseren Konditionen und in größerem Umfang aufgenommen werden. Daneben können aber auch wettbewerbsrechtliche oder Gründe des Berufsrechts zu dieser nach außen nicht sichtbaren Beteiligung führen, wenn eine offene Beteiligung nicht opportun oder gar unzulässig wäre. Hier kann aber auch leicht die Grenze zur illegalen Handlung überschritten werden. Weitere Motive können aus einer familienrechtlichen Nachfolgeplanung oder zur Steueroptimierung entstehen.[24]

Auch das Thema Haftung spielt für den stillen Gesellschafter keine Rolle. Ein Gesellschaftsvermögen der stillen Gesellschaft, das auch Verbindlichkeiten enthalten könnte, gibt es nicht. Es handelt sich ausschließlich um Vermögen des Handelsgewerbes, für das der stille Gesellschafter ja gerade nicht auftritt. Soweit der stille Gesellschafter seine Einlage erbracht hat oder ihm Gewinnauszahlungen zustehen, kann er diese sogar im Falle der Insolvenz des Handelsgewerbes als normale Insolvenzforderung anmelden. Soweit er allerdings gegenüber dem Hauptgesellschafter zur Erbringung der Einlage verpflichtet ist und sie noch nicht erbracht hat, kann der Insolvenzverwalter des Hauptgesellschafters diese Forderung einziehen. In der Praxis wird dem stillen Gesellschafter aber aufgrund der Insolvenz ein Kündigungsrecht aus wichtigem Grund zustehen, sodass er selbst diese Form der Haftung erfolgreich abwehren kann.

---

[24] Im Einzelnen siehe Klunzinger, § 7 III, S. 134-135.

Europäische wirtschaftliche Interessenvereinigung EWIV

Seit den fürchterlichen Ereignissen des zweiten Weltkrieges gibt es namentlich in Europa den starken Wunsch, enger zusammenzuarbeiten. Das führte zu verschiedenen europäischen Organisationen wie dem Europarat, der die Europäische Menschenrechtskonvention hervorgebracht hat, der Organisation für Sicherheit und Zusammenarbeit in Europa OSZE, die den Ost-West-Konflikt seit den 1970er Jahren mit überwunden hat und natürlich der Europäischen Wirtschaftsgemeinschaft, der Vorläuferin der Europäischen Union, in der heute in 27 Staaten nahezu 500 Millionen Menschen vereinigt sind. Insbesondere in dieser Europäischen Gemeinschaft entstand der Bedarf für die organisierte grenzüberschreitende Kooperation, insbesondere für kleinere und mittelständische Unternehmen. Aus diesem Bedarf entstand 1989 die Europäische wirtschaftliche Interessenvereinigung EWIV.

Die Funktion der EWIV ist gut mit der deutschen Genossenschaft zu vergleichen. Sie soll gemäß Art. 3 EG-VO 2137/85, der europarechtlichen Grundlage der EWIV, die wirtschaftliche Tätigkeit ihrer Mitglieder unterstützen und ist nicht auf eigene Gewinnerzielung ausgerichtet. Sie ist daher nicht dafür geeignet, dass sich Anbieter von Gesundheitsdienstleistungen über die Staatsgrenzen hinweg zu Berufsausübungsgemeinschaften zusammenschließen. Vielmehr können hier selbstständige Berufsträger wie Ärzte, Apotheken, Krankenhäuser und andere Einrichtungen zusammenkommen, um gemeinsam mehr zu erreichen, sei es im Einkauf, in der politischen Vertretung, in der Betriebsorganisation, der Qualitätssicherung und vielen anderen Bereichen. Sie darf daher weder Holding-Charakter haben noch Anteile an Mitgliedsunternehmen halten und auch nicht mehr als 500 Mitarbeiter haben.

Rechtlich entspricht die EWIV, soweit sie in Deutschland ihren Sitz hat, eher einer OHG, allerdings mit der Möglichkeit, einen Fremdgeschäftsführer einzusetzen. Sie kann gemäß Art. 1 Abs. 2 EG-VO 2137/85 eigene Rechte und Pflichten erwerben und unterliegt gemäß Art. 1 EWIV-Ausführungsgesetz dem Recht der OHG, soweit das EWIV-Ausführungsgesetz und die EG-Verordnung nichts anderes regelt. Die EWIV mit Sitz in Deutschland muss also in das Handelsregister am Sitz der Gesellschaft eingetragen werden. Im Gegensatz zur OHG entsteht sie aber erst mit der Eintragung. Sie ist gleichwohl keine juristische Person.[25]

Die EWIV kann nur gegründet werden von mindestens zwei Personen oder Gesellschaften, die ihre berufliche Tätigkeit beziehungsweise ihren Sitz in zwei unterschiedlichen Mitgliedsstaaten haben. Verliert sie diesen grenzüberschreitenden Charakter, so ist sie durch Gerichtsbeschluss aufzuheben. Das Innenverhältnis der EWIV ist personenorientiert. So bedarf sowohl die Übertragung eines Gesellschaftsanteils auf einen anderen Gesellschafter oder einen Dritten als auch die Aufnahme eines neuen Gesellschafters der einstimmigen Zustimmung aller Gesellschafter. Das Gleiche gilt für die wesentlichen, in Art. 17 EG-VO 2137/85 aufgeführten, Änderungen des Gesellschaftsvertrages.

---

[25] Klunzinger, § 16 I 2. e, S. 345.

Ähnlich wie bei der OHG haften alle Gesellschafter für die Verbindlichkeiten der EWIV gesamtschuldnerisch, allerdings nicht primär, sondern nur dann, wenn der Gläubiger die Gesellschaft zur Zahlung aufgefordert hat und diese nicht innerhalb einer angemessenen Frist gezahlt hat.

GmbH einschließlich Unternehmergesellschaft (haftungsbeschränkt)

Die Gesellschaft mit beschränkter Haftung GmbH ist die beliebteste Rechtsform in Deutschland mit ca. einer Million eingetragenen Gesellschaften.[26] Das liegt sowohl an der Möglichkeit, die persönliche Haftung weitgehend auszuschließen als auch daran, dass die Gesellschaft sehr flexibel an die unterschiedlichsten Anforderungen angepasst werden kann, letztlich aber auch daran, dass die Gesellschaft gemäß § 1 GmbHG für jeden gesetzlich zulässigen Zweck gegründet werden kann. So ist die GmbH ebenso für einen Global Player wie die Robert-Bosch-GmbH geeignet wie für einen kleinen Gewerbebetrieb, ebenso für ein wissenschaftliches Forschungsinstitut wie für ein gemeinnütziges Krankenhaus oder eben auch für eine Zusammenarbeit von Dr. Medicus und Organis. Die Gesellschafterstruktur reicht von der Einmann-GmbH bis zu einem vielköpfigen Zusammenschluss, in dem auch einzelne oder mehrere Gesellschafter selbst wieder Gesellschaften sind.

Für die Gründung der Gesellschaft sind einige wenige Formvorschriften zu beachten. So ist der Gesellschaftsvertrag gemäß § 2 GmbHG in notarieller Form zu errichten und von sämtlichen Gesellschaftern zu unterschreiben. Bei einer kleinen Gesellschaft von bis zu drei Gesellschaftern und nur einem Geschäftsführer gilt ein vereinfachtes Verfahren. Sie muss aber auf jeden Fall bei dem Gericht, in dessen Bezirk sie ihren Sitz hat, in das Handelsregister eingetragen werden. Vor der Eintragung besteht die Gesellschaft gemäß § 11 Abs. 1 GmbHG nicht.

Die Gesellschaft wird erst eingetragen, wenn die Mindesteinlagen erbracht sind und der oder die Geschäftsführer versichern, dass diese ihnen zur freien Verfügung stehen. Einlagen, die unter der Maßgabe erbracht werden, damit bestimmte Verbindlichkeiten zu begleichen, erfüllen diese Bedingung nicht. Die Einlagen sind grundsätzlich in Geld zu erbringen, können aber gemäß § 5 Abs. 4 GmbH Gesetz auch als Sacheinlagen erbracht werden. In diesem Fall muss aber angegeben werden, auf welchen Geschäftsanteil sich die Sacheinlage bezieht und in einem Sachgründungsbericht die Angemessenheit des Wertes der eingelegten Sache dargelegt werden.

Die Summe der Stammeinlagen der einzelnen Gesellschafter bildet das Stammkapital. Es darf nicht geringer als 25.000 € sein. Gemäß § 7 Abs. 2 GmbHG hat jeder Gesellschafter auf seine Stammeinlage mindestens 25 Prozent einzuzahlen, insgesamt müssen es wenigstens 12.500 € sein. Sacheinlagen sind vollständig zu erbringen.

Als juristische Person bedarf die GmbH eines Organs, das für sie handelt. Das Gesetz sieht mindestens zwei Organe vor. Gemäß § 6 GmbHG muss jede Gesellschaft einen oder meh-

[26] Vgl. auch Aunert-Micus in: Aunert-Micus u.a. Wirtschaftsprivatrecht, RZ 1008.

rere Geschäftsführer haben, die natürliche Personen sein müssen und gemäß § 35 GmbHG die Gesellschaft gerichtlich und außergerichtlich vertreten. Nur für den Fall, dass die Gesellschaft keinen Geschäftsführer hat, wird sie in beschränktem Umfang durch die Gesellschafter vertreten. Ein einzelner Geschäftsführer vertritt die Gesellschaft stets allein, sind mehrere Geschäftsführer bestellt, so vertreten sie die Gesellschaft gemeinsam, es sei denn, ihnen ist Einzelvertretungsbefugnis ausdrücklich erteilt. Die Vertretungsbefugnis kann auch dergestalt eingeschränkt werden, dass ein Geschäftsführer nur zusammen mit einem anderen Geschäftsführer oder mit einem Prokuristen (sogenannte unechte Gesamtvertretung) die Gesellschaft vertreten darf. Die unechte Gesamtvertretung darf aber nur neben echter Gesamtvertretung bestehen, nie allein.[27]

Die Geschäftsführer können Gesellschafter oder auch fremde Dritte sein. Wenn sich Dr. Medicus und Organis in der Form einer GmbH zusammenschließen, können sie sich also selber zu Geschäftsführern bestellen. Das ist bei kleinen GmbHs auch üblich. Soweit sie dann allerdings Geschäfte zwischen sich als Person und der Gesellschaft tätigen, beispielsweise den Geschäftsführervertrag schließen, verstößt dieses Geschäft gemäß § 35 Abs. 3 GmbHG nur dann nicht gegen § 181 BGB, wenn ihnen solche Verträge ausdrücklich erlaubt sind. Das ist auch in das Handelsregister einzutragen.

Gegenüber der Gesellschaft haften die Geschäftsführer für die Sorgfalt eines ordentlichen Kaufmannes. Damit geht der Haftungsmaßstab des § 43 Abs. 1 GmbHG über den allgemeinen Haftungsmaßstab aus § 276 Abs. 2 BGB hinaus, nach dem nur die allgemein im Verkehr erforderliche Sorgfalt zu beachten ist. Der Kaufmann muss beispielsweise positiv wissen, dass er die Tragweite seiner Entscheidung kennt. Wenn er daran Zweifel hat, muss er sich fachkundig beraten lassen.

Das zweite Organ ist die Gesellschafterversammlung gemäß § 48 Abs. 1 GmbHG. Sie ist das oberste Willensorgan der Gesellschaft und trifft ihre Entscheidungen durch Beschluss und zwar in der Regel mit einfacher Mehrheit gemäß § 47 Abs. 1 GmbHG, wenn sich aus dem Gesetz oder dem Gesellschaftsvertrag nichts anderes ergibt. Die wichtigste Aufgabe ist die Bestellung des Geschäftsführers, wenn diese Entscheidung nicht bereits im Gesellschaftsvertrag getroffen wurde oder ein Aufsichtsrat besteht, der diese Aufgabe wahrnimmt. Daneben gibt es aber noch weitere Aufgaben, die die Gesellschafterversammlung nicht delegieren kann, beispielsweise Änderungen des Gesellschaftsvertrages oder die Auflösung der Gesellschaft.

Ein drittes Organ ist der Aufsichtsrat gemäß § 52 GmbHG. Bei kleineren Gesellschaften kann er freiwillig gegründet werden, aber auch dann sind die entsprechenden Vorschriften des Aktiengesetzes über den Aufsichtsrat bei einer Aktiengesellschaft anzuwenden, soweit der Gesellschaftsvertrag der GmbH keine anderweitige Regelung trifft. Bei Gesellschaften mit mehr als 500 Arbeitnehmern ist die Bildung eines Aufsichtsrates zwingend, weil in diesem Organ die Unternehmensmitbestimmung der Arbeitnehmer nach dem Drittelbetei-

[27] Aunert-Micus in: Aunert-Micus u.a. Wirtschaftsprivatrecht, RZ 1024.

ligungsgesetz, dem Mitbestimmungsgesetz oder dem Montanmitbestimmungsgesetz erfolgt. Für den Bereich des Gesundheitswesens gibt es davon aber eine wichtige Ausnahme. Karitative Einrichtungen von Religionsgemeinschaften, dazu zählen insbesondere kirchliche Krankenhäuser, sind gemäß §§ 1 Abs. 2 S. 2 DrittelbG und 1 Abs. 4 S. 2 MitbestG von der Mitbestimmung ausgenommen.

Der Aufsichtsrat besteht aus Vertretern der Gesellschafter, die nicht selber Gesellschafter sein müssen und gegebenenfalls aus Vertretern der Arbeitnehmer und eventuell weiteren Mitgliedern. Seine Hauptaufgabe ist es, die Geschäftsführung zu überwachen und zu beraten und außerdem die Gesellschaft gegenüber den Geschäftsführern zu vertreten.

Eine Besonderheit der GmbH besteht ja darin, dass für die Verbindlichkeiten der Gesellschaft nur das Gesellschaftsvermögen haftet. Dazu gehören natürlich auch die Einlagen der Gesellschafter. Darüber hinaus haften die Gesellschafter aber grundsätzlich nicht. Von diesem Grundsatz gibt es jedoch zwei Ausnahmen, die die Rückzahlung von Einlagen einerseits und Gesellschafterdarlehn andererseits betreffen.

Dass ein Gesellschafter für den Teil der Einlage haftet, den er in engem Zusammenhang mit der Leistung der Einlage zurückerhalten hat, versteht sich von selbst. Differenziert zu betrachten ist der Fall, dass der Gesellschafter eine Gewinnausschüttung erhält, die sich als Rückzahlung darstellen kann. Solange das Stammkapital durch Verluste unter seinen Nominalwert gesunken ist, dürfen Gewinne gemäß § 30 Abs. 1 GmbHG nicht ausgeschüttet werden. Sind sie gleichwohl ausgezahlt worden, lebt die Haftung der Gesellschafter in dieser Höhe wieder auf. Anders ist es mit Gewinnanteilen, die ausgezahlt wurden, als das Stammkapital noch vollständig vorhanden war. Wenn danach das Stammkapital durch Verluste unter den Nominalwert sinkt, sind die zuvor ausgezahlten Gewinne nicht zurückzugewähren.

Hat ein Gesellschafter der GmbH einen Kredit gewährt, kann er die Rückzahlung nach den allgemeinen Vorschriften wie jeder andere Gläubiger verlangen. Erfolgt die Rückzahlung aber in den letzten 12 Monaten vor der Eröffnung des Insolvenzverfahrens über die GmbH, so kann der Insolvenzverwalter die Rückzahlung gemäß § 135 Abs. 1 Nr. 2 InsO anfechten und die Wiedereinzahlung des Betrages vom Gesellschafter verlangen. Insoweit haftet der Gesellschafter dann auch mit dem an sich nicht haftenden Betrag seines Darlehns.

Als Reaktion auf den verstärkten Wettbewerb für die Rechtsform GmbH durch die englische Limited nach den Entscheidungen des EuGH in den ersten Jahren nach der Jahrtausendwende hat der Gesetzgeber zum 1.11.2008 eine neue Form der GmbH geschaffen, die Unternehmergesellschaft (haftungsbeschränkt) oder auch kurz UG (haftungsbeschränkt). Hier handelt es sich nicht um eine neue Gesellschaft sondern um eine Unterform der GmbH, deren Besonderheiten gegenüber der „normalen" GmbH ausschließlich in § 5a GmbHG geregelt sind.

Der größte Unterschied besteht darin, dass für die Gründung kein Mindeststammkapital erforderlich ist. Sie ist daher insbesondere für die Gründung von Gesellschaften geeignet, die vom Geschäftsablauf her keinen großen Kapitalbedarf haben, bei der aber trotzdem die Haftung der Gesellschafter für mögliche Verbindlichkeiten der Gesellschaft beispielsweise aus Haftung oder langfristigen Verträgen ausgeschlossen werden soll. Da ein Geschäftsanteil gemäß § 5 Abs. 2 S. 1 GmbHG mindestens einen Euro betragen muss, ist das theoretisch auch das geringste Stammkapital. Wenn aber – was aus verschiedenen Gründen zu empfehlen ist – die Gründungskosten von der Gesellschaft zu übernehmen sind, sollte das Stammkapital mindestens bei 500 € bis 1.000 € liegen, damit die Gesellschaft nicht mit der Gründung schon überschuldet ist und einen Insolvenzantrag stellen müsste.

Daneben ist aus dem Jahresgewinn ein Betrag von 25 Prozent in eine gesetzliche Rücklage einzustellen, bis das normale Mindeststammkapital einer GmbH von 25.000 € erreicht ist. Dabei können allerdings die Geschäftsführergehälter gewinnmindernd angesetzt werden, sodass der größte Teil des Jahresergebnisses den Gesellschaftern, die bei dieser kleinen Form der GmbH in der Regel wohl auch die Geschäftsführung wahrnehmen, für ihren Lebensunterhalt zur Verfügung stehen. Für Dr. Medicus und Organis bietet sich diese Form der GmbH nicht an, denn allein die Ausstattung der Praxis dürfte den Betrag für das Mindeststammkapital einer „normalen“ GmbH von 25.000 € deutlich überschreiten.

Eine weitere Besonderheit ist, dass bei der UG (haftungsbeschränkt) gemäß § 5a Abs. 2 S. 1 GmbHG keine Sacheinlagen zulässig sind. Da das Stammkapital aber beliebig niedrig angesetzt werden kann und notwenige Gegenstände, die sich im Eigentum der Gesellschafter befinden, auch beispielsweise im Wege der Miete, Leihe oder des Kaufs eingebracht werden können, hat auch diese Vorschrift kaum praktische Auswirkungen.

27.2.7 Eheliches Güterrecht und Unterhalt

Die Ehe ist ein besonderes Vertragsverhältnis, das sich nach den §§ 1297 ff. GBG richtet und auf das auch nicht subsidiär das Recht der BGB-Gesellschaft angewendet werden kann. Grundsätzlich wird gemäß § 1353 Abs. 1 S. 1 BGB die Ehe auf Lebenszeit geschlossen. Das „bringt es mit sich, dass die Ehegatten sich gegenseitig Gegenstände aus ihrem Vermögen zur Nutzung zur Verfügung stellen, dass sie an der Vermehrung dieses Vermögens mitarbeiten und dass zumindest teilweise eine Vermischung der beiden Vermögensmassen eintritt“.[28] Die dadurch aufgeworfenen Fragen werden im ehelichen Güterrecht gemäß §§ 1363 bis 1563 BGB geregelt.

Gemäß § 1363 Abs. 1 BGB gilt für die Eheleute der gesetzliche Güterstand der Zugewinngemeinschaft, wenn sie nicht etwas anderes vereinbart haben. Die Zugewinngemeinschaft bedeutet, dass jeder Ehepartner sein Vermögen behält und auch während der Ehe neue Gegenstände Eigentum jeweils des einen oder anderen Ehepartners werden, wenn die Ehepartner nicht ausdrücklich bestimmen, dass es sich um gemeinschaftliches Eigentum handeln soll. Die in dem Begriff „Zugewinngemeinschaft“ enthaltene Gemeinschaft zeigt

---

[28] Bähr, § 16 II 4., S. 438.

sich erst, wenn die Gemeinschaft endet, indem in diesem Fall der Zugewinn, den die Ehegatten während der Ehe erzielt haben, ausgeglichen wird.

Wird die Ehe durch den Tod eines Ehepartners beendet, so erfolgt der Zugewinnausgleich gemäß § 1372 Abs. 1 BGB dadurch, dass sich der gesetzliche Erbteil des überlebenden Ehepartners um ein Viertel der Erbschaft erhöht, unabhängig davon, ob ein Zugewinn stattgefunden hat. In allen anderen Fällen wird der tatsächliche Zugewinn dadurch ermittelt, dass zunächst ein Vergleich des Anfangs- und Endvermögens jedes der beiden Partner vorgenommen wird. Diese beiden Zugewinne werden miteinander verglichen und derjenige Partner, der danach den höheren Zugewinn hat, muss gemäß § 1378 Abs. 1 BGB die Hälfte der Differenz an den anderen auskehren. Dabei werden gemäß § 1374 Abs. 2 BGB Erbschaften der Ehepartner ebenso wenig berücksichtigt wie Schenkungen, die einem einzelnen gemacht wurden.

Aus der Zugewinngemeinschaft ergeben sich im Wesentlichen zwei Besonderheiten. Einerseits kann ein Ehepartner gemäß § 1365 Abs. 1 S. 1 BGB über sein Vermögen als Ganzes nur mit Zustimmung des anderen Ehepartners verfügen. Das gilt auch bei einem einzelnen Gegenstand, wenn der im Wesentlichen sein Vermögen ausmacht. Wenn beispielsweise Organis verheiratet ist und später sein Anteil an der gemeinsamen Praxis den wesentlichen Teil seines Vermögens ausmacht, bedürfte er zur Verfügung darüber der Zustimmung seiner Ehefrau. Das gleiche gilt gemäß § 1369 Abs. 1 BGB für Gegenstände des ehelichen Haushalts. Andererseits ist gemäß § 1357 Abs. 1 BGB jeder Ehegatte berechtigt, Geschäfte zur angemessenen Deckung des Lebensbedarfs der Familie auch mit rechtlicher Wirkung gegen den anderen Ehegatten zu tätigen.

Von dieser Regelung können die Ehepartner gemäß §§ 1408 ff. abweichen, indem sie einen Ehevertrag schließen. Der bedarf der notariellen Form bei gleichzeitiger Anwesenheit beider Partner vor dem Notar. Sie sind dabei an die weiteren Regelungen des BGB gebunden und haben damit nur die Wahl zwischen der Gütertrennung gemäß § 1414 BGB und der Gütergemeinschaft gemäß §§ 1415 bis 1518 BGB. Die Gütertrennung entspricht weitgehend der Zugewinngemeinschaft ohne Ausgleich des Zugewinns. Die Regelungen zur Gütergemeinschaft sind erheblich umfangreicher. Bei diesem Güterstand werden die Vermögensgegenstände der beiden Ehepartner bis auf das Sondergut gemäß § 1417 BGB und das Vorbehaltsgut gemäß § 1418 BGB gemeinschaftliches Vermögen der Ehepartner, das nach Wahl der Ehepartner entweder von einem der beiden oder von beiden gemeinschaftlich verwaltet wird. Die Gütergemeinschaft kann gemäß § 1483 BGB sogar nach dem Tod eines Ehepartners mit den gemeinschaftlichen Abkömmlingen fortgesetzt werden. Bei Aufhebung der Gütergemeinschaft wird das Gemeinschaftsgut zwischen den Ehepartnern geteilt.

Die Ehepartner sind sich gemäß § 1360 BGB gegenseitig zum Unterhalt verpflichtet. Diese Verpflichtung wird auch dadurch erfüllt, dass ein Partner im gegenseitigen Einvernehmen den Haushalt führt. Das führt unter anderem auch dazu, dass ein Ehepartner erst Anspruch auf Sozialhilfeleistungen hat, wenn auch der andere Partner den Unterhalt der Familie nicht sicherstellen kann. Diese wechselseitigen Unterhaltsansprüche entfallen gemäß § 1569 BGB grundsätzlich mit der Scheidung der Ehe[29], außer in den in den §§ 1570 bis 1586b BGB geregelten Fällen. Diese Fälle betreffen im Wesentlichen die Betreuung eines Kindes, wenn wegen des Alters eine Erwerbstätigkeit nicht mehr erwartet werden kann, wegen Krankheit, Erwerbslosigkeit oder aus Billigkeitsgründen. Der Unterhalt bestimmt sich gemäß § 1578 Abs. 1 S. 1 BGB nach den ehelichen Lebensverhältnissen. Es sind aber immer die Umstände des Einzelfalles mit zu berücksichtigen, sodass unter Umständen auf diesem Weg die Scheidungsschuld doch wieder eine Rolle spielt, die 1976 eigentlich durch das Zerrüttungsprinzip abgelöst werden sollte.

Durch das Gesetz über die Eingetragene Lebenspartnerschaft vom 16. Februar 2001 wurden die Regelungen für die Ehe im Wesentlichen auch auf die Partnerschaft zweier Personen gleichen Geschlechts übertragen, die vor dem Standesbeamten erklärt haben, eine derartige Partnerschaft eingehen zu wollen. Eine Regelung für Personen unterschiedlichen Geschlechts, die die Ehe nicht eingehen wollen, gibt es nicht. Auf diese sind im Zweifel die Regelungen über die BGB-Gesellschaft anzuwenden.

27.2.8 Erbfolge und Testament

Beim Erbrecht, das im fünften Buch des BGB ab § 1922 geregelt ist, geht es um die Fragen, auf wen das Vermögen eines Menschen nach dessen Tod übergeht. Gemäß Artikel 14 Abs. 1 GG sind Eigentum und Erbrecht gewährleistet. Schon daraus wird sichtbar, dass das Erbrecht lediglich die Verlängerung der Verfügungsbefugnis des Berechtigten über seinen Tod hinaus ist. Dabei geht das Gesetz von dem einer alten Tradition folgenden mutmaßlichen Willen des Verstorbenen aus, der als Erblasser bezeichnet wird, dass nämlich seine Blutsverwandten erben sollen. Diese Regelungen sind allerdings in gewissem Rahmen dispositiv und können vom Erblasser allein durch Testament oder im Verbund mit den möglichen Erben durch Erbvertrag abgewandelt werden.

Zunächst stellt § 1922 Abs. 1 BGB klar, dass das Vermögen des Erblassers mit seinem Tod, also genau zu dem Zeitpunkt, auf seinen oder seine Erben übergeht. Das gilt auch dann, wenn zu diesem Zeitpunkt noch nicht endgültig feststeht, wer Erbe ist. Auf den Zeitpunkt kommt es deshalb an, weil gemäß § 1923 BGB Erbe nur sein kann, wer zum Zeitpunkt des Anfalls der Erbschaft schon oder noch lebt. Die Person muss wenigstens schon gezeugt sein und lebendig geboren werden. Gesetzlicher Erbe werden einerseits der Ehepartner des Erblassers, der mit ihm ja nicht verwandt ist sowie andererseits die in gerader Linie mit ihm Verwandten nach Ordnungen.

Verwandte erster Ordnung sind die Kinder des Erblassers und deren Abkömmlinge, wobei jeweils die Vorgeneration einer Ordnung die nach ihnen erbberechtigten Abkömmlinge von der Erbschaft ausschließen. Die Kinder des Erblassers erben zu gleichen Teilen. Ist ein Kind des Erblassers bei Anfall der Erbschaft bereits verstorben, so geht sein Anteil auf

[29] Bähr, § 16 II 5., S. 442.

seine Kinder über. Neben den Verwandten erster Ordnung erbt der Ehepartner gemäß § 1931 Abs. 1 S. 1 BGB ein Viertel der Hinterlassenschaft. Zusammen mit dem Viertel, das ihm als Zugewinnausgleich gemäß § 1372 Abs. 1 BGB zusteht, bekommt der überlebende Ehegatte damit die Hälfte der Erbschaft. Neben Erben der zweiten Ordnung – das sind die Eltern des Erblassers und ihre Abkömmlinge, also die Geschwister des Erblassers – oder Großeltern des Erblassers erhält der Ehegatte die Hälfte als gesetzliches Erbe und neben allen sonstigen Erben erbt der Ehegatte allein.

Wenn kein Erbe vorhanden ist, fällt die gesamte Erbschaft gemäß § 1936 BGB dem Fiskus zu. Bei größeren Erbschaften ist der Fiskus allerdings unter Beachtung von Freibeträgen und unterschiedlichen Steuersätzen ohnehin an der Erbschaft beteiligt. Aus diesem Grund empfiehlt sich eine sorgfältige Planung des Vermögensübergangs von Vermögen, die 400.000 € überschreiten.

Die vorstehend genannte Erbfolge gilt aber nur, wenn der Erblasser nichts anderes bestimmt hat. Er kann nämlich durch ein Testament im Sinne der §§ 2064 ff. BGB die Erbeinsetzung vollständig nach seinen Vorstellungen regeln, solange diese Regelungen nicht sittenwidrig sind. Außerdem können Abkömmlinge, Eltern und Ehegatte des Erben verlangen, wenigstens mit dem Pflichtteil bedacht zu werden. Der Pflichtteil beträgt die Hälfte des Wertes des gesetzlichen Erbteils. Durch den Pflichtteil wird der Berechtigte gemäß § 2304 BGB nicht Erbe, sondern hat nur einen Zahlungsanspruch gegen den oder die Erben.

Das Testament kann der Erblasser entweder als privatschriftliches Testament oder als öffentliches Testament erreichen. Das privatschriftliche Testament ist eigenhändig zu schreiben und zu unterschreiben und soll Ort und Datum der Niederschrift enthalten. Das privatschriftliche Testament ist damit eine einfache und vor allem kostengünstige Form, seinen Nachlass zu regeln. Dem steht allerdings eine gewisse Gefahr gegenüber, dass letztlich doch nicht erreicht wird, was gewollt ist, weil das Testament angesichts der Komplexität des Erbrechts und seiner Formalien leicht Mängel enthalten kann, die zu ungewollten Ergebnissen führen. Davor schützt – weitgehend – das öffentliche Testament gemäß § 2232 BGB, dass vor oder mit einem Notar errichtet wird. Das Testament kann gemäß §§ 2265 ff. BGB auch von Ehegatten gemeinsam errichtet werden. Bei Auflösung der Ehe verliert ein solches Testament seine Wirkung.

Verfügungen von Todes wegen können auch in einem Erbvertrag gemäß §§ 2274 ff. BGB vorgenommen werden. In einem solchen Erbvertrag kann auch unter Beteiligung eines Pflichtteilsberechtigten dessen Pflichtteil beschränkt oder ausgeschlossen werden.

27.3 Sozialversicherungsrecht

27.3.1 Einführung in das Sozialrecht

Das Sozialrecht enthält die Konkretisierung des Sozialstaatsgebots aus Art. 20 Abs. 1 GG. Es ist im Sozialgesetzbuch umfassend kodifiziert und durch die Aufzählung in § 68 SGB I ein abgeschlossenes Rechtsgebiet. Unterteilen kann man dieses Rechtsgebiet in Regelungen zur Fürsorge einerseits und das Sozialversicherungsrecht andererseits sowie die allgemeinen Regeln des Sozialrechts im SGB I und das Sozialverwaltungsverfahren im SGB X. Die privaten Kranken-, Pflege- und Unfallversicherungen gehören ebenso wenig zum Sozialrecht wie private Renten- und Lebensversicherungen und die Sachversicherungen.

Der Bereich der Fürsorge gliedert sich in

- SGB II – Grundsicherung für Arbeitsuchende,
- SGB VIII – Kinder- und Jugendhilfe,
- SGB IX – Rehabilitation und Teilhabe behinderter Menschen,
- SGB XII – Sozialhilfe,
- sowie einen Teil der Nebengesetze aus § 68 SGB I.

Dieser Bereich betrifft insbesondere Menschen, die nicht allein in der Lage sind, für sich ein menschenwürdiges Dasein zu gewährleisten und daher der Hilfe durch den Staat bedürfen. Er ist aber auch für alle anderen insoweit relevant, als der Staat nur subsidiär eintritt, wenn kein leistungsfähiger Unterhaltsverpflichteter vorhanden ist. Unterhaltspflichten gehen staatlichen Leistungen also in der Regel vor. Unterhaltspflichtig sind in erster Linie Ehepartner und vergleichbare Paare einander sowie Verwandte in gerader Linie und zwar grundsätzlich ohne Altersbegrenzung. Das wird besonders deutlich, wenn Pflegebedürftigkeit die finanzielle Leistungsfähigkeit des Pflegebedürftigen nachhaltig überschreitet und dann die Kinder des Pflegebedürftigen zum Unterhalt herangezogen werden.

Der Bereich der gesetzlichen Sozialversicherung gliedert sich in

- SGB IV – Allgemeiner Teil der Sozialversicherung,
- SGB V – Krankenversicherung,
- SGB VI – Rentenversicherung,
- SGB VII – Unfallversicherung,
- SGB XI – Pflegeversicherung,
- sowie die übrigen Nebengesetze aus § 68 SGB I.

Die gesetzliche Sozialversicherung ist weitgehend eine Pflichtversicherung, betrifft nahezu alle Arbeitnehmer und darüber hinaus auch viele Selbstständige, was sich vor allem danach richtet, inwiefern der Gesetzgeber sie für schutzbedürftig hält. Sie ist überwiegend beitragsfinanziert und der Beitrag richtet sich nach dem versicherungsmathematisch ermittelten Bedarf. Die Beitragsberechnung erfolgt in der Regel anhand des Bruttogehalts, bei der Unfallversicherung anhand der Bruttolohnsumme. Für Leistungen, die ohne Beitragspflicht erbracht werden, fließen auch in erheblichem Umfang Steuergelder in die Finanzierung der Sozialversicherung mit ein. Das Sozialversicherungsrecht macht den größten Teil des hier dargestellten Sozialrechts aus.

Die Arbeitsförderung ist keinem dieser Bereiche zugeordnet. Es handelt sich auch nicht, wie der Begriff „Arbeitslosenversicherung" vermuten lässt, um eine Versicherung im technischen Sinne, denn dafür fehlt die Zufälligkeit des Einzelereignisses, die durch das Gesetz der großen Zahl kompensiert werden kann. Arbeitslosigkeit ist stark konjunkturabhängig und tritt daher mitunter gehäuft auf, sodass sich dieses Risiko einer versicherungsmathematischen Erfassung entzieht. Es handelt sich mehr um ein Umlageverfahren für den jeweils konjunkturell bedingten Bedarf.

27.3.2 Krankenversicherung

Die Versicherungspflicht in der gesetzlichen Krankenversicherung richtet sich nach den §§ 5 bis 8 SGB V. Außerdem gibt es in diesem Versicherungszweig freiwillige Versicherungen gemäß § 9 SGB V sowie beitragsfrei versicherte Personen gemäß § 10 SGB V, wenn sie Familienangehörige von Mitgliedern und nicht selbst versicherungspflichtig sind oder eine der Ausnahmen aus den Nummern 2 bis 5 gilt. Nach § 5 SGB V sind versicherungspflichtig alle Angestellten und Auszubildenden, es sei denn für sie gilt eine Ausnahme gemäß den Nummern 4 bis 8, insbesondere, wenn sie neben ihrer angestellten Tätigkeit hauptberuflich selbstständig sind. Außerdem unterliegen gemäß § 5 Abs. 1 Nr. 13 SGB V alle diejenigen der gesetzlichen Versicherungspflicht, für die kein anderweitiger Versicherungsschutz besteht. Damit ist gewährleistet, dass lückenlos alle Menschen in Deutschland von einer Krankenversicherung abgedeckt sind.

Frei von der Versicherungspflicht in der gesetzlichen Krankenversicherung sind abhängig Beschäftigte nach den Bestimmungen des § 6 SGB V. Das sind insbesondere nach Nr. 1 solche Angestellten, deren Einkommen über der Befreiungsgrenze liegt (für 2011 sind das 49.500 € im Jahr), nach Nr. 2 Beamte und ähnliche Mitarbeiter öffentlicher Arbeitgeber und nach Nr. 3 Studenten. Außerdem sind gemäß § 7 SGB V auch geringfügig Beschäftigte gemäß §§ 8 und 8a SGB IV in dieser Tätigkeit versicherungsfrei. Darüber hinaus kann sich ein grundsätzlich Versicherungspflichtiger nach § 8 SGB V von der Versicherungspflicht befreien lassen, wenn die Pflicht durch 9 im Gesetz genannte Gründe eintreten würde. Wichtig ist dabei, wenn ein wegen des Einkommens oberhalb der Befreiungsgrenze versicherungsfreier Angestellter dadurch versicherungspflichtig würde, dass die Befreiungsgrenze angehoben würde ohne dass gleichzeitig sein Einkommen entsprechend steigen würde. Er kann also versicherungsfrei bleiben.

Träger der gesetzlichen Krankenversicherung ist ein tradiertes System unterschiedlicher Krankenkassen, die aber heute gemäß § 4 Abs. 1 SGB V alle als rechtsfähige Körperschaften des öffentlichen Rechts mit Selbstverwaltung ausgestaltet sind und nicht mehr die Rechtsform des Versicherungsvereins auf Gegenseitigkeit annehmen dürfen. Das System gliedert sich in folgende Kassenarten:

- Allgemeine Ortskrankenkassen,
- Betriebskrankenkassen,
- Innungskrankenkassen,
- Landwirtschaftliche Krankenkassen,
- die Deutsche Rentenversicherung Knappschaft Bahn See als Träger der Krankenversicherung,
- Ersatzkassen.

Unterschiedliche Vorschriften oder Leistungen ergeben sich daraus aber nicht. Seit 2007 ist für sie gemäß § 217a SGB V auch nur ein gemeinsamer Spitzenverband „Bund der Krankenkassen" vorgesehen. Außerdem besteht seit dem 1.1.1996 für alle Versicherten das Recht der freien Kassenwahl.

Die Leistungen der gesetzlichen Krankenversicherung, die gemäß § 2 Abs. 2 S. 1 SGB V grundsätzlich als Sach- und Dienstleistungen erbracht werden, werden nicht von den Krankenkassen selber angeboten. Diese bedienen sich vielmehr unterschiedlicher Dienstleister. Für den ambulanten Bereich sind das diejenigen Ärzte und Zahnärzte, die sich einer kassenärztlichen beziehungsweise kassenzahnärztlichen Vereinigung angeschlossen haben und aufgrund eines Vertrages mit dieser Vereinigung, die auch wieder eine Körperschaft des öffentlichen Rechts ist, Leistungen gegenüber den Mitgliedern der gesetzlichen Krankenkassen erbringen. Daneben kann die psychotherapeutische Behandlung gemäß § 28 Abs. 3 SGB V auch von psychologischen Psychotherapeuten und von Kinder- und Jugendlichenpsychotherapeuten durchgeführt werden.

Stationäre Leistungen einschließlich der teilstationären Leistungen werden von zugelassenen Krankenhäusern gemäß § 108 SGB V erbracht. Das sind die Hochschulkliniken, die Krankenhäuser, die in den Landeskrankenhausbedarfsplan aufgenommen sind und Vertragskrankenhäuser der Krankenkassen. Die Behandlungskosten dort werden von den Krankenkassen übernommen, soweit es sich um allgemeine Krankenhausleistungen handelt und das Krankenhaus feststellt, dass die Behandlung dort erfolgen muss.[30] Zusätzliche Leistungen, wie sie Dr. Medicus offensichtlich auch bei Leidvoll erbracht hat, werden dem Patienten privat in Rechnung gestellt und gegebenenfalls von der Zusatzkrankenversicherung getragen. Das Kassenmitglied ist bei der Wahl des Krankenhauses nicht frei, sondern muss das Krankenhaus aufsuchen, in das es durch den Kassenarzt eingewiesen wurde. Dieser hat bei der Wahl des Krankenhauses gemäß § 39 Abs. 3 S. 3 SGB V darauf zu ach-

[30] Hess, Rainer in: Wenzel 2, RZ 476.

ten, dass das landesweite Verzeichnis der stationären Leistungen und Entgelte beachtet wird, also die wirtschaftlichste Wahl getroffen wird. Auch die Kostendifferenz für ein möglicherweise vom Patienten gewünschtes anderes Krankenhaus wird privat berechnet und in der Regel von der Zusatzkrankenversicherung übernommen.

Die Versorgung mit verordneten Arzneimitteln erfolgt gemäß § 129 Abs. 1 S. 1 SGB V durch Apotheken. Diese müssen unter mehreren wirkstoffgleichen Medikamenten das preisgünstigste Medikament abgeben, wenn der verordnende Arzt nicht ausdrücklich die Ersetzung des verordneten Arzneimittels ausgeschlossen hat. Außerdem müssen sie preisgünstigere importierte Arzneimittel abgeben, wenn diese mindestens 15 Prozent oder mindestens 15 Euro günstiger sind. Gemäß § 34 Abs. 1 SGB V können nicht verschreibungspflichtige Medikamente nur ausnahmsweise zulasten der Krankenkassen abgegeben werden.

Daneben werden in begründeten Fällen sonstige Unternehmen für Heil- und Hilfsmittel wie Sanitätsfachgeschäfte und sonstige Leistungserbringer wie zum Beispiel die medizinische Fußpflege eingesetzt.

Die von den Krankenkassen erbrachten Leistungen unterliegen gemäß § 12 Abs. 1 SGB V dem Wirtschaftlichkeitsgebot. Danach müssen alle Kassen ausreichende, zweckmäßige und wirtschaftliche Leistungen erbringen. Leistungen, die nicht notwendig oder unwirtschaftlich sind, können Versicherte nicht beanspruchen, dürfen die Leistungserbringer nicht bewirken und die Krankenkassen nicht bewilligen. Hierbei handelt es sich um unbestimmte Rechtsbegriffe, die der vollen Überprüfung durch die Gerichte offen stehen und nur eine einzige rechtlich zulässige Ausfüllung haben. Für Kulanz oder Ermessensentscheidungen der Krankenkassen ist damit kein Raum, sie sind rechtswidrig.[31] Solche Leistungen können auch nicht unter Berufung auf den Gleichbehandlungsgrundsatz gefordert werden, denn eine Gleichbehandlung im Unrecht gibt es nicht.[32] Ein Leistungswettbewerb unter den Krankenkassen ist damit auf die Betreuung der Mitglieder begrenzt.

Konkret erbringen die Krankenkassen gemäß §§ 20 bis 24 SGB V Leistungen der Krankheitsverhütung, zu der für weibliche Versicherte bis zum vollendeten 20. Lebensjahr auch empfängnisverhütende Mittel gehören, gemäß §§ 25 und 26 SGB V Leistungen zur Vorsorge durch Früherkennung, gemäß §§ 27 bis 43b SGB V Behandlungsleistungen bei vorliegender Erkrankung und schließlich gemäß §§ 44 bis 51 SGB V Krankengeld als Ersatz für ausfallendes Arbeitsentgelt.

Ungewöhnlich ist der Zufluss der Einnahmen der Krankenkassen geregelt. Für den Einbehalt und die Abführung des regulären Versicherungsbeitrags ist gemäß § 23 SGB IV der Arbeitgeber zuständig. Der als Zuzahlung bei Medikamenten bezeichnete Beitragsteil wird gemäß § 31 Abs. 3 SGB V vom Apotheker eingezogen. Die Zuzahlung für Krankenhausbehandlung wird gemäß § 39 Abs. 4 SGB V durch das Krankenhaus vereinnahmt und

---

[31] Schäfer/Senger-Sparenberg, S. 64/65.

[32] LSG NRW vom 17.2.2000, L 16 KR 178/98.

abgeführt und bei Krankenbehandlung wird gemäß § 28 Abs. 4 SGB V ein quartalsweise fälliger Betrag durch den Arzt erhoben und abgeführt, allerdings nur in den Quartalen, in denen ambulante ärztliche Leistungen in Anspruch genommen werden. Diese Zuzahlungsregelungen gelten allerdings nur für Versicherte, die das 18. Lebensjahr vollendet haben. Schließlich haben die Krankenkassen unter den Voraussetzungen des § 242 SGB V die Möglichkeit, ihren Mitgliedern einen Zusatzbeitrag zu berechnen, den die Mitglieder selber und unmittelbar an die Krankenkassen leisten müssen.

Ähnlich komplex ist der Zahlungsfluss zwischen den Beteiligten des Gesundheitswesens. Nachdem die Krankenkassen auf dem zuvor beschriebenen Weg ihre Einnahmen erhalten haben – teilweise im Wege der Verrechnung – führen sie das Geld an den Gesundheitsfonds ab. Dort wird sodann der steuerfinanzierte Anteil zugeführt. Von hier fließt das Geld wieder an die Kassen zurück, nachdem zwischen den Kassen ein morbiditätsorientierter Risikostrukturausgleich stattgefunden hat, damit die Kassen, die strukturell größere Gesundheitsrisiken im Versichertenbestand haben, nicht benachteiligt werden. Für den ambulanten Bereich zahlen die Kassen nun eine mit den kassen(zahn)ärztlichen Vereinigungen vereinbarte Pauschale, die diese nach einem differenzierten System von Festbeträgen und Zuschlägen an die Ärzte und Zahnärzte weiterleiten. Alle anderen Leistungserbringer erhalten ihre Vergütung nach einem vereinbarten System unmittelbar von den Krankenkassen.

27.3.3 Pflegeversicherung

Auch die Mitgliedschaft in einer Pflegeversicherung ist in § 1 Abs. 2 SGB XI für nahezu alle Menschen in Deutschland geregelt. Diese Regelung erfolgt allerdings durch die Zuordnung zu einer Krankenversicherung. Wer in einer gesetzlichen Krankenversicherung versichert ist, ist dort auch gegen das Pflegefallrisiko versichert. Wer privat krankenversichert ist, muss auch eine private Pflegeversicherung abschließen. Die Pflichtmitgliedschaft in der gesetzlichen Pflegeversicherung hängt damit von der Mitgliedschaft in der gesetzlichen Krankenversicherung ab.

Pflegebedürftig ist gemäß § 14 Abs. 1 SGB XI, wer „wegen einer körperlichen, geistigen oder seelischen Krankheit oder Behinderung für die gewöhnlichen oder regelmäßig wiederkehrenden Verrichtungen im Ablauf des täglichen Lebens auf Dauer, voraussichtlich für mindestens 6 Monate, in erheblichem oder höherem Maße der Hilfe" bedarf. Das ist in den Pflegestufen gemäß § 15 SGB XI konkretisiert. Dieser Personenkreis ist in § 45a SGB XI erweitert um solche Personen, bei denen ein erheblicher Bedarf an allgemeiner Beaufsichtigung und Betreuung gegeben ist, auch wenn eine Pflegestufe im Sinne von § 15 SGB XI nicht vorliegt. Hiermit sind vor allem Demenzerkrankungen gemeint. Ehe eine Pflegeleistung bewilligt werden darf, muss gemäß § 31 SGB XI geprüft werden, inwieweit durch Rehabilitationsmaßnahmen Pflegebedürftigkeit verhindert oder überwunden werden kann.

Eine besondere Rolle bei der Feststellung der Pflegebedürftigkeit im Sinne von §§ 15 und 45a SGB XI spielt gemäß § 18 SGB XI für die Pflegestufen und gemäß § 45a Abs. 2 s. 2

SGB XI für Demenz der Medizinische Dienst der Krankenkassen gemäß § 278 SGB V. Die Pflegekassen sind an seine Entscheidungen gebunden.

Leistungen der Pflegeversicherung sollen gemäß § 3 SGB XI vorrangig in der häuslichen Umgebung des Pflegebedürftigen und hier wieder vorrangig durch Angehörige und Nachbarn erbracht werden, bevor ambulante Pflegedienste eingesetzt werden. Diese Regelung dient nicht nur der Kostensenkung sondern liegt auch im wohlverstandenen Interesse des Pflegebedürftigen, für den das Leben in der Regel in gewohnter Umgebung mit vertrauten Menschen angenehmer ist als eine noch so liebevolle professionelle Pflege. Soweit im heimischen Bereich Pflegepersonen im Sinne von § 19 SGB XI eingesetzt werden, die nicht erwerbsmäßig einen Pflegebedürftigen versorgen, entrichtet der Träger der Pflegeversicherung gemäß § 44 SGB XI für die Pflegeperson Beiträge an den Träger der gesetzlichen Rentenversicherung für diese Person.

Der nächste Schritt ist die teilstationäre Pflege gemäß § 41 SGB XI oder die Kurzzeitpflege gemäß § 42 SGB XI. Teilstationäre Pflege kann in Form der Tagespflege, gegebenenfalls aber auch in der Nachtpflege bestehen, je nachdem, welche Probleme bei der häuslichen Pflege bestehen. Die Kurzzeitpflege ist immer nur vorübergehend möglich bis eine endgültige Lösung gefunden ist.

Die umfassendste Leistung liegt bei der vollstationären Pflege gemäß § 43 SGB XI vor. Hier liegt der Lebensmittelpunkt des Pflegebedürftigen in der Pflegeeinrichtung. Ein Anspruch darauf besteht nur, wenn häusliche oder teilstationäre Pflege nicht möglich ist. Die Leistung der Pflegekassen deckt die Kosten dieser Unterbringung allerdings nur zu etwa einem Drittel ab. Der Rest muss durch den Pflegebedürftigen selber aufgebracht werden. Das ist insofern auch gerechtfertigt, als die Pflegekassen nur den pflegebedingten Mehraufwand tragen sollen. Die übrigen Kosten der Lebensführung hat auch sonst jeder einzelne selber zu tragen.

Auch die Kosten der Pflegeversicherung werden durch bruttolohnbezogene Beiträge gedeckt. Der Beitragssatz beträgt gemäß § 55 Abs. 1 S. 1 SGB XI 1,95 Prozent und wird gemäß § 58 Abs. 1 SGB XI hälftig von Arbeitgeber und Arbeitnehmer getragen. Zur Entlastung der Arbeitgeber wurde allerdings bei der Einführung des SGB XI in allen Bundesländern mit Ausnahme des Freistaates Sachsen der Buß- und Bettag als Feiertag aufgehoben. Darüber hinaus zahlen kinderlose Versicherungspflichtige nach Vollendung des 23. Lebensjahres einen Zuschlag von 0,25 Prozent, also einen Arbeitnehmeranteil von 1,225 Prozent des beitragspflichtigen Bruttogehalts. Auch Rentner der gesetzlichen Rentenversicherung zahlen einen höheren Beitrag, indem sie nämlich keinen Zuschuss der Rentenversicherung mehr erhalten, sondern den Beitrag von mindestens 1,95 Prozent allein zahlen müssen.

27.3.4 Rentenversicherung

System und Finanzierung der Rentenversicherung basieren auf dem Grundsatz, dass jeder Mensch für seinen Unterhalt selbst verantwortlich ist, ab einem gewissen Alter aber wegen der schwindenden körperlichen Kräfte die Verantwortung nicht mehr selbst wahrnehmen kann. So bestreiten auch heute noch über 80 Prozent der vormals abhängig Beschäftigten ihre Altersversorgung ausschließlich oder überwiegend aus den Leistungen der gesetzlichen Rentenversicherung.[33]

Entsprechend weit ist damit auch der Kreis der rentenversicherungspflichtigen Personen, der gemäß § 1 SGB VI bei den Angestellten und vergleichbaren Menschen anfängt, in § 2 SGB VI besonders schutzbedürftige Selbstständige umfasst und in § 3 SGB VI unter sonstigen Versicherten unter anderem solche mit einbezieht, die Kinder erziehen, Wehrdienst leisten oder Krankengeld beziehungsweise Arbeitslosengeld beziehen. Darüber hinaus können weitere Gruppen gemäß § 4 SGB VI auf Antrag versicherungspflichtig werden oder sich gemäß § 7 SGB VI freiwillig in der gesetzlichen Rentenversicherung versichern. Demgegenüber sind die versicherungsfreien Personengruppen gemäß § 5 SGB VI und die Möglichkeiten, sich nach § 6 SGB VI von der Versicherungspflicht befreien zu lassen, auf solche Personen begrenzt, von denen der Gesetzgeber sicher annehmen durfte, dass sie dieses Schutzes nicht bedürfen, wie beispielsweise Beamte, die eine staatliche Versorgungszusage haben oder Angehörige freier Berufe mit einem gesetzlich geregelten berufsständischen Versorgungswerk, dem beispielsweise alle Ärzte angehören müssen.

Hinsichtlich der Trägerstruktur wird gemäß § 23 Abs. 2 SGB I unterschieden in die allgemeine Rentenversicherung, die knappschaftliche Rentenversicherung und die Alterssicherung der Landwirte. Dabei nimmt die Deutsche Rentenversicherung Bund gemäß § 125 Abs. 2 S. 2 SGB VI die Grundsatz- und Querschnittsaufgaben für alle Rentenversicherungsträger wahr. Für die knappschaftliche Rentenversicherung ist die deutsche Rentenversicherung Knappschaft Bahn See zuständig, die damit auch den Versichertenbestand der früheren Bahnkasse und der Seekasse übernommen hat. Für die allgemeine Rentenversicherung sind die Deutsche Rentenversicherung Bund sowie die regionalen Träger mit der Bezeichnung „Deutsche Rentenversicherung" und einem Zusatz für die jeweilige regionale Zuständigkeit in § 125 Abs. 1 SGB VI vorgesehen. Die Unterscheidung in Arbeiter und Angestellte ist aufgehoben. Lediglich die Altersversorgung der Landwirte wird noch über die landwirtschaftlichen Alterskassen in den Bundesländern abgewickelt.

Die Leistungen der gesetzlichen Rentenversicherung werden durch Beiträge der Versicherten sowie Bundeszuschüsse aus Steuermitteln gemäß § 213 SGB VI finanziert. Ein Teil der Bundeszuschüsse ist zur Abgeltung der nicht beitragsgedeckten Leistungen wie die Anrechnung von Kindererziehungszeiten bestimmt. Insgesamt machen die Bundeszuschüsse fast 30 Prozent der Leistungen der Rentenversicherungsträger aus. Die Beiträge der Versicherten werden von deren Bruttoeinkommen berechnet. Dazu wird gemäß § 158 SGB VI ein jährlich neu festzusetzender, seit 2007 allerdings unveränderter Prozentsatz bis zur ebenfalls jährlich festzulegenden Beitragsbemessungsgrenze angewendet, die für 2011 unverändert 5.500 € pro Monat beträgt. Der Prozentsatz beträgt für die allgemeine Rentenversicherung 19,9 Prozent und für die knappschaftliche Rentenversicherung 26,4 Prozent. Die Belastung für die Arbeitnehmer in der knappschaftlichen Rentenversicherung ist allerdings ge-

[33] Schäfer/Senger-Sparenberg, S. 171.

mäß § 168 Abs. 3 SGB VI nicht höher als in der allgemeinen Rentenversicherung. Die Differenz trägt der Arbeitgeber und trägt damit der erhöhten körperlichen Belastung im Bergbau Rechnung, für die gemäß § 40 SGB VI ein um 5 Jahre früherer Renteneintritt vorgesehen ist.

Die wichtigste Leistung der gesetzlichen Rentenversicherung besteht in der Zahlung von Renten gemäß § 33 SGB VI. Danach sind insgesamt 15 Rentenarten für die Fälle Alter, verminderte Erwerbsfähigkeit und Tod vorgesehen. Daneben erbringt die gesetzliche Rentenversicherung gemäß §§ 9 ff. SGB VI noch Leistungen zur medizinischen Rehabilitation und zur Teilhabe am Arbeitsleben.

Die Regelaltersrente wird gemäß § 35 SGB VI gezahlt, wenn die Regelaltersgrenze erreicht und die allgemeine Wartezeit erfüllt ist. Erwerbsminderungsrente wird gemäß § 43 SGB VI bis zum Erreichen der Regelaltersgrenze gezahlt, wenn die versicherte Person vor diesem Zeitpunkt auf nicht absehbare Zeit in der Erwerbsfähigkeit gemindert ist, in den letzten fünf Jahren vor Eintritt der Erwerbsminderung mindestens für drei Jahre Pflichtbeiträge gezahlt und die allgemeine Wartezeit erfüllt hat. Erwerbsgemindert ist gemäß § 43 Abs. 3 SGB VI nicht, wer noch mindestens sechs Stunden täglich irgendeine Arbeit des allgemeinen Arbeitsmarktes verrichten kann, unabhängig davon, ob es eine solche Arbeit gibt oder nicht. Renten von Todes wegen werden gemäß den §§ 46 bis 50 SGB VI an Hinterbliebene gezahlt.

Die Höhe der konkreten Rente richtet sich gemäß § 63 SGB VI nach den erworbenen Entgeltpunkten, dem Rentenartfaktor und dem Rentenzugangsfaktor. Die Anzahl der Entgeltpunkte hängt vom beitragspflichtigen Einkommen des Versicherten bis zum Rentenbeginn ab, der Rentenartfaktor vom Sicherungszweck der Rente – bei der Altersrente ist er 1,0 – und der Zugangsfaktor berücksichtigt die Frage, ob der Versicherte die Rente vorzeitig in Anspruch nimmt.

Eine vorzeitige Inanspruchnahme ist gemäß § 36 S. 2 SGB VI nur vorgesehen bei einer Versicherungsdauer, die 35 Jahre überschreitet. Die Regelaltersgrenze ist in § 35 SGB VI mit 67 Jahren festgelegt. Allerdings gilt gemäß § 235 SGB VI für Versicherte, die vor dem 1. Januar 1964 geboren sind, eine Übergangsfrist, in der die Regelaltersgrenze von heute 65 Jahren gleitend auf den Wert von 67 Jahren angehoben wird. Erstmalig wird also in 2012 die Regelaltersgrenze bei 65 Jahren und einen Monat liegen und erst 2031 wird der erste Rentner mit 67 Jahren die Regelaltersgrenze erreichen. Dadurch wird dem Umstand Rechnung getragen, dass die Menschen heute wesentlich älter werden als vorherige Generationen und im jeweiligen Alter auch deutlich gesünder und körperlich und geistig leistungsfähiger sind. Diese Entwicklung wird sich, soweit das abzusehen ist, in der Zukunft auch fortsetzen, sodass künftig von einer variablen Regelaltersgrenze auszugehen ist, die einen noch festzulegenden Anteil des Zuwachses der Lebenszeit auch der Erwerbszeit zuordnet.

27.3.5 Unfallversicherung

Die gesetzliche Unfallversicherung ist ein wichtiges Instrument zur Sicherung des betrieblichen Friedens. Sie gibt den Arbeitnehmern Sicherheit, dass im Falle eines Betriebsunfalls oder einer Berufskrankheit ein wirtschaftlicher Ausgleich stattfindet und verhindert durch das in § 104 Abs. 1 SGB VII zum Ausdruck kommende Haftungsersetzungsprinzip den persönlichen Streit zwischen dem Betriebsinhaber und seinen Arbeitnehmern darüber, ob ein Versicherungsfall durch den Unternehmer zu vertreten war oder nicht. Selbst der grundsätzlich in § 116 SGB X vorgesehene Übergang der Forderung auf Schadensersatz des Arbeitnehmers auf den Träger der Unfallversicherung, die den Schaden reguliert hat, ist ausgeschlossen. Die Forderung richtet sich ausschließlich gegen den Träger der Unfallversicherung.

Die Träger der gesetzlichen Unfallversicherung sind in § 114 Abs. 1 SGB VII aufgezählt. Es sind im Wesentlichen die in Anlage 1 und 2 zu SGB VII genannten Berufsgenossenschaften sowie verschiedene Unfallkassen für den öffentlichen Dienst. Trotz des Haftungsersetzungsprinzips sind nicht die Betriebe sondern die einzelnen Mitarbeiter bei dem jeweiligen Träger der Unfallversicherung versichert. Der Kreis der Versicherten geht gemäß § 2 SGB VII weit über abhängig Beschäftige hinaus und umfasst beispielsweise gemäß § 2 Abs. 1 Nr. 8b) SGB VII auch Schüler, 5e), 10 a und b), 12 und anderen Nummern verschiedene ehrenamtlich Tätige und gemäß Nr. 17 Pflegepersonen bei der Pflege eines Pflegebedürftigen im Sinne von § 14 SGB XI.

Die gesetzliche Unfallversicherung wird gemäß § 150 SGB VII ausschließlich von Beiträgen der Unternehmen im Umlageverfahren gemäß § 152 SGB VII finanziert. Ausgangsbetrag für die Ermittlung der Umlage ist der am Ende des Versicherungsjahres festzustellende Bedarf. Dieser Bedarf wird auf die einzelnen Betriebe verteilt, indem jeder Betrieb einer Gefahrenklasse zugeordnet wird entsprechend der in der Branche tatsächlich eingetretenen Schadensfälle und der Wert der Gefahrenklasse mit der Bruttolohnsumme des Betriebes und dem Beitragsfuß multipliziert wird. Gemäß § 162 SGB VII können bei besonders schadenträchtigen Betrieben Zuschläge, bei schadenarmen Betrieben Nachlässe und bei Betrieben, die wirksame Maßnahmen der Prävention treffen, Prämien festgesetzt werden. Da der endgültige Bedarf erst am Ende des Versicherungsjahres berechnet werden kann, sind in § 164 SGB VII Vorschüsse auf die voraussichtlichen Beiträge vorgesehen.

Versicherungsfälle sind gemäß § 7 Abs. 1 SGB VII Arbeitsunfälle, zu denen gemäß § 8 Abs. 2 Nrn. 1 bis 4 SGB VII auch Wegeunfälle zählen, und Berufskrankheiten. Abgrenzungsprobleme gibt es insbesondere bei Heimarbeit, etwa Telearbeit am Computer oder bei Wegeunfällen. Als Wegeunfall gilt nur der Weg unmittelbar von der Wohnung, der mit der Außentür der Wohnung beginnt und endet[34], zur Arbeit und zurück. Umwege, um ein Kind wegen der Berufstätigkeit in Obhut zu geben oder um sich an einer Fahrgemeinschaft zu beteiligen, sind ausdrücklich einbezogen. Bei allen anderen sonstigen Tätigkeiten

---

[34] BSGE 2, 239.

darf der Umweg nur völlig geringfügig sein, die Tätigkeit muss quasi im Vorbeigehen erledigt werden können.[35] Für den Patienten Leidvoll im Ausgangsfall stellt sich damit die Frage, ob sein Krankenhausaufenthalt von seiner Krankenversicherung oder von der Unfallversicherung seines Arbeitgebers zu tragen ist, was davon abhängt, ob der Verkehrsunfall ein Wegeunfall war oder nicht.

Versicherte Berufskrankheiten sind gemäß § 9 Abs. 1 SGB VII in einer Rechtsverordnung aufgeführt. Wenn sie dort nicht aufgeführt sind, besteht Versicherungsschutz, wenn nach neueren Erkenntnissen die Voraussetzung für die Aufnahme in die Rechtsverordnung besteht. Eine Leistungspflicht des Trägers der Unfallversicherung besteht nur, wenn die Krankheit auch durch eine versicherte Tätigkeit hervorgerufen wurde.

Die Leistungen der Unfallversicherung sind gemäß § 26 Abs. 1 SGB VII zunächst Heilbehandlung und Rehabilitationsmaßnahmen und nur bei dauerhaften nicht zu beseitigenden Schäden Geldleistungen in Form von Unfallrenten. Insbesondere wenn der Unfall zu einer Behinderung führt, verweisen die Vorschriften des SGB VII auf Vorschriften aus dem SGB IX, das die Rehabilitation und Teilhabe behinderter Menschen am Leben der Gesellschaft regelt.

27.3.6 Behindertenrecht und Recht der Rehabilitation

Das Ziel des SGB IX ist in § 1 dieses Gesetzes definiert und bedeutet, Menschen mit Behinderung oder die von Behinderung bedroht sind, die gleichberechtigte Teilhabe an der Gesellschaft und ein selbstbestimmtes Leben zu ermöglichen. Zu diesem Personenkreis gehört auch aus dem Ausgangsfall der querschnittsgelähmte Franz Leidvoll. Die besonderen Bedürfnisse von Frauen und Kindern sind dabei in Satz 2 ausdrücklich hervorgehoben.

Auf dem Weg zu diesem Ziel haben die Betroffenen gemäß § 9 Abs. 1 S. 1 SGB IX ein Wunsch- und Wahlrecht hinsichtlich der Leistungen und deren Ausführung, dem zu entsprechen ist, wenn Wunsch und Wahl berechtigt sind. Dies bietet dem jeweiligen Träger aber kein Entscheidungsermessen über die Berechtigung. Die Berechtigung ist objektiv zu prüfen unter Berücksichtigung der subjektiven Empfindung des Betroffenen. Zur Verwirklichung seiner Vorstellung kann dem Leistungsberechtigten gemäß § 17 Abs. 2 S. 1 SGB IX ein persönliches Budget zur Verfügung gestellt werden, das von den beteiligten Trägern gemäß Satz 3 als Komplexleistung zur Verfügung gestellt wird. Auch dies dient der Steigerung der eigenen Verantwortung und Selbstbestimmung des Betroffenen.

Die Leistungsträger sind in §§ 6 und 6a SGB IX aufgeführt und reichen von den Krankenkassen über die Bundesagentur für Arbeit und andere bis zu den Trägern der öffentlichen Jugendhilfe und den Trägern der Sozialhilfe. Bei den Leistungen in diesem Bereich geht es zunächst um medizinische Rehabilitation gemäß §§ 26 ff. SGB IX, dann aber auch um die Sicherung des persönlichen Unterhalts gemäß §§ 44 ff. SGB IX, die erst die Teilhabe am

[35] Schäfer/Senger-Sparenberg, S. 149.

Leben der Gemeinschaft und die dazu zusätzlich erforderlichen Leistungen gemäß §§ 55 ff. SGB IX ermöglichen. Ein besonderer Teil des gemeinschaftlichen Lebens ist auch das Arbeitsleben, zu dessen Teilhabe in § 33 ff. SGB IX ebenfalls gesondert Leistungen vorgesehen sind, die teilweise auch gemäß § 34 SGB IX an Arbeitgeber und gemäß § 35 SGB IX an Einrichtungen der beruflichen Rehabilitation erbracht werden können.

Zu den arbeitsrechtlichen Regelungen, die die Teilhabe behinderter oder von Behinderung bedrohter Menschen am Leben der Gemeinschaft fördern sollen, zählen insbesondere die Beschäftigungspflicht gemäß §§ 71 ff. SGB IX, die Arbeitgeber trifft, der besondere Kündigungsschutz gemäß den §§ 85 ff. SGB IX und die eigenständige Mitarbeitervertretung für Schwerbehinderte gemäß § 94 ff. SGB IX.

Der Integrationsgedanke des SGB IX wird besonders deutlich durch die gemäß §§ 132 bis 135 SGB IX zu bildenden, Integrationsprojekte genannten selbstständigen Unternehmen oder Abteilungen, in denen behinderte Menschen mit mindestens 50 Prozent nicht behinderten Menschen zusammen arbeiten und die sich dadurch von den Werkstätten für behinderte Menschen gemäß §§ 136 ff. SGB IX unterscheiden, in denen bis auf die notwendigen Betreuungspersonen nur behinderte Menschen tätig sind. Aber auch hier ist das Ziel die Qualifizierung für den allgemeinen Arbeitsmarkt. Durch seine Querschnittslähmung gehört Franz Leidvoll zu den schwerbehinderten Menschen gemäß § 2 Abs. 2 SGB IX. Eine Beschäftigung in einem Integrationsprojekt muss daraus aber nicht notwendig folgen, wenn er geistige Arbeiten des allgemeinen Arbeitsmarktes leisten kann. Ihm kommen dann die Vorteile der §§ 71 ff. SGB IX zugute.

Bei der Integration behinderter Menschen werden die Leistungsträger gemäß §§ 6 und 6a SGB IX durch nichtstaatliche Integrationsfachdienste gemäß den Bestimmungen der §§ 109 bis 115 SGB IX unterstützt, die gemäß § 113 SGB IX von den Auftraggebern finanziert werden. Die Verantwortung für die Ausführung der Leistung verbleibt aber gemäß § 111 Abs. 1 S. 1 SGB IX immer bei den Leistungsträgern.

27.4 Arzneimittelrecht

Die zentrale Vorschrift des Arzneimittelrechts ist das Arzneimittelgesetz AMG, das aber in hohem Maße durch Harmonisierungsvorgaben des EU-Rechts beeinflusst ist.[36] Zweck des Gesetzes ist gemäß § 1 AMG die ordnungsgemäße Versorgung von Mensch und Tier mit Arzneimitteln und Beachtung der erforderlichen Sicherheit im Verkehr, insbesondere hinsichtlich Qualität, Wirksamkeit und Unbedenklichkeit. Zu diesem Zweck sind sowohl die Kennzeichnung als auch der Vertriebsweg für Arzneimittel ausdrücklich vorgeschrieben.

[36] Kügel in: Terbille, § 9, RZn 15 bis 30.

Die Kennzeichnungspflicht umfasst gemäß § 10 AMG die Angaben auf der Packung, gemäß § 11 AMG die Packungsbeilage und gemäß § 11a AMG die Fachinformation, die sich alle entsprechen müssen. Schon auf der Packung müssen bis zu 15 Angaben sowie weitere Informationen nach Maßgabe der Absätze 1a bis 3 in gut lesbarer Schrift in verständlicher deutscher Sprache dauerhaft angebracht sein. Für homöopathische Arzneimittel enthält Absatz 4 eine eigene 12 Punkte umfassende Liste und weitere Pflichtinformationen. Arzneimittel, die für Menschen bestimmt sind, müssen die Bezeichnung des Arzneimittels auch in Blindenschrift auf der Packung führen.

Die Packungsbeilage gemäß § 11 AMG bedeutet für den pharmazeutischen Unternehmer eine Gratwanderung zwischen der detailliert vorgeschriebenen Information einschließlich weiteren, dem Verständlichkeitsgebot folgenden Erläuterungen und unzulässigen Angaben gemäß § 11 Heilmittelwerbegesetz HWG.[37] Die Packungsbeilage soll den Patienten aufklären. Da das angesichts der vielen verlangten Informationen leicht aber das Gegenteil erreichen kann, hat die Europäische Kommission eine „Guideline" (nicht Richtlinie im Rechtssinne) zur Lesbarkeit von Packungsaufschrift und Packungsbeilage von Medizinprodukten für den menschlichen Gebrauch für pharmazeutische Hersteller als Hilfestellung entwickelt. Diese Guideline enthält Vorschläge zur Buchstabengröße, Typen, Druckfarben und vielen anderen Details bis hin zu einem Beilagenmuster. Gleichwohl unterliegen Packungsbeilagen weiterhin ständiger Kritik, sodass Bemühungen laufen, Packungsbeilagen vor ihrem Einsatz einer Bewertung durch Patientenzielgruppen zu unterziehen.[38]

Die Fachinformation gemäß § 11a AMG ist für Fachkreise gedacht, die beruflich die Heilkunde ausüben und kann daher auch gegenüber der Packungsbeilage zusätzliche wissenschaftliche Informationen enthalten. Sie muss die Überschrift „Fachinformation" tragen und ist den betroffenen Kreisen auf Anforderung zur Verfügung zu stellen. Auch eine Übersendung an Laien ist zulässig, da sie keine Werbung enthält.[39]

In § 47 AMG wird der Vertriebsweg für apothekenpflichtige Arzneimittel vorgeschrieben. Da das eine wettbewerbsrechtliche Ausnahmevorschrift darstellt, ist sie eng auszulegen.[40] Eine Übertragung auf andere Heilprodukte ist nicht zulässig. Außer an Apotheken dürfen apothekenpflichtige Arzneimittel nur an die in Abs. 1 Satz 1 Nrn. 1 bis 9 abschließend aufgezählten Einrichtungen abgegeben werden, an die Einrichtungen nach Nrn. 5 bis 9 gemäß Abs. 2 dieser Vorschrift nur für deren eigenen Bedarf.

Für verschreibungspflichtige Arzneimittel sind die Preise in § 78 AMG reglementiert. Insbesondere soll ein einheitlicher Apothekenabgabepreis gewährleistet werden. Allerdings können gemäß Abs. 4 Satz 2 Sozialleistungsträger und private Krankenversicherungen mit den Herstellern Preisnachlässe vereinbaren.

---

[37] Kügel in: Terbille, § 9, RZ 88.

[38] Bundesinstitut für Arzneimittel und Medizinprodukte www.bfam.de, Stichwort „user testing".

[39] Kügel in: Terbille, § 9, RZ 89.

[40] Lippert in: Wenzel, Kapitel 14, RZ 76.

Die Arzneimittelwerbung ist gemäß dem Gintec-Urteil des EuGH[41] durch die Richtlinie 2001/83/EG vollständig harmonisiert. Insoweit ist bei der Prüfung des HWG und ergänzend des UWG immer zunächst festzustellen, ob die einschlägige Gesetzesbestimmung mit europäischem Recht vereinbar ist. Insbesondere ist fraglich, inwieweit der Katalog in § 11 Abs. 1 HWG noch Bestand hat. Imagewerbung des pharmazeutischen Herstellers fällt ohnehin nicht in den Schutzbereich des HWG, aber auch sonst ist die Werbung für Arzneimittel nicht generell verboten. Das ergibt sich schon allein aus dem Verbot einzelner konkreter Werbemaßnahmen, die im Übrigen oft mit entsprechenden Regelungen des UWG korrespondieren, wie beispielsweise § 3 HWG, der eine irreführende Werbung verbietet und damit die gleiche Zielrichtung hat wie § 5 UWG. Die vergleichende Werbung ist hingegen in § 11 Abs. 2 HWG weiter eingeschränkt als in § 6 UWG, indem im HWG ein Vergleich der Wirkung verboten wird. Andere Vergleiche bleiben aber im Rahmen des § 6 UWG zulässig.

27.5 Ärztliches Berufsrecht

27.5.1 Kassenarztrecht

Den Selbstverwaltungskörperschaften der Krankenkassen stehen für die Ärzte die kassenärztlichen beziehungsweise kassenzahnärztlichen Vereinigungen (im Weiteren nur noch KÄV) gegenüber[42], die ebenfalls in der Form der Körperschaften des öffentlichen Rechts organisiert sind. Diese Vereinigungen sind die Vertragspartner der Verbände der Krankenkassen bei der Sicherstellung des Versorgungsauftrags. Das einzelne Krankenkassenmitglied hat seine Leistungsansprüche aus der gesetzlichen Krankenversicherung gegen die Krankenkassen, die aber ihrerseits lediglich Geldleistungen erbringen können. Hinsichtlich der ärztlichen Leistungen erbringen die Krankenkassen ihre Leistungen, indem sie entsprechende Verträge mit den KÄV schließen.

Aus diesen Verträgen obliegt nun der Auftrag zur Sicherstellung der vertragsärztlichen Versorgung auch den KÄV. Daneben ist die KÄV auch die Interessenvertretung der Vertragsärzte gegenüber den Krankenkassen und führt daher auch die Vertragsverhandlungen mit den Krankenkassen über die Bedingungen des Vertragsarztstatus einschließlich der Honorierung. Schließlich vertritt die KÄV die Ärzte auch bei der Erbringung ärztlicher Leistungen für andere gesetzliche Träger von Krankenversicherungsleistungen, beispielsweise gegenüber den Berufsgenossenschaften, der Bundeswehr im Rahmen der freien Heilfürsorge und anderen Einrichtungen. Gemäß § 77 Abs. 1 S. 1 SGB V wird in jedem Land eine KÄV gebildet. Soweit mehrere KÄVen bestehen, werden sie entsprechend Satz 2 zusammengelegt, sodass heute nur noch in NRW zwei Landesvereinigungen bestehen.

[41] EuGH 8.11.2007, GRUR 2008, 267 ff.

[42] Hess, Rainer in: Wenzel, Kapitel 2, RZ 104.

Für einen Arzt ist damit die Zugehörigkeit zu einer KÄV Voraussetzung dafür, dass er an der Versorgung der Mitglieder der Krankenkassen und damit 90 Prozent der Bevölkerung mitwirken kann. Diese ärztliche Tätigkeit kann in drei rechtlichen Formen erbracht werden. Die Hauptform ist der Vertragsarzt, der die regelmäßige Versorgung übernimmt. Daneben treten immer stärker medizinische Versorgungszentren MVZ in den Vordergrund und schließlich gibt es durch eine Vielzahl von gesetzlichen und vertraglichen Einzelvorschriften die Möglichkeit, durch Teilnahmeberechtigung an der Versorgung mitzuwirken. Für Dr. Medicus stellt sich damit die Frage, in welcher Form er die Versorgung von Kassenpatienten durchführen möchte, wenn er aus dem Krankenhaus ausscheidet und sich in eigener Praxis, möglicherweise in Verbindung mit einem MVZ, niederlässt.

Die Zulassung zum Vertragsarzt ist in den §§ 95 ff. SGB V geregelt. Voraussetzung ist die Eintragung in das bei der jeweiligen KÄV geführte Arztregister. Diese Eintragung erfolgt auf Antrag, wenn der Antragsteller die Voraussetzungen des § 95a SGB V erfüllt, nämlich als Arzt approbiert ist und eine allgemeinärztliche oder fachärztliche Weiterbildung erfolgreich abgeschlossen hat. Über den weiteren Antrag auf Zulassung entscheidet der Zulassungsausschuss der KÄV. Soweit nicht im Rahmen der Bedarfsplanung gemäß § 99 SGB V für das beantragte Gebiet und die beantragte Arztrichtung eine Zulassungsbeschränkung nach § 103 SGB V vorliegt, wird dem Antrag entsprochen, wenn auch die übrigen Voraussetzungen des § 95 SGB V erfüllt sind.

In zulassungsbeschränkten Gebieten erfolgt eine Zulassung nur, wenn eine bestehende Zulassung endet und die Praxis fortgeführt werden soll. In diesem Fall muss die KVÄ den Praxissitz ausschreiben und der Zulassungsausschuss muss unter den Bewerbern den Arzt aussuchen, dem diese Zulassung erteilt wird. Dabei hat er sich gemäß § 103 Abs. 4 S. 5 SGB V an der Qualifikation des Bewerbers, aber auch daran zu orientieren, ob der Bewerber eine besondere Beziehung zu dem ausscheidenden Praxisinhaber oder der Praxis hat. Gemäß Satz 7 sind die wirtschaftlichen Interessen des ausscheidenden Praxisinhabers nur bis zur Höhe des Verkehrswertes der Praxis zu berücksichtigen. Dieser Wert ist aber einer objektiven Beurteilung nur schwer zugänglich. Die Ärztekammer empfiehlt hier eine Bewertungsmethode, die für den Normalfall eine gute Annäherung geben kann. Im Einzelfall ist die Frage – und damit auch die Frage, wer die Praxisnachfolge antreten soll – sicher nicht einfach zu entscheiden und bietet Anlass für gerichtliche Auseinandersetzungen.

Dr. Medicus müsste also zunächst feststellen, ob das Gebiet, in dem er seine Gemeinschaftspraxis eröffnen möchte, für Neuzulassungen geöffnet ist oder ob er darauf angewiesen ist, die Nachfolge eines abzugebenden Arztsitzes anzutreten.

Die Zulassungsstruktur für MVZ gemäß § 95 Abs. 1 S. 2 SGB V ist wesentlich komplizierter als die für Vertragsärzte, weil es nicht nur um die eigentlichen Leistungserbringer geht, die in einem MVZ sowohl Vertragsärzte als auch angestellte Ärzte sein können, sondern auch um den Träger und die gewählte Organisationsform. Träger eines MVZ können alle

Leistungserbringer für die Krankenkassen im Sinne der §§ 69 ff. SGB V sein.[43] MVZ müssen unter ärztlicher Leitung stehen und fachübergreifend im Sinne von Satz 3 und 4 arbeiten. Sie sind gemäß Satz 6 in der Wahl der Organisationsform frei.

Die kassenärztliche Versorgung gliedert sich gemäß § 73 Abs. 1 S. 1 SGB V in die hausärztliche und die fachärztliche Versorgung, bei der die hausärztliche Versorgung die Basis auch für die fachärztliche Versorgung darstellt. Diese differenzierte Gliederung basiert nicht zuletzt auch auf der immer schärfer werdenden Auseinandersetzung um die Honorarverteilung der vertragsärztlichen Gesamtvergütung.[44]

Die Teilnehmer an der hausärztlichen Versorgung sind in § 73 Abs. 1a SGB V abschließend aufgezählt. Es sind insbesondere die Allgemeinärzte, die Kinderärzte und diejenigen Internisten, die sich für die hausärztliche Versorgung entschieden haben. Die hausärztliche Versorgung dient der dauerhaften Betreuung der Patienten und soll die umfassende Kenntnis der Lebensumstände des Patienten beinhalten. Aus diesem Grund sollen die Fachärzte und andere behandelnde Stellen gemäß Abs. 1b den jeweiligen Hausarzt über Befunde und getroffene Maßnahmen informieren, die dann auch bei dem Hausarzt dokumentiert werden.

Vertragsärzte können ihre Patienten auch gemäß § 121 SGB V als Belegärzte in einem Krankenhaus behandeln, ohne im Krankenhaus angestellt zu sein. Diese Leistungen werden gemäß Abs. 3 S. 1 aus der vertragsärztlichen Gesamtvergütung bezahlt. Sie können alternativ aber auch nach Abs. 5 durch Honorarverträge mit den Krankenhäusern vergütet werden.

Neben dem MVZ können die Vertragsärzte aber auch noch in anderen Formen kooperieren. Die Regelungen dafür finden sich in der vom Deutschen Ärztetag empfohlenen Musterberufsordnung und enthalten beispielsweise die „Berufsausübungsgemeinschaft", die „Organisationsgemeinschaft" und den „Praxisverbund". Soweit dies in einer juristischen Person des Privatrechts erfolgt, beispielsweise in einer GmbH, muss diese sowohl auf die ärztliche Berufsausübung ausgerichtet sein, unter ärztlicher Leitung stehen und in der Gesellschafterversammlung müssen die Ärzte die Stimmenmehrheit haben. Für die Kooperation mit anderen Fachberufen ist die Partnerschaftsgesellschaft, die BGB-Gesellschaft oder eine juristische Person des Privatrechts vorgeschrieben, bei der die Unabhängigkeit und Eigenverantwortlichkeit des Arztes gewährleistet sein muss. Einer Zusammenarbeit zwischen Dr. Medicus und Organis steht also nichts im Wege.

Rechte und Pflichten der Vertragsärzte und der MVZ ergeben sich entsprechend § 95 Abs. 3 S. 3 und Abs. 4 S. 2 SGB V aus den vertraglichen Bestimmungen über die vertragsärztliche Versorgung, die insbesondere auch in den Bestimmungen des Bundesmanteltarifvertrages BMV niedergelegt sind.[45]

---

[43] Broglie/Hartmann in: Terbille, § 6, RZ 90.

[44] Hess, Rainer in: Wenzel, Kapitel 2, RZ 313.

[45] Im Einzelnen siehe Hess, Rainer in: Wenzel, Kapitel 2, RZ 381 bis 392.

27.5.2 Ärztekammer/Zahnärztekammer

Die gesetzliche Regelung der Berufsausübung für Heilberufe fällt gemäß Art. 70 GG in die Zuständigkeit der Bundesländer. Aber wegen des Bedarfs nach möglichst weitgehender Vereinheitlichung erfolgt die inhaltliche Ausgestaltung in enger Abstimmung über die Konferenz der Gesundheitsminister der Länder. Danach haben die Bundesländer jeweils für ihren Bereich Kammergesetze geschaffen, die allerdings inhaltlich weitgehend übereinstimmen und die Kammern als Körperschaften des öffentlichen Rechts ausgestalten. Es gibt eigene Kammern für Ärzte, Zahnärzte, Tierärzte und für psychologische Psychotherapeuten und zwar in der Regel jeweils eine Kammer pro Bundesland. Wegen der großen Zahl sind in NRW jeweils eigene Kammern für das Rheinland und Westfalen geschaffen worden, während sich die psychologischen Psychotherapeuten der fünf ostdeutschen Bundesländer über einen Staatsvertrag zu einer gemeinsamen ostdeutschen Kammer zusammengeschlossen haben.

Die Aufgaben der Kammern sind in den Kammergesetzen der Länder niedergelegt und überschneiden sich teilweise mit den Aufgaben der kassenärztlichen Vereinigungen, beziehen aber auch die Ärzte und sonstigen Heilberufe mit ein, die nicht an der kassenärztlichen Versorgung teilnehmen. Eine Überschneidung ergibt sich beispielsweise bei der Einrichtung von Notdiensten, der Fortbildung und der Qualitätssicherung.

Keine Kompetenz haben dagegen die Kammern zur Vertretung der Ärzte gegenüber den Krankenkassen und zur Beratung in wirtschaftlichen, vertraglichen und steuerrechtlichen Angelegenheiten. Die Hauptaufgaben der Kammern liegen bei der Wahrung der beruflichen Belange der Mitglieder, der Einrichtung von Fürsorgeeinrichtungen, insbesondere der nachfolgend dargestellten Versorgungswerke, sowie der Errichtung von Ethikkommissionen und Gutachter- und Schlichtungsstellen.[46]

Die Pflichtmitgliedschaft in der Kammer beruht in der Regel auf der Approbation, in einigen Bundesländern stattdessen aufgrund der Berufsausübung. Daneben sind aber auch freiwillige Mitgliedschaften möglich, beispielsweise für Ärzte, die nicht (mehr) berufstätig sind oder ihre berufliche Tätigkeit ins Ausland verlegt haben.

In privatrechtlicher Form haben sich die jeweiligen Kammern der Länder zu einer Bundeskammer zusammengeschlossen, die aufgrund dieser Rechtsform eigentlich nur empfehlend tätig werden kann. Beispielsweise beschließt die Bundesärztekammer nach Diskussion durch den Deutschen Ärztetag eine Musterberufsordnung und eine Musterweiterbildungsordnung, die aber durch die Übernahme durch die satzungsgebenden Organe der Kammern in verbindliches Satzungsrecht übernommen werden. Soweit in neueren Gesetzen wie dem Transfusions- und Transplantationsgesetz der Bundeskammer Kompetenzen zur verbindlichen Entscheidung zugewiesen wurden, ist dies auf verfas-

[46] Wollersheim in: Terbille, § 5, RZ 32.

sungsrechtliche Bedenken gestoßen[47], sodass der Gesetzgeber bei dem Gesetz über die Entnahme von Gewebe vom 4.9.2007[48] die Regelungen zur Qualität und Sicherheit der Entnahme von Gewebe einer Rechtsverordnung überlässt, zu der die Bundeskammer im Einvernehmen mit der zuständigen Bundesoberbehörde nur ergänzende Richtlinien beschließen kann.

27.5.3 Versorgungswerke

Zur Absicherung der zentralen allgemeinen Lebensrisiken Altersversorgung, Versorgung bei Berufsunfähigkeit und zur Absicherung von unterhaltsbedürftigen Hinterbliebenen hat der Gesetzgeber für die freien Berufe die Einrichtung berufsständischer Versorgungswerke vorgesehen. Diese sind für die einzelnen Berufsgruppen in den einzelnen Bundesländern durch Gesetz errichtet. Auch hier sind für die Ärzte in Nordrhein-Westfalen wieder zwei Einrichtungen jeweils für den Bereich Nordrhein und den Bereich Westfalen-Lippe entstanden. Für die Angehörigen der jeweiligen Berufskammer besteht Pflichtmitgliedschaft im Versorgungswerk. Soweit das Mitglied nach §§ 1 ff. SGB VI versicherungspflichtig in der gesetzlichen Rentenversicherung ist, wird es auf Antrag gemäß § 6 Abs. 1 S. 1 Nr. 1 a bis c SGB VI für die kammerpflichtige Tätigkeit von der Versicherungspflicht in der gesetzlichen Rentenversicherung befreit. Für andere Tätigkeiten bleibt das Mitglied aber versicherungspflichtig, beispielsweise wenn ein Arzt nebenberuflich bei einer allgemein bildenden Weiterbildungseinrichtung angestellt ist.

Die Regelungen zu Beitrag und Leistungen sind weitgehend der gesetzlichen Rentenversicherung nachgebildet. So sind auch in den Versorgungswerken gemäß § 6 Abs. 1 S. 1 Nr. 1 b SGB VI einkommensbezogene Beiträge zu erbringen. Für die Beitragsbemessung gilt für angestellte Mitglieder die gleiche Beitragsbemessungsgrenze und der gleiche Beitragssatz wie für die gesetzliche Rentenversicherung. Für niedergelassene Ärzte ist der Pflichtbeitrag eigenständig festgesetzt, kann aber bei niedrigerem Einkommen unter Vorlage des Einkommensnachweises herabgesetzt werden. Die Versorgungswerke legen in ihren Satzungen Höchstbeträge oberhalb der Regelpflichtbeiträge fest, bis zu denen die Mitglieder ihre Versorgung aufstocken können.

Das Versorgungsniveau liegt in der Regel etwas höher als in der gesetzlichen Rentenversicherung. Insbesondere bei Leistungen wegen Erwerbsminderung treten die Versorgungswerke schon dann ein, wenn der ausgeübte Beruf nicht mehr ausgeübt wird, während die gesetzliche Rentenversicherung auf die Tätigkeiten des allgemeinen Arbeitsmarktes verweist. Aber auch bei berufsständischen Versorgungswerken wird die Altersversorgung nicht ausreichen, den während der Berufstätigkeit gewohnten Lebensstandard zu halten. Dies gilt umso mehr, wenn das Erwerbseinkommen die Beträge übersteigt, die mit dem Höchstbeitrag des jeweiligen Versorgungswerkes abgesichert werden. Im ärztlichen Ver-

[47] So zum Beispiel Taupitz NJW 2003, S. 1145 bis 1150.

[48] BGBl. I 2007, S. 1574.

sorgungswerk Nordrhein sind das etwa 160 Prozent der jeweiligen Beitragsbemessungsgrenze, für 2011 sind das etwa 8.800 €, im Versorgungswerk Westfalen-Lippe sind es ca. 7.150 €. Der Lebensstandard, der sich aus einem höheren Einkommen ergibt, ist in den Versorgungswerken auch nicht anteilig abgesichert.

Daher kann es auch aus finanziellen Gründen für Dr. Medicus ratsam sein, noch gut 10 Jahre seiner Berufstätigkeit zu nutzen, um selber höhere Rücklagen für seine Altersvorsorge zu bilden, wenn er davon ausgeht, dass die Tätigkeit in eigener Praxis ihm einen höheren Gewinn erbringt als er aus seiner angestellten Tätigkeit erzielen kann. Bei dieser Überlegung ist aber auch zu berücksichtigen, dass die angestellte Tätigkeit Vorzüge wie Urlaubsgeld, Weihnachtsgeld, Lohnfortzahlung im Krankheitsfall und teilweise Übernahme der Sozialversicherungsbeiträge durch den Arbeitgeber hat, sodass der voraussichtliche Netto-Gewinn der Selbstständigkeit wenigstens bei 150 Prozent, besser bei 200 Prozent des Bruttojahresarbeitsentgelts liegen sollte. An der Mitgliedschaft im Versorgungswerk und den möglichen Höchstbeträgen ändert sich durch die Selbstständigkeit nichts.

Die Regelaltersgrenze liegt in den Versorgungswerken inzwischen auch bei 67 Jahren, die Übergangsregelungen sind aber unterschiedlich und abweichend von der gesetzlichen Rentenversicherung ausgestaltet. So wird sie im Versorgungswerk Nordrhein erst ab Geburtsjahr 1971 erreicht, in Westfalen-Lippe bereits ab Geburtsjahr 1960. Nach Erreichen der Regelaltersgrenze ist das einzelne Mitglied berechtigt, unter Fortzahlung von Beiträgen den Beginn der Rentenzahlung um bis zu 3 Jahre hinauszuschieben und erhält dann versicherungsmathematisch berechnete Zuschläge zu seiner Rente.

Wenn ein Mitglied aus dem Zuständigkeitsbereich eines Versorgungswerks in den Bereich eines anderen Werkes wechselt, können seine Ansprüche auf Antrag übergeleitet werden, wenn in dem ursprünglichen Versorgungswerk weniger als 60 Monate Beiträge bezahlt wurden und ein Überleitungsabkommen zwischen den Versorgungswerken besteht, was aber die Regel sein dürfte.

27.6 Öffentliches Wirtschaftsrecht im Gesundheitswesen

27.6.1 Krankenhausfinanzierung und Pflegesatzverordnung

Nach dem Krankenhausfinanzierungsgesetz KHG werden Krankenhäuser finanziert, die gemäß § 8 Abs. 1 KHG in den Krankenhausbedarfsplan eines Landes aufgenommen sind. Gleiche Regelungen aber außerhalb dieses Gesetzes gelten für die Universitätskliniken. Bei der Durchführung des Gesetzes ist gemäß § 1 Abs. 2 KHG die Vielfalt der Krankenhausträger zu beachten. Nach Maßgabe des Landesrechts ist insbesondere die wirtschaftliche Sicherung freigemeinnütziger und privater Krankenhäuser zu gewährleisten. Plankrankenhaus kann gemäß § 5 Abs. 1 Nr. 2 KHG nur eine Einrichtung sein, die einen Zweckbetrieb im Sinne von § 67 AO darstellt. Das bedeutet, dass bei mindestens 40 Prozent der

Patiententage nur allgemeine Krankenhausleistungen und keine Wahlleistungen erbracht werden, wie sie Leidvoll aufgrund seiner Zusatzversicherung zustehen. Damit scheiden reine Privatkliniken und auch solche aus, die weit überwiegend privat zu berechnende Leistungen erbringen.

Für die Plankrankenhäuser erfolgt eine duale Finanzierung, nämlich eine staatliche Investitionsfinanzierung einerseits und die Finanzierung der laufenden Kosten über Pflegesätze sowie Erlöse für vor- und nachstationäre Behandlungen andererseits. Die Investitionsförderung erfolgt nach den §§ 8 ff. KHG. Auf diese Förderung besteht für die Plankrankenhäuser ein Rechtsanspruch, der allerdings unter Haushaltsvorbehalt steht. Das bedeutet, dass den Krankenhäusern im Rahmen der Planung nur die Mittel für Investitionen zugewiesen werden, die im jeweiligen Landeshaushalt dafür vorgesehen sind. Die frühere Kofinanzierung von Bund und Ländern ist durch eine Zuschussregelung des Bundes abgelöst worden. Danach ist der Bundeszuschuss nicht mehr davon abhängig, in welchem Umfang sich das Land an der Finanzierung beteiligt. Andererseits besteht für die Länder auch nicht mehr die Notwendigkeit, sich in Höhe des Bundesanteils zu engagieren.

Pflegesätze in diesem Sinne sind auch die in § 17b KHG detailliert beschriebenen DRG-Fallpauschalen.[49] Die Pflegesätze stellen das Entgelt für die allgemeinen Krankenhausleistungen dar, wie sie in § 2 Abs. 2 KHEntgG und wortgleich in § 2 Abs. 2 BPflV niedergelegt sind. Danach sind allgemeine Krankenhausleistungen die Krankenhausleistungen, die unter Berücksichtigung der Leistungsfähigkeit des Krankenhauses im Einzelfall nach Art und Schwere der Krankheit für die medizinisch zweckmäßige und ausreichende Versorgung des Patienten notwendig sind.

Mit dem Jahr 2010 war der Übergang aller Plankrankenhäuser auf das DRG-Fallpauschalen-System vorgesehen, sodass alle Krankenhäuser eines Landes für die gleiche Behandlung die gleiche Vergütung bekommen. Dieses System gilt aber nur für den Normalfall und wird durch Ausnahmen nach § 6 KHEntgG, Zu- und Abschläge nach § 5 KHEntgG sowie Zusatzentgelte nach § 17b Abs. 1 S. 12 KHG für bestimmte Leistungen, Leistungskomplexe oder Arzneimittel ergänzt.[50]

Grundsätzlich sind DRG-Systeme ärztlich-ökonomische Patientenklassifikationssysteme[51], bei denen die in Krankenhäusern vorkommenden Behandlungsfälle in eine beschränkte Anzahl klinisch definierter Gruppen eingeteilt werden, wobei die der gleichen Gruppe angehörenden Behandlungsfälle möglichst ähnliche Behandlungskosten haben müssen. Es kommt also nicht auf die Ähnlichkeit der Krankheitsbilder sondern auf die Ähnlichkeit der Behandlungskosten an, um Behandlungsfälle der gleichen Gruppe zuzuweisen. Die einzelnen DRGs sind deshalb über ihre Bezeichnung und die zugehörigen Diagnosen und Procedurencodes definiert ohne detaillierte Charakterisierung der vom Krankenhaus zu

[49] Degener-Henke in: Huster/Kaltenborn, § 5, RZ 96.

[50] Quaas in: Wenzel, Kapitel 12, RZ 87 bis 90.

[51] Degener-Henke in: Huster/Kaltenborn, § 5, RZ 147.

erbringenden Leistung. Aktuell gilt der Fallpauschalenkatalog G-DRG 2011 des Instituts für das Entgeltsystem im Krankenhaus (InEK) mit nahezu 1.000 Fallgruppen.

Auch das Pflegesatzrecht in Form der DRGs steht gemäß § 71 Abs. 1 S. 1 SGB V unter dem Grundsatz der Beitragsstabilität für die gesetzliche Krankenversicherung. Danach sind die Vereinbarungen über die Vergütung von Gesundheitsleistungen so zu gestalten, dass die Erhöhung des Beitragssatzes ausgeschlossen ist. Eine Ausnahme gilt nur dann, wenn ohne eine Erhöhung die notwendige medizinische Versorgung auch unter Ausschöpfung von Wirtschaftlichkeitsreserven nicht zu gewährleisten ist. Damit ist allerdings dem Verhandlungsgeschick der Vertragspartner auf Seiten der Krankenkassen und der Leistungserbringer wieder ein weiter Spielraum eröffnet.

27.6.2 Apothekenrecht

Gemäß § 1 Abs. 1 ApoG ist eine Apotheke eine Einrichtung zur Sicherstellung der im öffentlichen Interesse gebotenen ordnungsgemäßen Arzneimittelversorgung der Bevölkerung. Es handelt sich um einen Gewerbebetrieb[52], der nur unterhalten werden darf, wenn eine auf die Person des Apothekers und die Räumlichkeiten bezogene Erlaubnis der zuständigen Behörde vorliegt.

Zu den persönlichen Voraussetzungen gehört, dass der Antragsteller eine Approbation als Apotheker hat, die für den Betrieb einer Apotheke erforderliche Zuverlässigkeit besitzt und mitteilt, ob und gegebenenfalls wo er weitere Apotheken betreibt. Wenn die Approbation durch die Gleichstellung eines ausländischen Diploms gemäß der Anlage zu § 2 ApoG erlangt wurde, kann der Antragsteller die Erlaubnis nur zum Betrieb einer Apotheke erhalten, die bereits seit mindestens drei Jahren betrieben wird.

Als Rechtsform für den gemeinschaftlichen Betrieb einer Apotheke sind nach § 8 ApoG ausdrücklich nur die BGB-Gesellschaft und die OHG zugelassen. Die Stille Gesellschaft gemäß § 230 HGB ist ebenso ausdrücklich ausgeschlossen wie Umgehungsvereinbarungen, etwa die Vergabe von Darlehn gegen Umsatz- oder Gewinnbeteiligung. Lediglich eine Verpachtung in den sehr engen Grenzen von § 9 ApoG als vorübergehende Lösung in Sondersituationen kann gegen Umsatz- oder Gewinnbeteiligung erfolgen. Stark umstritten ist die Frage, ob das implizit enthaltene Verbot der GmbH nicht verfassungswidrig ist.[53]

Bei der Versorgung von Heimen im Sinne von § 1 Heimgesetz ist zu unterscheiden zwischen der Versorgung der Heimbewohner unmittelbar und der Versorgung des Heimes selber mit Arzneimitteln zur Verabreichung an Heimbewohner. Der erste Fall ist unproblematisch und bedarf keiner weiteren Erörterung. Will der Apotheker dagegen das Heim unmittelbar beliefern, so muss er gemäß § 12a ApoG mit dem Heim einen schriftlichen

[52] Lippert in. Wenzel, Kapitel 16, RZ 3.

[53] Lippert in: Wenzel, Kapitel 16, RZ 12 und 13 mit weiteren Nachweisen.

Vertrag abschließen, der den Vorgaben von § 12a Abs. 1 S. 3 Nrn. 1 bis 5 ApoG entspricht. Insbesondere darf dadurch die freie Apothekenwahl für die Heimbewohner nicht eingeschränkt werden und für das Heim darf keine Ausschließlichkeitsbindung entstehen. Problematisch kann die Pflicht des Apothekers sein, die bewohnerbezogene ordnungsgemäße Aufbewahrung der von ihm gelieferten Arzneimittel zu überprüfen, wenn die Heimbewohner sich auch Arzneimittel selber beschaffen und dem Heim zur Aufbewahrung übergeben.[54]

Wie auch bei Heimen bedarf die Belieferung eines Krankenhauses, das keine eigene Apotheke betreibt, gemäß § 14 Abs. 4 S. 1 ApoG eines schriftlichen Vertrages mit dem Apotheker. Die Voraussetzungen für die Genehmigung eines solchen Vertrages sind in Abs. 5 geregelt und unterscheiden sich von den Voraussetzungen für eine Heimbelieferung ganz wesentlich. Das Krankenhaus kann auf Antrag aber auch eine eigene Apotheke betreiben, wenn ein Apotheker gemäß § 14 Abs. 1 S. 1 Nr. 1 ApoG angestellt wird und das Krankenhaus gemäß Nr. 2 über die erforderlichen Räume verfügt.

Gemäß § 11a ApoG kann auch der Versandhandel mit apothekenpflichtigen Arzneimitteln erlaubt werden, wenn die in dieser Vorschrift aufgeführten Anforderungen erfüllt werden. Damit unternimmt der Gesetzgeber den Versuch, den Kunden einer Versandapotheke möglichst ähnlich zu stellen hinsichtlich Qualität, Beratung und Schutz wie den Kunden, der sich persönlich in die Apotheke begibt.

Lernfragen

1. Unter welchen Voraussetzungen kann auf eine äußerlich sichtbare Erklärung für eine Willenserklärung verzichtet werden?
2. Aus welchen Bestandteilen setzt sich der innere Wille bei der Willenserklärung zusammen?
3. Wonach erfolgt die Abgrenzung zwischen der unverbindlichen Übereinkunft und einem Vertrag?
4. Innerhalb welcher Zeit muss ein Vertragsangebot angenommen werden?
5. Welche Einschränkungen der Vertragsfreiheit können im Gesundheitswesen bestehen?
6. Welche Voraussetzungen müssen für eine wirksame Vertretung vorliegen?
7. Welchen Umfang hat eine rechtsgeschäftliche Vollmacht?
8. Wodurch unterscheidet sich der Arbeitsvertrag von sonstigen Dienstverträgen?

[54] Wartensleben in: Terbille, § 10, RZ 79.

9. Wie lang ist die Kündigungsfrist bei Verträgen über Dienste höherer Art?
10. Welche beiden Möglichkeiten gibt es für den Abschluss eines Versicherungsvertrages?
11. Wie lang ist die Widerrufsfrist nach dem Abschluss eines Versicherungsvertrages und wann beginnt die Frist?
12. Wie kann man einen Versicherungsvertrag beenden?
13. Wie kommt eine BGB-Gesellschaft zustande?
14. Wie ist die gesetzliche Regelung von Geschäftsführungsbefugnis und Vertretungsmacht und kann sie geändert werden?
15. Wer haftet für die Schulden der BGB-Gesellschaft?
16. Muss die Partnerschaftsgesellschaft in ein Register eingetragen werden? Wenn ja, in welches?
17. Welche Vorteile bietet die Partnerschaftsgesellschaft für die Partner gegenüber der BGB-Gesellschaft?
18. Was lässt sich zum Gesellschaftsvermögen der stillen Gesellschaft sagen?
19. Wo liegt der Unterschied zwischen der typischen und der atypischen stillen Gesellschaft?
20. Wodurch ist die EWIV charakterisiert?
21. Mit welcher deutschen Gesellschaft ist die EWIV vergleichbar?
22. Beschreiben Sie die Gründung einer GmbH.
23. Welche Organe hat die GmbH?
24. Wann haften die Gesellschafter einer GmbH auch über ihre Einlage hinaus?
25. Wodurch unterscheidet sich der gesetzliche Güterstand der Zugewinngemeinschaft von der Gütertrennung?
26. Welche Unterhaltsansprüche bestehen nach der Scheidung einer Ehe?
27. In welchem Verhältnis erben Ehepartner und Kinder des Erblassers?
28. In welcher Form kann ein Testament errichtet werden? Wie ein Erbvertrag?
29. In welchem Verhältnis stehen staatliche Fürsorgepflicht und persönliche Unterhaltsverpflichtungen?
30. Wodurch ist der Kreis der in die Sozialversicherungspflicht Einbezogenen gekennzeichnet?
31. Wer ist Träger der gesetzlichen Krankenversicherung?
32. Wer ist Leistungserbringer in der gesetzlichen Krankenversicherung?

33. Welche Leistungen erbringen die gesetzlichen Krankenkassen ganz allgemein? Welche konkret?
34. Unter welchen Voraussetzungen erbringt die Pflegeversicherung ihre Leistungen?
35. Wer entscheidet über den Grad der Pflegebedürftigkeit?
36. Nach welchen Kriterien hat der Gesetzgeber die Versicherungsfreiheit beziehungsweise die Möglichkeit der Befreiung in der gesetzlichen Rentenversicherung vorgesehen?
37. Welches sind die Voraussetzungen für eine Erwerbsminderungsrente?
38. Wo liegt die Altersgrenze für die Regelaltersrente und welche Entwicklung wird sie nehmen?
39. Welche Bedeutung hat die gesetzliche Unfallversicherung für das betriebliche Zusammenleben?
40. Wann liegt ein Wegeunfall vor?
41. Was ist mit dem Wunsch- und Wahlrecht des Berechtigten gemeint?
42. Welche Leistungen werden nach SGB IX erbracht?
43. Welchen arbeitsrechtlichen Schutz genießt ein Schwerbehinderter gemäß SGB IX
44. Welche drei Formen umfasst die Kennzeichnungspflicht nach dem AMG?
45. Wie ist die Preisbildung für verschreibungspflichtige Arzneimittel geregelt?
46. Welche Vorschriften sind bei der Werbung für Arzneimittel zu beachten?
47. Wer ist neben den gesetzlichen Krankenkassen noch für die Sicherstellung der vertragsärztlichen Versorgung verantwortlich?
48. In welcher Form kann sich ein Arzt an der kassenärztlichen Versorgung beteiligen?
49. Nach welchen Kriterien erfolgt die Zulassung eines Kassenarztes?
50. Welche Kooperationsformen sind für Ärzte und andere Fachberufe vorgesehen?
51. Worin besteht der Unterschied zwischen der kassenärztlichen Vereinigung und der Ärztekammer?
52. Wie ist die Mitgliedschaft in der Ärztekammer geregelt?
53. Wie ist das Verhältnis von gesetzlicher Rentenversicherung und Versorgungswerk?
54. Wie erfolgt die Beitragsermittlung und welche Leistungen erbringt das Versorgungswerk?
55. Warum deckt auch das Versorgungswerk den gewohnten Lebensstandard im Alter nur teilweise ab?

56. Was sind Plankrankenhäuser?
57. Welches sind die zwei Wege, auf denen Plankrankenhäuser finanziert werden?
58. Was sind DRG-Fallpauschalen?
59. Welche Voraussetzungen muss ein Apotheker erfüllen, um die nach dem Apothekengesetz erforderliche Erlaubnis zu erhalten?
60. Was muss der Apotheker tun, um ein Heim im Sinne des Heimgesetzes beliefern zu können?
61. Ist der Versandhandel mit apothekenpflichtigen Arzneimitteln zulässig?

Literatur

[1] Aunert-Micus, Dirk Güllemann, Siegmar Streckel, Norbert Tonner, Ursula Eva Wiese (2010): Wirtschaftsprivatrecht, 4. Aufl., Köln, zitiert: Bearbeiter in: Aunert-Micus u.a. Wirtschaftsprivatrecht.
[2] Aunert-Micus, Shirley , (2009): Wirtschaftsprivatrecht Band 2, Köln.
[3] Bähr, Peter, (2008): Grundzüge des bürgerlichen Rechts, 11. Aufl. München.
[4] Huster/Kaltenborn, (2010): Krankenhausrecht, München, zitiert: Bearbeiter in: Huster/Kaltenborn.
[5] Klunzinger, Eugen, (2009): Grundzüge des Gesellschaftsrechts, 15. Aufl. , München.
[6] Laufs, Adolf /Uhlenbrock, Wilhelm (2009): Handbuch des Arztrechts, 4. Aufl. München.
[7] Palandt (2010): BGB, 70. Aufl. München.
[8] Schäfer, Heinz/Senger-Sparenberg, Ulrike, (2008): Sozialrecht 2 Sozialversicherungsrecht, 3. Aufl. Münster.
[9] Schünemann, Wolfgang B. (2011): Wirtschaftsprivatrecht, 6. Auflage, Konstanz München.
[10] Taupitz, Jochen (2003): Richtlinien in der Transplantationsmedizin, NJW 2003 S. 1145-1150.
[11] Terbille, Michael, (2009): Medizinrecht, Münchner Anwaltshandbuch, München, zitiert: Bearbeiter in: Terbille.
[12] Wenzel, Dr. Frank, (2009): Handbuch des Fachanwalts Medizinrecht, 2. Aufl. , Luchterhand, zitiert: Bearbeiter in: Wenzel.

28 Arztstrafrecht

Andreas Teufer

28.1	Materielles Arztstrafrecht	322
28.1.1	Einführung	322
28.1.2	Fahrlässige Körperverletzung, § 229 StGB; Fahrlässige Tötung, § 222 StGB	323
28.1.2.1	Fahrlässigkeitstat	323
28.1.2.2	Pflichtwidrigkeit	328
28.1.2.3	Aufklärungsfehler	332
28.1.2.4	Organisationspflichtverletzungen	336
28.1.2.5	Kausalität zwischen Sorgfaltspflichtverletzung und eingetretenem Erfolg	339
28.1.2.6	Schuldvorwurf und Verfolgungsvoraussetzungen	342
28.1.3	Unterlassene Hilfeleistung, § 323 c StGB	343
28.1.4	Verletzung der ärztlichen Schweigepflicht, §§ 203 Abs. 1 Nr. 1, Abs. 2, 204 StGB	344
28.1.5	Urkundenfälschung, § 267 StGB	350
28.1.6	Ausstellen unrichtiger Gesundheitszeugnisse, § 278 StGB	352
28.1.7	Vorteilsannahme/Bestechlichkeit, §§ 299, 331, 332 StGB	353
28.1.7.1	Rechtspraxis	354
28.1.7.2	Amtsträger	355
28.1.7.3	Dienstausübung	356
28.1.7.4	Vorteil	357
28.1.7.5	Unrechtsvereinbarung	357
28.1.7.6	Genehmigung, § 331 Abs.3 StGB	358
28.1.7.7	Subjektiver Tatbestand	359
28.1.7.8	Bestechlichkeit im geschäftlichen Verkehr, § 299 Abs. 1 StGB	359
28.1.8	Betrug, § 263 StGB	360
28.1.8.1	Täuschung	361
28.1.8.2	Irrtum	362
28.1.8.3	Vermögensverfügung und Vermögensschaden	363
28.1.8.4	Subjektiver Tatbestand	363
28.1.8.5	Typische Abrechnungsmanipulationen	364
28.1.9	Untreue, § 266 StGB	364
28.2	Strafprozessuale Rechtsfolgen	366
28.2.1	Geldstrafe und Freiheitsstrafe	366
28.2.2	Berufsverbot	366
28.3	Standes- und Berufsrecht	367
28.3.1	Berufsgerichtliches Verfahren	368
28.3.2	Approbationsverfahren	368
28.3.3	Kassenarztrechtliche Folgen	371
Literatur		375

Lernziele

Was können Sie nach diesem Kapitel?

Das Arztstrafrecht kann man nur dann verstehen, wenn man die Dogmatik des allgemeinen Strafrechts kennt! Strafrecht ist Teil des Rechtssystems.

Das Strafrecht selbst setzt sich aus verschiedenen Gesetzen zusammen. Im Mittelpunkt steht das Strafgesetzbuch (StGB). Für die strafrechtliche Betrachtung ist deshalb das StGB das Hauptwerkzeug und unverzichtbar. Hier findet sich das materielle Strafrecht, d. h. in diesem Gesetz steht, welches Verhalten der Menschen bestraft wird (Straftatvoraussetzungen) und wie ein solches Verhalten bestraft werden kann (Straftatfolgen). Das StGB ist untergliedert in einen Allgemeinen Teil (AT) und in einen Besonderen Teil (BT). Im AT finden sich die allgemeinen Regeln der Strafbarkeit, z. B. unter welchen Voraussetzungen ein Versuch bestraft wird und die bereits angesprochenen Straftatfolgen. Im BT sind die einzelnen Straftatbestände aufgeführt. Aus dem AT kommen noch weitere Voraussetzungen hinzu; so muss u. a. der Täter schuldhaft handeln. Auch die möglichen Straftatfolgen (Freiheitsstrafe oder Geldstrafe) werden durch die Regeln des AT konkretisiert. Indem eine Strafe für ein bestimmtes Verhalten angedroht wird, wird inzidenter eine Verhaltensanweisung für den Bürger ausgegeben.

Ausgangspunkt des Strafens sind Strafbedürfnisse. Von kollektiven Strafbedürfnissen ist das individuelle Strafbedürfnis des Straftäters, das eigene Verlangen nach Sühne und Genugtuung, zu unterscheiden. Heute ist in der Rechtspraxis anerkannt, dass Strafe kein Selbstzweck sein darf. Strafe findet ihre Legitimation in der Zweckhaftigkeit für die Zukunft. Die strafrechtliche Legitimation ist in einem Notwehrrecht des Staates zur Abwehr sozialschädlicher Verhaltensweisen begründet. „Oberstes Ziel des Strafens ist es, die Gesellschaft vor sozialschädlichem Verhalten zu bewahren und die elementaren Werte des Gemeinschaftslebens zu schützen" (BVerfGE 45, 254). Vordringlich ist hierbei die Individual- oder Spezialprävention. Mit Strafe soll individuell bzw. speziell auf den einzelnen Täter eingewirkt werden, um ihn so von einer Straftatwiederholung abzuhalten. Der Täter soll in die Rechtsgemeinschaft wieder eingegliedert, er soll resozialisiert werden. Sie werden nach diesem Kapitel die Dogmatik des Strafrechts AT und BT durchschauen.

Das vorsätzliche vollendete Handlungsdelikt gilt als der „Prototyp" einer Straftat, und zwar wohl deshalb, weil in ihm die jeweils schwerer wiegenden Begehungsweisen zusammenkommen. Am vorsätzlichen vollendeten Handlungsdelikt werden die meisten Rechtsregeln des Allgemeinen Teils behandelt. In den späteren Abschnitten werden zum Fahrlässigkeits-, Unterlassungs- und Versuchsdelikt sowie zu Täterschaft und Teilnahme nur noch die Abweichungen und Besonderheiten dargestellt.

Das vorsätzliche vollendete Handlungsdelikt prüft man wie jedes Delikt in den drei Stufen „Tatbestand", „Rechtswidrigkeit" und „Schuld". Man untersucht zuerst, ob das fragliche Verhalten überhaupt in einem Straftatbestand beschrieben ist. Falls ja, fragt man zweitens, ob es auch rechtswidrig ist. Falls ja, fragt man drittens, ob es auch schuldhaft ist. Die Reihenfolge des zweiten und des dritten Schrittes kann man nicht umkehren. Sie werden die Drei-Stufen-Theorie anwenden lernen. Weil dieses Delikt objektive und subjektive Tatbestandsvoraussetzungen enthält, pflegt man den Tatbestand zudem in „objektiven" und „subjektiven Tatbestand" zu unterteilen. So zu unterteilen ist keine rechtliche oder logische oder zwingende Regel, sondern nur eine pragmatische: Es ist nützlich, so zu verfahren, weil es üblich ist. Nach diesem Kapitel werden Sie diese Prüfungsweise beherrschen.

Unser Strafrecht verwendet für eine Person, die an einer Straftat mitwirkt, den Oberbegriff „Beteiligter" und kennt als Beteiligungsformen den „Täter" und den „Teilnehmer". Die Täterschaft gibt es in drei Formen: Selbstbegehung (§ 25 I Alt. 1 StGB; genannt „unmittelbare Täterschaft"), Begehung durch einen anderen (§ 25 I Alt. 2 StGB; genannt „mittelbare Täterschaft") und mittäterschaftliche Begehung der Straftat (§ 25 II StGB; genannt „Mittäterschaft"). Die Teilnahme gibt es in zwei Formen: Anstiftung (§ 26 StGB) und Beihilfe (§ 27 StGB). Die Unterscheidung von Täterschaft und Teilnahme sowie die Unterscheidung von Anstiftung und Beihilfe werden Ihnen nach diesem Kapitel problemlos gelingen.

Der Versuch kommt ebenso wie die Teilnahme nur bei Vorsatzdelikten in Betracht. Das ergibt sich schon aus der Legaldefinition in § 22 StGB, wonach der Täter „nach seiner Vorstellung von der Tat" zu deren Verwirklichung unmittelbar angesetzt haben muss. Im zeitlichen Ablauf einer Straftat liegt der Versuch zwischen der in aller Regel straflosen Vorbereitungshandlung und der Tatvollendung. Sie erwerben die Fähigkeit, die Abgrenzung zwischen Vorbereitung und Versuch vorzunehmen und lernen u. a. die Struktur des Versuchs kennen.

Das Fahrlässigkeitsdelikt gibt es in unserem Strafrecht nur als vollendetes Delikt, nicht als versuchtes. Das fahrlässige vollendete Handlungsdelikt ist dem vorsätzlichen sehr ähnlich. Das objektive Unrecht beider Delikte ist identisch. Der Unterschied liegt nur im subjektiven: Für das Vorsatzdelikt braucht man Vorsatz und für das Fahrlässigkeitsdelikt nicht. Darum muss man beim Fahrlässigkeitsdelikt den Tatbestand auch nicht in einen objektiven und einen subjektiven Teil aufspalten. Neben dem Begehungsdelikt, das ein aktives Tun voraussetzt, bildet das Unterlassen einer erwarteten Handlung eine weitere Möglichkeit des strafrechtlich zurechenbaren Verhaltens. Delikte, in denen das Unterlassen schon im Straftatbestand des besonderen Teils ausdrücklich beschrieben ist, nennt man „echte Unterlassungsdelikte". Delikte, in denen das Unterlassen nicht im Straftatbestand des besonderen Teils ausdrücklich beschrieben ist, sondern erst durch Hinzunahme des § 13 I StGB, nennt man „unechte Unterlassungsdelikte". Sie werden beide Prüfungsstrukturen beherrschen und können jederzeit erkennen, ob es sich bei dem Delikt um ein fahrlässiges Delikt oder ein solches durch Unterlassen begangenes handelt.

Nach diesem Kapitel kennen Sie die Grundlagen des materiellen Arztstrafrechts. Sie können Ursachen und Ausprägungen der Tätermotivationen zur Begehung von medizinstrafrechtlichen Handlungen differenzieren. Neben der Abgrenzung und Bestimmung des Begriffs Arztstrafrecht werden Sie täterpsychologische Aspekte anhand von Fallbeispielen (reale Fälle, die anonymisiert wiedergegeben werden) und klassischen Handlungsmustern beschreiben können. Ferner werden Sie darstellen können, welche Voraussetzungen im medizinischen Umfeld geschaffen werden müssen, um eine Basis für eine effektive strafrechtliche Bekämpfung dieser besonderen Kriminalitätsproblematik zu schaffen.

28.1 Materielles Arztstrafrecht

28.1.1 Einführung

Das Strafrecht dient der Verwirklichung des Gemeinwohls und der Erhaltung des Rechtsfriedens, indem es Rechtsgüter schützt. Rechtsgüter sind wertvolle Lebensgüter, Sozialwerte und rechtlich anerkannte Interessen des Einzelnen und der Allgemeinheit, die wegen ihrer besonderen Bedeutung für die Gesellschaft einen besonderen Rechtsschutz genießen. Rechtsgüter des Einzelnen werden Individualrechtsgüter genannt; dazu zählen z. B. das Leben, die körperliche Unversehrtheit, das Eigentum und das Vermögen. Schutzbereiche der Allgemeinheit (Universal- oder Kollektivrechtsgüter) sind etwa die Rechtspflege oder die Unbestechlichkeit von Amtsträgern.[1] Das Strafrecht beschreibt in Straftatbeständen Tathandlungen an Handlungsobjekten, die mit Strafe bedroht sind. Das materielle Strafrecht umfasst die Voraussetzungen und die Rechtsfolgen der Straftat. Das formelle Strafrecht enthält dagegen Normen über den Ablauf des Strafverfahrens.

Strafverfahren gegen Ärzte und ihre Mitarbeiter beziehen sich auf drei Fallgruppen:

- Delikte, die den Arzt wie jedermann, der am Wirtschaftsleben teilnimmt, betreffen; z. B. Abrechnungsbetrug (§ 263 StGB), Untreue (§ 266 StGB), Vorteilsannahme bzw. Bestechlichkeit (§§ 299, 331 ff. StGB), Urkundenfälschung (§ 267 StGB).
- Ärztliche Sonderdelikte, z. B. die Verletzung der ärztlichen Schweigepflicht (§ 203 StGB).
- Verfahren mit dem Vorwurf fehlerhafter Behandlung im Sinne fahrlässiger Körperverletzung (§ 229 StGB) und fahrlässiger Tötung (§ 222 StGB) sowie mit Behandlungsbezug (§ 323 c StGB; Unterlassene Hilfeleistung).

Aufgrund der Schwere der Tatbegehung erfolgt die weitere Darstellung der Fallgruppen in umgekehrter Reihenfolge, beginnend mit den Körperverletzungs- und Tötungsdelikten. Vorwürfe wegen fehlerhafter Behandlung bilden den Schwerpunkt der staatsanwaltschaftlichen Ermittlungen, wobei zum quantitativen Ausmaß letztlich nur Schätzungen vorliegen. Angeblich werden in der Bundesrepublik Deutschland jährlich zwischen 1.500 und 3.000 Ermittlungsverfahren gegen Ärzte im Zusammenhang mit der Behandlung geführt.[2] Arztstrafverfahren wegen des Vorwurfs der fahrlässigen Körperverletzung bzw. fahrlässigen Tötung korrespondieren vielfach mit zivilrechtlichen Anspruchsanmeldungen bzw. Verfahren. Darüber hinaus bleiben selbstverständlich Verfahren zu veranschlagen, welche seitens der Staatsanwaltschaften von Amts wegen eingeleitet werden. Im Folgenden werden Straftatbestände beschrieben, die für strafrechtliche Verfahren bei Ärzten und ihren Mitarbeitern besonders relevant sind.

---

[1] Wessels/Beulke, Rdnr. 6 f.

[2] Ulsenheimer, Arztstrafrecht in der Praxis, 4. Auflage, Rdnr. 1.

28.1.2 Fahrlässige Körperverletzung, § 229 StGB; Fahrlässige Tötung, § 222 StGB

28.1.2.1 Fahrlässigkeitstat

§ 229 Fahrlässige Körperverletzung

Wer durch Fahrlässigkeit die Körperverletzung einer anderen Person verursacht, wird mit Freiheitsstrafe bis zu drei Jahren oder mit Geldstrafe bestraft.

§ 222 Fahrlässige Tötung

Wer durch Fahrlässigkeit den Tod eines Menschen verursacht, wird mit Freiheitsstrafe bis zu fünf Jahren oder mit Geldstrafe bestraft.

Im Arztstrafrecht geht es nicht so sehr um vorsätzliche, sondern eher um fahrlässige Behandlungsfehler.[3] Das Fahrlässigkeitsdelikt gibt es im deutschen Strafrecht nur als vollendetes Delikt, d.h. der Taterfolg der Körperverletzung oder Tötung ist eingetreten. Fahrlässigkeitsdelikte kann es nicht als versuchtes Delikt geben. Das fahrlässige vollendete Handlungsdelikt ist dem vorsätzlichen Handlungsdelikt sehr ähnlich. Das objektive Unrecht beider Delikte ist identisch. Der Unterschied liegt nur im subjektiven: Für das Vorsatzdelikt braucht man Vorsatz (Vorsatz = Wissen und Wollen der Tatbestandsverwirklichung) und für das Fahrlässigkeitsdelikt nicht. Die Tatbestände der fahrlässigen Körperverletzung und fahrlässigen Tötung stimmen – bis auf den tatbestandlichen Erfolg – im Aufbau überein.

Der Täter muss sich eine „Fahrlässigkeit" zu Schulden kommen lassen. Dabei ist von der „Schuld" nicht zufällig, sondern mit Bedacht die Rede. Meist nennt man den Unrechtsteil der Fahrlässigkeit „objektive Sorgfaltspflichtverletzung" und den Schuldteil „subjektive" oder „individuelle Sorgfaltspflichtverletzung". Die objektive Sorgfaltspflichtverletzung ist das objektive Fehlverhalten des Täters, die Pflichtwidrigkeit, der Verhaltensunwert, in den Worten des § 276 Abs. 2 BGB: *„Fahrlässig handelt, wer die im Verkehr erforderliche Sorgfalt außer Acht lässt."* Die subjektive Sorgfaltspflichtverletzung liegt darin, dass der Täter die objektive Sorgfaltspflichtverletzung nach seinen persönlichen Fähigkeiten hätte vermeiden können.[4]

So kann der Fahrlässigkeitsverstoß des Arztes in einem positiven Tun bestehen, z. B. dem Legen einer zu engen Bassini-Naht bei einer Leistenbruchoperation, der Injizierung eines falschen Medikaments, der Verletzung der Speiseröhre bei der Intubation durch den Anästhesisten, der Zuführung von Halothan anstatt Sauerstoff bei der Narkose, der Operation

---

[3] Fenger/Holznagel/Neuroth/Gesenhues, Schadensmanagement für Ärzte, 62.

[4] Roxin/Schroth, Handbuch des Medizinstrafrechts, 4. Auflage, 141.

des rechtsseitigen anstatt des linksseitigen Leistenbruchs, der Amputation des gesunden statt des krebsbefallenen Lungenflügels oder der Verschreibung süchtig machender Beruhigungsmittel. Der Fahrlässigkeitsverstoß kann aber auch in einem Unterlassen, nämlich der Nichtvornahme einer medizinisch gebotenen Maßnahme, liegen, z. B. der nicht rechtzeitigen Einweisung in das Krankenhaus, dem zu späten Erkennen der Peritonitis, der Nichtvornahme einer Röntgenübersichtsaufnahme des Abdomens, der Nichtinformation des Chefarztes trotz lebensbedrohlicher Entwicklung des Geburtsverlaufs für Mutter und Kind, der Nichteröffnung eines zu eng gelegten Gipsverbandes nach einem komplizierten Unterarmbruch, der verspäteten Entscheidung zur Sectio oder der Nichterhebung medizinisch zweifelsfrei gebotener Befunde.

Exkurs: Grundsätzliches Wissen zum Tatbestand

Ein Gesetz setzt sich immer aus Tatbestand und Rechtsfolge zusammen. Im Strafrecht besteht die Rechtsfolge aus der Strafe beziehungsweise der Maßregel. Beim Tatbestand ist zwischen Handlungsunwert und Erfolgsunwert zu unterscheiden. Gegenstand des Handlungsunwerts ist bei den Fahrlässigkeitsdelikten, dass der Täter eine sorgfaltswidrige Handlung vornimmt, bei den Vorsatzdelikten ist es die auf den missbilligten Erfolg hin gesteuerte Handlung.

Erfüllt der Täter einen Tatbestand, ist noch lange nicht gesagt, dass er tatsächlich bestraft werden kann. Denkbar ist, dass sein Verhalten zum Beispiel durch Notwehr, § 32 StGB, gerechtfertigt oder dass er gemäß § 35 StGB entschuldigt ist.

§ 32 Notwehr

(1) Wer eine Tat begeht, die durch Notwehr geboten ist, handelt nicht rechtswidrig.

(2) Notwehr ist die Verteidigung, die erforderlich ist, um einen gegenwärtigen rechtswidrigen Angriff von sich oder einem anderen abzuwenden.

§ 35 Entschuldigender Notstand

(1) Wer in einer gegenwärtigen, nicht anders abwendbaren Gefahr für Leben, Leib oder Freiheit eine rechtswidrige Tat begeht, um die Gefahr von sich, einem Angehörigen oder einer anderen ihm nahestehenden Person abzuwenden, handelt ohne Schuld. Dies gilt nicht, soweit dem Täter nach den Umständen, namentlich weil er die Gefahr selbst verursacht hat oder weil er in einem besonderen Rechtsverhältnis stand, zugemutet werden konnte, die Gefahr hinzunehmen; jedoch kann die Strafe nach § 49 Abs. 1 gemildert werden, wenn der Täter nicht mit Rücksicht auf ein besonderes Rechtsverhältnis die Gefahr hinzunehmen hatte.

(2) Nimmt der Täter bei Begehung der Tat irrig Umstände an, welche ihn nach Absatz 1 entschuldigen würden, so wird er nur dann bestraft, wenn er den Irrtum vermeiden konnte. Die Strafe ist nach § 49 Abs. 1 zu mildern.

Auch können mehrere Personen zusammen eine Straftat begehen. Der Gesetzgeber hat für diese Fragestellungen einen Allgemeinen Teil geschaffen. Er enthält die allgemeinen Bestimmungen, die für jeden Tatbestand des Besonderen Teils (BT) gelten. Sie sind vor die Klammer gezogen. Daraus folgt, dass Ausgangspunkt immer der Tatbestand des BT sein muss. So macht sich niemand wegen Versuchs oder Anstiftung strafbar, sondern nur wegen versuchten Totschlags oder wegen Anstiftung zum Totschlag.

Die einzelnen Tatbestände sind nicht willkürlich zusammengestellt, ihnen liegt grundsätzlich ein ordnendes Prinzip zu Grunde. So hat der Gesetzgeber die Delikte, die ein einheitliches Rechtsgut schützen, in Abschnitten zusammengefasst, zum Beispiel Straftaten gegen das Leben usw.

Das Verbrechen ist eine Einheit. Gleichwohl wird es begrifflich in Bestandteile zerlegt. Diese Bestandteile werden wiederum zu einem System zusammengefügt.

I. Tatbestand

II. Rechtswidrigkeit

III. Schuld

Diese Struktur ist dazu geeignet, sich folgende zentrale Überlegungen zu verdeutlichen:

Der Deliktsaufbau ist dreistufig (Trichotomie = griechisch, Dreiteilung). Der Tatbestand ist die Zusammenfassung derjenigen Tatbestandsmerkmale, die das verbotene Verhalten beschreiben und von nicht verbotenem Verhalten abgrenzen. Er ist der erste große Filter vor der Strafbarkeit eines Täters und stanzt aus der Fülle der Lebensvorgänge diejenigen heraus, die der Gesetzgeber grundsätzlich für strafbar hält.

Aus der Verwirklichung des Tatbestandes folgt noch nicht notwendig die Rechtswidrigkeit des Verhaltens, sondern nur ein Indiz für diese Rechtswidrigkeit. Dass eine tatbestandliche Handlung von der Rechtsordnung missbilligt wird, bildet die Regel. Ihre Billigung stellt die Ausnahme dar. Die Billigungsgründe fasst man unter dem Begriff Rechtfertigungsgründe zusammen. Sie beschreiben die Voraussetzungen, unter denen eine tatbestandsmäßige Handlung nicht „wider das Recht" ist. Alle Rechtfertigungsgründe zielen in die gleiche Richtung und Treffen die durch den Tatbestand indizierte Rechtswidrigkeit, wodurch diese aufgehoben wird. Die einzelnen Rechtfertigungsgründe sind nicht nur dem Strafrecht zu entnehmen, sondern der Einheit der Rechtsordnung. Was im Zivilrecht oder in der Strafprozessordnung erlaubt ist, kann im Strafrecht nicht verboten sein.

Tatbestandsmäßiges und rechtswidriges Verhalten führt noch nicht zur Bestrafung des Täters. Dritter im Bunde ist die Schuld. Erst mit ihrer Feststellung ist das Unwerturteil über den Täter gegeben. Soweit es um die Schuld geht, wird also nach dem „Dafür-Können", der „Vorwerfbarkeit", der „Verantwortung" des Täters gefragt. Das deutsche Strafrecht bekennt sich zum Schuldstrafrecht: Strafbar ist nur, wer schuldhaft handelt. Der strafrechtliche Schuldvorwurf unterscheidet sich damit von jeder sonstigen Verwendung des Begriffs „Schuld" (z. B. Aids ist schuld am Tod des A, gemeint ist Kausalität; Schuldig werden vor Gott, gemeint ist Religion). Der strafrechtliche Schuldvorwurf knüpft immer an das bereits durch Tatbestand und Rechtswidrigkeit vorgefilterte menschliche Verhalten an.

Exkursende: Zurück zur Prüfung der Fahrlässigkeitstat

Tatbestandsmäßigkeit

Ein kleiner gesetzestechnischer Unterschied zum Vorsatzdelikt ist, dass beim Fahrlässigkeitsdelikt Erfolg und Ursächlichkeit meist wörtlich benannt sind. Beispiele: „Tod eines Menschen verursacht" in § 222 StGB; „Körperverletzung einer anderen Person verursacht" in § 229 StGB; „Gefahr ... verursacht" in § 315c Abs. 3 StGB. Manchmal sind sie aber auch nur im Handlungsmerkmal enthalten, z. B. in § 324 Abs. 1, Abs. 3 StGB („handelt ... fahrlässig").

Konkrete Prüfungspunkte des dreistufigen Deliktsaufbaus bei der Fahrlässigkeitstat sind:

- Verletzung der im Verkehr erforderlichen Sorgfalt durch Tun oder Unterlassen gebotener Maßnahmen, wodurch die Körperverletzung oder der Tod des Patienten verursacht wird.
- Sogenannter Pflichtwidrigkeitszusammenhang („rechtlicher Ursachenzusammenhang"): Der eingetretene tatbestandliche Erfolg (Körperverletzung/Tod) muss konkret auf die Sorgfaltspflichtverletzung zurückzuführen sein; bei pflichtgemäßem Verhalten des Arztes wäre der tatbestandliche Erfolg zu vermeiden gewesen.
- Schutzzweckzusammenhang zwischen verletzter Norm und eingetretenem Erfolg. Dieser Schutzzweckzusammenhang ist nur dann zu bejahen, wenn sich insbesondere die Gefahren realisiert haben, vor denen die Sorgfaltspflicht eigentlich schützen sollte.
- Objektive Voraussehbarkeit der Tatbestandsverwirklichung. Wird gegen den gebotenen Sorgfaltsmaßstab verstoßen, ist als nächster Schritt zu prüfen, ob der eingetretene Erfolg für den Arzt auch objektiv voraussehbar war und ihm damit auch zugerechnet werden kann.

Rechtswidrigkeit

Auch Fahrlässigkeitsdelikte können gerechtfertigt sein. Auf ein subjektives Rechtfertigungselement kommt es dabei nicht an. Das ist weitgehend anerkannt, wenn auch die Begründungen variieren. Die systematisch klarste Begründung lautet: Beim Fahrlässigkeitsdelikt wird dem Täter tatbestandlich das Unrecht vorgeworfen, durch eine objektive Sorgfaltspflichtverletzung (Verhaltensunwert) einen rechtlich missbilligten Erfolg verursacht zu haben (Erfolgsunwert). Also entfällt der Rechtswidrigkeitsvorwurf bereits dann, wenn der Erfolgsunwert oder auch nur der Verhaltensunwert entfällt. Das Fehlen lediglich des Vorstellungsunwertes hingegen ist unbeachtlich.

Konkrete Prüfungspunkte des dreistufigen Deliktsaufbaus bei der Fahrlässigkeitstat sind: Fehlen von Rechtfertigungsgründen (Einwilligung, mutmaßliche Einwilligung, Notstand gem. § 34 StGB), rechtfertigende Pflichtenkollision (§ 34 StGB).[5]

---

[5] Ries/Schnieder/Althaus/Großbölting/Voß, Arztrecht, 2. Auflage, 123.

*§ 34 **Rechtfertigender Notstand***

Wer in einer gegenwärtigen, nicht anders abwendbaren Gefahr für Leben, Leib, Freiheit, Ehre, Eigentum oder ein anderes Rechtsgut eine Tat begeht, um die Gefahr von sich oder einem anderen abzuwenden, handelt nicht rechtswidrig, wenn bei Abwägung der widerstreitenden Interessen, namentlich der betroffenen Rechtsgüter und des Grades der ihnen drohenden Gefahren, das geschützte Interesse das beeinträchtigte wesentlich überwiegt. Dies gilt jedoch nur, soweit die Tat ein angemessenes Mittel ist, die Gefahr abzuwenden.

Schuld

Beim Fahrlässigkeitsdelikt sind gegenüber dem Vorsatzdelikt zwei Besonderheiten bei der Frage der Schuld zu beachten. Manchmal sind Personen nicht in der Lage, die allgemeinen, objektiven Sorgfaltsanforderungen (die „Sorgfaltsstandards") zu erfüllen. Ihnen kann man ihr Verhalten, obwohl es objektiv pflichtwidrig ist, nicht subjektiv vorwerfen. Denn man darf ihnen nur die ihnen persönlich mögliche Sorgfalt abverlangen. Deshalb muss man (spätestens hier in der Schuld) fragen, ob der Handelnde nach seinen persönlichen Fähigkeiten in der Lage war, die objektiven Sorgfaltsanforderungen zu erfüllen.

Konkrete Prüfungspunkte des dreistufigen Deliktsaufbaus bei der Fahrlässigkeitstat sind: Erkennbarkeit und Erfüllbarkeit der objektiven Sorgfaltspflicht; subjektive Voraussehbarkeit des Erfolges und des wesentlichen Geschehensablaufs.

Beachte:

Aus dem Nichteintreten des Behandlungserfolgs bzw. auch dem Misslingen eines Eingriffs bzw. dem Eintreten einer Komplikation darf nicht auf einen Behandlungsfehler rückgeschlossen werden. „Gerade wegen der Eigengesetzlichkeit und weitgehenden Undurchschaubarkeit des lebenden Organismus kann ein Fehlschlag oder Zwischenfall nicht allgemein ein Fehlverhalten oder Verschulden des Arztes indizieren".[6] Erforderlich ist vielmehr, sämtliche Tatbestandsvoraussetzungen dezidiert zu prüfen, um einen eventuellen Schuldvorwurf feststellen zu können. Rechtspraktisch wesentlich sind dabei regelmäßig:

- Sorgfaltspflichtverletzung,
- Eintreten des tatbestandlichen Erfolges und
- Ursachenzusammenhang zwischen Sorgfaltspflichtverletzung und tatbestandlichem Erfolg.

[6] BGH NJW 1977, 1103, BGH VersR 1991, 467 f.

28.1.2.2 Pflichtwidrigkeit

Verletzung der im Verkehr erforderlichen objektiven Sorgfalt

Die Grundlage jeder Fahrlässigkeit ist also die Verletzung der im Verkehr erforderlichen Sorgfalt. Das Maß der erforderlichen Sorgfalt richtet sich dabei objektiv nach den Umständen und subjektiv nach den persönlichen Kenntnissen und Fähigkeiten des Täters.[7]

Objektiver Sorgfaltsmaßstab

Bei der Beurteilung sorgfältigen Handelns eines Arztes stellt die Rechtsprechung grundsätzlich auf den sog. Facharztstandard (auch Stand der Wissenschaft oder Kunstregeln) ab. Dieser wird jedenfalls nicht allein durch Leitlinien, Richtlinien oder Empfehlungen der zuständigen medizinischen Gesellschaft geprägt, vielmehr definiert sich der einzuhaltende Sorgfaltsmaßstab nach dem medizinischen Wissensstand im Zeitpunkt der streitigen Behandlung.[8] Einzelne Richtlinien, Empfehlungen oder Leitlinien können hinter dem zum Zeitpunkt der Behandlung geltenden Standard zurückbleiben und damit nicht der entscheidende Maßstab sein. Der Standard des jeweiligen Fachgebietes beruht einerseits auf wissenschaftlich gesicherten Erkenntnissen und Erfahrungen sowie andererseits auf der Anerkennung dieses Wissensstandes in der Praxis des Medizinbetriebes.[9] Daraus folgt, dass wissenschaftliche Erkenntnisse allein noch keinen Standard begründen, solange diese Erkenntnisse in der Praxis nicht umgesetzt sind.[10] Nicht erforderlich ist, dass die jeweilige Behandlung „optimal" verläuft, gefordert ist nicht jede erdenkliche, sondern die Einhaltung der berufsspezifischen Sorgfalt. [11]

Ex-ante-Sicht zur Bestimmung der objektiv gebotenen Sorgfalt
Aus der Umschreibung von „Standard" resultiert, dass dieser keine rein statische Größe darstellt, sondern auch eine dynamische Komponente enthält. Was für den Zeitpunkt 2005 eine standardgemäße Behandlung dargestellt haben mag, kann im Jahr 2011 als behandlungsfehlerhaft zu charakterisieren sein.[12] Diesem Effekt können beispielsweise Fortschritte bzw. neue Erfahrungen in der Medizin zugrunde liegen. Fortlaufend gewonnene neue wissenschaftliche Erkenntnisse bedingen, dass auch der zugrundezulegende fachliche Standard einer kontinuierlichen Fortentwicklung unterliegt, welchem der Arzt mit beständiger Fortbildung Rechnung zu tragen hat. Schon deshalb ist zur Beurteilung eines Facharztstandards stets die Hilfe eines medizinischen Sachverständigen erforderlich. Dabei muss stets geprüft werden, ob für den zu beurteilenden Fall Empfehlungen, Richt- oder

[7] Fischer, StGB, 57. Auflage, § 222 Rdnr. 5.

[8] NJW 2000, 2754 ff., MedR 2006, 358 f.

[9] Ulsenheimer, Arztstrafrecht in der Praxis, 4. Auflage, Rdnr. 20.

[10] MedR 2006, 111 f.

[11] Ulsenheimer, Arztstrafrecht in der Praxis, 4. Auflage, Rdnr. 21, BGH NJW 1995, 776.

[12] GesR 2004, 132.

Leitlinien vorliegen und diese noch dem medizinischen Standard entsprechen. Bei abweichendem ärztlichen Verhalten ist zu prüfen, ob medizinische Gründe ein solches Verhalten nahelegen oder plausibel machen.

Unter diesem Aspekt und darüber hinaus kommt es zur Bestimmung des im konkreten Fall einzuhaltenden Standards auf eine Beurteilung aus Ex-ante-Sicht (nachträgliche objektive Prognose) an.[13] Infolgedessen ist bei der Beurteilung konkret auf den Zeitpunkt der Vornahme oder Unterlassung der fraglichen ärztlichen Maßnahme abzustellen.

Grundsatz der Methoden- bzw. Therapiefreiheit

„Die Feststellung eines Behandlungsfehlers verlangt eine umsichtige Analyse aller Umstände des einzelnen Falles unter Einschluss der individuellen, besonderen Bewandtnisse unter Wahrung der – ihrerseits in Sicherungspflichten eingebundenen – Methodenfreiheit".[14] Kommen im konkreten Behandlungsfall mehrere medizinisch anerkannte Heilmethoden in Betracht oder gibt es noch keine Standardbehandlung, gilt der Grundsatz der Methoden- bzw. Therapiefreiheit. Der Arzt ist im Rahmen dieser Methoden- bzw. Therapiefreiheit in seiner Entscheidung frei. Diese Freiheit kann auch nicht durch den medizinischen Dienst der Krankenversicherung (MDK) beschränkt werden.[15] Besonderheiten des Einzelfalles und das freie Entscheidungsrecht des Patienten sowie der medizinische Fortschritt rechtfertigen diese Therapiefreiheit. Gleichwohl gilt diese Freiheit nicht schrankenlos: Sie gilt nur für medizinisch vertretbare Diagnose- und Therapieentscheidungen.[16] Grundsätzlich besteht die Therapiefreiheit hinsichtlich gleichwirksamer Methoden, die vergleichbare Risiken aufweisen. Es darf aber nicht zu einer vermeidbaren Risikoerhöhung durch bewusste Wahl einer risikoträchtigeren Behandlungsalternative kommen, wenn risikoärmere Möglichkeiten zur Verfügung stehen. Unter mehreren medizinisch anerkannten Vorgehensweisen hat der Arzt also stets diejenige zu wählen, die das geringste Risiko für den Patienten mit sich bringt.

Facharztstandard

Grundsätzlich hat der Patient einen Anspruch darauf, dass die ärztliche Behandlung zu jeder Zeit und an jedem Ort den „Facharztstandard" einhält. Dies gilt auch für Nacht- und Sonntagsdienste im Krankenhaus sowie bei Not-und Eilfällen. Dieser Sorgfaltsmaßstab ist auch im Rahmen eines Not- oder Bereitschaftsdienstes einzuhalten. Allenfalls bei Notfällen, für die eine sorgfältige Organisation und Vorbereitung nicht vorsorgen kann, kann ein herabgesetzter Standard zugrunde gelegt werden. Leistet ein Arzt außerhalb seiner beruflichen Tätigkeit „zufällig" erste Hilfe, ist der Standard ebenfalls herabgesetzt. [17]

[13] NJW 2000, 2758, GesR 2004, 257 ff., BGH NJW 1961, 600; 1963, 393, 394, Ulsenheimer, Arztstrafrecht in der Praxis, 4. Auflage, Rdnr. 19 a.

[14] Berg/Ulsenheimer, Patientensicherheit, Arzthaftung, Praxis- und Krankenhausorganisation, 2006, 257 f.

[15] MedR 2007, 345 ff.

[16] MedR 2003, 591, 593.

[17] OLG Düsseldorf, Urteil vom 13.12.2007, Az.: 8 U 27/07.

Der „Facharztstandard" wird dabei nicht als formelles Kriterium aufgefasst, sondern inhaltlich bestimmt. Die zu beurteilende Behandlungsmaßnahme des Arztes muss inhaltlich Facharztqualität aufweisen. Dies bedeutet grundsätzlich, dass auch ein Arzt der die Facharztqualifikation nach der Weiterbildung noch nicht erworben hat, durch seinen Wissens- und Erfahrungsstand ärztliche Behandlungsmaßnahmen in Facharztqualität erbringen kann, wodurch der Standard gewahrt bleibt. Gefordert wird allerdings die Anleitung und Aufsicht über den „Noch-nicht-Facharzt" durch einen Facharzt. Der Einsatz von „Anfängerärzten" bzw. deren Einsatz bei Ausbildungsoperationen erfordert daher entsprechende organisatorische Vorsorge, um die mit dem Einsatz des Nichtfacharztes verbundenen Gefahren so gering wie möglich zu halten. Auch zu Ausbildungsbeginn muss von einem Assistenzarzt verlangt werden, dass Elementarregeln des Fachs eingehalten werden (Vergewisserung über anatomische Verhältnisse, Identifizierung von Strukturen, Rückfrage beim anwesenden Oberarzt bis hin zur Aufgabe der Operation).[18] Grundsätzlich sollen Assistenzärzte in Weiterbildung deshalb nur zu solchen Aufgaben eigenverantwortlich herangezogen werden, die diese nach dem Stand ihrer Kenntnisse und nach ihren praktischen Fähigkeiten beherrschen. Problematisch ist deshalb etwa der Einsatz im Notarztwagen, im Kreißsaal oder bei Bereitschafts-, Nacht- und Wochenenddiensten. Stets sind etwaige Risiken durch besondere Organisation auszugleichen.

Bezüglich der objektiven Sorgfaltspflichtverletzung ist zudem nach der Stellung und Situation des Arztes zu differenzieren. Der Umfang der objektiv erforderlichen Sorgfalt hängt davon ab, welche konkrete Position der Arzt bekleidet und welche personellen, technischen und organisatorischen Möglichkeiten ihm zur Verfügung stehen. Dies wird bei einem Allgemeinarzt anders zu beurteilen sein, als beispielsweise bei einem Facharzt oder dem Leiter eines Universitätsklinikums. Entsprechend ist die Bemessung der erforderlichen Sorgfalt auch zwischen klinisch tätigen und niedergelassenen Medizinern anzupassen. Die Sorgfaltsanforderungen können daher nicht stets an den Möglichkeiten von Unikliniken und Spezialkrankenhäusern orientiert werden, sondern müssen sich an den für den Patienten in der Situation faktisch erreichbaren Gegebenheiten ausrichten, soweit damit ein ausreichender medizinischer Standard erreicht werden kann.[19] Allerdings rechtfertigen Gefahren wie der Einsatz übermüdeter Ärzte oder Berufsanfänger bzw. auch Personalknappheit keine Einschränkungen am Standard, sondern sind durch adäquate organisatorische Maßnahmen auszugleichen. Auf Ressourcenknappheit durch Einschnitte im Gesundheitswesen muss ebenfalls durch organisatorische Maßnahmen reagiert werden.[20] Eine Unterschreitung des Mindeststandards ist unter allen Umständen zu vermeiden.

Schuldebene: Berücksichtigung individueller Faktoren

Bleibt der Arzt im konkreten Behandlungsfall hinter dem Maßstab objektiv einzuhaltenden medizinischen Standards zurück, resultiert daraus unter strafrechtlichen Gesichtspunkten

[18] MedR 2006, 358.

[19] BGH NJW 1994, 1597, 1598.

[20] NJW 1983, 1376, VersR 1984, 62.

nicht notwendigerweise ein Schuldvorwurf. Erforderlich ist, dass ein objektiv sorgfaltspflichtwidriges Verhalten dem Betroffenen zugerechnet werden kann, indem dieser auch subjektiv, nach seinen persönlichen Fähigkeiten und seinem individuellen Können im Stande war, die von ihm verlangte Sorgfalt zu erkennen und aufzubringen.

Der Sorgfaltsmaßstab unterliegt strafrechtlich also doppelter Prüfung: Im Hinblick auf objektiv berufsbezogene und subjektiv personenbezogene Aspekte (im Unterschied zum Zivilrecht, wo ein rein objektiver Maßstab zugrunde gelegt wird). Dies bedingt, dass ein Arzt etwa zivilrechtlich für eine Sorgfaltspflichtverletzung schadensersatzpflichtig sein kann, strafrechtlich jedoch mangels Schuld freigesprochen werden muss, weil in der konkreten Situation die geforderte Sorgfalt über seine individuellen Fertigkeiten hinaus ging.

Übernahmeverschulden

Aus der Berücksichtigung individueller Faktoren auf der Ebene der Schuld darf nicht gefolgert werden, dass im Ergebnis straflos bliebe, wer beispielsweise wegen unterdurchschnittlicher Qualifikation einen tatbestandlichen Erfolg unter Außerachtlassung der objektiv erforderlichen Sorgfalt verursacht. Gegebenenfalls bleibt ein Übernahmeverschulden bzw. eine Übernahmefahrlässigkeit zu prüfen. Denn objektiv pflichtwidrig und subjektiv schuldhaft handelt auch derjenige Arzt, der ohne Not und freiwillig eine Behandlungstätigkeit übernimmt, der er mangels eigener persönlicher Fähigkeiten oder Sachkunde für ihn selbst erkennbar nicht gewachsen ist.[21] Die Tatsache, dass z. B. ein Assistenzarzt persönlich mit der Geburtssituation überfordert war, kann ihn subjektiv entlasten, doch kommt es hierauf für das Verschulden im Zivilrecht nicht an, da die Anforderungen an den mit der Geburtsleitung befassten Arzt objektiv zu bestimmen sind, d. h. er schuldet den fachärztlichen Standard ohne Rücksicht auf seinen individuellen Aus- und Fortbildungsstand und die Schwerpunkte der eigenen Tätigkeit.[22] Für eine strafrechtliche Verurteilung wird es im vorliegenden Fall am subjektiven Fahrlässigkeitsvorwurf fehlen.

Voraussetzung für den Vorwurf ist, dass der Arzt einen etwa vorhandenen Mangel an Kenntnissen und Fertigkeiten erkennt. Das Verschulden kann dabei sowohl in der Übernahme einer bestimmten Behandlung als auch in der Fortführung der Behandlung bei Erkennen der eigenen Grenzen liegen. Verfügt der Arzt nicht selbst über die erforderlichen Fertigkeiten und Fähigkeiten, muss er den Patienten entweder an einen entsprechenden Facharzt überweisen oder einen solchen Spezialisten hinzuziehen.[23] Übernimmt ein Assistenzarzt als Nichtfacharzt die Aufsicht und Kontrolle über die Operation eines Berufsanfängers, so ist ihm auch dann daraus ein Vorwurf zu machen, wenn er etwa arbeitsrechtlich zu dieser Tätigkeit gedrängt oder sich dienstanweisungsgemäß hierauf eingelassen hat, obwohl er gegen die Übernahme der Aufgabe Bedenken geäußert hat und die Gefährdung des Patienten hätte erkennen können.[24] Demgegenüber kann ein Assistenzarzt

[21] Fischer, StGB, 57. Auflage, § 15 Rdnr. 16 b.

[22] VersR 2004, 1460 f.

[23] Deutsch/Spickhoff, Medizinrecht, 6. Auflage, Rdnr. 208.

[24] NJW 1992, 1560 f.

grundsätzlich davon ausgehen, dass die für seinen Einsatz verantwortlichen Vorgesetzten auch für den Fall von Komplikationen und deren Beherrschung, für die die Kenntnisse des Assistenzarztes nicht ausreichen würden, organisatorisch Vorsorge treffen. Dies gilt allerdings nicht, wenn für den Assistenzarzt erkennbar eine solche Vorsorge nicht getroffen wird. [25] Erforderlich ist die Einhaltung der im Verkehr üblichen Sorgfalt, also des Facharztstandards, der jeweils Unter- und Obergrenze zugleich für die Beurteilung darstellt.[26]

28.1.2.3 Aufklärungsfehler

Aufklärungsfehler spielen nicht nur im Zivilrecht, sondern auch in der strafrechtlichen Bewertung eine nicht unerhebliche Rolle. Zwar liegt – anders als im Zivilprozess – die Beweislast für die erfolgte Risikoaufklärung im Strafverfahren nicht auf Seiten des Arztes, darüber hinaus ist eine schriftliche Aufklärungsdokumentation im Strafverfahren beweiskräftig und der Zweifelsgrundsatz verbietet die im Zivilverfahren mögliche negative Unterstellung. Es muss jedoch beachtet werden, dass der Patient im Strafverfahren nicht Partei, sondern Zeuge ist und somit der Staatsanwaltschaft ebenfalls als Beweismittel zur Verfügung steht. Bei Zweifeln an der hypothetischen Einwilligung des Patienten ist im Zweifel zugunsten des Arztes von deren Erteilung auszugehen.[27]

Für die Beurteilung der Reichweite der Aufklärungspflichten muss im Strafrecht bei Aufklärungspflichtverletzungen die persönliche Vorwerfbarkeit und die individuelle Vermeidbarkeit derselben berücksichtigt werden. Das Gericht hat demzufolge zu prüfen, ob der betroffene Arzt nach seinen individuellen Wissensstand in der Lage war, den Umfang der objektiv verlangten Aufklärung zu erkennen und zu erfüllen.[28] Die Prüfung der Verletzung der Aufklärungspflicht hat daher unter den Aspekten der subjektiven Vorhersehbarkeit, Vermeidbarkeit und Zumutbarkeit zu erfolgen. Die lediglich ungeprüfte Übernahme einschlägiger Zivilurteile zur Aufklärung ohne Prüfung der Verschuldensfrage wäre falsch.

Sinn und Zweck der Aufklärung ist es, dem Patienten die Möglichkeit einer freien und selbstbestimmten Entscheidung zur Vornahme oder Ablehnung des Eingriffes zu ermöglichen. Zur Vermeidung der Rechtswidrigkeit des Eingriffs bedarf es eines Rechtfertigungsgrundes, der in diesem Fall in der Einwilligung des Patienten in die Vornahme des Eingriffs gegeben ist. Dabei ist die Einwilligung des Patienten nur wirksam, wenn dieser die für seine Entscheidung bedeutsamen Umstände kennt und damit die Tragweite seiner Entscheidung einschätzen kann, also weiß, „in was" er einwilligt.[29] Diesem Erfordernis muss eine adäquate Aufklärung Rechnung tragen. Weitergehend ist allerdings das aus Artikel 2 Abs. 1 in Verbin-

---

[25] MedR 1994, 490.

[26] Ulsenheimer, Arztstrafrecht in der Praxis, 4. Auflage, Rdnr. 25.

[27] BGH I StR 300/03.

[28] Ulsenheimer, Arztstrafrecht in der Praxis, 4. Auflage, Rdnr. 54.

[29] BVerfG NJW 1979, 1925.

dung mit Artikel 1 Abs. 1 GG resultierende allgemeine Persönlichkeitsrecht eines jeden, hier in der Ausgestaltung des „Selbstbestimmungsrechts des Patienten", zu beachten, dessen Verwirklichung im Rahmen von Aufklärungsmaßnahmen zu gewährleisten ist.

Aufklärungsbereiche

Unerlässlich ist die sogenannte „Eingriffs- bzw. Risikoaufklärung", welche das Selbstbestimmungsrecht des Patienten gewährleisten und seine rechtswirksame Einwilligung in Behandlungsmaßnahmen herbeiführen soll.

Sogenannte „Diagnoseaufklärung" beinhaltet im Wesentlichen lediglich die Unterrichtung des Patienten über die zu stellende Diagnose.

Demgegenüber stellt sogenannte „Sicherungsaufklärung bzw. therapeutische Aufklärung" Behandlung im eigentlichen Sinne dar, weshalb zivilprozessual auch die Beweislastregeln zum Behandlungsfehler eingreifen.

Faktoren für Inhalt und Umfang der Eingriffs- bzw. Risikoaufklärung

Die adäquate Erledigung der Eingriffs- bzw. Risikoaufklärung bereitet in der Praxis die größten Schwierigkeiten und stellt folglich auch den Schwerpunkt rechtlicher Würdigung dar. Die Risikoaufklärung umfasst neben Art, Schwere, Umfang, Durchführung und Schmerzhaftigkeit des intendierten Eingriffes auch die Darlegung der Folgen, Erfolgs- bzw. Misserfolgsaussichten, Nebenwirkungen und Risiken sowie das gegebenenfalls vorhandene Erfordernis von Folgeeingriffen. Dabei sind alle behandlungstypischen Risiken anzugeben, deren Kenntnis beim Patienten nicht vorausgesetzt werden kann, die aber für die Entscheidung über die Zustimmung für den Patienten von Bedeutung sind. [30] Dabei legt die Rechtsprechung keine zahlenmäßige Beschränkung fest, wonach etwa bei Risiken im Promillebereich nicht aufzuklären wäre. Vielmehr gilt der Grundsatz: Je schwerwiegender ein mögliches Risiko, je gravierender die etwaigen Folgen für einen Patienten, desto eher ist auch über äußerst seltene und unwahrscheinliche Risiken aufzuklären.

Entscheidend ist darum nicht, wie oft ein bestimmtes Risiko sich verwirklicht, sondern vielmehr ob es als spezifisch für den Eingriff anzusehen und für den Patienten unerwartet und für die weitere Lebensführung besonders belastend ist. [31]

Wesentliche Kriterien zur Bestimmung von Inhalt und Umfang der Risikoaufklärung stellen die mit dem Eingriff verbundene Gefahrenhäufigkeit, die Dringlichkeit des Eingriffs und auch die Persönlichkeit bzw. das Verhalten des Patienten dar. Dabei gilt grundsätzlich, dass die Anforderungen an die Aufklärung umso höher sind, je weniger dringlich der medizinische Eingriff ist. Vornehmlich bei ästhetisch-plastischen Eingriffen fordert die Rechtsprechung eine besonders vollständige und schonungslose Aufklärung. Bei kosmetischen Operationen ist in besonders nachdrücklicher Weise aufzuklären und auch auf ganz

---

[30] NJW 2007, 217, 218.

[31] NJW 2007, 217, 218; NJW 2006, 2108; NJW 2005, 1715, 1717.

abnorme seltene Risiken hinzuweisen.[32] Der Patient soll dadurch vor unüberlegten und übereilten Schritten gewarnt und geschützt werden.[33] Besonders strenge Maßstäbe gelten für die Blutspende, die für den Spender grundsätzlich medizinisch nicht geboten ist und rein aus altruistischen Erwägungen erfolgt. Hierbei müssen alle, auch äußerst seltene Risiken deutlich vor Augen geführt werden. Die bloße Übergabe von Aufklärungsformularen reicht keinesfalls aus. [34] Auch an die Aufklärungspflichten bei rein diagnostischen Eingriffen, die für sich selbst genommen nicht zur Heilung beitragen, stellt die Rechtsprechung erhöhte Anforderungen. Hinzuweisen hat der Arzt auch hier selbst auf sehr selten verwirklichte Risiken, wenn diese schwerwiegend sind.[35]

Faktoren für Inhalt und Umfang der Diagnoseaufklärung

Die Diagnoseaufklärung umfasst die Information an den Patienten über den ärztlichen Befund. Dabei ist der Arzt auch bei schwerwiegenden, tödlich verlaufenden Erkrankungen verpflichtet, dem Patienten „die ganze Wahrheit" zu eröffnen. Nur ausnahmsweise, wenn die Eröffnung der Wahrheit Leben oder Gesundheit des Patienten konkret und ernsthaft gefährden würde, kann die Diagnoseaufklärung aus therapeutischen Gründen eingeschränkt werden oder entfallen. [36]

Faktoren für Inhalt und Umfang der Sicherungsaufklärung

Die Sicherungsaufklärung umfasst die Verhaltensregeln zur Schadensabwehr (Hinweise, Anweisungen und Empfehlungen, damit der Therapieverlauf ungestört und eine Selbstgefährdung des Patienten ausgeschlossen ist). Im Rahmen dieser therapeutischen Aufklärung muss der Arzt auch über die Dringlichkeit etwaiger Maßnahmen, Kontrolluntersuchungen, Nachbehandlungen usw. informieren. Hierzu gehört auch der Hinweis auf die von einem Mitpatienten ausgehende Ansteckungsgefahr bzw. die HIV-Infektion des Lebenspartners, soweit zwischen beiden ein Vertragsverhältnis oder eine Vertrauensbeziehung besteht. [37]

Aufklärungspflichtiger

Patientenaufklärung ist ärztliche Aufgabe und kann daher nicht an Pflegekräfte delegiert werden. Der den Eingriff durchführende Arzt muss nicht mit dem aufklärenden Arzt identisch sein, wobei solches aber gerade bei schwerwiegenden Eingriffen zu empfehlen ist. Dies resultiert aus der eventuell gegebenen besonderen Aufklärungskompetenz des den Eingriff ausführenden Arztes. Im Allgemeinen gilt, dass Aufklärung in erforderlicher Weise qualifiziert erfolgen muss. Dies gilt auch dann, wenn die Aufklärung von fachge-

[32] VersR 2003, 1578.

[33] VersR 2006, 1511.

[34] NJW 2005, 74 f.

[35] VersR 1984, 643.

[36] OLG Köln NJW 1987, 2936.

[37] NJW 2000, 875.

bietsfremden Ärzten vorgenommen wird (z. B.: ein Facharzt für Chirurgie klärt bezüglich röntgendiagnostischer Maßnahmen, die im Rahmen laufender Behandlung erforderlich werden, auf).

Aufklärungsadressat
Grundlegend aufklärungsbedürftig ist der zu behandelnde Patient selbst. Problemstellungen können sich bei minderjährigen Patienten sowie bei volljährigen Patienten, welche willensunfähig sind, ergeben. Grundsätzlich gilt, dass die Einwilligung keine rechtsgeschäftliche Willenserklärung im Sinne der §§ 104 ff. BGB darstellt, weshalb es auf die bürgerlich-rechtliche Geschäftsfähigkeit des Patienten nicht ankommt. Entscheidend ist vielmehr, dass der Patient die erforderliche natürliche Einsichts-, Urteils- und Verständnisfähigkeit hat, um die ärztliche Maßnahme, ihre Folgen und insoweit bestehende Risiken zu begreifen, demgemäß Wesen, Bedeutung und Tragweite des Eingriffs im Wesentlichen zu erkennen und auf dieser Grundlage das Für und Wider einer Einwilligung abzuwägen.

Bei minderjährigen Patienten wird generell davon ausgegangen, dass im Alter bis zu 14 Jahren die sorgeberechtigten Eltern aufklärungsbedürftig sind. Im Alter zwischen 14 und 18 Jahren kommt es auf die konkrete Einsichtsfähigkeit hinsichtlich der konkret beabsichtigten Eingriffsdurchführung an. Ergibt die entsprechende Prüfung, dass die Sorgeberechtigten Aufklärungsadressaten sind, bedarf der Prüfung, ob die Elternteile alleine oder gemeinsam aufklärungs- und einwilligungsbedürftig sind. Dazu hat der BGH eine Drei-Stufen-Theorie entwickelt, wobei zwischen

- Routinefällen,
- Ärztlichen Eingriffen schwerer Art mit nicht unbedeutenden Risiken und
- großen Operationen mit schwierigen, weitreichenden Entscheidungen und erheblichen Risiken für das Kind

differenziert wird. Im ersten Fall darf sich der Arzt grundsätzlich ungefragt auf die Ermächtigung des erschienenen Elternteils zum Handeln für den nicht erschienenen Elternteil verlassen. Im zweiten Fall muss sich der Arzt vergewissern, ob der erschienene Elternteil die Ermächtigung des anderen Elternteils hat und wie weit diese reicht. Bei der dritten Fallgruppe muss sich der Arzt Gewissheit über das Einverständnis des nicht erschienenen Elternteils mit der vorgesehenen Behandlung des Kindes verschaffen.[38]

Bei volljährigen und dabei nicht einsichtsfähigen Patienten, ist ebenfalls eine Einwilligung in die ärztliche Behandlung erforderlich. Eine entsprechende Einwilligungskompetenz geht allerdings nicht auf nächste Angehörige über. Sofern kein Bevollmächtigter bestellt ist, muss gem. § 1896 BGB die Bestellung eines Betreuers veranlasst werden. Der Bevollmächtigte bzw. der Betreuer entscheiden ggf. anstelle des Patienten, wobei die Beschränkung des § 1904 BGB zu beachten bleibt.

---

[38] BGH NJW 1988, 1946; 2000, 1784.

Aufklärungsform

Bei der Aufklärung kann die Verwendung schriftlicher Informationsblätter und schriftliche Einwilligungserklärungen hilfreich sein, was aus rechtspraktischen Gründen auch dringend zu empfehlen ist (Beweislast im Zivilprozess).

Es muss aber unverkennbar feststehen, dass „die Aufklärung" das „Aufklärungsgespräch" darstellt. Schriftliche Aufklärungsunterlagen vermögen eine Vor- und Grundinformation zu bieten und dienen vor allem auch Beweiszwecken. Ausschlaggebend ist letztlich jedoch das „vertrauensvolle Gespräch zwischen Arzt und Patient", das „möglichst von jedem bürokratischen Formalismus ... frei bleiben" sollte.[39]

Bezüglich fremdsprachiger Patienten ist die Sicherstellung einer Aufklärung in ihnen verständlicher Sprache zu gewährleisten.

Aufklärungszeitpunkt

Die Aufklärung muss grundsätzlich so frühzeitig erfolgen, dass der Patient noch Gelegenheit hat, sich in Ruhe zwischen der Aufklärung und dem Eingriff das pro und kontra zu überlegen und sich daraufhin frei für oder gegen die Eingriffsdurchführung zu entscheiden.[40] Bei Eingriffen, die in stationärer Behandlung durchgeführt werden, muss die Aufklärung daher regelmäßig bereits bei der Vereinbarung eines festen Operationstermins erfolgen.[41] Ansonsten ist folgendermaßen zu unterscheiden:

Bei stationärer Behandlung genügt regelmäßig eine anästhesiologische Aufklärung noch am Vorabend der Eingriffsdurchführung. Die operative Aufklärung hat spätestens im Verlauf des Vortages der Eingriffsdurchführung zu erfolgen. Dabei ist die Aufklärung hinsichtlich Eingriffsrisiken am Vortag der Operation nur rechtzeitig, wenn es sich um Notoperationen, einfache Eingriffe oder solche mit geringen bzw. weniger einschneidenden Risiken oder Operationen handelt, bei denen die für die Indikation entscheidenden Voruntersuchungsergebnisse nicht eher vorliegen. Bei ambulanten Eingriffen soll die Aufklärung des Patienten noch am Tag der ambulanten Eingriffsdurchführung zeitgerecht sein. Allerdings wird in der Rechtsprechung angedeutet, dass „bei größeren Eingriffen mit beträchtlichen Risiken", welche ambulant ausgeführt werden, eine Aufklärung am Tage der Eingriffsdurchführung verspätet sein könne.[42]

28.1.2.4 Organisationspflichtverletzungen

Aufklärungsfehler können aus schlechter Organisation resultieren. Die Behandlung von Patienten in Krankenhäusern vollzieht sich unter Einbeziehung einer großen Anzahl von Ärzten, Pflege- und Hilfskräften. Die zunehmende Spezialisierung führt dazu, dass mit der

[39] BGH NJW 1985, 1399.

[40] BGH NJW 1987, 2293.

[41] BGH VersR 1998, 766; NJW 1992, 2351.

[42] BGH NJW 2003, 2012.

Behandlung Ärzte unterschiedlicher Fachrichtungen gleichzeitig befasst sind. Je größer jedoch die Zahl der an Diagnose und Therapie beteiligten Ärzte, Techniker und Hilfskräfte ist, je komplizierter und gefährlicher die apparativen und medikamentösen Mittel sind, je komplexer das arbeitszeitige medizinische Geschehen in einem großen Betrieb ist, desto mehr Umsicht und Einsicht erfordern Planung, Koordination und Kontrolle der klinischen Abläufe. [43] Die sich hieraus ergebenden Fehlermöglichkeiten im Bereich Kommunikation, Koordination, Kompetenz und Delegation können nur durch bedachte Organisation und Kontrolle derselben vermieden werden. Dabei wird die strafrechtliche Verantwortung durch das Prinzip der Arbeitsteilung und den Vertrauensgrundsatz begrenzt.

Vertrauensgrundsatz

Nachdem die Behandlung dem Prinzip der Arbeitsteilung – verschiedener Fachrichtungen, aber auch zwischen Ärzten, Pflegekräften, technischen Assistenten etc. – erfolgt, erkennt die Rechtsprechung an, dass sich jeder Arzt grundsätzlich darauf verlassen kann, dass auch der jeweils andere an der Behandlung Beteiligte seine Pflichten ordnungsgemäß erfüllt. Jeder Arzt hat denjenigen Gefahren zu begegnen, die in seinem Aufgabengebiet entstehen. Solange keine offensichtlichen Qualifikationsmängel oder Fehlleistungen erkennbar werden, muss er sich aber darauf verlassen dürfen, dass auch der Kollege des anderen Fachgebietes seine Aufgaben mit der gebotenen Sorgfalt erfüllt. Eine gegenseitige Überwachungspflicht besteht insoweit nicht.[44]

Typische Fallkonstellationen in den Bereichen horizontaler und vertikaler Arbeitsteilung kommen vor bei:

- Interdisziplinärer ärztlicher Zusammenarbeit (Anästhesist/Operateur; Einbeziehung eines Konsiliarius)
- Zusammenarbeit von Chefarzt und nachgeordneten Mitarbeitern
- Zusammenwirken von ärztlichem Geburtshelfer und Hebamme
- Kooperation von Ärzten mit Pflegekräften

Um Lücken und Defizite in der Betreuung der Patienten zu vermeiden, muss in der postoperativen Phase eine genaue Verteilung der Zuständigkeiten geregelt werden.[45] Hierbei kommt es darauf an, welche Regelungen zur Aufgabenverteilung unter den Fachdisziplinen in dem jeweiligen Krankenhaus getroffen worden sind bzw. welche individuellen Absprachen zwischen den beteiligten Ärzten bestehen. Gab es weder Regelungen, noch Absprachen, gelten jedenfalls subsidiär die von den Berufsverbänden getroffenen Vereinbarungen. Die unmittelbar postoperative bzw. postanästhesiologische Phase stellt sich immer wieder als besonders schadensträchtig heraus. Deshalb ist in diesem Bereich eine umsichtige Organisation und Kontrolle besonders wichtig. Ein Patient muss in den ersten

[43] Lauffs/Uhlenbruck, Handbuch des Arztrechts, 3. Auflage, § 102 Rdnr. 1.

[44] VersR 1991, 695, MedR 2005, 232 f.

[45] BGH NJW 1980, 651 f.

Stunden nach der Narkose kontinuierlich überwacht werden, ein Anästhesist muss jederzeit einsatzbereit sein. Zur Beiziehung von Unterlagen aus der Vorbehandlung ist der Arzt nicht grundsätzlich verpflichtet, es sei denn, dass für ihn nach den Umständen erkennbar sein muss, dass eine sorgfältige Behandlung nur bei Kenntnis der alten Unterlagen möglich ist. Zu differenzieren bleibt zwischen einerseits horizontaler und andererseits vertikaler Arbeitsteilung. Horizontale Arbeitsteilung stellt sich als interdisziplinäre ärztliche Zusammenarbeit zwischen Fachärzten verschiedener Fachgebiete dar. Vertikale Arbeitsteilung betrifft das kooperative Zusammenwirken von (Krankenhaus-) Ärzten im Rahmen hierarchischer Einordnung (Chefarzt und nachgeordnete Mitarbeiter) sowie das arbeitsteilige Zusammenwirken zwischen einerseits ärztlichem und andererseits pflegerischem Personal. Die horizontale Arbeitsteilung ist durch das Prinzip Partnerschaftlicher Gleichordnung und damit Weisungsfreiheit geprägt. Vertikale Arbeitsteilung zeichnet sich im Rahmen hierarchischer Gegebenheiten durch Über- und Unterordnung mit entsprechender Weisungsgebundenheit aus.

Der Grundsatz der horizontalen Arbeitsteilung gilt auch im ambulanten Bereich. Nach dem in § 39 Abs. 1 Satz 2 SGV V geregelten Grundsatz „ambulant vor stationär" und durch die Zunahme neuer Techniken (z. B. minimalinvasive Chirurgie) wird eine immer größere Zahl operativer Eingriffe ambulant vorgenommen. Dabei gelten jedoch die gleichen Qualitätsmaßstäbe, wie bei einer stationären Durchführung.[46] Zu den Sorgfaltspflichten des Arztes gehört bei ambulanten Eingriffen auch die Prüfung, ob der Patient für eine ambulante Operation im Hinblick auf die Betreuung nach dem Eingriff, sowie die postoperative Beaufsichtigung geeignet ist.

Die Zusammenarbeit verschiedener Disziplinen im niedergelassenen Bereich ist ebenso vom Vertrauensgrundsatz und dem Prinzip der horizontalen Arbeitsteilung geprägt. Einschränkungen ergeben sich aber dann, wenn Anhaltspunkte für Zweifel an der Richtigkeit der Feststellung der anderen Fachdisziplin geboten sind. So darf ein Urlaubsvertreter bei solchen Zweifel nicht die vom Vorbehandler begonnene Therapie ungeprüft fortsetzen.[47] Niedergelassene Ärzte dürfen jedoch Untersuchungsbefunde einer technisch besser ausgestatteten Fachklinik veranlassen, soweit sich nicht offensichtliche Zweifel aufdrängen.[48] Verfügt der behandelnde Arzt nicht über die erforderlichen Kenntnisse auf einem anderen Fachgebiet, muss er einen Konsiliarius hinzuziehen. Für ein etwaiges Verschulden des Konsiliarius haftet der hinzuziehende Arzt nicht. Der Konsiliararzt muss sicherstellen, dass er die notwendige Fachkunde besitzt, andernfalls läge ein Übernahmeverschulden vor. Durch die konsiliarische Hinzuziehung wird der Hinzugezogene nicht zum behandelnden Arzt. Er übt seine Tätigkeit eigenverantwortlich aus.[49] Der hinzuziehende Arzt haftet nur für eigene Behandlungsfehler oder Auswahlfehler.

---

[46] VersR 2002, 1151.

[47] BGHSt 43, 306 ff.

[48] VersR 1992, 1263.

[49] MedR 2001, 312 f.

28.1.2.5 Kausalität zwischen Sorgfaltspflichtverletzung und eingetretenem Erfolg

Sachlicher und rechtlicher Ursachenzusammenhang

Ein bloßer Verstoß gegen die Regeln der ärztlichen Kunst, also die Verletzung irgendeiner Sorgfaltspflicht erfüllt für sich alleine nicht den Tatbestand eines fahrlässigen Erfolgsdelikts. Liegt eine Verletzung der ärztlichen Sorgfaltspflicht vor, ist weitere Voraussetzung für eine strafrechtliche Sanktion wegen fahrlässiger Tötung oder Körperverletzung, dass diese auch kausal zum Eintritt des Todes bzw. der Körperverletzung bei dem Patienten geführt hat. Zur Feststellung dieses Kausalzusammenhangs wird im Strafrecht grundsätzlich die Conditio-sine-qua-non-Formel eingesetzt. Somit ist jede Bedingung kausal, die nicht hinweg gedacht werden kann, ohne dass der konkrete Erfolg entfiele.[50] Folglich ist zu prüfen, ob ohne das sorgfaltspflichtwidrige Handeln des Arztes bzw. bei Vornahme der gebotenen Maßnahme der tatbestandliche Erfolg (Körperverletzung oder Tod) vermieden worden wäre.

Zum sogenannten rechtlichen Kausalzusammenhang hat der BGH Folgendes ausgeführt: „Bei der Prüfung der Ursächlichkeit des Pflichtverstoßes ist hypothetisch zu fragen, was geschehen wäre, wenn sich der Täter pflichtgemäß verhalten hätte. Diese Frage ist im Hinblick gerade auf den ...Verstoß zu beantworten, der als (unmittelbare) Todesursache in Betracht kommt, während im Übrigen der tatsächliche Geschehensablauf zugrunde zu legen ist. Hinwegzudenken und durch das der Pflichtwidrigkeit korrespondierende sorgfaltsgemäße Verhalten zu ersetzen ist daher nur dieser dem Täter vorwerfbare Tatumstand; darüber hinaus darf von der konkreten Tatsituation nichts weggelassen, ihr nichts hinzugedacht und an ihr nichts verändert werden".[51] Es muss also ein signifikanter Zusammenhang zwischen Pflichtwidrigkeit und Erfolg bestehen.

Auf der Grundlage der vorangehenden Ausführungen ist wesentlich, dass die Pflichtwidrigkeit des betroffenen Arztes nicht wegen fahrlässiger Körperverletzung bzw. Tötung strafbar ist, wenn der tatbestandliche Erfolg bei pflichtgemäßem Verhalten mit an Sicherheit grenzender Wahrscheinlichkeit ebenfalls eingetreten wäre. Dahinter steht der Rechtsgrundsatz „in dubio pro reo".

„Die zur Verurteilung notwendige Überzeugung des Tatrichters von der Ursächlichkeit des Täterverhaltens für einen Erfolg und demgemäß von seiner Schuld lässt sich ohne Verstoß gegen den Grundsatz ‚im Zweifel für den Angeklagten' nicht dahin einengen, dass er dessen strafrechtliche Verantwortlichkeit nur dann verneinen dürfe, wenn der Eintritt des gleichen Erfolges auch ohne das pflichtwidrige Verhalten nach menschlichem Ermessen sicher sei. Das würde dazu führen, dass der Richter die Ursächlichkeit der Hand-

---

[50] BGHST 49, 1 ff., 45, 270 ff.

[51] BGHSt 33, 61, 64, BGH MedR 1988, 149.

lungsweise selbst bei beachtlichen, auf bestimmten Tatsachen beruhenden Zweifeln zu Lasten des Angeklagten bejahen müsste, solange nicht durch sichere Feststellungen der Beweis für den Mangel des ursächlichen Zusammenhangs erbracht ist".[52]

Eine bloße Risikoerhöhung infolge der Pflichtwidrigkeit (Behandlungsfehler) des Arztes vermag nicht zur Zurechnung des Erfolgs zu führen.[53]

Zu berücksichtigen bleibt, dass eine nachfolgende modifizierende Rechtsprechung des BGH allerdings auch von einer Tatbestandsverwirklichung (betreffend die fahrlässige Tötung) ausgeht, wenn durch das Handeln des Arztes eine (relevante) Lebensverkürzung eingetreten ist, wobei bereits „auf Stunden" abgestellt wird.[54]

Bei der fahrlässigen Tötung fordert die Rechtsprechung eine zweistufige Kausalitätsprüfung. Voraussetzung ist das Vorliegen einer Bedingung im naturwissenschaftlichen Sinn für den Erfolgseintritt und eine Kausalität der Sorgfaltswidrigkeit in strafrechtlichem Sinne. [55] Bei der Prüfung der Kausalität des Pflichtverstoßes ist hypothetisch zu fragen, was geschehen wäre, wenn sich der Täter pflichtgemäß verhalten hätte. Diese Frage ist im Hinblick auf den Pflichtverstoß zu beantworten, der als unmittelbare Ursache in Betracht kommt, während im Übrigen der tatsächliche Geschehensablauf zugrunde zu legen ist.[56] Nach gefestigter Rechtsprechung des BGH kann eine pflichtwidrige Unterlassung grundsätzlich nur angelastet werden, wenn der strafrechtlich relevante Erfolg bei pflichtgemäßem Handeln mit an Sicherheit grenzender Wahrscheinlichkeit verhindert worden wäre. [57] Dieser Kausalzusammenhang zwischen einer Sorgfaltspflichtwidrigkeit und deren Folgen ist nur dann gegeben, wenn gerade diejenigen Umstände, die die Sorgfaltspflichtverletzung des Arztes ausmachen, für den Tod und die Körperverletzung des Patienten wirksam geworden sind. [58] Nur wenn sich diese Feststellung treffen lässt, kann wegen eines Körperverletzungs- oder Tötungsvorwurfes bestraft werden, d. h. ausschließlich die Verletzung solcher Sorgfaltspflichten rechtfertigt die Annahme der Voraussetzung der §§ 222, 229 StGB, deren Beachtung gerade den Tod oder die Körperverletzung verhindert hätte.

Die Ansprüche an den Nachweis dieses besonderen Zusammenhanges zwischen Sorgfaltspflichtverletzung und Erfolg sind nach herrschender Rechtsprechung sehr hoch. Wäre auch ohne die pflichtwidrige Handlung (bzw. das pflichtwidrige Unterlassen) des Arztes eine Körperverletzung oder der Tod sicher, wahrscheinlich oder zumindest möglicherweise eingetreten, fehlt es an der erforderlichen Kausalität. Der Nachweis, dass bei ordnungs-

---

[52] BGHSt 33, 61, 64, BGH MedR 1988, 149.

[53] OLG Koblenz OLGSt § 222 StGB, 63.

[54] BGH NStZ 1981, 218.

[55] BGHSt 11, 1 ff.

[56] BGHSt 33, 61.

[57] BGH NJW 2000, 2754, 2757.

[58] Ulsenheimer, Arztstrafrecht in der Praxis, 4. Auflage, Rdnr. 205.

gemäßer Behandlung der Tod bzw. eine Körperverletzung eines Patienten mit an Sicherheit grenzender Wahrscheinlichkeit nicht eingetreten wäre, lässt sich im Arztstrafrecht jedoch meistens nicht führen. Daher stehen der fehlende Pflichtwidrigkeitszusammenhang und die somit nicht gegebene Kausalität der Sorgfaltspflichtverletzung häufig einer Verurteilung des Arztes im Wege.

Seit einer Grundsatzentscheidung des BGH bejaht die Rechtsprechung aber eine Kausalität dann, wenn sich ohne die pflichtwidrige Handlung eine relevante Lebensverlängerung ergeben hätte. [59] Für die Bejahung des Kausalzusammenhanges ist es gleichgültig, ob der Patient unter Umständen ohnehin gestorben wäre. Es genügt, dass der Tod früher eintrat, als er ohne das pflichtwidrige Tun oder Unterlassen eingetreten wäre.[60] Die dem Arzt in Bezug auf das Überleben nicht nachzuweisende Todesverursachung wird förmlich durch die regelmäßig leichter beweisbare Lebensverkürzung ersetzt. An die Stelle des vielleicht unmöglichen Nachweises einer sicheren Rettung wird der Nachweis einer an Sicherheit grenzender Wahrscheinlichkeit für eine gewisse, wenn auch nur kurzfristige Verzögerung des Erfolgseintritts (Todes) gesetzt. Sollte sich auch dieser Nachweis nicht führen lassen, prüft die Rechtsprechung anstelle der fahrlässigen Tötung, noch die Frage der Körperverletzung durch Schmerzerhöhung in der verbliebenen Zeit. In der Judikatur wird gegen diese Rechtsprechung angeführt, dass dadurch letztlich das fahrlässige Erfolgsdelikt im Sinne des § 222 StGB in einen Gefährdungstatbestand umgewandelt wird und durch die Gleichstellung der Nichtabwendung des Todes mit der Lebensverkürzung eine Umkehr der Beweislast zu Ungunsten des Angeklagten erfolgt, wodurch der Grundsatz „in dubio pro reo" verletzt wird.[61] Dessen ungeachtet hat sich die Rechtsprechung diesen Bedenken bislang nicht anschließen können, was im Ergebnis zu einer Ausweitung der arztstrafrechtlichen Verantwortlichkeiten führt.

Letztendlich sind nach der BGH-Rechtsprechung an den Kausalitätsnachweis zwischen der Tathandlung und dem Taterfolg erhebliche Anforderungen zu stellen. Keinesfalls ist ausreichend, dass etwa eine pflichtwidrig unterlassene Maßnahme mit einfacher, gewisser, großer oder sehr großer Wahrscheinlichkeit das Leben des Patienten erhalten oder verlängert hätte. Auch die Aussicht einer Lebensverlängerung von 90 Prozent oder bis zu 99 Prozent reicht zur Bejahung der Kausalität nicht aus.[62] Nach der ständigen Rechtsprechung des BGH ist einem Arzt, der eine gebotene Behandlung pflichtwidrig nicht veranlasst hat, der Tod eines Patienten nur dann anzulasten, wenn der Patient bei pflichtgemäßen Handeln des Arztes den Todeszeitpunkt mit an Sicherheit grenzender Wahrscheinlichkeit überlebt hätte.[63]

---

[59] NStZ 1981, 218.

[60] BGH NStZ 1982, 218.

[61] Ulsenheimer, Arztstrafrecht in der Praxis, 4. Auflage, Rdnr. 224, 225.

[62] NJW 1987, 2940 .

[63] NJW 1987, 2940.

28.1.2.6 Schuldvorwurf und Verfolgungsvoraussetzungen

Als Voraussetzungen des Schuldvorwurfs bei fahrlässiger Körperverletzung und fahrlässiger Tötung sind anzusprechen:

- der subjektive Beurteilungsmaßstab für die Frage der Sorgfaltspflichtverletzung (ein Arzt muss beispielsweise überraschend eine sehr schwierige Operation übernehmen, bei der sich unvorhersehbare Komplikationen zeigen, weshalb ihm ein Fehler unterläuft),
- die subjektive Voraussehbarkeit des Erfolges und
- die Zumutbarkeit der Einhaltung der gebotenen Sorgfalt (beispielsweise, wenn dem Arzt infolge physischer Überlastung nach 19-stündiger ununterbrochener Diensttätigkeit ein Fehler unterläuft).

In diesen Fällen bleibt allerdings ein etwaiges Übernahmeverschulden zu beachten.

Die fahrlässige Körperverletzung setzt eine körperliche Misshandlung oder eine Gesundheitsbeschädigung voraus. Beides ist nicht immer genau abgrenzbar. Schutzgut des § 229 StGB ist grundsätzlich die „Integrität der körperlichen Befindlichkeit".[64] Deshalb stellt die bloße psychische Einwirkung keine Körperverletzung im Sinne des Tatbestands dar. Gleichwohl können psychische Beeinträchtigungen „den Körper im weitesten Sinne in einen pathologischen, somatisch objektivierbaren" Krankheitszustand versetzen.[65]

Gemäß § 230 StGB wird die fahrlässige Körperverletzung nur auf Antrag verfolgt. Es sei denn, „dass die Strafverfolgungsbehörde wegen des besonderen öffentlichen Interesses an der Strafverfolgung ein Einschreiten von Amts wegen für geboten hält". Aus anwaltlicher Sicht sollte das Strafantragserfordernis beachtet bzw. überprüft werden, doch nehmen Staatsanwaltschaften im vorliegenden Zusammenhang regelmäßig ein „besonderes öffentliches Interesse an der Strafverfolgung" an.

§ 230 Strafantrag

(1) Die vorsätzliche Körperverletzung nach § 223 und die fahrlässige Körperverletzung nach § 229 werden nur auf Antrag verfolgt, es sei denn, dass die Strafverfolgungsbehörde wegen des besonderen öffentlichen Interesses an der Strafverfolgung ein Einschreiten von Amts wegen für geboten hält. Stirbt die verletzte Person, so geht bei vorsätzlicher Körperverletzung das Antragsrecht nach § 77 Abs. 2 auf die Angehörigen über.

(2) Ist die Tat gegen einen Amtsträger, einen für den öffentlichen Dienst besonders Verpflichteten oder einen Soldaten der Bundeswehr während der Ausübung seines Dienstes oder in Beziehung auf seinen Dienst begangen, so wird sie auch auf Antrag des Dienstvorgesetzten verfolgt. Dasselbe gilt für Träger von Ämtern der Kirchen und anderen Religionsgesellschaften des öffentlichen Rechts.

---

[64] BGH MedR 1994, 113.

[65] BGH NStZ 1997, 123.

28.1.3 Unterlassene Hilfeleistung, § 323 c StGB

*§ 323 c **Unterlassene Hilfeleistung***

Wer bei Unglücksfällen oder gemeiner Gefahr oder Not nicht Hilfe leistet, obwohl dies erforderlich und ihm den Umständen nach zuzumuten, insbesondere ohne erhebliche eigene Gefahr und ohne Verletzung anderer wichtiger Pflichten möglich ist, wird mit Freiheitsstrafe bis zu einem Jahr oder mit Geldstrafe bestraft.

Mit § 323 c StGB wird bestraft, wer bei Unglücksfällen oder gemeiner Gefahr oder Not keine Hilfe leistet, obwohl dies erforderlich und nach den Umständen zumutbar wäre, insbesondere ohne erhebliche eigene Gefahr und ohne Verletzung anderer wichtiger Pflichten. [66]

Erste Voraussetzung ist das Vorliegen eines Unglücksfalles. Hierunter wird ein plötzlich eintretendes Ereignis verstanden, das erhebliche Gefahren für ein Individualrechtsgut verursacht. Für den ärztlichen Bereich ist von Bedeutung, dass selbst schwere Krankheiten grundsätzlich keinen Unglücksfall im Sinne von § 323 c StGB darstellen. Ein solcher Unglücksfall kann jedoch vorliegen, wenn eine Krankheit einen völlig unvorhersehbaren Verlauf nimmt.[67]

Eine weitere Voraussetzung ist, dass die Hilfeleistung unter Gesamtabwägung der konkreten Umstände des Einzelfalles zumutbar ist. Die Tatbestandsvoraussetzung der Zumutbarkeit begrenzt die etwa gegebene Hilfspflicht. Auf der einen Seite hat der Arzt dem Patienten die für die individuelle Situation „bestmögliche Hilfe" zu Teil werden zu lassen, wobei auf der anderen Seite folgende Kriterien Berücksichtigung finden müssen: Der Schutz von Leben und Gesundheit des Patienten als betroffene Rechtsgüter, der (potentielle) Gefährdungsgrad, bereits entstandener bzw. potentiell drohender Schaden, die Wahrscheinlichkeit eines Rettungserfolges, eigene ärztliche Fähigkeiten, zur Verfügung stehende Hilfsmittel, schutzwürdige Interessen des Arztes selbst sowie Dritter (Selbstgefährdung, eventuelle Verletzung wichtiger sonstiger Pflichten gegenüber anderen Patienten) sowie die räumliche Beziehung zum Unglücksort.

In subjektiver Hinsicht ist Vorsatz erforderlich, wobei bedingter Vorsatz ausreicht. Dabei hält der Täter den Erfolgseintritt für möglich und nimmt ihn billigend in Kauf. Irrt der Arzt über die Bedrohlichkeit einer Erkrankung, also das Tatbestandsmerkmal des Unglücksfalls, über die Hilfsmöglichkeit, die Erforderlichkeit oder Zumutbarkeit der Hilfeleistung, liegt ein Tatbestandsirrtum gem. § 16 StGB vor, der den Vorsatz entfallen lässt.

[66] Roxin/Schroth, Handbuch des Medizinstrafrechts, 4. Auflage, 162.

[67] NJW 1995, 799.

Dem § 323 c StGB kommt auch nicht die Funktion eines „Auffangtatbestandes" zu, wenn sich gegenüber einem Arzt der Verdacht der fahrlässigen Körperverletzung oder Tötung nicht begründen lässt. Das Vorliegen einer Sorgfaltspflichtverletzung ist für den Tatbestand des § 323 c StGB nie Voraussetzung. Aus diesem Grunde kann ein Arzt, der entweder eine Notlage gar nicht erkennt oder eine sorgfaltspflichtwidrige Behandlung vornimmt, nicht nach § 323 StGB strafbar sein. Behandelt der Arzt sorgfaltspflichtwidrig oder aufgrund fehlender Kenntnisse falsch, scheidet somit eine Straftat nach § 323 c StGB wegen fehlenden Vorsatzes aus. Gegenüber §§ 222, 229 StGB tritt die unterlassene Hilfeleistung als subsidiäres, weniger schwerwiegendes Delikt zurück, soweit der Arzt seine Hilfepflicht verletzt, obwohl er die Behandlung des Patienten übernommen hat.[68] § 323 c StGB schafft keine Sonderpflicht für den Arzt, sodass der Nichtbesuch eines schwer Erkrankten nicht ohne weiteres unter § 323 c StGB fällt.[69]

28.1.4 Verletzung der ärztlichen Schweigepflicht, §§ 203 Abs. 1 Nr. 1, Abs. 2, 204 StGB

§ 203 Verletzung von Privatgeheimnissen

(1) Wer unbefugt ein fremdes Geheimnis, namentlich ein zum persönlichen Lebensbereich gehörendes Geheimnis oder ein Betriebs- oder Geschäftsgeheimnis, offenbart, das ihm als

1. *Arzt, Zahnarzt, Tierarzt, Apotheker oder Angehörigen eines anderen Heilberufs, der für die Berufsausübung oder die Führung der Berufsbezeichnung eine staatlich geregelte Ausbildung erfordert,*
2. *Berufspsychologen mit staatlich anerkannter wissenschaftlicher Abschlussprüfung,*
3. *Rechtsanwalt, Patentanwalt, Notar, Verteidiger in einem gesetzlich geordneten Verfahren, Wirtschaftsprüfer, vereidigtem Buchprüfer, Steuerberater, Steuerbevollmächtigten oder Organ oder Mitglied eines Organs einer Rechtsanwalts-, Patentanwalts-, Wirtschaftsprüfungs-, Buchprüfungs- oder Steuerberatungsgesellschaft,*
4. *Ehe-, Familien-, Erziehungs- oder Jugendberater sowie Berater für Suchtfragen in einer Beratungsstelle, die von einer Behörde oder Körperschaft, Anstalt oder Stiftung des öffentlichen Rechts anerkannt ist.*

4.a Mitglied oder Beauftragten einer anerkannten Beratungsstelle nach den §§ 3 und 8 des Schwangerschaftskonfliktgesetzes,

[68] BGH NJW 1993, 1871 f.

[69] Fischer, StGB, 57. Auflage, § 323 c Rdnr. 5

5. *staatlich anerkanntem Sozialarbeiter oder staatlich anerkanntem Sozialpädagogen oder*
6. *Angehöriger eines Unternehmens der privaten Kranken-, Unfall- oder Lebensversicherung oder einer privatärztlichen, steuerberaterlichen oder anwaltlichen Verrechnungsstelle anvertraut worden oder sonst bekanntgeworden ist, wird mit Freiheitsstrafe bis zu einem Jahr oder mit Geldstrafe bestraft.*

(2) Ebenso wird bestraft, wer unbefugt ein fremdes Geheimnis, namentlich ein zum persönlichen Lebensbereich gehörendes Geheimnis oder ein Betriebs- oder Geschäftsgeheimnis, offenbart, das ihm als

1. *Amtsträger,*
2. *für den öffentlichen Dienst besonders Verpflichteten,*
3. *Person, die Aufgaben oder Befugnisse nach dem Personalvertretungsrecht wahrnimmt,*
4. *Mitglied eines für ein Gesetzgebungsorgan des Bundes oder eines Landes tätigen Untersuchungsausschusses, sonstigen Ausschusses oder Rates, das nicht selbst Mitglied des Gesetzgebungsorgans ist, oder als Hilfskraft eines solchen Ausschusses oder Rates,*
5. *öffentlich bestelltem Sachverständigen, der auf die gewissenhafte Erfüllung seiner Obliegenheiten auf Grund eines Gesetzes förmlich verpflichtet worden ist, oder*
6. *Person, die auf die gewissenhafte Erfüllung ihrer Geheimhaltungspflicht bei der Durchführung wissenschaftlicher Forschungsvorhaben auf Grund eines Gesetzes förmlich verpflichtet worden ist,*

anvertraut worden oder sonst bekanntgeworden ist. Einem Geheimnis im Sinne des Satzes 1 stehen Einzelangaben über persönliche oder sachliche Verhältnisse eines anderen gleich, die für Aufgaben der öffentlichen Verwaltung erfasst worden sind; Satz 1 ist jedoch nicht anzuwenden, soweit solche Einzelangaben anderen Behörden oder sonstigen Stellen für Aufgaben der öffentlichen Verwaltung bekanntgegeben werden und das Gesetz dies nicht untersagt.

(2a) Die Absätze 1 und 2 gelten entsprechend, wenn ein Beauftragter für den Datenschutz unbefugt ein fremdes Geheimnis im Sinne dieser Vorschriften offenbart, das einem in den Absätzen 1 und 2 Genannten in dessen beruflicher Eigenschaft anvertraut worden oder sonst bekannt geworden ist und von dem er bei der Erfüllung seiner Aufgaben als Beauftragter für den Datenschutz Kenntnis erlangt hat.

(3) Einem in Absatz 1 Nr. 3 genannten Rechtsanwalt stehen andere Mitglieder einer Rechtsanwaltskammer gleich. Den in Absatz 1 und Satz 1 Genannten stehen ihre berufsmäßig tätigen Gehilfen und die Personen gleich, die bei ihnen zur Vorbereitung auf den Beruf tätig sind. Den in Absatz 1 und den in Satz 1 und 2 Genannten steht nach dem Tod des zur Wahrung des Geheimnisses Verpflichteten ferner gleich, wer das Geheimnis von dem Verstorbenen oder aus dessen Nachlass erlangt hat.

(4) Die Absätze 1 bis 3 sind auch anzuwenden, wenn der Täter das fremde Geheimnis nach dem Tod des Betroffenen unbefugt offenbart.

(5) Handelt der Täter gegen Entgelt oder in der Absicht, sich oder einen anderen zu bereichern oder einen anderen zu schädigen, so ist die Strafe Freiheitsstrafe bis zu zwei Jahren oder Geldstrafe.

§ 204 Verwertung fremder Geheimnisse

(1) Wer unbefugt ein fremdes Geheimnis, namentlich ein Betriebs- oder Geschäftsgeheimnis, zu dessen Geheimhaltung er nach § 203 verpflichtet ist, verwertet, wird mit Freiheitsstrafe bis zu zwei Jahren oder mit Geldstrafe bestraft.

(2) § 203 Abs. 4 gilt entsprechend.

Die ärztliche Schweigepflicht bzw. das „Patientengeheimnis" beruht im Kern in der Würde des Menschen gemäß Artikel 1 Abs. 1 GG und dem allgemeinen Persönlichkeitsrecht gemäß Artikel 2 Abs. 1 GG. Der ärztlichen Schweigepflicht kommt somit für das Arzt- Patienten-Verhältnis substantielle Bedeutung zu.[70] Kommen z. B. EDV-Mitarbeiter von Computer- und Softwarefirmen mit medizinischen und persönlichen Patientendaten in Kontakt, könnte dies eine Verletzung der ärztlichen Schweigepflicht darstellen. Deshalb wird gemäß § 203 Abs. 1 StGB bestraft, wer als Arzt ein fremdes Geheimnis, namentlich ein zu einem persönlichen Lebensbereich gehörendes Geheimnis oder ein sonstiges Geheimnis offenbart, dass ihm für die Berufsausübung anvertraut oder sonst bekannt geworden ist. Unter einem Geheimnis versteht man eine Tatsache, deren Kenntnis nicht allgemein, sondern nur für einen bestimmten begrenzten Personenkreis bekannt gegeben ist und an deren Geheimhaltung der Patient ein schutzwürdiges Interesse hat. Die weitreichende Bedeutung der Verschwiegenheitspflicht des Arztes erfordert, dass der Geheimnisbegriff weit ausgelegt wird. Hierunter fallen alle im Zusammenhang mit der Krankheit stehenden Tatsachen (Anamnese, Diagnose, Therapiemaßnahmen, Prognose, psychische, körperliche oder sonstige Besonderheiten, Bildaufzeichnungen, Untersuchungsmaterial und Ergebnisse sowie alle Angaben über persönliche, familiäre und sonstige Umstände des Patienten). Die Geheimhaltungspflicht bezieht sich auch auf die Identität des Patienten und die Tatsache seiner Behandlung überhaupt.[71] Auch über die Umstände der Aufnahme etwa eines Straftäters im Krankenhaus ist zu schweigen.[72] Auch dürfen Namen und Anschrift des Patienten gegenüber Mitpatienten etwa zur Verfolgung von Schadensersatzansprüchen nicht preisgegeben werden.[73] Das Geheimhaltungsinteresse bestimmt sich dabei nach subjektiv individuellen Maßstäben, d. h. die persönliche Sicht des Patienten ist entscheidend. Etwas anderes gilt nur für offenkundige Tatsachen.[74] Fremd ist ein Geheimnis, das aus Sicht des Arztes eine andere Person betrifft. Demzufolge sind auch Umstände geheim zu halten, die ein Patient über andere berichtet. Unerheblich ist, in welchem Rahmen und auf welche Weise dem Arzt das Geheimnis anvertraut wurde (mündlich, schriftlich,

[70] MedR 2007, 253 f.

[71] MedR 2007, 253 f.

[72] MedR 1985, 167.

[73] MedR 2007, 253 f.

[74] Fischer, StGB, 57. Auflage, § 203 Rdnr. 10, 10 a.

zufällig in der Sprechstunde, auf der Straße). Erforderlich aber auch ausreichend ist allein der ärztliche Bezug, also dass der Arzt das Wissen in seiner Eigenschaft als Behandler erlangt hat.

Auch der minderjährige Patient steht grundsätzlich uneingeschränkt unter dem Schutz des ärztlichen Berufsgeheimnisses, selbst wenn er in eine geplante oder begehrte Behandlung noch nicht alleine wirksam einwilligen kann. Entscheidend sind hier die Umstände des Einzelfalles. Der Wunsch des Erziehungsberechtigten nach Kenntnis von den Umständen ist gegen das Geheimhaltungsinteresse des Minderjährigen abzuwägen. Es besteht deshalb kein grundsätzliches Recht der Eltern auf Information, es sei denn, dass die Schweigepflicht zur Rettung höherrangiger Rechtsgüter (Leben und Gesundheit) gemäß § 34 StGB gebrochen werden muss, um Gefahren für den Minderjährigen abzuwenden.

Die Schweigepflicht des Arztes gilt gemäß § 203 Abs. 4 StGB auch noch nach dem Tode des Patienten. Etwas anderes gilt bei ausdrücklicher oder konkludenter Willensäußerung des Verstorbenen zu Lebzeiten bzw. auf der Grundlage mutmaßlichen Willens. Die Forderung etwa von Erben oder Angehörigen ermächtigen den Arzt daher nicht zur Mitteilung von Geheimnissen aus dem persönlichen Lebensbereich des Verstorbenen, da die Verfügungsbefugnis hierüber nicht mit dem Tod des Patienten erlischt und eine Möglichkeit zur Entbindung von der ärztlichen Schweigepflicht für diesen nicht mehr gegeben ist. Die Weitergabe von Daten zur Honorarabrechnung an eine externe Abrechnungsstelle verlangt grundsätzlich die vorherige Einholung einer Einwilligung beim Patienten.[75]

Bezüglich der gesetzlichen Krankenversicherung gilt, dass der Patient mit der Aushändigung der Chipkarte oder des Überweisungsscheins bzw. mit dem Aufsuchen des Krankenhauses sein konkludentes Einverständnis dafür abgibt, dass die zur Feststellung der Honorierung seitens der Krankenkasse erforderlichen Tatsachen einschließlich Diagnosen an diese weitergegeben werden (§ 60 SGB I).[76] Indessen gilt gegenüber privaten Kranken- oder sonstigen Versicherungen die Verschwiegenheitspflicht des Arztes in vollem Ausmaß. Jedenfalls ist vor Erteilung von Auskünften über Patienten an private Versicherer die Einholung einer Schweigepflichtentbindungserklärung von dem Patienten angezeigt. Zwar lassen sich die privaten Versicherer bei Vertragsabschluss gemäß § 16 VVG in den Versicherungsverträgen üblicherweise eine Entbindungserklärung unterschreiben, doch soll ein so weitgehender „Vorab-Verzicht" im Hinblick auf § 307 BGB unwirksam sein.[77] Auch in Ermittlungs- und Strafverfahren sollten Behandlungsunterlagen an Ermittlungsbehörden nur auf der Grundlage einer richterlichen Beschlagnahmeanordnung herausgegeben werden.

Bei Handlungen in Bereicherungs- oder Schädigungsabsicht erfolgt gem. § 203 Abs. 5 StGB eine schwerere Bestrafung. Hier greift auch § 204 StGB, der das unbefugte Verwerten eines

[75] Wistra 1999, 204.

[76] NStZ 1994, 9.

[77] MedR 2007, 51 ff.

fremden Geheimnisses erfasst. Verwerten meint die „eigene wirtschaftliche Nutzung des in dem Geheimnis verkörperten Wertes zum Zwecke der Gewinnerzielung".

Die §§ 203 und 204 StGB verlangen in subjektiver Hinsicht Vorsatz. Infolgedessen muss der Arzt wissen, dass er ein fremdes, ihm gerade angesichts seiner beruflichen Stellung anvertrautes Geheimnis offenbart, obwohl der Patient ein Geheimhaltungsinteresse hat. Er muss diesen Verstoß wollen bzw. zumindest billigend in Kauf nehmen. Eventuell kommt ein Tatbestandsirrtum gem. § 16 StGB in Betracht. Irrt der Arzt beispielsweise über die Grenzen seiner Offenbarungsbefugnis liegt ein Verbotsirrtum gem. § 17 StGB vor. Dieser führt nur bei Unvermeidbarkeit zum Schuldausschluss. Bei Vermeidbarkeit kommt eine fakultative Strafmilderung gem. §§ 17 Satz 2, 49 StGB in Betracht.

Verfolgt wird der Geheimnisverrat nur auf Antrag des Verletzten (§ 77 ff., § 205 Abs. 1 StGB). Gemäß § 205 Abs. 2 Satz 1 StGB geht nach dem Tod des Patienten das Antragsrecht auf die Angehörigen, gegebenenfalls auf die Erben über. In einem Strafverfahren muss der Arzt sich auf sein Schweigerecht gemäß §§ 53, 53 a StPO berufen, soweit nicht eine Entbindung von der Schweigepflicht durch den Patienten vorliegt. Liegt eine solche Entbindungserklärung nicht vor, würde auch eine Aussage vor Gericht den Tatbestand des § 203 StGB erfüllen.

§ 205 Strafantrag

(1) In den Fällen des § 201 Abs. 1 und 2 und der §§ 201a, 202, 203 und 204 wird die Tat nur auf Antrag verfolgt. Dies gilt auch in den Fällen der §§ 202a und 202b, es sei denn, dass die Strafverfolgungsbehörde wegen des besonderen öffentlichen Interesses an der Strafverfolgung ein Einschreiten von Amts wegen für geboten hält.

(2) Stirbt der Verletzte, so geht das Antragsrecht nach § 77 Abs. 2 auf die Angehörigen über; dies gilt nicht in den Fällen der §§ 202a und 202b. Gehört das Geheimnis nicht zum persönlichen Lebensbereich des Verletzten, so geht das Antragsrecht bei Straftaten nach den §§ 203 und 204 auf die Erben über. Offenbart oder verwertet der Täter in den Fällen der §§ 203 und 204 das Geheimnis nach dem Tod des Betroffenen, so gelten die Sätze 1 und 2 sinngemäß.

§ 53 StPO

(1) Zur Verweigerung des Zeugnisses sind ferner berechtigt

1. *Geistliche über das, was ihnen in ihrer Eigenschaft als Seelsorger anvertraut worden oder bekanntgeworden ist;*
2. *Verteidiger des Beschuldigten über das, was ihnen in dieser Eigenschaft anvertraut worden oder bekanntgeworden ist;*
3. *Rechtsanwälte, Patentanwälte, Notare, Wirtschaftsprüfer, vereidigte Buchprüfer, Steuerberater und Steuerbevollmächtigte, Ärzte, Zahnärzte, Psychologische Psychotherapeuten, Kinder- und Jugendlichenpsychotherapeuten, Apotheker und Hebammen über das, was ihnen in dieser Eigenschaft anvertraut worden oder bekanntgeworden ist, Rechtsanwälten stehen dabei sonstige Mitglieder einer Rechtsanwaltskammer gleich;*

3a. Mitglieder oder Beauftragte einer anerkannten Beratungsstelle nach den §§ 3 und 8 des Schwangerschaftskonfliktgesetzes über das, was ihnen in dieser Eigenschaft anvertraut worden oder bekanntgeworden ist;

3b. Berater für Fragen der Betäubungsmittelabhängigkeit in einer Beratungsstelle, die eine Behörde oder eine Körperschaft, Anstalt oder Stiftung des öffentlichen Rechts anerkannt oder bei sich eingerichtet hat, über das, was ihnen in dieser Eigenschaft anvertraut worden oder bekanntgeworden ist;

4. Mitglieder des Deutschen Bundestages, der Bundesversammlung, des Europäischen Parlaments aus der Bundesrepublik Deutschland oder eines Landtages über Personen, die ihnen in ihrer Eigenschaft als Mitglieder dieser Organe oder denen sie in dieser Eigenschaft Tatsachen anvertraut haben, sowie über diese Tatsachen selbst;

5. Personen, die bei der Vorbereitung, Herstellung oder Verbreitung von Druckwerken, Rundfunksendungen, Filmberichten oder der Unterrichtung oder Meinungsbildung dienenden Informations- und Kommunikationsdiensten berufsmäßig mitwirken oder mitgewirkt haben.

Die in Satz 1 Nr. 5 genannten Personen dürfen das Zeugnis verweigern über die Person des Verfassers oder Einsenders von Beiträgen und Unterlagen oder des sonstigen Informanten sowie über die ihnen im Hinblick auf ihre Tätigkeit gemachten Mitteilungen, über deren Inhalt sowie über den Inhalt selbst erarbeiteter Materialien und den Gegenstand berufsbezogener Wahrnehmungen. Dies gilt nur, soweit es sich um Beiträge, Unterlagen, Mitteilungen und Materialien für den redaktionellen Teil oder redaktionell aufbereitete Informations- und Kommunikationsdienste handelt.

(2) Die in Absatz 1 Satz 1 Nr. 2 bis 3b Genannten dürfen das Zeugnis nicht verweigern, wenn sie von der Verpflichtung zur Verschwiegenheit entbunden sind. Die Berechtigung zur Zeugnisverweigerung der in Absatz 1 Satz 1 Nr. 5 genannten über den Inhalt selbst erarbeiteter Materialien und den Gegenstand entsprechender Wahrnehmungen entfällt, wenn die Aussage zur Aufklärung eines Verbrechens beitragen soll oder wenn Gegenstand der Untersuchung

1. *eine Straftat des Friedensverrats und der Gefährdung des demokratischen Rechtsstaats oder des Landesverrats und der Gefährdung der äußeren Sicherheit (§§ 80a, 85, 87, 88, 95, auch in Verbindung mit § 97b, §§ 97a, 98 bis 100a des Strafgesetzbuches),*
2. *eine Straftat gegen die sexuelle Selbstbestimmung nach den §§ 174 bis 176, 179 des Strafgesetzbuches oder*
3. *eine Geldwäsche, eine Verschleierung unrechtmäßig erlangter Vermögenswerte nach § 261 Abs. 1 bis 4 des Strafgesetzbuches*

ist und die Erforschung des Sachverhalts oder die Ermittlung des Aufenthaltsortes des Beschuldigten auf andere Weise aussichtslos oder wesentlich erschwert wäre. Der Zeuge kann jedoch auch in diesen Fällen die Aussage verweigern, soweit sie zur Offenbarung der Person des Verfassers oder Einsenders von Beiträgen und Unterlagen oder des sonstigen Informanten oder der ihm im Hinblick auf seine Tätigkeit nach Absatz 1 Satz 1 Nr. 5 gemachten Mitteilungen oder deren Inhalts führen würde.

§ 53 a StPO

(1) Den in § 53 Abs. 1 Satz 1 Nr. 1 bis 4 Genannten stehen ihre Gehilfen und die Personen gleich, die zur Vorbereitung auf den Beruf an der berufsmäßigen Tätigkeit teilnehmen. Über die Ausübung des Rechtes dieser Hilfspersonen, das Zeugnis zu verweigern, entscheiden die in § 53 Abs. 1 Satz 1 Nr. 1 bis 4 Genannten, es sei denn, dass diese Entscheidung in absehbarer Zeit nicht herbeigeführt werden kann.

(2) Die Entbindung von der Verpflichtung zur Verschwiegenheit (§ 53 Abs. 2 Satz 1) gilt auch für die Hilfspersonen.

28.1.5 Urkundenfälschung, § 267 StGB

*§ 267 **Urkundenfälschung***

(1) Wer zur Täuschung im Rechtsverkehr eine unechte Urkunde herstellt, eine echte Urkunde verfälscht oder eine unechte oder verfälschte Urkunde gebraucht, wird mit Freiheitsstrafe bis zu fünf Jahren oder mit Geldstrafe bestraft.

(2) Der Versuch ist strafbar.

(3) In besonders schweren Fällen ist die Strafe Freiheitsstrafe von sechs Monaten bis zu zehn Jahren. Ein besonders schwerer Fall liegt in der Regel vor, wenn der Täter

1. *gewerbsmäßig oder als Mitglied einer Bande handelt, die sich zur fortgesetzten Begehung von Betrug oder Urkundenfälschung verbunden hat,*
2. *einen Vermögensverlust großen Ausmaßes herbeiführt,*
3. *durch eine große Zahl von unechten oder verfälschten Urkunden die Sicherheit des Rechtsverkehrs erheblich gefährdet oder*
4. *seine Befugnisse oder seine Stellung als Amtsträger missbraucht.*

(4) Mit Freiheitsstrafe von einem Jahr bis zu zehn Jahren, in minder schweren Fällen mit Freiheitsstrafe von sechs Monaten bis zu fünf Jahren wird bestraft, wer die Urkundenfälschung als Mitglied einer Bande, die sich zur fortgesetzten Begehung von Straftaten nach den §§ 263 bis 264 oder 267 bis 269 verbunden hat, gewerbsmäßig begeht.

Wegen Urkundenfälschung nach § 267 StGB wird bestraft, wer zur Täuschung im Rechtsverkehr eine echte Urkunde herstellt, eine echte Urkunde verfälscht oder eine unechte oder verfälschte Urkunde gebraucht. Unter einer Urkunde wird jede verkörperte, verständliche menschliche Gedankenerklärung verstanden, die geeignet und bestimmt ist, im Rechtsverkehr Beweis zu erbringen und ihren Aussteller erkennen lässt.[78] Die über die ärztliche Behandlung geführte Krankenakte besteht normalerweise aus einer Vielzahl von einzelnen

[78] Fischer, StGB, 57. Auflage, § 267 Rdnr. 2.

Schriftstücken (OP-Bericht, Aufklärungsdokumentation, Laborbefunden, Untersuchungsbefunden etc.) die für sich genommen alle Urkundenmerkmale erfüllen. Keine Urkunden sind dagegen Röntgenaufnahmen, die indes als technische Aufzeichnung nach § 268 StGB geschützt sind. Bloße Entwürfe einer Urkunde betreffen den § 267 StGB nicht, da der Aussteller eine Erklärung noch nicht abgegeben hat, sondern erst abgeben will.[79] Eine Urkunde liegt vor, wenn sie nach dem Willen des Ausstellers zur Abgabe in den Verkehr fertig gestellt ist. Ob ein Schriftstück unterschrieben ist, ist grundsätzlich unerheblich für die Urkundeneigenschaft.[80] Das Verfügungsrecht des Ausstellers der Urkunde und damit das Recht des jeweiligen Arztes zur nachträglichen Änderung der Eintragungen in die Krankenakte erlischt in dem Augenblick, in dem die während der Behandlung eines Patienten erhobenen Befunde vollständig schriftlich dokumentiert und in die Krankenakte eingelegt sind.[81] Die Behandlungsdokumentation dient zwar in erster Linie den therapeutischen Zwecken, sie soll somit insbesondere Nach-, Mit- und Weiterbehandlern die erforderlichen Informationen geben. Darüber hinaus kommt ihr aber auch eine forensische Bedeutung als Beweismittel in Haftungsfällen zu.[82] Aus diesem Grunde sind spätere Veränderungen oder Eintragungen grundsätzlich zu unterlassen.[83] Jedenfalls aber wären spätere Ergänzungen mit Datum und Unterschrift des die Ergänzung Vornehmenden deutlich zu kennzeichnen. Sofern sich aus Sicht des Arztes die Notwendigkeit nachträglicher Darlegungen in der Krankenakte ergeben sollte, ist dies zur Vermeidung strafrechtlicher Risiken auf einem gesonderten Schriftstück niederzulegen, d. h. eine neue zusätzliche Urkunde zu erstellen mit Angabe des Ausstellers und des Erstellungsdatums. In subjektiver Hinsicht ist Vorsatz erforderlich, bedingter Vorsatz reicht hinsichtlich der Tathandlung und der die Urkundeneigenschaft begründenden Merkmale aus.[84] Der Vorsatz muss sich neben der Handlung des Fälschen, Verfälschens oder Gebrauchens auf alle Merkmale der Urkundeneigenschaft richten. Ergeben die dem Täter bekannten Umstände keine Urkunde, nimmt dies der Täter aber irriger Weise an, so liegt ein Wahndelikt vor. [85]

---

[79] Fischer, StGB, 57. Auflage, § 267 Rdnr. 11.

[80] Fischer, StGB, 57. Auflage, § 267 Rdnr. 11.

[81] Ulsenheimer, Arztstrafrecht in der Praxis, 4. Auflage, Rdnr. 391 b.

[82] VersR 2005, 412.

[83] MedR 1995, 29 ff.

[84] Fischer, StGB, 57. Auflage, § 267 Rdnr. 28.

[85] NJW 2001, 167.

28.1.6 Ausstellen unrichtiger Gesundheitszeugnisse, § 278 StGB

*§ 278 **Ausstellen unrichtiger Gesundheitszeugnisse***

Ärzte und andere approbierte Medizinalpersonen, welche ein unrichtiges Zeugnis über den Gesundheitszustand eines Menschen zum Gebrauch bei einer Behörde oder Versicherungsgesellschaft wider besseres Wissen ausstellen, werden mit Freiheitsstrafe bis zu zwei Jahren oder mit Geldstrafe bestraft.

Ärzte oder auch andere approbierte Medizinalpersonen, die ein falsches Zeugnis (z. B. Gefälligkeitsattest) über den gesundheitlichen Zustand eines Menschen zur Verwendung bei einer Behörde oder Versicherungsgesellschaft wider besseres Wissen ausstellen, werden nach § 278 StGB bestraft. Im Gegensatz zu § 267 wird hier eine echte Urkunde hergestellt, die aber einen unrichtigen Inhalt hat. Gesetzeszweck ist die Sicherung der Beweiskraft ärztlicher Zeugnisse im Verkehr mit Behörden oder Versicherungen.[86] Als Täter kommen nur die in § 278 StGB genannten Personen (approbierte Ärzte und andere approbierte Medizinalpersonen) in Betracht, nicht aber etwa eine Helferin. Umstritten ist, ob ein unrichtiges Zeugnis auch dann vorliegt, wenn das Zeugnis über einen Befund ausgestellt wird, ohne dass eine Untersuchung stattgefunden hat.[87] Es ist nicht ausschlaggebend, ob eine ärztliche Untersuchung des Patienten stattgefunden hat oder nicht, sondern ob der Arzt seine in dem Zeugnis formulierte Überzeugung nach pflichtgemäßer Prüfung auf einer tragfähigen und vertrauenswürdigen Beurteilungsgrundlage gewonnen hat.[88] Zu seiner eigenen Sicherheit sollte der Arzt allerdings in dem Attest vermerken, wenn er dieses allein aufgrund der für ihn glaubwürdigen Angaben des Patienten am Telefon erstellt hat.

Gesundheitszeugnisse im Sinne des § 278 StGB können alle Erklärungen über gegenwärtige oder voraussichtliche gesundheitliche Zustände eines Menschen sein (z. B. Krankenscheine, Impfscheine, Arbeitsunfähigkeitsbescheinigungen, Durchgangsarztberichte, gutachterliche Äußerung, ärztliche Atteste).

Unter subjektiver Betrachtung ist ein Handeln wider besseres Wissens Voraussetzung, also Vorsatz hinsichtlich der inhaltlichen Unrichtigkeit des Gesundheitszeugnisses.[89] Hinsichtlich des Verwendungszweckes genügt dolus eventualis, d. h. es genügt die Vorstellung des Arztes, dass das Attest unter Umständen zum Gebrauch bei einer Behörde oder Versicherung verwendet werden soll.

---

[86] MedR 2007, 248.

[87] Fischer, StGB, 57. Auflage, § 278 Rdnr. 2.

[88] NStZ 1982, 468.

[89] StV 2006, 471 f.

28.1.7 Vorteilsannahme/Bestechlichkeit, §§ 299, 331, 332 StGB

§ 299 Bestechlichkeit und Bestechung im geschäftlichen Verkehr

(1) Wer als Angestellter oder Beauftragter eines geschäftlichen Betriebes im geschäftlichen Verkehr einen Vorteil für sich oder einen Dritten als Gegenleistung dafür fordert, sich versprechen lässt oder annimmt, dass er einen anderen bei dem Bezug von Waren oder gewerblichen Leistungen im Wettbewerb in unlauterer Weise bevorzuge, wird mit Freiheitsstrafe bis zu drei Jahren oder mit Geldstrafe bestraft.

(2) Ebenso wird bestraft, wer im geschäftlichen Verkehr zu Zwecken des Wettbewerbs einem Angestellten oder Beauftragten eines geschäftlichen Betriebes einen Vorteil für diesen oder einen Dritten als Gegenleistung dafür anbietet, verspricht oder gewährt, dass er ihn oder einen anderen bei dem Bezug von Waren oder gewerblichen Leistungen in unlauterer Weise bevorzuge.

(3) Die Absätze 1 und 2 gelten auch für Handlungen im ausländischen Wettbewerb.

§ 331 Vorteilsannahme

(1) Ein Amtsträger oder ein für den öffentlichen Dienst besonders Verpflichteter, der für die Dienstausübung einen Vorteil für sich oder einen Dritten fordert, sich versprechen lässt oder annimmt, wird mit Freiheitsstrafe bis zu drei Jahren oder mit Geldstrafe bestraft.

(2) Ein Richter oder Schiedsrichter, der einen Vorteil für sich oder einen Dritten als Gegenleistung dafür fordert, sich versprechen lässt oder annimmt, dass er eine richterliche Handlung vorgenommen hat oder künftig vornehme, wird mit Freiheitsstrafe bis zu fünf Jahren oder mit Geldstrafe bestraft. Der Versuch ist strafbar.

(3) Die Tat ist nicht nach Absatz 1 strafbar, wenn der Täter einen nicht von ihm geforderten Vorteil sich versprechen lässt oder annimmt und die zuständige Behörde im Rahmen ihrer Befugnisse entweder die Annahme vorher genehmigt hat oder der Täter unverzüglich bei ihr Anzeige erstattet und sie die Annahme genehmigt.

§ 332 Bestechlichkeit

(1) Ein Amtsträger oder ein für den öffentlichen Dienst besonders Verpflichteter, der einen Vorteil für sich oder einen Dritten als Gegenleistung dafür fordert, sich versprechen lässt oder annimmt, dass er eine Diensthandlung vorgenommen hat oder künftig vornehme und dadurch seine Dienstpflichten verletzt hat oder verletzen würde, wird mit Freiheitsstrafe von sechs Monaten bis zu fünf Jahren bestraft. In minder schweren Fällen ist die Strafe Freiheitsstrafe bis zu drei Jahren oder Geldstrafe. Der Versuch ist strafbar.

(2) Ein Richter oder Schiedsrichter, der einen Vorteil für sich oder einen Dritten als Gegenleistung dafür fordert, sich versprechen lässt oder annimmt, dass er eine richterliche Handlung vorgenommen hat oder künftig vornehme und dadurch seine richterlichen Pflichten verletzt hat oder verletzen

würde, wird mit Freiheitsstrafe von einem Jahr bis zu zehn Jahren bestraft. In minder schweren Fällen ist die Strafe Freiheitsstrafe von sechs Monaten bis zu fünf Jahren.

(3) Falls der Täter den Vorteil als Gegenleistung für eine künftige Handlung fordert, sich versprechen lässt oder annimmt, so sind die Absätze 1 und 2 schon dann anzuwenden, wenn er sich dem anderen gegenüber bereit gezeigt hat,

1. *bei der Handlung seine Pflichten zu verletzen oder,*
2. *soweit die Handlung in seinem Ermessen steht, sich bei Ausübung des Ermessens durch den Vorteil beeinflussen zu lassen.*

28.1.7.1 Rechtspraxis

Bestechungstatbestände im Zusammenhang mit Tätigkeiten von Ärzten werden regelmäßig dann diskutiert, wenn insbesondere von der Pharmaindustrie oder anderen Lieferanten von Arznei- oder Heilmitteln Ärzten Vorteile zuteilwerden. Medienwirksame Prozesse, reißerische Berichterstattung und nicht zuletzt häufige persönliche Betroffenheit haben die potentiell strafrechtliche Relevanz von Drittmittelfinanzierung und Industriesponsoring in Krankenhäusern in das Bewusstsein der Ärzteschaft gerückt. Der sogenannte Herzklappenskandal von 1994 hat zu zahlreichen Verfahren und Verurteilungen, aber gleichzeitig auch zu Fragen der korrekten Abgrenzung der Strafbarkeitsbereichs geführt. Seitdem herrscht Verunsicherung, die im Frühjahr des Jahres 2002 durch eine weitere „Verfahrenswelle" neue Nahrung erhalten hat. Industriesponsoring entspricht langjährig geübter Praxis im Krankenhausbereich. Forschungstätigkeit an Hochschulen wäre heute ohne Drittmitteleinwerbung nicht denkbar.

Die Zuwendungssachverhalte sind sehr vielgestaltig. Vor allem geht es um die Finanzierung von Fortbildungsveranstaltungen, Zahlungen im Zusammenhang mit der Teilnahme an Kongressen, Referentenhonorare, Beratungshonorare, klinische Prüfungen und Anwendungsbeobachtungen, Geräte- und Personalgestellung bzw. -finanzierung, Spenden an medizinische Einrichtungen und Fördervereine, Zuwendungen für Forschungsvorhaben usw.

Mit dem „Gesetz zur Bekämpfung von Korruption" (KorrBekG) vom 13. August 1997 wurden zahlreiche Änderungen in den einschlägigen Strafvorschriften eingeführt, mit welchen der Gefahr der Korruption in Staat, Wirtschaft und Gesellschaft wirksam entgegen getreten werden sollte. Die durch das KorrBekG bedingten Reformen zogen grundsätzlich Auswirkungen auf alle in der Forschung tätigen bzw. in die Beschaffung von medizinischen Geräten und Materialien involvierten Ärzte nach sich. Unter Korruption versteht man das private Verhalten von Personen mit öffentlichen oder privaten Aufgaben, die ihre Pflichten verletzen um ungerechtfertigte Vorteile gleich welcher Art zu erhalten. Auf Nehmerseite (Ärzteseite) sind hier maßgeblich die Tatbestände der Vorteilsannahme (§ 331 StGB), Bestechlichkeit (§ 332 StGB) sowie die Bestechlichkeit im geschäftlichen Verkehr

(§ 299 StGB) einschlägig. Durch das Antikorruptionsgesetz gelangte auch dieser Tatbestand sogenannter „Angestelltenbestechung", der früher im UWG geregelt war (§ 12 UWG), als § 299 in das StGB.

28.1.7.2 Amtsträger

§ 11 Personen- und Sachbegriffe

(1) Im Sinne dieses Gesetzes ist

1. […]

*2. **Amtsträger**, wer nach deutschem Recht:*

a) Beamter oder Richter ist,

b) in einem sonstigen öffentlich-rechtlichen Amtsverhältnis steht oder

c) sonst dazu bestellt ist, bei einer Behörde oder bei einer sonstigen Stelle oder in deren Auftrag Aufgaben der öffentlichen Verwaltung unbeschadet der zur Aufgabenerfüllung gewählten Organisationsform wahrzunehmen;

*3. **Richter**, wer nach deutschem Recht Berufsrichter oder ehrenamtlicher Richter ist;*

4. für den öffentlichen Dienst besonders Verpflichteter, wer, ohne Amtsträger zu sein,

a) bei einer Behörde oder bei einer sonstigen Stelle, die Aufgaben der öffentlichen Verwaltung wahrnimmt, oder

b) bei einem Verband oder sonstigen Zusammenschluss, Betrieb oder Unternehmen, die für eine Behörde oder für eine sonstige Stelle Aufgaben der öffentlichen Verwaltung ausführen, beschäftigt oder für sie tätig und auf die gewissenhafte Erfüllung seiner Obliegenheiten auf Grund eines Gesetzes förmlich verpflichtet ist;

5. – 9. […]

Die Strafbarkeit gemäß Vorteilsannahme und Bestechlichkeit setzt hier die Amtsträgereigenschaft des Arztes voraus. Nicht nur der Arzt im Beamtenstatus ist tauglicher Täter (§ 11 Abs. 1 Nr. 2 a StGB), sondern alle angestellten Ärzte im öffentlichen Bereich. Auch wenn der öffentliche Bereich sich einer Trägerschaft in privatrechtlicher Form bedient, wird grundsätzlich eine Aufgabe der öffentlichen Daseinsvorsorge wahrgenommen, sodass letztlich Täter alle angestellten Ärzte in Universitätskliniken, Kreis-, Bezirks- oder städtische Krankenhäuser sind. Keine Amtsträger im Sinne des § 11 Abs. 1 Nr. 2 StGB sind Ärzte und Mitarbeiter von Krankenhäusern kirchlicher Träger (Art. 140 GG; 137 Abs. 1 WV), da sie trotz ihrer Stellung als Körperschaften des öffentlichen Rechts und ihrer Einbindung in die Daseinsvorsorge nicht Teil der öffentlichen Verwaltung sind.[90] Gleiches gilt für Häuser,

[90] NJW 2001, 85.

die von gemeinnützigen Organisationen geführt werden. Nur Aufgaben, die ihrer Natur nach typischerweise staatlichen Behörden vorbehalten sind, fallen in den Schutzzweck der Normen.[91] Dieser besteht darin, dass letztendlich die Lauterkeit des öffentlichen Dienstes bewahrt werden soll. Der Bürger soll Vertrauen darin haben, dass die mit öffentlichen Aufgaben betrauten Amtsträger nicht käuflich sind, sondern sich ausschließlich bei ihren Entscheidungen an sachlichen Gesichtspunkten orientieren.

Auch Ärzte in reinen Privatkliniken, die in erster Linie auf Gewinnerzielung ausgerichtet sind, haben keine Amtsträgereigenschaft. Ebenso wenig sind freiberufliche Ärzte (niedergelassen Ärzte und Belegärzte) Amtsträger, dies ändert sich auch nicht, wenn der betreffende Arzt als Kassenarzt zur vertragsärztlichen Versorgung zugelassen ist. Allerdings kann sich der Personenkreis der Ärzte, die nicht Amtsträger sind, gemäß § 299 Abs. I StGB strafbar machen.

28.1.7.3 Dienstausübung

Strafbar sind all jene Verhaltensweisen des Amtsträgers, die im Zusammenhang mit einer Dienstausübung erfolgen. Dieser Begriff wird weit ausgelegt und umfasst alle Handlungen, die nicht völlig außerhalb des Aufgabenbereichs des Amtsträgers liegen. Die schlichte Materialauswahl bei mehreren angebotenen Medizinprodukten fällt schon für einen Krankenhausarzt hierunter.[92] Ansatzpunkt der Delikte ist damit grundsätzlich kein pflichtwidriges Verhalten, sondern das übliche erlaubte und zulässige Verhalten des Amtsträgers im Rahmen seiner öffentlichen Aufgaben. Abzugrenzen sind somit rein private Handlungen des Arztes.

Der Vorteil muss für die Dienstausübung gewährt werden, um den Tatbestand des § 331 StGB zu erfüllen. Mit der Neufassung der Vorschrift sollte sichergestellt werden, dass bereits dem durch bewusstes Handeln erweckten „bösen Anschein" der Käuflichkeit entgegen gewirkt wird. Es sollten damit also auch Handlungen erfasst werden, die auf Anbahnung („Anfüttern") eines Näheverhältnisses und die Klimapflege zur Schaffung eines allgemeinen Wohlwollens im Rahmen der Dienstausübung gerichtet sind.[93] Ein Indiz für eine Unrechtsvereinbarung ist gegeben, wenn die Höhe des gewährten Vorteils vom Umfang des Umsatzes abhängt, der durch die Diensthandlung des Empfängers beeinflusst wird.[94] Die konkreten Umstände des jeweiligen Einzelfalles sind zu berücksichtigen. So kann gegen das Vorliegen einer Unrechtsvereinbarung sprechen, wenn die Bestellung bestimmter Produkte ausschließlich an medizinischen Erfordernissen orientiert ist, verschiedene Hersteller beauftragt werden oder z. B. die Einkäufe zentral nach Entscheidung einer Kommission vorgenommen werden, der der betroffene Arzt nicht angehört. Bei der

[91] BGH NJW 2001, 2104.

[92] BGH NStZ-RR 2003, 171.

[93] Fischer, StGB, 57. Auflage, § 331 Rdnr. 24.

[94] StV 2001, 277, BGH MedR 2003, 688 f.

Drittmittelforschung steht fest, dass diese dann nicht vom Tatbestand der Vorteilsannahme erfasst wird, wenn das im Hochschulrecht vorgeschriebene Verfahren für die Mitteleinwerbung (Anzeige und Genehmigung) eingehalten wird.[95]

28.1.7.4 Vorteil

Die Strafbarkeit nach § 331 StGB setzt voraus, dass für den Amtsträger ein Vorteil entsteht. Unter einem Vorteil ist jede Leistung des Zuwendenden zu verstehen, welche den Amtsträger oder einen Dritten materiell oder immateriell in seiner wirtschaftlichen, rechtlichen oder auch nur persönlichen Lage objektiv besser stellt und auf die er keinen rechtlich begründeten Anspruch hat.[96]

Wirtschaftliche Vorteile reichen ebenso wie immaterielle Verbesserungen der Lage. Diese Besserstellung muss sich nicht auf den Amtsträger selbst beziehen, sondern kann sich in seinem Sinne auch auf einen Dritten auswirken. Selbst von einem Klinikarzt mit einem Pharmaunternehmen vereinbarte Vorteile, die sich letztendlich ausschließlich für Patienten, Mitarbeiter oder den Klinikträger günstig auswirken, können einen Vorteil im Sinne der Vorschrift sein. Die Bejahung des Vorteils ist auch nicht ausgeschlossen, weil die Vorteilsgewährung das vertraglich vereinbarte Entgelt für eine Leistung des Amtsträgers darstellt; hier kann je nach Fallgestaltung bereits der Abschluss des Vertrages selbst als Vorteil gewertet werden.[97] Aus Gründen der Sozialadäquanz sind geringwertige Höflichkeitsgeschenke kein strafbewehrter Vorteil. In materieller Hinsicht zieht die Praxis die Grenze zur unerlaubten Zuwendung aktuell wertmäßig bei ca. 30 Euro.[98] Ebenso fallen Zuwendungen für z. B. Grundlagenforschung, Reise- und Unterkunftskosten zum Besuch von Kongressen, gegebenenfalls auch für Familienmitglieder, Tagungen etc. unter den Vorteilsbegriff. Auch immaterielle Vorteile kommen in Betracht.[99]

28.1.7.5 Unrechtsvereinbarung

Die Strafbarkeit der §§ 331, 332 StGB verlangt eine sogenannte Unrechtsvereinbarung. Hierin wird das grundsätzliche Verhältnis zwischen dem Gebenden und Nehmenden in strafrechtlich relevanter Hinsicht charakterisiert. Im Ergebnis muss durch dieses Verhältnis der Eindruck erweckt werden, dass durch die Art der Zuwendung im Rahmen der Geschäftsbeziehung letztlich eine Abhängigkeit des Nehmenden gegeben ist. Wenn der Arzt als Amtsträger etwas Dienstliches nicht aus dienstlichen Gründen, sondern vorrangig im Hinblick auf den Sponsor tut, macht er sich strafbar. Vorteilsgewährungen aus Gründen der „Verbesserung des Klimas" oder der bekannten „Pflege der Krankenhausland-

[95] NStZ 2003, 158 ff.

[96] Fischer, StGB, 57. Auflage, § 331 Rdnr. 11, BGH NStZ 2001, 425, MedR 2000, 371, BGH MedR 2003, 41.

[97] BGHSt 31, 208, BGHSt 231, 264.

[98] MedR 2000, 374, Fischer, StGB, 57. Auflage, § 331 Rdnr. 25.

[99] Fischer, StGB, 57. Auflage, § 331 Rdnr. 11e.

schaft“ sind allerdings nicht so ohne weiteres als Unrechtsvereinbarungen zu werten. Die positiv zu prüfende Abhängigkeit des Nehmers hängt von vielen Faktoren ab, die im Einzelfall ein solches Verhältnis bestimmen können. Beginnend mit der Höhe der Zuwendungen, der Dauer und Nachhaltigkeit der Geschäftsbeziehungen sowie der offen feststellbaren Motivation und Zielrichtung des Gebers. Voraussetzung der Vorteilsannahme ist nicht – wie bei der Bestechlichkeit – ein unrechtes vereinbartes Handeln des Arztes. Auch sein generell rechtmäßiges Handeln ist spätestens dann zu kritisieren, wenn seine dienstliche Tätigkeit eigentlich im Hinblick auf die Vorteile ein Nähe- und Abhängigkeitsverhältnis signalisiert.

Ausdrückliche Ausnahmen trotz Vorliegens aller Tatbestandsvoraussetzungen hat die Rechtsprechung für die Akquisition von sogenannten Drittmitteln im Rahmen von Hochschulforschungen gemacht.[100] Voraussetzung für eine dahingehende Einschränkung des Tatbestandes der Vorteilsannahme ist aber, dass es sich bei den einzuwerbenden Drittmitteln nicht nur der Sache nach um Fördermittel für Forschung und Lehre handelt. Insbesondere müssen diese Fördermittel auch dem im Drittmittelrecht vorgeschriebenen Verfahren unterworfen werden.[101]

Die Bestechlichkeit gemäß §332 StGB wird durch die spezielle Art der dienstlichen Handlung charakterisiert. Es muss sich entweder um eine pflichtwidrige Diensthandlung handeln oder um eine nicht sachgerechte, sondern gerade durch den Vorteil beeinflusste Ermessensausübung. Hinsichtlich der letzteren Variante gibt es in der Praxis regelmäßig Probleme, da der Ermessensspielraum zum einen sehr weit sein kann, zum anderen die von § 332 StGB vorausgesetzte Motivation nur sehr schwer belegbar ist. Die einfache Annahme des Vorteils soll als Verdachtsgrund zur Tatbestandserfüllung hier aber nicht ausreichen.[102] Der Empfang von Beträgen eines Pharmaproduzenten für betriebliche Feiern jeder Art oder die Kostenübernahme für die Teilnahme an Kongressen ist für sich allein noch kein ausreichendes Indiz. Abweichend kann dies allerdings bei Vorteilen beurteilt werden, bei denen der dienstliche Bezug nicht mehr gegeben ist. Auch üppige Esseneinladungen sind kein tauglicher Nachweis dafür, dass sich ein Arzt zu Pflichtwidrigkeiten bereit erklärt. Sollte aber am Tage nach der Einladung unmittelbar eine umfangreiche Bestellung beim Einladenden eingehen, kann damit die Unrechtsvereinbarung ausreichend deutlich geworden sein.[103]

28.1.7.6 Genehmigung, § 331 Abs.3 StGB

§ 331 Abs. 3 StGB stellt einen echten Rechtfertigungsgrund dar, der dann vorliegt, wenn die Vorteilsannahme mit Genehmigung durch die zuständige Behörde erfolgt. Sind dem Dienstherrn sämtliche Umstände der Zuwendung (Art und Zielrichtung, Höhe, Empfän-

100 BGH NStZ 2003, 148 ff.

101 BGH MedR 2003, 41.

102 BGH NStZ 2003, 159.

103 BGH MedR 2000, 193.

ger und Geber sowie Zusammenhänge zwischen Vorteil und Dienstausübung) bekannt und befürwortet er diese, entfällt eine Strafbarkeit des Arztes. Voraussetzung ist dabei allerdings, dass der Arzt die Leistung nicht gefordert hat. Genehmigungsfähig ist also nur die Annahme oder das Sich-versprechen-lassen einer Leistung. Bloße Urlaubs-, Reise- oder Nebentätigkeitsgenehmigungen können zumeist nicht die Rechtswirkung des § 331 Abs. 3 StGB entfalten. Verschweigt der Arzt der Genehmigungsstelle im Zusammenhang mit der Vorteils- und Zuwendung relevante Tatsache, kann die Genehmigung unwirksam sein. Die Zuständigkeit für die Genehmigung liegt regelmäßig bei der „höchsten Stelle" (z. B. Geschäftsführer oder Verwaltungsdirektor bzw. Leiter der Universität), nicht aber beim Chefarzt für die ihm nachgeordneten Ärzte oder der Ärztliche Direktor.

28.1.7.7 Subjektiver Tatbestand

Neben den objektiven Tatbestandsmerkmalen ist beim subjektiven Tatbestand Vorsatz erforderlich. Dies bedeutet, dass der betreffende Arzt diejenigen Tatsachen kennen muss, die zum Tatbestand gehören (also Amtsträgereigenschaft, Vorteilsbegriff, Unrechtsvereinbarung sowie die Kenntnis von der dienstlichen Tätigkeit). Zum Vorsatz gehört, dass der Arzt nach der üblichen „Parallelwertung in der Laienssphäre" Bedeutung und Funktion der Begriffe nachvollziehen kann.[104] Hält der Arzt die fortwährende Praxis der Annahme von Zuwendungen für Kongressteilnahmen, Betriebsfeiern usw. für „üblich" und damit nicht für verboten, kann ein Verbotsirrtum gemäß § 17 StGB vorliegen, der jedoch nur bei Unvermeidbarkeit zum Schuldausschluss führt. Die Rechtsprechung beurteilt derartige Verbotsirrtümer grundsätzlich als vermeidbar, da es jedem Arzt möglich sein sollte, behördliche, anwaltliche oder dienstliche Erkundigungen hierüber einzuholen. [105]

28.1.7.8 Bestechlichkeit im geschäftlichen Verkehr, § 299 Abs. 1 StGB

Der § 299 Abs. 1 StGB erfasst all die Ärzte, denen die Eigenschaft als Amtsträger fehlt, die aber gleichwohl Angestellte in einem Krankenhaus sind. Nicht erfasst werden Praxisinhaber, d.h. die frei praktizierenden und selbständigen Vertragsärzte. Durch diese Norm soll der freie und faire Wettbewerb geschützt werden. Angestellte sollen völlig unabhängig von jeglicher Schmiergeldzahlung Entscheidungen im Rahmen ihrer Unternehmen treffen. Allein die Tatsache des Geldflusses in diesem Zusammenhang begründet bereits die Strafbarkeit. Der Eintritt eines schädlichen Erfolges für das Unternehmen selbst wird vom Tatbestand nicht gefordert. Bei diesem Delikt handelt es sich um ein Antragsdelikt. Durch die Bejahung des besonderen öffentlichen Interesses durch die Staatsanwaltschaft kann der nicht vorliegende Antrag ersetzt werden.

---

[104] Ulsenheimer, Arztstrafrecht in der Praxis, 4. Auflage, Rdnr. 13/23.

[105] MedR 2000, 375.

28.1.8 Betrug, § 263 StGB

*§ 263 **Betrug***

(1) Wer in der Absicht, sich oder einem Dritten einen rechtswidrigen Vermögensvorteil zu verschaffen, das Vermögen eines anderen dadurch beschädigt, dass er durch Vorspiegelung falscher oder durch Entstellung oder Unterdrückung wahrer Tatsachen einen Irrtum erregt oder unterhält, wird mit Freiheitsstrafe bis zu fünf Jahren oder mit Geldstrafe bestraft.

(2) Der Versuch ist strafbar.

(3) In besonders schweren Fällen ist die Strafe Freiheitsstrafe von sechs Monaten bis zu zehn Jahren. Ein besonders schwerer Fall liegt in der Regel vor, wenn der Täter

1. *gewerbsmäßig oder als Mitglied einer Bande handelt, die sich zur fortgesetzten Begehung von Urkundenfälschung oder Betrug verbunden hat,*
2. *einen Vermögensverlust großen Ausmaßes herbeiführt oder in der Absicht handelt, durch die fortgesetzte Begehung von Betrug eine große Zahl von Menschen in die Gefahr des Verlustes von Vermögenswerten zu bringen,*
3. *eine andere Person in wirtschaftliche Not bringt,*
4. *seine Befugnisse oder seine Stellung als Amtsträger missbraucht oder*
5. *einen Versicherungsfall vortäuscht, nachdem er oder ein anderer zu diesem Zweck eine Sache von bedeutendem Wert in Brand gesetzt oder durch eine Brandlegung ganz oder teilweise zerstört oder ein Schiff zum Sinken oder Stranden gebracht hat.*

(4) § 243 Abs. 2 sowie die §§ 247 und 248a gelten entsprechend.

(5) Mit Freiheitsstrafe von einem Jahr bis zu zehn Jahren, in minder schweren Fällen mit Freiheitsstrafe von sechs Monaten bis zu fünf Jahren wird bestraft, wer den Betrug als Mitglied einer Bande, die sich zur fortgesetzten Begehung von Straftaten nach den §§ 263 bis 264 oder 267 bis 269 verbunden hat, gewerbsmäßig begeht.

(6) Das Gericht kann Führungsaufsicht anordnen (§ 68 Abs. 1).

(7) Die §§ 43a und 73d sind anzuwenden, wenn der Täter als Mitglied einer Bande handelt, die sich zur fortgesetzten Begehung von Straftaten nach den §§ 263 bis 264 oder 267 bis 269 verbunden hat. § 73d ist auch dann anzuwenden, wenn der Täter gewerbsmäßig handelt.

Unter den Betrugsvarianten wird der sogenannte ärztliche Abrechnungsbetrug als eine schwerwiegende Problematik der letzten beiden Jahrzehnte gehandelt. Die Ermittlungsbehörden konzentrieren sich in ungewöhnlicher Weise auf Verdachtsmomente in dieser Richtung, Krankenkassen schätzen die strafrechtlich relevanten Schäden auf Milliardenhöhe. Die Fallkonstellationen ärztlicher betrügerischer Abrechnungen sind derart variantenreich, dass Anwendungsgesetzmäßigkeiten für den § 263 nur schwer aufzustellen sind. Zum einen ist stets danach zu unterscheiden, ob es um Abrechnungen eines niedergelassenen Arztes oder eines Krankenhauses geht. Zum anderen ist eine entscheidende Weichenstellung der rechtlichen Bewertung eines Abrechnungsbetruges die Differenzierung danach, ob es sich bei der behandelten Person um einen Privatpatienten oder aber um einen Kassenpatienten handelt. Im vertragsärztlichen Bereich rechnet der Leistungserbringer (Arzt) nicht mit dem Patienten direkt ab, sondern reicht seine Abrechnung bei der Kassenärztlichen Vereinigung (KV) quartalsmäßig ein. Die Beziehung zum Kassenpatienten ist allein schon dadurch höchst kompliziert. Der Patient ist einerseits die unmittelbare Ansprechperson des Arztes, andererseits erfolgt die Zahlung für erbrachte Leistungen von dessen gesetzlicher Krankenkasse. Diese Zahlung wiederum passiert in einem unübersichtlichen Verfahren an die Kassenärztliche Vereinigung (KV), die ihrerseits dann aufgrund zusätzlicher Kriterien Zahlungen an die einzelnen Ärzte weiterleitet. Bei der Gesamtbetrachtung ist also zu berücksichtigen, dass sowohl das vertragsärztliche Abrechnungssystem (EBM) wie auch das privatärztliche (GOÄ) nicht nur in sich höchst komplex, interpretationsbedürftig und missverständlich abgefasst ist, sondern darüber hinaus durch permanente Änderungen und unterschiedliche Bewertungen einem ständigen Wandel unterworfen ist. Folglich sind Falschabrechnungen in beiden Bereichen geradezu vorprogrammiert. Eine Typisierung der Problematik lässt sich derzeitig weniger an den gesetzlichen Tatbeständen festmachen als eher an den bereits erfassten strafrechtlich relevanten Erscheinungsformen der ärztlichen Abrechnungen.[106]

28.1.8.1 Täuschung

Im Gesetz heißt das: „Vorspiegelung falscher oder ... Entstellung oder Unterdrückung wahrer Tatsachen". „Tatsachen" sind nach der gängigen Definition vergangene und gegenwärtige Geschehnisse und Zustände der Außenwelt und des menschlichen Innenlebens. Häufig fügt man hinzu, Tatsache sei nur etwas, das im Prinzip „dem Beweise zugänglich" ist.[107] Ausgangspunkt der Betrachtung im Arztstrafrecht ist immer die vom Arzt mit der Abrechnung abgegebene Erklärung, wonach die von ihm abgerechneten Leistungen entweder von ihm persönlich oder auf seine Anordnung und unter seiner Aufsicht und Verantwortung von nicht ärztlichen Hilfspersonen erbracht worden sind und die Abrechnung sachlich richtig und vollständig ist.[108] Bei der quartalsmäßigen Einreichung der Abrechnungsunterlagen wird seitens des Kassenarztes immer auch eine sogenannte Sammelerklärung unterschrieben, in der er die angeblich peinlich genaue Erfassung seiner Leistungen entsprechend den Richtlinien des Bundesausschusses der Ärzte und Krankenkassen sowie die sachlich rechnerische Richtigkeit der Abrechnung ausdrücklich versichert. Stimmen die Angaben, auf die sich die Versicherung bezieht, nicht mit den Tatsachen überein, liegt Täuschungsverdacht nahe.

---

[106] Ries/Schnieder/Althaus/Großbölting/Voß, Arztrecht, 2. Auflage, 119 f.

[107] Fischer, StGB, 57. Auflage, § 263 Rdnr. 10.

[108] MedR 2007, 10, 15.

Mühelos erkennbar ist die Täuschung bei Anrechnung tatsächlich nicht erbrachter Leistungen. Setzt der Arzt Gebührenziffern in die Abrechnung ein und dokumentiert damit letztlich nur fingierte Leistungen, täuscht er. Gleiches gilt für Leistungen, die er selbst nicht erbracht hat, die aber nicht delegierbar sind oder für die normale Delegation an ärztliches Hilfspersonal ebenso wie für die Delegation von Chefarztleistungen an Assistenzärzte. [109] Kritisch ist die Abgrenzung bei Sachverhalten, in denen die durch den Arzt vorgenommene Interpretation zweifelhaft ist.

Behauptet der Arzt in seiner Abrechnung, dass ein Honoraranspruch besteht, kann dies grundsätzlich keine Tatsache darstellen, sondern bezieht sich allenfalls auf die Ansicht des Bestehens eines Rechtverhältnisses. Liegt also der Angabe zwar eine tatsächliche Handlung zugrunde und wird lediglich für möglich gehalten, dass diese die Voraussetzungen einer bestimmten Abrechnungsziffer tatsächlich nicht erfüllt, kann es demzufolge häufig an der Voraussetzung einer betrügerischen Tatsachenbehauptung mangeln.[110] Geeignete Ermessensspielräume im Rahmen der Abrechnungen sind strafrechtlich nicht betrugsrelevant. Dieser Ermessensspielraum des abrechnenden Arztes wird aber dann verlassen, wenn er beispielsweise in Abrechnungen Handlungen als eigene Leistung darstellt, obwohl sie faktisch von einem nicht zugelassenen Kollegen ausgeführt worden sind oder wenn eine einheitliche Leistung zur Erhöhung des Gebührenaufkommens auf mehrere Tage bzw. Patienten gestreut wird.

Auch die Missachtung tatsächlich erhaltener Rabatte seitens der Hersteller und Lieferanten stellt generell eine Täuschung dar, da die Kassenärzte stets verpflichtet sind, derartige Vorteile weiterzugeben. Eine Täuschung durch Unterlassen gegenüber den Krankenkassen entfällt regelmäßig, da insoweit dem Arzt keine Garantenstellung zukommt.[111]

Durch den Arzt fingierte Rezepte über von dem jeweiligen Patienten tatsächlich nicht benötigte Leistungen erfüllen abermals die Voraussetzungen der Täuschung.[112]

28.1.8.2 Irrtum

Die herrschende Lehre verlangt für einen Irrtum eine positive Fehlvorstellung. Das bloße Nichtkennen der Wahrheit („Ignorantia facti") soll dafür nicht genügen. [113] Ein Privatpatient erhält die Abrechnung durch den Arzt unmittelbar. Bei der Bejahung eines Irrtums ist also entscheidend auf dessen Vorstellungsbild abzustellen. Bei einem Kassenpatienten wiederum ist die Kassenärztliche Vereinigung der Empfänger der ärztlichen Erklärung. Der dortige Prüfer unterliegt immer dann einem Irrtum, wenn er entgegen den Tatsachen die Glaubwürdigkeit der behaupteten Tatsache seinen weiteren Handlungen zugrunde-

[109] Fischer, StGB, 57. Auflage, § 263 Rdnr. 7.

[110] Ulsenheimer, Arztstrafrecht in der Praxis, 4. Auflage, Rdnr. 14/43.

[111] Ulsenheimer, Arztstrafrecht in der Praxis, 4. Auflage, Rdnr. 14/2.

[112] BGH StV 2004, 422 ff.

[113] Lackner/Kühl, § 263 Rdnr. 18.

legt. Für den Irrtum ist allerdings nicht erforderlich, dass der Getäuschte die Richtigkeit der Abrechnung für sicher hält. Es reicht aus, wenn er die Richtigkeit für wahrscheinlich hält[114] oder davon ausgeht, dass die Abrechnung in Ordnung sei.[115] Leichtgläubigkeit des Getäuschten soll dagegen für den Irrtum ohne Bedeutung sein.[116]

28.1.8.3 Vermögensverfügung und Vermögensschaden

Es ist allgemeine Ansicht, dass man in den Tatbestand des § 263 das ungeschriebene Merkmal der Vermögensverfügung hineinlesen muss. Aufgrund der Vorspiegelung der falschen Tatsachen stellt die „getäuschte" Kassenärztliche Vereinigung den Krankenkassen eine zu hohe Vergütung in Rechnung, woraufhin die dann eine Vermögensverfügung, nämlich die Auszahlung, veranlassen. Die pauschalierte Gesamtvergütung führt dazu, dass typische Falschabrechnungen den Gesamtbetrag nicht erhöhen, der von den Krankenkassen zur Verfügung gestellt wird. Die später erfolgenden Schritte der Kassenärztlichen Vereinigung können sehr wohl vermögensrelevant sein, da aufgrund dieser Gesamtvergütung eine Abrechnung gegenüber sämtlichen Vertragsärzten erfolgt. Der Vermögensschaden liegt in den letztlich geringeren ausgezahlten Honorarbeträgen. Mit der Vorlage der unrichtigen Abrechnung gegenüber den Krankenkassen tritt bereits eine Vermögensgefährdung ein. Vollendet ist der Betrug, sobald die Honoraransprüche der ordnungsgemäß abrechnenden Vertragsärzte von der KV wegen der Falschabrechnung vermindert werden.[117] Liegen den Abrechnungen des täuschenden Arztes keine reellen Leistungen zugrunde, ist der Schaden deutlich erkennbar. Gelegentlich sind jedoch wirtschaftlich messbare Vermögensminderungen nicht feststellbar, da trotz bestimmter Täuschungsinhalte faktisch die entsprechenden geldwerten Leistungen erbracht worden sind. Ob bei einem solchen Sachverhalt ein Schaden gemäß § 263 StGB entfällt, ist höchst umstritten.

28.1.8.4 Subjektiver Tatbestand

Dem Arzt muss bewusst sein, dass ihm der geltend gemachte Honoraranspruch nicht oder zumindest nicht in der geltend gemachten Höhe zusteht. Gleichzeitig muss er in der Absucht handeln, sich oder einem anderen einen rechtswidrigen Vermögensvorteil zu verschaffen (Bereicherungsabsicht). Für die Annahme des erforderlichen Vorsatzes müssen nachvollziehbare Anhaltspunkte vorliegen. Rechtmäßiges Abrechnungsverhalten zeichnet sich regelmäßig durch Vollständigkeit der Unterlagen und Transparenz aus. Die Rechtswidrigkeit des erstrebten Vermögensvorteils ergibt sich aus der Feststellung, dass dem Vertragsarzt die erbrachte Leistung nach dem vertragsärztlichen Abrechnungssystem nicht oder nicht in voller Höhe zustand.

---

[114] BGH Wistra 1992, 95 ff.

[115] MedR 2006, 721 ff.

[116] BGH NStZ 2003, 313.

[117] Ulsenheimer, Arztstrafrecht in der Praxis, 4. Auflage, Rdnr. 14/23.

28.1.8.5 Typische Abrechnungsmanipulationen

In der Praxis häufig vorkommende Fälle betreffen:

- Abrechnung tatsächlich nicht erbrachter, also fingierter Leistungen, sogenannte „Luftleistungen“
- Abrechnung nicht persönlich erbrachter und ohne Anordnung im Einzelfall nicht delegierbarer Leistungen (z. B. Injektionen durch Praxispersonal in Abwesenheit des Arztes)
- Abrechnung nicht vollständig erbrachter Leistungen (z. B. Leistungen, bei denen die Dokumentation zum Leistungsinhalt gehört)
- Vorsätzlich falsche gebührenrechtliche Bewertung oder bewusst unrichtige Zuordnung erbrachter Leistungen (gewollte „Subsumtionsfehler“): durch „Splitting“ nicht gesondert berechenbarer Leistungen, Wahl der höher bewerteten Gebührenordnungsziffer für die erbrachte geringerwertige Leistung und Abrechnung einer anderen Leistung mit gleichem Gebührensatz anstelle der erbrachten Leistung zum Zwecke der Verfälschung der Prüfstatistik
- Abrechnung tatsächlich erbrachter, aber nachweisbar objektiv unwirtschaftlicher und als solche auch vom Arzt erkannten Leistungen (z. B. bewusste Vornahme einer medizinisch nicht indizierten Behandlungsmaßnahme)
- Nichtberücksichtigung von Rabatten, Boni und sonstigen von Hersteller- oder Lieferfirmen für die Bestellung von medizinischen Produkten gewährten Begünstigungen bei der Abrechnung der Kosten gegenüber den Krankenkassen
- Doppelabrechnung einmal erbrachter Leistungen durch den Belegarzt sowohl im ambulanten als auch im stationären Bereich, usw.

28.1.9 Untreue, § 266 StGB

*§ 266 **Untreue***

(1) Wer die ihm durch Gesetz, behördlichen Auftrag oder Rechtsgeschäft eingeräumte Befugnis, über fremdes Vermögen zu verfügen oder einen anderen zu verpflichten, missbraucht oder die ihm kraft Gesetzes, behördlichen Auftrags, Rechtsgeschäfts oder eines Treueverhältnisses obliegende Pflicht, fremde Vermögensinteressen wahrzunehmen, verletzt und dadurch dem, dessen Vermögensinteressen er zu betreuen hat, Nachteil zufügt, wird mit Freiheitsstrafe bis zu fünf Jahren oder mit Geldstrafe bestraft.

(2) § 243 Abs. 2 und die §§ 247, 248a und 263 Abs. 3 gelten entsprechend.

In § 266 StGB geht es darum, dass der Täter rechtswirksam für den anderen handelt, obwohl er das nicht durfte, und ihm damit Schaden zufügt. Der Täter muss den Vermögensnachteil bei jemandem verursachen, „dessen Vermögensinteressen er zu betreuen hat“.[118]

Eine strafrechtliche Verantwortung kann sich für den Kassenarzt dadurch ergeben, dass er im Rahmen der Behandlung Entscheidungen trifft, die sich vermögensmindernd bei der gesetzlichen Krankenkasse auswirken. Wegen Untreue zum Nachteil der Krankenkasse macht sich z. B. derjenige Kassenarzt strafbar, der vorsätzlich Medikamente ohne medizinische Indikation verschreibt oder überteuerte Medikamente verordnet, um Rückvergütungen von Pharmafirmen zu erhalten. Der Vertragsarzt ist ein mit öffentlich-rechtlichen Aufgaben betrauter Beliehener, dessen Pflicht es ist, sowohl die materiellen als auch die formellen Rahmenbedingungen der Kassenärztlichen Versorgung einzuhalten. Zu diesen Bedingungen gehört besonders der § 12 Abs. 1 SGB V, der die Verschreibung von ärztlichen Mitteln verbietet, sofern diese nicht notwendig, nicht ausreichend oder gar unzweckmäßig sind. Zwar bestehen zwischen dem Vertragsarzt und der Krankenkasse normalerweise keine unmittelbaren rechtlichen Beziehungen. Dieser Hintergrund kann aber zu einer Bejahung der Vermögensbetreuungspflicht im Sinne des § 266 StGB führen. § 266 setzt tatbestandlich voraus, dass der Täter die Pflicht hat, die Vermögensinteressen des Geschädigten zu betreuen. Ohne diese Pflicht ist der Schädiger straflos. Die Pflicht ist also ein strafbegründendes persönliches Merkmal. Es bestehen aufgrund der gesetzlichen Vorschriften Betreuungsverpflichtungen des Vertragsarztes gegenüber der kostentragenden Krankenkasse, auch wenn die Kassenärztliche Vereinigung in der Regel nur eine Zahlungs- und Verrechnungsstelle ist. Der Vertragsarzt hat die Gelegenheit, mit direkter Wirkung für das Vermögen der Krankenkasse Rezepte zu verschreiben und folglich eine hervorgehobene Pflichtenstellung mit einem selbstverantwortlichen Entscheidungsbereich – eine Befugnis, die die Voraussetzungen des § 266 StGB erfüllt.

Wenn der Kassenarzt Medikamente verschreibt, deren Verordnung nachweislich unter keinem medizinischen Gesichtspunkt gerechtfertigt ist, kann er den Treuebruchstatbestand des § 266 StGB erfüllen.[119] Allerdings können diese Erwägungen nicht zwingend ausgeweitet werden auf Entscheidungen des Arztes, die lediglich sachlich umstritten sind. Medizinisch indizierte Verordnungen, die allenfalls unter dem Wirtschaftlichkeitsgesichtspunkt diskutabel sind, berühren den strafrechtlich relevanten Bereich der Vermögensbetreuungspflicht nicht.[120]

---

[118] BGHSt 33, 244, 250.

[119] BGH StV 2004, 422 ff.

[120] Taschke, StV 2005, 408.

28.2 Strafprozessuale Rechtsfolgen

28.2.1 Geldstrafe und Freiheitsstrafe

Überwiegend bewegen sich Verurteilungen von Ärzten bei Vorwürfen der fahrlässigen Körperverletzung oder fahrlässigen Tötung im Geldstrafen-Bereich. Abhängig von der Schwere des Fehlverhaltens kann allerdings im Einzelfall auch, insbesondere beim Vorwurf der fahrlässigen Tötung, die Verhängung einer Freiheitsstrafe in Betracht kommen, die jedoch – in aller Regel – zur Bewährung ausgesetzt wird. Bei Verurteilungen wegen unterlassener Hilfeleistung wird vor dem Hintergrund, dass es sich hierbei um die bewusste Verweigerung ärztlicher Hilfe handelt, zunehmend zur Verhängung von Bewährungsstrafen übergegangen. Beim Abrechnungsbetrug kommt es auf die Höhe des Schadens, die Dauer des Betruges, das Ausmaß des Vertrauensbruchs und die aufgewendete kriminelle Energie an. Je nach Schwere des Einzelfalls ist hier auch die Verhängung einer durchaus empfindlichen, nicht mehr aussetzungsfähigen Freiheitsstrafe möglich.

Bei einer Geldstrafe muss auf die 90-Tagessatz-Grenze geachtet werden, da gemäß § 32 Abs. 2 Nr. 5 a BZRG bis zu dieser Grenze Verurteilungen dann nicht in ein polizeiliches Führungszeugnis eingetragen werden, wenn das Bundeszentralregister keine weiteren Eintragungen aufweist.

Zeichnet sich in der Hauptverhandlung die Verurteilung zu einer Geldstrafe ab, so sollte geprüft und mit dem Mandanten besprochen werden, ob zur Vermeidung einer Einkommensschätzung durch das Gericht Angaben zu den tatsächlichen Nettoeinkommensverhältnissen gemacht werden sollten. Dies kann sich angesichts der Tatsache, dass Ärzte nicht nur im Bild der Öffentlichkeit, sondern auch nach Auffassung der Richter zu den besser-bzw. bestverdienenden Berufstätigen zählen und dies den inzwischen tatsächlichen Gegebenheiten nicht mehr unbedingt entsprechen muss, empfehlen.

28.2.2 Berufsverbot

§ 70 Anordnung des Berufsverbots

(1) Wird jemand wegen einer rechtswidrigen Tat, die er unter Missbrauch seines Berufs oder Gewerbes oder unter grober Verletzung der mit ihnen verbundenen Pflichten begangen hat, verurteilt oder nur deshalb nicht verurteilt, weil seine Schuldunfähigkeit erwiesen oder nicht auszuschließen ist, so kann ihm das Gericht die Ausübung des Berufs, Berufszweiges, Gewerbes oder Gewerbezweiges für die Dauer von einem Jahr bis zu fünf Jahren verbieten, wenn die Gesamtwürdigung des Täters und der Tat die Gefahr erkennen lässt, dass er bei weiterer Ausübung des Berufs, Berufszweiges, Gewerbes oder Gewerbezweiges erhebliche rechtswidrige Taten der bezeichneten Art begehen wird. Das Berufsverbot kann für immer angeordnet werden, wenn zu erwarten ist, dass die gesetzliche Höchstfrist zur Abwehr der von dem Täter drohenden Gefahr nicht ausreicht.

(2) War dem Täter die Ausübung des Berufs, Berufszweiges, Gewerbes oder Gewerbezweiges vorläufig verboten (§ 132a der Strafprozessordnung), so verkürzt sich das Mindestmaß der Verbotsfrist um die Zeit, in der das vorläufige Berufsverbot wirksam war. Es darf jedoch drei Monate nicht unterschreiten.

(3) Solange das Verbot wirksam ist, darf der Täter den Beruf, den Berufszweig, das Gewerbe oder den Gewerbezweig auch nicht für einen anderen ausüben oder durch eine von seinen Weisungen abhängige Person für sich ausüben lassen.

(4) Das Berufsverbot wird mit der Rechtskraft des Urteils wirksam. In die Verbotsfrist wird die Zeit eines wegen der Tat angeordneten vorläufigen Berufsverbots eingerechnet, soweit sie nach Verkündung des Urteils verstrichen ist, in dem die der Maßregel zugrunde liegenden tatsächlichen Feststellungen letztmals geprüft werden konnten. Die Zeit, in welcher der Täter auf behördliche Anordnung in einer Anstalt verwahrt worden ist, wird nicht eingerechnet.

Neben Geld- oder Freiheitsstrafe kann auch ein Berufsverbot gemäß § 70 StGB verhängt werden. Dieses kommt in Betracht, wenn die Tat unter Missbrauch des Arztberufes oder unter Verletzung der mit ihm verbundenen Pflichten begangen wurde und darüber hinaus Wiederholungsgefahr besteht.

28.3 Standes- und Berufsrecht

Neben den strafprozessualen Folgen sind die durchaus existenzbedrohenden Resultate von standes- und berufsrechtlichen Sanktionen zu beachten. In Betracht kommen standesrechtliche Verfahren vor den Heilberufsgerichten und auf den Widerruf der Approbation gerichtete Verwaltungsverfahren.[121]

Neben dem Ermittlungs- bzw. Strafverfahren droht grundsätzlich ein berufsrechtliches bzw. berufsgerichtliches Verfahren, sofern ein berufsunwürdiges Verhalten vorliegt. Den Berufsgerichten für die Ärzte obliegt die Überwachung der Einhaltung der beruflichen Pflichten durch die Ärzte. Das Verfahren wird durch landesgesetzliche Regelungen (Heilberufsgesetze bzw. Kammergesetze der Länder) geregelt und ist in seinem Ablauf an der Strafprozessordnung orientiert. Die Berufsgerichte sind in erster Instanz mit einem Berufsrichter und zwei ehrenamtlichen Richtern besetzt, die aus den Kreisen der Ärzteschaft stammen. In der zweiten Instanz vor dem Landesberufsgericht wird mit zwei Berufsrichtern und drei ehrenamtlichen Richtern aus dem Kreis der Ärzte entschieden. Eingeleitet wird das Verfahren auf Antrag der Ärztekamer (dort durch den Vorstand bzw. dem jeweiligen Kammeranwalt). Sollte gleichzeitig ein strafrechtliches Verfahren laufen, wird das

[121] Ehlers/Broglie, Arzthaftungsrecht, 4. Auflage, Rdnr. 901 ff., Bergmann/Wever, Die Arzthaftung, 3. Auflage, 176 ff., Dettmeyer, Medizin & Recht, 2. Auflage, 423.

berufsrechtliche Verfahren ausgesetzt und nach Abschluss des Strafverfahrens wegen desselben Sachverhaltes fortgesetzt. Mögliche Sanktionen können die Rüge, die Verwarnung, der Verweis oder die Geldbuße sein.

28.3.1 Berufsgerichtliches Verfahren

Zu einem berufsgerichtlichen Verfahren kommt es dann, wenn sich der Arzt einer berufsunwürdigen Handlung schuldig gemacht hat und durch sein Verhalten das Ansehen des Arztes in der Öffentlichkeit in Verruf gebracht worden ist.[122] Dies muss kein Tatgeschehen sein, das einen Straftatbestand verwirklicht. Allein Verstöße gegen die ärztliche Berufsordnung können Gegenstand eines berufsrechtlichen Verfahrens sein. Auf den Ausgang eines eingeleiteten Strafverfahrens kommt es bei der berufsrechtlichen Entscheidung nicht an. Wegen desselben Sachverhaltes kann eine berufsrechtliche Sanktion sowohl bei Freispruch, als auch bei Verurteilung oder Einstellung des Strafverfahrens möglich sein. Die Entscheidung der Strafgerichte ist im berufsgerichtlichen Verfahren auch nicht bindend. Aus Verhältnismäßigkeitsgründen wird jedoch eine zusätzliche Sanktion durch das Berufsgericht nur dann zulässig sein, wenn ein sog. berufsrechtlicher Überhang besteht, d. h. wenn die verhängte Kriminalstrafe nicht genügt, um das Ansehen des ärztlichen Berufsstandes zu wahren.

Anhand der Umstände des Einzelfalles ist im Regelfall jeweils zu prüfen, ob eine verhängte strafrechtliche Maßregel eine berufsrechtliche Sanktion wegen des gleichen Sachverhaltes ausschließt. Auch wenn die Sanktionen im Disziplinar- und im Strafrecht nach Zweck und Wesen unterschiedlich sind, bleibt stets zu berücksichtigen, welche Wirkungen die doppelte Sanktion auf den Betroffenen hat. Ferner bleibt zu bedenken, dass in beiden Verfahren dieselben Elemente für die Bemessung der Sanktion mitbestimmend sind. Daher muss die Ahndung im Strafverfahren bei einer Bemessung der Sanktion im Disziplinar- oder berufsgerichtlichen Verfahren angemessen berücksichtigt werden. Dies gilt ebenfalls im spiegelbildlichen Fall.[123]

28.3.2 Approbationsverfahren

Eine Straftat kann die Approbationsbehörde zum Anlass nehmen, dem Arzt gegenüber wegen dessen Unwürdigkeit oder Unzuverlässigkeit zur Ausübung des ärztlichen Berufs den Widerruf der Approbation gemäß §§ 5, 6 BÄO auszusprechen.[124] Als vorläufige Maßnahme aus Anlass eines noch nicht abgeschlossenen Strafverfahrens kann auch das Ruhen der Approbation angeordnet werden. Unzuverlässig ist, wer für die Zukunft keine ausrei-

---

[122] Bergmann/Wever, Die Arzthaftung, 3. Auflage, 207 ff.

[123] BVerfG NJW 1970, 507, 510.

[124] Ehlers/Broglie, Arzthaftungsrecht, 4. Auflage, Rdnr. 908.

chende Gewähr für eine gewissenhafte Pflichterfüllung bietet.[125] Die Annahme von Unzuverlässigkeit enthält eine Prognose. Eine solche Zukunftsbetrachtung bezüglich der Unwürdigkeit ist nicht erforderlich.[126] Unwürdig ist, wer nicht mehr das für seine Berufsausübung erforderliche Vertrauen und Ansehen besitzt.[127] Für diese Annahme kann auch außerberufsspezifisches Verhalten Anlass geben. Dabei ist nicht nur auf Art und Ausmaß des Verstoßes gegen die Berufspflichten, sondern auch auf das Gesamtverhalten des Arztes (also auch ggf. im nichtberuflichen bzw. privaten Bereich) abzustellen.[128] Bei Widerruf und der Ruhensanordnung ist der Verwaltungsrechtsweg offen, wobei der eingelegte Rechtsbehelf aufschiebende Wirkung hat. Ausnahmsweise und unter ganz bestimmten Voraussetzungen ist die Anordnung der sofortigen Vollziehung möglich. Der Verstoß gegen eine sofort vollziehbare oder unanfechtbare Ruhensanordnung ist wiederum nach § 13 BÄO strafbar.

Die Beurteilung, ob ein Arzt durch sein Verhalten nicht mehr das Ansehen und das Vertrauen besitzt, das für die Ausübung seines Berufs unabdingbar nötig ist, und ob er deshalb der Ausübung seines Berufes unwürdig ist, unterliegt objektiven Beurteilungsmaßstäben und ist von zufälligen Umständen des Einzelfalls — auch der Treue seines Patientenstammes – unabhängig.[129] Für die Frage der Beurteilung, ob Unzuverlässigkeit oder Unwürdigkeit des Arztes zur Ausübung seines Berufes vorliegt, ist der Zeitpunkt des Abschlusses des Verwaltungsverfahrens maßgeblich.[130] Im verwaltungsgerichtlichen Verfahren wird dabei gerne auf die Feststellung des Strafgerichtes zurückgegriffen. Das rechtskräftige strafprozessuale Urteil bewirkt dann mit Wirkung für das Verwaltungsverfahren, dass die in dem Urteil enthaltenen Schuldfeststellungen als gegeben angesehen werden.[131]

Der Widerruf der Approbation ist ein schwerwiegender Eingriff in die Berufsfreiheit, Artikel 12 Abs. 1 Satz 1 GG und demzufolge nur dann zulässig, wenn er auch verhältnismäßig ist. Voraussetzung für den grundrechtseinschränkenden Approbationswiderruf ist nicht nur, dass er zum Schutz eines Rechtsguts geeignet und erforderlich ist, sondern auch Art und Intensität der Rechtsgütergefährdung in einem angemessenen Verhältnis stehen. [132] In Fällen der offensichtlichen Rechtmäßigkeit des Widerrufs der Approbation wegen nachträglicher Unwürdigkeit ist die Verhältnismäßigkeit der Anordnung der sofortigen Vollziehung der Entscheidung in der Regel zu bejahen.[133]

---

[125] BVerfG NJW 1999, 3425, MedR 2000, 142 f., MedR 2001, 396 ff.

[126] BVerfG NJW 1993, 806.

[127] BVerfG, 1993, 806.

[128] NJW 2003, 3647 ff.

[129] NJW 2010, 692.

[130] NJW 1999, 3425, 3526.

[131] NJW 2004, 2034 f.

[132] MedR 2003, 694.

[133] NJW 2010, 692.

Prinzipiell ist die Approbation nicht teilbar, d. h. sie kann im Verfahren lediglich entzogen oder aber belassen werden. Hervorzuheben ist jedoch die Möglichkeit der Berufsausübungserlaubnis nach § 10 Abs. 1 BÄO. Danach kann einem Arzt, dem wegen eines strafrechtlichen Vergehens die Approbation entzogen wurde, für begrenzte Zeit die Erlaubnis zur eingeschränkten ärztlichen Berufsausübung (z. B. gutachterliche Sachverständigentätigkeit) oder eine nicht selbständige und nicht leitende Tätigkeit in fachlich abhängiger Stellung erteilt werden.

Solange die Approbation ruht, darf der ärztliche Beruf nicht ausgeübt werden. Wegen der damit einhergehenden erheblichen Auswirkungen für den Betroffenen und des Eingriffs in die Berufsausübungsfreiheit muss es sich bei der zugrundeliegenden Straftat um eine ernsthafte handeln. Alle Einzelumstände der Tat sind dabei abzuwägen.[134]

Es müssen somit gewichtige Gründe vorliegen, die in einem angemessenen Verhältnis zu der Schwere des Eingriffs stehen und ein Abwarten bis zur Rechtskraft des Hauptverfahrens ausschließen. Daneben muss von einer weiteren Berufstätigkeit des Arztes eine konkrete Gefahr für Dritte ausgehen.[135]

Zur Anordnung des Ruhens der Approbation hat das Gericht zu prüfen, ob das Strafgericht mit einer sehr hohen Wahrscheinlichkeit zu einer rechtskräftigen Verurteilung des Arztes hinsichtlich der im Strafverfahren erhobenen Vorwürfe gelangen wird. Nicht verlangt wird, dass der Arzt wegen aller gegen ihn erhobenen Vorwürfe bestraft wird.

Bei Verdacht des Vorliegens einer Suchterkrankung des Arztes kann die Behörde eine amts- oder fachärztliche Untersuchung anordnen (§ 6 Abs. 1 Nr. 3 BÄO). Bei Verweigerung der Untersuchung durch den Arzt kann das Ruhen der Approbation angeordnet werden. Von der konkreten Lebenssituation hängt es ab, wie lange eine Unwürdigkeit nach einer strafrechtlichen Verurteilung angenommen werden kann bzw. wann etwa die Approbation wieder erteilt wird. Der Makel der strafrechtlichen Verurteilung kann bis zur gesetzlichen Löschungsfrist reichen, da die verurteilte Straftat bis zu ihrer erfolgten Löschung aus dem Bundeszentralregister im Verfahren auf Wiedererteilung der Approbation verwertet werden kann.[136] Insbesondere bei nicht unerheblichen Vergehen des Abrechnungsbetruges wird ein längerer Zeitraum vor Wiedererteilung der Approbation für erforderlich gehalten.[137]

---

[134] MedR 2000, 336.

[135] BVerfG NJW 2002, 3618 f.

[136] MedR 2004, 695 f.

[137] NJW 1999, 3427 f.

28.3.3 Kassenarztrechtliche Folgen

In den Fällen betrügerischer Honorarabrechnung kann das gegen einen Arzt geführte Strafverfahren schwerwiegende kassenarztrechtliche Folgen haben. Möglich sind hier ein Disziplinarverfahren, ein Zulassungsentziehungsverfahren sowie ein Verfahren zur Honorarrückforderung. Dabei handelt es sich nicht um Sanktionen für strafwürdiges Verhalten, sondern um Ordnungsmittel zur Erhaltung der Funktionsfähigkeit des Vertragsarztsystems. Folglich gilt hier nicht das Verbot der Doppelbestrafung.

Stets löst eine Verurteilung oder der Erlass eines Strafbefehls wegen des Vorwurfs der betrügerischen Honorarabrechnung die vorgenannten Verfahrensarten aus. Auch bei einem Freispruch werden regelmäßig die Einleitung eines Disziplinarverfahrens sowie eines Verfahrens zur Honorarrückforderung geprüft, jedoch dann nur vereinzelt durchgeführt. Durchgeführt werden hingegen beide Verfahren regelmäßig bei Einstellungen nach §§ 153, 153 a StPO, während die Einleitung eines Entziehungsverfahrens zwar geprüft, jedoch nur gelegentlich durchgesetzt wird. Auch bei einer Einstellung nach § 170 Abs. 2 StPO mangels Tatverdachts kommt es durchaus zum Erlass von Honorarrückforderungsbescheiden, bisweilen auch zur Durchführung von Disziplinarverfahren. Hauptsächlich kommt dies in den Fällen vor, in denen zwar eine fehlerhafte, jedoch nicht strafrechtlich relevante, da nicht vorsätzliche Falschabrechnung im Strafverfahren festgestellt worden ist. Disziplinarmaßnahmen sind hier Verwarnung, Verweis, Geldbuße und Ruhen der Kassenzulassung bis zu zwei Jahren. Zuständig ist der Disziplinarausschuss der jeweiligen kassenärztlichen Vereinigung. Gegen den Bescheid kann Klage zum Sozialgericht erhoben werden, wobei diese keine aufschiebende Wirkung hat. Deshalb müsste dann im Wege der einstweiligen Anordnung wiederum die Aussetzung des sofortigen Vollzuges beantragt werden.[138]

§ 153 StPO

(1) Hat das Verfahren ein Vergehen zum Gegenstand, so kann die Staatsanwaltschaft mit Zustimmung des für die Eröffnung des Hauptverfahrens zuständigen Gerichts von der Verfolgung absehen, wenn die Schuld des Täters als gering anzusehen wäre und kein öffentliches Interesse an der Verfolgung besteht. Der Zustimmung des Gerichtes bedarf es nicht bei einem Vergehen, das nicht mit einer im Mindestmaß erhöhten Strafe bedroht ist und bei dem die durch die Tat verursachten Folgen gering sind.

(2) Ist die Klage bereits erhoben, so kann das Gericht in jeder Lage des Verfahrens unter den Voraussetzungen des Absatzes 1 mit Zustimmung der Staatsanwaltschaft und des Angeschuldigten das Verfahren einstellen. Der Zustimmung des Angeschuldigten bedarf es nicht, wenn die Hauptverhandlung aus den in § 205 angeführten Gründen nicht durchgeführt werden kann oder in den Fällen des § 231 Abs. 2 und der §§ 232 und 233 in seiner Abwesenheit durchgeführt wird. Die Entscheidung ergeht durch Beschluss. Der Beschluss ist nicht anfechtbar.

[138] Ries/Schnieder/Althaus/Großbölting/Voß, Arztrecht, 2. Auflage, 104 ff.

§ 153 a StPO

(1) Mit Zustimmung des für die Eröffnung des Hauptverfahrens zuständigen Gerichts und des Beschuldigten kann die Staatsanwaltschaft bei einem Vergehen vorläufig von der Erhebung der öffentlichen Klage absehen und zugleich dem Beschuldigten Auflagen und Weisungen erteilen, wenn diese geeignet sind, das öffentliche Interesse an der Strafverfolgung zu beseitigen, und die Schwere der Schuld nicht entgegensteht. Als Auflagen oder Weisungen kommen insbesondere in Betracht,

1. *zur Wiedergutmachung des durch die Tat verursachten Schadens eine bestimmte Leistung zu erbringen,*
2. *einen Geldbetrag zugunsten einer gemeinnützigen Einrichtung oder der Staatskasse zu zahlen,*
3. *sonst gemeinnützige Leistungen zu erbringen,*
4. *Unterhaltspflichten in einer bestimmten Höhe nachzukommen,*
5. *sich ernsthaft zu bemühen, einen Ausgleich mit dem Verletzten zu erreichen (Täter-Opfer-Ausgleich) und dabei seine Tat ganz oder zum überwiegenden Teil wieder gut zu machen oder deren Wiedergutmachung zu erstreben, oder*
6. *an einem Aufbauseminar nach § 2b Abs. 2 Satz 2 oder § 4 Abs. 8 Satz 4 des Straßenverkehrsgesetzes teilzunehmen.*

Zur Erfüllung der Auflagen und Weisungen setzt die Staatsanwaltschaft dem Beschuldigten eine Frist, die in den Fällen des Satzes 2 Nr. 1 bis 3, 5 und 6 höchstens sechs Monate, in den Fällen des Satzes 2 Nr. 4 höchstens ein Jahr beträgt. Die Staatsanwaltschaft kann Auflagen und Weisungen nachträglich aufheben und die Frist einmal für die Dauer von drei Monaten verlängern; mit Zustimmung des Beschuldigten kann sie auch Auflagen und Weisungen nachträglich auferlegen und ändern. Erfüllt der Beschuldigte die Auflagen und Weisungen, so kann die Tat nicht mehr als Vergehen verfolgt werden. Erfüllt der Beschuldigte die Auflagen und Weisungen nicht, so werden Leistungen, die er zu ihrer Erfüllung erbracht hat, nicht erstattet. § 153 Abs. 1 Satz 2 gilt in den Fällen des Satzes 2 Nr. 1 bis 5 entsprechend.

(2) Ist die Klage bereits erhoben, so kann das Gericht mit Zustimmung der Staatsanwaltschaft und des Angeschuldigten das Verfahren bis zum Ende der Hauptverhandlung, in der die tatsächlichen Feststellungen letztmals geprüft werden können, vorläufig einstellen und zugleich dem Angeschuldigten die in Absatz 1 Satz 1 und 2 bezeichneten Auflagen und Weisungen erteilen. Absatz 1 Satz 3 bis 6 gilt entsprechend. Die Entscheidung nach Satz 1 ergeht durch Beschluss. Der Beschluss ist nicht anfechtbar. Satz 4 gilt auch für eine Feststellung, dass gemäß Satz 1 erteilte Auflagen und Weisungen erfüllt worden sind.

(3) Während des Laufes der für die Erfüllung der Auflagen und Weisungen gesetzten Frist ruht die Verjährung.

§ 170 StPO

(1) Bieten die Ermittlungen genügenden Anlass zur Erhebung der öffentlichen Klage, so erhebt die Staatsanwaltschaft sie durch Einreichung einer Anklageschrift bei dem zuständigen Gericht.

(2) Andernfalls stellt die Staatsanwaltschaft das Verfahren ein. Hiervon setzt sie den Beschuldigten in Kenntnis, wenn er als solcher vernommen worden ist oder ein Haftbefehl gegen ihn erlassen war; dasselbe gilt, wenn er um einen Bescheid gebeten hat oder wenn ein besonderes Interesse an der Bekanntgabe ersichtlich ist.

Lernfragen

1. Was ist unter dem Allgemeinen Teil (AT), was ist unter dem Besonderen Teil (BT) des StGB zu verstehen?
2. Was sind Vorsatzdelikte, was sind Fahrlässigkeitsdelikte?
3. Welche Frage ist im Rahmen der Tatbestandsstufe „Tatbestandsmäßigkeit" zu beantworten?
4. Welche Merkmale können zum objektiven Tatbestand gehören?
5. Welche Bedeutung hat die Kausalität für die Erfolgsdelikte?
6. Berühren Willensmängel die Wirksamkeit der erteilten Einwilligung?
7. Wann liegt der bedingte Vorsatz vor?
8. Wann handelt jemand fahrlässig im Sinne des StGB?
9. Der 16-jährige P hat Zahnschmerzen und geht zum Zahnarzt Z. Dieser erkennt, dass der Zahn gezogen werden muss. Er sagt dies dem P. P bittet den Z, den Zahn zu ziehen. Kann Zahnarzt Z dies ohne strafrechtliches Risiko tun?
10. Arzt A nimmt einen medizinisch indizierten, aber nicht lebensnotwendigen Eingriff lege artis vor, obwohl er weiß, dass bei der abnormen Konstitution des Patienten P dieser Eingriff lebensgefährlich ist. Der Patient stirbt. Erfüllt der Arzt A den Tatbestand des § 222 StGB?
11. Der praktische Arzt A übernimmt eine Staroperation, die ihn überfordert. Der Patient erblindet. Ist T nach § 229 StGB strafbar?
12. Patient P ist schwer erkrankt. Arzt A gibt ihm ein noch unerprobtes Medikament nicht, das P möglicherweise retten könnte. P stirbt. Ist Arzt A nach § 222 StGB strafbar?
13. Arzt A untersucht die Schwangere S und begeht dabei fahrlässig einen Kunstfehler, durch den es zur vorzeitigen Geburt eines lebenden, aber lebensunfähigen Kindes kommt, welches alsbald von selbst stirbt. Ist A strafbar?

14. P ist krank. Sein Zustand verschlechtert sich allmählich. Er ruft den bislang nicht behandelnden Arzt A an und bittet ihn, zu kommen. A lehnt das ab. Ist Arzt A nach § 323 c StGB strafbar?

15. Patient P traut seinem Arzt A nicht und geht zu Arzt B, dem er erzählt, der A habe eine falsche Diagnose gestellt. Er verrät aber die Diagnose nicht. B ist neugierig, ruft bei A an, gibt sich als O aus und lässt sich die Diagnose durchsagen. Macht B sich nach § 203 I Nr. 1 StGB strafbar?

16. Arzt A erzählte seinem Kollegen K beim Mittagstisch in der Krankenhauskantine, er leide unter Höhenangst. K stürmt auf den Flur und ruft: „Leute, wisst ihr schon das Neueste...?" Ist K nach § 203 I Nr. 1 StGB strafbar?

17. Arzt A kam an einer Unfallstelle vorbei, leistete erste Hilfe und bemerkte Einstichstellen, die auf einer Rauschgiftsucht des Unfallopfers O hindeuten. A erstattet deswegen Anzeige. O revanchiert sich seinerseits mit einer Anzeige wegen Verletzung von Privatgeheimnissen, § 203 I Nr. 1 StGB. Mit Recht?

18. C, Chefarzt des in privatrechtlicher Organisationsform betriebenen Kreiskrankenhauses, ist Mitglied im Auswahlausschuss, der den öffentlich ausgeschriebenen Auftrag zur Errichtung eines neuen Krankenhaustraktes vergibt. Er vereinbart gegen ein ordentliches Entgelt mit dem Bauunternehmer B, sich für dessen Angebot stark zu machen, was er dann auch tut. Wie machen sich C und B strafbar?

19. P war bei der Ersatzkrankenkasse (EKK) gesetzlich krankenversichert. Er befand sich wegen einer schweren Erkrankung in der Behandlung des niedergelassenen Vertragsarztes Dr. V. Als V ein Rezept über 20 Tabletten eines teuren verschreibungspflichtigen Schmerzmittels ausstellen wollte, bat P darum, eine Großpackung mit 100 Tabletten aufzuschreiben. V wusste, dass dieses Mittel häufig von Drogenabhängigen als Ersatz für Betäubungsmittel verwendet wird und deshalb einen erheblichen „Schwarzmarktpreis" hat. Auf der Liste der Betäubungsmittel steht das Medikament jedoch nicht. V hielt es für möglich, dass sich P einen „Nebenverdienst" verschaffen wollte, verschrieb ihm aber dennoch die Großpackung, obwohl 20 Tabletten zur Behandlung der Erkrankung ausgereicht hätten, weil er P nicht als Patienten verlieren wollte und es schließlich nicht sein Geld sei. P begab sich mit dem Rezept in die Apotheke, wo ihm der Inhaber, Dr. A, eine Großpackung des Schmerzmittels zum Preis von 150 Euro aushändigte. Der Preis für eine 20er-Packung hätte 36 Euro betragen. Zehn Tabletten nahm P ein, der Verbleib der restlichen Tabletten ist nicht bekannt. Wie haben sich die Beteiligten strafbar gemacht?

20. Pharmareferent R besuchte den Arzt A in seiner Allgemeinpraxis. R war für das Pharmaunternehmen U tätig. Er stellte A in Aussicht, dass U ihn zu einem Wochenendtrip in ein Fünf-Sterne-Hotel nach Berlin einladen werde, wenn A seinen Migränepatienten zukünftig im Regelfall das von U hergestellte Medikament Granizol verschreibe. Granizol hat die gleiche Wirkung wie Konkurrenzprodukte, die aber zum Teil preiswerter sind. A stimmt erfreut zu. Später bekam er aber Bedenken und richtete seine Verordnungspraxis doch nicht an der Vereinbarung aus. Strafbarkeit der Beteiligten?

Literatur

[1] Dietrich Berg/Klaus Ulsenheimer, Patientensicherheit, Arzthaftung, Praxis- und Krankenhausorganisation, Berlin 2006.
[2] Karl-Otto Bergmann/Carolin Wever, Die Arzthaftung, 3. Auflage, Berlin 2009.
[3] Reinhard Dettmeyer, Medizin & Recht – Rechtliche Sicherheit für den Arzt, 2. Auflage, Heidelberg 2006.
[4] Erwin Deutsch/Andreas Spickhoff, Medizinrecht, 6. Auflage, Berlin 2008.
[5] Alexander P. F. Ehlers/Maximilian G. Broglie, Arzthaftungsrecht, 4. Auflage, München 2008.
[6] Hermann Fenger/Ina Holznagel/Bettina Neuroth/Stefan Gesenhues, Schadensmanagement für Ärzte, Heidelberg 2009.
[7] Thomas Fischer, Strafgesetzbuch-Kommentar, 57. Auflage, München 2010.
[8] Karl Lackner/Kristian Kühl, Strafgesetzbuch-Kommentar, 27. Auflage, München 2010.
[9] Adolf Lauffs/ Wilhelm Uhlenbruck, Handbuch des Arztrechts, 3. Auflage, München 2004.
[10] Hans-Peter Ries/Karl-Heinz Schnieder/Jürgen Althaus/Ralf Großbölting/Martin Voß, Arztrecht, 2. Auflage, Berlin 2007.
[11] Claus Roxin/Ulrich Schroth, Handbuch des Medizinstrafrechts, 4. Auflage, Stuttgart 2010.
[12] Klaus Ulsenheimer, Arztstrafrecht in der Praxis, 4. Auflage, Heidelberg 2008.
Johannes Wessels/Werner Beulke, Strafrecht Allgemeiner Teil: Die Straftat und ihr Aufbau, 40. Auflage, Heidelberg 2010.

Teil 7

Mathematik, Statistik und Information im Gesundheitswesen

29 Statistik – eine kurze Einführung

Bianca Krol

29.1	Einleitung und Grundbegriffe	380
29.1.1	Was ist überhaupt Statistik?	380
29.1.2	Einige Begriffe aus der Statistik	382
29.1.3	Ein erster Blick in die Daten: Häufigkeiten	383
29.2	(Ausgewählte) Kennzahlen der deskriptiven Statistik	387
29.2.1	Lagemaße	387
29.2.1.1	Arithmetisches Mittel	387
29.2.1.2	Median	388
29.2.1.3	Modus	389
29.2.2	Streuungsmaße	389
29.2.2.1	Varianz	390
29.2.2.2	Standardabweichung	391
29.3	Analyse des Zusammenhangs	391
29.3.1	Korrelationsanalyse	391
29.3.2	Regressionsanalyse	394
29.4	Schätzverfahren in der induktiven Statistik	396
29.4.1	Punktschätzer	397
29.4.2	Intervallschätzung	399
29.4.2.1	Konfidenzintervall für einen Erwartungswert	400
29.4.2.2	Konfidenzintervalle für einen Anteilswert	402
29.4.3	Stichprobenumfang	403
29.5	Testen von Hypothesen	404

Literatur 408

Lernziele im Überblick

Wenn Sie dieses Kapitel gelesen haben, dann

- haben Sie die wichtigsten Grundbegriffe der Statistik kennengelernt,
- haben Sie einen Einblick in unterschiedliche statistische Methoden genommen,
- können Sie Daten aus Ihrem beruflichen Umfeld mittels dieser Methoden selbst ersten Analysen unterziehen,
- können Sie aus den Daten tragfähige Empfehlungen und Entscheidungen in ihrem beruflichen Umfeld ableiten.

29.1 Einleitung und Grundbegriffe

29.1.1 Was ist überhaupt Statistik?

Vor dem Hintergrund der ständig weiter zunehmenden Bedeutung der Informationsgewinnung und -verarbeitung ist die statistische Methodenlehre in vielen Lehrplänen verankert. Dies trifft auch auf den Bereich der Gesundheitsökonomie zu. Wenn man in diesem Bereich erfolgreich arbeiten möchte, dann ist ein fundiertes Grundwissen unverzichtbar – auch, wenn die Statistik für die wenigsten Studierenden das Lieblingsfach sein wird. Der Beitrag in diesem Sammelband kann nicht die vertiefende Lektüre der zahlreich am Markt vorhandenen Statistik-Lehrbücher[1] ersetzen. Vielmehr soll hier ein kurzer Einstieg in die statistischen Grundlagen erfolgen, denn Statistik hilft uns z. B. Stärken und Schwächen zu erkennen und zu analysieren, Potenziale und Entwicklungen einzuschätzen, Zusammenhänge zu erkennen und zu nutzen. Einen ersten Einblick in die Methoden der gesundheitsökonomischen Evaluation bietet das anschließende Ergänzungskapitel 30.

Der Begriff Statistik hat in der deutschen Sprache mehrere Bedeutungen. So kann damit eine einzelne Kennzahl bezeichnet werden oder der Begriff wird als Synonym für eine tabellarisch aufbereitete Datenmenge verwendet. Statistik bezeichnet aber auch eine wissenschaftliche Disziplin: die Lehre von den Methoden, die zur Gewinnung, Aufbereitung und Analyse von quantitativen Informationen eingesetzt werden. Im vorliegen Kapitel folgt die Interpretation des Begriffes Statistik der letzteren Bedeutung.

Statistische Methoden werden eingesetzt, um systematische Effekte in zufälligen Prozessen zu analysieren und zu charakterisieren. Die statistischen Methoden lassen sich dabei in zwei Bereiche unterteilen: beschreibende Statistik (deskriptive Statistik) und schließende Statistik

[1] Vgl. z. B. [12], [11], [9], [7] oder – spezieller für medizinische Einsatzgebiete – [17], [8], [10].

(induktive Statistik). Im Rahmen der deskriptiven Statistik werden die vorliegenden Daten beschrieben und es erfolgt üblicherweise eine Komprimierung der Informationen mit Hilfe geeigneter statistischer Kennzahlen. Hierzu gehören beispielsweise Mittelwerte und Streuungsmaße. Verallgemeinerungen auf eine übergeordnete Datenmenge sind nicht erlaubt.

Die induktive Statistik umfasst alle Methoden, die eine Schlussfolgerung aus vorhandenen Stichprobendaten auf die unbekannten Informationen in der Grundgesamtheit erlauben. Dabei wird überprüft, ob verallgemeinernde Aussagen mit einer bestimmten Sicherheitswahrscheinlichkeit getroffen werden können.

Fallbeispiel

Zur Überprüfung der Wirksamkeit zweier Medikamente werden die Probanden in zwei Gruppen eingeteilt. Eine Gruppe erhält das Medikament A, die andere das Medikament B. Um beispielsweise die durchschnittliche Dauer bis zur Wiederherstellung des Gesundheitszustandes in beiden Gruppen und deren Streuung zu bestimmen, werden die Methoden der deskriptiven Statistik angewendet.

Wenn man daraufhin überprüfen möchte, ob zwischen den beiden Medikamenten generell eine Differenz in der durchschnittlichen Wiederherstellungszeit vorliegt, kommen die Methoden der induktiven Statistik zum Einsatz. Hierbei wird eine Schlussfolgerung von der ggfs. vorliegenden Differenz in den beiden Gruppen auf die Differenz zwischen den Medikamenten im Allgemeinen gezogen.

Eine statistische Untersuchung verläuft im Allgemeinen in fünf Stufen.[2] Die erste Stufe ist die Planungsphase, in der vor dem Hintergrund eines theoretischen Konzeptionsrahmens die zu untersuchende Fragestellung und die Untersuchungshypothesen entwickelt werden. Im Anschluss an die Planungsphase erfolgt die Erhebung der Daten, die zur Beantwortung der Fragestellung notwendig sind. Liegen die Daten vor, so müssen diese für die weitere Analyse aufbereitet werden. Es folgt die Datenanalyse mit Hilfe der Methoden der deskriptive Statistik. Stammen die Daten aus einer Stichprobe – was bei den meisten Untersuchungen der Fall ist – so kommen in der Analysephase auch die Methoden der induktiven Statistik zum Einsatz. Die letzte Phase einer statistischen Untersuchung besteht in der Interpretation der Analyseergebnisse. Abbildung 29.1 zeigt die fünf aufeinanderfolgenden Untersuchungsphasen.

[2] Vgl. [13], S. 7 f.

Abbildung 29.1 Ablauf einer statistischen Untersuchung.

1. Planung	– Identifikation des Untersuchungsziels – Aufstellen von Untersuchungshypothesen – Methodenauswahl – Untersuchungsablauf festlegen
2. Erhebung der Daten	– Primärerhebung (z. B. schriftliche oder onlinegestützte Befragung, Interview, Beobachtung, Experiment) – Verwendung von Sekundärdaten
3. Aufbereitung der Daten	– Verdichtung des Datenmaterials – Aufstellen von Häufigkeitstabellen – Anfertigen von Grafiken
4. Datananalyse	– Berechnung charakteristischer Kennzahlen – Analyse von Zusammenhängen und Unterschieden – statistisches Schließen (Induktion) auf der Grundlage der Wahrscheinlichkeitsrechnung, um Erkenntnisse über unbekannte Merkmale der Grundgesamtheit zu sammeln
5. Interpretation	– inhaltliche Interpretation der Analyseergebnisse

29.1.2 Einige Begriffe aus der Statistik

Die Grundlage jeder statistischen Analyse sind die statistischen Einheiten, die auch Merkmalsträger genannt werden. Ein Patient oder ein Medikament können beispielsweise Merkmalsträger sein. Die zu beobachtenden oder zu messenden Eigenschaften der Merkmalsträger sind die Merkmale, die üblicherweise in unterschiedlichen Merkmalsausprägungen vorkommen. Ist z. B. das Alter oder das Geschlecht der Patienten als Merkmal wichtig, so sind die entsprechenden Merkmalsausprägungen die Jahre bzw. männlich/weiblich. Man unterscheidet zwischen quantitativen Merkmalen, deren Ausprägungen verschiedene Zahlen sind (Bsp. Alter), und qualitativen Merkmalen, deren Merkmalsausprägungen in unterschiedlichen Kategorien vorkommen (Bsp. Geschlecht). Alle Merkmalsträger, für die eine bestimmte Fragestellung beantwortet werden soll, werden als Grundgesamtheit bezeichnet. Trifft man eine Auswahl aus der Grundgesamtheit, so erhält man eine Stichprobe. Wenn die Datenerhebung im Vorfeld einer statistischen Analyse für die Grundgesamtheit erfolgt, so spricht man von einer Vollerhebung. Erfolgt die Datenerhebung lediglich für eine Stichprobe, so wird dies als Teilerhebung bezeichnet.

Neben der Unterscheidung in quantitative und qualitative Merkmale ist es im Rahmen einer statistischen Analyse wichtig, das Skalenniveau des interessierenden Merkmals zu kennen, da sich hieraus die anwendbaren statistischen Methoden ergeben. Folgende Skalenniveaus werden unterschieden:

- **Nominalskala:** Nominal skalierte Merkmale sind dadurch gekennzeichnet, dass lediglich unterschiedliche Merkmalsausprägungen vorliegen. Diese erlauben aber keine Festlegung einer objektiven Rangordnung. Merkmale wie Geschlecht, Familienstand oder Blutgruppe sind nominal skaliert.

- **Ordinalskala:** Ordinal skalierte Merkmale haben Merkmalsausprägungen, die einer Rangfolge unterliegen. Das prominenteste Beispiel für ordinal skalierte Merkmale sind die Schulnoten von 1 bis 6.

- **Kardinalskala:** Die Kardinalskala wird auch metrische Skala genannt. Metrisch skalierte Merkmale können nicht nur in eine objektive Rangfolge gebracht werden, es können auch die Abstände zwischen zwei Merkmalsausprägungen bestimmt werden. Die Kardinalskala wird üblicherweise noch einmal untergliedert in die

  - *Intervallskala:* der Nullpunkt ist willkürlich festgelegt (z. B. Temperaturmessung in Celsius),

  - *Verhältnisskala:* es liegt ein natürlicher Nullpunkt vor (z. B. Gewicht, Länge, Preise) sowie

  - *Absolutskala:* zusätzlich zum natürlichen Nullpunkt existiert eine natürliche Einheit (Stückzahlen).

29.1.3 Ein erster Blick in die Daten: Häufigkeiten

Ein interessierendes Merkmal, welches in der Statistik üblicherweise mit dem Buchstaben X bezeichnet wird, wird bei einer bestimmten Anzahl n statistischer Einheiten erhoben. Die Merkmalsausprägung des Merkmals X beim i-ten Merkmalsträger ist der Beobachtungswert x_i. Nach der Datenerhebung liegen die Beobachtungswerte in einer sogenannten Urliste vor. Die Urliste ist in den meisten Fällen nicht sehr übersichtlich, wie das folgende Beispiel zeigt, obwohl es nur 25 Beobachtungswerte umfasst.

Fallbeispiel

Die Urliste umfasst die Semesterzahl (X) von $n = 25$ Studierenden, die an einem Methodenseminar teilgenommen haben:

1 5 3 3 2 1 3 4 2 3 4 3 1 3 2 4 5 3 2 4 3 3 2 4 4

Die Anzahl an Beobachtungswerten, die dieselbe Merkmalsausprägung aufweisen, nennt man absolute Häufigkeiten. Diese werden in der Statistik mit h_i bezeichnet. Der Quotient aus der Anzahl an Beobachtungswerten mit derselben Merkmalsausprägung h_i und der Gesamtzahl der Beobachtungen n wird als relative Häufigkeit f_i bezeichnet:

$$f_i = \frac{h_i}{n}$$

Relative Häufigkeiten nehmen einen Wert aus dem Intervall [0; 1] an und werden im Sprachgebrauch als Prozentzahlen ausgedrückt.

Fallbeispiel

Für das vorangegangen Beispiel ergeben sich die folgenden Häufigkeiten:

Tabelle 29.1 Häufigkeitstabelle

Merkmalsausprägung x_i	absolute Häufigkeit h_i	relative Häufigkeit f_i
1	3	0,12
2	5	0,20
3	9	0,36
4	6	0,24
5	2	0,08
Σ	**25**	**1,00**

Abbildung 29.2 Säulen- und Kreisdiagramm: Darstellung der relativen Häufigkeiten des Merkmals Semesterzahl

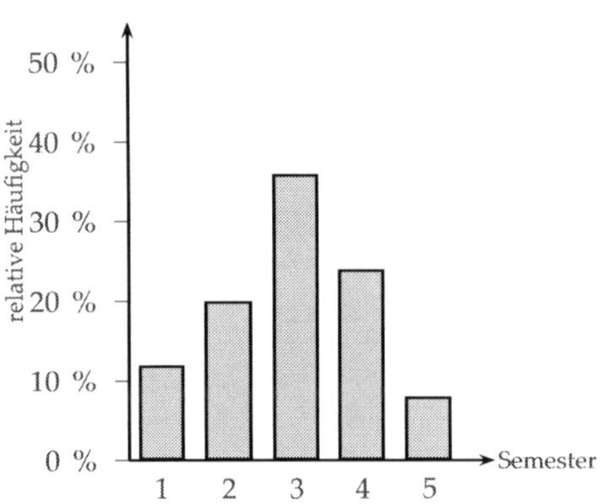

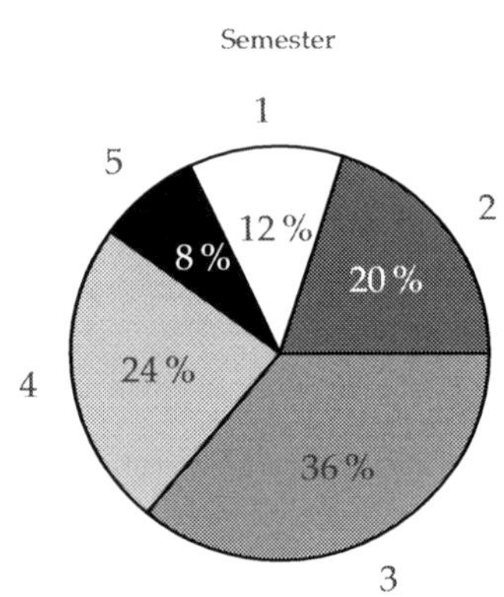

Als Darstellungsform für absolute und relative Häufigkeiten werden üblicherweise Häufigkeitstabellen (wie im vorangegangenen Beispiel), Säulen- oder Kreisdiagramme (vgl. Abbildung 29.2) sowie beim Vorliegen klassierter Daten (s. u.) Histogramme verwendet.

Erhebt man im Rahmen einer statistischen Untersuchung ein stetiges Merkmal, so enthält die Urliste in der Regel eine hohe Anzahl an unterschiedlichen Merkmalsausprägungen. In diesem Fall gewinnt man durch das Aufstellen von Häufigkeitstabellen und die Darstellung in Form von Säulendiagrammen keinen besseren Überblick über die Daten. Hier bietet es sich an, die Daten zu klassieren. Dabei werden benachbarte Merkmalsausprägungen in einer Klasse zusammengefasst. Um die Häufigkeitsverteilung aufzustellen, wird die Anzahl der Beobachtungswerte innerhalb einer Klasse herangezogen. Wichtig bei einer Klassierung ist die Vollständigkeit (alle Werte müssen bei einer Klassenbildung einer Klasse zugeordnet werden können) und die Überschneidungsfreiheit von Klassen. Die Häufigkeitstabelle wird analog zum nicht-klassierten Fall aufgestellt. Der einzige Unterschied besteht darin, dass nun nicht mehr die einzelnen Merkmalsausprägungen in den Zeilen abgetragen werden, sondern die gebildeten Klassen.

Fallbeispiel

Eine Krankenversicherung analysiert in einer Region das Alter von Unfallopfern, die aufgrund des lang anhaltenden Glatteises im 4. Quartal 2010, gestürzt sind.

Insgesamt gab es $n = 800$ Unfallopfer. Das Merkmal $X = Alter$ wurde wie folgt klassiert:

Tabelle 29.2 klassierte Häufigkeitstabelle

Klasseneinteilung für das Merkmal Alter	absolute Häufigkeit	relative Häufigkeit	Klassenbreite
(0;5]	82	0,103	5
(5;15]	111	0,139	10
(15;45]	247	0,309	30
(45;70]	154	0,193	25
(70;90]	206	0,258	20
Σ	**800**	**1,00**	

Die grafische Darstellung erfolgt in einem Histogramm (vgl. Abbildung 29.3). Im Histogramm werden die Häufigkeiten der Klassen durch rechteckige Flächen dargestellt, die proportional zu den relativen Häufigkeiten der Klassen sind. An der Ordinate wird die Häufigkeitsdichte (relative Häufigkeit geteilt durch Klassenbreite) abgetragen.

Auf das vorangegangene Beispiel bezogen wird mittels der Dichte die Anzahl der Unfallopfer pro Altersjahr dargestellt. Somit kann festgestellt werden, dass insbesondere Kleinkinder, Kinder und Jugendliche sowie Personen der obersten Altersklasse im Winter verunfallt sind.

Abbildung 29.3 Histogramm

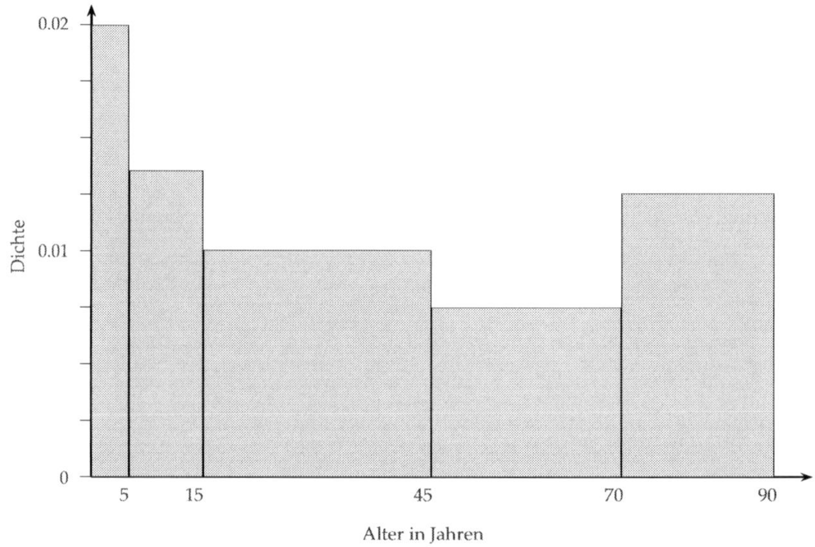

Einen weiteren Einblick in metrisch oder ordinal skalierte Daten ermöglicht die empirische Verteilungsfunktion. Sie liefert die Antwort auf die Frage, wie viel Prozent der Beobachtungswerte kleiner oder gleich einer bestimmten Obergrenze sind. Im Falle der Unfallopfer-Analyse könnte z. B. von Interesse sein, wie viel Prozent der Unfallopfer 45 Jahre oder jünger sind.

Um die empirische Verteilungsfunktion, die mit $F(x_i)$ bezeichnet wird, aufzustellen, müssen zunächst die Beobachtungswerte aufsteigend sortiert und anschließend summiert werden. Es gilt dann:

$$F(x_i) = \sum_{j=1}^{i} f_j$$

Die grafische Darstellung der empirischen Verteilungsfunktion ist für nicht-klassierte Daten eine Treppenfunktion, für klassierte Daten erhält man ein Summenpolygon (vgl. Abbildung 29.4).

Abbildung 29.4 empirische Verteilungsfunktionen

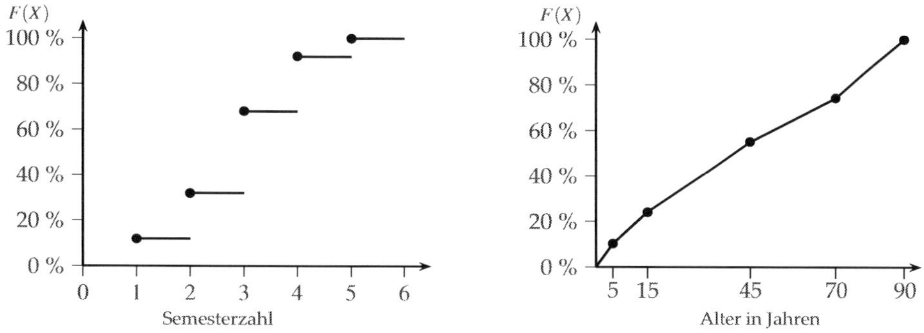

29.2 (Ausgewählte) Kennzahlen der deskriptiven Statistik

29.2.1 Lagemaße

Sobald eine Vielzahl von Daten vorliegt, werden statistische Kennzahlen benötigt, die einen schnellen Einblick in diese gewährleisten. Zu diesen Kennzahlen gehören die Lagemaße, die angeben, um welche Merkmalsausprägung sich die Daten eines Datensatzes konzentrieren. Durch die Angabe einer einzelnen Zahl – im Gegensatz zur Betrachtung der gesamten Verteilung eines Merkmals – wird die Lage des gesamten Datensatzes charakterisiert.

29.2.1.1 Arithmetisches Mittel

Das arithmetische Mittel – umgangssprachlich als Durchschnitt bezeichnet – ist eine der am häufigsten verwendeten Kennzahlen. Es beschreibt die Lage der vorliegenden Daten. Die Berechnung des arithmetischen Mittels ist ausschließlich bei metrisch skalierten Daten sinnvoll und bietet insbes. dann einen guten Einblick in die Daten, wenn die Streuung der Daten klein ist.

Das arithmetische Mittel eines Merkmals X ist definiert als die Summe aller Merkmalswerte, dividiert durch die Anzahl n der Merkmalswerte. Wenn die Daten in Form einer Urliste vorliegen, dann erfolgt die Berechnung gemäß der folgenden Formel:

$$\bar{x} = \frac{1}{n}\sum_{i=1}^{n} x_i$$

Liegen die Daten in Form einer Häufigkeitsverteilung vor, dann erhält man das arithmetische Mittel wie folgt:

$$\bar{x} = \frac{1}{n}\sum_{i=1}^{m} x_i h_i = \sum_{i=1}^{m} x_i f_i$$

Fallbeispiel

Die Gruppe A des bereits oben erwähnten Medikamentenvergleichs besteht aus 8 Probanden. Wie lange es jeweils gedauert hat, bis der Gesundheitszustand bei diesen Probanden wieder hergestellt war, ist der folgenden Tabelle zu entnehmen:

Tabelle 29.3 Wirkungsdauer

Merkmal x_i	A1	A2	A3	A4	A5	A6	A7	A8
Dauer (in Tagen)	10	12	15	8	7	13	15	16

Die durchschnittliche Dauer bis zur Herstellung des Gesundheitszustandes beträgt in der Gruppe A demnach

$$\bar{x} = \frac{10+12+15+8+7+13+15+16}{8} = 12$$

29.2.1.2 Median

Der Median $\tilde{x}$, der auch Zentralwert genannt wird, teilt den Datensatz in zwei Hälften. Wenn die Daten der Urliste in aufsteigender Reihe sortiert sind ($x_{(1)} \leq x_{(2)} \leq \cdots \leq x_{(n)}$), dann ist der Median der Beobachtungswert, bei dem mindestens 50 % der Beobachtungen kleiner oder gleich und mindestens 50 % der Beobachtungen größer oder gleich $\tilde{x}$ sind. Die Verwendung des Medians als Lagemaß ist sinnvoll bei mindestens ordinal skalierten Daten, wenn eine asymmetrische Verteilung vorliegt oder der Datensatz Ausreißer aufweist.

Die Berechnung des Medians erfolgt in Abhängigkeit des Stichprobenumfangs n nach der folgenden Formel:

$$\tilde{x} = \begin{cases} x_{\left(\frac{n+1}{2}\right)}, & \text{für } n \text{ ungerade} \\ \frac{1}{2}\left(x_{\left(\frac{n}{2}\right)} + x_{\left(\frac{n}{2}+1\right)}\right), & \text{für } n \text{ gerade} \end{cases}$$

Man berechnet somit die Platzierungsindizes für die geordnete Urliste und kann aus dieser den Median ablesen.

Wenn die Daten in Form einer Häufigkeitsverteilung vorliegen, dann ist der Median der Merkmalswert, bei dem die Verteilungsfunktion den Wert 0,5 überschreitet. Nimmt die relative Summenhäufigkeit genau den Wert 0,5 an, dann ist der Median gleich dem arithmetischen Mittel aus diesem Merkmalswert und dem nächst größeren Merkmalswert.

Fallbeispiel

Die nachfolgende Tabelle umfasst das Alter der 8 Probanden aus der Versuchsgruppe A.

Tabelle 29.4 Altersverteilung Versuchsgruppe A

Merkmal x_i	A1	A2	A3	A4	A5	A6	A7	A8
Alter (in Jahren)	22	28	32	36	39	42	44	63

Da mit $n = 8$ eine gerade Anzahl an Beobachtungen vorliegt, lässt sich der Median wie folgt ermitteln:

$$\tilde{x} = \frac{1}{2}\left(x_{\left(\frac{8}{2}\right)} + x_{\left(\frac{8}{2}+1\right)}\right) = \frac{1}{2}\left(x_{(4)} + x_{(5)}\right) = \frac{1}{2}(36 + 39) = 37,5$$

29.2.1.3 Modus

Unabhängig vom Skalenniveau kann der Modus einer Verteilung bestimmt werden. Er ist definiert als diejenige Merkmalsausprägung x_i, die im Datensatz am häufigsten vorkommt.

Fallbeispiel

Für das Merkmal Geschlecht der Probanden aus Gruppe A und B lässt sich der Modus ermitteln, indem ausgezählt wird, wie häufig die Ausprägungen weiblich und männlich vorkommen. Die in Abbildung 29.5 dargestellte Häufigkeitsverteilung zeigt, dass der Modus die Merkmalsausprägung weiblich ist, denn diese Ausprägung kommt im vorliegenden Datensatz am häufigsten vor.

29.2.2 Streuungsmaße

Die bislang vorgestellten statistischen Kennzahlen geben zwar einen guten Einblick in die Lage eines Datensatzes. Doch selbst, wenn zwei unterschiedliche Datensätze denselben Mittelwert haben, können Sie hinsichtlich ihrer Streuung ganz unterschiedlich aufgestellt sein. Daher ergänzt man die Lagemaße um sogenannte Streuungsmaße.

Abbildung 29.5 Modus des Merkmals Geschlecht

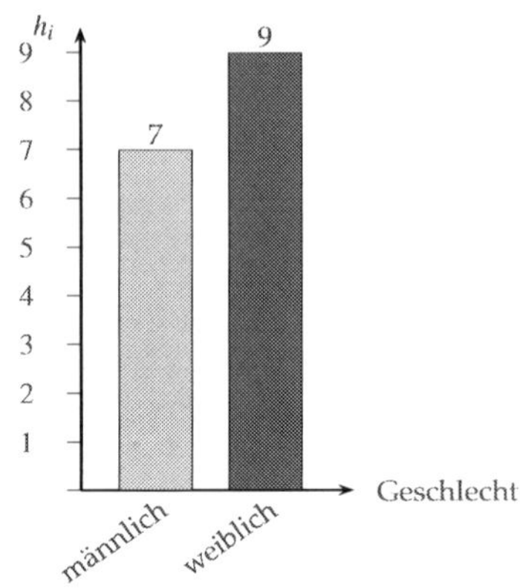

29.2.2.1 Varianz

Mit Hilfe der Varianz wird die durchschnittliche quadratische Abweichung der einzelnen Merkmalsausprägungen von ihrem Mittelwert erfasst. Die Quadrierung der Abweichungen verhindert, dass sich betragsmäßig gleich große positive und negative Abweichungen vom Mittelwert gegenseitig aufheben, denn dadurch würde die Streuung geringer erscheinen als sie tatsächlich ist. Die Varianz, die in der Statistik üblicherweise mit s^2 bezeichnet wird, berechnet sich für Einzelbeobachtungen und Häufigkeitsverteilungen wie folgt:

$$s^2 = \frac{1}{n}\sum_{i=1}^{n}(x_i - \overline{x})^2 = \frac{1}{n}\sum_{i=1}^{n} x_i^2 - \overline{x}^2 \quad \text{bzw.}$$

$$s^2 = \frac{1}{n}\sum_{i=1}^{m}(x_i - \overline{x})^2 \cdot h_i = \frac{1}{n}\sum_{i=1}^{m} h_i x_i^2 - \overline{x}^2 = \sum_{i=1}^{m}(x_i - \overline{x})^2 \cdot f_i = \sum_{i=1}^{m} f_i x_i^2 - \overline{x}^2$$

Fallbeispiel

Weiter oben wurde berechnet, dass die durchschnittliche Dauer bis zur Herstellung des Gesundheitszustandes in der Gruppe A unserer Probanden 12 Tage beträgt. Nun soll herausgefunden werden, inwieweit die einzelnen Beobachtungen um diesen Mittelwert streuen.

$$s^2 = \frac{1}{8}(10^2 + 12^2 + 15^2 + 8^2 + 7^2 + 13^2 + 15^2 + 16^2) - 12^2 = 10$$

29.2.2.2 Standardabweichung

Aufgrund der Quadrierung besitzt die Varianz eine andere Dimension als die Ausgangsdaten und ist daher schwer zu interpretieren. Um die Dimension der Ausgangsdaten wieder zu erhalten, zieht man aus der Varianz die Wurzel. Damit erhält man eine weitere statistische Kennzahl, die Standardabweichung s.

$$s = \sqrt{s^2}$$

Fallbeispiel

Für unser Beispiel ergibt sich aus der zuvor berechneten Varianz die folgende Standardabweichung in Tagen:

$$s = \sqrt{10} = 3,16$$

Die Standardabweichung ist insbes. bei normalverteilten Daten eine aufschlussreiche Kennzahl. So liegen rd. 68,2 % aller Beobachtungen im Bereich einer Standardabweichung unterhalb und einer Standardabweichung oberhalb des Mittelwertes ($\bar{x} \pm s$). Der Bereich $\pm 2s$ umfasst ca. 95 % und der Bereich $\pm 3s$ beinhaltet ca. 99,7 % aller Beobachtungen.

29.3 Analyse des Zusammenhangs

In den meisten statistischen Untersuchungen werden zwei (und mehr) Merkmale von Interesse sein. Oftmals stellt sich dann auch die Frage nach dem Zusammenhang zwischen den statistischen Merkmalen X und Y. So kann man davon ausgehen, dass die Körpergröße und das Körpergewicht als zwei statistische Merkmale eines Menschen in einem Zusammenhang stehen werden. Wenn der Zusammenhang zwischen zwei quantitativen Merkmalen Gegenstand der Untersuchung ist, dann wird auf zwei grundlegende Instrumente zurückgegriffen: Die Korrelationsanalyse und die Regressionsanalyse.

29.3.1 Korrelationsanalyse

Im Rahmen der Korrelationsanalyse wird die Frage geklärt, welche Richtung und welche Stärke ein linearer Zusammenhang zwischen den Merkmalen X und Y aufweist. Als Einstieg in die Analyse eignet sich die grafische Darstellung der beiden Merkmale in einem zweidimensionalen Koordinatensystem. Jeder Merkmalsträger weist eine Merkmalsausprägung für das Merkmal X und eine für das Merkmal Y auf. Dieses Wertepaar lässt sich als Punkt in einem Koordinatensystem darstellen. Wenn man auf diese Art und Weise die Punkte für den gesamten Datensatz erstellt, erhält man eine sogenannte Punktwolke (vgl. Abbildung 29.6).

Fallbeispiel

Auf einer Gesundheitsmesse konnten die Besucherinnen und Besucher ihr Gewicht und ihren systolischen Blutdruck messen lassen. Die Daten von 20 zufällig ausgesuchten Besuchern sind Tabelle 29.5 zu entnehmen.

Tabelle 29.5 Körpergewicht (in kg) und systolische Blutdruckwerte (in mm Hg) von 20 Messebesuchern

Besucher	Gewicht	systolischer Blutdruck	Besucher	Gewicht	systolischer Blutdruck
1	84,0	161	11	82,6	116
2	56,6	91	12	85,1	172
3	97,8	154	13	59,3	98
4	68,7	121	14	66,8	118
5	94,5	163	15	62,7	122
6	65,9	148	16	86,5	148
7	73,5	128	17	92,1	142
8	68,4	170	18	78,5	180
9	97,2	131	19	59,8	128
10	83,0	150	20	102,3	168

Die Punktwolke in Abbildung 29.6 lässt bereits vermuten, dass es einen positiven Zusammenhang zwischen dem Körpergewicht und der Höhe des systolischen Blutdrucks gibt, denn kleinere Werte für X gehen mit kleineren Werten für Y einher und umgekehrt. Je dichter die Punkte beieinander liegen, desto stärker wird dieser Zusammenhang ausfallen. Um Aussagen über die Richtung eines linearen Zusammenhangs machen zu können, wird die statistische Kennzahl Kovarianz s_{xy} berechnet. Um den Zusammenhang zu quantifizieren, wird im Rahmen der Korrelationsanalyse anschließend der Korrelationskoeffizient r nach Bravais-Pearson berechnet.

Kovarianz

Die Kovarianz basiert auf den Abweichungen der einzelnen Beobachtungswerte zum jeweiligen Mittelwert des betrachteten Merkmals. Für jeden Merkmalsträger wird das Produkt der Abweichungen gebildet. Damit gibt die Kovarianz Auskunft darüber, wie die beiden Merkmale miteinander variieren. Sie berechnet sich wie folgt:

$$s_{xy} = \frac{1}{n}\sum_{i=1}^{n}(x_i - \overline{x})(y_i - \overline{y}) = \frac{1}{n}\sum_{i=1}^{n} x_i y_i - \overline{xy}$$

Abbildung 29.6 Punktwolke für den Zusammenhang zwischen Körpergewicht (kg) und systolischem Blutdruck (mm Hg)

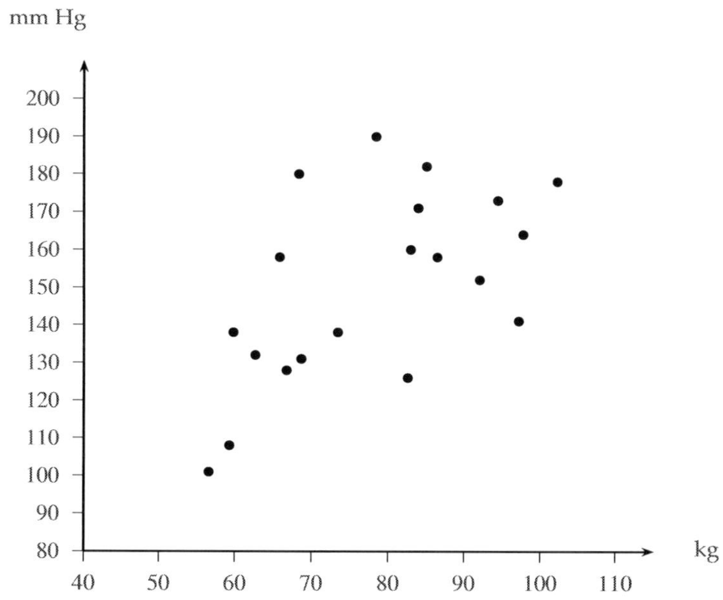

Sollten die Daten in einer Häufigkeitstabelle vorliegen, so müssen die jeweiligen absoluten oder relativen Häufigkeiten Berücksichtigung finden:

$$s_{xy} = \frac{1}{n}\sum_{i=1}^{m}\sum_{j=1}^{l}(x_i - \bar{x})(y_j - \bar{y})h_{ij} = \frac{1}{n}\sum_{i=1}^{m}\sum_{j=1}^{l}(x_i y_j h_{ij}) - \overline{xy}$$

bzw.

$$s_{xy} = \sum_{i=1}^{m}\sum_{j=1}^{l}(x_i - \bar{x})(y_j - \bar{y})f_{ij} = \sum_{i=1}^{m}\sum_{j=1}^{l}(x_i y_j f_{ij}) - \overline{xy}$$

Die Kovarianz kann sowohl positive als auch negative Werte annehmen. Durch das Vorzeichen der Kovarianz kann die Richtung des linearen Zusammenhangs festgestellt werden.

Korrelationskoeffizient
Dividiert man die Kovarianz s_{xy} durch das Produkt aus den beiden Standardabweichung $s_x s_y$, dann erhält man den Korrelationskoeffizienten r_{xy}.

$$r_{xy} = \frac{s_{xy}}{s_x s_y}$$

Der Korrelationskoeffizient ist dimensionslos und seine Werte sind auf das Intervall $[-1, 1]$ begrenzt. Je näher der Betrag des Korrelationskoeffizienten bei eins liegt, desto stärker ist der lineare Zusammenhang zwischen den Merkmalen X und Y ausgeprägt. Je näher r bei Null liegt, desto schwächer ist der lineare Zusammenhang. Wichtig für die Interpretation des Korrelationskoeffizienten ist, dass hier keine Aussage über kausale Zusammenhänge, sondern nur über statistische getroffen werden kann. Auch kann es sein, dass beide Merkmale durch eine weitere, nicht beachtete Größe beeinflusst werden oder der Zusammenhang zufällig zustande gekommen ist.

Fallbeispiel

Für das zuvor angeführte Beispiel des Zusammenhangs zwischen Gewicht und systolischem Blutdruck ergibt sich als statistischer Zusammenhang:

$$s_{xy} = \frac{1}{n}\sum_{i=1}^{n}(x_i - \overline{x})(y_i - \overline{y}) = 199,55$$

Berechnet man noch die Varianzen der beiden Merkmale, so erhält man für den Korrelationskoeffizienten

$$r_{xy} = \frac{s_{xy}}{s_x s_y} = \frac{199,55}{13,91 \cdot 24,78} = 0,59.$$

29.3.2 Regressionsanalyse

Im Rahmen der Korrelationsanalyse wird die Stärke eines linearen Zusammenhangs zwischen zwei Merkmalen X und Y ermittelt. Über die statistische Wirkungsrichtung kann keine Aussage getroffen werden: Welches der beiden Merkmale ist die Ursache, welches die Wirkung oder besteht eine wechselseitige Abhängigkeit? Hier setzt die Regressionsanalyse an, die Ursache-Wirkungsbeziehungen mittels Regressionsfunktionen abbildet. Besteht ein linearer Zusammenhang, so wird eine Regressionsgerade aufgestellt.

Das Merkmal X ist die unabhängige Variable in der Regressionsgeraden, das Merkmal Y die abhängige Variable. Liegt jeweils nur eine unabhängige und eine abhängige Variable vor, so erhält man die einfache, lineare Regressionsfunktion

$$y = \alpha + \beta x + e.$$

Wenn man die Punktwolke in Abbildung 29.6 betrachtet, wird deutlich, dass es keinen stochastischen Zusammenhang geben kann, bei dem alle Punkte exakt auf einer Geraden liegen. Daher wird die Variable e als latente, nicht zu beobachtende Variable in die Regressionsfunktion eingefügt, die die Abweichungen der einzelnen Beobachtungen von der Regressionsgeraden berücksichtigt.

Vermutet man ausgehend von der Punktwolke, dass es einen linearen Zusammenhang zwischen den Merkmalen X und Y gibt, so wird im Rahmen der Regressionsanalyse die Gerade $\widehat{y} = a + bx$ ermittelt, die den Zusammenhang am besten repräsentiert. Sie wird so gewählt, dass die Beobachtungspunkte von ihr am wenigsten abweichen. Die Abweichungen werden in Form von Abstandsquadraten (e^2) gemessen. Deren Summe gilt es zu minimieren, um die Regressionsgerade zu finden. Mathematisch stellt sich hier eine Minimierungsaufgabe, so dass das Vorgehen auch als „Methode der kleinsten Quadrate (KQ-Methode)" oder englisch als „ordinary least squares (OLS)"-Methode bezeichnet wird. Als Ergebnis der Minimierungsaufgabe erhält man die Steigung b, die als Regressionskoeffizient bezeichnet wird, und den Ordinatenabschnitt a der Regressionsfunktion.

$$b = \frac{s_{xy}}{s_x^2} \qquad\qquad a = \overline{y} - b\overline{x}$$

Bei einem positiven Wert für den Regressionskoeffizienten b liegt ein positiver Zusammenhang zwischen den Merkmalen X und Y vor, bei einem negativen Wert entsprechend ein negativer Zusammenhang. Sobald Steigung und Ordinatenabschnitt aus den vorliegenden Daten ermittelt sind, kann die Regressionsgerade zur Prognose von nicht im Datensatz enthaltenen Werten für das Merkmal Y herangezogen werden.

Fallbeispiel

Bei der Ermittlung der Regressionsgeraden für die beiden Merkmale Körpergewicht und systolischer Blutdruck aus dem zuvor schon verwendeten Beispiel ergibt sich

die Steigung sowie der Ordinatenabschnitt

$$b = \frac{199,55}{193,48} = 1,03, \qquad\qquad a = 140,45 - 1,03 \cdot 78,27 = 59,73$$

und damit die Regressionsgerade (vgl. Abbildung 29.7)

$$\widehat{y} = 59,73 + 1,03x.$$

Für einen Besucher mit einem Körpergewicht von 70 kg würde sich demnach der systolische Blutdruck wie folgt schätzen lassen:

$$\widehat{y} = 59,73 + 1,03 \cdot 70 = 131,83 [\text{mm Hg}]$$

Um die Güte der Schätzung zu beurteilen, wird das Bestimmtheitsmaß R^2 verwendet. R^2 drückt aus, wie viel Prozent der Streuung der abhängigen Variable Y auf die unabhängige Variable X zurückzuführen ist. Es berechnet sich wie folgt:

$$R^2 = \frac{s_{xy}^2}{s_x^2 s_y^2} = r_{xy}^2$$

Abbildung 29.7 Punktwolke mit eingepasster Regressionsgerade

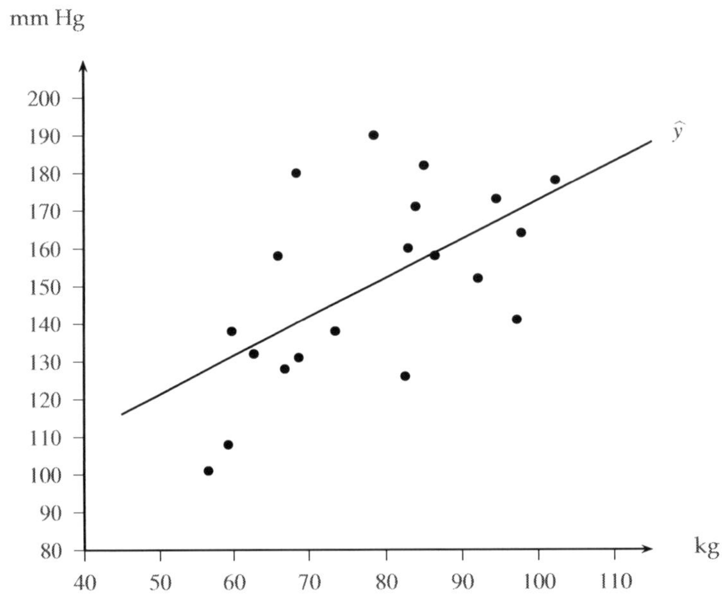

Es kann Werte aus dem Intervall [0; 1] annehmen. Werte nahe Null bedeuten, dass die Streuung der y-Werte nur zu einem sehr geringen Anteil auf die Streuung der x-Werte zurückzuführen ist. Werte nahe eins bedeuten, dass die Streuung der y-Werte nahezu vollständig durch die Streuung der x-Werte erklärt wird.

Fallbeispiel

Für die zuvor im Beispiel ermittelte Regressionsgerade ergibt sich für das Bestimmtheitsmaß $R^2 = 0,34$. Das bedeutet, dass 34 % der Varianz des systolischen Blutdrucks durch das Körpergewicht erklärt werden können. 66 % der Varianz werden durch andere, nicht im Modell enthaltene Einflussgrößen verursacht.

29.4 Schätzverfahren in der induktiven Statistik

In den meisten statistischen Untersuchungen stehen die Informationen lediglich von einem Teil der zu analysierenden Grundgesamtheit zur Verfügung. Diesen Teil nennt man Stichprobe. Das sind beispielsweise die schon bekannten 20 Besucher der Gesundheitsmesse oder auch die insgesamt 16 Probanden der Medikamentenwirksamkeitsstudie, die uns im Teil der deskriptiven Statistik Daten lieferten. Die Aufgabe der induktiven oder auch schließenden

Statistik besteht darin, von den vorliegenden Stichprobendaten auf die tatsächlichen Werte in der Grundgesamtheit zu schließen.

Beim Rückschluss von den Stichprobendaten auf die gesuchten Parameter der Grundgesamtheit bedient sich die induktive Statistik der Wahrscheinlichkeitsrechnung[3]. Selbst wenn eine repräsentative Stichprobe aus einer Grundgesamtheit gezogen worden ist, wird es Abweichungen in den Ausprägungen der Stichprobendaten und den Werten der Grundgesamtheit geben. Man kann leicht nachvollziehen, dass bspw. die durchschnittliche Wiederherstellungszeit der 8 Probanden aus Gruppe A nicht exakt mit der durchschnittlichen Wiederherstellungszeit aller Patienten in Deutschland übereinstimmen wird. Man kann daher mit den Informationen aus der Stichprobe immer nur versuchen, die Werte der Grundgesamtheit annähernd zu ermitteln. Dazu stellt die induktive Statistik zwei Arten von Schätzverfahren bereit, die nachfolgend in ihren Grundzügen erläutert werden.

29.4.1 Punktschätzer

Wählt man für die Schätzung eines unbekannten Parameters Θ der Grundgesamtheit die Kenngröße aus, die sich aus einer Stichprobe ergibt, so liegt ein Punktschätzer $\widehat{\Theta}$ vor. Um eine Punktschätzung durchzuführen, benötigt man die sogenannte Schätzfunktion, die kurz auch einfach Schätzer genannt wird. Die Schätzfunktion ist die Vorschrift, nach der aus den Stichprobendaten ein numerischer Schätzwert für den unbekannten Parameter der Grundgesamtheit berechnet wird. So ergibt sich die Schätzfunktion für den Erwartungswert[4] einer Grundgesamtheit, der in der Statistik mit μ bezeichnet wird, aus dem Mittelwert einer Stichprobe wie folgt:

$$\bar{x} = \frac{1}{n}\sum_{i=1}^{n} x_i$$

Somit kann beispielsweise die Dauer bis zur Wiederherstellung des Gesundheitszustandes im Rahmen der oben ausgeführten Wirksamkeitsstudie, die als Mittelwert aus unserer Stichprobe von 16 Personen gewonnen wurde, als Punktschätzer für die Wiederherstellungsdauer in der Grundgesamtheit verwendet werden.

---

[3] Die Grundzüge der Wahrscheinlichkeitsrechnung können leider an dieser Stelle nicht dargestellt werden. Zum tieferen Verständnis der nachfolgend dargestellten Schätzverfahren sei aber empfohlen, z. B. bei [2], S. 9 ff., [3], S. 75 ff., [8], S. 47 ff. oder [7], S. 91 ff., noch einmal nachzulesen.

[4] Der Erwartungswert einer Zufallsvariablen ist der Wert, der sich üblicherweise nach vielen Wiederholungen eines Zufallsexperimentes als Mittelwert aus den Ergebnissen des Experimentes einstellt. Der Erwartungswert ist demnach ein Lageparameter der Verteilung der Zufallsvariablen. Er ist damit vergleichbar mit dem arithmetischen Mittelwert einer Häufigkeitsverteilung, wie er in Kapitel 29.2.1.1 beschrieben wurde.

Die Schätzfunktionen für die Varianz σ^2, die Standardabweichung σ und den Anteilswert[5] p in einer Grundgesamtheit lauten:

$$s^2 = \frac{1}{n-1}\sum_{i=1}^{n}(x_i - \bar{x})^2 \qquad s = \sqrt{s^2} \qquad f_i = \frac{h_i}{n}$$

Um die Güte einer Schätzung zu beurteilen zieht man insbes. drei Kriterien heran: Erwartungstreue, Effizienz und Konsistenz. Der aus einer Stichprobe gefundene Schätzer $\widehat{\Theta}$ ist eine Zufallsvariable und der Schätzwert wird üblicherweise mehr oder weniger stark vom tatsächlichen Parameter der Grundgesamtheit abweichen. Jedoch sollte der Schätzer nicht systematisch, sondern lediglich zufällig vom wahren Parameter abweichen. Ein Schätzer, der diese Anforderung erfüllt, wird erwartungstreu oder unverzerrt genannt. Zusätzlich sollte die Varianz des Schätzers möglichst gering sein, denn eine geringere Varianz bedeutet, dass eine präzisere Schätzung vorliegt. Dieses Kriterium ist insbesondere dann von Bedeutung, wenn mehrere erwartungstreue Schätzer vorliegen. Die Wahl sollte dann auf den Schätzer mit der geringeren Varianz fallen. Das dritte Kriterium fordert, dass mit zunehmendem Stichprobenumfang die Schätzungen genauer werden sollen, also Verzerrung und Varianz abnehmen. Ist dies der Fall, so liegt ein konsistenter Schätzer vor.

Die drei Gütekriterien können durch die nachfolgenden Abbildungen noch einmal verdeutlicht werden. Abbildung 29.8 enthält zwei erwartungstreue Schätzer. Dabei ist Schätzfunktion 1 effizienter als Schätzfunktion 2.

Abbildung 29.9 enthält eine verzerrte Schätzung, die aber konsistent ist. Mit zunehmendem Stichprobenumfang ($n_3 > n_2 > n_1$) nehmen Verzerrung und Varianz ab. Die Stichprobenverteilung nähert sich dem wahren Parameter Θ der Grundgesamtheit an.

Trotz der Verwendung eines adäquaten Schätzers weiß man nach der Bestimmung eines Schätzwertes nicht, wie weit dieser vom wahren, aber leider weiterhin unbekannten Parameter $\widehat{\Theta}$ der Grundgesamtheit entfernt ist. Unter Berücksichtigung der Gütekriterien für die Punktschätzung darf man lediglich davon ausgehen, dass man einen Schätzwert in der Nähe des Parameters entwickelt hat. Um die Genauigkeit einer Schätzung besser bestimmen zu können, bietet sich die Intervallschätzung an.

[5] Der Anteilswert ist definiert als Quotient aus der Anzahl der Merkmalsträger mit einer bestimmten Merkmalsausprägung (z. B. Anzahl der über 70-Jährigen in der Unfallstatistik aus Tabelle 29.2) und dem Umfang der Gesamtpopulation (z. B. alle Unfallopfer aus der untersuchten Region). Der Anteilswert nimmt Werte aus dem Intervall $[0;1]$ an und wird mit p bezeichnet.

Abbildung 29.8 Erwartungstreue und Effizienz von Schätzern
Quelle: in enger Anlehnung an [2], S. 212.

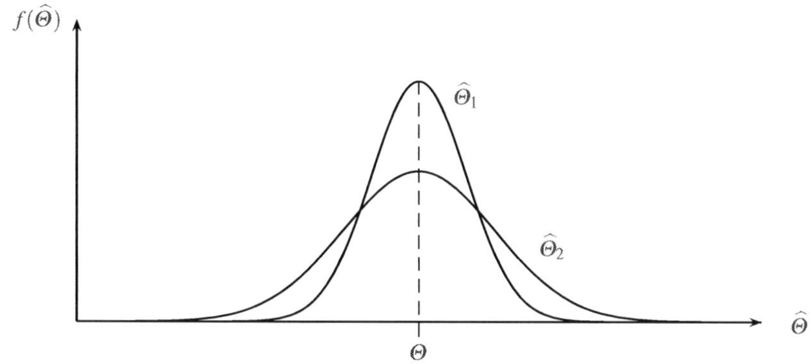

Abbildung 29.9 Konsistenz von Schätzern
Quelle: in enger Anlehnung an [2], S. 215.

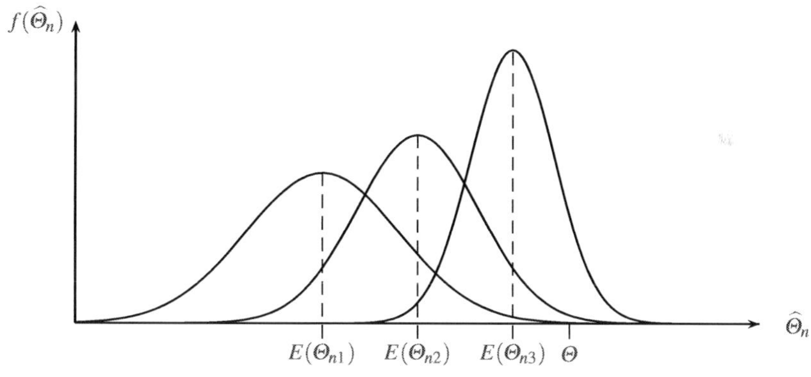

29.4.2 Intervallschätzung

Im Rahmen einer Intervallschätzung wird ein Bereich geschätzt, der mit einer großen, vorgegebenen Wahrscheinlichkeit, den unbekannten Parameter der Grundgesamtheit beinhaltet. Dabei nimmt man üblicherweise den gefundenen Punktschätzer aus der Stichprobe als Anhaltspunkt. Ausgehend vom Punktschätzer wird dann ein sogenanntes Konfidenzintervall berechnet, welches mit der Wahrscheinlichkeit $1-\alpha$ den Parameter der Grundgesamtheit enthält. Die Wahrscheinlichkeit $1-\alpha$ wird Vertrauenswahrscheinlichkeit oder Konfidenzniveau genannt.

Bei der Konstruktion des Konfidenzintervalls kann es vorkommen, dass man aus den Stichprobendaten ein Intervall berechnet, welches den wahren, unbekannten Parameter der Grundgesamtheit nicht enthält. Aus diesem Grund nennt man α die Irrtumswahrscheinlichkeit, die bei der Konstruktion des Konfidenzintervalls eintreten kann. Das Konfidenzniveau wird üblicherweise mit $1-\alpha = 90$ %, $1-\alpha = 95$ % oder mit $1-\alpha = 99$ % angegeben. Die Irrtumswahrscheinlichkeit beträgt demnach $\alpha = 10$ %, $\alpha = 5$ % oder $\alpha = 1$ %. Wenn man von einer Irrtumswahrscheinlichkeit von 5 % ausgeht, dann würden (durchschnittlich) in 5 von 100 Fällen Konfidenzintervalle aus Stichprobendaten berechnet, welche den wahren Parameter der Grundgesamtheit nicht beinhalten.

Die Konstruktion von Konfidenzintervallen wird im folgenden für den Erwartungswert und den Anteilswert einer Grundgesamtheit erläutert.[6]

29.4.2.1 Konfidenzintervall für einen Erwartungswert

In Kapitel 29.4.1 wurde dargestellt, dass der Mittelwert einer Stichprobe ein Schätzer für den Erwartungswert der Grundgesamtheit ist. Der Erwartungswert $E(\bar{x})$ der Stichprobenmittelwerte entspricht dem Erwartungswert μ der Grundgesamtheit und der Standardfehler der Stichprobenmittelwerte[7] ist gegeben durch $\sigma_{\bar{x}} = \frac{\sigma}{\sqrt{n}}$. Die nachfolgende Abbildung 29.10 zeigt die Dichtefunktion für die Stichprobenmittelwerte $\bar{x}$.

Die Fläche zwischen der unteren Grenze $\bar{x}_u$ und der oberen Grenze $\bar{x}_o$ entspricht der Wahrscheinlichkeit $1-\alpha$. Die kleineren Flächen links der unteren Grenze und rechts der oberen Grenze sind aufgrund der Symmetrie der Normalverteilung gleich groß und umfassen jeweils die Hälfte der Irrtumswahrscheinlichkeit α. Daraus ergibt sich für das Konfidenzintervall um den Mittelwert folgender Zusammenhang:

---

[6] Bei der nachfolgend beschriebenen Vorgehensweise wird vorausgesetzt, dass die Zufallsvariable X in der Grundgesamtheit entweder normalverteilt ist oder dass die Verteilung der Zufallsvariablen X in der Grundgesamtheit beliebig ist, jedoch große Stichproben gezogen werden können. Im zweiten Fall kann aus dem zentralen Grenzwertsatz abgeleitet werden, dass die Verteilung einer additiv erzeugten Zufallsvariable mit wachsendem Stichprobenumfang gegen die Normalverteilung konvergiert. Vgl. hierzu bspw. [7], S. 121 f., [2], S. 178 ff. Sollten lediglich kleine Stichproben vorliegen oder kann die Normalverteilungsannahme – auch approximativ – nicht vertreten werden, so sollte auf verteilungsfreie Verfahren zurückgegriffen werden. Vgl. hierzu [5], [7], S. 139 ff., [6].

[7] Anzumerken ist, dass die Standardabweichung σ der Grundgesamtheit üblicherweise unbekannt ist. In diesem Fall müsste die Standardabweichung zunächst, wie in Kapitel 29.4.1 erläutert, durch den Punktschätzer s geschätzt werden. Hierauf wird später noch einmal eingegangen.

Abbildung 29.10 Stichprobenverteilung Mittelwerte $\overline{x}$

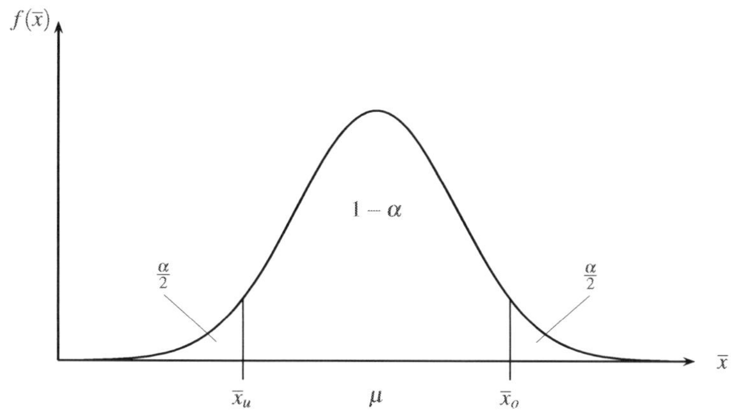

$$P(x_u \leq \mu \leq x_o) = 1 - \alpha.$$

Zur Bestimmung der unteren und der oberen Grenze überführt man die normalverteilte Zufallsvariable $\overline{x}$ in die standardnormalverteilte Zufallsvariable Z.[8] Somit erhält man folgendes Konfidenzintervall um den Mittelwert:

$$P\left(\overline{x} - z_{1-\frac{\alpha}{2}} \sigma_{\overline{x}} \leq \mu \leq \overline{x} - z_{1-\frac{\alpha}{2}} \sigma_{\overline{x}}\right) = 1 - \alpha.$$

Die Werte $z_{1-\frac{\alpha}{2}}$ betragen bei einem Konfidenzniveau von 90 % 1,65, bei einem Konfidenzniveau von 95 % 1,96 und bei einem Konfidenzniveau von 99 % 2,58.

Fallbeispiel

Von insgesamt 100 weiblichen Studierenden einer Hochschule wurde das Merkmal Körpergröße erhoben. Die durchschnittliche Körpergröße betrug in dieser Stichprobe $\overline{x} = 168$ cm und die Standardabweichung $\sigma = 6$ cm. Wie groß ist das Konfidenzintervall mit einer Wahrscheinlichkeit von $1 - \alpha = 0,95$?

$$P\left(168 - 1,96 \cdot \frac{6}{\sqrt{100}} \leq \mu \leq 168 + 1,96 \cdot \frac{6}{\sqrt{100}}\right) = 0,95$$

[8] Die Standardisierung erfolgt durch $Z = \frac{\overline{x} - \mu}{\sigma_{\overline{x}}}$. Vgl. hierzu bspw. [12], S. 108 ff.

Mit einer Wahrscheinlichkeit von 95 % überdeckt das Konfidenzintervall in den Grenzen [166,82;169,18] den unbekannten Erwartungswert für die durchschnittliche Körpergröße aller weiblichen Studierenden der Hochschule.

Bislang wurde bei der Konstruktion des Konfidenzintervalls vorausgesetzt, dass die Varianz σ der Grundgesamtheit bekannt ist. Das ist üblicherweise nicht der Fall, so dass die Varianz selbst aus der Stichprobe geschätzt werden muss. Daraus resultiert, dass die Zufallsvariable Z nun t-verteilt[9] ist mit $n-1$ Freiheitsgraden. Das Konfidenzintervall wird dann mit Hilfe der t-Werte[10] konstruiert:

$$P\left(\bar{x}-t_{1-\frac{\alpha}{2};n-1}\frac{s}{\sqrt{n}} \leq \mu \leq \bar{x}-t_{1-\frac{\alpha}{2};n-1}\frac{s}{\sqrt{n}}\right)=1-\alpha.$$

Fallbeispiel

Von insgesamt 20 männlichen Studierenden einer Hochschule wurde das Merkmal Körpergröße erhoben. Die durchschnittliche Körpergröße betrug in dieser Stichprobe $\bar{x}=177$ cm und die Standardabweichung in der Stichprobe $s=7$ cm. Wie im vorangegangenen Beispiel soll das Konfidenzintervall mit einem Signifikanzniveau von $1-\alpha=0,95$ bestimmt werden.

Für $1-\frac{\alpha}{2}$ erhält man – wie zuvor – den Wert 0,975. Die Anzahl der Freiheitsgrade beträgt $n-1=19$. Der zugehörige t-Wert beträgt im vorliegenden Fall $t_{0,975;19}=2,093$. Das Konfidenzintervall ergibt sich wie folgt:

$$P\left(177-2,093\cdot\frac{7}{\sqrt{20}} \leq \mu \leq 177+2,093\cdot\frac{7}{\sqrt{20}}\right)=0,95.$$

Mit einer Wahrscheinlichkeit von 95 % überdeckt das Konfidenzintervall in den Grenzen [173,72;180,28] den unbekannten Erwartungswert für die durchschnittliche Körpergröße aller männlichen Studierenden der Hochschule.

29.4.2.2 Konfidenzintervalle für einen Anteilswert

Die Konstruktion eines Konfidenzintervalls für Anteilswerte erfolgt analog der Konstruktion eines Konfidenzintervalls für Mittelwerte. Ausgangspunkt ist auch hier wieder der Punktschätzer. Dieser ist für Anteilswerte definiert als $\widehat{p}=f_i=\frac{h_i}{n}$. Wenn $np(1-p)>9$ gilt, dann

[9] Die t-Verteilung ist eine Wahrscheinlichkeitsverteilung, die 1908 von W. S. Gosset entwickelt und von ihm unter dem Pseudonym „Student" publiziert wurde (vgl. [2], S. 138. Eine Erläuterung der t-Verteilung findet sich bspw. bei [7], S. 154 f. oder [2], S. 138 f.)

[10] Die jeweiligen t-Werte können in sogenannten Verteilungstabellen nachgeschlagen werden. Diese findet man bspw. in Statistik-Lehrbüchern wie [3], S. 303 ff. oder [9], S. 573 ff.

kann man von einer Normalverteilung ausgehen. Der Standardfehler der Schätzung ist gegeben durch $\widehat{\sigma}_p = \sqrt{\frac{\widehat{p}(1-\widehat{p})}{n}}$, so dass das vollständige Konfidenzintervall durch

$$P\left(\widehat{p} - z\sqrt{\frac{\widehat{p}(1-\widehat{p})}{n}} \leq p \leq \widehat{p} + z\sqrt{\frac{\widehat{p}(1-\widehat{p})}{n}}\right) = 1 - \alpha$$

gegeben ist.

Fallbeispiel

Laut Tabelle 29.2 beträgt der Anteil der Unfallopfer im Alter von über 70 bis 90 Jahren in der analysierten Region rund 26 %. Dieser Anteilswert dient als Punktschätzer für alle Unfallopfer in diesem Alter, die bei der betrachteten Krankenkasse versichert sind. Um den Punktschätzer soll ein Konfidenzintervall mit einem Signifikanzniveau von $1 - \alpha = 0,95$ bestimmt werden:

$$P\left(0,26 - 1,96 \cdot \sqrt{\frac{0,26 \cdot 0,74}{800}} \leq p \leq 0,26 + 1,96 \cdot \sqrt{\frac{0,26 \cdot 0,74}{800}}\right) = 0,95$$

Mit einer Wahrscheinlichkeit von 95 % überdeckt das Intervall zwischen 23 % und 29 % den unbekannten Anteilswert der Grundgesamtheit für die Unfallopfer in der Altergruppe von über 70 bis 90 Jahren.

29.4.3 Stichprobenumfang

Die Genauigkeit einer Intervallschätzung hängt offensichtlich von der Breite des Konfidenzintervalls ab. Diese wird durch drei Größen beeinflusst: durch das vorab festzulegende Signifikanzniveau, durch die Standardabweichung der Grundgesamtheit und durch den Stichprobenumfang. Die Standardabweichung kann nicht beeinflusst werden, die beiden anderen Größen bieten jedoch Ansatzpunkte, um die Genauigkeit der Schätzung zu beeinflussen.

Bei identischem Stichprobenumfang wird ein Konfidenzintervall mit einer Vertrauenswahrscheinlichkeit von 90 % schmaler sein als ein Konfidenzintervall mit einer Vertrauenswahrscheinlichkeit von 99 %. Je höher die Vertrauenswahrscheinlichkeit, desto breiter ist das Konfidenzintervall, denn man hat dadurch eine vergleichsweise höhere Sicherheit, dass das berechnete Konfidenzintervall den unbekannten Parameter beinhaltet. Jedoch bedeutet ein breiteres Konfidenzintervall auch eine ungenauere Schätzung.

Da die Intervallgrenzen eines Konfidenzintervalls bei einem festgelegten Konfidenzniveau vom Stichprobenumfang n abhängen, bietet sich durch die Veränderung des Stichprobenumfangs ebenfalls die Möglichkeit, die Genauigkeit der Schätzung zu beeinflussen. Je größer der Stichprobenumfang n ist, desto genauer ist die Schätzung. Häufig – z. B. im Rahmen von

Qualitätskontrollen – ist eine Mindestgenauigkeit einer Schätzung einzuhalten. Daraus ergibt sich die Notwendigkeit, den Stichprobenumfang vor Versuchsbeginn zu berechnen.

Die Breite eines Konfidenzintervalls ergibt sich aus der Differenz zwischen der oberen und der unteren Intervallgrenze. Im Falle einer Intervallschätzung für einen Erwartungswert folgt daher:

$$\bar{x} + z\sigma_{\bar{x}} - (\bar{x} - z\sigma_{\bar{x}}) = 2z\sigma_{\bar{x}}$$

Die Hälfte der Breite wird als absoluter Fehler und üblicherweise mit e bezeichnet:

$$e = z\sigma_{\bar{x}}$$

Ersetzt man $\sigma_{\bar{x}}$ mit $\frac{\sigma}{n}$ und löst die Gleichung nach n auf, dann erhält man als Mindeststichprobenumfang:

$$n = \frac{z^2\sigma^2}{e^2}$$

Man erkennt, dass zur Berechnung des Mindeststichprobenumfangs wiederum die Standardabweichung in der Grundgesamtheit benötigt wird, die üblicherweise nicht vorliegt. In diesem Fall muss σ zunächst aus der Stichprobenstandardabweichung geschätzt werden. Bei Stichproben, deren Umfang kleiner als 30 ist, muss der z-Wert dann wieder durch den t-Wert ersetzt werden.

Wird ein Konfidenzintervall für einen Anteilswert berechnet, dann ergibt sich der Mindeststichprobenumfang wie folgt:

$$n = \frac{z^2\hat{p}(1-\hat{p})}{e^2}$$

29.5 Testen von Hypothesen

In der Medizin und der Gesundheitsökonomie – wie in vielen anderen Wissenschaften auch – werden häufig Hypothesen über bestimmte Sachverhalte aufgestellt. Die Statistik bietet ein Instrumentarium, diese Hypothesen zu testen. Das grundsätzliche Vorgehen beim statistischen Testen von Hypothesen kann am besten an einem Beispiel erläutert werden.

Ein kleines Unternehmen im Rheinland hat die Krankheitstage seiner 30 Mitarbeiter im letzten Jahr ausgewertet. Im Durchschnitt waren die Mitarbeiter 17 Tage krank. Die Unternehmensleitung stellt sich die Frage, wie diese 17 Tage einzuordnen sind. Sind 17 Tage wenig oder viel? Die Beantwortung dieser Frage auf der Grundlage eines simplen Vergleichs mit der durchschnittlichen Anzahl an Krankheitstagen im Rheinland kann u. U. schwierig sein, denn nur in Ausnahmefällen werden sich die Durchschnittswerte exakt gleichen. So entfallen auf die Beschäftigten aller Branchen im Rheinland im Durchschnitt 19 Krankheitstage. Kann man aus der Abweichung von 2 Tagen bereits schlussfolgern, dass es einen systematischen Unterschied zwischen den eigenen Beschäftigten und allen Beschäftigten im Rheinland gibt? Oder ist die Differenz von 2 Tagen nur zufällig aufgetreten?

Um zwischen einer zufälligen und einer systematischen Abweichung zu unterscheiden, bietet die Statistik Hypothesentests an. Zu Beginn eines Hypothesentests werden zwei komplementäre Hypothesen formuliert. Die eine Hypothese trifft die Aussage „Es besteht kein systematischer Unterschied zwischen den Vergleichsgrößen." Diese Hypothese wird in der Statistik als H_0-Hypothese bezeichnet. Die dazu komplementäre Hypothese wird H_1-Hypothese genannt. Danach wird aus Stichprobendaten eine sogenannte Prüfgröße[11] berechnet, anhand derer beurteilt werden kann, ob die H_0-Hypothese zugunsten der H_1-Hypothese abgelehnt werden muss oder ob sie beibehalten werden kann.

Im angeführten Beispiel lauten die H_0- und H_1-Hypothese wie folgt:

$$H_0: \quad \mu = 19 \qquad\qquad H_1: \quad \mu \neq 19$$

Die Alternativhypothese umfasst in diesem Beispiel sowohl Abweichungen in Bezug auf die durchschnittlichen Krankheitstage nach oben als auch nach unten. Man spricht in diesem Fall von einem zweiseitigen Test. Wenn es aufgrund von inhaltlichen Vorgaben sinnvoll ist, die Abweichung nur in eine Richtung zu betrachten, dann muss ein einseitiger Test durchgeführt werden. Angenommen, die Unternehmensleitung weiß aus der Vergangenheit, dass die Anzahl der Krankheitstage im eigenen Unternehmen stets deutlich kleiner war als im Durchschnitt aller Beschäftigten und möchte dieses mit Hilfe eines Hypothesentests zeigen. Dann würden die Hypothesen zielgerichtet aufgestellt:

$$H_0: \quad \mu \geq 19 \qquad\qquad H_1: \quad \mu < 19$$

Nachdem die Hypothesen formuliert worden sind, wird aus den Stichprobendaten die Prüfgröße berechnet. Die Differenz zwischen den Krankheitstagen der eigenen und aller Beschäftigter muss dazu in Bezug zur Variation der Messwerte gesetzt werden. Die Standardabweichung σ der Grundgesamtheit ist aber, wie schon in Kapitel 29.4.2.1 erläutert, üblicherweise unbekannt. Somit muss die Standardabweichung aus der Stichprobe geschätzt werden, wodurch man eine t-verteilte Prüfgröße erhält, die wie folgt berechnet wird:

[11] Alternativ werden die Begriffe Teststatistik oder Testgröße verwendet.

$$T = \frac{\overline{x} - \mu}{\frac{s}{\sqrt{n}}}$$

Wenn die Standardabweichung der Krankheitstage im betrachteten Unternehmen $s = 3,5$ beträgt, dann ergibt sich als Prüfgröße

$$T = \frac{17 - 19}{\frac{3,5}{\sqrt{30}}} = -3,13$$

Um die eingangs gestellte Frage nach einer zufälligen oder systematischen Abweichung beantworten zu können, vergleicht man die Prüfgröße mit einem sogenannten kritischen Wert, der aus den tabellierten Werten der t-Verteilung gewonnen wird. Der kritische Wert kennzeichnet die Grenzen zwischen Annahme- und Ablehnungsbereich für die Nullhypothese, die in Abbildung 29.11 dargestellt sind.

Zunächst muss hierfür wieder die Irrtumswahrscheinlichkeit α festgelegt werden. Für das Beispiel wird eine Irrtumswahrscheinlichkeit von $\alpha = 0,05$ gewählt. Die Irrtumswahrscheinlichkeit besagt, dass in 5 % der Fälle, in denen die Nullhypothese richtig ist, diese fälschlicherweise abgelehnt wird. In 95 % der Fälle, in denen die Nullhypothese richtig ist, wird diese damit richtigerweise angenommen.[12] Im vorliegenden Beispiel ergibt sich für den kritischen Wert

$$t_{1-\frac{\alpha}{2};n-1} = t_{1-\frac{0,05}{2};30-1} = t_{0,975;29} = 2,045.$$

Beim Vergleich der Prüfgröße mit dem kritischen Wert gilt bei einem zweiseitigen Test folgende Entscheidungsregel[13]:

- Beibehaltung der Nullhypothese: $|T| \leq t_{1-\frac{\alpha}{2};n-1}$
- Verwerfen der Nullhypothese: $|T| > t_{1-\frac{\alpha}{2};n-1}$

Aufgrund der Symmetrie der t-Verteilung wird bei einem zweiseitigen Test der Betrag der Prüfgröße T betrachtet. Im vorliegenden Beispiel ist der Betrag der Prüfgröße größer als der

[12] Das fälschliche Ablehnen einer richtigen Nullhypothese wird in der Statistik als α-Fehler bezeichnet. Wenn die Alternativhypothese richtig sein sollte und man behält fälschlicherweise die Nullhypothese bei, dann liegt ein sogenannter β-Fehler vor. Vgl. zu den möglichen Fehlern beim statistischen Testen z. B. [4], S. 498 ff.

[13] Bei einem einseitigen Test mit der Alternativhypothese $H_1 : \mu > \mu_0$ wird die Nullhypothese abgelehnt, wenn $T > t_{1-\alpha;n-1}$. Lautet die Alternativhypothese hingegen $H_1 : \mu < \mu_0$, so wird die Nullhypothese bei $T < t_{\alpha;n-1}$ verworfen.

kritische Wert: $|-3,13| = 3,13 > 2,045$. Damit wird die Nullhypothese zugunsten der Alternativhypothese verworfen. Die Unternehmensleitung kann mit einer Irrtumswahrscheinlichkeit von 5 % davon ausgehen, dass die Differenz zwischen den Krankheitstagen der eigenen Mitarbeiter und den Krankheitstagen aller Beschäftigter im Rheinland nicht nur zufällig ist. Im betrachteten Unternehmen scheinen systematisch weniger Krankheitstage vorgekommen zu sein. Die nachfolgende Abbildung verdeutlicht das Testergebnis noch einmal grafisch:

Abbildung 29.11 zweiseitiger Hypothesentest (Werte aus dem Beispiel)

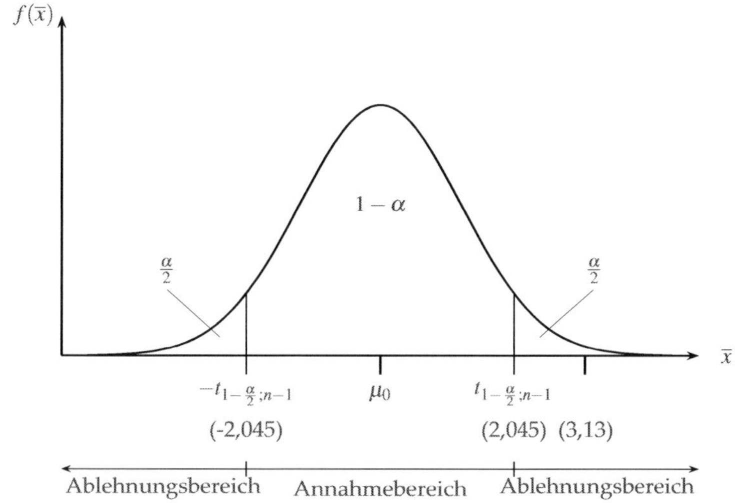

Im hier verwendeten Beispiel war als Parameter der Erwartungswert von Interesse. Dieses Beispiel diente der Verdeutlichung des allgemeinen Vorgehens beim Durchführen von statistischen Tests. Neben dem Testen von Hypothesen über den Erwartungswert können in entsprechender Weise auch Hypothesen über weitere Parameter, wie Varianz, Standardabweichung oder Anteilswert, getestet werden.[14] Darüber hinaus kommen Hypothesentests auch zum Einsatz, um zu prüfen, ob ein interessierendes Merkmal eine bestimmte Verteilung aufweist (z. B. χ^2-Anpassungstest, Kolmogoroff-Smirnov-Anpassungstest). Ein weiterer Einsatzbereich ist der Vergleich von statistischen Parametern (z. B. Vergleich zweier Mittelwerte mittels eines Zwei-Stichproben t-Tests, Vorher-Nachher-Vergleich eines statistischen Parameters mittels eines Ein-Stichproben t-Tests[15]).

---

[14] In [15] finden sich weitere Einsatzbereiche von statistischen Hypothesentests in klinischen Studien.
[15] Vgl. zu beiden Beispielen [16], S. 39 ff.

Literatur

[1] Assenmacher, W. (2010): Deskriptive Statistik, 4. Aufl., Springer, Berlin
[2] Assenmacher, W. (2009): Induktive Statistik, 2. Aufl., Springer, Berlin
[3] Bamberg, G., Baur, F., Krapp, M. (2009): Statistik, 15. Aufl., Oldenbourg, München
[4] Bortz, J., Döring, N. (2006): Forschungsmethoden und Evaluation für Human- und Sozialwissenschaftler, 4. Aufl., Springer, Berlin
[5] Bortz, J., Lienert, B. A. (2008): Kurzgefasste Statistik für die klinische Forschung. Leitfaden für die verteilungsfreie Analyse kleiner Stichproben, 3. Aufl., Springer, Berlin
[6] Büning, H., Trenkler, G. (1994): Nichtparametrische statistische Methoden, 2. Aufl., de Gruyter, Berlin
[7] Hartung, J., Elpelt, B., Klösener, K.-H. (2005): Statistik. Lehr- und Handbuch der angewandten Statistik, 14. Aufl., Odlenbourg, München
[8] Hilger, R.-D., Bauer, P., Scheiber, V. (2007): Einführung in die Medizinische Statistik, 2. Aufl., Springer, Berlin
[9] Fahrmeir, L., Künstler, R., Pigeot, I., Tutz, G. (2009): Statistik: Der Weg zur Datenanalyse, 7. Aufl., Springer, Berlin
[10] Kreienbrock, L., Schach, S. (2005): Epidemiologische Methoden, 4. Aufl., Elsevier, München
[11] Oestreich, M., Romberg, O. (2010): Keine Panik vor Statistik! 3. Aufl., Vieweg + Teubner, Wiesbaden
[12] Quatember, A. (2011): Statistik ohne Angst vor Formeln, 3. Aufl., Pearson Studium, München
[13] Sauerbier, T. (2003): Statistik für Wirtschaftswissenschaftler, 2. Aufl., Oldenbourg, München
[14] Schöffski, O., Schulenburg, J.-M. Graf v. d. (Hrsg.) (2008): Gesundheitsökonomische Evaluationen, 3. Aufl., Springer, Berlin
[15] Schumacher, M., Schulgen, G. (2008): Methodik klinischer Studien. Methodische Grundlagen der Planung, Durchführung und Auswertung, 3. Aufl., Springer, Berlin
[16] Schulgen, G., Schumacher, M. (2008): Statistische Analyse eines quantitativen Zielkriteriums – Kann durch eine Fischdiät der Cholesterinspiegel gesenkt werden? In: Schumacher, M., Schulgen, G. (Hrsg.) Methodik klinischer Studien, 3. Aufl., Springer, Berlin, 31–53
[17] Weiß, Ch. (2008): Basiswissen Medizinische Statistik, 4. Aufl., Springer, Berlin

30 Statistik – Ergänzung zur Anwendung in der Gesundheitsökonomie

Christian Thielscher

Wirksamkeitsanalysen 410
Kostenanalysen 411
Kosten-Ergebnis-Vergleiche 411

Literatur 414

Statistische Methoden sind in der Medizin seit Jahrzehnten im Einsatz. Insbesondere die Ermittlung der Wirksamkeit von Medikamenten und anderen medizinischen Produkten und medizinischen Dienstleistungen steht dabei im Fokus des Interesses. Relativ neu und von zunehmender Bedeutung in der gesundheitsökonomischen Diskussion sind Untersuchungen, die neben der Wirksamkeit auch Kosten untersuchen. In dieser Ergänzung erfolgt ein kurzer Überblick, für welche medizinischen und medizinökonomischen Analysen statistisch-mathematische Verfahren die Grundlagen bilden.

Wirksamkeitsanalysen

Ein in der Medizin sehr häufig anzutreffendes Verfahren zur Untersuchung der Wirksamkeit von Medikamenten und anderen Behandlungsverfahren sind kontrollierte klinische Studien. Allein die 2008 gestartete Seite www.clinicaltrials.gov, die vom US-amerikanischen „National Institute of Health" betrieben wird, listet z. B. über 100.000 „Clinical trials", die nach bestimmten Gütekriterien ausgewählt wurden. Auch für die pharmazeutische Forschung sind solche Studien von größter Bedeutung (vgl. den Beitrag zum Thema Pharmamanagement in diesem Buch). In solchen Studien erhält eine Gruppe von Patienten (Probanden) ein wirksames Medikament (Verum; lat. für „das Wahre"), die andere eine unwirksame Substanz (Placebo; lat. für „ich werde gefallen"). Die Zuteilung der Patienten zu den beiden Gruppen erfolgt zufällig. Aus unterschiedlichen Ergebnissen in den beiden Gruppen (z. B. Schmerzfreiheit in der Medikamentengruppe vs. anhaltende Schmerzen in der Kontrollgruppe) schließt man dann auf die Wirksamkeit des Präparates. Damit in solchen Studien verzerrende Einflüsse möglichst gering gehalten werden, sollte auch der behandelnde Arzt, der die Wirksamkeit des Medikaments misst, nicht wissen, welcher Patient das wirksame Präparat und welcher ein Placebo bekommen hat, damit er weder bewusst noch unbewusst das Untersuchungsergebnis beeinflusst. Bei dieser Studienkonstellation spricht man von „doppelblinden" Studien, weil weder Patient noch Arzt wissen, wer das wirksame Präparat und wer ein Placebo erhält.

Von dieser Grundform der Studiendurchführung gibt es verschiedene Abwandlungen. So können auch zwei oder mehrere wirksame Präparate gegeneinander getestet werden (vgl. dazu das erste Beispiel im vorangegangenen Beitrag), um herauszufinden, welches das bessere ist. Man kann zuerst der einen Gruppe Placebo und dann Verum geben, dann tauschen und bei der anderen Gruppe umgekehrt vorgehen. Wenn man mehrere Untersuchungen zu einem Gesamtergebnis zusammenfasst, entsteht eine sogenannte Meta-Analyse. Das Cochrane-Institut, eine gemeinnützige Organisation, ist z. B. auf die Erstellung, Aktualisierung und Verbreitung systematischer Übersichtsarbeiten (systematic reviews) fokussiert. Auch existiert eine Vielzahl an Literaturbeiträgen zur Frage, welchen Kriterien eine klinische Studie genügen muss (vgl. das kommentierte Literaturverzeichnis am Ende dieser Ausführungen). Gesetzliche Regelungen zu klinischen Studien finden sich

u. a. im deutschen Arzneimittelgesetz und in europäischen Richtlinien, wie beispielsweise die Richtlinie zur GCP (good clinical practice).[1]

Kostenanalysen

Kostenanalysen werden immer dann durchgeführt, wenn der Fokus der gesundheitsökonomischen Evaluation auf dem Ressourcenverbrauch liegt – z. B., wenn man wissen möchte, wie viel Geld für die Behandlung einer bestimmten Krankheit ausgegeben wird. Im Rahmen von Kostenanalysen können sowohl direkte als auch indirekte Krankheitskosten einbezogen werden. Die direkten Kosten beziehen sich auf die Kosten der Behandlung, die indirekten Kosten entstehen aus den Folgen der Erkrankung, wie beispielsweise einer verminderten Arbeitsfähigkeit. Manche Autoren verwenden zusätzlich den Begriff der „intangiblen Kosten"; damit bezeichnen sie gesundheitliche Einschränkungen (z. B. Schmerzen) und andere Effekte, die schwer zu bewerten sind. In der Literatur ist umstritten, inwieweit es sich dabei überhaupt um „Kosten" handelt und wie man sie ggf. misst (z. B. durch Willingness-to-pay-Ansätze, s. u.).

Verbindet man Wirksamkeits- und Kostenanalysen, so kann man bei identischer Wirksamkeit zweier Maßnahmen eine Entscheidung zu Gunsten der Maßnahme mit den geringeren Kosten treffen. Allerdings wird es in der Realität häufig vorkommen, dass die Wirksamkeit unterschiedlich ist, sodass dezidierte Kosten-Nutzen-, Kosten-Effektivitäts- oder Kosten-Nutzwert-Analysen eingesetzt werden.

Kosten-Ergebnis-Vergleiche

Der Begriff „Kosten-Ergebnis-Vergleich" wird hier als Oberbegriff für Kosten-Nutzen-, Kosten-Effektivitäts- und Kosten-Nutzwert-Analysen neu eingeführt; bisher wurden sie meist als „Wirtschaftlichkeitsuntersuchungen", „gesundheitsökonomische Analysen" o. ä. umschrieben.

Während Wirksamkeits- und Kostenuntersuchungen häufig angewendet und von ihrem theoretischen Ansatz her unumstritten sind, sieht das bei Kosten-Ergebnis-Studien anders aus. Bei solchen Studien versucht man, Kosten und Ergebnis einer Behandlung bzw. mehrerer Behandlungen gegeneinander abzuwägen. Typische Fragestellungen, bei denen solche Analysen zum Einsatz kommen, sind: Medikament A verlängert das Überleben von Krebspatienten mit einer bislang unheilbaren Krankheit um einen Monat. Es kostet 10.000 Euro. Sollen die Krankenkassen die Behandlung bezahlen?

Medikament B wirkt besser als Medikament C, kostet aber auch mehr. Sollen die Kassen die Finanzierung von Medikament B übernehmen?

---

[1] European Medicines Agency (Hrsg.) (2002): ICH Topic E 6 (R1) Guideline for Good Clinical Practice, unter: http://www.ema.europa.eu/docs/en_GB/document_ library/Scientific_guideline/2009/09/ WC500002874.pdf, letzter Abruf am 07.03.2011.

Behandlung D steht nur für 1000 Patienten zur Verfügung; 500 müssen von der Behandlung ausgeschlossen werden und sterben. Welche Patienten soll man sterben lassen?

Schon die beispielhaft genannten Fragestellungen zeigen, dass solche Studien nicht nur der Gewinnung von neuen Erkenntnissen dienen, sondern auch der Vorbereitung von Entscheidungen, die regelmäßig mit Fragen der Rationierung verbunden sind, also dem Vorenthalten einer medizinischen Behandlung aufgrund finanzieller Erwägungen oder knapper Ressourcen. Hier wird also abgewogen zwischen dem Vorteil („Nutzen") eines Patienten und dem Nachteil (Kosten) anderer Patienten oder der Steuerzahler. Die Bewertung der beiden Positionen ist aber keine statistisch zu lösende Aufgabe, sondern eine ethisch-gesellschaftliche.[2]

Kosten-Nutzen-Analysen einerseits und Kosten-Effektivitäts- bzw. Kosten-Nutzwert-Analysen andererseits entstammen nicht der gleichen theoretischen Tradition (obwohl ihre Namen ähnlich klingen). Kosten-Nutzen-Analysen (englisch: Cost benefit studies) stammen aus der ökonomischen Wohlfahrtstheorie. Sie gehen davon aus, dass der Nutzen eines Patienten in Geldeinheiten bewertet werden kann und liefern Aussagen der Form: „Maßnahme A kostet 1.000 Euro pro Patient, erzeugt aber nur einen Nutzen von 950 Euro." Dadurch kann man den Wert einer Maßnahme direkt mit ihren Kosten vergleichen. Zur Umrechnung von Gesundheitszuständen in Geld stehen verschiedene Methoden zur Verfügung. Ein Beispiel ist die Zahlungsbereitschaft (Willingness-to-pay): dabei werden Patienten oder Gesunde gefragt, wie viel Geld sie zahlen würden, um einen bestimmten Gesundheitszustand zu erreichen bzw. eine bestimmte Krankheit mit einer bestimmten Dauer loszuwerden. Die umfangreiche Diskussion über solche Ansätze kann hier auch nicht ansatzweise wiedergegeben werden (vgl. dazu das Literaturverzeichnis); es sei nur beispielhaft darauf hingewiesen, dass die Zahlungs*bereitschaft* eines Patienten auch von seiner Zahlungs*fähigkeit*, also seinem Einkommen und Vermögen, abhängt.

Vergleicht man Kosten und Nutzen mehrerer Patienten bzw. Steuerzahler, so gehen Kosten-Nutzen-Analysen davon aus, dass es eine Möglichkeit gibt, aus den Nutzen der Einzelpersonen eine soziale Wohlfahrtsfunktion (Social welfare function) zu konstruieren (solche Ansätze werden daher auch „welfaristisch" genannt). Im einfachsten Fall werden die Nutzen der Einzelpersonen einfach aufsummiert und die Summe maximiert – was gedanklich unterstellt, dass der Nutzen eines Patienten gegen den Nutzen eines anderen Patienten verrechnet werden kann; philosophisch gesprochen stehen solche Ansätze dem Utilitarismus nahe. Insgesamt liefern solche Analysen zwar eindeutige Entscheidungen; viele Autoren bezweifeln aber, dass die Grundannahmen der Theorie realistisch sind – etwa, dass man Schmerzen, Leid usw. ohne wesentlichen Informationsverlust in Geldmengen umrechnen kann.

---

[2] So hat auch der Ethikrat kürzlich geurteilt, dass über die Verteilung begrenzter medizinischer Leistungen eine entsprechend demokratisch legitimierte Instanz entscheiden müsse: „Dabei handele es sich um eine Gerechtigkeitsfrage, so der Rat, die ‚nicht an wissenschaftliche Institute, Verbände oder Interessengruppen delegierbar ist'": Deutsches Ärzteblatt 2011; 108(6): A-246/B-198/C-198.

Kosten-Effektivitäts- und Kosten-Nutzwert-Analysen (englisch: Cost effectiveness studies bzw. Cost utility studies) stammen aus medizinischen bzw. medizinökonomischen, entscheidungstheoretischen und systemanalytischen Theorien; sie werden auch als „extra-welfaristisch" bezeichnet. Bei diesen Analysen werden nur die Kosten in Geldeinheiten gemessen, die Ergebnisse hingegen in Ergebnisgrößen, z. B. gewonnenen Lebensjahren, Blutdruckwerten, usw. Sie liefern Entscheidungsvorlagen, z. B. eine Information der Form: „Die neue Behandlung A kostet gegenüber der alten Behandlungsweise B pro Patient 5.000 Euro mehr, rettet aber zwei Lebensjahre." Ob ein einzelner oder die Gesellschaft bereit sind, diesen Preis zu bezahlen, müssen sie selbst entscheiden.

Manche Autoren machen keinen Unterschied zwischen Kosten-Effektivitäts- und Kosten-Nutzwert-Analysen. Die meisten Autoren sind allerdings der Ansicht, dass Kosten-Nutzwert-Analysen Gesundheitszustände in eine Ergebnisgröße (nicht: Geld) umrechnen, z. B. in QALYs. Dadurch sind verschiedene Behandlungen leichter zu vergleichen. QALYs sind „quality-adjusted life years". Sie messen die Anzahl an Lebensjahren, korrigiert um den Zustand des jeweiligen Patienten. Zum Beispiel ergibt ein Lebensjahr in völliger Gesundheit genau 1 QALY, ein Lebensjahr in mäßiger Gesundheit wird geringer bewertet, z. B. mit 0,5 QALYs.

Um einem Krankheitszustand einen bestimmten Wert zuweisen zu können, stehen verschiedene Verfahren zur Verfügung: beim Time-trade-off fragt man, wieviel gesunde Jahre genauso gut sind wie z. B. zwei Lebensjahre mit einer bestimmten Krankheit. Beim Standard-gamble fragt man, ob sich ein Erkrankter einer Operation unterzieht, die mit einer Wahrscheinlichkeit von x% zu kompletter Gesundheit und mit 1-x% zum Tode führt; man variiert das x solange, bis der Befragte zwischen Operation oder Nicht-Operation indifferent ist.

Hat man QALYs ermittelt, kann man den Wert verschiedener Behandlungen gegeneinander abwägen. Man kann auch festlegen, bis zu welchen Kosten pro QALY die Krankenversicherungen Behandlungen finanzieren sollen. So könnte man sich beispielsweise darauf einigen, dass alles, was mehr als 50.000 Euro pro gewonnenem QALY kostet, nicht bezahlt wird.

Auch wenn das Ziel von QALYs eine Objektivierung der Bewertung ist, so unterliegen sie doch einer Reihe von subjektiven Einflüssen. So werden z. B. verschiedene Menschen Krankheitszustände ganz unterschiedlich bewerten. Auch unterstellen QALYs – abhängig von ihrer Anwendung – beispielsweise, dass 10 gewonnene Lebensjahre in schlechtem Zustand genauso gut sind, wie ein Jahr in Gesundheit, oder dass eine geringfügige Verbesserung einer Krankheit bei vielen Patienten genau so gut ist, wie die Lebensrettung bei wenigen. Vor allem lösen auch QALYs nicht das Problem, dass der Nutzengewinn eines Menschen nicht statistisch-mathematisch gegen den Nutzenverlust eines anderen Menschen abgewogen werden kann.

Darüber hinaus gibt es weitere Verfahren zur medizinökonomischen Analyse, z. B. HTAs, EbM, oder auch speziell entwickelte Verfahren, z. B. das vom IQWiG verwendete (s. im Literaturverzeichnis). HTA (Health Technology Assessment) ist die Messung von Wirksamkeit und/oder Kosten einer „Technologie" im Gesundheitswesen. Es ist bisher nicht genau definiert, was hier unter einer „Technologie" zu verstehen ist (z. B. diagnostische Geräte, Screeningmaßnahmen). EbM (evidence based medicine) zielt darauf, Patienten nach dem besten verfügbaren medizinischen Wissen zu behandeln. Sie ist insofern kaum von der Medizin als solcher zu trennen – die selbstverständlich auch eine optimale Behandlung anbieten soll –, betont aber die Erzeugung von Evidenz, z. B. durch die Bewertung der Aussagekraft medizinischer Untersuchungen.

Literatur

Eine gute, auch online verfügbare Übersicht zu klinischen Studien bieten:
[1] Schumacher, M., Schulgen, G.: Methodik klinischer Studien. Springer-Verlag Berlin, 2007.

Für Kosten-Ergebnis-Vergleiche liegt ebenfalls eine gute Darstellung (in leicht verständlichem Englisch) vor:
[2] Drummond, M. et al.: Methods for the Economic Evaluation of Health Care Programmes. Oxford 2005.

Zur theoretischen Fundierung dieser Ansätze bieten:
[3] Culyer, A. J., Newhouse, J. P (ed.).: Handbook of Health Economics, Amsterdam 2000, weitere Artikel, die allerdings nur mit erheblichen, insbesondere wohlfahrtsökonomischen Vorkenntnissen verständlich sind.

Eine orientierende Kurzeinführung in deutscher Sprache bietet:
[4] Greiner, W.: Methoden der gesundheitsökonomischen Evaluation. In: Hurrelmann, K. et al.: Handbuch Gesundheitswissenschaften. Weinheim 2006, S. 347-374.

Das IQwiG (Institut für Qualität und Wirtschaftlichkeit im Gesundheitswesen) hat seine Vorgehensweise transparent dargestellt:
[5] https://www.iqwig.de/download/Methodik_fuer_die_Bewertung_von_Verhaeltnissen_zwischen_Kosten_und_Nutzen.pdf

31 Einsatz von Informationstechnologien im Gesundheitswesen

Thomas Jäschke und Thomas Lux

32.1	Informationssysteme im Gesundheitswesen	417
32.1.1	Arztinformationssysteme	418
32.1.2	Informationsverarbeitung im Krankenhaus	423
32.1.3	Anwendungssysteme (Software), Computersysteme (Hardware) und Organisation der IT im Krankenhaus	426
32.1.3.1	Anwendungssysteme (Software) und Anbieter	426
32.1.3.2	Computersysteme (Hardware)	429
32.1.3.3	Organisation der IT	430
32.2	Intersektorale Vernetzung und Informationsaustausch im Gesundheitswesen	430
32.2.1	Institutionsinterne Vernetzung	431
32.2.2	Institutionsübergreifende Vernetzung der Akteure	432
32.2.3	Sektorübergreifende Vernetzung	432
32.2.4	EAI im Gesundheitswesen	432
32.2.5	Elektronische Akten	433
32.3	Datenschutz und -sicherheit im Gesundheitswesen	436
32.3.1	Selbstbestimmungsrecht	437
32.3.2	Anonymisierung	438
32.3.3	Pseudonymisierung	438
32.3.4	Digitale Signatur	438
32.3.5	Elektronische Gesundheitskarte	439

Abkürzungsverzeichnis ... 441
Literatur ... 442

Lernziele

Ziel dieses Beitrags ist es aufzuzeigen, an welchen Stellen der medizinisch-pflegerische Prozess durch Informations- und Kommunikationssysteme unterstützt wird und welche Bedeutung der Informationsverarbeitung zukommt. Dabei werden sowohl die informationsverarbeitenden Systeme der jeweiligen Akteure betrachtet als auch die Möglichkeiten des akteursübergreifenden Informationsaustausches im Rahmen der intersektoralen Vernetzung.

Nach der Lektüre des Beitrags sollten Sie:

- einen grundlegenden Überblick über die in den dargestellten Bereichen eingesetzten wesentlichen IuK-Systeme[1] mit ihren primären Funktionalitäten und Aufgaben gewonnen haben,
- die verbreiteten Datenaustauschstandards und darauf basierenden Systemschnittstellen kennen,
- die Möglichkeiten und Potenziale der informationstechnischen Vernetzung der Akteure verstehen.

Fallbeispiel

Der 30jährige Peter G. treibt regelmäßig Sport. Er bereitet sich gerade auf einen Halbmarathon in Stockholm vor und ist gut im Training. Eigentlich fühlt er sich so, als könnte er dieses Jahr eine neue Bestzeit schaffen. Während des Laufens verspürt er keine Probleme, jedoch plagen ihn zwischenzeitlich Schmerzen in der Leistengegend. Natürlich will er der Sache vor dem großen Lauf keine Beachtung schenken und ignoriert diesen Schmerz. Seine Freundin, der er sich voreilig anvertraut hat, drängt ihn aber unermüdlich einen Arzt aufzusuchen und droht die Reise nach Stockholm zu stornieren. Peter G. gibt dem Druck nach und vereinbart einen Termin bei seinem Hausarzt. Dieser stellt einige Routinefragen, erfasst die Vitalwerte und führt eine Ultraschalluntersuchung durch. Sein Verdacht richtet sich auf einen Leistenhernie. Wegen der bevorstehenden Laufveranstaltung rät er Peter G. eine zusätzliche Abklärung beim Orthopäden, um andere Auswirkungen auf den Bewegungsapparat auszuschließen. Die Sprechstundenassistenz kümmert sich umgehend um einen Termin, so dass eine kurzfristige Abklärung möglich gemacht werden kann. Der Termin in der darauffolgenden Woche beim Orthopäden bringt Peter G. weitere Erkenntnisse. Der Orthopäde bestätigt die Diagnose auf Leistenbruch und weist ihn auf die Risiken hin, die durch die hohe Belastung bei seinem sportlichen Wettkampf auftreten können. Seine Teilnahme müsse er aber nicht absagen, jedoch ist ein chirurgischer Eingriff in naher Zu-

[1] IuK-Systeme (Informations- und Kommunikationssysteme) beschreiben die Gesamtheit der Systeme zur Informationsverarbeitung und Kommunikation.

kunft angeraten. Er gibt ihm die Empfehlung, möglichst zeitnah einen Termin im nahegelegenen Marienkrankenhaus zu vereinbaren, die in der Gegend den besten Ruf bei Leistenhernien-Operationen haben. Über das Sekretariat der Chirurgie im Marienkrankenhaus vereinbart er einen Termin für den Eingriff, welcher gleich in der Woche nach dem Lauf stattfinden soll.

Peter G. tritt entsprechend nach der Sportveranstaltung seinen Krankenhausaufenthalt an und meldet sich bei der zentralen Aufnahme zur Erfassung der administrativen Informationen. Anschließend meldet er sich auf der chirurgischen Station und wird dort medizinisch aufgenommen. Im Laufe des Tages werden die Vorbereitungen für die Operation getroffen und die notwendigen Untersuchungen durchgeführt. Auf der Station wird Peter G. Blut abgenommen, welches im hauseigenen Labor untersucht wird. Am frühen Nachmittag wird er in die radiologische Abteilung bestellt, wo der beauftragte Ultraschall und eine Röntgenuntersuchung des Beckens ausgeführt werden. Am Abend erfolgt die Aufklärung des Patienten, der gleich am nächsten Morgen auf dem OP-Plan steht. Peter G. fühlt sich etwas unwohl, aber er weiß, dass er sich in guten Händen befindet. Die Operation verläuft ohne Probleme und bereits 3 Tage später kann der Patient das Haus verlassen. Einen weiteren Termin hat er 5 Tage nach seiner Entlassung in der Klinik vereinbart, um die Fäden ziehen zu lassen.

In der darauffolgenden Woche nimmt er einen Termin bei seinem Orthopäden wahr, der ihn in die Klinik eingewiesen hat. Dieser nimmt Einsicht in die Unterlagen, die ihm das Krankenhaus zur Verfügung gestellt hat und erläutert Peter G., dass alles regelgerecht verlaufen sei und mit Komplikationen nicht gerechnet werden müsse. Nach weiteren Empfehlungen zum Wiedereinstieg in das Lauftraining verabschiedet sich Peter G. und ist schon wenige Tage später in der Lage schmerzfrei die ersten Kilometer zu traben.

31.1 Informationssysteme im Gesundheitswesen

Bei der medizinischen Behandlung fallen an sehr vielen verschiedenen Stellen Informationen an. Die nachfolgende Prozessübersicht visualisiert die wesentlichen Tätigkeiten der verschiedenen beteiligten Akteure.

Die Mehrzahl der medizinischen Behandlungen ist planbar[2], was die Möglichkeiten eines strukturierten und auch IT-unterstützbaren Behandlungsablaufes verbessert. In diesem Fall spricht man von einem elektiven Eingriff. Solche Eingriffe, die nicht unverzüglich durchgeführt werden müssen, lassen sich gut beschreiben und optimieren. Im Vorder-

[2] Im Krankenhaus z. B. werden rund 55% der Patienten von einem Arzt eingewiesen; hinzu kommen planbare Geburten und Verlegungen. Etwas über ein Drittel der Fälle sind Notfälle. Quelle: Statistisches Bundesamt: Fallpauschalenbezogene Krankenhausstatistik (DRG-Statistik). Diagnosen, Prozeduren und Fallpauschalen der vollstationären Patientinnen und Patienten in Krankenhäusern, 2008.

grund stehen in diesem Kapitel die Informationen, die an unterschiedlichen Stellen des Prozesses erhoben werden. Darunter sind in einem Krankenhaus verschiedene Leistungsstellen zu verstehen, wie beispielsweise die Radiologie, das Labor, die Endoskopie und bei niedergelassenen Ärzten beispielsweise Behandlungs- und Verwaltungsdaten.

Abbildung 31.1

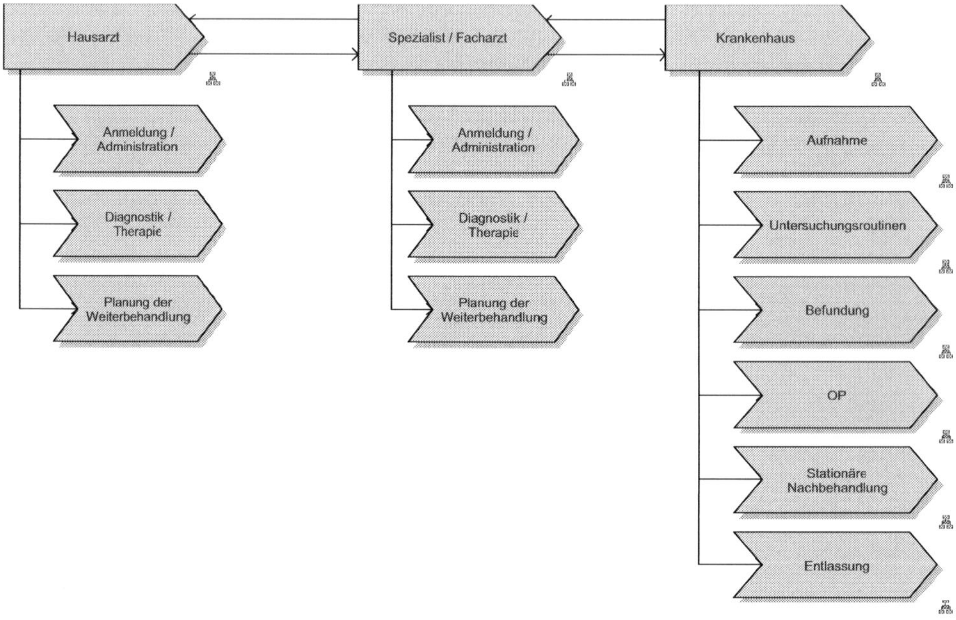

Um den Datenfluss zu optimieren, sollen die Grenzen zwischen ambulantem und stationärem Sektor abgebaut werden. Der sektorübergreifenden Kommunikation sprechen Gesundheitsexperten ein großes Potenzial hinsichtlich gewünschter Kosteneinsparungen einerseits und Qualitätsverbesserungen andererseits zu.

31.1.1 Arztinformationssysteme

Das in der Arztpraxis eingesetzte IT-System wird häufig als PVS (Praxisverwaltungssystem) oder AIS (Arztinformationssystem), manchmal auch APIS[3] (Arztpraxisinformationssystem) bezeichnet. Die Begriffe Arztinformationssystem und Praxisverwaltungssystem

[3] Haas bezeichnet das APIS (Arztpraxisinformationssystem) als Unternehmensinformationssystem in der Arztpraxis.

werden weitgehend synonym benutzt; der Begriff „AIS" wird von manchen Herstellern lediglich aus marketingtechnischen Gründen bevorzugt – „AIS" soll eine modernere Ausrichtung zum Ausdruck bringen: während ein PVS die Praxis lediglich verwalte, stelle das AIS dem Arzt ein werthaltiges Werkzeug zur Dokumentation und Steuerung behandlungs- und abrechnungsrelevanter Informationen bereit.

Das Szenario aus informationstechnischer Sicht beim niedergelassenen Facharzt unterscheidet sich zunächst nicht von dem AIS des Hausarztes. Je nach Schwerpunkt des Facharztes kommen jedoch weitere Systeme zum Einsatz, die beispielweise mit einem PACS (Picture Archiving and Communication System) die Röntgenbilder der bildgebenden Geräte (Modalitäten) verwalten oder alle relevanten Dokumente in einem DMS (Dokumenten-Management-System) archivieren.

Das AIS ist die zentrale Datendrehscheibe in der Arztpraxis, also das Primärsystem. Alle medizinischen und abrechnungsrelevanten Daten werden dort erfasst. Typischerweise werden für jeden Besuch eines Patienten die relevanten Einträge mit dem Tagesdatum erfasst, darunter die Diagnose, Leistungsziffer für die Abrechnung, Medikation, erhobene Vitalwerte wie Blutdruck, Puls, möglicherweise Gewicht, Blutzucker bis hin zur Anzeige von externen Befunden, Laborwerten und Rezepten. Jeder Eintrag wird als Zeile dargestellt korrespondierend zu der früher durchgeführten Papierdokumentation.

In den meisten Anwendungen ist es dem Arzt möglich, über die Eingabe eines Buchstaben oder eines Kürzels direkt den Typ des Eintrags auszuwählen, z. B. *D* oder *dia* für Diagnose, *dd* für Dauerdiagnose, *M* oder *med* für Medikation und *R* bzw. *rzpt* für ein Rezept. Dies wird jedoch von allen Anbietern anders umgesetzt.

Gemeinsam ist fast allen AIS, dass auf Basis des Typs verschiedene Kataloge die Detaileingabe unterstützen. So kann durch eine Zifferneingabe die geschlüsselte Diagnose erfasst werden und aus der Datenbank wird der ausführliche Langtext dazu geladen. Ist die Diagnoseziffer nicht bekannt, kann über ein Stichwort eine Liste passender Diagnosen angezeigt werden, aus welcher der Arzt die richtige auswählt. Eine solche Funktionalität ist auch bei der Verordnung von Medikamenten hilfreich und sinnvoll, z. B. zur Vermeidung unerwünschter Interaktionen zwischen verschiedenen Medikamenten.

Dabei wird in einem Konsenspapier zwischen Kassenärztlicher Bundesvereinigung und den Herstellern von Arztinformationssystemen die Freiwillige Selbstverpflichtungserklärung zu Arzneimittel-Informationsangeboten in Arztinformationssystemen geregelt. In dieser wird gefordert, dass die Souveränität des Arztwillens nicht eingeschränkt werden darf. Das heißt, allein der Arzt entscheidet über die Auswahl eines Medikamentes. Es darf keine automatische Substitution eines Präparates durch das System erfolgen.[4]

[4] Freiwillige Selbstverpflichtungserklärung zu Arzneimittel-Informationsangeboten in Arztinformationssystemen (http://www.vdap.de/index.php?nav=90&backbutton=J).

Neben der Erfassung, Speicherung und Verarbeitung der Daten aus dem Behandlungszusammenhang im AIS, das prinzipiell die reine Papierdokumentation ablöst, werden zunehmend weitere Funktionen zur Verfügung gestellt. Diese unterstützen den Mediziner bei der stetig wachsenden Fülle an Aufgaben und erforderlichen Dokumentationen seitens der Kostenträger oder auch seiner Kooperationspartner. So ist der direkte Austausch von Karteieinträgen aus dem AIS mit anderen Ärzten möglich. Ebenso wird das automatisierte Einstellen bzw. Abrufen von Patientendaten aus zentralen Datenbanken (Netzakten) oder vom Krankenhaus betriebenen Zuweiserportalen (ZWP) ermöglicht.

Neben der Erfassung und Dokumentation medizinischer Abläufe dienen AIS auch der Abrechnung des Arztes. Insbesondere erzeugen Standard-AIS automatisierte Abrechnungsunterlagen für die KV. Seit dem Jahr 2008 ist per Gesetz geregelt, dass Ärzte ihre Leistungen auf elektronischem Weg abzurechnen haben. Die an der vertragsärztlichen Versorgung teilnehmenden Ärzte müssen daher die Aufstellung ihrer medizinischen Leistungen per Datenträger oder über eine gesicherte Online-Verbindung bei der jeweiligen KV einreichen.

Insgesamt übernehmen AIS folgende Funktionen:

- Stammdatenverwaltung
- Softwareadministration (Einstellungen, Datensicherung, Updates)
- Kommunikation mit externen Stellen (Ärzte, Netze, Akten)
- Terminplanung, Wartezimmer
- Behandlungsdokumentation
- Formulare
- Dialoge und Vertragsverwaltung zu IV/DMP[5]
- Abrechnung
- Statistik
- Geräteanbindung, Schnittstellenverwaltung[6]
- IGeL-Angebote[7]

[5] Verträge zur Integrierten Versorgung (IV) und Disease-Management-Programmen (DMP) stellen eine wichtige Einnahmequelle für den Arzt dar, so dass eine Integration der dafür speziell benötigten Dokumentation erforderlich wird.

[6] Beispielsweise können über eine GDT-Schnittstelle die Ergebnisse der befundenen Geräte direkt an das AIS übermittelt werden.

[7] IGeL-Angebote (Individuelle Gesundheitsleistungen) gehen über den Leistungskatalog der gesetzlichen Kostenträger hinaus und werden vom Arzt privat abgerechnet.

Die meisten Ärzte nutzen AIS. Nach Auskunft der KBV (Kassenärztliche Bundesvereinigung) sind 2010 in Deutschland 153.895 Ärzte aktiv, darunter 60.374 Hausärzte und 77.042 Fachärzte. Eingeschlossen in den Zahlen sind auch 16.479 ermächtigte Ärzte und Psychotherapeuten. Im ersten Quartal 2010 waren diese Ärzte, laut Statistik der KBV vom 31.12.2009, in 69.194 Einzelpraxen sowie in 19.528 Gemeinschaftspraxen tätig. Des Weiteren werden 1.454 MVZ (Medizinische Versorgungszentren) genannt.

Der Bestand an AIS wird regelmäßig von der KBV veröffentlicht. Mitte 2010 machten 176 verschiedene Systeme insgesamt 115.440 Installationen aus. Die meisten Installationen gehören zur Kategorie „Installationsbestand zu den ADT-Abrechnungen" Beim ADT (Abrechnungsdatentransfer) handelt es sich um eine Schnittstelle, die zur Übermittlung der Abrechnungsdaten verwendet wird. Davon kann Medistar, ein Unternehmen der Compugroup Holding AG, 14.524 (12,58% Marktanteil) verbuchen. Weitere Lösungen der Compugroup liegen auf den Plätzen 2, 4 und 9 (TurboMed mit 11,58%, Albis mit 6,34% und M1 mit 4,02%). Danach folgt die medatiXX Medizinische Informationssysteme GmbH & Co. KG mit den Systemen MCS-ISYNET (7,82%), DOCcomfort (5,33%) und DOCconcept (5,14%). Weitere Systeme unter den Top20 sind unter anderem PSYPRAX (5,37%), QUINCY (3,61%) und DURIA (1,53%).

Tabelle 31.1 Installationsstatistik Systeme zur ADT-Abrechnung

Rang	Systeme	Anbieter	Summe Installationen	% Anteil
1	Medistar	Compugroup Holding AG	14.524	12,58%
2	TurboMed	TurboMed EDV GmbH	13.365	11,58%
3	MCS-ISYNET	medatiXX Medizinische Informationssysteme GmbH & Co. KG	9.022	7,82%
4	ALBIS ON WINDOWS	Compugroup Holding AG	7.319	6,34%
5	PSYPRAX ON WINDOWS	Psyprax GmbH	6.198	5,37%
6	DOCcomfort	medatiXX Medizinische Informationssysteme GmbH & Co. KG	6.156	5,33%
7	DOCconcept	medatiXX Medizinische Informationssysteme GmbH & Co. KG	5.939	5,14%

Rang	Systeme	Anbieter	Summe Installationen	% Anteil
8	Elefant	HASOMED GmbH	5.065	4,39%
9	CompuMED-M1	CompuGROUP Medical Arztsysteme GmbH & Co. KG	4.639	4,02%
10	QUINCY WIN	Frey ADV GmbH	4.169	3,61%
11	ORBIS®	Agfa HealthCare GmbH	3.488	3,02%
12	PsychoDat	ergosoft GmbH	2.042	1,77%
13	SMARTY	New Media Company GmbH & Co. KG	1.993	1,73%
14	S3-Win	Mediamed Systec GmbH	1.935	1,68%
15	easymed	Promedico – Computer für Medizin Vertriebs GmbH	1.771	1,53%
16	DURIA	DURIA eG	1.771	1,53%
17	DAVID	CompuGROUP Medical Arztsysteme GmbH & Co. KG	1.693	1,47%
18	MEDICO WIPS	Siemens AG	1.303	1,13%
19	E.L. (Elaphe Longissima)	Softland GmbH	1.159	1,00%
20	Data-AL	Zimmer-AL GmbH	1.052	0,91%

(Quelle: KBV: Stand 30.06.2010)

Viele AIS wurden in den 80er und 90er Jahren von einzelnen Ärzten selbst entwickelt und programmiert, da geeignete Lösungen nicht zur Verfügung standen. Dementsprechend hatten viele Systeme nur wenige Anwender; der Markt war entsprechend zersplittert. Nach und nach kauften einzelne Anbieter andere Lösungen auf. Herauskristallisiert hat sich als Marktführer die Compugroup Medical AG, die durch Zukäufe der größten Anbieter im Markt einen Anteil von etwa 50 Prozent behaupten kann; im Jahr 2010 erzielte das Unternehmen einen Umsatz von rund 300 Millionen Euro. Danach muss der Zusammenschluss aus MCS und DocExpert genannt werden, die unter dem gemeinsamen Dach medatixx etwa 30 Prozent Marktanteil verbuchen können.

Weitere aktuelle Statistiken, beispielsweise die Marktanteile nach Fachgruppen oder die Aufteilung in den Bundesländern, können auf der Website der Kassenärztlichen Bundesvereinigung nachgelesen werden.

Die Systeme laufen überwiegend auf dem Betriebssystem Windows, wenngleich auch einige Lösungen für Linux- oder Apple-Betriebssysteme konzipiert sind. Bereits in kleineren Praxen fungiert ein dedizierter Rechner als zentraler Server. Die weiteren Rechner in den Behandlungszimmern und an der Rezeption werden als Arbeitsstationen benutzt, an denen die eigentlichen Eingaben der Anwender erfolgen. Die Datenbank, welche sämtliche Informationen speichert, befindet sich beispielsweise auf dem Zentralrechner, so dass an allen Arbeitsplätzen auf den gleichen Bestand zugegriffen werden kann.

Die Kosten der Systeme variieren stark. Die einmal zu zahlenden Lizenzpreise beginnen bei einigen wenigen hundert Euro und können in einer Großpraxis im fünfstelligen Preisbereich enden. Zusätzlich werden jährlich Gebühren für die Softwarepflege erhoben, um die regelmäßigen Updates zu erhalten. Diese enthalten verpflichtende Änderungen sowie auch nützliche Verbesserungen. Selbst bei den führenden Systemen der Compugroup findet man sämtliche Preisspannen für die unterschiedlichen Anwendungen wieder. In der Regel erwirbt der Arzt eine Basisversion der Programme, in der weitere Module gegen Gebühr freigeschaltet oder nachinstalliert werden können.

Ein großes Problem für die Weiterentwicklung der medizinischen Versorgung stellt die mangelhafte Kommunikation der Geräte untereinander dar. Da die Betreiberfirmen den IT-Zugang zu den Ärzten kontrollieren, der an sich einen hohen Wert hat (z. B. im Rahmen von Pharmawerbung), haben sie regelmäßig kein Interesse daran, diesen Zugang zu öffnen. Im Gegenteil versuchen AIS-Anbieter häufig, ihre IT-Lösung gegen andere Lösungen abzuschotten oder zumindest keine leistungsfähigen Schnittstellen zur Verfügung zu stellen. Dadurch wird die medizinisch erwünschte Kommunikation von Ärzten untereinander blockiert.

31.1.2 Informationsverarbeitung im Krankenhaus

Die Aufnahmeprozeduren in Krankenhäusern sind zentral oder dezentral organisiert. Bei einer zentralen Patientenaufnahme werden die administrativen und auch medizinischen Daten eines Patienten zentral bei der Aufnahme erfasst. Erst nach Erfassung dieser Daten wird der Patient auf die entsprechende Station oder den Funktionsbereich weiter verwiesen. Selbstverständlich kann in einem Notfall der Prozess variieren und die Erfassung der Daten erst später erfolgen.[8]

[8] Innovative Akutkrankenhäuser erfassen die für die Notfallbehandlung notwendigen Daten bereits im Rettungswagen und übermitteln diese vorab an das Krankenhaus, um die Behandlung vorbereiten zu können. Beispielsweise könnten schon die für eine Operation notwendigen Blutkonserven bereitgestellt und das OP-Team einbestellt und der OP-Saal entsprechend vorbereitet werden.

Zunächst werden bei der Aufnahme eines Patienten die administrativen Daten des Patienten erfasst. Dies sind alle Daten, die für die organisatorische Verwaltung und Abrechnung des Behandlungsfalles – also des Patienten – benötigt werden. Die Dokumentation und das Management der Daten erfolgt oftmals zunächst noch in Papierform, meistens im Kartei- und Aktenformat. Daher wird ein Teil der Daten papierbasiert erfasst in der Patientenakte. Darüber hinaus werden hier die personenbezogenen Daten des Patienten im Krankenhausinformationssystem (KIS) abgespeichert. Anschließend an die administrative Aufnahme erfolgt die medizinische Aufnahme des Patienten. Dies geht einher mit einer standardisierten Untersuchungsroutine des Patienten und der Erfassung der medizinischen Daten, die für die Diagnostik, Behandlung und Therapie des Patienten relevant sind. Hier wiederum wird zwischen ärztlicher und pflegerischer Dokumentation unterschieden, die beide in der Papierakte erfolgen, die am Patienten während des Krankenhausaufenthaltes verbleibt. Dieses System hat sich bis heute in vielen Kliniken nicht geändert und wird nur langsam durch Methoden der digitalen Archivierung und elektronischen Patientenakte (ePA) abgelöst. Durch die Einführung einer ePA soll die Qualität der Versorgung in allen Abteilungen verbessert werden. Derzeit gibt es verschiedene Projekte mit dem Ziel, eine einheitliche und integrierte Informationslage zu erhalten. So sind die benötigten Endgeräte immer geeigneter, um auch am Krankenbett eingesetzt zu werden. Auch die Entwicklungen im Netzwerkbereich ermöglichen derzeit Übertragungsraten, welche auch das Abrufen z. B. digitaler Röntgenaufnahmen erlauben oder digitale Aufnahmen einer Operation. Allerdings sind gerade hier die Anforderungen an medizinische Geräte, wie z. B. dass die Geräte desinfiziert werden müssen, zu beachten. Wann und ob solche Lösungen aber marktgängig werden und sich zum Standard in deutschen Kliniken entwickeln können, bleibt abzuwarten. Durch die schnelle Übermittlung der in den unterschiedlichen Abteilungen entstandenen Befunde einschließlich Bildmaterial kann dem oben genannten Anspruch des Arztes bezüglich des Zugriffs auf die Daten des Patienten entsprochen werden. Da die Daten am Ort der Entstehung eingegeben werden, kann die elektronische Patientenakte als „Nebenprodukt“ des Behandlungsprozesses angesehen werden. Während in der ePA die auf den Patienten bezogenen medizinischen Daten institutionsübergreifend zur Verfügung stehen, sind diese in der elektronischen Krankenakte (eKA) nur innerhalb eines Informationssystems einer Einzelinstitution (z. B. ein Krankenhaus) verfügbar.

Während der medizinischen Aufnahmeroutine wird gewöhnlich auch Blut abgenommen und an das Labor geschickt. Hier erfolgt der Einsatz elektronischer Labor-Beauftragungssysteme, welche die administrativen Daten des Patienten nutzen, das Einstellen einer Befundungsbeauftragung ermöglichen (z. B. Durchführung eines kleinen Blutbildes) und auch das Ausdrucken von Kennzeichnungsetiketten für die Blutproben ermöglichen. Das Ergebnis der Laboruntersuchung wird gewöhnlich auch in elektronischer Form in der Befundungsauskunft an das KIS zurückgespielt.

Weiterhin führt der Arzt eine Anamnese des Patienten durch. Hierzu nutzt er einen Anamnesebogen, welcher bei Einsatz einer eKA in elektronischer Form vorliegt. Aufgrund der Anamnese plant der Arzt die weitere Behandlung und legt somit den „klinischen Pfad“ des Patienten fest. Ein klinischer Pfad wird definiert als ein netzartiger, Berufsgruppen übergreifender Behandlungsablauf auf evidenzbasierter Grundlage (Leitlinie), der Patientenerwartung, Qualität und Wirtschaftlichkeit gleichermaßen berücksichtigt. Somit bildet der klinische Behandlungspfad eine gute Möglichkeit zur Strukturierung des Behandlungsablaufes. Erst die Strukturierung des Behandlungsablaufes ermöglicht wiederum einen umfassenden Einsatz von Informations- und Kommunikationstechnologien.[9]

Außerdem erfasst der Arzt die Hausmedikation des Patienten und überträgt diese auf die Krankenhausmedikation. Die Ergebnisse werden in der Medikationsliste des Patienten festgehalten. Hier kann der Arzt durch den Einsatz von Verordnungssystemen unterstützt werden, welche die teilautomatisierte Verordnungsübertragung ermöglichen. Weiterführende Systeme prüfen sogar, ob das verordnete Medikament in der verordneten Menge für den Patienten geeignet ist. Neben der grundlegenden Prüfung der Wechselwirkung der Medikamente nutzen weiterführende Systeme ausgewählte Vitalparameter des Patienten (z. B. Alter, Nierenwerte) um auf dieser Basis Vorschläge für ein Medikament und dessen Dosierung zu machen. Diese werden als *Computerized Physician Order Entry*-Systeme (CPOE) bezeichnet.[10] Medikationssysteme sind in die eKA eingebunden und verbinden entsprechend die Medikationsdaten mit den sonstigen Daten eines Patienten.

Nach der standardisierten Patientenaufnahme erfolgt die weiterführende Untersuchung des Patienten. Wenn z. B. eine Röntgenuntersuchung angeordnet wird, kann eine Therapieterminplanungs-Software Wartezeiten in der Radiologie vermeiden. In der Radiologie legt die Verwaltungsangestellte einen neuen Röntgenvorgang, eine Episode, an und prüft, ob alle notwendigen Informationen vorliegen.

Häufig werden Röntgenbilder nicht mehr belichtet, sondern erfolgen direkt in digitaler Form und werden im Radiologieinformationssystem (RIS) erfasst.[11] Die digitalen Röntgenbilder werden im Bildarchivierungssystem (Picture Archiving and Communication System, PACS) abgelegt. Als Datenformat für die Ablage konnte sich hierbei DICOM (Digital Imaging and Communications in Medicine) als offener Standard für den Datenaustausch etablieren. DICOM beschreibt sowohl das Format für die Speicherung der Daten als auch das Kommunikationsprotokoll für den Datenaustausch. Neben dem reinen Bild erfolgt gleichzeitig die Speicherung zugehöriger Daten, wie z. B. Patientendaten und auch Bildseriendaten, um das Bild eindeutig zuordnen zu können. In der Medizin haben alle bildgebenden Verfahren den DICOM-Standard implementiert. Die Weiterentwicklung erfolgt über verschiedene Arbeitsgruppen, welche die im DICOM-Standard abgebildeten Teilbe-

[9] Aufgrund der Besonderheiten der Behandlung eines Menschen im Gegensatz zu beispielsweise gut strukturierbaren Fertigungs- oder Verwaltungsprozessen finden standardisierte Behandlungsabläufe, wie beispielsweise evidenzenbasierte klinische Pfade, in der Medizin nicht nur Befürworter. Dies hemmt wiederum den Einsatz von Informations- und Kommunikationstechnologien.

[10] Beispielsweise bietet das Unternehmen RpDoc Solutions GmbH ein umfassendes CPOE-System an, u.a. mit den dargestellten Funktionalitäten.

[11] Herkömmliches Röntgen erfolgt auf einer Röntgenspeicherfolie. Oftmals werden diese auch durch Scannen digitalisiert und damit elektronisch verfügbar gemacht.

reiche (beispielsweise Chirurgie, Radiologie usw.) weiter entwickeln. Mitglieder der Arbeitsgruppen sind Vertreter führender Medizintechnik-Hersteller, Krankenhäuser und verschiedener Forschungseinrichtungen (insbes. Universitäten).

Der Radiologe analysiert das Röntgenbild, wobei ihn auch hier intelligente Software unterstützt und auf Anomalitäten hinweist. Das Ergebnis der Befundung wird in der eKA dokumentiert und bildet ein wichtiges Hilfsmittel für den Operateur.

Auch die OP-Planung kann von einem Planungssystem unterstützt werden. Während der Patientenaufnahme wird geprüft, ob alle für die OP notwendigen Informationen vorliegen und der Patientenidentifikationsbogen wird ausgefüllt. Fehlende Laborwerte werden aus dem LIS abgerufen. Das vom Anästhesisten im Rahmen des Aufklärungsgesprächs vorbereitete Prämedikationsprotokoll wird als Grundlage für die Einleitung der Narkose genutzt. Die Protokollierung der Narkose (Narkoseprotokoll) erfolgt oftmals papierbasiert, kann aber auch über ein elektronisches Protokollierungssystem erfolgen, welches mit den Narkoseüberwachungsgeräten verbunden ist.

Im Saal füllt der Operateur den Patientenbogen weiter aus und legt ein OP-Protokoll an. Neben dieser schriftlichen Protokollierung der OP werden viele Tätigkeiten der OP, wie die während der OP genutzten Medikalprodukte oder die Lagerung des Patienten, auch elektronisch im KIS erfasst.

Nach Abschluss der OP erfolgt die Ausleitung mit dem Abschluss der z. T. händischen Dokumentation. Die Leistungen werden im KIS in Form von ICDs (und Prozedurencodes) eingegeben, um diese abrechnen zu können.

31.1.3 Anwendungssysteme (Software), Computersysteme (Hardware) und Organisation der IT im Krankenhaus

Im Vergleich mit anderen Branchen ist die Höhe der Investitionen in Informations- und Kommunikationstechnologien im Krankenhaus sehr gering und beträgt meist lediglich zwischen einem und drei Prozent des Umsatzes. Andere europäische Länder investieren hier ca. fünf Prozent; die USA sogar sechs Prozent. In den meisten anderen Branchen liegt dieses Volumen bei ca. zehn Prozent.[12] Entsprechend sind die meisten Häuser sowohl personell als auch von der IT-Ausstattung her nur mittelmäßig aufgestellt, insbesondere im Gegensatz zu den oftmals sehr hohen Investitionskosten in die Medizintechnologie.

31.1.3.1 Anwendungssysteme (Software) und Anbieter

Zu den größeren Anbietern gehören Siemens Medical Solutions (Siemens AG), TietoEnator Deutschland GmbH, Agfa HealthCare (Agfa-Gevaert Group), die CompuGroup Medical AG und iSoft Health GmbH.

[12] Vgl. Raphael/Lux (2010).

Tabelle 31.2 Marktanteile von Krankenhausinformationssystemen[13]

Anbieter	Marktanteil
Agfa GWI	25,1%
Andere	24,9%
Siemens	15,1%
SAP	14,4%
Isoft	7,2%
Tieto Enator	6,7%
Fliegel Data	4,2%
Meierhofer	2,4%

Die obige Tabelle gibt die Marktanteile der Hersteller Krankenhausinformationssystemen wieder, geordnet nach Marktanteilen. Deutlich wird hier auch, dass ein großer Anteil auch auf kleinere Systemanbieter entfällt (fast ein Viertel). Dominierende Anbieter in dem Markt sind Agfa GWI und Siemens. Auch SAP hat einen recht hohen Marktanteil, allerdings eher im Bereich der verwaltungsorientierten Lösungen. Über die Anzahl der tatsächlichen Häufigkeiten der Installation lassen sich nur Informationen der Hersteller ausmachen, jedoch keine verlässlichen aktuellen Marktstudien.

Die Marktentwicklung spiegelt sich auch in dem angebotenen Produkt-Portfolio wider. So gibt es auf dem Markt derzeit kaum nennenswerte Neuentwicklungen. Auch die vor einiger Zeit vorgestellten Produkte CoM.Med und Siemens Soarian konnten sich bislang nicht durchsetzen, wobei Siemens als großer und solider Anbieter wohl langfristig die Markdurchdringung erreichen wird. Insbesondere strategische Partnerschaften sind hier von hoher Bedeutung. So arbeitet Siemens z. B. mit dem Produkt i.s.h.med eng zusammen mit der mehr administrativ aufgestellten Branchenlösung IS-H der SAP AG.

Die nachfolgende Tabelle gibt einen Überblick über eingesetzte Krankenhausinformationssysteme und deren Anbieter.

[13] In Anlehnung an CIO-Marktstudie, 24.07.2008.

Tabelle 31.3 Einordnung von Anbietern und Produkten

Anbieter	Produkte
Agfa Health Care GmbH	Orbis/Orbis Live
c.a.r.u.s. IT AG	Hospital Management System
CoM.Med GmbH	Carestation
Compugroup AG (Fliegel Data)	Fd-Klinika
iSoft Deutschland GmbH	Clinic Center
Meierhofer AG	Medical Control Center
Nexus AG	Nexus Medfolio
SAP AG	IS-H
Siemens Medical Solutions	Soarian Clinicals, medico//s i.s.h. med
TBS DE	Patidok
TietoEnator	iMEDOne

Grundsätzlich stellen sich für die Klinik, die sich für ein Krankenhausinformationssystem entscheiden muss, drei wesentliche auf den Anbieter bezogene Fragen:

- Entspricht das System den Anforderungen des Krankenhauses?
- Ist das Krankenhausinformationssystem zukunftsfähig?
- Ist der Anbieter mit ausreichend Finanzmitteln ausgestattet?

Alle drei Fragen sind schwer zu beantworten, da der Markt außerordentlich intransparent ist.

Ein „Krankenhausinformationssystem von der Stange" als Standard-Software gibt es leider noch nicht. Gerade die Anpassung eines Systems an die speziellen Anforderungen eines Krankenhauses ist mit sehr hohen Kosten verbunden – aus der Sicht der Anbieter entsteht hier Umsatz. Bei der Beschaffung eines Systems muss das Krankenhaus außerdem zwischen den Beschaffungs- und Anpassungs(Einführungs-)Kosten differenzieren. Im Einsatz fallen, neben möglichen Lizenzkosten, Kosten für die Wartung und Pflege an. Darüber hinaus sind auch Schulungen der Mitarbeiter mit einzuplanen, sowohl für die Anwender und Nutzer des Systems, als auch für die Administratoren, welche das System warten und pflegen und auch die Nutzer unterstützen.

Von Seiten der Anbieter liegen kaum valide Zahlen über die Kosten vor. Dies betrifft sowohl die Einführung als auch den laufenden Betrieb. KIS-Anbieter handeln hier mit den Krankenhäusern individuelle Verträge aus, oftmals auch in Kombination mit anderen medizinischen Geräten.

Die Zukunftsfähigkeit der Systeme ist kaum abzuschätzen und im Hinblick auf die Wirtschaftskrise erscheint die Unternehmensgröße nur noch als ein bedingt geeigneter Indikator für wirtschaftliche Zukunftssicherung.

31.1.3.2 Computersysteme (Hardware)

Bei der Darstellung der Hardware-Infrastruktur ist zwischen den PC-Arbeitsplatzsystemen und den Servern zu differenzieren. Bei den PC-Arbeitsplätzen handelt es sich meistens um Standard-PCs, welche dem Stand der Technik entsprechen und eine Nutzungszeit von ca. fünf Jahren haben. Die PCs sind meist zentral aufgestellt in Funktionsbereichen (z. B. Schwesternzimmer) oder einer bestimmten Person (z. B. Arzt-PC im Arztzimmer) zugeordnet. In Funktionsbereichen wie OP, im Intensivbereich oder in der Anästhesie finden zur Dokumentation oder zur Überwachung der Patientendaten meist auch Computersysteme Einsatz. Dabei handelt es sich aber um spezielle Systeme, welche den Anforderungen der Medizintechnik in Form spezieller Prüf- und Zertifizierungsverfahren gerecht werden müssen. Ein mittelgroßes Krankenhaus mit ca. 500 Betten setzt ca. 400 bis 600 PC-Arbeitsplätze ein.

Weiterhin sind die Arbeitsplätze mit einem Netzwerk miteinander und insbesondere mit dem Rechenzentrum des Krankenhauses vernetzt. Hierbei werden meist Netzwerkleitungen und Komponenten mit einer Übertragungsgeschwindigkeit von 100 MBit/s (bei neueren Installationen auch 1GBit/s) eingesetzt.

Ein großer Teil der Anwendungen und insbesondere alle relevanten Daten sind auf den Servern im Rechenzentrum eines Krankenhauses gespeichert. Ein Krankenhaus o.g. Größe verfügt oftmals über 50 bis 70 unterschiedliche Server-Anwendungen. Dabei handelt es sich z. T. um standardisierte Serversysteme wie z. B. Domänen-Controller zur Verwaltung der Benutzer, Mail-Server, Druckserver oder Web-Server. Weiterhin benötigt ein leistungsfähiges Krankenhausinformationssystem auch mehrere Server, um die notwendige Rechenleistung und Performance zur Verfügung zu stellen. Darüber hinaus stehen noch eine Reihe von Server-Systemen für spezielle Anwendungen, wie z. B. Terminplanung, Essensplanung, Bettenbelegung, OP-Planung, Röntgensysteme usw. zur Verfügung. Weitere Server sind notwendig, um die Kommunikation der Systeme zu gewährleisten, für das Systemmanagement oder auch als Backup-System. Darüber hinaus werden oftmals Software-Systeme ausgelagert (Outsourcing). Dabei wird die Software nicht im eigenen Rechenzentrum installiert, sondern bei einem Dienstleister. Dieser bietet z. B. über eine Netzwerk-Verbindung das entsprechende Software-Modul an. Häufig werden SAP-Anwendungen in dieser Form genutzt. Da gerade im Krankenhausbereich nur einige wenige SAP-Module (z. B. Controlling oder Lagerhaltung) eingesetzt werden und die Installation, Wartung und Pflege eines SAP-Systems sehr kostenintensiv ist, zeigt sich die Outsourcing-Lösung hier als wesentlich geeigneter.

Um einen effizienteren und wirtschaftlicheren Betrieb des Rechenzentrums zu ermöglichen, virtualisieren viele Rechenzentren ihre Server-Landschaft. Dabei ist nicht mehr für jeden Anwendungs-Server ein eigenes Hardware-Gerät notwendig. Vielmehr können auf einem leistungsfähigen (physischen) Server mehrere (virtuelle) Server betrieben werden. Gerade bei der historisch gewachsenen zunehmenden Anzahl der Server-Systeme ist dadurch ein wesentlich leichteres Management der Server möglich und auch eine effizientere Nutzung der Hardware-Ressourcen.

31.1.3.3 Organisation der IT

Organisiert ist die IT im Krankenhaus meist als eigenständiger, zentraler Bereich, welcher bei der Verwaltung angesiedelt ist. In einem mittelgroßen Haus arbeiten hier ca. sechs bis zehn Mitarbeiter. Diese haben meist eine fundierte Ausbildung im Bereich der Informationstechnologie und sind auf ausgewählte Bereiche spezialisiert. Aufgrund der zunehmenden Komplexität von Anwendungen ist es heutzutage nicht mehr vorstellbar, dass ein IT-Mitarbeiter alle Anwendungsbereiche beherrscht. Beispielsweise betreuen einige Mitarbeiter das Krankenhausinformationssystem oder andere sind spezialisiert auf den Bereich Datenbanken.

31.2 Intersektorale Vernetzung und Informationsaustausch im Gesundheitswesen

Bereits einleitend wurde darauf hingewiesen, dass Informationsaustausch Behandlungsprozesse unterstützen kann und maßgeblichen Einfluss auf die Behandlungsqualität und die korrespondierenden Kosten bei der Leistungserbringung im Gesundheitswesen nimmt. Daneben kann ein geregelter Datenaustausch die Verpflichtung der Hausärzte unterstützen, sämtliche Dokumentation eines Patienten aus ambulanten und stationären Sektoren zusammenzuführen. Es können Redundanzen und Fehleingaben vermieden werden.

Je nach Anforderungen an den auszutauschenden Informationsgehalt müssen Schnittstellen zwischen den Systemen eingerichtet werden. Der Begriff Schnittstelle am Arbeitsplatzrechner oder Server wird normalerweise verwendet, um Stecker und Buchsen wie beispielweise beim USB-Anschluss (Universal Serial Bus) zu bezeichnen. Abhängig vom Kontext wird mit Schnittstelle im Bereich des Datenaustauschs zwischen Applikationen (A2A) jedoch das Schnittstellenformat, also das Regelwerk für den Aufbau einer Datei oder das Protokoll bezeichnet. Im konkreten Projekt kann die Schnittstelle auch den Teil der Software bezeichnen, die den Datenaustausch zu anderen Systemen ermöglicht. Gelegentlich werden die Datenaustauschformate zwischen den Herstellern der Systeme noch immer individuell vereinbart und umgesetzt. Man spricht von proprietären Schnittstellen. Vermehrt setzt die Industrie auf Standards. Standards werden von unabhängigen Gremien oder aus dem Zusammenschluss vieler Anbieter entworfen und abgestimmt. Der bekannteste im Krankenhaus verwendete Standard ist HL7 (health level 7). HL7 ist auch weltweit der dominierende Standard und eng verbunden mit den Internationalen Standardisierungsorganisationen (z. B. ISO, CEN, IHTSDO). In Deutschland ist HL7 seit 1993 ein eingetragener Verein. Unter anderem sind über 50 Kliniken Mitglied, wie auch Hersteller von IT-Systemen im Gesundheitswesen und weitere unterschiedliche Organisationen der Branche. Speziell für den Austausch im Bereich der bildgebenden Verfahren, wie dem Röntgen, kommt DICOM als Standard zum Tragen.

Grundsätzlich kann der Datenaustausch in drei Kategorien eingeteilt werden:

- institutionsinterne Vernetzung,
- institutionsübergreifende Vernetzung und
- sektorübergreifende Vernetzung.

31.2.1 Institutionsinterne Vernetzung

Innerhalb eines Krankenhauses, wie auch in großen Arztpraxen oder in einem Medizinischen Versorgungszentrum (MVZ) kommen verschiedene Spezialanwendungen zum Einsatz. Das zentrale, patientenführende System wird dabei meist als Primärsystem bezeichnet.

Anmerkung: Der Begriff KIS, der für das Krankenhausinformationssystem steht, wird im Gesundheitswesen, abweichend von der Definition eines Informationssystems in der Wirtschaftsinformatik, ebenfalls als Synonym für das Primär- oder administrative System verwendet. In der Wirtschaftsinformatik umfasst der Begriff Informationssystem sämtliche IT-Systeme in der Gesamtheit, also auch alle Subsysteme, die von unterschiedlichen Herstellern stammen.

Das Ziel ist es, Patientendaten, die im Primärsystem erfasst wurden, in allen Subsystemen ebenfalls verfügbar zu machen. Diese Informationen über die Stammdaten müssen ebenso kommuniziert werden wie beispielsweise Leistungsanforderungen und Befundrückübermittlungen, so dass die behandlungsrelevanten Befunde für das Personal nach Möglichkeit in einem System verfügbar sind. Der Austausch der Informationen kann über proprietäre[14] Schnittstellen erfolgen oder über so genannte Standards, wie HL7, DICOM, und eine Reihe anderer Formate. Der Vorteil von Standards ist, dass der Abstimmungsaufwand zwischen den Lieferanten der Abteilungssysteme gering gehalten wird. Der Nachteil liegt darin, dass ein Standard schnell an seine Grenzen kommt, sobald neue Anforderungen über diese Schnittstellen umgesetzt werden sollen. Dies kann zur missbräuchlichen Verwendung von nicht verwendeten Feldern führen und damit dann zu Abweichungen vom Standard.

---

[14] Proprietäre Software oder Schnittstelle bedeutet, dass diese genau auf das jeweilige System und deren Subsystem zugeschnitten ist. Damit ist die Schnittstelle nicht offen und dafür geeignet, den Datenaustausch mit anderen Systemen zu ermöglichen. Genau dies ist das Ziel der Standardisierung z. B. im Bereich des Datenaustausches, wie es z. B. HL7 bietet.

31.2.2 Institutionsübergreifende Vernetzung der Akteure

Ein institutionsübergreifender Kommunikationskanal zum geregelten Austausch von Patientendaten und Befunden findet bei der Vernetzung zwischen Leistungserbringern des gleichen Sektors statt. So kann der Datenaustausch zwischen Arztpraxen auf der einen Seite oder die elektronische Übermittlung von Befunddaten, Röntgenbildern usw. von einem Krankenhaus der Grundversorgung an eine Spezialklinik (z. B. Herzzentrum) abgewickelt werden.

In diese Kategorie zählen auch der Datenaustausch mit externen Leistungserbringern, wie einer ausgelagerten Radiologie oder die Zusammenarbeit mit einem externen Labor.

31.2.3 Sektorübergreifende Vernetzung

Die Kategorie des sektorübergreifenden Informationsaustauschs umfasst die Kommunikation zwischen den Leistungserbringern unterschiedlicher Sektoren. Dabei kommen die schon angesprochenen und später detailliert behandelten Zuweiserportale zum Einsatz oder die Teilnahme eines Krankenhauses an einem Arztnetz. Die Besonderheit, die hier zum Tragen kommt, sind die unterschiedlichen Schnittstellenstandards und andere Sachverhalte, die differieren. So sind HL7-Formate im ambulanten Sektor kaum vertreten. Ausnahmen findet man vor allem in den Situationen, in denen ein Hersteller für Arztinformationssysteme seine Anwendung für den Einsatz für die Ambulanzen eines Krankenhauses optimiert hat und sie daher mit dem dortigen KIS verbunden hat. Auch ein aus datenschutzrechtlicher Sicht wichtiger Aspekt spielt bei der Schnittstellenbetrachtung eine Rolle. Im Sinne der Datensparsamkeit sollen nur behandlungsrelevante Daten kommuniziert werden. Im stationären Sektor kann diese Abgrenzung meist anhand des Krankenhausaufenthalts, dem Fall, festgemacht werden. Dieser bildet auch eine abrechnungstechnische Einheit. Im ambulanten Sektor wird jedoch im kassenärztlichen Bereich auf Basis von Quartalen agiert. Die Dokumentation korrespondiert zu den Patientenbesuchen in der Praxis. Oft werden solche Besuche dann informationstechnisch einem Fall gleich gesetzt. Eine automatisierte Übertragung wird dadurch allerdings in vielen Situationen entweder nicht vollständig die benötigten Daten umfassen oder entgegen der Datenschutzanforderungen nicht das Minimalprinzip einhalten und zu viele Daten zur Verfügung stellen.

31.2.4 EAI im Gesundheitswesen

Mit EAI (Enterprise Application Integration) steht auch aktuell noch immer ein Konzept zur Verfügung, um die Systeme verschiedener Architekturen im Gesundheitswesen miteinander zu verknüpfen. Durch die Erweiterung um prozessorientierte Ansätze steht den Integratoren ein mächtiges Werkzeug für den Datenaustausch zur Verfügung, der weit über die reine Schnittstellenadaption hinausgeht.

Aus der Historie heraus werden oft drei verschiedene Begriffe synonym verwendet, was dem aktuellen Stand der Sachlage jedoch nicht gerecht wird. Die Differenzierung der Begriffe Kommunikationsserver, Schnittstellenserver und dem relevanten Integrationsserver wird in den folgenden Ausführungen deutlich.

Kommunikationsserver

Ein Kommunikationsserver ermöglicht dem Namen nach eine Kommunikation zwischen zwei oder mehreren Teilnehmern. Diese Kommunikation kann E-Mail, Fax, Instant Messaging sowie IP-Telefonie (VoIP) einschließlich Video-Conferencing umfassen. Sender und Empfänger dieser Informationen sind natürliche Personen.

Schnittstellenserver

Der Schnittstellenserver kann als eine ursprüngliche Form für den Datenaustausch zwischen zwei separierten Systemen betrachtet werden. Informationen aus einem System werden über verschiedene Protokolle für ein anderes System zur Verfügung gestellt. Die verschiedenen Datenformate werden miteinander kompatibel gemacht. Eine Interpretation der Daten findet nicht statt.

Integrationsserver

Als professionelle Komponente in heterogenen Netzwerken hat sich der Einsatz von so genannten Integrationsservern bewährt. Diese umfassen einerseits die ursprüngliche Funktionalität eines Schnittstellenservers, darüber hinaus leisten diese jedoch eine tiefer greifende Integration zwischen den beteiligten Systemen. Durch Interpretation der Informationen können Aktionen ausgelöst sowie intelligente Matching-Verfahren wie beispielsweise ein Master-Patient-Index[15] (MPI) darüber realisiert werden. Ein Integrationsserver kann so auch gleichzeitig Workflows anstoßen und weitere Regelwerke abbilden bzw. diese überwachen.

31.2.5 Elektronische Akten

Im Zusammenhang mit der Speicherung von medizinischen Daten in den Informationssystemen der Leistungserbringer und den neuen Strukturen in der intersektoralen Kommunikation werden verschiedene Ausprägungen der Akte unterschieden.

Neben der direkten Kommunikation zwischen den Leistungserbringern des gleichen Sektors oder auch sektorübergreifend findet zunehmend nicht nur ein gerichteter sondern auch ein indirekter Datenaustausch statt. Dieser wiederum kann gerichteter oder ungerichteter Natur sein.

---

[15] Das Konzept des MPI trägt der Anforderung Rechnung, Patientendaten aus verschiedenen IT-Systemen, die oftmals mit eigenen Nummernkreisen arbeiten, automatisiert zuzuordnen. Dies geschieht auf Basis vorhandener Daten aus den jeweiligen Systemen, die nach einem Regelwerk bewertet werden.

Direkte Kommunikation (synchron)

Der Datenaustausch findet direkt zwischen den Systemen der Leistungserbringer statt.

Indirekte Kommunikation (asynchron)

Die Daten werden dem Kommunikationspartner über eine geeignete Kommunikationsplattform zur Verfügung gestellt. Der Empfänger ruft die Daten dort bei Bedarf ab.

Gerichtete Kommunikation

Der Sender kennt die Identität des Empfängers und stellt diesem die vereinbarten Informationen zur Verfügung.

Ungerichtete Kommunikation

Der Empfänger der Informationen ist zum Zeitpunkt der Datenbereitstellung nicht bekannt.

Arztnetz

Ein Arztnetz ist ein organisatorischer Zusammenschluss von niedergelassenen Ärzten, die zum Zweck wirtschaftlicher und qualitätssichernder Optimierung eine Zusammenarbeit definiert haben. Eine IT-gestützte Lösung ist zunächst nicht zwingend erforderlich, jedoch folgerichtige Konsequenz, wenn es um die Dokumentation und Messbarkeit von Verbesserungen geht und die zeit- und bedarfsgerechte Verfügbarkeit von Behandlungsdaten gewährleistet werden sollen, welche Doppeluntersuchungen vermeiden helfen. Behandlungsirrtümer können so ausgeschlossen und Informationsverluste durch mündliche Übertragung medizinisch relevanter Fakten, durch den Patienten als Informationsüberbringer, reduziert werden.

Fallakte

Eine Fallakte enthält arztgeführt die medizinisch relevanten Informationen, die im Rahmen einer Behandlung akuter Erkrankungen erhoben werden sowie weitere Indikatoren, die für den Heilungsprozess relevant sind. Als elektronische Fallakte (eFA) stellt sie vor allem den an der Behandlung beteiligten Leistungserbringern die fallbezogenen Daten zur Verfügung. In der Regel stehen diese Daten zeitnah nach Abschluss der Behandlung nicht mehr zentral zur Verfügung.

Daten, beispielsweise Befunde zu einer Appendektomie, dazu gehörige Laborwerte oder eines selektiven Eingriffs, werden meist als Vorbefunde zur Vermeidung von Doppeluntersuchungen und Prozessoptimierung in die zentrale Fallakte übermittelt sowie im Anschluss als Information zur Fortsetzung der Behandlung durch weitere Leistungserbringer bereit gestellt.

Die Keimzelle ist der Verein Elektronische Fallakte e.V. als Interessengemeinschaft von bekannten Klinikketten und anderen stationären Einrichtungen. Dazu gehören beispielsweise die Asklepios Kliniken AG, die Sana Kliniken AG oder auch die Rhön-Klinikum AG und darüber hinaus die Universitätskliniken Aachen, Münster, Tübingen, die Berliner Universitätsmedizin Charitè und die Städtische Kliniken München GmbH. Auf der Website des Vereins lassen sich Details nachlesen, sowie interessante Aspekte der laufenden Pilotprojekte, die jeweils durch renommierte Industriepartner unterstützt oder realisiert werden.

Indikationsakte

Eine Indikationsakte ist arztgeführt und beinhaltet sämtliche medizinisch relevanten Informationen, die im direkten Zusammenhang mit einer Behandlung einer konkreten Indikation stehen. Als elektronische Indikationsakte (eIA) werden gespeicherte Daten meist für einen definierten Zeitraum vorgehalten und im Zusammenhang mit Disease-Management-Programmen (DMP) oder im Rahmen der Integrierten Versorgung (IV) einem geschlossenen Teilnehmerkreis (Haus- und Fachärzte, Krankenhäuser) zur Verfügung gestellt.

Klassische Beispiele sind chronische Krankheiten wie Diabetes, COPD oder Asthma, bei denen durch entsprechende Maßnahmen eine Stabilisierung der Gesundheit des Patienten im Fokus steht oder die Lebensumstände sogar verbessert werden können.

Patientenakte

Die Patientenakte bezeichnet die Gesamtheit der Daten, die durch einen Leistungserbringer in seinem Primärsystem geführt wird und diese dauerhaft, fall- und indikationsübergreifend speichert. Die elektronische Patientenakte (ePA) ist der zentrale Speicherort sämtlicher Informationen, die jemals durch Untersuchungen in der Praxis bzw. im Krankenhaus erhoben wurden sowie externe Informationen, welche digital in die Akte gestellt wurden.

In der Praxis spricht man bei der lokalen ePA vom Arztinformationssystem (AIS) oder Praxisverwaltungssystem (PVS). Im Krankenhaus beherbergt das Krankenhausinformationssystem (KIS) in der Gesamtheit mit den Primär- und Subsystemen die ePA der Patienten. Mit ePA wird außerhalb einer Arztpraxis oder eines Krankenhauses auch die zentrale Patientenakte mit institutionsübergreifenden Daten bezeichnet.

Krankenakte (Gesundheitsakte)

Die Krankenakte oder im positiven Sinne häufiger als Gesundheitsakte bezeichnet, speichert patientengesteuert, teilweise arztgeführt, lebenslang sämtliche Informationen, die im Zusammenhang mit der medizinischen und gesundheitlichen Betrachtung des Patienten stehen. Die elektronische Gesundheitsakte (eGA) liegt in der alleinigen Selbstbestimmung des Patienten, der die Verfügungsgewalt über seine Akte und den darin enthaltenen Daten ausübt.

Nicht arztgeführte Gesundheitsakten stehen bei den Leistungserbringern in der Kritik, da die Werthaltigkeit der teilweise vom Patienten selbst gespeicherten Informationen in der Diagnostik fraglich ist.

Zuweiserportal

Ein Zuweiser- oder Einweiserportal ist eine spezielle Kommunikationsplattform, über die ein Krankenhaus mit seinen einweisenden Ärzten kommuniziert und speziell die vereinbarten Daten zum Behandlungsfall der einzelnen Patienten zur Verfügung stellt. Dabei verbleiben die Daten bis zum Abruf durch den Niedergelassenen im Portal des Krankenhauses und somit in dessen Datenhoheit. Im Gegensatz zu den zuvor skizzierten Akten handelt es sich bei einem Zuweiserportal lediglich um eine temporäre Datenbereitstellung. Die Daten werden aus dem KIS extrahiert und für den Transport aufbereitet.

Auf der anderen Seite ist es auch dem einweisenden Arzt möglich, Informationen für das Krankenhaus zu seinen Patienten im Portal zu speichern. Geschieht dies vor der stationären Aufnahme des Patienten kann durch die so verfügbaren Vorbefunde eine Prozessoptimierung erreicht werden. Fehlende Unterlagen können nachgereicht werden und die Verweildauer auf das Mindestmaß reduziert werden.

31.3 Datenschutz und -sicherheit im Gesundheitswesen

Der Datenaustausch sensibler Daten steht unter strengen Auflagen. Besonders die sektorübergreifende Kommunikation steht zur Zeit im Blickpunkt der Datenschützer, da durch den Wunsch nach Kostensenkung bei gleichzeitiger Gewährleistung oder Steigerung der Behandlungsqualität, zahlreiche Projekte umgesetzt werden. Beachtung muss dem Bundesdatenschutzgesetz (BDSG), den besonderen kirchlichen Verordnungen sowie der Einhaltung diverser weiterer Gesetze geschenkt werden. Das Bundesdatenschutzgesetz hat im Bereich der katholischen und der evangelischen Kirche keine Gültigkeit. Die Kirchen in Deutschland können aufgrund des kirchlichen Selbstbestimmungsrechts im Art. 137 Absatz 3 der Weimarer Reichsverfassung in Verbindung mit Art. 140 des Grundgesetzes eigene Rechtsordnungen für ihren Bereich bestimmen. Stattdessen gibt es eigene Regelungen der Kirchen, die in ihren Inhalten analog zum Bundesdatenschutzgesetz verfasst sind. In der Evangelischen Kirche in Deutschland (EKD) gilt das Datenschutzgesetz der EKD (DSG-EKD) und in der Katholischen Kirche die Anordnung über den kirchlichen Datenschutz (KDO).

Nachfolgende Tabelle gibt einen strukturierten Überblick, welche Regelungen auf den jeweiligen Hierarchieebenen zur Anwendung kommen. Man unterscheidet hier zwischen Bundesebene, Landesebene und den konfessionellen Krankenhausträgern.

Tabelle 31.4 Datenschutzrechtliche Regelungen

Bundesebene
– Bundesdatenschutzgesetz (BDSG)
– bereichsspezifische Bundesregelungen
Landesebene
– Landeskrankenhausgesetze (LKHG)
– Landesdatenschutzgesetze (LDSG)
– bereichsspezifische Landesregelungen
Für konfessionelle Krankenhausträger
– kirchliche Sonderregelungen (z. B. KDO)

Darüber hinaus gibt es, insbesondere im Gesundheitsbereich, Konkurrenzbeziehungen der datenschutzrechtlichen Regelungen. Dabei geht es um die Konkurrenz verschiedener Regelung für den gleichen Bereich, z. B. kirchlicher in Konkurrenz zu bundes-/landesrechtlichen Regelungen. Hier liegt ein sehr unüberschaubares System vor und es ist nur schwer zu entscheiden, welche dieser Gesetze im Einzelnen Anwendungen finden.

31.3.1 Selbstbestimmungsrecht

Das Selbstbestimmungsrecht des Patienten ergibt sich aus dem Persönlichkeitsrecht. Es begründet die selbstverantwortliche Mitwirkung des Patienten an der Wiederherstellung seiner Gesundheit. Das Selbstbestimmungsrecht des Patienten und ärztlich gebundener Behandlungsauftrag können in Widerspruch zueinander treten, wenn der Patient die vom Arzt für erforderlich gehaltene Maßnahmen ablehnt oder wenn der Patient den Wunsch zu einer medizinischen Maßnahme äußert, welche der Arzt nicht verantworten kann. Wenn es um die Entscheidung über die Vornahme eines vom Arzt für erforderlich gehaltenen Eingriffs geht, hat das Selbstbestimmungsrecht des Patienten Vorrang. Der Arzt ist gehalten, den Patienten über die Folge der Ablehnung eines ärztlich gebotenen Eingriffs aufzuklären. Er hat jedoch die Maßnahme zu unterlassen, wenn der Patient darauf besteht. Der Wunsch des Patienten zur Vornahme einer bestimmten Maßnahme ist für den Arzt nicht verbindlich, wenn der Arzt diese Maßnahme medizinisch nicht vertreten kann. Denn der Arzt ist nicht bloßer „Auftragnehmer" des Patienten. Der Arzt folgt vielmehr seinem durch das ärztliche Berufsverständnis und das Berufsrecht geprägten Behandlungsauftrag. Das Gebot der Menschlichkeit begründet auch das Recht des Arztes, bei aller gebotenen Aufklärung dort eine Grenze zu ziehen, wo eine „schonungslose Offenbarung" ärztlich nicht zu vertreten wäre.

31.3.2 Anonymisierung

In bestimmten Fällen, beispielsweise bei statistischen Auswertungen, spielt die Anonymisierung eine große Rolle. Personenbezogene Daten werden derart verändert, dass eine Zuordnung der Daten zu einem Individuum gar nicht oder nur mit unverhältnismäßig großem Aufwand an Kosten und Zeit erfolgen kann. Man unterscheidet zwischen formaler, faktischer und kompletter Anonymisierung. Formal anonym bedeutet, dass die Namen und weitere Identifizierungskennzeichen entfernt sind, die Daten aber ansonsten unverändert bleiben. Faktisch anonym ermöglicht in bestimmter Weise ein Zurückverfolgen, ist aber nur mit unverhältnismäßigem Zeit- und Arbeitsaufwand zuzuordnen. Komplett anonym schließt die Zuordnung der Einheiten aus.

31.3.3 Pseudonymisierung

Personenbezogene Daten werden mit Hilfe einer Zuordnungsvorschrift derart verändert, dass eine Zuordnung der Daten ohne Kenntnis der Zuordnungsvorschrift zu einem Individuum nicht erfolgen kann.

Beispielsweise ist im Rahmen eines Datenaustauschs zwischen Leistungserbringern über eine Plattform, auf die auch eine Managementgesellschaft zwecks Erlösberechnung Zugriff hat, die vorübergehende Unkenntlichmachung der patientenbezogenen Daten eine tragfähige Option. Die Managementgesellschaft erhält lediglich die Stammdaten der behandelten Personen nebst Abrechnungsziffern. In einer separaten Datenbank sind die ausführlichen Befunddaten gespeichert, die personenidentifizierenden Daten werden durch ein Pseudonym ersetzt. Ohne die Zuordnungsvorschrift entspricht der Inhalt der Datenbank einem anonymisierten Datenbestand. Die Systeme der kooperierenden Ärzte verfügen jedoch über diese Zuordnungsregel und können auf dem lokalen System die Pseudonyme gegen die Realdaten austauschen.

31.3.4 Digitale Signatur

Neben der Verschlüsselung von Informationen während des Transports oder bei der Speicherung gibt es weitere Anforderungen, denen beim Datenaustausch zwischen den beteiligten Leistungserbringern im Gesundheitswesen eine große Bedeutung zukommt. Es geht dabei um die Authentizität und die Integrität der übertragenen Daten. Diese beiden Schutzziele sind durch die Verwendung einer digitalen Signatur umsetzbar. Eine digitale Signatur auf Basis einer asymmetrischen Verschlüsselung setzt das Vorhandensein eines Schlüsselpaares voraus. Einer der Schlüssel wird veröffentlicht und somit allen potenziellen Kommunikationspartnern zur Verfügung gestellt. Neben diesem öffentlichen Schlüssel wird ein weiterer erzeugt, der so genannte private Schlüssel, der ausschließlich vom Schlüsselinhaber genutzt wird. Asymmetrische Verschlüsselungsverfahren basieren darauf, dass der jeweils chiffrierte Code nicht durch den Schlüssel entschlüsselt werden kann, mit dem chiffriert wurde. Es kommt lediglich der korrespondierende andere Schlüssel zum Tragen. Für die digitale Signatur bedeutet dies, dass Informationen, die der Absender, mittels seines privaten Schlüssels, chiffriert hat, nur durch den öffentlichen Schlüssel des Absenders entschlüsselt werden können.

In der Regel wird mit Hilfe einer mathematischen Funktion über eine Information (Text, Grafiken) ein spezieller Wert berechnet, der als Hash bezeichnet wird. Dieser ist von geringer Größe und gibt die Charakteristika der Quelle wieder. Ein Rückschluss von dem Hash-Wert auf den Inhalt der Information ist nicht möglich. Eine Veränderung der Quelldaten führt zu einem veränderten Hash-Wert.

Diesen errechneten Hash-Wert verschlüsselt der Absender mit seinem privaten Schlüssel und stellt anschließend dem Kommunikationspartner das Originaldokument und den so verschlüsselten Hash zur Verfügung. Der Empfänger kann das empfangende Dokument ohne Einschränkung verwenden. Möchte er sicher gehen, dass die Quelle nicht verändert wurde (Integrität) und feststellen, ob diese Information tatsächlich und nicht-abstreitbar durch den Absender versendet wurde (Authentizität), entschlüsselt der Empfänger den Hash-Wert mit dem öffentlichen Schlüssel des Absenders, berechnet seinerseits einen Hash-Wert über die empfangene Information und vergleicht diesen mit dem entschlüsselten Wert. Sind beide identisch kann der Empfänger sicher sein, dass weder eine Manipulation stattgefunden hat, noch dass ein Dritter die Daten versendet hat. Abzusichern ist lediglich, dass der benutzte öffentliche Schlüssel tatsächlich dem Absender zuzuordnen ist.

31.3.5 Elektronische Gesundheitskarte

Die eGK (elektronische Gesundheitskarte) wurde ursprünglich konzipiert als ein Instrument, das es den Patienten und Ärzten erleichtern sollte, medizinische Daten zu erlangen. Insbesondere chronische Kranke und Behinderte leiden unter der Zersplitterung ihrer medizinischen Informationen, die auf viele Ärzte und Krankenhäuser, aber auch Kostenträger, z. B. Kranken- und Rentenkassen, aufgeteilt ist. Ärzten fällt es schwer, sich genau zu informieren, was andere Ärzte jeweils an Diagnostik und Therapie angeordnet haben. Daher hat der Behindertenbeauftragte der Bundesregierung bereits 2001 ein Konzept erarbeiten lassen, das Abhilfe schuf.[16]

Gedacht war daran, den Patienten auf Wunsch eine Speicherkarte mit Mikroprozessor zur Verfügung zu stellen, die - nach Eingabe einer PIN – den Zugriff auf medizinische Daten erlaubte. Der Schutz der Daten durch die PIN des Patienten sicherte seine informationelle Selbstbestimmung; außerdem erreichte sie mittels einer qualifizierten digitalen Signatur Rechtsverbindlichkeit.

Eigentlich hätte diese Gesundheitsakte 2006 bereits flächendeckend eingeführt sein sollen. So fordert der – auch heute noch aktuelle! – § 291a SGB V: „Die Krankenversichertenkarte nach § 291 Abs. 1 wird bis spätestens zum 1. Januar 2006 zur Verbesserung von Wirtschaft-

[16] Thielscher, C., v. Schroeders, N.: Nutzung neuer elektronischer Möglichkeiten bei der Zusammenarbeit von Rehabilitationsträgern und Leistungserbringern. In: Jäckel, A.: Telemedizinführer Deutschland. Ober-Mörlen 2003.

lichkeit, Qualität und Transparenz der Behandlung für die in den Absätzen 2 und 3 genannten Zwecke zu einer elektronischen Gesundheitskarte erweitert."

Leider wurde das Konzept nicht erfolgreich umgesetzt. Insbesondere wurde die Gesundheitskarte, die ursprünglich als freiwillige Einrichtung gedacht war, allen Versicherten zur Pflicht gemacht; das hatte enorme Nachteile hinsichtlich des Vertrauens der Beteiligten und auch für die technische Umsetzung. Und die Unterstützung der Patienten und Ärzte, die ursprünglich vorhanden war, ging durch ungeschickte Projektsteuerung in einem Ausmaß verloren, dass insbesondere die Ärzteschaft das veränderte Konzept nicht mehr gutheißen konnte (vgl. z. B. die Stellungnahme des 110. Deutschen Ärztetages, 2007).

Neben der personalisierten eGK, die jeder Versicherte erhalten soll, ist eine korrespondierende Karte für den Leistungserbringer konzipiert worden. Dieser eHBA (elektronische Heilberufe Ausweis) ist ebenfalls eine Mikroprozessorkarte, die den Arzt bzw. berechtigten Teilnehmer ausweist. Die Berechtigungsprüfung schützt dabei vor Nutzung der Karten durch unberechtigte Personen, da über zentrale Strukturen die aktuelle Gültigkeit kommuniziert wird. Die Verwendung einer gestohlenen Karte wird unterbunden, wie auch die Verwendung einer Karte nach Ablauf der Gültigkeit. Ebenso kann der Wegfall der Berechtigung für den zuvor berechtigten Teilnehmer hinterlegt sein.

Beide Karten in Kombinationen könnten die Sicherheit beim Umgang mit behandlungsrelevanten Daten erheblich erhöhen und die Versicherten vor unberechtigten Zugriffen auf ihre Daten ohne deren Wissen schützen.

Lernfragen

1. Was wird unter einem Primärsystem verstanden?
2. Welche Herausforderungen stellt die Heterogenität der IT-Systeme im Gesundheitswesen an den Anwender und wie kann er diese lösen?
3. In welchen Fällen der Datenbereitstellung ist eine Anonymisierung angebracht, in welchen Fällen muss pseudonymisiert werden?
4. Welches sind die wesentlichen Aufgaben eines Krankenhausinformationssystems?
5. Welche Schnittstellen ermöglichen den Datenaustausch unterschiedlicher Subsysteme?
6. Welche beiden Schutzziele werden durch den Einsatz der digitalen Signatur erreicht?
7. Was ist unter dem Selbstbestimmungsrecht des Patienten zu verstehen?
8. Handelt es sich beim Einsatz eines Zuweiserportals um eine gerichtete/ungerichtete bzw. direkte / indirekte Kommunikation?
9. Worin besteht die Kritik aus ärztlicher Sicht beim Einsatz von patientengeführten Gesundheitsakten?
10. Wie kann der Informationsaustausch im Gesundheitswesen kategorisiert werden?
11. Was unterscheidet die klassische Krankenversicherungskarte von der eGK?

Abkürzungsverzeichnis

Abkürzung	Langtext
AIS	Arztinformationssystem
APIS	Arztpraxisinformationssystem
BDSG	Bundesdatenschutzgesetz
CPOE	Computerized Physician Order Entry
DICOM	Digital Imaging and Communications in Medicine
DMS	Document Management System
DMP	Disease Management Program
GDT	Gerätedatenträger(-Schnittstelle)
DRG	Diagnosis Related Groups
eGA	Elektronische Gesundheitsakte
eGK	Elektronische Gesundheitskarte
eKA	Elektronische Krankenakte
ePA	Elektronische Patientenakte
HL7	Health Level 7
ICD	International Code of Diseases
IGeL	Individuelle Gesundheitsleistungen
IT	Informationstechnologie
IuK	Informations- und Kommunikationstechnologie
IV	Integrierte Versorgung
KBV	Kassenärztliche Bundesvereinigung
KDO	Kirchliche Datenschutzordnung
KIS	Krankenhausinformationssystem

Abkürzung	Langtext
PACS	Picture Archiving and Communication System
PVS	Praxisverwaltungssystem
RIS	Radiologieinformationssystem
USB	Universal Serial Bus
ZWP	Zuweiserportal

Literatur

Standardwerke zum Thema Informationstechnologien im Gesundheitswesen sind insbesondere die Veröffentlichungen von Peter Haas (2005/2009) und Roland Trill (2002/2008).

[1] Bärwolff H.; Victor F.; Hüsken V.: IT-Systeme in der Medizin. IT-Entscheidungshilfen für den Medizinbereich. Konzepte, Standards und optimierte Prozesse. Vieweg+Teubner, Wiesbaden 2006.
[2] Bake C. (Hrsg.); Blobel B. (Hrsg.), Münch P. (Hrsg.): Handbuch Datenschutz und Datensicherheit im Gesundheits- und Sozialwesen: Spezielle Probleme des Datenschutz und der Datensicherheit im Bereich des Gesundheits- und Sozialwesens (GSW) in Deutschland. Datakontext, Frechen 2009.
[3] Bake C. (Hrsg.), Blobel B.(Hrsg.), Münch P. (Hrsg.): Handbuch Datenschutz und Datensicherheit im Gesundheits- und Sozialwesen: Spezielle Probleme des Datenschutz und der Datensicherheit im Bereich des Gesundheits- und Sozialwesens (GSW) in Deutschland. Datakontext, Frechen 2009.
[4] Gabriel, R.; Lux, T.: Architekturkonzept eines prozessorientierten wissensbasierten Systems im Krankenhaus – Vision eines digitalen Gesundheitspfades. Arbeitsberichte des Lehrstuhls für Wirtschaftsinformatik Bochum, Dezember 2006.
[5] Haas P.; Johner C.: Praxishandbuch IT im Gesundheitswesen. Erfolgreich einführen, entwickeln, anwenden und betreiben. Hanser, München 2009.
[6] Haas P. : Medizinische Informationssysteme und Elektronische Krankenakten. Springer, Heidelberg 2005.
[7] Herbig B. (Hrsg), Büssing A. (Hrsg.): Informations- und Kommunikationstechnologien im Krankenhaus: Grundlagen, Umsetzung, Chancen und Risiken. Schattauer, Stuttgart 2006.
[8] Jäschke T.: Stand und Handlungsanforderungen im hausärztlichen Bereich. Arbeitspapiere der Fachhochschule für Oekonomie & Management (FOM), Band 15, Essen 2009.
[9] Jäschke T.: Zuweiserportale. Sichere Bereitstellung von Patientendaten eines Krankenhauses für den behandelnden Arzt. Ein technischer Einblick. Kompakt. Ferdinand Karl Verlag, Dortmund 2009.
[10] Jäschke T.: Zuweiserportale. Eine Standortbestimmung. mdi - Forum der Medizin_Dokumentation und Medizin_Informatik, Zeitschrift des Berufsverband Medizinischer Informatiker e.V. (BVMI), Heft 4 /2009.
[11] Lux, Thomas; Raphael, Holger (2009): Prozessorientierte Krankenhausinformationssysteme, in: Fröschle, H.-P. (Hrsg.): Wettbewerbsfaktor IT, Praxis der Wirtschaftsinformatik (HMD). Heft 269, Oktober 2009, S. 70-78.
[12] Lux, T.; Raphael, H.: State-of-the-art prozessorientierter Krankenhausinformationssysteme Teil II, Bochum 2010.

[13] Raphael, Holger; Lux, Thomas: State-of-the-art prozessorientierter Krankenhausinformationssysteme Teil I, Bochum 2010.
[14] Trill R. (Hrsg.): Praxisbuch eHealth. Von der Idee zur Umsetzung. Kohlhammer, Stuttgart 2008.
[15] Trill R.: Informationstechnologie im Krankenhaus. Strategien, Auswahl, Einsatz. Hermann Luchterhand, Köln 2002.
[16] Warda F.: Elektronische Gesundheitsakten – Möglichkeiten für Patienten, Ärzte und Industrie. Aktueller Stand der Entwicklung in Deutschland. Rheinware, Mönchengladbach 2005.

Der Herausgeber

Prof. Dr. med. Dr. rer. pol. Christian Thielscher, prakt. Arzt, Diplom-Kaufmann und Diplom-Volkswirt. Studium der Medizin und Promotion in Bonn. Vier Jahre lang Assistenz-, später Stabsarzt an der Universitäts-Augenklinik in Bonn und beim PzGrenBtl. 32 in Nienburg/Weser. Während dieser Zeit Studium der Betriebs- und Volkswirtschaftslehre in Hagen und – einige Jahre danach – in Frankfurt/Main (dort Promotion zum Dr. rer. pol.). Anschließend fünf Jahre lang Top-Management-Berater bei McKinsey. In dieser Zeit Strategie- und Effizienzprojekte für Unternehmen innerhalb und außerhalb des Gesundheitswesens, z. B. Portfolioanalysen und Restrukturierungen für Pharmaunternehmen, Aufbau des ersten deutschen Disease-Management-Projektes mit „echten Patienten", Managed-Care-Projekte für Krankenkassen, Sanierung eines Getränkekonzerns. Danach erfolgreicher Unternehmensgründer (z. B. GHX Europe) und selbständiger Berater mit u. a. folgenden Projekten: Entwicklung eines kooperativen, patienten- und arztfreundlichen Konzeptes für die Gesundheitskarte, Aufbau des ersten deutschen Online-Krankenhausführers, Repositionierung einer Großbank im Heilberufesektor, verschiedene Unternehmenssanierungen. Leitung einer F&E-Abteilung, die innovative Produkte für das Gesundheitswesen entwickelte. Lehrt seit 2007 Allgemeine Betriebswirtschaftslehre und Medizinökonomie an der FOM Hochschule für Oekonomie & Management und koordiniert die medizinökonomische Forschung der Hochschule. Aktuelle Forschungsschwerpunkte: Qualität in der Medizin, Unternehmensführung und Marketing.

Kontakt: E-Mail: christian.thielscher@fom.de; Mobil: 0178-4449933

Die Autorinnen und Autoren

Dr. med. Susanne Blessing, geb. 1957, Studium der Medizin und Promotion in Tübingen, nach dem Staatsexamen (1982) Assistenzärztin in Stuttgart und Tübingen. Seit 1988 als Fachärztin für Allgemeinmedizin in eigener Praxis in Tübingen niedergelassen. Seit 10 Jahren Lehrpraxis beim Lehrbereich Allgemeinmedizin der Universität Tübingen. Mitglied im Berufsverband Freie Ärzteschaft e.V., seit 2010/2011 VV-Delegierte der KV Baden-Württemberg sowie der Landesärztekammer und des Deutschen Ärztetages.

Dr. Karl Blum studierte Politik mit dem Schwerpunkt „Gesundheitspolitik" an der Universität München und Gesundheitswissenschaften an der Universität Bielefeld. Promotion in Public Health. Er leitet den Geschäftsbereich Forschung beim Deutschen Krankenhausinstitut in Düsseldorf. Arbeitsschwerpunkte sind Krankenhaus- und Gesundheitssystemforschung.

Prof. Dr. rer. nat. (USA) Rüdiger Buchkremer lehrt und forscht seit 2009 an der FOM Hochschule für Oekonomie & Management. Nebenbei berät er Pharma- und Gesundheitsunternehmen bei der Entwicklung von Forschungs-, Markt- und Marketing-Strategien. Davor lehrte und forschte er an der HTW in Chur, der Donau-Universität in Krems, der Uni Liechtenstein, der Uni St. Gallen, der Uni Konstanz und der „State University of New York". In einer großen, international tätigen Unternehmensgruppe der Gesundheitsindustrie besetzte er über zehn Jahre Management-Positionen in unterschiedlichen Bereichen, zuletzt in der Rolle als „Corporate Chief Information Officer". Sein Studium der Chemie, Mathematik und Physik absolvierte er an der Ruhr-Universität in Bochum bevor er zum „Doctor of Philosophy" an der State University of New York at Binghamton promovierte. In seiner Doktorarbeit erforschte er das Verhalten von „Freien Radikalen" innerhalb von Biomolekülen - er entwickelte darin als Erster ein völlig neues Forschungsgebiet, dem zahlreiche internationale Publikationen folgten.

Dr. Carolin Christina Clausen, geboren in Lich/Hessen, absolvierte ein Studium der internationalen Betriebswirtschaftslehre an der Philipps-Universität Marburg. Von 2006 bis 2010 war sie als wissenschaftliche Mitarbeiterin am Lehrstuhl für Betriebswirtschaftslehre, insbesondere Marketing, der Heinrich-Heine-Universität Düsseldorf sowie als freiberufliche Mitarbeiterin für Beratungsprojekte im Gesundheitsmanagement tätig. Gleichzeitig engagierte sie sich als Lehrbeauftragte im MBA-Studiengang „General Management" sowie im Studiengang „Health Care Management" der Düsseldorf Business School und Health Care Academy Düsseldorf. Sie promovierte zum Thema: „Wertorientiertes Kundenmanagement im Gesundheitswesen. Konzeptionelle Überlegungen und empirische Analyse zur Optimierung des Wertbeitrages von gesetzlich versicherten Patienten für ein Krankenhausunternehmen". Gegenwärtig ist Frau Clausen als leitende Angestellte bei Bayer Business Consulting beschäftigt. Ihre Beratungsprojekte fokussieren sich vornehmlich auf den pharmazeutischen Bereich mit den Schwerpunkten Controlling, Performance Improvement, Organisationale Restrukturierung und Prozessoptimierung.

Thomas Czihal ist seit 2008 als Gesundheitsökonom und Statistiker im Zentralinstitut für die kassenärztliche Versorgung in Deutschland (ZI) tätig.

Prof. Dr. Dr. h.c. Roland Eisen, geboren 1941 in Stuttgart, studierte Volkswirtschaftslehre an der LMU München, Abschluss 1965 mit dem Diplom. Dort wurde er auch promoviert (1971) und habilitiert (1976). Nach 13 Jahren am Institut für Versicherungswissenschaft der LMU München kam er über Stationen in Bamberg und Freising-Weihenstephan (TU München) 1983 an die Goethe-Universität in Frankfurt am Main. Im akademischen Jahr 1992/93 war er Dekan der wirtschaftswissenschaftlichen Fakultät. Er nahm Gastprofessuren an der Wharton School, der University of California/Santa Barbara und der norwegischen Handelshochschule in Bergen wahr. Seit 2006 ist er pensioniert. Forschungsschwerpunkte sind neben der Versicherungsökonomie die Makroökonomik und die Sozialpolitik, und hier insbesondere Arbeitsmarkttheorie und -politik und Gesundheitsökonomie (insbesondere Pflegesicherung).

Dr. P. H. Michael Erhart, geboren 1970, studierte Psychologie in Berlin. Er arbeitete von 2001-2002 als wissenschaftlicher Mitarbeiter an der Charité Berlin im Bereich Rehabilitationswissenschaft. Nach seinem Wechsel zum Robert-Koch-Institut leitete er die internationalen statistischen Analysen eines europäischen Projektes zur Entwicklung eines Lebensqualitätsinstruments und arbeitete in internationalen und nationalen Gesundheitsforschungsprojekten mit (2002-2007). Daneben war er weiterhin Methodenberater der Abteilung Versorgungssystemforschung und Qualitätssicherung in der Rehabilitation der Charité Berlin. Von 2007-2008 wissenschaftlicher Mitarbeiter an der Universität Bielefeld in internationale Studien zur Jugendgesundheit und dem WHO Collaboration Center for Adolescent Health Promotion. Von 2008 bis 2010 Wissenschaftler am Universitätsklinikum Hamburg Eppendorf. Seit 2005 Gastdozent für „Patient Reported Outcomes" an der Ludwig Maximillians Universität München und seit 2009 Associate Editor des internationalen Journal „Quality of Life Research". Von 2008 bis 2010 Gastdozent für Statistik an der Hochschule für Angewandte Wissenschaften Hamburg. Seit 2010 ist Herr Erhart als Epidemiologe und Statistiker am „Zentralinstitut für die Kassenärztliche Versorgung in Deutschland" in Berlin tätig.

Birgit Fischer, geboren 1953 in Bochum, hatte nach ihrem Studium der Erziehungswissenschaften die Positionen der Pädagogischen Leiterin beim ev. Bildungswerk, der Fachbereichsleiterin in einer Volkshochschule und der Gleichstellungsbeauftragten der Stadt Bochum inne. Von 1990 bis 2007 war sie Mitglied im Landtag Nordrhein-Westfalen, davon von 1991 bis 1998 als parlamentarische Geschäftsführerin der SPD-Landtagsfraktion NRW und von 1998 bis 2005 als Gesundheits- und Sozialministerin des Landes Nordrhein-Westfalen. 2006 übernahm sie die Funktion als stellvertrendende Vorstandsvorsitzende der BARMER und führte von 2010 bis April 2011 als Vorstandsvorsitzende die neugegründete BARMER GEK. Zum 1. Mai 2011 erfolgte der Wechsel als Geschäftsführerin zum Verband der forschenden Arzneimittelhersteller (vfa).

Prof. Dr. rer. pol. Hans-Joachim Flocke, Dipl.-Kfm., Rechtsanwalt. Studium der Betriebswirtschaftslehre und der Rechtswissenschaft in Münster, dort Promotion auf der Schnittstelle der beiden Wissenschaften. 18 Jahre selbstständiger Einzelhändler in einem mittelständischen Betrieb, seit 2002 selbstständiger Berater für betriebliche Altersversorgung, Gesamtstudienleiter der FOM in Essen. Lehrt allgemeine Betriebswirtschaft, Sozialversicherungsrecht, Europarecht und Medical Management Compact. Forschungsschwerpunkt: Mitarbeiterbindung, insbesondere betriebliche Altersvorsorge.

Prof. Dr. rer. medic. Martina Hasseler, Gesundheits- und Pflegewissenschaftlerin, mehrjährige Erfahrungen als wissenschaftliche Mitarbeiterin an der Universität Osnabrück, im Deutschen Bundestag (Gesundheitspolitik) und an der Universität Bremen, internationale Lehr-/Forschungs- und Studienaufenthalte, umfassende Projekterfahrungen, Evaluationsprojekte, Gutachten, Sachverständigenfunktionen sowie Mitglied in diversen Beiräten. Forschung, Publikation und Vorträge zu folgenden Themen: Gesundheitsförderung/Prävention, Gerontologie/gerontologische Pflege, Gesundheits-/Pflegepolitik, Qualität in Gesundheit und Pflege, Pflege-/Versorgungsforschung, Pflegebedarf/-bedürftigkeit.

Prof. Dr. Stefan Heinemann ist Professor für Allgemeine Betriebswirtschaftslehre, insbesondere Wirtschaftsethik und Public Management an der FOM Hochschule für Oekonomie & Management in Essen. Er verfügt über langjährige Erfahrung als Berater im öffentlichen und privaten Sektor (Strategie, Finanzen) und ist u. a. Repräsentant des BildungsCentrum der Wirtschaft im zdi-Zentrum MINT-Netzwerk Essen sowie Vizepräsident der Gesellschaft für Philosophie und Wissenschaft e.V. Sein Forschungsinteresse liegt im Bereich Wirtschaftsethik (Begründungstheorie und Anwendungsfelder) und Public Management.

Kontakt: Leimkugelstraße 6, 45141 Essen, T: +49 (201) 81004-587, stefan.heinemann@fom.de

Prof. Dr. med. Dr. h. c. Jörg-Dietrich Hoppe (24.10.1940-7.11.2011), Arzt für Allgemeinmedizin und Pathologie. Studium der Medizin an der Universität zu Köln. 1975 bis 1982 Oberarzt für Pathologie in Solingen und Düren, 1982 bis 2006 Chefarzt des Instituts für Pathologie der Krankenhaus Düren gGmbH. Ab 2006 niedergelassener Pathologe im Institut und in der Praxisgemeinschaft des Krankenhauses. Von 1987 an Lehrbeauftragter am Institut für Rechtsmedizin der Universität zu Köln sowie ab 1994 Honorarprofessor an der Medizinischen Fakultät zu Köln. Vorsitzender des Marburger Bundes/Landesverband NRW/RLP von 1976 bis 1991 sowie von 1979 bis 1989 erster Vorsitzender des Bundesverbandes (Ehrenvorsitzender beider Verbände). Prof. Dr. Dr. Hoppe war seit 1993 Präsident der Ärztekammer Nordrhein (1975 bis 1993 Vizepräsident) und von 1999 bis 2011 Präsident der Bundesärztekammer und des Deutschen Ärztetages (1991 bis 1999 Vizepräsident). Zudem war er Vorsitzender des Verwaltungsausschusses der Nordrheinischen Ärzteversorgung.

Prof. Dr. rer. pol. Klaus Jacobs, Dipl.-Volkswirt. Studium der Volkswirtschaftslehre in Bielefeld. Promotion zum Dr. rer. pol. an der Freien Universität (FU) Berlin. Wissenschaftliche Tätigkeiten an der FU Berlin, am Wissenschaftszentrum Berlin für Sozialforschung (WZB), im Institut für Gesundheits- und Sozialforschung (IGES), Berlin. Seit 2002 Geschäftsführer des Wissenschaftlichen Instituts der AOK (WIdO) in Bonn und seit 2008 in Berlin. Seit 2011 Honorarprofessor an der Fakultät für Wirtschaftswissenschaften der Universität Duisburg-Essen. Mitglied im Erweiterten Vorstand der Deutschen Gesellschaft für Gesundheitsökonomie und im Gesundheitsökonomischen Ausschuss des Vereins für Socialpolitik.

Prof. Dr. rer. medic. Thomas Jäschke ist Medizin- und Wirtschaftsinformatiker. Er lehrt unter anderem IT-Security sowie Informations- und Wissensmanagement an der FOM Hochschule für Oekonomie & Management im Studiengang Wirtschaftsinformatik. Außerdem ist er als Berater im Gesundheitswesen tätig. Er studierte und promovierte an den Hochschulen in Dortmund, Bochum und Essen. Im Anschluss begann er seine berufliche Karriere im Alfried Krupp Krankenhaus und arbeitete anschließend bei namhaften SW-Herstellern für das Gesundheitswesen. Als Gründer der ISPRO GmbH im Jahre 1996 hat Prof. Dr. Jäschke maßgeblich an der Erfindung und Markteinführung der Zuweiserportale mitgewirkt. Schließlich verantwortete er Projekte der Integrierten Versorgung beim Marktführer für Arztinformationssysteme, der CompuGROUP AG in Koblenz. Er ist Mitglied im BVMI e. V., der GI e. V., der GMDS e.V. und dem Bundesverband der Datenschutzbeauftragten Deutschlands BvD e.V.

Christoph Kranich, Dipl.-Päd., Leiter der Patientenberatung der Verbraucher-Zentrale Hamburg. Nebenbei Unterricht in Fern- und Weiterbildungsstudiengängen zu Patientenorientierung, Beschwerdemanagement und Patientenrechten. Ursprünglich Krankenpfleger, Studium der Biologie und Erwachsenenbildung mit Abschluss Diplom, Weiterbildungsstudium Sozial- und Gesundheitsmanagement. Mitarbeit in verschiedenen Selbsthilfe-, Gesundheits- und Patienten-Institutionen.

Prof. Dr. Bianca Krol ist wissenschaftliche Leiterin des KCS Kompetenz Centrum für Statistik und Empirie an der FOM Hochschule für Oekonomie & Management. Das Studium der Volkswirtschaftslehre und die Promotion zur Dr. rer. pol. wurden an den Universitäten Duisburg-Essen und Witten/Herdecke absolviert. Das Forschungsinteresse umfasst neben Marktanalysen und empirischen Fragestellungen u. a. auch das Nachfrageverhalten im Gesundheitswesen. Sie weist über zehn Jahre Berufstätigkeit als Unternehmensberaterin (zuletzt als Geschäftsführerin und Partnerin) auf und lehrt Statistik und Wirtschaftsmathematik.

Prof. Dr. med. Dipl.-Biochemiker Johannes Löwer, Studium der Medizin und der Biochemie in Würzburg und Tübingen, Approbation 1974, Habilitation an der Universität Frankfurt in medizinischer Virologie, seit 1999 apl. Professor, 1981 bis 2009 Mitarbeiter des Paul-Ehrlich-Instituts, des Bundesinstituts für Impfstoffe und biomedizinische Arzneimittel, (PEI, Langen in Hessen), ab 1999 als kommissarischer Leiter, ab 2001 als Präsident, 2007 bis 2010 zunächst kommissarischer Leiter, 2009-2010 Präsident des Bundesinstituts für Arzneimittel und Medizinprodukte (BfArM), Bonn.

Dr. rer. oec. Thomas Lux ist Gründer und Geschäftsführer des Competence Center eHealth Ruhr (CCeHR) an der Ruhr-Universität Bochum und auch geschäftsführender Assistent am Lehrstuhl für Wirtschaftsinformatik der Fakultät für Wirtschaftswissenschaft. Er studierte Wirtschaftwissenschaft und promovierte anschließend im Bereich Wirtschaftsinformatik. Themenschwerpunkt seiner wissenschaftlichen Arbeit ist u. a. die Prozessorientierung und der Einsatz prozessorientierter Informations- und Kommunikationssysteme im Gesundheitswesen, welche er in zahlreichen Veröffentlichungen, Tagungsbeiträgen und Projekten fokussiert.

Prof. Dr. Dr. h. c. mult. Heribert Meffert, Professor der Betriebswirtschaftslehre, insbesondere Marketing, und emeritierter Direktor des Instituts für Marketing am Marketing Center Münster (MCM) der Westfälischen Wilhelms-Universität Münster, promovierte und habilitierte in Betriebswirtschaftslehre an der Universität München, bevor er 1969 einem Ruf nach Münster folgte, wo er das erste Institut für Marketing an einer deutschen Hochschule aufbaute, 2002 bis 2005 war Prof. Meffert Vorsitzender des Vorstandes der Bertelsmann Stiftung, 2010 gründete er das medizinisch-soziale Netzwerk AMD-Netz NRW e. V., er gehört mehreren Aufsichts- und Beiräten international tätiger Unternehmen an, nach seiner Emeritierung 2002 forscht Prof. Meffert mit seinem Team aktuell auf den Gebieten des General Marketing, des Markenmanagements und des Social Marketing.

Eberhard Mehl, Dipl. Verwaltungswissenschaftler. Hauptgeschäftsführer des Deutschen Hausärzteverbandes und Vorstandssprecher der HÄVG eG. Er absolvierte zunächst eine Ausbildung zum Industriekaufmann und studierte anschließend Verwaltungswissenschaften an der Universität Konstanz. Nach seinem Studium war er für den AOK-Bundesverband tätig und entwickelte dort neue Versorgungstrukturen sowie indikationsbezogene Steuerungsmodelle.

Prof. Dr. Ralf Miggelbrink ist Inhaber des Lehrstuhls für Systematische Katholische Theologie an der Universität Duisburg-Essen. Arbeitsschwerpunkte sind Dramatische Christologie und Soteriologie, Anthropologie der Gewalt, Theologiegeschichte des zwanzigsten Jahrhunderts und Gnaden- und Sakramententheologie im ökumenischen Dialog mit den Kirchen der Reformation. Er ist Autor zahlreicher Bücher und Aufsätze zu theologischen Fachthemen ebenso wie zu Gegenwartsproblemen.

Kontakt: Universitätsstr. 12, 45117 Essen, T: +49 (201) 183-3494
bzw. -3471, ralf.miggelbrink@uni-due.de

Prof. Dr. Norbert W. Paul, studierte Philosophie, Geschichte, Deutsche Philologie und Medizin und ist Inhaber des Lehrstuhls für Geschichte, Theorie und Ethik der Medizin der Universitätsmedizin Mainz. Er befasst sich im Schwerpunkt mit Fragen des Entstehens und der Reichweite biomedizinischer Erklärungsmodelle sowie mit anwendungsorientierter Ethik in der Medizin. Er leitet den deutschlandweit einzigen berufsbegleitenden Masterstudiengang Medizinethik und ist Vorsitzender des Klinischen Ethikkomitees der Universitätsmedizin Mainz. Der wissenschaftliche Austausch zu drängenden Gegenwartsfragen jenseits aller disziplinären Grenzen ist eines seiner großen Anliegen, das er unter anderem als Präsident der Gesellschaft für Wissenschaftsgeschichte und als korr. Mitglied der Akademie der Wissenschaften und der Literatur verfolgt.

Holger Raphael, Diplom-Ökonom, Studium der Wirtschaftswissenschaft an der Ruhr-Universität Bochum, Schwerpunkte: Gesundheitsökonomie, Unternehmensprüfung und Wirtschaftsinformatik, über 10 Jahre Leitungserfahrung im Krankenhaus als Geschäftsführer und Verwaltungsdirektor bei einem privaten Träger (HELIOS) und der Universitätsklinik Stiftung Marienhospital (Bochum/Herne), Aufbau eines Medizinischen Versorgungszentrums sowie Tätigkeit bei METRO C&C, Dozent an der FOM Hochschule für Oekonomie & Management, Schwerpunkte Krankenhausfinanzierung- und Management, Forschungsschwerpunkte Gesundheitsökonomie und IT-Systeme im Krankenhaus.

Hartmut Reiners, Diplom-Volkswirt, Ministerialrat i. R. war bis September 2009 Leiter des Referats Grundsatzfragen der Gesundheitspolitik im Ministerium für Arbeit, Soziales, Gesundheit und Familie des Landes Brandenburg; davor seit 1988 in gleicher Funktion im MAGS Nordrhein-Westfalen. Von Juli 1987 bis Februar 1990 Mitglied (Sachverständiger) der Enquete-Kommission des Bundestages zur Strukturreform der gesetzlichen Krankenversicherung. Zahlreiche Publikationen zur Gesundheitspolitik und Gesundheitsökonomie, zuletzt: „Krank und pleite? Das deutsche Gesundheitssystem", Berlin 2011 (Suhrkamp Taschenbuch).

Marlis L. Richter, Vorsitzende der Geschäftsführung des Instituts für Innovation und Integration im Gesundheitswesen (I3G GmbH; www.I3G-GmbH.de), einer Managementgesellschaft, die sich ausschließlich mit Integrierter Versorgung und Versorgungsforschung beschäftigt. Zuvor war Marlis L. Richter Mitglied der Geschäftsleitung von Janssen-Cilag. Sie verantwortete dort neue strategische Geschäftsentwicklungen und Partnerschaften und leitete den Bereich Corporate Social Responsibility für alle Johnson & Johnson-Firmen in Deutschland, Österreich und Schweiz. Über 20 Jahre in Managementpositionen in Deutschland und Europa. Studium der Pharmazie in Düsseldorf, Approbation als Apothekerin, ergänzende BWL-Ausbildung.

Sascha Rödder, Diplom-Kaufmann (FH), über dreizehn Jahre Berufstätigkeit in der Gesetzlichen Krankenversicherung (Fortbildung zum Versicherungsfachwirt und -betriebswirt). Berufsbegleitendes Studium an der FOM Hochschule für Oekonomie & Management mit den Schwerpunkten Wirtschaft und Health Care Management mit Abschluss zum Dipl.-Kfm. (FH). Seit April 2010 freiberufliche Tätigkeit als betriebswirtschaftlicher Berater im Gesundheitswesen mit den Schwerpunkten Management, Marketing und Kommunikation.

Friederike Rohn, Diplom-Kauffrau, von 2003-2009 Studium der Betriebswirtschaftslehre an der Universität Münster und der Tongji University Shanghai, Diplom im Januar 2009, seit April 2009 wissenschaftliche Mitarbeiterin am Marketing Center in Münster im Team von Prof. Dr. Dr. h. c. mult. Heribert Meffert, Forschungsschwerpunkt: Marketing im Gesundheitswesen, Gründungsmitglied des AMD-Netz NRW, hier zuständig für den Bereich Versorgungsforschung.

Jürgen Rothmaier, geboren 1959 in Essen, aktuell Mitglied des Vorstands der BARMER GEK. Im Jahre 1978 liegt der Beginn seiner beruflichen Tätigkeit für die BARMER mit den Stationen: 1988-1998 als Geschäftsführer der BARMER in Essen und Wuppertal, 1998-2001 als Landesgeschäftsführer der BARMER in Rheinland-Pfalz, 2001-2006 als Hauptabteilungsleiter Organisation in der Hauptverwaltung der BARMER, 2006-2009 als Mitglied des Vorstandes der BARMER.

Dr. jur. Rolf-Ulrich Schlenker, geboren 1953 in Stuttgart, ist aktuell stellvertretender Vorstandsvorsitzender der BARMER GEK. Sein Studium der Rechtswissenschaften schloss er 1981 mit dem zweiten juristischen Staatsexamen ab und promovierte 1985 an der Universität Bayreuth. Zunächst von 1981-1984 als Rechtsanwalt in Stuttgart tätig, übernahm er 1985 den Posten des Leiters der Rechtsabteilung des AOK Landesverbandes Baden-Württemberg. Weitere Stationen bei den Krankenkassen waren: 1996-2004 Vorsitzender des Vorstandes des BKK Landesverbandes Baden-Württemberg, ab Mai 2004 bei der Gmünder ErsatzKasse GEK, 2005-2007 Stellvertretender Vorstandsvorsitzender der Gmünder ErsatzKasse, 2008-2009 Vorstandsvorsitzender der Gmünder ErsatzKasse.

Dr. Markus Schneider, Dipl.-Volkswirt, ist geschäftsführender Gesellschafter der BASYS Beratungsgesellschaft für angewandte Systemforschung mbH in Augsburg, die er 1980 gründete. In den neunziger Jahren engagierte er sich in der Transformation der Gesundheits- und Sozialsysteme Mittel- und Osteuropas und koordinierte zahlreiche Projekte für die Europäische Union. Seine Forschungsschwerpunkte sind internationale Vergleiche von Gesundheits- und Sozialsystemen mittels Methoden des Social Accounting und der institutionellen Ökonomie sowie Fragen der Finanzierung und Bezahlung von Gesundheitsleistungen (Gebührenordnungen, DRGs). Er ist Mitglied des Gesundheitsökonomischen Ausschusses des Vereins für Socialpolitik und Berater verschiedener Bundesministerien, der Europäischen Kommission, der OECD und der Weltbank.

Paul Schran, M. A., Fachkrankenpfleger Anästhesie und Intensivpflege, Pflegedienstleiter Krankenhaus, Lehrer für Pflegeberufe, BBA-Studium an der Steinbeishochschule Berlin, Masterstudium an der Technischen Hochschule Kaiserslautern, Schwerpunkt: Management von Sozial- und Gesundheitseinrichtungen, Lehrbeauftragter der FOM Hochschule für Oekonomie & Management in Essen, EOQ-Quality-Auditor, Freiberufler u. a. in der Unternehmensberatung.

Dr. rer. nat. Ansgar Schulte, Diplom-Biologe (1997), Fachtoxikologe DGPT (2007) und Master of Business Administration (2006). Studium in Aachen, Köln, Lissabon, Bonn (Promotion 2001), Hamburg und Rheinbach (MBA). Berufserfahrung u. a. als Präklinischer Assessor im Rahmen nationaler und europäischer Arzneimittelzulassungsverfahren und des Genehmigungsverfahrens klinischer Prüfungen. Seit mehreren Jahren in leitender Funktion mit Strategieprojekten des Bundesinstituts für Arzneimittel und Medizinprodukte (BfArM), Bonn, auf nationaler und europäischer Ebene betraut.

Michael Schütte, Ausbildung zum Facharzt für HNO-Heilkunde, medizinischer Sachverständiger (cpu) an der Uni Köln. Über Teile einer MBA-Ausbildung seit sieben Jahren an der FOM Hochschule für Oekonomie & Management, zurzeit kommissarischer Dekan für das Gebiet Management im Gesundheitswesen. Aufbau und Entwicklung des FOM Bachelor-Studiengangs Gesundheits- und Sozialmanagement. Als Modulleiter verantwortet er alle Health-Care-Module an der FOM. Als Vorstand der amb4stat AG in Düsseldorf liegt sein Schwerpunkt im Aufbau neuer regionaler sektorenübergreifender Versorgungsformen auf der Grundlage von Bewegung und gesunder Ernährung.

Prof. Dr. Walter Schwerdtfeger, Diplom-Biologe (1973) und Dr. phil. nat. (1977), Fachbereich Biologie, Universität Frankfurt/M.; Habilitation/Privatdozent für Neuroanatomie (1983), Fachbereich Humanmedizin, Universität Frankfurt/M., Umhabilitation Universität Bonn, 2000. Forschungsgruppenleiter, MPI für Hirnforschung, Frankfurt/M., 1977-1988. Honorarprofessor Universität Valencia (Spanien), 1985-1987. Fachgebietsleiter Morphologie/Pathologie am Paul-Ehrlich-Institut in Langen, 1988-1992 Referatsleiter, Unterabteilungsleiter am Bundesministerium für Gesundheit in Bonn, 1992-2010. Seit November 2010 Präsident des Bundesinstituts für Arzneimittel und Medizinprodukte in Bonn. Mitglied des Verwaltungsrats der Europäischen Agentur für Arzneimittel, London. Autor und Ko-Autor von Monographien und Buchbeiträgen, Originalarbeiten. Herausgeber und Gutachter für Fachzeitschriften.

Prof. Dr. Manfred Selke, Dipl.-Kfm., Studium der Wirtschaftswissenschaften in Essen und Braunschweig, dort Promotion zum Dr. rer. pol. Ab 1975 Wahrnehmung unterschiedlicher Funktionen im Personalmanagement der RWE AG, zuletzt als Direktor/ Senior Vice President des Zentralbereichs Personal der Konzernholding. Arbeitgebervertreter in der Selbstverwaltung der AOK Rheinland/Hamburg (Verwaltungsrat, Regionalbeirat Essen) sowie seit 2011 auf Bundesebene (Aufsichtsrat AOK Bundesverband, Spitzenverband der gesetzlichen Krankenversicherung), ehrenamtlicher Arbeitsrichter am LAG Düsseldorf. Seit 2002 freiberuflicher Personal- und Managementberater (conSE Consult). Seit 2003 Professor für Allgemeine Betriebswirtschaftslehre, insbesondere Personalmanagement an der FOM Hochschule für Oekonomie & Management. Forschungsschwerpunkte: Entwicklung der Mitbestimmung, Personal- und Unternehmensführung.

Patric Sommerhoff, Diplom-Betriebswirt, interdisziplinäres Studium (Volkswirtschaftslehre, Betriebswirtschaftslehre, Sozialwissenschaften und Jura) mit Diplom in Betriebswirtschaftslehre in Hamburg sowie vier Semestern Medizin in Düsseldorf. Erfahrung in Handel, Dienstleistung und Beratung. Leitende Positionen in der Unternehmensentwicklung, Beschaffung und in der Unternehmenskommunikation. Gegenwärtig Leiter der Unternehmenskommunikation des Universitätsklinikums Düsseldorf.

Carsten Sterly, Mitglied im Vorstand der Deutschen Gesellschaft für integrierte Versorgung im Gesundheitswesen, Mitglied im Fachbeirat Gesundheit des Bundesministeriums für Wirtschaft und Technologie, Lektor der University of applied science OOE Linz, Director P.F.A.D. Akademie - Academy of health science.

Dr. rer. pol. Dominik Graf von Stillfried ist seit Januar 2008 Geschäftsführer des Zentralinstituts für die kassenärztliche Versorgung in der Bundesrepublik Deutschland (ZI). Das ZI ist die Forschungseinrichtung der Kassenärztlichen Vereinigungen und der Kassenärztlichen Bundesvereinigung (KBV) in der Rechtsform einer Stiftung. Das ZI konzentriert sich auf Versorgungsforschung mit ärztlichen Abrechnungsdaten und Arzneimittelabrechnungsdaten seiner Träger. Von 1998 bis 2008 leitete Dr. von Stillfried das Dezernat Grundsatzfragen der KBV. Zur KBV kam er nach Tätigkeiten für eine gesetzliche Krankenkasse sowie einen Krankenkassen-Verband. Herr Dr. von Stillfried ist Volkswirt mit Schwerpunkt Gesundheitsökonomie.

Dr. Klaus Suwelack, Geschäftsführer des Instituts für Innovation und Integration im Gesundheitswesen (I3G GmbH; www.I3G-GmbH.de), einer Managementgesellschaft, die sich ausschließlich mit Integrierter Versorgung und Versorgungsforschung beschäftigt. Zuvor war Klaus Suwelack als Geschäftsbereichsleiter für Geriatrie und Neurologie bei Janssen-Cilag tätig und war dort zuletzt im Bereich „Health Value Management“ für strategische Kooperationen mit neuen Kundengruppen, die Entwicklung von Disease-Management-Programmen und für die Gesundheitspolitik verantwortlich. Klaus Suwelack hat in Bonn Pharmazie studiert und in der Medizin über ein internistisches Thema promoviert.

Prof. Dr. jur. Andreas Teufer, Rechtsanwalt, Strafverteidiger, Certified Fraud Manager. Studium der Rechtswissenschaften an den Universitäten Bochum, Bonn und Hannover. Promotion 1995. Seit 1997 zugelassener Rechtsanwalt. Seit nahezu 15 Jahren Dozent an verschiedenen Hochschulen. Seit 2001 Professor an der FOM Hochschule für Oekonomie & Management. Lehrt Wirtschaftsstrafrecht, Strafrecht, Strafprozessrecht und Wirtschaftsprivatrecht. Forschungsschwerpunkte: Compliance und Wirtschaftskriminalität.

Ulrich Thibaut studierte von 1982 bis 1986 Pharmazie an der Eberhard-Karls-Universität Tübingen und erhielt nach der praktischen Ausbildung 1987 die Approbation als Apotheker. 1991 folgte die Promotion in pharmazeutischer Chemie. 1992 trat er als Laborleiter für Molecular Modelling in die Byk Gulden GmbH in Konstanz ein, übernahm dann die Leitung der Bio- und Chemoinformatik. Nach der Umfirmierung des Unternehmens zur ALTANA Pharma AG leitete er die präklinischen Forschungen und zeichnete ab 2005 als Vorstandsmitglied verantwortlich für das Ressort Forschung und Entwicklung. Im Jahr 2007 trat er als Chief Technology Officer in den Vorstand der Drägerwerk AG in Lübeck ein. Seit 2010 gehört er dem Vorstand der Octapharma AG an, wiederum verantwortlich für das Ressort Forschung und Entwicklung.

Ivo Weiß, Dipl.-Volkswirt, Geschäftsführer der Hausärztlichen Vertragsgemeinschaft (HÄVG) Regionaldirektion Süd. 2004 Abschluss Diplom-Volkswirtschaftslehre an der Ludwig-Maximilians-Universität München. Seit ca. viereinhalb Jahren bei der HÄVG in verschiedenen Funktionen tätig, zuvor ca. 3 Jahre bei der ifap GmbH u. a. als Projektmanager Pharmakommunikation.

Prof. Dr. phil. Wolf Rainer Wendt, Dipl.-Psych., Case Manager (DGCC) und Case Manager Ausbilder, Studium der Psychologie, Philosophie und Soziologie in Tübingen und Berlin. Seit 1969 in der Sozialen Arbeit tätig, Abteilungsleiter im Jugendamt Stuttgart bis 1977, ab 1978 Professor und Studienbereichsleiter Sozialwesen an der Berufsakademie Stuttgart (jetzt: Duale Hochschule BW), Vorsitzender der Deutschen Gesellschaft für Soziale Arbeit (DGSA) bis 2009, 2004 Honorarprofessor der Universität Tübingen, seit 2005 Vorsitzender der Deutschen Gesellschaft für Care und Case Management (DGCC), Sprecher der Fachgruppe Sozialwirtschaft der DGSA. Lehr- und Forschungsschwerpunkte: Case Management, Geschichte der Sozialen Arbeit, Sozialwirtschaftslehre.

Stichwortverzeichnis

A

ABC-Analyse 67
Abrechnungsdatentransfer 421
Absatzkanalsystem 60
Absolutskala 383
Akademisierung 187
Aktionsaspekt 36
Amtsträger 355
Anonymisierung 438
Anreizsystem 231
Ansoff-Matrix 42
Anwendungssystem 426
Apotheke 89
Apothekenrecht 313
Approbationsverfahren 368
Arbeitsvertrag 276
Area Under the Curve (AUC) 156
Arithmetisches Mittel 387
Arzneimittelrecht 304
Arzneimittelwerbung 305
Ärztekammer 16, 309
Arztinformationssystem (AIS) 418
Arztnetz 434
Arztpraxisinformationssystem (APIS) 418
Arztstrafrecht 322
Arztvertrag 276
Assessment 181
Ätiologie 9
Aufklärung 332
Aufklärungsfehler 332
Aufsichtsrat 289
Außertariflich Angestellter (AT) 211
Ausstattungspolitik 64
Authentizität 439

B

Balanced Scorecard 66
Befreiungsgrenze 295
Behandlungspfad, klinischer 83
Behindertenrecht 303
Benchmarking 66
Berufsrecht 367
Berufsrecht, ärztliches 306
Berufsverbot 366
Bestandskontrolle 92
Bestechlichkeit 353
Bestechlichkeit (im geschäftlichen Verkehr) 359
Bestellmengenplanung 92
Bestimmtheitsmaß 395
Betriebsbuchhaltung 107
Betriebsverfassungsgesetz 206
Betrug 360
BGB-Gesellschaft 280
Blockbuster 160
Buchführung 106
BundesArbeitsGemeinschaft der PatientInnenstellen (BAGP) 17
Bundesdatenschutzgesetz (BDSG) 436
Bundesgesundheitsministerium 14
Bundesinstitut für Arzneimittel und Medizinprodukte 14
Bundeszentrale für gesundheitliche Aufklärung (BZgA) 14
Business Intelligence 113

C

Case Management 180
Cochrane-Institut 410
Computerized Physician Order Entry-System (CPOE) 425
Conditio-sine-qua-non-Formel 339
Controlling 105, 190
Controlling-Aspekt 36

D

Datenschutz 436
Datensparsamkeit 432
Deckungsbeitragsrechnung 191

Deutsche Arbeitsgemeinschaft Selbsthilfegruppen e. V. 17
Deutscher Ärztetag 309
Deutscher Behindertenrat (DBR) 17
Deutsches Institut für Medizinische Dokumentation und Information (DIMDI) 14
Diagnoseaufklärung 334
Dienstleistungsentwicklung 44
Dienstvertrag 276
Differenzierung 176
Differenzierungsstrategie 44
Digital Imaging and Communications in Medicine (DICOM) 425
Digitale Signatur 438
Direktkommunikation 57
Direktorium 77
Distribution 60
Distributionspolitik 60
Disziplinarverfahren 371
Diversifikationsstrategie 44
Dokumenten-Management-System (DMS) 419
Dose Range Finding (DRF) 156

E

Enterprise Application Integration (EAI) 432
Economies of Scale 176
Einkauf 89
- operativer 92
- strategischer 91
Einzelpraxis 124
elektronische Gesundheitsakte (eGA) 435
elektronische Gesundheitskarte (eGK) 439
elektronische Krankenakte (eKA) 424
elektronische Patientenakte (ePA) 424, 435
elektronischer Heilberufe-Ausweis (eHBA) 440
Employer Branding 222
Entwicklungs-Portfoliomanagement 150
E-Procurement 95, 96
Erbfolge 292
Ethik-Kommission 155
Europäische wirtschaftliche Interessenvereinigung (EWIV) 286
evidence based medicine (EbM) 414
Extrawelfarismus 413

F

Facharztstandard 328
Fachkräftemangel 207
Fahrlässige Körperverletzung 323
Fahrlässige Tötung 323
Fail early-fail cheap-Prinzip 158
Fallakte 434
Finanzbuchhaltung 107
Finanzierungströme (im Gesundheitswesen) 19
Formalziel 34
Franchisesystem 60
Führung, marktorientierte 30
Führungsaufgaben 77
Führungskonzept, duales 31
Führungskonzeption 31
Führungskraft 225
Führungsstil 134
Fusion 182

G

Galenik 159
Geheimhaltungsinteresse 346
Gemeinsamer Bundesausschuss (G-BA) 17
Gemeinschaftspraxis 124
Generika 144
Gesamtmarktstrategie 46
Geschäftsführer 287
Gesellschaft
- atypische stille 285
- stille 284
Gesellschaft mit beschränkter Haftung (GmbH) 287

Gesellschafterversammlung 288
Gesellschaftsrecht 280
Gesetz zur Bekämpfung von Korruption (KorrBekG) 354
Gesetzliche Krankenversicherung (GKV) 171
Gesundheitsberichterstattung des Bundes 12
Gesundheitszeugnisse, unrichtige 352
Güterrecht 290

H

Handlungswille 269
Hardware-Infrastruktur 429
Hash-Wert 439
Häufigkeiten 383
Health Care Marketing 31
Health Level 7 (HL7) 430
Health Technology Assessment (HTA) 413
Histogramm 386
Hochdurchsatz-Screening 152
Honorar 122
Honorarrückforderung 371
Hospital Engineering 104
Hypothese 403

I

Implementierungsaspekt 36
In-vitro-System 152
Indikationsakte 435
Indikator 12
Informationsaspekt 35
Informationstechnologie 103
Innovationsmanagement 45
Institut für Qualität und Wirtschaftlichkeit im Gesundheitswesen (IQWiG) 17
Integrationsserver 433
Integrität 439
International Nonproprietary Name (INN) 166
Intervallschätzung 399
Intervallskala 383
Investitionscontrolling 111
Investitionsplanung 85
Irrtum 362

K

Kardinalskala 383
Kassenärztliche Vereinigung (KV) 16
Kassenarztrecht 306
Key-Opinion-Leader-Management 163
Klinische Phase 155
Knock-out 152
Kommunikation, integrierte 58
Kommunikationspolitik 55
Kommunikationsserver 433
Kommunikationstechnologie 103
Konfidenzintervall 400
Konfidenzniveau 401
Konfliktstrategie 48
Kontrahierungspolitik 59
Kontrahierungszwang 273
Kontrollfunktion 33
Kooperationsstrategie 48
Koordinationsfunktion 33
Korrelationsanalyse 391
Korrelationskoeffizient 393
Korruption 354
Kosten (von Krankheiten) 12
Kostenanalyse 411
Kostenart 109
Kosten-Effektivitäts-Analysen (Cost effectiveness studies) 413
Kosten-Ergebnis-Vergleich 411
Kostenmanagement 89
Kosten-Nutzen-Analysen (Cost benefit studies) 412
Kosten-Nutzwert-Analysen (Cost utility studies) 413
Kostenrechnung 108
Kostenstelle 109
Kostenträger 109
Kostenvorteil 45
Kovarianz 392

Krankenakte
- bzw. Gesundheitsakte 435
Krankenhausbuchführungsverordnung 107
Krankenhausfinanzierungsgesetz (KHG) 311
Krankenhausinformationssystem (KIS) 424
Krankenhausmanagement 76
Krankenversicherung 295
Krankheitsdefinition 9
Kreisdiagramm 384
Kunde 37
Kundenstrategie 47
Kundenstruktur 176

L

Labor-Beauftragungssystem 424
Lagemaße 387
Lager 99
Leistungsmanagement 88
Leistungspolitik 53
Leistungsprogrammvorteil 45
Leistungsrechnung 108
Leitstruktur 150, 153
- Leitstrukturoptimierung 153
Life Cycle Management 163
Logistik 97

M

Managed Care 24
Management 118
- als Institution 77
Management-Regelkreis 130
Manufacturing Execution System 160
Markenstrategie 49
Marketing 25, 52, 63, 73, 87, 141, 162, 185, 194, 240, 261, 445, 453
Marketingcontrolling 65
Marketingziel 33
- psychografisches 34
Markierungsvorteil 45
Marktanalyse 127
Marktanteils-Marktwachstums-Portfolio 41
Marktbearbeitungsstrategie 46
Marktdurchdringungsstrategie 42
Marktentwicklungsstrategie 43
Marktversagen 33
Marktwahlstrategie 42
Materialwirtschaft 90, 96
Median 388
Medikationssystem 425
Medizincontrolling 88, 110
Medizinischer Dienst der Krankenversicherung (MDK) 16
Medizinisches Versorgungszentrum (MVZ) 125
Medizinmarketing 30
Messe 58
Meta-Analyse 410
Methode der kleinsten Quadrate (KQ-Methode) oder (engl.) ordinary least squares (OLS) 395
Modus 389
Motivationsfunktion 34
Musterberufsordnung 309
Musterweiterbildungsordnung 309

N

Nischenstrategie 46
Nominalskala 383
Nutzen-/Risiko-Bewertung 145

O

Öffentlicher Gesundheitsdienst (ÖGD) 13
Öffentlichkeitsarbeit 57
Ordinalskala 383
Organisation 131
Organisationspflichtverletzung 336
OTC-Arzneimittel 144

P

Packungsbeilage 305
Partnerschaftsgesellschaft 283

Pathogenese 9
Patientenakte 435
Patientengeheimnis 346
Paul-Ehrlich-Institut 14
PC-Arbeitsplatz 429
Personaladministration 204
Personalauswahl 218
Personalbeschaffung 218
Personalbeurteilung 228
Personalbindung 223
Personalcontrolling 111, 204
Personalentwicklung (PE) 63, 102, 226
Personalfreisetzung 234
Personalführung 133, 224
Personalkosten 100
Personallebenszyklus 213
Personalmanagement 100, 101, 132, 204
- normatives 208
- operatives 212
- strategisches 210
Personalplanung 214
Personalpolitik 62
Pflegesatz 312
Pflegeversicherung 298
Pflichtversicherung 294
Pflichtwidrigkeit 328
Pharmareferenten 162
Pharma-Unternehmen 144
Phasenmodell 150
Picture Archiving and Communication System (PACS) 419
Planung 80
Planungssystem 426
Portfolioanalyse 41
Positionierungsanalyse 39
Prävalenz 11
Praxisgemeinschaft 125
Praxisverwaltungssystem (PVS) 418
Predictive Modelling 181
Preisdifferenzierung 59
Preisführerschaft 176
Primärsystem 419, 431
Prodrug 160
Prozesspolitik 64
Prüfgröße 405
Pseudonymisierung 438
Public Relations (PR) 57
Punktschätzer 397

Q

Qualitätsposition 44
quality-adjusted life year (QALY) 413

R

Radiologieinformationssystem (RIS) 425
Rahmenvertrag 92
Realisierung 87
Rechtsgeschäft 268
Rechtsgut 322
Rechtswidrigkeit 326
Regelaltersrente 301
Regionenanalyse 184
Regressionsanalyse 394
Regulatory Affair 165
Rentenversicherung 299
Repositionierung 250
Risikoaufklärung 333
Risikofaktor 12
Risikoselektion 172
Robert-Koch-Institut (RKI) 14

S

Sachverständigenrat zur Begutachtung der Entwicklung im Gesundheitswesen (SVR) 15
Sachziel 34
Säulendiagramm 384
Schätzverfahren 396
Schnittstelle, proprietäre 430
Schnittstellenserver 433
Schuld 327
Schuldvorwurf 342
Schweigepflicht 344
Selbstbestimmungsrecht 437
Server 423, 429

Shareholder 33
Sicherungsaufklärung 334
Sorgfaltsmaßstab 328
Sortimentsanalyse 94
Sozialrecht 294
Sozialversicherungsfachangestellte 187
Spitzenverband „Bund der Krankenkassen" 296
Sponsoring 58
Stakeholder-Marketing 163
Standardabweichung 391
Standard-gamble 413
Standesrecht 367
Standortentscheidung 62
Statistik 380
Stellvertretung 273
Stichprobenumfang 403
Strafrecht 322
Strategieaspekt 36
Strategiefindung 128
Streuungsmaße 389
Studien, doppelblind 410
Studiengang, dualer 189
Supply Chain Management 98, 160
SWOT-Analyse 39
Syntheseplanung 158

T

Target 148
Tarifangestellter 211
Tatbestand 324
- subjektiver 363
Tatbestandsmäßigkeit 326
Täuschung 361
Teilerhebung 382
Teilmarktstrategie 46
Therapiefreiheit 329
Tier-Modell 154
Time-to-Market 160
Time-trade-off 413
Todesursachenstatistik 10

U

Übernahmeverschulden 331
Umfeldanalyse 146
Unfallversicherung 302
Unrechtsvereinbarung 357
Unterlassene Hilfeleistung 343
Unternehmensführung 119
Unternehmergesellschaft 289
Untreue 364
Urkundenfälschung 350
Utilitarismus 412

V

Varianz 390
Verbindungsbibliothek 152
Verbraucherzentrale Bundesverband e.V. 17
Verfahren, berufsgerichtliches 368
Verfolgungsvoraussetzung 342
Verhältnisskala 383
Verkaufsförderung 57
Vermögensbetreuungspflicht 365
Vermögensschaden 363
Vermögensverfügung 363
Vernetzung 430
Verschlüsselung, asymmetrische 438
Verschwiegenheitspflicht 347
Versicherungsvertrag 277
Versicherungsvertragsgesetz (VVG) 277
Versorgungsmanagement 180
Versorgungswerke 310
Vertrag 271
- optional selektiver 179
Vertragsarbeit 178
Vertrauensgrundsatz 337
Vertrauensgut 32
Vertriebsmanagement 183
Verwaltungskosten
- in der GKV 174
Vollerhebung 382
Vollmacht 274
Vorteil 357
Vorteilsannahme 353

W

Web 2.0 165
Welfarismus 412
Werbung 56
Wertschöpfungskette (nach Porter) 87
Wettbewerbsordnung, solidarische 171
Wettbewerbsvorteil 44
Wettbewerbsvorteils-Marktattraktivitäts-Portfolio 41
Willenserklärung 269
Willingness-to-pay 412
Wirkprinzip 148
Wirksamkeitsanalyse 410
Wohlfahrtsfunktion, soziale (Social welfare function) 412

Z

Zahnärztekammer 309
Zeitvorteil 45
Ziel, ökonomisches 34
Zielfindung 81
Zielgruppe 33
Zielkomplementarität 34
Zielkonflikt 34
Zielneutralität 34
Zielsetzung 81
Zivilrecht 268
Zulassung 307
Zulassungsentziehungsverfahren 371
Zusatzbeitrag 178
Zuweiserportal (ZWP) 420, 436

4363889R00274

Printed in Germany
by Amazon Distribution
GmbH, Leipzig